國家古籍整理出版專項經費資助項目

明清科技與社會叢書

主編 ⊙ 石云里

《明史·曆志》匯校考訂

褚龍飛 楊伯順 石云里 校注

中國科學技術大學出版社

圖書在版編目(CIP)數據

《明史·曆志》匯校考訂/褚龍飛,楊伯順,石云里校注.—合肥:中國科學技術大學出版社,2023.12
(明清科技與社會叢書/石云里主編)
國家古籍整理出版專項經費資助項目
ISBN 978-7-312-05811-0

Ⅰ.明… Ⅱ.①褚… ②楊… ③石… Ⅲ.《明史》—研究 Ⅳ.K248.07

中國國家版本館CIP數據核字(2023)第249876號

出版 中國科學技術大學出版社
安徽省合肥市金寨路96號
http://press.ustc.edu.cn
https://zgkxjsdxcbs.tmall.com

印刷 合肥華苑印刷包裝有限公司
發行 中國科學技術大學出版社
開本 787 mm×1092 mm 1/16
插頁 1
印張 37.5
字數 889千
版次 2023年12月第1版
印次 2023年12月第1次印刷
定價 398.00元

引　言

一、《明史·曆志》的編撰過程

《明史·曆志》①是中國古代最後一部正史中的曆法部分，不僅記載了明代天文曆法的發展歷史，還輯録了明代曆法的核心算法與曆表，以及其他各種相關内容，是研究明代天文學史主要的資料來源之一。不僅如此，在歷代正史曆志中，《明史·曆志》也是編撰質量極高者之一，近代天文學家朱文鑫（1883—1939）曾盛贊其『融貫古今，溝通中西，史志中之別開生面而亦最重要者也』②。與此同時，《明史·曆志》應當也是歷代正史曆志編撰過程最複雜者。實際上，《明史》的編撰經歷了非常長的時間，從順治二年（1645）開館一直到乾隆四十七年（1782）才最後改定，是中國古代官修正史歷時最長的一部。和《明史》其他部分一樣，《曆志》也是歷時數十年、由多人修纂而成的。除此之外，由于《曆志》内容技術性較强，其編修工作必須求助于曆算專家，因此，參與修訂《曆志》的學者尤其衆多。

雖然順治年間已經開始《明史》的纂修工作，但由于戰事頻繁、時局動蕩，這一時期史館的工作重點主要爲徵集史料③，如從《明實録》等典籍中逐年抄録史實，纂修工作并無實質進展，故此時《曆志》應未正式開始編撰。康熙十八年（1679），清廷重開史館，《曆志》的編撰工作隨即啓動。本來施閏章（1618—1683）欲邀梅文鼎（1633—1721）進京修《曆志》，但梅氏因其他事務無法前往，故作《曆志贅言》寄去，略論編撰《曆志》之思路④。次年，纂修《曆志》的任務落在了吴任臣（1628—1689）身上⑤。不

① 本書在行文中提到『《明史·曆志》』時，如未明確説明其具體版本，則泛指《明史·曆志》系列，而非特指其中某一版本。這可能與常見的表述（即默認『《明史·曆志》』指乾隆年間刊刻的最終版本）有所差异。特此説明，後不贅述。

② 陳美東，陳凱歌．朱文鑫[M]．北京：群言出版社，2008：324．

③ 朱端强．萬斯同與《明史》修纂紀年[M]．北京：中華書局，2004：10-11；喬治忠．清朝纂修《明史》論述[G]∥虞浩旭，饒國慶．萬斯同與《明史》：下．寧波：寧波出版社，2008：473-476．

④ 梅文鼎．勿庵曆算書目[M]．高峰，校注．長沙：湖南科學技術出版社，2014：34-37．

⑤ 朱端强．萬斯同與《明史》修纂紀年[M]．北京：中華書局，2004：128．

久，徐善（1631—1690）、楊文言（1650—1711）先後入京參修《明史·曆志》①，而《曆志》稿本後來由湯斌（1627—1687）裁定。在此期間，黃宗羲（1610—1695）曾應史館之請，對吴氏《曆志》稿本提出修訂意見②。二十三年（1684）九月，湯斌離京赴任江蘇，自此離開史館，故其所刪改《曆志》稿當時應已交付史館③。

康熙二十六年（1687），黃百家（1643—1709）應聘入京修史，開始參與修訂《曆志》④。同年，劉獻廷（1648—1695）亦入京參修《明史》⑤，對《曆志》有所增訂⑥。次年黃百家返家，不久後恰逢梅文鼎至京，徐元文⑦（1634—1691）邀其審訂黃氏改正之《曆志》，梅氏遂『謹摘舛訛五十餘處』⑧。二十九年（1690）春，黃百家回京，因缺『授時表』與梅文鼎商議，後者『出所携《曆草》（即《授時曆草》）、《通軌》（即《大統曆法通軌》）補之』，『皆手自步算，凡篝燈不寢者兩月』⑨。次年四月，黃百家將完成的《曆志》交付史館，遂離京南歸，而梅文鼎繼續留在北京校訂《曆志》。三十二年（1693），梅文鼎離京返鄉，其在京期間撰成《明史曆志擬稿》三卷，主要述及《大統曆》內容⑩。三十八年（1699），史館所存黃氏《曆志》清册遺失，王鴻緒（1645—1723）兩次委托黃百家重修，後者由于未存底稿，故只得『悉底掀翻另起』。黃百家認爲此次重修也是好事，『顧思前之所成實有未備，蓋以百家身在都

① 朱端强.萬斯同與《明史》修纂紀年[M].北京：中華書局，2004：162-163.
② 黃宗羲.答萬貞一論《明史·曆志》書[M]//黃宗羲全集：第10册.杭州：浙江古籍出版社，1993：205-206.
③ 朱端强.萬斯同與《明史》修纂紀年[M].北京：中華書局，2004：180-181.
④ 朱端强.萬斯同與《明史》修纂紀年[M].北京：中華書局，2004：197-198.
⑤ 朱端强.萬斯同與《明史》修纂紀年[M].北京：中華書局，2004：198-199.
⑥ 梅文鼎.勿庵曆算書目[M].高峰，校注.長沙：湖南科學技術出版社，2014：38.
⑦ 按梅文鼎《曆志贅言》，康熙二十八年（1689）其在北京時，『昆山以《志》稿見屬』，但未言明此處『昆山』究竟是徐乾學（1631—1694）、徐元文兄弟何人，但由『史事總屬昆山』可知其應爲徐元文，因徐元文當時專任《明史》監修總裁官。參見：喬治忠.清朝纂修《明史》論述[G]//虞浩旭，饒國慶.萬斯同與《明史》：下.寧波：寧波出版社，2008：479.
⑧ 梅文鼎.勿庵曆算書目[M].高峰，校注.長沙：湖南科學技術出版社，2014：38.
⑨ 梅文鼎.勿庵曆算書目[M].高峰，校注.長沙：湖南科學技術出版社，2014：41；楊小明.黃百家年譜簡編[J].中共寧波市委黨校學報，2007(3)：92.
⑩ 梅文鼎.勿庵曆算書目[M].高峰，校注.長沙：湖南科學技術出版社，2014：38-41.

中，不能多有曆書』，于是『盡搜寒舍所藏，凡係講曆之書，無慮數百十種，改定凡例，別制體裁，與前本迥异』①。次年十二月，黄百家重新完成《曆志》八卷（下文簡稱『黄百家本』）并移交王鴻緒②。

此後《曆志》作爲《明史》的一部分繼續被修訂，并至少兩次進呈御覽：一次是康熙四十一年（1702）二月熊賜履（1635—1709）進呈《明史》416卷，另一次則是雍正元年（1723）六月王鴻緒進呈《明史稿》310卷③。王氏進書後，雍正帝諭令史館儘快續修完成《明史》，于是梅瑴成（1681—1764）等入史館參修《明史》，并對《曆志》提出諸條修改意見④。又經多年修訂，《曆志》最終定稿，于乾隆年間與《明史》其他部分一同刊行。

前人一般認爲《明史・曆志》現存五種，除黄百家本外另有湯斌《潛庵先生擬明史稿・曆志》3卷⑤（下文簡稱『湯斌本』）、國家圖書館藏《明史・曆志》抄本5卷⑥、王鴻緒《明史稿・曆志》11卷⑦（下文簡稱『王鴻緒本』）、張廷玉《明史・曆志》9卷⑧（下文簡稱『定本』）。不過，筆者認爲梅文鼎《大統曆志》也應算作《明史・曆志》的一種，儘管該書原本已佚，僅《四庫全書》所收録版本⑨存世。事實上，四庫本《大統曆志》前五卷與梅氏《明史曆志擬稿》的『法原』和『立成』部分内容相符⑩，故可將其視作《明史曆志擬稿》的衍生本。不僅如此，《大統曆志》前五卷與王鴻緒本之間亦存在非常明顯的聯係⑪。因此，將梅氏《大統曆志》算

① 黄百家．黄竹農家耳逆草[M]//清代詩文集珍本叢刊：第128册．北京：國家圖書館出版社，2017：389-390．
② 楊小明．黄百家年譜簡編[J]．中共寧波市委黨校學報，2007(3)：94-95．
③ 朱端强．萬斯同與《明史》修纂紀年[M]．北京：中華書局，2004：284-285，300-303．
④ 朱端强．萬斯同與《明史》修纂紀年[M]．北京：中華書局，2004：313-314．
⑤ 湯斌．潛庵先生擬明史稿[M]//四庫未收書輯刊：陸輯5．北京：北京出版社，1998：418-460．
⑥ 萬斯同．明史[M]//續修四庫全書：第324册．上海：上海古籍出版社，1996：316-414．
⑦ 王鴻緒．明史稿[M]．雍正元年敬慎堂刻本．劍橋：哈佛大學燕京圖書館：志第七至十七．
⑧ 張廷玉．明史[M]．乾隆四年武英殿刊本．劍橋：哈佛大學燕京圖書館：卷三十一至三十九．
⑨ 梅文鼎．大統曆志[M]//景印文淵閣四庫全書：第795册．臺北：臺灣商務印書館，1983：819-959．
⑩ 四庫本《大統曆志》後三卷與《明史曆志擬稿》的『推步』部分不符，其中内容應主要取自《曆學駢枝》。參見：梅文鼎．勿庵曆算書目[M]．高峰，校注．長沙：湖南科學技術出版社，2014：38-41；李亮．明代曆法的計算機模擬分析與綜合研究[D]．合肥：中國科學技術大學，2011：34-37．
⑪ 李亮．明代曆法的計算機模擬分析與綜合研究[D]．合肥：中國科學技術大學，2011：36．

作《明史·曆志》的一個版本是合理的。爲敘述方便，下文在不區分《明史曆志擬稿》和《大統曆志》的情況下統稱二者爲『梅文鼎本』。另外，國家圖書館藏《明史·曆志》抄本此前一度被認爲是萬斯同（1638—1702）修訂稿（下文簡稱『萬斯同本』）的抄本，但現在學界已判定其爲熊賜履進呈稿的抄本①，故本書將之簡稱爲『熊賜履本』。不過，熊賜履本仍與萬斯同本存在緊密聯係，應爲熊賜履在萬斯同本基礎上修訂而成。

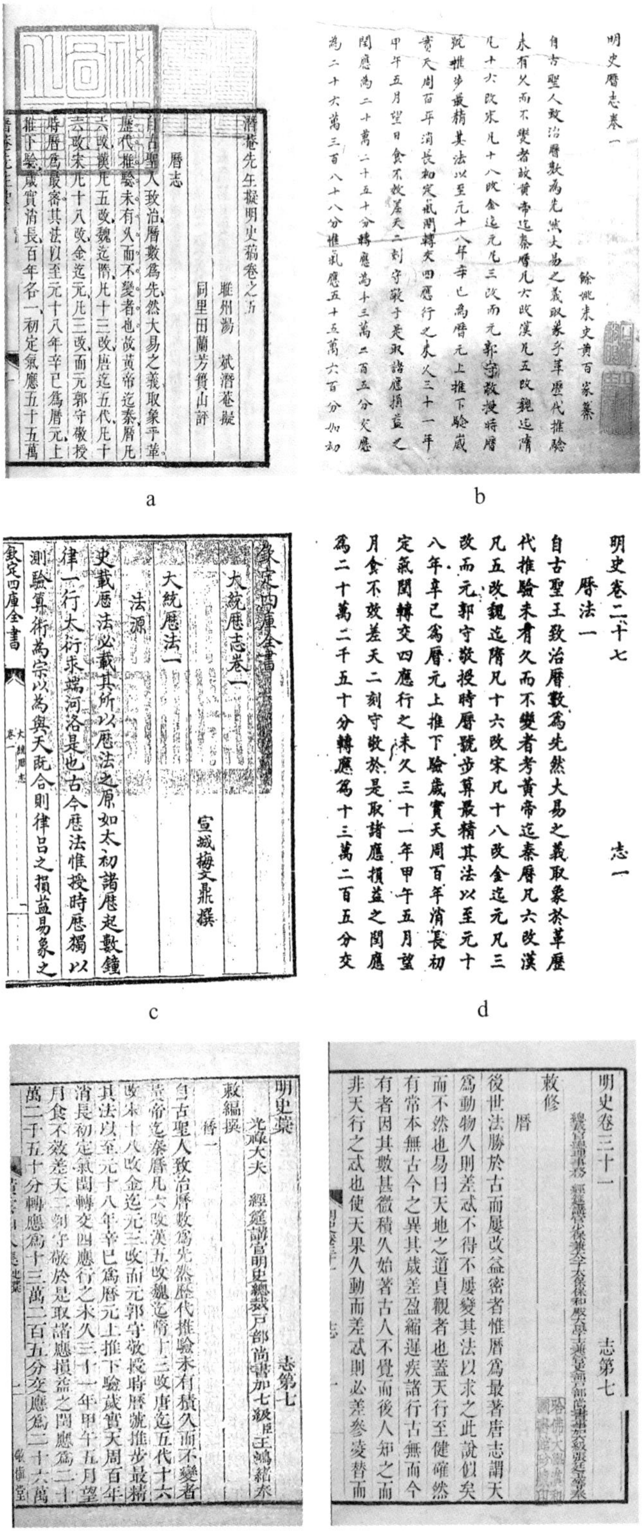

a
潛菴先生擬明史稿卷之五
睢州湯斌潛菴擬
同里田蘭芳簣山評
曆志
自古聖人致治曆數爲先然大易之義取象乎革歷代推驗未有久而不變者也故黃帝迄秦曆凡六改漢凡五改魏迄隋凡十三改唐迄五代凡十五改宋凡十八改金迄元凡三改而元郭守敬授時曆爲最密其法以至元十八年辛巳爲曆元上推下驗歲實消長百年各一初定氣應五十五萬

b
明史
曆志卷一
餘姚黄史黄百家纂
自古聖人致治曆數爲先然大易之義取象乎革歷代推驗未有久而不變者故黄帝迄秦曆凡六改漢凡五改魏迄隋凡十六改宋凡十八改金迄元凡三改而元郭守敬授時曆號推步最精其法以至元十八年辛巳爲曆元上推下驗歲實天周百年消長初定氣閏轉交四應行之未久三十一年甲午五月望日食不效差天二刻守敬于是取諸應損益之閏應爲二十萬二十五十分轉應爲十三萬二百五分交應爲二十六萬三百八十八分推氣應五十五萬六百分如初

c
欽定四庫全書
大統曆志卷一
宣城梅文鼎撰
大統曆法一
法源
史載曆法必載其所以曆法之原如太初諸曆起數鍾律一行大衍求端河洛是也古今曆法惟授時曆獨以測驗算術爲宗以爲與天既合則律呂之損益易象之

d
明史卷二十七
志一
曆法一
自古聖王致治曆數爲先然大易之義取象於革歷代推驗未有久而不變者考黄帝迄秦曆凡六改漢凡五改魏迄隋凡十六改宋凡十八改金迄元凡三改而元郭守敬授時曆號步算最精其法以至元十八年辛巳爲曆元上推下驗歲實天周百年消長初定氣閏轉交四應行之未久三十一年甲午五月望月食不效差天二刻守敬於是取諸應損益之閏應爲二十萬二千五十分轉應爲十三萬二百五分交

e
明史稿
志第七
光祿大夫經筵講官明史總裁戶部尚書加七級臣王鴻緒奉
敕編撰
曆一
自古聖人致治曆數爲先然歷代推驗未有積久而不變者黄帝迄秦曆凡六改漢凡五改魏迄隋十三改唐迄五代十六改宋十八改金迄元三改而元郭守敬授時曆號推步最精其法以至元十八年辛巳爲曆元上推下驗歲實天周百年消長初定氣閏轉交四應行之未久三十一年甲午五月望月食不效差天二刻守敬於是取諸應損益之閏應爲二十萬二千五十分轉應爲十三萬二百五分交應爲二十六萬

f
明史卷三十一
志第七
敕修
曆一
後世法勝於古而屢改益密者惟曆爲最著唐志謂天爲動物久則差忒不得不屢變其法以求之此說似矣而不然也易曰天地之道貞觀者也蓋天行至健確然有常本無古今之異其歲差盈縮遲疾諸行古無而今有者因其數甚微積久始著古人不覺而後人知之而非天行之忒也使天果久動而差忒則必差參差替而

圖1　現存《明史·曆志》不同版本

a．湯斌本；b．黄百家本；c．梅文鼎本；d．熊賜履本；e．王鴻緒本；f．定本

① 李開升．萬斯同《明史稿》研究述論[G]//虞浩旭，饒國慶．萬斯同與《明史》：下．寧波：寧波出版社，2008：526-529；王宣標．熊賜履與《明史》纂修[J]．史學史研究，2014(1)：33-40；秦麗．國家圖書館藏416卷本《明史》新考[J]．中國典籍與文化，2016(1)：62-69．

在現存各本《明史·曆志》中，前人普遍認爲黄百家本最早①，但筆者認爲這一觀點值得商榷。誠然，熊賜履本、王鴻緒本與定本均晚于黄百家本，但前人對湯斌本與黄百家本先後次序的判斷明顯不妥。湯斌本刊刻于康熙二十七年(1688)，而其實際完成時間可能還要再早四年②，而黄百家本則完成于康熙三十九年。即便是黄百家完成于康熙三十年，後被史館遺失的《曆志》初稿(下文簡稱爲『黄百家初本』)，也比湯斌本要晚。值得注意的是，湯斌本今僅存三卷，即『曆法沿革』部分，而湯斌所裁定者實際有十二卷③，可見吴任臣所撰《曆志》(下文簡稱『吴任臣本』)至少應有十二卷。可惜的是，吴任臣本、黄百家初本和萬斯同本今皆不存，梅文鼎本亦僅存四庫本《大統曆志》。不過，通過湯斌本可對吴任臣本内容略窺一斑，而熊賜履本和王鴻緒本也在一定程度上反映了萬斯同本的狀況，因此，比較現存不同版本仍然可以判斷各本之間的關係。

二、《明史·曆志》不同版本之間的差异

在《明史·曆志》的所有版本中，吴任臣本無疑是最早的，後來諸本皆在其基礎上進行修訂。事實上，吴任臣完成了《曆志》的所有部分，包括『曆法沿革』及《大統》《回回》《西洋》三種曆法，即明代官方所使用的《大統曆法通軌》、參用的《回回曆法》以及崇禎改曆時期編撰的《崇禎曆書》。黄宗羲在《答萬貞一論〈明史·曆志〉書》中談道：『今觀《曆志》前卷，曆議皆本之列朝《實録》，崇禎朝則本之《治曆緣起》。其後則三曆成法，雖無所發明，而采取簡要，非志伊(即吴任臣)不能也。』④當時黄宗羲應邀修訂吴任臣本，其所言『三曆成法』顯然指《大統》《回回》《西洋》三法。不僅如此，湯斌本首卷也稱：『今采其沿革議論著于篇端，

① 韓琦.從《明史》曆志的纂修看西學在中國的傳播[C]//劉鈍，等.科史薪傳：慶祝杜石然先生從事科學史研究四十周年學術論文集.沈陽：遼寧教育出版社，1997：61-70；楊小明，黄勇.從《明史》曆志看西學對清初中國科學的影響：以黄宗羲、黄百家父子的比較爲例的研究[J].華僑大學學報(哲學社會科學版)，2005(2)：85-91.

② 按梅文鼎所言，他在《曆志贅言》完成二十二年之後入都時曾見到湯斌所裁定的吴任臣《曆志》稿本，則湯斌本的實際完成時間可能早于康熙二十二年(1683)。參見：梅文鼎.勿庵曆算書目[M].高峰，校注.長沙：湖南科學技術出版社，2014：37.

③ 湯斌《潛庵先生疏稿》載其『已經刪改《天文志》九卷，《曆志》十二卷，《列傳》三十五卷』。參見：朱端强.萬斯同與《明史》修纂紀年[M].北京：中華書局，2004：180-181.

④ 黄宗羲.答萬貞一論《明史·曆志》書[M]//黄宗羲全集：第10册.杭州：浙江古籍出版社，1993：205-206.

《大統曆》以元統《曆法通軌》爲斷，《回回》《西洋》二曆法咸列于後，備稽考焉。」①可見，除現存『曆法沿革』三卷外，湯斌所裁定的吴任臣稿還應有詳述三種曆法的部分，很可能就是其所删改十二卷《曆志》的後九卷。儘管吴任臣、湯斌經手的《曆志》稿本内容已較完備，但現存各本《明史・曆志》中，僅黄百家本、王鴻緒本、定本三者内容完整②，而湯斌本則僅有『曆法沿革』，梅文鼎本僅有『大統曆法』部分，熊賜履本則缺『回回曆法』。

因此，除梅文鼎本外，各本皆有『曆法沿革』部分。對比發現，黄百家本在所有版本中最爲詳實，黄百家在湯斌本基礎上做了大量删改，并增補了許多内容。就二本皆載的内容而言，一般湯斌本的文字表述更接近原始史料，黄百家本則大多對其進行了删改，而黄百家的修改大部分被熊賜履本、王鴻緒本等後來版本承襲。例如，關于正德十三年（1518）欽天監博士朱裕奏議改曆，湯斌本云：『《回回曆》自開皇己未至今九百餘年，亦有疏舛，連年推算，日月交食，算多食少、算少食多，時刻分秒，與天不合……令本監官生半推古法、半推新法，兩相校驗，奚疏奚密。』③而黄百家本將『算多食少、算少食多』『奚疏奚密』等字删除④，但《明實録》關于此事的記載其實都包含這些詞句⑤。再如，嘉靖十九年（1540）三月，日當食不食，《明實録》載『上喜曰：「上天示眷，朕知仰承」』⑥，湯斌本作『帝大喜，曰：「上天示眷，朕知仰承」』⑦，而黄百家本省作『帝大喜，以爲上天示眷』⑧，顯然湯斌本更接近《明實録》原始表述。另外，言及邢雲路（1548—約1621）討論《授時曆》之失，湯斌本道：『一曰：《授時》求盈縮遲疾差立二術，一術不拘整日半日奇零時刻……』⑨，黄百家本將『不拘整日半日奇零時刻』改作『不拘日時』⑩，而《古今律曆考》卷六十

① 湯斌.潛庵先生擬明史稿[M]//四庫未收書輯刊：陸輯5.北京：北京出版社，1998：418.
② 雖然吴任臣本已經收録了《西洋》曆法，但由于《西洋》曆法當時已成爲清代官方曆法，後來的《曆志》編撰者們一致認爲將之收入并不合適，因此，後來版本的《曆志》皆不録《西洋》曆法。
③ 湯斌.潛庵先生擬明史稿[M]//四庫未收書輯刊：陸輯5.北京：北京出版社，1998：422.
④ 黄百家.明史：曆志[M].清抄本.紹興：紹興圖書館：卷一7-8.
⑤ 費宏，等.明武宗實録[M].臺北：『中央』研究院歷史語言研究所，1962：3273.
⑥ 徐階，張居正，等.明世宗實録[M].臺北：『中央』研究院歷史語言研究所，1962：4803.
⑦ 湯斌.潛庵先生擬明史稿[M]//四庫未收書輯刊：陸輯5.北京：北京出版社，1998：424.
⑧ 黄百家.明史：曆志[M].清抄本.紹興：紹興圖書館：卷一11.
⑨ 湯斌.潛庵先生擬明史稿[M]//四庫未收書輯刊：陸輯5.北京：北京出版社，1998：440.
⑩ 黄百家.明史：曆志[M].清抄本.紹興：紹興圖書館：卷一36.

五相應段落原文作『不拘整日半日畸零時刻』，明顯與湯斌本吻合①。

此外，黃百家還增補了不少内容，主要包括相關史實及注釋或評論。例如，在談到洪武二十六年李德芳和元統關于『歲實消長』的争論時，黃百家在李德芳的議論之後增加了一段評論，并用邢雲路《古今律曆考》的數據支持了李德芳的觀點②。再如，湯斌本在叙述崇禎改曆時未提及徐光啓（1562—1633）與李天經（1579—1659）五次進呈書目之事，黃百家將其補入，并注明歷次所進書册詳目③。在提到魏文魁（1557—1636）進呈《曆元》《曆測》二書時，黃百家增加了一大段注釋來概述魏氏著作④。雖然黃百家花費較大精力對『曆法沿革』部分進行了增補，且他的這些修改也大致都被熊賜履本所保留，但最終未被王鴻緒本和定本采納。

『大統曆法』部分的情况則較爲複雜，各本之間互有异同。對比不同版本發現，黃百家本與其他諸本皆不同，而熊賜履本實際上兼收了黃百家本與梅文鼎本，而王鴻緒本和定本則主要以熊賜履本爲基礎修訂而成。如表1所示，僅從内容結構即可看出，黃百家本與其餘各本之間存在不少差异。首先，黃百家本『大統曆法』分爲兩部分：『法原』和『推步』；而梅文鼎《明史曆志擬稿》以及熊賜履本、王鴻緒本和定本則均分爲三部分：『法原』『立成』和『推步』。顯然，黃百家本將立成表穿插于推步部分，而其餘各本則將立成表單獨列爲一部。不過，實際上大部分立成表各本皆存，只是位置不同。其次，法原部分黃百家本較其餘各本多出一節，即『弧背求矢』，然而，該節内容實際上對應其餘各本中的『弧矢割圓』一節，而黃百家本中的『弧矢割圓』一節則在其餘各本中未見相應内容。最後，黃百家本中包含了大量按語，這些按語或長或短，多爲黃百家對曆法的獨到議論，大部分不見于其餘諸本。

① 邢雲路.古今律曆考[M].明萬曆刻本.巴黎：法國國家圖書館：卷六十五 4.

② 這段評論在熊賜履本中還可以看到，但在王鴻緒本中已被删除。參見：黃百家.明史：曆志[M].清抄本.紹興：紹興圖書館，卷一 5；萬斯同.明史[M]//續修四庫全書：第324册.上海：上海古籍出版社，1996：318；王鴻緒.明史稿[M].雍正元年敬慎堂刻本.劍橋：哈佛大學燕京圖書館：志第七.

③ 歷次進呈詳目在熊賜履本中亦可見到，但在王鴻緒本中亦被删除。參見：黃百家.明史·曆志[M].清抄本.紹興：紹興圖書館，卷二；萬斯同.明史[M]//續修四庫全書：第324册.上海：上海古籍出版社，1996：卷二八；王鴻緒.明史稿[M].雍正元年敬慎堂刻本.劍橋：哈佛大學燕京圖書館：志第八.

④ 黃百家.明史：曆志[M].清抄本.紹興：紹興圖書館：卷二 7-8.

表 1 不同版本《明史·曆志》之『大統曆法』内容比較①

黃百家本	梅文鼎本	熊賜履本	王鴻緒本	定本
卷三： 弧矢割圓後附圖 割圓弧矢圖、側立之圖、平視之圖 勾股測望	《大統曆志》 **卷一：** 勾股測望	**卷二九[曆法三]：** 勾股測望	**志九[曆三上]：** 勾股測望	**卷三二[曆二]：** 勾股測望
弧背求矢黃赤道同用	弧矢割圓	弧矢割圓	弧矢割圓	弧矢割圓
黃赤道差 黃赤道相求割圓弧矢諸率立成	黃赤道差 黃赤道相求割圓弧矢諸率立成 割圓弧矢圖、側立之圖、平視之圖	黃赤道差 黃赤道相求弧矢諸率立成	黃赤道差 黃赤道相求弧矢諸率立成 割圓弧矢圖、側立之圖、平視之圖	黃赤道差 黃赤道相求割圓弧矢諸率立成 割圓弧矢圖、側立之圖、平視之圖
黃赤道内外度及去極度分 黃道每度去赤道内外及去北極立成	**卷二：** 黃赤道内外度 黃道每度去赤道内外及去北極立成	黃赤道内外度 黃道每度去赤道内外及去北極立成	黃赤道内外度 黃道每度去赤道内外及去北極立成	黃赤道内外度 黃道每度去赤道内外及去北極立成
白道交周附圖 月道距差圖	白道交周 月道距差圖 里差漏刻 **卷三：** 黃道每度晝夜立成 二至出入差圖	白道交周	白道交周 月道距差圖	白道交周 月道距差圖

① 表中楷體字表示曆表，仿宋體字表示插圖。爲了方便與其他各本進行比較，梅文鼎本『法原』與『曆表』部分取《大統曆志》前五卷内容，而『推步』部分則以《明史曆志擬稿》後三卷爲準。

續表

黃百家本	**卷四：** 日、月、五星平立定三差之原 盈縮招差圖	里差漏刻 二至出入差圖 黃道每度晝夜立成 冬夏二至後每日晨昏分立成			**卷五：** 步氣朔發斂附
梅文鼎本	日、月、五星平立定三差之原 盈縮招差之圖	**卷四：** 太陽盈縮立成 太陰限數遲疾度	**卷五：** 冬至日後每日日出晨分半 晝分 夏至日後每日日出晨分半 晝分	四海測驗 北京日出入時刻晝夜長短 五星盈縮立成	**《明史曆志擬稿》** **「推步」：氣朔**
熊賜履本	日、月、五星平立定三差之原 盈縮招差圖	**卷三〇〔曆法四〕：** 太陽盈縮立成 冬夏二至日晨昏分立成	太陰遲疾立成	入曆策數 五星盈縮立成	**卷三一〔曆法五〕：** 步氣朔發斂附 朔策鈐 轉終鈐 交終鈐
王鴻緒本	**志十〔曆三下〕：** 日、月、五星平立定三差之原 盈縮招差圖	**志十一〔曆四上〕：** 太陽盈縮立成 冬夏二至日晨昏分立成	**志十二〔曆四下〕：** 太陰遲疾立成	入曆策數 五星盈縮立成	**志十三〔曆五上〕：** 步氣朔發斂附 朔策鈐 轉終鈐 交終鈐
定本	**卷三三〔曆三〕：** 日、月、五星平立定三差之原 盈縮招差圖 里差漏刻 黃道每度晝夜立成 二至出入差圖	**卷三四〔曆四〕：** 太陽盈縮立成 冬夏二至後晨昏分立成	太陰遲疾立成	五星盈縮入曆度率立成 五星盈縮立成	**卷三五〔曆五〕：** 步氣朔發斂附

續表

黃百家本	梅文鼎本	熊賜履本	王鴻緒本	定本
步日躔 赤道各宿次度分 黃道各宿次度分 黃道十二次宿度 太陽盈縮立成	『推步』：日躔	步日躔 赤道度 黃道度 黃道十二次宿度	步日躔 赤道度 黃道度 黃道十二次宿度	步日躔 赤道度 黃道度 黃道十二次宿度
步月離 黃道積度鈐 赤道積度鈐 遲疾轉定度鈐 轉定積度鈐 赤道十二宮界宿次 太陰遲疾立成	『推步』：月離	步月離 黃道積度鈐 赤道積度鈐 遲疾轉定度鈐 轉定積度鈐 赤道十二宮界宿次	步月離 黃道積度鈐 赤道積度鈐 遲疾轉定度鈐 轉定積度鈐 赤道十二宮界宿次	步月離 黃道積度鈐 赤道積度鈐 遲疾轉定度鈐 轉定積度鈐 赤道十二宮界宿次
步中星	『推步』：中星	步中星	步中星	步中星
卷六： 步交食	『推步』：交食	步交食	步交食	卷三六〔曆六〕： 步交食
步五星 曆策鈐即入曆策數 五星盈縮立成	『推步』：五星	步五星	志十四〔曆五下〕： 步五星	步五星
步四餘 紫氣宿次日分立成 紫氣取入宮定積度 月孛宿次日分立成 月孛取入宮定積度 羅睺、計都宿次日分立成 羅睺、計都取入宮定積度		步四餘 紫氣交宮積日鈐 月孛交宮積日鈐 羅睺、計都交宮積日鈐	步四餘 紫氣交宮積日鈐 月孛交宮積日鈐 羅睺、計都交宮積日鈐	步四餘 紫氣宿次日分立成 紫氣交宮積日鈐 月孛宿次日分立成 月孛交宮積日鈐 羅、計宿次日分立成 羅、計交宮積日鈐
		里差漏刻 黃道每度晝夜刻立成	里差漏刻 黃道每度晝夜刻立成 二至出入差圖	

通過比較還發現，除删去大部分插圖外，熊賜履本法原部分的文字内容應取自梅文鼎本，較黄百家本則差异不少，如黄百家的一些小注即未被采納。不過，熊賜履本法原部分的立成表樣式則與《大統曆志》明顯不同，而和黄百家本一致。如圖 2，熊賜履本『黄赤道相求弧矢諸率立成』將『十』『度』『分』『秒』等單獨列于表頭下方，顯然是采用了黄百家本的表格結構，而《大統曆志》則是將『度』『分』『秒』横排于表格上方，相較之下，黄百家本的處理方式明顯更加節省篇幅①。不僅如此，熊賜履本立成部分的表格也都更接近黄百家本，如圖 3，『太陽盈縮立成』同樣將『十』『度』『分』『秒』等單獨列于表頭下方，故表中不再出現『度』『分』『秒』等字，這是對表格結構的一種優化②。最後，黄百家本『五星盈縮立成』將五星立成表中相同的『曆策』一行提取出來單獨作爲一表，又在原表的基礎上增加了『行定度』和『行積度』兩行，這些調整也都被熊賜履本所繼承③。

a

b

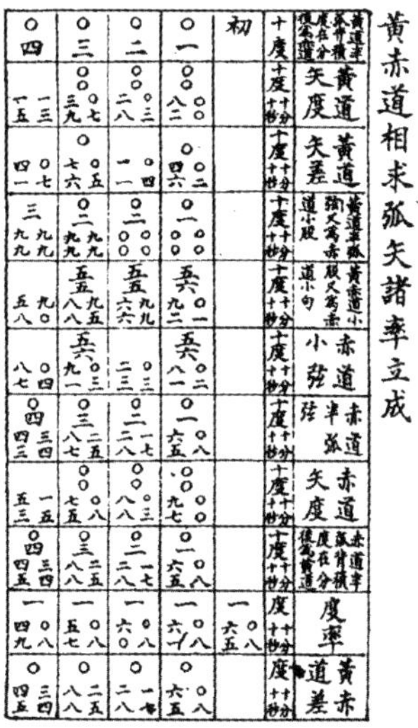

c

圖 2　不同版本『黄赤道相求弧矢諸率立成』表格樣式比較

a．黄百家本；b．梅文鼎本；c．熊賜履本

① 萬斯同．明史[M]//續修四庫全書：第324册．上海：上海古籍出版社，1996：357-359；黄百家．明史：曆志[M]．清抄本．紹興：紹興圖書館；卷三 19-24；梅文鼎．大統曆志[M]//景印文淵閣四庫全書：第795册．臺北：臺灣商務印書館，1983：825-831．

② 萬斯同．明史[M]//續修四庫全書：第324册．上海：上海古籍出版社，1996：373-378；黄百家．明史：曆志[M]．清抄本．紹興：紹興圖書館，卷五，17-27；梅文鼎．大統曆志[M]//景印文淵閣四庫全書：第795册．臺北：臺灣商務印書館，1983：866-872．

③ 萬斯同．明史[M]//續修四庫全書：第324册．上海：上海古籍出版社，1996：387-391；黄百家．明史：曆志[M]．清抄本．紹興：紹興圖書館：卷五 34-41；梅文鼎．大統曆志[M]//景印文淵閣四庫全書：第795册．臺北：臺灣商務印書館，1983：899-902．

圖3　不同版本『太陽盈縮立成』表格樣式比較

a．黄百家本；b．梅文鼎本；c．熊賜履本

a

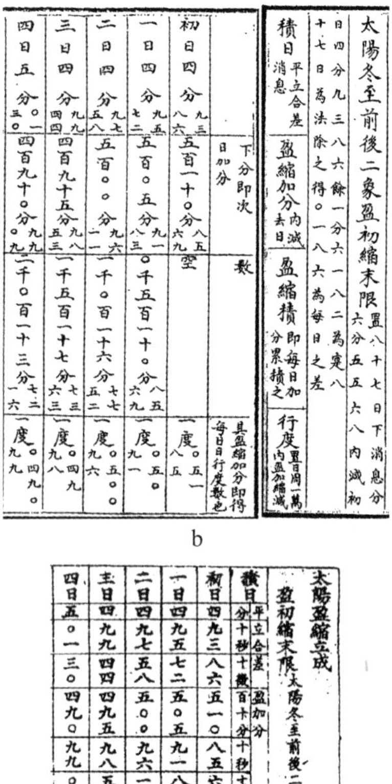

b

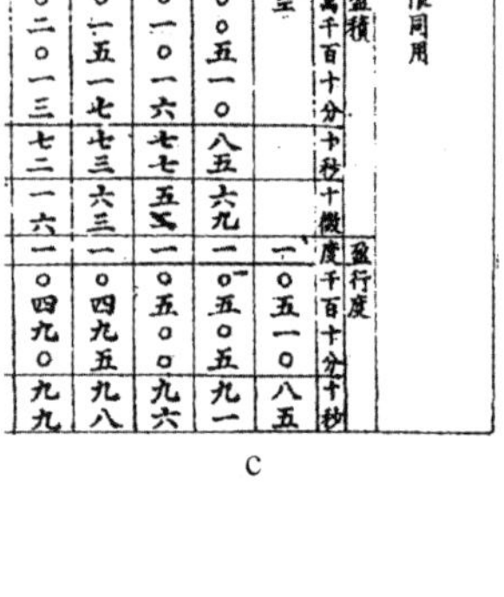

c

雖然熊賜履本推步部分(『里差漏刻』除外)與黄百家本卷五、卷六的文字部分(黄氏按語除外)大致相同，但由于《明史曆志擬稿》現已不存，且《大統曆志》又無推步内容，故目前無法判斷熊賜履本該部分是否受到梅文鼎本影響。實際上，就法原部分和立成部分來看，儘管黄百家增加了一些注釋和按語，但黄百家本和梅文鼎本中的相應内容在文字表述上存在非常明顯的一致性。例如，二者『黄赤道相求弧矢諸率立成』和『黄道每度晝夜立成』之後的按語一字不差①，顯然不可能是分别獨立完成的。那麼，若二者不是互相參考，則必同時參考了第三者。《明史曆志擬稿》約比黄百家本早十年，故前者不可能參考後者，但後者有可能參考前者。若二者同時參考另一本書，則該書只可能是吴任臣本或黄百家初本，但黄百家明確説過重撰八卷本時『不自存稿』，故當時應不可能直接參考黄百家初本。若此，有没有可能二者同時參考了吴任臣本呢？筆者認爲這種可能性也不大，就梅、黄二本重疊的内容來看，顯然與黄宗羲和梅文鼎對吴任臣本的描述不符。例如，梅、黄二本『黄道每度晝夜立成』按語中皆提到『右《曆草》所載每度晝夜刻分乃《授時》原定大都晷漏』，故該表應據《授時曆草》補入。而《曆志》最初缺《授時表》，後來

① 黄百家．明史：曆志[M]．清抄本．紹興：紹興圖書館：卷三24，卷四36-37；梅文鼎．大統曆志[M]//景印文淵閣四庫全書：第795册．臺北：臺灣商務印書館，1983：831-832，850．

由梅文鼎以《曆草》《通軌》增補，因此吴任臣本應無『黄道每度晝夜立成』這樣的《授時表》。此外，黄宗羲在删訂吴任臣本之後曾言『某意欲作表之法載于志中』①，故吴任臣本應無作表之法，而梅、黄二本關于作表之法的内容亦不可能取自吴任臣本。所以，梅、黄二本許多内容如此一致應爲黄百家在重修八卷本時參考了梅文鼎本，其時黄氏所參考的『講曆之書』中也許就有《明史曆志擬稿》或《大統曆志》。

至于『回回曆法』部分，前人研究已比較詳盡，故下文僅簡述其結論②。現存各本《明史・曆志》包含『回回曆法』部分的只有黄百家本、王鴻緒本和定本，三者之間的承襲關係也非常清楚，即王鴻緒本以黄百家本爲基礎，定本又以王鴻緒本爲基礎。三本法原部分皆含『序言』和『推步方法』，黄百家本較王鴻緒本和定本主要多『求總零年月日』一節、『附推崇禎二年己巳五月朔乙酉日蝕』和『附推康熙九年庚戌十月二十五日土星經緯』兩個算例以及幾處按語和一些小注，而定本較王鴻緒本還要少『日度説』『月度説』『五星經度説』『五星緯度説』四篇短文。三本立成部分皆含『立成造法』，大多數立成表也都相同，包括日、月、五星加減立成，月、五星爲緯度立成和晝夜時立成等，而黄百家本較王鴻緒本和定本主要多前十份立成表和『黄道南北各像内外星經緯度立成』，但缺少『太陰凌犯立成』。

將上述不同版本的比較結果與《明史・曆志》的編撰過程相結合，基本可以梳理出各版本之間的關係。如圖4③所示，吴任臣本是所有版本中最早的，然後由湯斌裁定後刊刻爲湯斌本，另外吴本又經徐善等人之手并最終由黄宗羲、黄百家父子修訂爲黄百家初本。儘管黄百家初本和梅文鼎《明史曆志擬稿》皆已不存，但相關史料所提供的綫索表明二者之間應存在緊密關聯。二者幾乎同時成書，且黄百家因《授時表》事宜找梅文鼎商討，而梅氏因審訂黄稿而撰《明史曆志擬稿》，故《明史曆志擬稿》可視作在黄百家初本基礎上編成的，而黄百家初本由于采納梅氏建議亦應當受到《明史曆志擬稿》的影響。至重新編撰八卷本時，除可能保留黄百家初本部分内容外，黄百家應至少還參考了湯斌本和梅文鼎本。而由熊賜履本和王鴻緒本可看出，萬斯同本

① 黄宗羲.答萬貞一論《明史・曆志》書[M]//黄宗羲全集：第10冊.杭州：浙江古籍出版社，1993：205-206.

② 陶培培.南京圖書館藏清抄本《回回曆法》研究[J].自然科學史研究，2003(2)：117-127.

③ 圖中虚綫框表示該本現已不存，實綫框則表示該本留存至今；與之類似，圖中虚綫箭頭表示不同版本之間可能存在的關聯，而實綫箭頭則表示確定存在的關聯。需要提醒的是，圖中所畫箭頭皆爲有證據或綫索表明不同版本之間存在關聯，但圖中未畫出者則未必不存在關聯。例如，由于梅文鼎《大統曆志》成書背景不詳，故萬斯同本是否參考該書不得而知；而本文將萬斯同本參考梅文鼎本的箭頭畫在《明史曆志擬稿》下面，主要是因爲該書乃梅文鼎在史館編成，故萬斯同本參考該書的可能性比《大統曆志》要大。再如，定本有無直接參考黄百家本或萬斯同本，并非没有這種可能性，但因未見明確證據或綫索顯示這種關聯，故这里未將相應箭頭畫出。

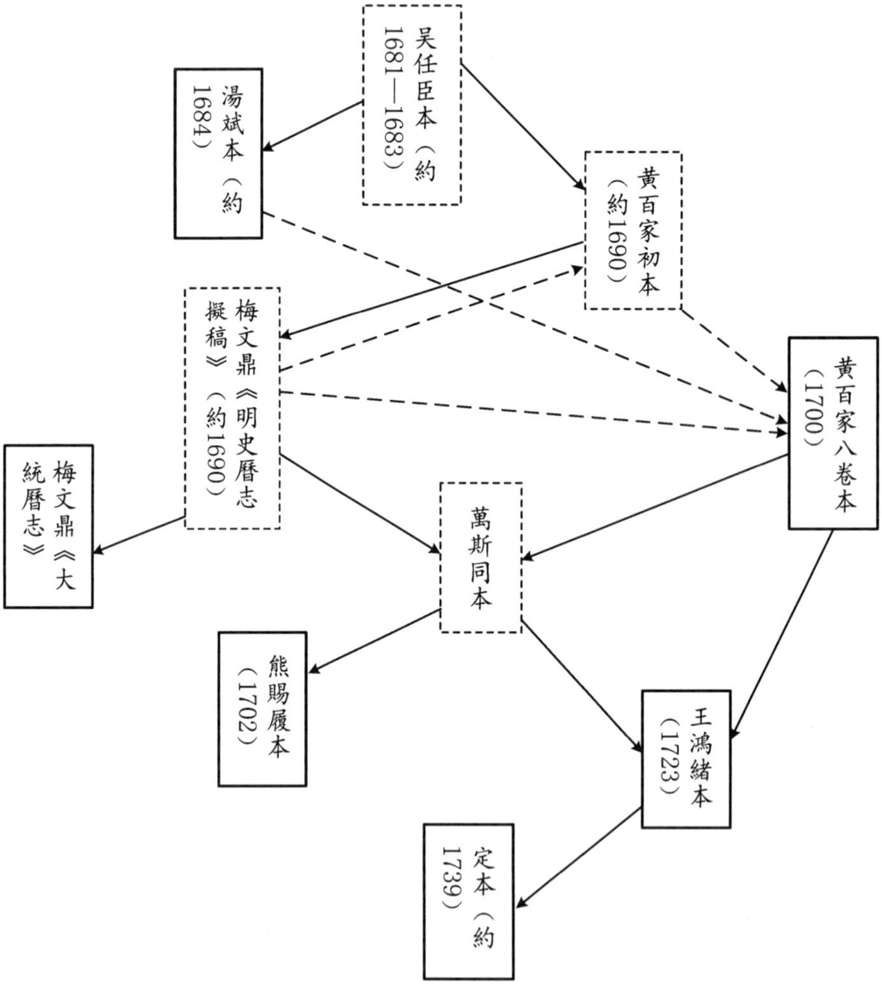

圖4 《明史·曆志》不同版本關係圖

應當兼收了梅、黃二本，尤其是其中的《大統》部分。不過，由于萬斯同本已不可見，故其中是否包含《回回》部分仍待考證。以萬斯同本爲基礎，熊、王二本陸續出現，而王鴻緒本中的《回回》部分應取自黃百家本，因黃百家完成八卷本後將書稿交給了王鴻緒。最終，在之前諸本（主要是王鴻緒本）的基礎上定本成書。

綜上所述，可以看出黃百家本在《明史·曆志》系列中的地位非常獨特。首先，與湯斌本、梅文鼎本、熊賜履本等相比，黃百家本内容更加全面，同時包含『沿革』、《大統》、《回回》三部分。其次，與湯斌本、吴任臣本等早期版本相比，黃百家本在内容上做了大量删訂與增補，而這些修改大多被熊賜履本所承襲。最後，儘管熊賜履本《大統》部分兼取黃百家本與梅文鼎本，但就《曆志》整體而言，明顯黃百家本對後來版本影響最大，且熊賜履本和王鴻緒本較黃百家本而言基本上只有删節，并無實質性的增補。可見，黃百家在編修《明史·曆志》方面也確實做出了巨大貢獻——他不僅在湯斌本基礎上對『曆法沿革』進行了大量的删改與增補，而且很可能參考梅文鼎本等文獻重修了《大統》部分，并將《回回》部分定型。因此，可以説黃百家本基本確定了後續版本的内容，是定本名副其實的『祖本』。

三、《明史·曆志》的學術價值

毋庸置疑，《明史·曆志》具有非常高的學術價值。在編撰過程中，《明史·曆志》參考了衆多史籍，匯集了大量資料，具有極高的歷史價值。如『曆法沿革』部分，至少應參考了《明實録》、《大明大統曆法》、周述學（1513—1590）《神道大編曆宗通議》及《雲淵先生文選》、朱載堉（1536—1610）《聖壽萬年曆》及《萬年曆備考》、邢雲路《古今律曆考》、魏文魁《曆測》、《治曆緣起》、《學曆小辯》等書。另外，在介紹《大統》《回回》兩種曆法的部分，亦非僅摘録二曆成法，而是同樣參考了許多其他相關著述，包括《曆草》、顧應祥（1483—1565）《弧矢算術》、周述學《神道大編曆宗算會》《神道大編曆宗通議》及《雲淵先生文選》、《古今律曆考》、黃宗羲《授時曆故》等；其中以《曆草》最爲重要，據信爲郭守敬（1231—1316）所作①，但現已失傳，故《明史·曆志》所録其内容便顯得更加珍貴。

不僅如此，《明史·曆志》相較之前諸史在叙述曆法的寫法上亦有很大不同。差异之處主要爲兩點：首先，《明史·曆志》從數理天文學的高度對明代官方使用的曆法進行了深入透徹的闡釋分析。以《大統曆》爲例，其法原部分占據了相當大的篇幅

① 梅文鼎．勿庵曆算書目[M]．高峰，校注．長沙：湖南科學技術出版社，2014：41-42．

（約兩卷或三卷），而此類法原探討的内容在前史《曆志》中從未出現。①事實上，這種對曆法原理的探求至少可以追溯到明中期，當時曆算之學衰微，唐順之（1507—1560）、周述學等認爲欲復興曆算學必須探究『曆理』，并在此方面付出了巨大努力②。後來，徐光啓在編纂《崇禎曆書》時便專門開闢了『法原部』，成書若干，闡明西法造術原理。至清初，這種追求『曆理』的觀念已深入人心，故梅文鼎在《曆志贅言》與《明史曆志擬稿》中都表達了相似的意見：編撰《明史·曆志》應闡明《授時曆》奥秘之處，彌補《元史》缺載内容。③在此思路的影響下，《明史·曆志》對《大統曆》系統中的諸多關鍵問題做了詳細的剖析解説，如勾股測望、弧矢割圓、黄赤道差、黄赤道内外度、白道交周、平立定三差法、里差漏刻等，使《大統曆》立法之緣由得以清晰闡釋。由于《大統曆》基本沿襲元《授時曆》，故《明史·曆志》後來也成爲研究《授時曆》曆法原理的重要參考資料。

其次，《明史·曆志》保留了豐富的天文圖表，如日、月、五星立成表及弧矢割圓三圖、月道距差圖、盈縮招差圖、二至出入差圖等，這類立成表不見于《元史·曆志》，在更早的《曆志》中也較少出現，而圖用于《曆志》則更是《明史》首創。這些圖表并非《明史·曆志》編纂者獨自發明，而是取自《授時曆草》《大統曆法通軌》等元明官方天文機構所用書籍，如《授時曆草》即『有算例，有圖，有立成』，『《曆經》立法之根多在其中』④。對這些圖表的作用，編纂者亦有明確解釋，如梅文鼎曾指出：『舊史無圖，然表亦圖之屬也。……非圖不明，因存其要者數端。』⑤而《曆志》正文也提到：『其又術……者，用立成法也。而遺立成未載，無從入算。』⑥由于《明史·曆志》重視造法原理的同時又保存了大量圖表，故相較于前代《曆志》，其中科學原理最容易爲後人掌握運用，爲理解元明兩代曆法提供了重要基礎。

不過，應當注意的一點是，《明史·曆志》所載術文并非全然等同于明代欽天監所使用的《大統曆》算法。據前人研究，《曆志》中的一些算法與明代《大統曆法通軌》并不相同，甚至與《授時曆經》也存在差异⑦。以月食算法爲例，《曆志》對月食時差、月

① 薄樹人.明史天文志、曆志提要[M]//中國科學技術典籍通彙：天文卷：三.開封：河南教育出版社，1993：1421-1422.
② 石云里.從科學理解到文化臆想：明清學者對阿拉伯天文學的認識[J].中國科技史雜志，2019(3)：253-270.
③ 梅文鼎.勿庵曆算書目[M].高峰，校注.長沙：湖南科學技術出版社，2014：34-41.
④ 梅文鼎.勿庵曆算書目[M].高峰，校注.長沙：湖南科學技術出版社，2014：41.
⑤ 梅文鼎.大統曆志[M]//景印文淵閣四庫全書：第795册.臺北：臺灣商務印書館，1983：834.
⑥ 梅文鼎.大統曆志[M]//景印文淵閣四庫全書：第795册.臺北：臺灣商務印書館，1983：866.
⑦ 李亮，吕凌峰，石云里.從交食算法的差异看《大統曆》的編成與使用[J].中國科技史雜志，2010(4)：414-431.

食定用分、月食既内分的算法都做了一些調整，這對計算結果的精度會産生明顯影響。如《授時曆經》與《通軌》中都存在月食時差算法，而《明史・曆志》却采納了朱載堉、魏文魁等人的觀點，放弃了月食時差算法。這種方法有效减少了《大統曆》推算交食時刻在明末後天的趨勢，改善了推算精度，但明顯有别于明代欽天監實際使用的算法。可見，《明史・曆志》在一些推算步驟上并未直接采用明代欽天監或者郭守敬的算法，而是一定程度上融入了編纂者自己的思考與判斷①。不過，這正體現了《明史・曆志》編纂者的獨特匠心，其目的并非僅僅爲了存留明代官方曆法，而是在此基礎上儘可能收録明代民間曆算學家的工作。

明中期以來官方曆法誤差越來越大，在預報日月食等方面頻頻出錯。但欽天監官員固守成法，只知道依照現成的算表與算法推步，而不懂背後的天文曆法原理，無法勝任改進曆法之重任。在此背景下，民間曆算學家如顧應祥、唐順之、周述學、邢雲路等參悟郭守敬《授時曆》之『曆理』，前赴後繼，爲復興傳統曆法做出了卓越貢獻。《明史・曆志》的編纂者爲記録該段歷史，故采其精華寫入史志。其中尤以黄百家爲甚，他在《曆志》中增補了許多民間曆算家的理論②。例如，湯斌本對唐順之的介紹只有寥寥數語，僅五六行約一百字，而黄百家對其進行了大幅擴充，增補後的内容達到約九百字③。黄氏將分散在《神道大編曆宗通議》和王肯堂（約1552—1638）《鬱岡齋筆塵》中的唐順之曆算議論搜集整理後補入了《曆志》④。此外，黄百家還徹底改寫了介紹周述學的部分，將湯斌本中過于瑣碎的内容進行提煉，并從更宏觀的視角對周氏曆算工作進行了評價⑤。不僅如此，黄百家本卷三的『弧矢割圓』一節爲他本所無，該節内容幾乎全部本之顧應祥《弧矢算術》中的『弧矢論説』及周述學《雲淵先生文選》

① 李亮.《明史》曆志中大統和回回曆法的編修[J]. 中國科技史雜志，2018(4)：390-402.

② 褚龍飛. 黄百家《明史・曆志》新探[J]. 上海交通大學學報(哲學社會科學版)，2019(3)：104-115.

③ 湯斌. 潛庵先生擬明史稿[M]//四庫未收書輯刊：陸輯5. 北京：北京出版社，1998：424；黄百家. 明史・曆志[M]. 清抄本. 紹興：紹興圖書館：卷一 11-13.

④ 周述學. 神道大編曆宗通議[M]//續修四庫全書：第1036冊. 上海：上海古籍出版社，1996：165-494；王肯堂. 鬱岡齋筆塵[M]//四庫全書存目從書：子107. 濟南：齊魯書社，1995：597-752.

⑤ 湯斌. 潛庵先生擬明史稿[M]//四庫未收書輯刊：陸輯5. 北京：北京出版社，1998：424-425；黄百家. 明史・曆志[M]. 清抄本. 紹興：紹興圖書館：卷一 13-15.

卷四中的『弧矢論』①。而卷六『步交食』最末所附長達九頁的按語，亦大幅引用《雲淵先生文選》內容，其中不僅詳細梳理了歷代交食理論的演變，還結合西洋新法分析了中曆交食理論的特點②；『步五星』末尾按語也對周述學給予了非常高的評價，稱讚他嘗試會通中西以解決中曆無法計算五星緯度的缺陷③。另外，卷四『五星平立定三差之原』後面也有三頁按語，其中簡述了古代五星理論的發展，并重點介紹了張方齋效法《授時曆》重新設計五星進退之度的方法④。可見，黃百家本《明史·曆志》事實上可以看作對明中後期曆算家參悟研習、修訂完善《授時曆》《大統曆》系統的最終總結，是這百餘年里民間學者工作進展的集大成之作。

此外，在《回回曆》的保存與傳播方面，《明史·曆志》也發揮了重要作用，而這一點又與黃百家聯係緊密。首先，熊賜履本認爲『《回回曆》前史僅存其名，未嘗施用』⑤，故爲節約篇幅將《回回曆》部分刪去；但黃百家本則堅持將其『列于後，以備省覽』⑥。不僅如此，爲了使讀者可以自行計算，黃百家對《回回曆法》秘而不宣的算法也進行了補充，如在推步方法中補入『加次法』，解決了此前《回回曆法》無法用于計算的難題⑦。黃百家稱：『加次法係彼科所秘，故諸本皆所不載，然不得此法，此書無從入門，特訪補之』⑧，而這一方法後來也被王鴻緒本與定本所繼承。

同時，《明史·曆志》對立成表的詳細備載，也與黃宗羲、黃百家父子密切相關。黃宗羲曾言：『前代《曆志》，雖有推法，而

① 顧應祥．弧矢算術[M]//景印文淵閣四庫全書：第798册．臺北：臺灣商務印書館，1983：307-308；周述學．神道大編曆宗算會[M]//續修四庫全書：第1043册．上海：上海古籍出版社，1996：676-677；周述學．弧矢論[M]//雲淵先生文選．明萬曆二十年刻本．北京：國家圖書館：卷四 23b -26．

② 黃百家．明史：曆志[M]．清抄本．紹興：紹興圖書館：卷六 8-16．

③ 黃百家．明史：曆志[M]．清抄本．紹興：紹興圖書館：卷六 32-33．

④ 這段按語主要參考了周述學《雲淵先生文選》。關于張方齋『平立定三差』構造法，參見：曲安京．中國曆法與數學[M]．北京：科學出版社，2005：286-294．

⑤ 萬斯同．明史[M]//續修四庫全書：第324册．上海：上海古籍出版社，1996：317．

⑥ 黃百家．明史：曆志[M]．清抄本．紹興：紹興圖書館：卷一 2．

⑦ 陶培培．南京圖書館藏清抄本《回回曆法》研究[J]．自然科學史研究，2003(2)：117-127．

⑧ 黃百家．明史：曆志[M]．清抄本．紹興：紹興圖書館：卷七 5．

立成不能盡載，推法將焉用之？ 如元之《授時》，當載其作法根本，令後人尋繹端緒，無所藉于立成，始爲完書。 顧乃不然。 讀其《曆志》，又須尋其專門之書，而後能知曆。 是則《曆志》無當于曆也。 ……蓋作者之精神，盡在于表，使推者易于爲力。 今既不可盡載，而徒列推法，是則終于牆面而已。』①黄百家繼承乃父觀點，亦指出：『昔人作曆推步，全恃立成，立成不載，何從入算？ 故雖具文，《曆志》直爲廢物耳。 雖然作史之法，以簡要爲體。 一載立成，排比算數，爲文浩繁，不可勝載。 不載立成，則又昧漏全曆之旨。 二者抉擇，誠有甚難。 ……既名《曆志》，則當使讀此志者，便能明達造曆之旨，且即可據以入算，使此志有可用，方不致爲具文廢物，則務簡之説，不必執也。』②可見，若無立成，讀者將無法使用《曆志》入算，則《曆志》僅爲空文。 因此，黄百家不遺餘力訪求算表，包括向梅文鼎求取《通軌》《曆草》中的《授時》曆表。

儘管如此，立成表卷帙浩繁，不可勝載，故而黄百家在力求完整收録立成表的同時，亦爲節約其篇幅做出了關鍵努力。 首先，黄百家繼承了其父思路，將『作表之法載于志中，使推者不必見表，而自能成表』③。 例如，黄百家考慮到《回回曆法》『立成甚多，今亦約束使簡，并各剔注其造立成之由，使覽者煥然明白，便可按數目排也』④，故黄百家本在《回回曆法》每份平行立成表後附注釋以闡明各表造法。 由于黄百家的這一舉措，此後《明史・曆志》各版本雖然删去了這些平行立成表，但讀者依舊可以用立成造法計算出表值。 不僅如此，爲了進一步壓縮表格文字數量，黄百家還仿照西洋算表對《回回曆法》表格形式進行了改造。 其一，改變了查表方式與數據書寫的方式，將傳統表格中各項數據的『某宮某度某分某秒』的直書方式改爲將不同位次數據放置于不同格中； 在恒星表中，『某像内/外第某星』也使用了承前省略的方式，將同一星座下的幾顆連續星略寫作『某星』或『第某星』，這樣便可以避免書寫大量重複的星座名稱與内外位次。 其二，黄百家本《回回曆法》表格延續薛鳳祚（1600—1680）輯本《回回曆》的做法，采用了西洋算表常用的『旋轉對稱』結構。 這種結構的表格前後兩部分的數據對稱，可以從兩個方向讀取，『得數無异，而簡潔過之』，相較原表能夠節省一半篇幅。⑤

① 黄宗羲.答萬貞一論《明史・曆志》書[M]//黄宗羲全集：第10册.杭州：浙江古籍出版社，1993：205-206.
② 黄百家.黄竹農家耳逆草[M]//清代詩文集珍本叢刊：第128册.北京：國家圖書館出版社，2017：389-390.
③ 黄宗羲.答萬貞一論《明史・曆志》書[M]//黄宗羲全集：第10册.杭州：浙江古籍出版社，1993：205-206.
④ 黄百家.黄竹農家耳逆草[M]//清代詩文集珍本叢刊：第128册.北京：國家圖書館出版社，2017：389-390.
⑤ 李亮.《明史》曆志中大統和回回曆法的編修[J].中國科技史雜志，2018(4)：390-402.

綜上所述,《明史·曆志》具有多方面的學術價值,不僅記載了明代曆法的相關資料,同時也反映了清初曆算學界的思想動態,是明清天文學史研究重要的參考文獻之一。

四、本書校注説明

作爲中國古代最後一部官修正史,《明史》長期以來爲學界所重視,相關整理工作一直在進行,各種成果陸續出版。《曆志》作爲其中獨具價值的一部分,也多次被整理并出版過。此前對《明史·曆志》的整理工作主要分爲兩類,首先是影印出版,主要包括商務印書館百衲本『二十四史』中的《明史》、河南教育出版社《中國科學技術典籍通彙·天文卷》第3册中的《明史》『天文志』『曆志』等①,這些文獻中的《曆志》部分采用的都是定本。另外,《續修四庫全書·史部》影印了熊賜履本《明史》,《四庫未收書輯刊》和《中國野史集成》影印了《潛庵先生擬明史稿》(即湯斌本),文海出版社影印了王鴻緒本《明史稿》,等等②。其次是點校出版,如中華書局點校本『二十四史』、《歷代天文律曆等志彙編》等③,底本亦皆爲定本。然而,《明史·曆志》系列中最爲重要的黄百家本尚未被影印或點校,定本以外的其他版本亦未被點校整理過,而上述各影印本又無法反映不同版本之間的差异與關聯。此外,《明史·曆志》的内容來源目前也没有得到系統的考訂梳理。可見,《明史·曆志》仍有進一步點校整理的必要,對不同版本進行匯校并注釋其内容來源,是一項具有很高學術價值的工作。爲了彌補上述整理工作的不足,本書以黄百家本爲底本,通過注釋的方式將其他版本的内容差异逐一列出,并將考訂梳理《明史·曆志》内容來源所得到的結果一并注出,最終形

① 張廷玉.明史[M]//百衲本二十四史.北京:商務印書館,1936;薄樹人.明史天文志、曆志提要[M]//中國科學技術典籍通彙:天文卷:三.開封:河南教育出版社,1993:1423-1573.

② 萬斯同.明史[M]//續修四庫全書:第324册.上海:上海古籍出版社,1996:316-414;湯斌.潛庵先生擬明史稿[M]//四庫未收書輯刊:陸輯5.北京:北京出版社,1998:418-460;湯斌.潛庵先生擬明史稿[M]//中國野史集成:22.成都:巴蜀書社,1993;王鴻緒.明史稿[M].臺北:文海出版社,1962.

③ 張廷玉.明史:第三册[M]//點校本二十四史精裝版.北京:中華書局,2011:515-880;張廷玉.明史:曆志[M]//歷代天文律曆等志彙編:十.北京:中華書局,1976:3525-3879.

成一部完整可靠的匯校注釋本。本書期望通過這種整理方式，揭示《明史・曆志》的内容來源，標注其與所參考原書之間的差异；直觀地呈現各版本之間的承襲關係，反映其編撰過程中的内容演變，進而比較完整地展示《明史・曆志》從搜集基本史料到最後定稿成書的過程。

需要説明的是，本書所用底本黄百家本《明史・曆志》其實并無全本存世，且很長時間以來一直被認爲僅前兩卷留存①。之前學界僅發現中國科學院國家科學圖書館藏《明史・曆志》清抄本②（下文簡稱『國科圖本』）爲黄百家本前兩卷；另外，南京圖書館藏《回回曆法》清抄本③（下文簡稱『南圖本』）也被認爲與黄百家有關，可能是黄百家本的後兩卷，但一直無法確認④。幸運的是，近年我們在紹興圖書館找到了黄百家本的八卷本⑤（下文簡稱『紹圖本』），不僅證實了南圖本就是黄百家本的後兩卷，而且還首次獲得了黄百家本的中間四卷，即《大統曆法》部分。雖然紹圖本相對比較完整，但亦非完本，其最後一卷僅存十四頁，其餘卷册亦有少數缺頁；不僅如此，該本抄寫質量欠佳，少數頁面次序裝訂錯誤，而且錯訛也非常多。⑥因此，有必要結合國科圖本與南圖本對紹圖本進行校訂與補充，以復原黄百家本的完整内容。另外，我們還發現北京大學圖書館藏有黄百家本的前兩卷抄本⑦（下文簡稱『北大本』），亦可用來校訂紹圖本。不僅如此，由于《明史・曆志》不同版本之間關繫密切（圖５），尤其熊賜履本、王鴻緒本與黄百家本内容相近，故這些版本皆可爲校訂黄百家本提供參考。所以，在實際工作過程中，本書主要以紹圖本爲底本，同時參校國科圖本、北大本與南圖本，再結合其他版本以及相關史料，給出一份完整且準確的通校版黄百家本。

① 韓琦．從《明史》曆志的纂修看西學在中國的傳播[G]//劉鈍，等．科史薪傳：慶祝杜石然先生從事科學史研究四十周年學術論文集．沈陽：遼寧教育出版社，1997：61-70．

② 黄百家．明史：曆志[M]．清抄本．北京：中國科學院國家科學圖書館．

③ 回回曆法[M]．清抄本．南京：南京圖書館．

④ 陶培培．南京圖書館藏清抄本《回回曆法》研究[J]．自然科學史研究，2003(2)：117-127．

⑤ 黄百家．明史：曆志[M]．清抄本．紹興：紹興圖書館．

⑥ 褚龍飛．黄百家《明史・曆志》新探[J]．上海交通大學學報（哲學社會科學版），2019(3)：104-115．

⑦ 黄百家．明史：曆志[M]．清抄本．北京：北京大學圖書館．

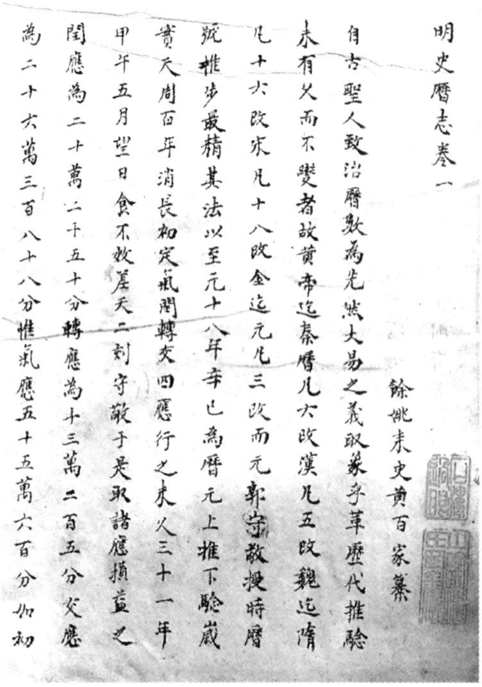

明史曆志卷一

餘姚耒史黄百家纂

自古聖人致治曆數為先然大易之義取象乎革歷代推驗
未有久而不變者故黄帝迄秦曆凡六改漢凡五改魏迄隋
凡十六改宋凡十八改金迄元凡三改而元郭守敬授時曆
號推步最精其法以至元十八年辛巳為曆元上推下驗歲
實天周百年消長和定氣閏轉交四應行之未久三十一年
甲午五月望日食不效差天二刻守敬于是取諸應損益之
閏應為二十萬二千五十分轉應為十三萬二百五分交應
為二十六萬三百八十八分惟氣應五十五萬六百分如初

a

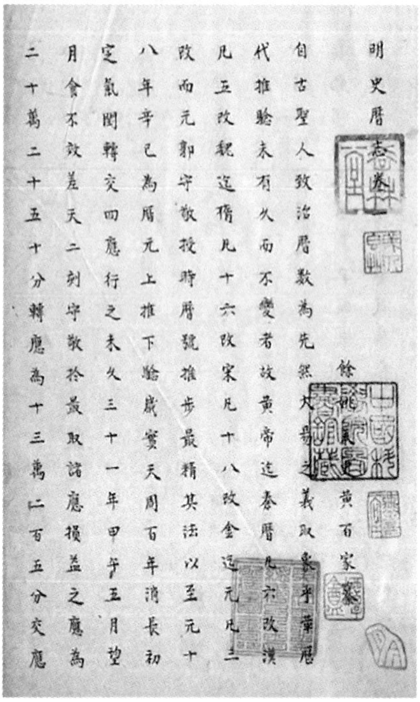

明史曆志卷一

餘 黄百家纂

自古聖人致治曆數為先然大易之義取象乎革歷
代推驗未有久而不變者故黄帝迄秦曆凡六改漢
凡五改魏迄隋凡十六改宋凡十八改金迄元凡三
改而元郭守敬授時曆號推步最精其法以至元十
八年辛巳為曆元上推下驗歲實天周百年消長初
定氣閏轉交四應行之未久三十一年甲午五月望
月食不效差天二刻守敬於是取諸應損益之應為
二十萬二十五十分轉應為十三萬二百五分交應

b

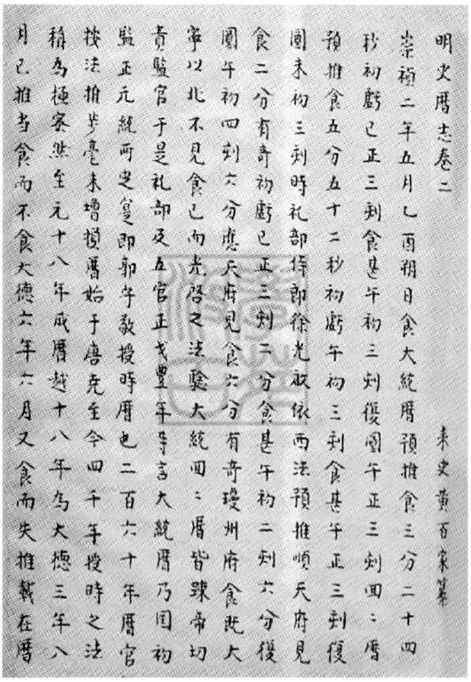

明史曆志卷二

耒史黄百家纂

崇禎二年五月乙酉朔日食大統曆預推食三分二十四
秒初虧巳正三刻食甚午初三刻復圓午正三刻回回曆
預推食五分五十二秒初虧午初三刻食甚午正三刻復
圓未初三刻時礼部侍郎徐光啟依西法預推順天府見
食二分有奇初虧巳正三刻二分食甚午初二刻六分復
圓午初四刻六分應天府見食六分有奇瓊州府食既大
寧以北不見食已而光啓之法驗大統回回曆皆疎帝切
責監官于是礼部及五官正戈豐年等言大統曆乃国初
監正元統所定實即郭守敬授時曆也二百六十年曆官
按法推步毫未增損曆始于唐堯至今四千年授時之法
稱為極密然至元十八年成曆越十八年為大德三年八
月已推当食而不食大德六年六月又食而失推載在曆

c

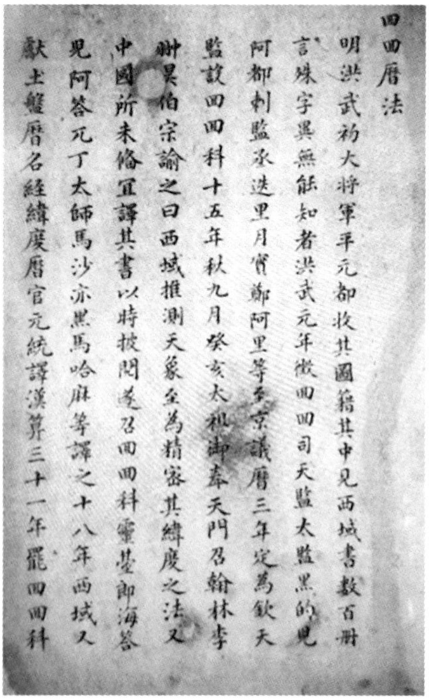

回回曆法

明洪武初大將軍平元都收其圖籍其中見西域書數百冊
言殊字異無能知者洪武元年徵回回司天監太監黑的兒
阿都剌監丞迭里月實鄭阿里等至京議曆三年定為欽天
監設回回科十五年秋九月癸亥太祖御奉天門召翰林李
翀吳伯宗論之曰西域推測天象至為精密其緯度之法又
中國所未備宜譯其書以時披閱遂召回回科靈臺郎海答
兒阿答兀丁太師馬沙亦黑馬哈麻等譯之十八年西域又
獻土盤曆名經緯度曆官元統譯漢算三十一年罷回回科

d

圖 5　現存黄百家本的不同藏本

a．紹圖本；b．國科圖本；c．北大本；d．南圖本以黄百家本的文本爲基礎，本書再通過對比《明史・曆志》各版本，將不同版本之間的内容差异以注釋的方式匯校融入。同時，我們還重製了書中的全部圖表，并將不同版本插圖中的差异也都標注出來。但由于曆表中的數字較多，爲避免篇幅過于浩繁，本書不對各版本間的表值差异逐一進行注釋；一般來説，不同版本中的同一曆表，其正確表值應皆相同，各本差异往往爲推算或謄抄錯誤，而詳注此類差异確實無甚必要。至于各曆表中的表值，理應以黄百家本爲準，但由于其數值錯訛較多，故本書取其餘版本中最接近者。如《大統曆法》曆表，王鴻緒本與黄百家本表格形式最爲相近，因此采用其表值；《回回曆法》曆表則分兩種情況，因王鴻緒本與定本皆無平行立成表及『黄道南北各像内外星經緯度立成』，所以這些表以明成化刊本《回回曆法》爲準，其餘則以定本爲準。另外，對于其他版本超出黄百家本的内容，篇幅較小者都寫入注釋，而篇幅較大的幾處則以『附文』的形式録于正文中，主要包括梅文鼎本中的『《大統曆》依《授時》算立成，北京日出入時刻晝夜長短』以及定本《回回曆法》平行立成表的造立成法①。

關于《明史・曆志》的内容來源，我們在歷史記載與前人研究的基礎上，采用文獻對比、『e-考據』等方法，利用中國基本古籍庫、中國方志庫、明代詩文集總庫等數據庫，結合明代天文曆法相關史籍，力求尋找到準確可靠的文獻出處。除將這些考訂結果以注釋的方式融入外，本書還將《明史・曆志》與其所參考原文之間的主要差异注出，以方便讀者了解《明史・曆志》編撰者們的修史思路。而不同版本《明史・曆志》在處理這些内容上的差异，往往也反映了編撰者不同的思想傾向，如黄百家所做的增補與梅瑴成所做的删節，都體現了他們在同一問題上的不同立場，尤其是關于唐順之與周述學的評價方面。

另外，本書還附録了清初幾部主要民間私修明史中的曆法部分，包括傅維鱗（1608—1667）《明書》、張岱（1597—1689）《石匱書》、查繼佐（1601—1676）《罪惟録》②。這些文獻反映了民間史家對明代曆法的總結與評論，雖非官方所編，内容略顯粗糙，但亦有其歷史價值。其中，《明書・曆志》共六卷（卷四十四至四十九），但其後五卷《大統曆法》部分與官修《曆志》相差較大，故本書僅録其第一卷『曆法沿革』部分；《石匱書》與《罪惟録》中的《曆（法）志》則皆爲一卷，僅『曆法沿革』部分，故本書將其

① 見本書第224-234，441-446，454-456頁。

② 傅維鱗．明書[M]//四庫全書存目叢書：史038．濟南：齊魯書社，1996：375-420；張岱．石匱書[M]//續修四庫全書：第318册．上海：上海古籍出版社，1996：574-589；查繼佐．罪惟録[M]//續修四庫全書：第321册．上海：上海古籍出版社，1996：317-321．

完全收入。

在文本校勘過程中，本書根據具體情況綜合運用了對校法、本校法、他校法、理校法等學界通用的校勘方法。例如，將紹圖本與國科圖本、北大本、南圖本互校主要采用對校法，參考熊賜履本、王鴻緒本堪訂黄百家本主要使用了他校法，等等。此外，在文本標點與注釋方面，本書亦參考了前人相關成果，主要包括中華書局點校本《明史》《歷代天文律曆等志彙編》《歷代律曆志校證》①等。

本書的編纂經歷了較長時間，對此需要特别感謝國家古籍整理出版規劃領導小組和中國科學技術大學出版社所給予的理解與支持。中國科學技術大學科技史與科技考古系的研究生程秋霞、葛業静、劉國成、程淑媛、何麗媛、郭修齊等參與了文字録入、校對等工作，在此一并表示感謝。由于《明史・曆志》版本複雜，内容也較爲艱深，所徵引文獻亦範圍廣泛，并涉及大量中國古代天文與數學的概念術語以及相關史實，因此本書的工作量較大，且頗具難度，雖然我們已反復仔細檢查核對，盡力避免出錯，但限于自身學識與能力，加之時間也較倉促，書中錯漏與缺陷在所難免，敬請各位專家和讀者諒解與指正！

褚龍飛　楊伯順　石云里
二〇二三年秋
中國科學技術大學

① 陳美東. 歷代律曆志校證[M]. 北京：中華書局，2008.

凡例

（一）本書底本選用紹興圖書館藏黄百家《明史・曆志》八卷抄本（簡稱『紹圖本』）、中國科學院國家科學圖書館藏黄百家《明史・曆志》兩卷抄本（簡稱『國科圖本』）、北京大學圖書館藏黄百家《明史・曆志》兩卷抄本（簡稱『北大本』）、南京圖書館藏《回回曆法》兩卷抄本（簡稱『南圖本』）。同時主要參考康熙二十七年（1688）刻本《潜庵先生擬明史稿》（簡稱『湯斌本』）、國家圖書館藏熊賜履《明史》四百一十六卷抄本（簡稱『熊賜履本』）、雍正元年（1723）敬慎堂刻本《明史稿》（簡稱『王鴻緒本』）、乾隆四年武英殿刊本《明史》（簡稱『定本』）、文淵閣《四庫全書》本《大統曆志》（簡稱『梅文鼎本』）等。

（二）充分吸收包括中華書局點校本《明史》、《歷代天文律曆等志彙編》、《歷代律曆志校證》等在内的前人校勘成果，全面參校，形成一個全新的校勘本。校勘結果反映在原文中，即依據有充分把握的校勘結果，將底本中的衍、脱、誤、倒等問題全部改正，并在注釋中説明底本錯訛情况。底本圖文破損缺漏處，在核實史料文獻後，酌情補入。無十分把握之處，不改原文，衹出注釋質疑。

（三）對《明史・曆志》不同版本之間的内容差异給出注釋。其他版本超出底本的内容以『附文』形式收録于正文中，用不同字體區分。不同版本中的曆表數值差异一般不出注。不同版本由于書寫或刊刻版式不同，表值格式有所差异，此類變化亦不一一注出。如『一十四分六三六九二〇二五』，在不同版本中分别寫作『一十四分六三六九二〇二五』『一十四分六三六九二〇二五』等，本書將之統一表示爲正文格式，不對各本之間格式差异出注。

（四）對《明史・曆志》的内容來源及其與所參考原書之間的差异給出注釋。主要參考《明實録》《治曆緣起》《雲淵先生文選》《聖壽萬年曆》《古今律曆考》等。衹對有充分依據、可以確認徵引關係的内容來源出注，力求言之有據。無充分依據者，衹在注釋中説明可能存在徵引關係。注釋一般簡明扼要，不展開論述如何確認内容來源的考證過程。

（五）原文中的异體字統一爲符合現行規範的正體字。如『曆』『暦』『厤』統一爲『曆』，『捴』『総』『總』統一爲『總』，『祘』『筭』『算』統一爲『算』，等等。避諱字一般全部予以改回。

（六）人物、地名、官職以及天文與數學名詞、術語、概念等，一般不出注。少數西方天文學家的名字因與今用譯名差异較大，故注釋其對應人物。

目録

引言 …………………………（1）
凡例 …………………………（25）
明史・曆志 …………………………（1）
明史曆志卷一 …………………………（3）
明史曆志卷二 …………………………（70）
明史曆志卷三　大統曆法　法原上 …………………………（124）
明史曆志卷四　大統曆法　法原下 …………………………（162）
明史曆志卷五　大統曆法　推步上 …………………………（235）
明史曆志卷六　大統曆法　推步二 …………………………（309）
明史曆志卷七　回回曆法 …………………………（372）
明史曆志卷八　回回曆法 …………………………（431）
附録 …………………………（553）
《明書》第四十四卷 …………………………（555）
《石匱書》第三十四卷 …………………………（558）
《罪惟録・志》卷之二 …………………………（568）

明史·曆志

明史曆志卷一①

餘姚耒史黃百家纂②

自古③聖人④致治，曆數爲先。然大易之義，取象乎⑤革⑥，歷代推驗未有久⑦而不變者⑧。故⑨黃帝迄秦曆凡六改，漢凡五改⑩，魏迄隋凡十六改⑪，宋凡十八改，金迄元凡三改⑫。而元郭守敬《授時曆》，號推步⑬最精⑭，其法以至元十八年辛

① 湯斌本本卷標題作「潛庵先生擬明史稿卷之五」，熊賜履本作「明史卷二十七　志一」，王鴻緒本作「明史稿　志第七」，定本作「明史卷三十一　志第七」。

② 湯斌本本卷署名作「睢州湯斌潛庵擬，同里田蘭芳簣山評」，王鴻緒本作「光禄大夫經筵講官明史總裁户部尚書加七級臣王鴻緒奉敕編撰」，定本作「總裁官總理事務經筵講官少保兼太子太保保和殿大學士兼管吏部户部尚書事加六級張廷玉等奉敕修」，熊賜履本本卷無署名。

③ 湯斌本該句前有「曆志」標題，熊賜履本有「曆法一」標題，王鴻緒本有「曆一」標題，定本有「曆」標題。

④ 熊賜履本「聖人」作「聖王」。

⑤ 熊賜履本「乎」作「于」。

⑥ 王鴻緒本此處無「大易之義，取象乎革」。

⑦ 王鴻緒本「久」作「積久」。

⑧ 湯斌本「者」後有「也」字。定本「自古聖人致治，……歷代推驗未有久而不變者」作「後世法勝于古，而屢改益密者，惟曆爲最著。《唐志》謂天爲動物，久則差忒，不得不屢變其法以求之。此説似矣，而不然也。《易》曰：「天地之道，貞觀者也。」蓋天行至健，確然有常，本無古今之异。其歲差盈縮遲疾諸行，古無而今有者，因其數甚微，積久始著。古人不覺，而後人知之，而非天行之忒也。使天果久動而差忒，則必差參凌替而無典要，安從修改而使之益密哉？觀傳志所書，歲失其次、日度失行之事，不見于近代，亦可見矣。夫天之行度多端，而人之智力有限，持尋尺之儀表，仰測穹蒼，安能洞悉無遺？惟合古今人之心思，踵事增修，庶幾符合。故不能爲一成不易之法也。」

⑨ 熊賜履本「故」作「考」，定本此處無「故」字。

⑩ 王鴻緒本「漢凡五改」作「漢五改」，定本作「漢凡四改」。

⑪ 湯斌本「凡十六改」作「凡十三改」，王鴻緒本作「十三改」，定本作「十五改」。湯斌本此後有「唐迄五代凡十六改」一句，王鴻緒本、定本亦有，作「唐迄五代十六改」。

⑫ 王鴻緒本「宋凡十八改，金迄元凡三改」作「宋十八改，金迄元三改」，定本作「宋十七改，金迄元五改」。這些歷代改曆次數的信息最早應參考了嘉靖二年光禄寺少卿管欽天監事華湘的奏疏，詳見《國朝典彙》卷七十二，後定本對這些改曆次數的數字進行了修訂。

⑬ 熊賜履本「推步」作「步算」。

⑭ 湯斌本「號推步最精」作「爲最密」。

已爲曆元，上推下驗，歲實天周百年消長，初定氣、閏、轉、交四應①。行之未久，三十一年甲午五月望月食②不效，差天二刻，守敬于是取諸應③損益之，閏應爲二十萬二千五十分，轉應爲十三萬二百五分，交應爲二十六萬三百八十八分，惟氣應五十五萬六百分④如初⑤。夫守敬精思廣測⑥，謂已盡運行消息之變⑦，乃當其世猶不免差⑧，豈非天載無窮，其云隨時推測宜也⑨？

明初太史院使⑩劉基進戊申《大統曆》，已⑪監正⑫元統改四應曰準分⑬，以洪武甲子爲曆元，法仍元舊⑭，特去歲實消長之説⑮，及改從應天晷刻⑯耳。太祖又嘗以回回⑰曆科隸欽天監，命翰林院⑱李翀等譯西域天文書⑲，以考其經度、緯度之術，與

① 湯斌本『歲實天周百年消長，初定氣、閏、轉、交四應』作『歲實消長百年各一，初定氣應五十五萬六百分，閏應二十萬一千八百五十分，轉應十三萬一千九百四分，交應二十六萬一百八十七分八十六秒』。
② 紹圖本『月食』誤作『日食』。
③ 湯斌本『諸應』後有『而』字。
④ 湯斌本此處無『五十五萬六百分』。
⑤ 湯斌本此後有小注『甲午改應《元史》失載』。關于郭守敬甲午改應，明末不少文獻皆有記載，但李亮認爲改應當發生在明初，而非至元三十一年，詳見氏著《大統曆法研究》第六章。
⑥ 紹圖本『測』誤作『則』，湯斌本『精思廣測』作『集曆學之大成，加以精思廣測』。
⑦ 湯斌本『變』後有『矣』字。
⑧ 湯斌本『差』後有『焉』字，熊賜履本『不免差』作『不免于差』。
⑨ 湯斌本『其云隨時推測宜也』作『其變遷尚多故與』，熊賜履本作『必如所云隨時推測而後能吻合也』。
⑩ 王鴻緒本此處無『太史院使』。
⑪ 湯斌本『已』作『迄』。
⑫ 王鴻緒本此處無『已監正』。
⑬ 湯斌本『改四應曰準分』作『制四準分』。
⑭ 湯斌本『法仍元舊』作『其名雖易而法仍元舊』。
⑮ 湯斌本『特去歲實消長之説』作『所异者特去上下消長之説』。
⑯ 王鴻緒本此處無『及改從應天晷刻』。
⑰ 國科圖本『回回』誤作『回之』。
⑱ 王鴻緒本此處無『翰林院』。
⑲ 湯斌本『西域天文書』作『其書』。

《大統曆》參較①。成祖北遷，監官仍用②應天晷刻，正統末議更造，己巳《大統曆》晷刻用順天，行之未久尋復舊晷。嗣後《大統》浸疏③，交食多舛④，中間專官治理則有若太常少卿童軒、光禄少卿樂護、華湘等，著書考正則有若鄭端清世子載堉、按察使邢雲路等，建議修改則有若中官正周濂、太僕少卿⑤李之藻等⑥。然學屬專家⑦，監官往往拘泥舊聞，憚于改作⑧。崇禎二年⑨，議用西洋法，命禮部侍郎⑩徐光啓董其事⑪。時則又有布衣魏文魁之曆、代州⑫知州郭正中之曆，俱詔立局測驗，連《大統》《回回》、西洋共五局，内庭亦立儀器臨測⑬，參較⑭纍年，西法獨密⑮。此有明⑯一代制曆之大凡⑰也。

① 湯斌本『以考其經度、緯度之術，與《大統曆》參較』作『以與《大統曆》參校』。
② 湯斌本『仍用』作『承用』。
③ 王鴻緒本『成祖北遷，監官仍用應天晷刻，正統末議更造，己巳《大統曆》晷刻用順天，行之未久尋復舊晷。嗣後《大統》浸疏』略作『正統以後《大統》浸疏』。
④ 紹圖本此處空一格，缺『舛』字。
⑤ 湯斌本『太僕少卿』前有『南』字。
⑥ 湯斌本『等』後有『最著』二字。王鴻緒本『中間專官治理則有若太常少卿童軒、……李之藻等』删去官職名，作『中間專官治理則有若童軒、樂護、華湘等，著書考正則有若鄭世子載堉及邢雲路等，建議修改則有若周濂、李之藻等』。
⑦ 王鴻緒本此處無『學屬專家』。
⑧ 湯斌本此後有『事同築舍迄無定論』。
⑨ 湯斌本『崇禎二年』作『崇禎中』。
⑩ 王鴻緒本此處無『禮部侍郎』。
⑪ 湯斌本『命禮部侍郎徐光啓董其事』作『命閣臣徐光啓、光禄卿李天經先後董其事』。
⑫ 紹圖本『州』誤作『則』。
⑬ 湯斌本『時則又有布衣魏文魁之曆、……内庭亦立儀器臨測』作『時布衣魏文魁上疏排之，詔立兩局推驗，莊烈愍皇帝亦于内庭設儀器臨測』，熊賜履本作『時布衣魏文魁上疏排之，詔兩局推驗，内庭亦立儀器臨測』，王鴻緒本作『而魏文魁上疏排之，兩局推驗』。
⑭ 湯斌本『較』作『校』。
⑮ 湯斌本此後有『然亦未及頒行』。
⑯ 王鴻緒本此處無『有明』。
⑰ 湯斌本『大凡』作『大概』。

然初行《大統》則因①仍元舊，末改西洋法又②未及頒行，十六③年八月，詔改西洋曆爲《大統曆》，未及施行。④中間⑤設回回科參較，凌犯薄蝕亦專寫《九執》之文。要之二百七十餘年，曆凡三變，惟季年改造，可稱創獲⑥。今考其沿革⑦，《大統》取元統《通軌》及弧矢測圓、三差算⑧法，以著《授時》所未備。《回回曆》前史僅載其名，今列于後，以備省⑨覽⑩。西洋法即本朝所行《時憲曆》，另有成書，特采其議論綱要⑪與古法⑫不同者⑬，以示權輿⑭焉⑮。

① 國科圖本「因」誤作「固」。
② 紹圖本「又」誤作「之」。
③ 紹圖本「六」誤作「二」。
④ 熊賜履本此處無此小注。崇禎十六年八月似未下詔直接將西洋曆改爲《大統曆》頒行，此處黃百家所撰小注出處不詳。
⑤ 北大本本卷缺第一頁，即本卷開篇至此的內容。
⑥ 湯斌本、王鴻緒本此處無「然初行《大統》則因仍元舊，……可稱創獲」。
⑦ 紹圖本「沿革」誤作「沿年」，國科圖本誤作「治革」。
⑧ 國科圖本「算」誤作「莫」。
⑨ 國科圖本「省」誤作「者」。
⑩ 熊賜履本「《回回曆》前史僅載其名，今列于後，以備省覽」作「《回回曆》前代僅存其名，未嘗施用，無庸具載」，王鴻緒本作「《回回曆》前史僅載其名，而世亦罕有習者，遂失傳。今訴諸明季藏書之家，得其本，列于後，以備省覽。」
⑪ 北大本、熊賜履本此處無「綱要」二字。
⑫ 北大本此處無「法」字。
⑬ 王鴻緒本「特采其議論綱要與古法不同者」作「茲略撮其議論」。
⑭ 熊賜履本「以示權輿」作「以備參考」。
⑮ 湯斌本「今考其沿革，……以示權輿焉」作「今采其沿革議論，著于篇端。《大統曆》以元統《曆法通軌》爲斷，《回回》《西洋》二曆法咸列于後，備稽考焉。」

定本從上段「而元郭守敬《授時曆》號推步最精」到此處「以示權輿焉」的內容刪改作「惟明之《大統曆》，實即元之《授時》，承用二百七十餘年，未嘗改憲。成化以後，交食往往不驗，議改曆者紛紛。如俞正己、冷守中不知妄作者無論已，而華湘、周濂、李之藻、邢雲路之倫頗有所見。鄭世子載堉撰《律曆融通》，進《聖壽萬年曆》，其說本之南都御史何瑭，深得《授時》之意，而能補其不逮。臺官泥于舊聞，當事憚于改作，并格而不行。崇禎中，議用西洋新法，命閣臣徐光啓、光禄卿李天經先後董其事，成《曆書》一百三十餘卷，多發古人所未發。時布衣魏文魁上疏排之，詔立兩局推驗。纍年校測，新法獨密，然亦未及頒行。由是觀之，曆固未有行之久而不差者，烏可不隨時修改，以求合天哉？今采各家論說，有裨于曆法者，著于篇端。而《大統曆》則述立法之原，以補《元志》之未備，《回回曆》始終隸于欽天監，與《大統》參用，亦附録焉。」定本從本卷開篇至此的內容，應爲梅穀成所撰，後收入氏著《操縵卮言》，篇名作「《明史·曆志》論」。

吴元年①十一月乙未冬至，太史院使劉基率其屬高翼上戊申《大統曆》②，太祖謂基曰③：『曆數者，國家④之大事，帝王敬天勤民之本也。天象行度有遲速⑤，古⑥今曆法有疏密，必得其要，庶能無差。』⑦洪武元年改太史院⑧爲司天監，又置回回司天監。十⑨月甲午⑩，詔徵元太史院使張佑、張沂，司農卿兼太史院⑪成隸，太史同⑫知郭讓、朱茂⑬，監候劉孝忠，靈臺郎張容，司天太監趙恂，少⑭監王可大、石澤、李義，回回司天太⑮監黑的兒⑯、阿都剌⑰，監丞⑱迭里月實，凡十四人⑲。二年又召元回回司

① 定本該句前有『曆法沿革』標題。
② 本卷所述史事大都取自《明實録》，下文如無特别説明，則其内容來源皆爲《明實録》，後不贅述。整體而言，黄百家本對所用《明實録》内容進行了改編，較原書更爲簡潔。
③ 湯斌本『太史院使劉基率其屬高翼上戊申《大統曆》，太祖謂基曰』作『太祖以《大統曆》成謂劉基曰』。
④ 湯斌本此處無『家』字。
⑤ 國科圖本『速』誤作『連』。
⑥ 紹圖本『古』誤作『右』。
⑦ 湯斌本『庶能無差』後有『卿等推步各宜慎之』。王鴻緒本此處無『太祖謂基曰：「曆數者，……庶能無差」』，定本此處亦無該句，但代之以『太祖諭曰：「古者季冬頒曆，太遲。今于冬至，亦未善。宜以十月朔，著爲令。」』
⑧ 王鴻緒本、定本『太史院』作『院』。
⑨ 紹圖本此處空一格，缺『十』字。
⑩ 紹圖本『甲午』誤作『甲子』。
⑪ 湯斌本『院』後有『使』字。
⑫ 紹圖本『同』誤作『司』。
⑬ 北大本此處破損，缺『茂』字。
⑭ 北大本此處破損，缺『少』字。
⑮ 國科圖本『太』誤作『大』。
⑯ 紹圖本此處空一格，缺『兒』字。
⑰ 熊賜履本『剌』作『拉』。
⑱ 紹圖本『丞』誤作『亟』。
⑲ 王鴻緒本、定本『十月甲午，詔徵元太史院使張佑、……凡十四人』作『詔徵元太史院使張佑、回回司天太監黑的兒等共十四人』。

天臺官①鄭阿里等十一②人至京，議曆法③。三年定爲欽天監④，設四科：曰天文，曰漏刻，曰《大統曆》，曰《回回曆》。自五官正下⑤至天文生，各專科肄焉。五官正理曆法⑥，歲造《大統民曆》《御覽月令曆》《七政躔度曆》《四季⑦六壬遁甲曆》《四季天象占驗曆》《御覽天象録》各以時上⑧。靈臺郎司測候，辨驗日月星辰之躔次分野⑨。挈壺正⑩孔壺爲漏、浮箭爲刻，以考中星昏明之度。而皆統于監令、少監焉⑪。日月交食，先期算其⑫分秒⑬時刻、起復方位以聞⑭。凡日月⑮星辰、風雲氣色有變异，密疏⑯以聞⑰。

① 王鴻緒本、定本「二年又召元回回司天臺官」作「尋召回回司天臺官」。
② 北大本此處破損，缺「一」字。
③ 《太祖實録》卷四十一此處作「徵故元回回司天臺官鄭阿里等十一人至京師，命給廩，賜衣服有差」。
④ 王鴻緒本、定本「定爲欽天監」作「改監爲欽天」。
⑤ 湯斌本「下」前有「而」字。
⑥ 定本「自五官正下至天文生，各專科肄焉。五官正理曆法」作「以監令、少監統之」。
⑦ 北大本、熊賜履本、王鴻緒本、定本此處無「四季」二字。
⑧ 湯斌本「歲造《大統民曆》……各以時上」作「歲造《大統曆》《御覽月令曆》《六壬遁甲曆》《七政躔度曆》上之，《御曆》三十事，《民曆》三十二事，《六壬遁甲曆》六十七事」。湯斌本此處内容或根據《大明會典》改編。《大明會典》卷二百二十三「欽天監」記載：「凡歲造《大統曆》……凡每歲進《御覽月令曆》《大統曆》《七政躔度曆》。……凡造曆……洪武二十九年，欽定曆注，永爲遵守，《上曆》注三十事。……《民曆》注三十二事。……永樂七年，欽定《壬遁曆》注六十七事。」
⑨ 湯斌本此處無「靈臺郎司測候，辨驗日月星辰之躔次分野」。
⑩ 湯斌本「挈壺正」後有「知漏刻」。
⑪ 湯斌本「監令、少監焉」作「監正、丞」。黄百家此段關于欽天監不同官職分工事項的内容可能參考了《續文獻通考》卷九十二中的「司天監」部分。
⑫ 熊賜履本「其」作「定」。
⑬ 國科圖本「秒」誤作「抄」。
⑭ 熊賜履本「以聞」作「奏聞」，王鴻緒本此處無「以聞」二字。
⑮ 熊賜履本「凡日月」作「太陽太陰」。
⑯ 熊賜履本「密疏」前有「并」字，王鴻緒本有「皆」字。
⑰ 湯斌本此處無「日月交食，……密疏以聞」。定本「靈臺郎司測候，……密疏以聞」删改作「其日月交食分秒時刻、起復方位，先期以聞」。

十年三月丁未，帝與群臣論天①與日月五星②之行，翰林應奉傅藻、典籍黄麟、考功監丞郭傳，皆以蔡氏左旋之説對③。帝曰：『天左旋，日月五星右④旋，二十八宿經也，附天體而⑤不動，日月五星緯乎天者⑥也。朕自起兵以來，與善推步者⑦仰觀⑧天象，二十有三⑨年矣。嘗夜指一宿爲主，太陰初居是宿之西⑩，盡一夜則⑪漸過而東矣。由此觀之，則是右旋⑫，此自來⑬曆家本論⑭。爾等猶守蔡氏之説，豈⑮格物致知之學乎？』⑯十五年九月，帝謂⑰翰林臣李翀、吴伯宗曰：『邇來⑱西域陰陽家，推

① 熊賜履本『天』作『天體』。
② 熊賜履本『日月五星』作『七政』。
③ 熊賜履本『翰林應奉傅藻、……皆以蔡氏左旋之説對』作『傅藻等以蔡氏左旋之説對』。
④ 國科圖本『右』後多一『也』字衍文。
⑤ 熊賜履本此處無『而』字。
⑥ 熊賜履本此處無『乎天者』。
⑦ 熊賜履本此處無『與善推步者』。
⑧ 熊賜履本『觀』作『占』。
⑨ 熊賜履本『有三』作『餘』。
⑩ 熊賜履本『是宿之西』作『其西』。
⑪ 熊賜履本此處無『則』字。
⑫ 熊賜履本『右旋』後有『也』字。
⑬ 湯斌本『來』作『有』。
⑭ 熊賜履本此處無『此自來曆家本論』。
⑮ 湯斌本『豈』後有『所謂』二字。
⑯ 熊賜履本『爾等猶守蔡氏之説，豈格物致知之學乎』作『爾等猶拘守蔡氏之説乎』。定本『十年三月丁未，……豈格物致知之學乎』删改作『十年三月，帝與群臣論天與七政之行，皆以蔡氏左旋之説對。帝曰：「朕自起兵以來，仰觀乾象，天左旋，七政右旋，曆家之論，確然不易。爾等猶守蔡氏之説，豈所謂格物致知之學乎？」』。《太祖實録》卷一百一十一此處末句作『蔡氏謂爲左旋，此則儒家之説，爾等不析而論之，豈所謂格物致知之學乎？』。
⑰ 湯斌本『謂』作『諭』。
⑱ 熊賜履本此處無『邇來』二字。

測天象至爲精密①，其緯②度之法又③中國書④所未備⑤，宜譯其書，以時披閲⑥。』遂召靈臺郎⑦海答兒、阿答兀丁，回回大師馬沙亦黑、馬哈麻等譯之⑧。

十七年閏十月，刻漏博士⑨元統言：『一代之興，必有一代之⑩制⑪。今⑫曆以《大統》爲名，而積分猶踵《授時》之數，非所以重始敬正也⑬。況《授時》以至元辛巳爲曆元，至洪武甲子⑭積一百四年，用法⑮推之，得三億七千⑯六百一十九萬九千七百七十五分。經⑰云大約七十年⑱差一度，每歲差一分五十秒，辛⑲巳至今年遠數盈，漸差天⑳度，擬合修改㉑。臣今推演得洪武

① 熊賜履本此處無『至爲精密』。
② 紹圖本此處空一格，缺『緯』字。吴伯宗《譯天文書序》此處『其緯』前有『有驗』二字。
③ 熊賜履本『又』作『實』。
④ 熊賜履本此處無『書』字。
⑤ 吴伯宗《譯天文書序》此後有『此其有關于天人甚大』一句。
⑥ 熊賜履本『宜譯其書，以時披閲』作『宜取其書，以備披閲』。
⑦ 湯斌本『靈臺郎』前有『欽天監』。
⑧ 王鴻緒本此處無『十年三月丁未，……回回大師馬沙亦黑、馬哈麻等譯之』一段内容。定本『十五年九月，……回回大師馬沙亦黑、馬哈麻等譯之』删改作『十五年九月，詔翰林李翀、吴伯宗譯《回回曆書》』。
⑨ 湯斌本『刻漏博士』作『欽天監漏刻博士』，王鴻緒本、定本作『漏刻博士』。
⑩ 紹圖本此處空一格，缺『之』字。
⑪ 王鴻緒本、定本此處無『一代之興，必有一代之制』。
⑫ 王鴻緒本、定本此處無『今』字。
⑬ 《太祖實録》卷一百六十七此處無『非所以重始敬正也』一句，不過涂山《明政統宗》卷四、邢雲路《古今律曆考》卷六十三在談及元統所言時皆有該句。
⑭ 湯斌本『況《授時》以至元辛巳爲曆元，至洪武甲子』作『至元辛巳至今洪武甲子』。
⑮ 湯斌本『用法』作『以曆法』。
⑯ 湯斌本『千』誤作『干』。
⑰ 國科圖本『經』誤作『徑』。
⑱ 湯斌本『七十年』後有『而』字。
⑲ 國科圖本『辛』誤作『年』。
⑳ 紹圖本『天』誤作『大』。
㉑ 王鴻緒本『用法推之，……擬合修改』删改作『用法推之，漸差天度』，定本删改作『年遠數盈，漸差天度，合修改』。

甲子閏準分一十八萬二千七十分一十八秒，氣準分五十五萬三百七十五分，轉準分二十萬①九千六百九十分，交準分一十一萬五千一②百五分八秒。然七政③遲疾順逆伏見不齊，其理深奥④。聞⑤磨勘司令王道亨有師郭伯玉者⑥，精明九數之理⑦，宜徵⑧令推算，以成一代之制⑨。』疏奏⑩報可。擢統爲監令⑪。統乃⑫取《授時曆》⑬，去其⑭歲實消長之説，析其條例，錯綜其文⑮，得四卷，以洪武十七年甲子爲曆元，命曰《大統曆法通軌》。

十八年設觀象臺于鷄鳴山⑯。二十二年改監令、監丞爲監正、監副⑰。二十六年，監副⑱李德芳⑲言：『《授時》⑳至元辛巳

① 湯斌本『二十萬』誤作『二十九萬』。
② 國科圖本『一』誤作『乙』。
③ 湯斌本『然七政』作『若夫七政之』。
④ 湯斌本『其理深奥』後有『實難推演』。定本『臣今推演得洪武甲子閏準分一十八萬二千七十分一十八秒，……其理深奥』删改作『七政運行不齊，其理深奥』。
⑤ 國科圖本『聞』誤作『間』，王鴻緒本此處無『聞』字。
⑥ 定本『聞磨勘司令王道亨有師郭伯玉者』作『聞有郭伯玉者』。
⑦ 湯斌本『理』作『學』。
⑧ 紹圖本『徵』誤作『微』。
⑨ 湯斌本『宜徵令推算，以成一代之制』作『若得斯人推《大統曆法》，庶幾可成一代之制』。
⑩ 王鴻緒本、定本此處無『疏奏』二字。
⑪ 湯斌本『監令』作『監正』。
⑫ 湯斌本此處無『乃』字。
⑬ 湯斌本『《授時曆》』作『元《授時曆經》』。
⑭ 湯斌本此處無『其』字。
⑮ 定本此處無『錯綜其文』。
⑯ 《太祖實録》卷一百七十六此處作『築欽天監觀星臺于雞鳴山，因雨花臺爲回回欽天監之觀星臺』。
⑰ 湯斌本此處無『十八年設觀象臺于鷄鳴山。二十二年改監令、監丞爲監正、監副』，王鴻緒本、定本該句作『二十二年改監令、丞爲監正、副』。《太祖實録》未載此事，但《大明會典》卷二百二十三『欽天監』有此内容。
⑱ 湯斌本『監副』前有『欽天監』。
⑲ 《太祖實録》卷二百二十九『李德芳』作『李德秀』。
⑳ 湯斌本『《授時》』作『元』。

曆元，上推往古，每①百年長一日，日字係分字之誤。②下驗將來，每③百年消一日④。今監正元⑤統改作洪武甲子曆元，不用消長之法，以考魯獻公⑥十五年戊寅歲，距至元辛巳二千一百六十三年。以辛巳⑦爲曆元推得天正冬至在甲寅日夜子初三刻，與當時實測數相合。若以⑧洪武甲子爲元，上距獻公戊寅歲二千二百六十六年，推得天正冬至在丁巳日己未誤作丁巳。⑨午正三⑩刻，比⑪辛巳爲元差四日六時五刻。今當復用辛巳元⑫及消長之法。』⑬邢雲路《律曆考》：獻公十五年戊寅歲正月⑭朔甲寅日冬至，以《授時》法推冬至分五十日九十九刻，得甲寅日夜子初三刻冬至；以《大統》法推五十五日五十三刻，得己未日午正三刻冬至。計甲寅時刻與己未時刻相較，《大統》後天四日五十四刻，是差四日六時，德芳之言爲是。但其云上下每百年消長一日，又以己未爲丁巳，何德芳之异也？德芳以消長法推二統⑮時刻皆合，豈

① 王鴻緒本此處無『每』字。
② 湯斌本、王鴻緒本此處無此小注。
③ 王鴻緒本此處無『每』字。
④ 湯斌本此後有『永久不可易也』。
⑤ 王鴻緒本此處無『元』字。
⑥ 湯斌本『魯獻公』前有『春秋』二字。
⑦ 紹圖本此處空一格，缺『巳』字。
⑧ 湯斌本此處無『若以』二字。
⑨ 湯斌本、王鴻緒本『丁巳日己未誤作丁巳』作『己未日』。《太祖實録》卷二百二十九此處亦作『己未日』。
⑩ 紹圖本此處空一格，缺『三』字。
⑪ 紹圖本『比』誤作『此』。
⑫ 王鴻緒本『元』作『爲元』。
⑬ 湯斌本此後有『方合天道』。定本『二十六年，監副李德芳言：「《授時》至元辛巳曆元，……今當復用辛巳元及消長之法」』删改作『二十六年，監副李德芳言：「監正統改作洪武甲子曆元，不用消長之法，以考魯獻公十五年戊寅歲天正冬至，比辛巳爲元，差四日半強。今當復用辛巳爲元及消長之法」』。
⑭ 熊賜履本『月』誤作『日』。
⑮ 熊賜履本『二統』誤作『三統』。

不辨此？恐修史者誤書己未爲丁巳，并分字爲日字也。①疏入，元統奏辨②。太祖③曰：『二說④皆難憑，但驗七政交會行度無差者爲是。』自是《大統》曆元以洪武甲子，而推算仍依《授時》法⑤。二十九年鑄渾⑥天儀成⑦。三十一年罷回回科⑧，俾隸于欽天監⑨。

永樂十八年⑩遷都順天，順天⑪北極出地四十度，冬夏晝夜長六十二刻、短三十八刻⑫。監官承用統法⑬，依⑭應天晷漏，冬夏晝夜長止五十九刻、短止四十一刻。洪熙元年作觀天臺于禁中⑮。正統⑯十四年春正月朔⑰頒己巳《大統曆》，冬夏至晝夜

① 湯斌本、王鴻緒本、定本此處無此段小注。該小注取自邢雲路《古今律曆考》卷六十三第六至七頁，但據《太祖實録》卷二百二十九，原文本來就是『己未日』，而非『丁巳日』，可能邢雲路當時所見文本有誤，故有此評論。

② 湯斌本『奏辨』作『亦奏辯所推甲子曆元實不謬』。

③ 熊賜履本『太祖』作『帝』。

④ 湯斌本『二說』誤作『二統』。

⑤ 湯斌本『自是《大統》曆元以洪武甲子，而推算仍依《授時》法』作『自是欽天監以洪武甲子爲曆元，而造曆依《授時》法推算如初』。

⑥ 國科圖本此處缺『渾』字。

⑦ 王鴻緒本、定本此處無『二十九年鑄渾天儀成』。《太祖實録》卷二百〇八載洪武二十四年四月『鑄渾天儀成』，而非二十九年；但《續文獻通考》卷二百一十五、《國朝典彙》卷七十二等皆言在二十九年。

⑧ 紹圖本『科』誤作『料』。

⑨ 湯斌本『罷回回科，俾隸于欽天監』作『罷回回欽天監』。定本『三十一年罷回回科，俾隸于欽天監』作『三十一年罷回回欽天監，其回回曆科仍舊』。《太祖實録》卷二百五十七記載當時『罷回回欽天監』，《大明會典》卷二百二十三『欽天監』亦有此內容。

⑩ 湯斌本此處無『十八年』。

⑪ 王鴻緒本此處無『順天』二字。

⑫ 湯斌本此處無『順天北極出地四十度，冬夏晝夜長六十二刻、短三十八刻』。

⑬ 王鴻緒本此處無『承用統法』。

⑭ 湯斌本『依』前有『仍』字。

⑮ 湯斌本、王鴻緒本此處無『洪熙元年作觀天臺于禁中』。

⑯ 王鴻緒本『正統』前有『至』字。

⑰ 王鴻緒本此處無『正月朔』。

至六十二刻①。其冬，景帝即位，天文生馬軾奏辨時刻②。下廷臣集議。監正許惇等奏：『前監正彭德清于觀象臺測驗，以北京較③之南京，北極出地上高七④度有奇，南極入地下低七⑤度有奇⑥，冬至晝短三刻，夏至晝長三刻⑦，改入⑧《大統曆》內，宜⑨永爲定式⑩。』帝曰：『曆雖造于京師，而太陽出入度數則⑪當以四方之中爲⑫準。昔堯命羲和分測四方⑬，以定四時之仲，今⑭觀象臺在堯幽都之地⑮，太陽之度寧可爲準⑯？此後⑰造曆仍用洪武、永樂⑱舊制。』⑲

① 王鴻緒本『冬夏至晝夜至六十二刻』作『冬夏至晷刻始用順天北極出地度數』。定本『永樂十八年遷都順天，……冬夏至晝夜至六十二刻』作『永樂遷都順天，仍用應天冬夏晝夜時刻，至正統十四年始改用順天之數』。
② 湯斌本『奏辨時刻』作『乞改《大統曆》晝夜時刻』。
③ 湯斌本『較』作『校』。
④ 湯斌本『七』誤作『三』。《英宗實録》卷一百八十六此處亦誤作『三』。
⑤ 湯斌本『七』誤作『三』。《英宗實録》卷一百八十六此處亦誤作『三』。
⑥ 王鴻緒本『監正許惇等奏：「前監正彭德清于觀象臺測驗，……南極入地下低七度有奇」』作『監正許惇等言：「北京北極出地高七度有奇，南極入地低七度有奇」』。
⑦ 湯斌本此後有『逐一考究奏準』。
⑧ 王鴻緒本『改入』前有『宜』字。
⑨ 王鴻緒本此處無『宜』字。
⑩ 國科圖本此處無『式』字。湯斌本此後有『軾起自軍匠，不諳曆數，其言妄誕，不足聽也』。定本『天文生馬軾奏辨。……永爲定式』刪改作『天文生馬軾奏，晝夜時刻不宜改。下廷臣集議。監正許惇等言：「前監正彭德清測驗得北京北極出地四十度，比南京高七度有奇，冬至晝三十八刻，夏至晝六十二刻。奏準改入《大統曆》，永爲定式。軾言誕妄，不足聽」』。
⑪ 王鴻緒本此處無『則』字。
⑫ 紹圖本此處空一格，缺『爲』字。
⑬ 湯斌本『羲和分測四方』作『羲和仲叔四人分測驗于四方』。
⑭ 國科圖本『今』誤作『令』。湯斌本『今』後有『京師』二字。
⑮ 王鴻緒本此處無『之地』二字。
⑯ 湯斌本『太陽之度寧可爲準』作『太陽出入之度其可以爲準乎』。
⑰ 湯斌本『此後』作『今後』。
⑱ 湯斌本『永樂』後有『間』字。
⑲ 定本『帝曰：「曆雖造于京師，……此後造曆仍用洪武、永樂舊制」』作『帝曰：「太陽出入度數，當用四方之中。今京師在堯幽都之地，寧可爲準？此後造曆，仍用洪、永舊制」』。

景泰元年正月辛卯卯正三刻月食，欽天監①誤推辰②初初刻，致失救護。下監官③法司，論徒，詔宥④之。成化十年⑤，雲南提學⑥童軒以知曆名，擢太常⑦少卿，掌監事⑧。十五年十一月戊戌望月食⑨，先是監⑩奏月未入、見食一分，已入不見、食八⑪分，至是辰初⑫四刻，未入食既⑬，軒⑭具言：『晋隋以來⑮，雖立歲差之法，終欠⑯精密。况南北高下，地有不同，豈能吻合天象⑰？監臣⑱不能隨時修改，故多舛誤。』而⑲帝亦⑳以天象微渺，不之罪也㉑。十七年㉒，真定縣㉓教諭俞正己上《改曆

①　王鴻緒本『欽天監』作『監官』，定本『欽天監』作『監』。
②　紹圖本此處空一格，缺『辰』字。
③　王鴻緒本、定本此處無『監官』二字。
④　紹圖本『宥』誤作『看』。
⑤　湯斌本『成化十年』後有『以監官多不職』。
⑥　湯斌本『雲南提學』作『時雲南提學僉事』。
⑦　湯斌本『太常』作『太常寺』。
⑧　定本『成化十年，……掌監事』作『成化十年，以監官多不職，擢雲南提學童軒爲太常寺少卿，掌監事』。
⑨　紹圖本『月食』誤作『日食』。
⑩　湯斌本『監』作『欽天監』。
⑪　紹圖本『八』誤作『入』。
⑫　湯斌本此處無『初』字。
⑬　王鴻緒本『成化十年，……未入食既』作『曆法疏密以交食爲徵，《大統》浸疏，嗣後交食多舛矣。成化十五年十一月戊戌望月食，監推又誤，時雲南提學童軒方以知曆擢太常少卿，掌監事』。據《憲宗實録》卷一百三十六，童軒掌管欽天監是在成化十年十二月，王鴻緒本此處記載似有誤。
⑭　王鴻緒本此處無『軒』字。
⑮　紹圖本『來』誤作『未』。
⑯　湯斌本『欠』作『鮮』。
⑰　紹圖本『象』誤作『家』。
⑱　湯斌本『監臣』作『監官』。
⑲　王鴻緒本此處無『而』字。
⑳　王鴻緒本此處無『亦』字。
㉑　定本『先是監奏月未入、……不之罪也』作『監推又誤，帝以天象微渺，不之罪也』。
㉒　王鴻緒本此處無『十七年』。
㉓　王鴻緒本、定本此處無『縣』字。

議》，謂成化十四年戊戌①十一月初一日己丑子正初刻合朔，冬至日月與天同會于斗宿②七度，至三十三年丁巳十一月初一日③戊辰酉正初刻合朔，冬至日月與天復同會于斗宿七度④，所謂氣朔分齊是⑤爲一章者也。謹以⑥一章十有九年七閏之數編册呈進⑦，詔禮部及童⑧軒與正己參考講論⑨。尚書周洪謨奏⑩：『正己止據邵子⑪《皇極經世書》及歷代天文、曆志⑫推算氣朔及歲差⑬，輕率狂妄，請⑭治罪。』而軒亦奏：『正己所進册⑮，每月均⑯以大小編排，止有合朔、無⑰弦望，于本年六月後作閏六月⑱。又⑲言⑳成化十四年戊戌爲章盡之年，當閏十月而不置閏，故冬至差一十二日。且謂今曆冬至、合朔、閏月三者皆差，臣

① 王鴻緒本此處無『戊戌』二字。
② 王鴻緒本此處無『宿』字。
③ 王鴻緒本『丁巳十一月初一日』作『是日』。
④ 王鴻緒本『日月與天復同會于斗宿七度』作『會度如之』。
⑤ 王鴻緒本此處無『是』字。
⑥ 湯斌本『謹以』作『將』。
⑦ 湯斌本『呈進』作『進呈』，定本此處無『謂成化十四年戊戌十一月初一日己丑子正初刻合朔，……謹以一章十有九年七閏之數編册呈進』。
⑧ 紹圖本『童』誤作『重』。
⑨ 湯斌本『詔禮部及童軒與正己參考講論』作『下禮部尚書周洪謨、掌欽天監事童軒與正已參考講論』，王鴻緒本作『詔禮部及軒與相參考』，定本作『詔禮部及軒參考』。
⑩ 湯斌本『尚書周洪謨奏』作『洪謨等言』。
⑪ 王鴻緒本此處無『邵子』二字。
⑫ 湯斌本『天文、曆志』作『天文志』。
⑬ 湯斌本『及歲差』作『又祖述前人評論歲差之意，言古今曆法俱各有差』，定本此處無『及歲差』。
⑭ 湯斌本『請』後有『下法司』。
⑮ 湯斌本『册』後有『内』字。
⑯ 湯斌本『均』作『俱』。
⑰ 湯斌本『無』作『并無』。
⑱ 湯斌本此後有『夫本年若閏六月，即今八月當作七月，觀數日以來氣候豈七月令乎？』。
⑲ 湯斌本『言』前有『其』字。
⑳ 王鴻緒本『而軒亦奏：「正己所進册，……又言」』作『軒亦言「正己謂」』。

思①置閏差②則寒暑反易，農桑庶務盡失其候③，晦朔弦④望差⑤則日月交食⑥日時并所躔離⑦宿度俱差⑧，今何爲盡驗⑨？况如⑩戊戌置閏，溯而上之無不差者。又以己意⑪創爲八十七年約法，每月⑫大⑬小相間⑭，有⑮合朔而無弦望⑯。宜正其罪，爲妄言者戒。』遂下詔獄⑰。

十九年三月己酉晓刻月食⑱，天文生張陞上言⑲：『以曆測象，從古爲然。然立法一定而天運不齊，故自何承天、唐一行以

① 王鴻緒本『臣思』作『夫』。
② 紹圖本此處空一格，缺『差』字。湯斌本『臣思置閏差』作『臣思曆日乃正朔之書，借使置閏或差』。
③ 湯斌本『候』後有『矣』字。
④ 國科圖本『弦』誤作『玆』。
⑤ 湯斌本『差』作『或差』。
⑥ 湯斌本『日月交食』前有『本監所算』。
⑦ 湯斌本此處無『離』字。
⑧ 湯斌本『俱差』作『亦俱差矣』。
⑨ 湯斌本『盡驗』後有『乎』字。
⑩ 湯斌本此處無『如』字。
⑪ 湯斌本『又以己意』作『又其言天地間有自然之冬至，有自然之閏月，非人力私見所得而損益，今乃自以己意』。
⑫ 紹圖本『每月』誤作『年月』。
⑬ 紹圖本此處空一格，缺『大』字。
⑭ 湯斌本『相間』後有『編排』二字。
⑮ 王鴻緒本『有』作『止有』。
⑯ 湯斌本此後有『是以區區私見强欲合天也』。熊賜履本此處無『又以己意創爲八十七年約法，每月大小相間，有合朔而無弦望』。
⑰ 湯斌本『……爲妄言者戒。』遂下詔獄』作『……以爲妄言之戒。』下詔獄』。王鴻緒本『遂下詔獄』作『遂下正己詔獄』。定本從『尚書周洪謨奏』到『遂下詔獄』的内容删改作『尚書周洪謨等言：「正己止據《皇極經世書》及歷代天文、曆志推算氣朔，又以己意創爲八十七年約法，每月大小相間。輕率狂妄，宜正其罪。」遂下正己詔獄』。
⑱ 王鴻緒本此處無『己酉晓刻月食』。
⑲ 按《憲宗實録》卷二百三十八，月食發生在三月己酉晓刻，但張陞上言是在乙卯日，即月食後六日。

來皆有歲差之法①。我國家曆因元舊，至今二百餘年，而占候者尚泥古法，宜其舛②也③。今月十七日曉刻月食，古法④食十一分八十八秒，月未入、見食八分四十一秒，月已入不見、食三分四十七秒⑤，以臣新法占⑥則食十一分⑦四十八秒，與古法差四十秒⑧，月未入、見食⑨十一分八秒，與古法差二分六十七秒，月已入不見、食四十秒，與古法差三分七秒⑩。臣不自量，欲以辛丑起曆元⑪，比《授時⑫曆》稍加損益，爲《大明萬年曆》，庶幾占候無誤⑬。」章下禮部，而欽天監以爲祖制不可變⑭，陞説遂寢⑮。

弘治八年八月丙寅、十一年十一月丁丑，占月食皆不應。十三年五月甲寅朔日食，欽天監預推寅虧卯復，及期乃虧于卯、復⑯

① 《憲宗實録》卷二百三十八此處作「何承天、唐一行以及蔡伯静皆有歲差之法」。
② 紹圖本「舛」誤作「外」。
③ 王鴻緒本此處無「以曆測象，……宜其舛也」。
④ 湯斌本「古法」作「以古法占則」。
⑤ 熊賜履本、王鴻緒本此處無「月未入、見食八分四十一秒，月已入不見、食三分四十七秒」。
⑥ 國科圖本「占」誤作「古」。
⑦ 紹圖本「十一分」誤作「十二分」。
⑧ 王鴻緒本「以臣新法占則食十一分四十八秒，與古法差四十秒」作「以臣新法占則食少四十秒」。
⑨ 紹圖本「見食」誤作「是食」。
⑩ 熊賜履本、王鴻緒本此處無「月未入、見食十一分八秒，與古法差二分六十七秒，月已入不見、食四十秒，與古法差三分七秒」。
⑪ 湯斌本此後有「用歲周三百六十五日二千四百二十五分爲中積分」。
⑫ 北大本「時」誤作「昕」。
⑬ 湯斌本「庶幾占候無誤」作「庶占候之際不致有誤」，王鴻緒本「臣不自量，……庶幾占候無誤」作「臣欲以辛丑起曆元，爲《大明萬年曆》」。
⑭ 《憲宗實録》卷二百三十八此處作「欽天監以爲測驗月食分秒遲速，雖與陞新法合，然古法係祖宗時所制，不可不遵。且南北地形不同，而測驗當隨之。其新法在京師候之雖若是，使在河南未必不差。古法在河南候之固無差，而在京師宜有不合。且正統年間漏刻博士馬軾亦嘗以是爲言，英宗不允。臣下非有通博之學、精切之見，未可肆一己之説而輒變舊章也」。
⑮ 湯斌本「陞説遂寢」作「于是陞説不行」。定本「十九年三月己酉曉刻月食，……陞説遂寢」一段删改作「十九年，天文生張陞上言改曆。欽天監謂祖制不可變，陞説遂寢」。
⑯ 湯斌本「復」作「圓」。

于辰。十六年二月壬子望，監官以爲月當食一分二十秒①，已復不食②。正德十二③年六月乙巳朔、十三年五月己亥朔日食④，起復皆弗合⑤。于是漏刻博士朱裕上言：『《授時曆法》比漢、唐、宋曆固爲精密⑥，但⑦至元辛巳距今二百三十七年，歷⑧歲既久⑨，不能無差。《回回曆》自開皇己未至今九百餘年，亦有疏舛⑩。纍年⑪推算，日月交食⑫時刻分秒，與天不合。蓋赤道歲差一分五十秒，距今正德辛巳當差三百六十分。黄道歲差一分三十八秒半，今當差三百三⑬十二分四十秒⑭。若不量加損益，即恐⑮愈久愈差⑯。乞簡命⑰大臣⑱總理其事，令本監官生半推古法、半推新法，兩相較⑲驗⑳，觀象臺測黄、赤道㉑，日月五星躔

① 《孝宗實録》卷一百九十六此處未載欽天監所推食分，食分數據見卷一百九十二。
② 王鴻緒本『弘治八年八月丙寅，……已復不食』作『弘治中，月食三不應，日食亦舛』，定本作『弘治中，月食屢不應，日食亦舛』。
③ 紹圖本『二』誤作『三』。
④ 湯斌本『日食』前有『兩』字。
⑤ 王鴻緒本、定本『正德十二年六月乙巳朔、十三年五月己亥朔日食，起復皆弗合』作『正德十二、三年，連推日食起復，皆弗合』。
⑥ 王鴻緒本、定本此處無『《授時曆法》比漢、唐、宋曆固爲精密』。
⑦ 王鴻緒本、定本此處無『但』字。
⑧ 紹圖本此處空一格，缺『歷』字。
⑨ 王鴻緒本、定本『歷歲既久』作『歲久』。
⑩ 紹圖本『舛』誤作『外』。熊賜履本此處無『《回回曆》自開皇己未至今九百餘年，亦有疏舛』。
⑪ 湯斌本『纍年』作『連年』。
⑫ 湯斌本『日月交食』後有『算多食少、算少食多』，與《武宗實録》卷一百六十九記載相同。
⑬ 紹圖本『三』誤作『五』。
⑭ 熊賜履本此處無『蓋赤道歲差一分五十秒，距今正德辛巳當差三百六十分。黄道歲差一分三十八秒半，今當差三百五十二分四十秒』。定本此處無『《回回曆》自開皇己未至今九百餘年，……今當差三百三十二分四十秒』。
⑮ 湯斌本『即恐』作『將來』，定本作『恐』。
⑯ 定本『差』作『舛』。
⑰ 王鴻緒本、定本此處無『命』字。
⑱ 湯斌本『大臣』後有『一員』二字。
⑲ 湯斌本『較』作『校』。
⑳ 湯斌本『兩相較驗』後有『奚疏奚密』，與《武宗實録》卷一百六十九記載相同。
㉑ 湯斌本『黄、赤道』作『黄道、赤道度分若干』，與《武宗實録》卷一百六十九記載相同。

度疏密，漏刻科推測昏旦中星，調品晝夜壺漏①，回回科推驗西域《九執曆法》②。仍遣官之南京及浙江諸處③，候土④圭以測今時視至元天道修短⑤、節氣早晚⑥。往復參校，衆途同歸⑦，則交食可正，而七政可齊。』禮部⑧議⑨覆，以爲『星曆之學，必得明天人之理⑩如許衡、郭守敬其人⑪者，斯可任考驗之責⑫。裕及監官⑬未必皆精，遽難委任⑭。今十月望月食，中官正周濂等所推算與古法及裕所奏各⑮不同，請至期考驗。』既而濂等言：『自漢劉洪造《乾象曆》始覺⑯歲周餘分太⑰强，晉虞喜、宋何承天、祖冲之始立歲差法。元許衡、王恂、郭守敬⑱宗而用之，損歲餘，益周天⑲，强弱相減，得日躔歲退之差一分五十秒。以至元辛巳

① 定本此處無『觀象臺測黄、赤道，……調品晝夜壺漏』。
② 熊賜履本此處無『觀象臺測黄、赤道，……回回科推驗西域《九執曆法》』。
③ 湯斌本『諸處』作『諸省』，王鴻緒本『浙江諸處』作『各省』，定本『南京及浙江諸處』作『各省』。
④ 紹圖本『土』誤作『上』。
⑤ 湯斌本『修短』後有『若干』二字，王鴻緒本、定本此處無『今時視至元天道修短』。
⑥ 湯斌本『早晚』後有『何如』二字。
⑦ 王鴻緒本、定本此處無『衆途同歸』。
⑧ 湯斌本『禮部』前有『章下』二字。
⑨ 王鴻緒本此處無『議』字。
⑩ 熊賜履本此處無『明天人之理』。
⑪ 湯斌本此處無『其人』二字。
⑫ 王鴻緒本此處無『以爲「星曆之學，必得明天人之理如許衡、郭守敬其人者，斯可任考驗之責」』。
⑬ 湯斌本『監官』後有『曆法』二字。
⑭ 湯斌本『委任』作『委以是任』，王鴻緒本此處無『遽難委任』。定本『禮部議覆，……遽難委任』作『部覆言：裕及監官曆學未必皆精』。
⑮ 王鴻緒本、定本此處無『各』字。
⑯ 王鴻緒本此處無『始覺』二字。
⑰ 熊賜履本『太』誤作『大』。
⑱ 湯斌本『郭守敬』後有『等』字。
⑲ 湯斌本『周天』作『天周』。

歲前天正冬至日躔赤道箕宿十度、黄道箕宿九度二十二①分一十七秒爲《授時》曆元②。但用之年久，歲差退移，天度太③遠，致有差失。臣考元至正戊子冬至赤道歲差退天一度五十秒、黄道歲差退天九十二分九十八秒④，成化辛丑冬至赤道歲差退天九十分、黄道歲差退天九十一分四十二秒。今⑤正德乙亥距至元辛巳二百三十五年⑥，赤道歲差當退天三度五十二分五十秒，黄道歲差當退天三度二十五分七十四秒，不經改正，推步豈能有合⑦？臣以歲差之術⑧參詳較⑨驗，考得⑩正德丙子歲前天⑪正冬至氣應二十七日四百七十五分，命⑫得辛卯日丑初初刻日躔赤道⑬箕宿六度四十七分五十秒、黄道箕宿五度九十六分四十三秒爲曆元。不用古法，積年別⑭作一算起，每年加一算，仍減一用之，其中積分⑮俱自此始⑯。其氣、閏、轉、交四應，并周天黄道二

① 紹圖本「二」誤作「三」。
② 紹圖本「元」誤作「亢」。湯斌本此後有「推驗可謂至密」。
③ 國科圖本「太」誤作「大」。
④ 湯斌本此後有「永樂乙未冬至赤道歲差退天一度五十秒、黄道歲差退天九十二分八十六秒」，《武宗實録》卷一百六十九此處亦有該句。
⑤ 紹圖本「今」誤作「令」。
⑥ 王鴻緒本「臣考元至正戊子冬至赤道歲差退天一度五十秒、……今正德乙亥距至元辛巳二百三十五年」作「自至正戊子、永樂乙未、成化辛丑及今正德乙亥此四年冬至，推赤黄道退天度分」。
⑦ 湯斌本「推步豈能有合」作「則推步豈能合于天道」。定本「既而濂等言：『……推步豈能有合』」作「既而濂等言：『日躔歲退之差一分五十秒。今正德乙亥距至元辛巳二百三十五年，赤道歲差當退天三度五十二分五十秒，不經改正，推步豈能有合？』」。
⑧ 熊賜履本「歲差之術」作「差法」。定本此處無「以歲差之術」。
⑨ 湯斌本「較」作「校」。
⑩ 王鴻緒本此處無「考得」二字。定本「考得」作「得」。
⑪ 紹圖本「天」誤作「大」。
⑫ 湯斌本「命」作「合」。
⑬ 紹圖本「赤道」誤作「亦迫」。
⑭ 湯斌本「別」作「則」。
⑮ 湯斌本「中積分」後有「數目」二字。
⑯ 定本此處無「不用古法，積年別作一算起，每年加一算，仍減一用之，其中積分俱自此始」。

十八宿、十二宫次分界①，諸類曆法立成，悉從歲差隨時改正。望敕禮臣并監正董理②其事，再選官生③與臣上自至元辛巳爲始，下至未來戊子爲終，通計二百四十八年，日月交食④用古法、新法逐⑤一推算，考驗精密，庶合天道⑥。』禮部奏以⑦古法未可輕變，請仍用⑧舊法⑨。别選精通曆學者，同濂等以新法參驗，更爲奏請⑩。從之。

十五年，禮部員外郎鄭善夫⑪上言⑫：『天⑬道幽渺，其數精微，以人合天，洵非⑭易事。如歲差之法⑮，晉⑯虞喜以五十年

① 王鴻緒本「分界」後有「宿度分秒」。
② 熊賜履本、王鴻緒本此處無「理」字。
③ 湯斌本「官生」後有「二三人」。
④ 湯斌本「日月交食」前有「將」字。
⑤ 紹圖本「逐」誤作「遂」。
⑥ 湯斌本「庶合天道」作「庶合于天」。定本「其氣、閏、轉、交四應，……庶合天道」作「其氣、閏、轉、交四應，并周天黄赤道，諸類立成，悉從歲差隨時改正。望敕禮臣并監正董其事」。
⑦ 王鴻緒本「禮部奏以」作「部奏」。
⑧ 王鴻緒本此處無「用」字。
⑨ 定本「禮部奏以古法未可輕變，請仍用舊法」作「部奏古法未可輕變，請仍舊法」。
⑩ 湯斌本「禮部奏以古法未可輕變，……更爲奏請」作「禮部覆奏，以濂等所推近是，但古法未可輕變，請今後仍依古法推算。再于官生内選精通曆學者，同濂等以新法參驗，久之果有定則，别爲奏請」。《武宗實録》卷一百六十九此處作「亦下禮部看詳，以濂等所推近是，但定曆《授時》乃朝廷重典，未可輕議。請今後凡日月交食，本監官生一依古法推算，如或未當，暫免參究本監。仍于官生内推選精通曆學者四五人，同濂等以新法推算，彼此參驗，至于數年，果有定則，别爲奏請」。
⑪ 紹圖本「夫」誤作「天」。
⑫ 《武宗實録》未載此事，但鄭善夫《奏改曆元事宜》疏流傳頗廣，見載于《皇明名臣經濟録》卷十三「禮部四」、《皇明兩朝疏抄》卷十八、《昭代典則》卷二十五等。
⑬ 熊賜履本「天」誤作「失」。
⑭ 湯斌本「非」作「匪」。
⑮ 王鴻緒本「十五年，禮部員外郎鄭善夫上言：『……如歲差之法」作「禮部員外郎鄭善夫言：『歲差之法」。
⑯ 王鴻緒本此處無「晉」字。

差一度①，何承天以百年，劉焯以七十五年，僧②一行以八十三年，久而勿③合④。許衡、郭守敬定⑤以六十六年有餘，似已密矣，今又不合⑥。臣以爲欲定歲差，宜定歲法⑦，其次宜⑧定合朔⑨。至于⑩日月交食，日食最爲難測⑪，蓋月食分數但論距交遠近，別無四時加減。且月小、暗虛大⑫，八方⑬所見皆同。若日爲月所掩⑭，則日大而月小，日上而月下，日遠而月近⑮，日行有四時之异，月行有九道之分，故南北殊視⑯，時刻亦异，必須據地定表，因時求合⑯。如正德九年八月辛卯日食，曆官報食八分

① 湯斌本此後有『久而驗之，弗合也』。

② 紹圖本『僧』誤作『得』。

③ 熊賜履本、王鴻緒本『勿』作『弗』。

④ 湯斌本『久而弗合』作『久而驗之，又弗合也』。

⑤ 王鴻緒本此處無『定』字。

⑥ 湯斌本『今又不合』作『今據法推演，仍又不合天道，豈易言哉？』，與鄭善夫奏疏原文相合。

⑦ 湯斌本此後有『歲有小餘，積四期餘一日，以一日分加于四期，則二至餘分只争絲忽，此所宜定也』，與鄭善夫奏疏原文相合。

⑧ 王鴻緒本此處無『宜』字。

⑨ 湯斌本此後有『古人以一日百刻而變爲九十四分者，以氣朔有不盡之數，難分也。凡月三十日，二氣盈四百一十一分二十五秒，一朔虛四百四十一分。積虛盈之數以制閏，故定朔必視四百四十一分前後爲朓朒，只在一分之間，此又所宜定也』。鄭善夫奏疏原文此處作『如定日之法，一日百刻所以變爲九百四十分者，以氣數有不盡之數，難分也。凡每月三十日，二氣盈四百一十一分二十五秒，一朔虛四百四十一分。積虛盈之數以制閏，是故定朔必視四百四十一分前後爲朓朒，只在一分之間，自古無有真知，要亦須酌量以定者』。定本『禮部員外郎鄭善夫上言：「……其次宜定合朔」』作『鄭善夫言』。

⑩ 定本此處無『至于』二字。

⑪ 紹圖本『測』誤作『則』。

⑫ 湯斌本此後有『月入暗虛而食』。

⑬ 湯斌本『八方』前有『故』字。

⑭ 湯斌本『爲月所掩』作『爲月體所掩而食』。

⑮ 北大本『日遠而月近』誤作『日近而月遠』。

⑯ 北大本、熊賜履本、王鴻緒本『視』作『觀』。

⑰ 湯斌本『故南北殊視，時刻亦异，必須據地定表，因時求合』作『故北方食既、南方纔半虧，南方食既、北方纔半虧，其時刻分秒必須據地定表，因時求合而後準』，與鄭善夫奏疏原文相合。

六十七秒，而閩①廣之地遂至食既，時刻分秒安得而同？今宜按交食以更曆元時刻分秒，必使奇②零剖析詳盡，不然積以歲月，躔離朓朒又不合矣③。』不報。

十六年，朱④裕復言：『本監⑤觀星臺晷表尺寸不一，難以準測。推算曆數用南京日出分秒，似相矛盾。乞敕大臣⑥總理其事⑦，改鑄銅表以考四時日中之影，仍遣⑧通曉曆學官生赴河南陽城，察舊立土圭，以合今日之晷。及山東、湖廣、陝西、大名諸處⑨，分立圭表，以測晷景。錯綜參驗，定爲成法，庶幾合朔得真，交食不謬。』詔下所司。是年，以南京戶科給事中樂護、工部主事華湘通曆法，俱擢光禄⑩少卿，管欽天監事⑪。

嘉靖二年，湘言⑫：『曆數之興，代有作者，曷⑬嘗不廣集衆思，期于永久不變哉？然不數歲而輒差者，由天周日周之難齊也⑭。日之⑮差驗于中星，堯冬至昏昴中，日在虚七度，今冬至昏室中，日在箕三度，計去堯⑯未四千年，而差者⑰五十度矣。《授

①　紹圖本『閩』誤作『閏』。
②　紹圖本『奇』誤作『寄』。
③　湯斌本『今宜按交食以更曆元時刻分秒，……躔離朓朒又不合矣』作『今宜按交食以更曆元，時分刻，刻分分，分分秒，極精極細，即至于半秒難分之處，亦須酌量而定，不然則差之半秒，積以歲月，躔離朓朒皆不合原算矣』，與鄭善夫奏疏原文相合。
④　紹圖本『朱』誤作『宋』。
⑤　王鴻緒本此處無『本監』二字。
⑥　湯斌本『大臣』作『禮部會舉洞達天人精究理學大臣一員』，與《世宗實録》卷三記載相同。
⑦　王鴻緒本此處無『敕大臣總理其事』。
⑧　湯斌本『遣』前有『乞』字。
⑨　湯斌本『諸處』作『等處』，王鴻緒本此處無『諸處』二字。
⑩　湯斌本『光禄』作『光禄寺』。
⑪　定本『十六年，朱裕復言：……管欽天監事』删改作『十六年，以南京户科給事中樂護、工部主事華湘通曆法，俱擢光禄少卿，管監事』。
⑫　《世宗實録》卷三十一關于此事的記載較簡略，但華湘《正曆元以定歲差疏》流傳頗廣，見載于《皇明疏鈔》卷四十八『禮儀四』、《皇明嘉隆疏鈔》卷十八、《皇明兩朝疏抄》卷十一等。
⑬　紹圖本『曷』誤作『昌』。
⑭　王鴻緒本此處無『曆數之興，代有作者，……由天周日周之難齊也』。
⑮　王鴻緒本此處無『之』字。
⑯　王鴻緒本此處無『計去堯』。
⑰　王鴻緒本『而差者』作『差』。

時曆法》每①歲差一分五十秒，至元辛巳至今二百四十二年，合差三度有奇。是以正德戊寅日食、庚辰月食，時刻分秒、起復方位②與推算迕③。臣以爲④古今善治曆者三家，漢《太初》以鍾律，唐《大衍》以蓍策，元《授時》以晷景，而晷景⑤爲近⑥。欲正曆而不登臺測景，皆空言臆見也⑦。伏望⑧許臣暫罷⑨朝參，督同⑩中官正周濂等，及冬至前詣觀象臺，晝夜推測，日記月書，至來年冬至，以驗二十四氣，分至合朔、日躔月離、黄赤二道、昏旦中星、七政四餘之度，視元辛巳所測，離合何如，差次録聞。更乞⑪敕禮部延訪有能知曆理，如揚雄精⑫曆數，如邵雍智巧天授，如僧一行、郭守敬者⑬，徵赴京師，令詳定歲差，以成一代之制。』下禮部集議，而護謂曆不可改，與湘⑭頗异。禮部因言：『我朝曆因于元，經耶律楚材、許衡、王恂、郭守敬⑮諸大儒之手，固難議改。然推步之法貴隨時考驗⑯，今湘⑰欲自行測候⑱，不爲無識。請二臣各盡所見⑲，窮極异同，以協天道。』從之。

① 王鴻緒本此處無『每』字。
② 湯斌本『方位』後有『類』字。
③ 王鴻緒本『迕』作『忤』。定本此處無『曆數之興，代有作者，……時刻分秒、起復方位與推算迕』。
④ 王鴻緒本『以爲』作『按』。定本此處無『臣以爲』。
⑤ 定本此處無『而晷景』。
⑥ 湯斌本此後有『其所因者，本也』。
⑦ 湯斌本『皆空言臆見也』作『皆空言臆見，非事實已』。
⑧ 王鴻緒本、定本『伏望』作『望』。
⑨ 湯斌本『暫罷』作『暫住』。
⑩ 定本此處無『同』字。
⑪ 王鴻緒本、定本此處無『乞』字。
⑫ 紹圖本『精』誤作『指』。
⑬ 湯斌本『者』前有『其人』二字，王鴻緒本、定本『有能知曆理，如揚雄精曆數，如邵雍智巧天授，如僧一行、郭守敬者』作『精通理數者』。
⑭ 紹圖本『湘』誤作『相』，湯斌本『湘』後有『所見』二字。
⑮ 王鴻緒本此處無『耶律楚材、許衡、王恂、郭守敬』。
⑯ 湯斌本此後有『符合天運』。
⑰ 紹圖本『湘』誤作『推』。
⑱ 湯斌本此後有『用定歲差』。定本『禮部因言：「……今湘欲自行測候」』作『禮部言：「湘欲自行測候」』。
⑲ 湯斌本『請二臣各盡所見』作『請行本監，令二臣各盡所見』。

七年閏十月朔，以《大統曆》推日不食，以《回回曆》推日食二分四十七秒，已而不食①。十九年三月癸巳朔，欽天監言②日③當食，已而不食。帝大喜，以爲上天示眷④，然實由⑤推步之疏也⑥。隆慶三年，掌監事順天府府丞⑦周相刊《大統曆法》⑧，其『曆原』歷叙古今諸曆异同，言⑨至元辛巳至今隆慶己巳計⑩二百八十九年，年遠數差⑪，失今不考，差必愈甚⑫。苟非精理數、善測驗⑬而漫言修改，恐推演附會⑭反失其真，不若仍舊之爲愈⑮。

時又有唐順之、周述學等前後論曆。順之⑯善勾股弧矢之法，嘗言：『冬至黄、赤道有二十四度之差，而黄道在赤道外，所

① 王鴻緒本此處無『七年閏十月朔，……已而不食』，相應内容位于下文『失今不考，差必愈甚』之後，作『嘉靖七年閏十月朔，《大統曆》推日不食，《回回曆》推日食二分四十七秒，已而不食，《回回曆》不驗』。定本『七年閏十月朔，……已而不食』作『七年，欽天監奏閏十月朔，《回回曆》推日食二分四十七秒，《大統曆》推不食，已而不食』。

② 王鴻緒本此處無『欽天監言』，定本『欽天監言』作『臺官言』。

③ 紹圖本此處無『日』字。

④ 湯斌本『以爲上天示眷』作『曰：「上天示眷，朕知仰承」』，與《世宗實録》卷二百三十五記載相同。王鴻緒本『示眷』作『眷』。

⑤ 國科圖本『由』誤作『内』。

⑥ 湯斌本『然實由推步之疏也』作『實曆官推步之疏，而帝反以爲瑞徵也』。

⑦ 王鴻緒本、定本『府丞』作『丞』。

⑧ 《穆宗實録》未載此事，相關内容應據隆慶三年周相刊《大明大統曆法》編撰。

⑨ 湯斌本『言』作『以爲』。

⑩ 王鴻緒本此處無『計』字。

⑪ 湯斌本『年遠數差』作『年遠數盈歲差天度』，與《大明大統曆法》『曆原』原文相符。

⑫ 王鴻緒本『差必愈甚』作『差必有愈甚者』。

⑬ 紹圖本、國科圖本『測驗』作『推驗』，湯斌本『測驗』後有『者』字。

⑭ 湯斌本『附會』作『傅會』。

⑮ 王鴻緒本此處無『苟非精理數、善測驗而漫言修改，……不若仍舊之爲愈』。定本此處無『言至元辛巳至今隆慶己巳計二百八十九年，……不若仍舊之爲愈』。

⑯ 本段介紹唐順之關于曆法的討論與王肯堂《鬱岡齋筆塵》卷三相應内容吻合。

以黃道歲差比赤道歲差少一十一秒，此斜直之別也。經度黃道歲差約百①年差度半，積六千年差一象限，一萬二千年差半周天。經度差一象限，則緯度當差二十四度。假令冬至日在斗，出赤道二十四度，六千年後差一象限，則前時冬至度已作春分度，正與赤道交，緯度差二十四度矣。經度差半周天，則緯度當差四十八度。假令冬至日在斗，出赤道二十四度，一萬二千年後差半周天，則前時冬至度已作夏至度，而入赤道又二十四度矣，較其緯度相去共差四十八度，大約二萬四千年而爲一復。黃道既移②，五星只隨黃道出入不逾七八③度，可見五星聽命于日也。』又云：『各曆所命赤道經星度分，以赤道南北二十八宿當黃道者取爲距星，測而命之，此雖歷萬古而不可變也。若各曆之黃道宿次度分，則因④歲差改移，其出入赤道南北緯度之變積有四十八度之差。又當隨其時之變⑤差而更命之，此雖未及百年而不可爲常⑥也。』又云：『《回回曆》太陰第一、第二加減如母子，得子而不用母。五星第一、第二加減如兄弟，相并而各致其用。其太陰、五星譜，土、木星大約百八十度而半遲疾，是一度爲一度，所謂十二宮者是真十二宮也。月三宮而半遲疾，故用加倍相離，所謂二十四宮者乃十二宮也。水星兩宮而半遲疾，故用三倍相離，所謂十二宮者乃四宮也。火星三百六十餘度而半遲疾，故止曰半度，所謂十二宮者反是二十四宮也。西曆作此齊譜，便算，自初⑦宮至五⑧宮俱加，六宮至十一⑨宮俱減也。』⑩又云：『中曆星宿不動、冬至動而退，西曆冬至不動、星宿動而進，如《大統》一百年前冬至在箕宿七度六十分，一百年後冬至在箕宿六度一十分，計退度一度五十分，而箕宿之度未嘗動也。西⑪曆一百年前冬至

① 紹圖本『百』誤作『有』。
② 紹圖本『移』誤作『和』。
③ 紹圖本『八』誤作『分』。
④ 國科圖本『因』誤作『回』。
⑤ 北大本此後缺一頁。
⑥ 紹圖本『常』誤作『當』。
⑦ 紹圖本『初』誤作『杓』。
⑧ 紹圖本『五』誤作『丑』。
⑨ 國科圖本『一』誤作『二』。
⑩ 熊賜履本此處無『又云：「《回回曆》太陰第一、第二加減如母子，……六宮至十一宮俱減也」』一段内容。
⑪ 紹圖本『西』誤作『四』。

在寅宫初度，一百年後仍在寅宫初度，其百年前之寅宫初度非即百年後之寅宫初度也。假令百年前之寅宫初度在箕七度六十分，則百年後之寅宫初度乃①在箕六度一十分矣。不换宫而换星，不退冬至而進星，立法不同歸則一也。中曆以天不動，六十餘年爲日不及天一度，而②西③曆以日不動，六十餘年天過一④度。考日南至、北至須正子午之位，春分、秋分須當地平環上平分天地東西相直之位，則謂日未嘗退而天行過度，亦是有理。然今天行一日一周而過一度，則六十餘年亦仍是過一度耳。』又云：『作曆造月道而不造星道，此未備事也。然星道以經度去日之遠近爲緯度距黄⑤之闊狹，况經度之自逆而順又成緯度之勾己，是星道委曲萬殊所以不易造也。』⑥

述學⑦以自來曆家但能步二曜交食、五星順逆之經度，從無能步緯度⑧者，惟西域馬哈麻《經緯曆》有⑨緯法以步五星。然中西异術，述學細譯其法，立爲緯度，以窮星道、推淩⑩犯，因撰《曆宗中經》。又⑪以自來之議曆者是非混淆，乃取歷代史志議正

① 國科圖本『乃』誤作『仍』。
② 紹圖本、國科圖本此處無『而』字。
③ 熊賜履本此處缺『西』字。
④ 國科圖本『一』誤作『不』。
⑤ 熊賜履本『黄』作『黄道』。
⑥ 湯斌本對唐順之曆法工作的介紹較爲簡短，黄百家本從『經度黄道歲差約百年差度半』一直到『所以不易造也』一大段内容僅對應湯斌本中的寥寥數句：『又云：「作曆造月道而不造星道，蓋未備事也。」又云：「太陰第一、第二加減如母子，得子則不用母。五星第一、第二加減如兄弟，相并而各致其用。」』
⑦ 本段介紹周述學關于曆法的討論應取自氏著《神道大編曆宗通議》《雲淵先生文選》等。
⑧ 國科圖本此處無『度』字。
⑨ 北大本缺頁内容至此結束，即缺上文『差而更命之』至此的内容。
⑩ 國科圖本『淩』誤作『步』。
⑪ 紹圖本『又』誤作『人』。

其訛舛①。又患西域之曆未能通也，乃撰《〈大統〉〈萬年〉二曆通議》，會通中西之理。又以天度與地②里，推其遠近相準之數，撰爲《度里通議》。更采自來儀象法式，并議以附之，總爲《曆宗通議》。其論歲差，堯距今四千③餘年，歲差已五十餘度，非惟度移宿，而又宿④移次矣。其冬至在于子中，則不可移也。康節云『冬至子之半，天心無改移』⑤，蓋以陰陽二始正南北子午之位，陰陽二交定東西卯酉之分，故復爲天地之心⑥。此造化之樞機，千古不易者也。西曆宮分無係于宿，宿度不屬于宮，宮定而宿不定，此⑦諸曆之紛紛以冬至子中爲在虛、在危者，反爲得之。論日食時差，據午地而觀，日食如在午前，則未及⑧黄白度分相掩，而人在地面斜視先已見食，及至黄白度分相掩則食過矣。如地之偏東者，又方見食也，故午前則見食早。如在午後，則黄白度分雖掩，人在地面斜視猶未見食，必俟月行更東方能見食。如地之偏西者，則先見食也，故午後則見食遲。所以立時差分法，以加減定朔，而爲日食甚定分。論五星緯度，五星之合伏，或于黄近，或于黄遠，或在黄南，或在黄北，步曆者但能步其經度，而于緯度則不必同也。若經緯相同，則當星、黄之交矣。交乃星與黄交，合乃星與日合，非一事也。又言星道交于黄道，土、木、火星與金、水星异，土、木、火星道約有定宫，以爲交金、水星道則無定度，其爲道也屢遷，非緯法萬不能窮也。星道與黄道之交在黄道初宫則緯差少，在黄道六宫則緯差多，至于在黄道之十一宫，而差復如其初矣。以相距黄道遠近而較之，則近黄之差多，而遠黄之差少。以出入黄道南北而較之，則黄南之差疾，而黄北之差遲。以逆行交道而考之，或出黄而爲勾⑨，或入黄而爲己，是又

① 熊賜履本此處無『又以自來之議曆者是非混淆，乃取歷代史志議正其訛舛』。
② 紹圖本『地』誤作『北』。
③ 紹圖本『千』誤作『十』。
④ 北大本、熊賜履本『宿』作『辰』，與《雲淵先生文選》相同。
⑤ 熊賜履本此處無『康節云「冬至子之半，天心無改移」』。
⑥ 熊賜履本此處無『故復爲天地之心』。
⑦ 熊賜履本『此』誤作『比』。
⑧ 紹圖本『及』誤作『反』。
⑨ 國科圖本『勾』誤作『匃』。

逆行出入黃道南北之別也①。

萬曆十二年，欽天監奏依《大統曆》推算本年十一月癸酉朔日食九十二秒，依《回回曆》推算不食，已而《回回曆》驗②。禮科給事中侯先春奏③：『自洪武迄今二百二十年，未嘗改曆，年遠數盈，漸差天度④。邇者月食在酉而曰戌⑤，月食將既而曰未九分，差舛甚矣。其⑥氣朔閏餘，躔離朓朒之類，盡屬參錯，可知宜⑦詔求天下深明曆理者，博采群書，隨時考驗⑧。且今⑨見有回

① 湯斌本對周述學曆法工作的介紹作：『述學嘗撰《〈大統〉〈萬年〉通議》，其論二至日度盈縮，曰赤道當天之腰圍，而黃道出入赤道各二十四度，則黃道冬至之去南極，與夏至之去北極，其相距之數均也。去極之數既均，則其度之斂狹亦同矣。冬至日行黃道一度五分，則夏至日行黃道亦當一度五分，今夏至日行黃道不及一度，似乎冬至之度狹，而夏至之度闊，是豈去極之度不均而斂狹之數有异乎？抑冬夏太陽之行真有盈縮之殊乎？而非然也。蓋天地陰陽之氣有升降，而太陽之行亦隨之而有升降故耳。自冬至以至于夏至，陽之升也。自夏至以至于冬至，陰之降也。人在地中觀其行度，則夏至之太陽，若在輪廓之表，其度闊，故日行不及一度，謂之縮曆。冬至之太陽若在輻輳之間，其度狹，故日行一度有餘，謂之盈曆。是日度有盈縮之异，乃日道有升降之所致也。又論日食時差，法曰據午地以論，日食如在午前，則未及黃白度分相掩，而人在地中斜視先已見食，及至黃白度分相掩則食過矣。如地之偏東者，又方見食也，故午前日食則見食速，而當減其午前分也。在午後則黃白度分雖掩，而人在地中斜視猶未見食。如地之偏西者，或先見食也，必俟月行更東地中斜視方能見食，故午後日食則見食遲，而當加其午後分也。所以立時差分法，以加減定朔，而爲日食甚定分。又議《回回曆》之日度，曰其白羊戌宮三十度，日行得三十一日，即太陽之升而行黃宮之闊度也。人馬寅宮亦三十度，日行二十九日，即太陽之降而行黃宮之狹度也。其各宮分之日數有多寡，即《大統曆》各黃宮日數之有多寡也。又議《回回曆》之五星緯度，曰五星合伏之度，或于黃近，或于黃遠，或在黃南，或在黃北，但每同經度而于緯度不易同也。若經緯相同，則當星、黃之交矣。交乃星與黃交，合乃星與日合，非一事也。餘議曆甚多，不具録』。對應黃百家本從『述學以自來曆家但能步二曜交食、五星順逆之經度』一直到『是又逆行出入黃道南北之別也』一大段對周述學曆法工作的介紹。王鴻緒本、定本則完全刪去黃百家對唐、周二人曆法討論的介紹，即從『時又有唐順之、周述學等前後論曆』一直到『是又逆行出入黃道南北之別也』一大段内容。

② 王鴻緒本『萬曆十二年，……已而《回回曆》驗』作『至萬曆十二年十一月癸酉，《大統曆》推日食九十二秒，《回回曆》推不食，已而不食，《回回曆》驗』，定本作『萬曆十二年十一月癸酉朔，《大統曆》推日食九十二秒，《回回曆》推不食，已而《回回曆》驗』。

③ 王鴻緒本、定本『奏』作『因言』。

④ 王鴻緒本、定本此處無『自洪武迄今二百二十年，未嘗改曆，年遠數盈，漸差天度』。

⑤ 國科圖本『戌』誤作『戍』。

⑥ 湯斌本『其』作『即一交食而』。

⑦ 湯斌本『宜』作『今宜』。

⑧ 王鴻緒本、定本此處無『其氣朔閏餘、躔離朓朒之類，盡屬參錯，可知宜詔求天下深明曆理者，博采群書，隨時考驗』。

⑨ 湯斌本『今』作『該監』。

回曆科，其推算日月交食及①五星淩犯最爲精密②，祇以非③《大統曆法》，遂置不用。臣以爲④，如果吻合，何妨纂入《大統曆》中，以成一代之制⑤。』詔曰可⑥。二十年五月甲戌夜月食，監官推算差一日。

二十三年九月⑦，鄭世子載堉進《聖壽萬年曆》《律曆融通》二書⑧，疏⑨略曰：『高皇帝革命之⑩時，元曆未久，氣朔未差，故不改作，但討論潤色而已。今則⑪積年既久，氣朔漸差，《後漢志》言⑫「三百年斗曆改憲⑬」，我皇上⑭以萬曆爲元，而九年辛巳歲適當「斗曆改憲」之期。又協「乾元用九」之義，曆元正在是矣⑮。臣嘗取《大統》與《授時》二曆較⑯之，考古則氣差三日，推今則時差九刻。且萬曆辛巳歲十一月冬至，《大統》在丁丑，而《授時》在丙子；乙酉歲冬至，《大統》在戊戌⑰，而《授時》在丁酉，

① 紹圖本『及』誤作『又』，熊賜履本此處無『及』字。
② 湯斌本『最爲精密』作『最爲精細』，且其後有『曩者日食時刻分秒并不差舛』，與《神宗實録》卷一百八十四記載相同。
③ 湯斌本『非』作『原非』。
④ 湯斌本此後有『《授時曆》可采，《回回曆》亦可采，取其能合天度而已』，與《神宗實録》卷一百八十四記載相同。
⑤ 王鴻緒本、定本『且今見有回回曆科，……以成一代之制』作『回回曆科推算日月交食、五星淩犯最爲精密，何妨纂入《大統曆》中，以備考驗』。
⑥ 王鴻緒本、定本『詔曰可』作『詔可』。
⑦ 王鴻緒本、定本此處無『九月』二字。
⑧ 湯斌本此處無『《律曆融通》二書』。
⑨ 《神宗實録》未載此疏，朱載堉將其置于《聖壽萬年曆》開篇。
⑩ 王鴻緒本、定本此處無『之』字。
⑪ 王鴻緒本、定本此處無『今則』二字。
⑫ 湯斌本『言』作『所謂』。
⑬ 湯斌本『改憲』後有『者』字，且其後有『宜在此時』。
⑭ 王鴻緒本、定本此處『我皇上』作『今』。
⑮ 湯斌本此後有『高皇帝嘗有意考七政之運行，定二統之是否，而未遂。繼述之盛舉，寧不有待于今日乎？』，朱載堉奏疏原文亦有該句。
⑯ 湯斌本『較』作『校』。
⑰ 國科圖本『戊』誤作『戍』。

是皆相差一日。假①差在《授時》，固不必較，萬一②差在《大統》，則干係甚重也③。蓋相差④雖九刻，處夜半之際所差便隔一日⑤。夫⑥節氣差天一日，則置閏差天⑦一月。閏差一月，則時差一季。時差一季，則歲差一年，豈小小哉⑧？臣又推得⑨萬曆一百年冬至，二曆相差十餘刻。一千年冬至，二曆相差兩⑩日。一萬年冬至，二曆相差百餘日⑪。當此⑫之時⑬，《大統》之冬至近《授時》之清明，《授時》之冬至近《大統》之白露⑭。蓋因⑮《授時》減分太峻、失之先天；《大統》不減、失之後天⑯。當和會二家⑰，酌取中數，立爲新率，編撰成書⑱，大旨出于許衡，而與衡曆不同⑲。《後漢志》曰「陰陽和則景至，律氣應則灰除⑳」，《晉

① 王鴻緒本此處無『假』字。
② 王鴻緒本此處無『萬一』二字。
③ 定本此處無『且萬曆辛巳歲十一月冬至，……則干係甚重也』。
④ 定本『蓋相差』作『夫差』。
⑤ 湯斌本此處無『假差在《授時》，……處夜半之際所差便隔一日』。
⑥ 王鴻緒本、定本此處無『夫』字。
⑦ 定本此處無『天』字。
⑧ 湯斌本『豈小小哉』作『其所差者豈小小而已哉』，定本作『其失豈小小哉』，王鴻緒本此處無『豈小小哉』。
⑨ 湯斌本此處無『得』字。
⑩ 湯斌本『兩』作『二』。
⑪ 王鴻緒本『臣又推得萬曆一百年冬至，……二曆相差百餘日』僅作『自此後一萬年，二曆相差百餘日』。
⑫ 紹圖本『此』誤作『北』。
⑬ 王鴻緒本此處無『當此之時』。
⑭ 湯斌本此處無『當此之時，《大統》之冬至近《授時》之清明，《授時》之冬至近《大統》之白露』。定本此處無『臣又推得萬曆一百年冬至，……《授時》之冬至近《大統》之白露』。
⑮ 湯斌本『蓋因』作『或以爲』。
⑯ 湯斌本此後有『或謂《授時》近密，《大統》爲疏，或謂《授時》未必全是，二曆强弱之間宜有所折衷』，朱載堉奏疏原文亦有該句。
⑰ 湯斌本『當和會二家』作『于是仰體太祖一統難憑之意，和會二家』，定本作『因和會兩家』。
⑱ 湯斌本『立爲新率，編撰成書』作『以成新曆，更采衆説所長，輯爲一書，名曰《律曆融通》』，與朱載堉奏疏原文相符。
⑲ 王鴻緒本『不同』作『多异』。
⑳ 湯斌本此後有『是故天子常以日冬、夏至御前殿，合八能之士，陳八音，聽樂均，度晷景，候鍾律，權土灰，放陰陽，效則和，否則占』，朱載堉奏疏原文亦有該句。

志》曰「日冬至，音比林鐘浸以濁，日夏至，音比①黄鐘浸以清。十二律應二十四氣之變，其②爲音也。一律而生五音，十二律而爲六十音，因而六之，六六三十六，故爲三百六十音，以當一歲之日③。」黄鐘④乃律曆本原，而舊曆罕言之，新法《融通》⑤則以步律吕爻象爲首，此與舊曆⑥不同一也⑦。堯時冬至日躔所在⑧宿次，劉宋何承天以歲差及中星考之，應在須女十度左右。唐⑨一行《大衍⑩曆議》曰：「劉炫推堯時⑪日在虚、危間，則夏至火已過中。虞劆推堯時日在斗、牛間，則冬至昴尚未中。蓋堯時日在女、虚間，則春分昏張一度中，秋分虚九度中，冬至胃二度中，昴距星直午正之東十二度，夏至尾十一度中，心後星直午正之西十二度。四序進退，不逾午正間，軌漏使然也。」元人《曆議》亦云堯時冬至日在女、虚之交，而《授時曆》考之，乃在牛宿二度，是與虞劆同。《大統曆》考之，乃在危宿一度，是與劉炫同。相差二十六度，皆不與《堯典》合⑫。新法上考堯元年甲辰歲，夏至午中日在柳宿十二度左右，冬至午中日在女宿十度左右，心、昴昏中各去午正不逾半次，與承天、一行二⑬家之説合，此⑭與舊曆不同

① 紹圖本「比」誤作「北」。
② 紹圖本「其」誤作「具」。
③ 王鴻緒本、定本此處無「《後漢志》曰……以當一歲之日」，湯斌本此後有「故律曆之數、天地之道也」，朱載堉奏疏原文亦有該句。
④ 湯斌本「黄鐘」前有「夫」字。
⑤ 湯斌本、定本此處無「《融通》」二字。
⑥ 紹圖本此處無「曆」字。
⑦ 定本此處無「此與舊曆不同一也」。
⑧ 王鴻緒本此處無「所在」二字。
⑨ 王鴻緒本此處無「唐」字。
⑩ 紹圖本「大衍」誤作「九行」。
⑪ 王鴻緒本「推堯時」作「所推」。
⑫ 定本「堯時冬至日躔所在宿次，……皆不與《堯典》合」作「堯時冬至日躔宿次，何承天推在須女十度左右，一行推在女虚間。元人《曆議》亦云在女、虚之交，而《授時曆》考之，乃在牛宿二度。《大統曆》考之，乃在危宿一度。相差二十六度，皆不與《堯典》合」。
⑬ 定本「二」作「兩」。
⑭ 湯斌本「此」作「而」。

二也①。《春秋左傳》昭公二十年己丑日南至，《授時曆》推之得戊子，先《左傳》一日。《大統曆》推之得壬辰，後《左傳》三日。新法推之與《左傳》合，此與舊曆不同三也。《授時②》以至元十八年爲元③，《大統④》以洪武十七年爲元⑤，新法則以萬曆九年爲曆元⑥，望敕⑦大臣名儒參訂采用⑧。』

其⑨步發斂。取嘉靖甲寅歲爲曆元，元紀四千五百六十，期實千四百六十一，節氣歲差一秒七十五忽，歲周氣策無定率，各隨歲差求而用之。律應⑩五十五日六十刻八十九分，律總旬周六十日。次⑪步朔閏。朔望弦策與《授時》同⑫，閏應十九日三十六刻十九分。次⑬步日躔。日平行一度，躔周⑭三百六十五度二十五分，躔中半⑮之⑯，象策又半之⑰，半象策八分躔周之一⑱，

① 定本「二也」作「之大也」。
② 湯斌本「授時」作「授時曆」。
③ 王鴻緒本「元」作「曆元」。
④ 湯斌本「大統」作「大統曆」。
⑤ 王鴻緒本「元」作「曆元」。
⑥ 湯斌本此後有「其餘各條不同者，多詳見《曆議》」。定本此處無「《春秋左傳》昭公二十年己丑日南至，……新法則以萬曆九年爲曆元」，僅有一句「其餘詳見《曆議》」。
⑦ 湯斌本「敕」作「敕部會集」。
⑧ 湯斌本此後有「以成一代之制」。
⑨ 湯斌本、定本「其」作「其法首曰」。以下幾段介紹朱載堉曆法工作的內容主要取自氏著《聖壽萬年曆》。
⑩ 定本此後有小注「即氣應」。
⑪ 湯斌本「次」作「次曰」。
⑫ 湯斌本「朔望弦策與《授時》同」作「朔策二十九日五十三刻五分九十三秒，望策十四日七十六刻五十二分九十六秒半，弦策七日三十八刻二十六分四十八秒少」。
⑬ 湯斌本、定本「次」作「次曰」。
⑭ 定本此後有小注「即天周」。
⑮ 紹圖本「半」誤作「平」。
⑯ 湯斌本「躔中半之」作「躔中百八十二度六十二分半」。
⑰ 湯斌本「象策又半之」作「象策九十一度三十一分二十五秒」。
⑱ 湯斌本「半象策八分躔周之一」作「半象策四十五度六十五分六十二秒半」，定本此處無「半象策八分躔周之一」。

辰策三十度四十三分七十五秒①，半辰策半之②。黃、赤道歲差，俱與《授時》同③。盈初縮末限八十八日九十一刻，縮初盈末限九十三日七十一刻④，周應二百三⑤十八⑥度二十二分三十九秒⑦。次⑧步晷漏。北極出地度分，冬、夏至中晷恒數，并二至晝夜長短刻數，俱以京師爲準。見《元志》。⑨參以岳臺，見《宋志》。⑩以見隨處里差之數⑪。次⑫步月離。月平⑬行、轉周、轉中與《授時》同⑭。離周⑮三百三十六限十六分六十秒，離中半之⑯，離象又半之⑰。轉差一日九十七刻六十分，轉應七日五十刻三十四

①定本「辰策三十度四十三分七十五秒」作「辰策十二分躔周之一」。
②湯斌本「半辰策半之」作「半辰策十五度二十一分八十七秒半」，定本此處無「半辰策半之」。
③湯斌本「黃、赤道歲差，俱與《授時》同」作「赤道歲差一分五十秒，黃道歲差一分三十八秒」。
④定本「黃、赤道歲差，……縮初盈末限九十三日七十一刻」作「黃、赤道歲差，盈初縮末限，縮初盈末限，俱與《授時》同」。
⑤紹圖本「三」誤作「二」。
⑥湯斌本「三十八」誤作「八十三」。
⑦定本此後有小注「按《授時》求日度法，以周應加積度，命起虛七，其周應爲自虛七度至箕十度之數。《萬年曆法》以周應減積度，命起角初，其周應爲箕十度至角初度之數，當爲二百八十六度四十五分。今數不合，似誤」。
⑧湯斌本、定本「次」作「次曰」。
⑨紹圖本此處無「志」字，且「見元」二字爲正文格式； 國科圖本「志」作「數」； 王鴻緒本、定本此處無此小注。
⑩定本此處無此小注。
⑪湯斌本「北極出地度分，……以見隨處里差之數」作「京師北極出地四十度太，冬至中晷恒數丈五尺九寸六分，夏至中晷恒數二尺三寸四分。冬至晝、夏至夜三十八刻，夏至晝、冬至夜六十二刻」。
⑫湯斌本、定本「次」作「次曰」。
⑬紹圖本「平」誤作「年」。
⑭湯斌本「月平行、轉周、轉中與《授時》同」作「月平行十三度三十六分八十七秒半」。
⑮定本此後有小注「即遲疾限」。
⑯湯斌本「離中半之」作「離中百六十八限八分三十秒」。
⑰湯斌本「離象又半之」作「離象八十四限四分十五秒」，且其後有「轉周二十七日五十五刻四十六分，轉中十三日七十七刻七十三分，轉象六日八十八刻八十六分半」。

分。次①步交道。正交即《授時》交終度,中交即《授時》交中度②。距交十四度六十六分六十六秒。交周、交中、交差與《授時》同③。交應二④十日四十七刻三十四分。次⑤步交食。日食交外限六度,定法六十一,交内限⑥八度,定法八十一。月食限定法與《授時》同⑦。次⑧步五緯。合應:土星二⑨百六十二日三千二十六分,木星三百一十日一千八百三十七分,火星三百四十三日五千一百七十六分,金星二百三日八千三百四十七分,水星九十一⑩日七千六百二十八分⑪。曆應:土星八千六百四日五千三百三十八分,木星四千一十八日六千七十三分,火星三百一十四日四十九分,金星六十日一千⑫九百七十五分,水星二百

①湯斌本、定本「次」作「次曰」。
②湯斌本「正交即《授時》交終度,中交即《授時》交中度」作「正交三百六十三度七十九分三十四秒,中交百八十一度八十九分六十七秒」,定本作「正交、中交與《授時》同」。
③湯斌本「交周、交中、交差與《授時》同」作「交周二十七日二十一刻二十二分二十四秒,交中十三日六十刻六十一分十二秒,交差二日三十一刻八十三分六十九秒」。
④紹圖本「二」誤作「三」。
⑤湯斌本、定本「次」作「次曰」。
⑥湯斌本「交内限」前有「日食」二字。
⑦湯斌本「月食限定法與《授時》同」作「月食限十三度五分,定法八十七」。
⑧湯斌本、定本「次」作「次曰」。
⑨紹圖本「二」誤作「一」。
⑩紹圖本「一」誤作「二」。
⑪湯斌本此後有「周率:土星三百七十八日九百一十六分,木星三百九十八日八千八百分,火星七百七十九日九千二百九十分,金星五百八十三日九千二十六分,水星一百一十五日八千七百六十分」。以上數據取自朱載堉《聖壽萬年曆》卷一的「步五緯」部分。
⑫國科圖本「千」誤作「十」。

五十三日七千四百九十七分。五星周①率、五星度率②及晨夕伏見度與③《授時》同④。

其議歲餘也，曰：『曆家所謂歲差有三，曰日躔歲差，曰五星歲差，曰節氣歲差。前代諸曆但有日躔差、五星差⑤，其節氣差則自《統天》《授時》二家始焉⑥。夫⑦陰陽消長之理，以漸而積，未有不從秒起⑧。《授時曆⑨》于百年之際頓加一分，考古冬至雖或偶中，揆之于理實有未然⑩。假如魯隱公⑪三年辛酉歲，下⑫距至元辛巳二千年，以《授時》本⑬法算之，于歲實當加二十分，得庚午日六刻，爲其年天正冬至。次年壬戌歲，下距至元辛巳一千九百九十九年，本法當加十九分，得乙亥日五十刻四十四

① 國科圖本『周』誤作『用』。
② 定本『五星周率、五星度率』作『周率、度率』。
③ 定本『與』作『俱與』。
④ 湯斌本『五星周率、五星度率及晨夕伏見度與《授時》同』作『度率：土星二十九日四千二百五十五分，木星十一日八千五百八十二分，火星一日八千八百七分半，金星一日，水星一日。伏見：土星十八度，木星十三度，火星十九度，金星十度半，水星夕伏晨見十九度，晨伏夕見十六度半。又取歷代國史所志曆五十家，按所距年，各以其術推當時及近歲之冬至。復取新率上考與相參，得古曆下推皆後天，惟《統天》《授時》與天合，而新率上推則合者三十有六，以爲曆法最後最密之驗。又取魯僖公五年丙寅歲正月，至洪武十六年癸亥歲十一月，二千三十八年之間，傳志所載二至晷景凡六十事，用《太初》《大衍》《紀元》《授時》《大統》五曆及新法考之，惟《授時》合者四十八，新法合者四十九，餘皆疏。又取漢武帝元光元年丁未歲，至陳宣帝太建八年丙申歲，七百餘年間史志原載日月食分加時、起復方位有據者數事，以元儒舊法并新法考之，仍取萬曆甲午已後日月交食亦各數事，校其异同。往則稽于史，來則驗于天，以校二法之疏密。其隋唐後未及千年，不足校疏密者，略之』。以上五星度率、伏見數據皆取自朱載堉《聖壽萬年曆》卷一的『步五緯』部分，其餘內容根據《聖壽萬年曆》卷二、三編撰。
⑤ 王鴻緒本『日躔差、五星差』作『日躔、五星二差』。
⑥ 王鴻緒本此處無『焉』字。定本此處無『曆家所謂歲差有三，……其節氣差則自《統天》《授時》二家始焉』。
⑦ 定本此處無『夫』字。
⑧ 湯斌本『不從秒起』後有『便至分者』。
⑨ 王鴻緒本此處無『曆』字。
⑩ 定本『《授時曆》于百年之際頓加一分，考古冬至雖或偶中，揆之于理實有未然』作『《授時》考古，于百年之際頓加一分，于理未安』。
⑪ 湯斌本『魯隱公』前有『春秋』二字。
⑫ 國科圖本『下』誤作『不』。
⑬ 紹圖本、國科圖本『本』誤作『今』。

分，爲其年天正冬至。兩冬至相減，得相距三百六十五日四十四刻四十四分，則是歲餘九①分日之四，非四分日之一也。曆法之謬②，莫甚于此。新法酌量③，設若每年增損二秒，推而上之則失，昭公己丑爲已過④，增損一秒至一秒半⑤，則失僖公辛亥爲不及⑥。今約取⑦中數⑧，其法置定距自相乘，七因八歸，所得律母⑨百約之爲分，得一秒七十五忽⑩，則辛亥、己丑皆得矣⑪。』

其⑫議日躔也，曰：『古曆緒餘⑬見于經典⑭，灼然可考⑮莫如日躔及中星⑯。而推步家⑰鮮有達者⑱，蓋由不知夏時之與周正异也⑲。大抵夏曆以節氣爲主，周曆以中氣爲主。何承天以正月甲子夜半合朔雨水⑳爲上元，進乖㉑夏朔，退非周正，故近

① 紹圖本『九』誤作『之』。
② 紹圖本『謬』誤作『繆』。
③ 湯斌本『酌量』作『以其差率不均，稍訂正之』。
④ 湯斌本、定本此處無『爲已過』。
⑤ 湯斌本『增損一秒至一秒半』作『假如每年增損一秒或一秒半』。
⑥ 湯斌本、定本此處無『爲不及』。
⑦ 湯斌本此處『約取』作『酌取』。
⑧ 湯斌本此後有『每年增損一秒有奇，則兩得之矣』。
⑨ 湯斌本、定本此處無『律母』二字。
⑩ 熊賜履本此處無『忽』字。
⑪ 湯斌本『得一秒七十五忽，則辛亥、己丑皆得矣』作『命曰歲差』。
⑫ 以下朱載堉討論『日躔』至『五緯』的内容據氏著《律曆通融》卷四相應内容編撰。
⑬ 定本此處無『緒餘』二字。
⑭ 定本此處『經典』作『六經』。
⑮ 定本『可考』後有『者』字。
⑯ 湯斌本『中星』後有『焉』字。
⑰ 北大本此處缺『家』字。
⑱ 湯斌本此後有『穿鑿紛紜，至今未定』。
⑲ 王鴻緒本、定本『夏時之與周正异也』作『夏時、周正之异也』。
⑳ 湯斌本此處無『雨水』二字。
㉑ 紹圖本『乖』誤作『乘』。

代推《月令》《小正》者，皆不與古①合。嘗以新法歲差上考《堯典》中星，則所謂四仲月，蓋自節氣之始至于中氣之終，三十日內②之中星耳。後世執著于二分二至，是亦誤矣。《禮記注疏》曰：「《月令》昏明中星，皆大略而言③。但在一月之內有中者，即得載之，不與曆正同④。」此説得之。《漢志》曰：「元封七年十一⑤月甲子朔旦冬至日，月在建星。」又曰在牽牛之初。宋祁⑥曰建星在斗後十三度，牛⑦前十一度，是太初所測，亦止得其大略⑧。《大衍⑨曆議》謂《四分曆》冬至後天三日，日必先天三度，故當時⑩以爲日在斗二⑪十一度。以今密率考之，實在斗十七、八度間⑫。昔⑬何承天以爲日應在斗十三、四度，祖冲之以爲在斗十一度，是亦未有定説。一行⑭曰：「日之所在難知，漢世課昏明中星爲法已淺，今候夜半中星以求日衝，近于得密。而水有清濁，壺有增減，或積塵所擁，故漏有遲疾，臣等頻夜候中星，而前後相差或至三度，大率冬至遠不過斗十四度，近不出十度。」以此觀之，一行所測蓋亦未爲密也。按⑮東晉以前未有歲差之説，自虞喜始創之後，遂宗而用之⑯。且如推堯元年冬至日躔宿度，

① 國科圖本「古」後有「法」字。
② 國科圖本「內」誤作「丙」。
③ 湯斌本此後有「不與曆正同」。
④ 湯斌本「不與曆正同」作「所以昏明之星不可正，以曆法但舉大略耳」。
⑤ 國科圖本「一」誤作「二」。
⑥ 國科圖本「宋祁」誤作「宋祖」。
⑦ 湯斌本「牛」前有「牛」字。
⑧ 湯斌本「大略」後有「耳」字。
⑨ 紹圖本「大衍」誤作「大行」。
⑩ 紹圖本、國科圖本此處無「時」字。
⑪ 紹圖本「二」誤作「一」。
⑫ 湯斌本「間」作「之間而已」。
⑬ 湯斌本「昔」作「劉宋之世」。
⑭ 湯斌本「一行」作「唐一行」。
⑮ 王鴻緒本此處無「按」字。
⑯ 湯斌本「始創之後，遂宗而用之」作「始覺其差，故創立歲差術，曆雖不傳，其法可考也」。

諸家所見亦各不同。虞喜以爲在危，何承天以爲①在須女十度左右，劉孝孫以爲在危一，劉焯以爲在虚六，《大衍》在虚一，《紀元》在虚六。至《授時②》上考往古，每百年歲周長一分，天周消一分。堯距至元三千六百餘年，依本法歲周當爲三百六十五萬二千四百六十一分，天周當爲三百六十五萬二千五百三十九分。如是推之，則堯時日在牛二。《大統曆》不用消長之術，則當在危一有奇。二曆相差二十六度，其推冬至之日及有閏無閏，亦各不同。四仲中星各隨日躔而异③，竊以爲承天、一行④之説蓋近之矣。⑤』

其議候極也，曰：『自漢至齊、梁，談天者⑥皆謂紐星即不動處，惟祖暅之以儀⑦測，知不動處猶去⑧紐星⑨一度有餘。自唐至宋，又測紐星去不動處⑩三度有餘，南宋在臨安測紐星去極約四度半⑪。《元志》但從三度之説，蓋紐星去⑫極尚未有定説也⑬。新法于正方案上，周天度内權⑭以一度爲北極⑮，自此⑯度外⑰右旋，數至六十七度四十一分爲夏至日躔所在。復數⑱至

① 湯斌本『以爲』作『謂』。
② 湯斌本『授時』作『授時曆』。
③ 湯斌本此後有『諸家所見互有异同』。
④ 湯斌本『一行』後有『二家』二字。
⑤ 定本此處無《禮記注疏》曰：……竊以爲承天、一行之説蓋近之矣』。
⑥ 定本此處無『談天者』。
⑦ 定本此處無『以儀』二字。
⑧ 紹圖本『去』誤作『云』。
⑨ 定本『不動處猶去紐星』作『紐星去極』。
⑩ 定本『紐星去不動處』作『紐星去極』。
⑪ 定本此處無『南宋在臨安測紐星去極約四度半』。
⑫ 紹圖本『去』誤作『太』。
⑬ 定本『《元志》但從三度之説，蓋紐星去極尚未有定説也』作『《元志》從三度，蓋未有定説也』。
⑭ 紹圖本『權』誤作『推』。
⑮ 定本『新法于正方案上，周天度内權以一度爲北極』作『新法不測紐星，以日景驗之，于正方案上，周天度内權指一度爲北極』。
⑯ 熊賜履本『此』誤作『北』。
⑰ 定本此處無『外』字。
⑱ 定本此處無『數』字。

一百一十五度二十一分，爲冬至日躔所在。左旋，數亦如之。距二處經中心交貫界綫①，并中心共五處，各識一箴。于二至日午中，向東立案驗景②，使三箴景合，然後縣繩界取中綫，又取方十字界之，視橫界上距極度分，即極出地度分也。不測紐星，惟③以日景驗極，比④諸前人目校，庶無分秒盈縮之失⑤。』

其議晷景也，曰：『自漢太初至⑥劉宋元嘉，上下數百年間，冬至皆後⑦天三日。何承天自以⑧表測景，始知其誤。然則觀天地之高遠，在陰陽之消長，以正位辨方、定時考閏，莫近乎圭表，而推步晷景乃治曆之要也。元許衡等造⑨《授時曆》，亦憑晷景爲本，而于《曆經》不載推步晷景之術，是爲缺略⑩。今以晷景名篇，蓋補《大統》之缺也。唐一行曰：「日行有南北，晷漏有長短，然二十四氣晷差徐疾⑪不同者，勾股使然也。直規中則差遲，與勾股數齊則差急，隨辰極高下所遇不同，如黃道漏刻，此乃數之淺者，近代且猶未曉⑫。」按⑬自《大衍》而後，各家步晷之術雖異，大概不過以距二至日分自乘爲實，增損定率，或乘或⑭除，加

① 紹圖本『綫』誤作『緑』。定本『距二處經中心交貫界綫』作『四處』。
② 定本『向東立案驗景』作『將案直立向南取景』。
③ 國科圖本『惟』誤作『推』。
④ 紹圖本『比』誤作『北』。
⑤ 湯斌本此處無『其議候極也』至『庶無分秒盈縮之失』一段内容。定本此處無『不測紐星，……庶無分秒盈縮之失』。
⑥ 湯斌本『至』作『至于』。
⑦ 紹圖本『後』誤作『復』。
⑧ 湯斌本『自以』作『立』。
⑨ 王鴻緒本此處無『元許衡等造』。
⑩ 定本『其議晷景也，……是爲缺略』作『其議晷景也，曰：「何承天立表測景，始知自漢以來，冬至皆後天三日。然則推步晷景，乃治曆之要也。《授時曆》亦憑晷景爲本，而《曆經》不載推步晷景之術，是爲缺略」』。
⑪ 湯斌本『徐疾』作『疾徐』，王鴻緒本作『遲疾』。
⑫ 王鴻緒本此處無『如黃道漏刻，此乃數之淺者，近代且猶未曉』。
⑬ 王鴻緒本此處無『按』字。
⑭ 湯斌本此處無『或』字。

減二至恒晷爲所求晷而已①。今用北極出地度數，兼弧矢二術②以求③之，庶盡其原。又隨地形高下，立差以盡變，前此所未有也。』④又曰：『南至晷景見于經傳者，惟僖公五年、昭公二十年二條而已⑤，餘或見于《春秋命曆序》等讖緯之書，即漢、隋《志》所引者，今皆未敢以爲據⑥。《授時曆議》據《前漢志》魯獻公十五年戊寅歲正⑦月甲寅朔旦冬至，引用爲首。夫獻公十五年⑧下距隱公元年己未歲百六十一年，其非春秋時明矣。而《元志》乃云「自春秋獻公以來」，又云「昭公冬至，乃日度失行之驗」，誤矣。夫獻公甲寅冬至，別無所據，惟劉歆《三統曆》言之⑨。豈《左傳》不足信，而歆乃可信乎？太初元年冬至在辛酉，歆乃爲⑩甲子，差天三日，尚不能知，而能逆知上下數百載⑪乎？故凡春秋前後千⑫載之間，氣朔交食，《長曆》《大衍》所推近是，劉歆、班固所説全非也。』又曰：『《大衍曆議》謂宋元嘉十三年十一月甲戌，景長爲日度變行，《授時曆議》亦云，竊以爲過矣。苟日度失行，當如歲差，漸漸而移。今歲既已不合，來歲豈能復合⑬耶？蓋前人所測，或未密耳。夫冬至之景一丈有餘，表高晷長，則景虛而淡，欲就虛景之中考其真實⑭，或設望筒，或置副表、景符之類以求實景⑮。然望筒或一低昂，副表、景符或一前却⑯，所據之表

① 定本此處無『今以晷景名篇，蓋補《大統》之缺也。……加減二至恒晷爲所求晷而已』。
② 湯斌本『弧矢二術』作『弧矢、勾股二術』。
③ 紹圖本『求』誤作『宋』。
④ 朱載堉《律曆通融》卷四『晷景』内容至此結束，下文兩段『又曰』内容取自《聖壽萬年曆》卷四。
⑤ 王鴻緒本此處無『而已』二字。
⑥ 定本此處無『南至晷景見于經傳者，……今皆未敢以爲據』。
⑦ 熊賜履本『正』誤作『五』。
⑧ 紹圖本『年』誤作『等』。
⑨ 湯斌本『言之』作『是據也』。
⑩ 湯斌本、定本『爲』作『以爲』。
⑪ 定本『載』作『年』。
⑫ 紹圖本、國科圖本『千』誤作『十』。
⑬ 紹圖本『合』誤作『今』。
⑭ 定本此處無『欲就虛景之中考其真實』。
⑮ 定本『或設望筒，或置副表、景符之類以求實景』作『或設望筒、副表、景符之類』。
⑯ 紹圖本『却』誤作『知』。

或稍有傾欹，圭面或稍有斜側，兼以測景①之人工拙不同②，二至前後數日之景進退只在毫厘之間，僾③俙之際④，要亦難辨。夫陽城岳臺略分南北尚有不同，況乎四海九服之遠，相去千百餘里？委託之人未知當否。既非目擊其實，所報晷景寧足信乎？⑤』

其議漏刻也，曰：『日月帶食出入，五星晨昏伏見，曆家設法悉因晷漏爲準。而晷漏則隨地勢南北、辰極高下爲异焉。元人都燕，其《授時曆》七曜出没之早晏，四時晝夜之永短，皆準大都晷漏。國初都金陵，《大統曆》晷漏改從⑥南京⑦。南京⑧夏至晝、冬至夜皆五十九刻，冬至晝、夏至夜皆四十一刻。大都⑨夏至晝、冬至夜皆六十二刻，冬至晝、夏至夜皆三十八刻，相差三刻有奇⑩。今推交食分⑪秒、南北東西等差及五星定伏定見，皆因元人舊法，而獨改其漏刻，是以互⑫相舛誤⑬也。且元統改曆之時，未能預知遷都⑭之事，故不得不以南臺⑮測驗爲準。永樂以後，須正朔、設儀表皆自京師，則漏刻自當宗⑯法北監測驗⑰，故

① 熊賜履本『測景』作『景測』。
② 定本此處無『兼以測景之人工拙不同』。湯斌本此後有『用意詳略亦异』。
③ 紹圖本『僾』誤作『侵』。
④ 定本此處無『僾俙之際』。
⑤ 定本『夫陽城岳臺略分南北尚有不同，……所報晷景寧足信乎？』作『況委託之人，未知當否。九服之遠，既非目擊，所報晷景寧足信乎？』。
⑥ 紹圖本『從』誤作『徒』。
⑦ 湯斌本『《大統曆》晷漏改從南京』作『故《大統曆》出入之時刻及晝夜之消長，改從南京晷漏』。
⑧ 湯斌本『南京』作『《大統》』。
⑨ 湯斌本『大都』作『《授時》』。
⑩ 王鴻緒本、定本『南京夏至晝、冬至夜皆五十九刻，……相差三刻有奇』作『冬、夏至相差三刻有奇』。
⑪ 國科圖本『分』誤作『八』。
⑫ 國科圖本『互』誤作『五』。
⑬ 熊賜履本『誤』作『牾』，朱載堉《律曆通融》卷四此處亦作『牾』。
⑭ 湯斌本『遷都』前有『成祖』二字。
⑮ 湯斌本『南臺』作『南監觀星臺』。
⑯ 國科圖本『宗』誤作『宋』。
⑰ 定本此處無『且元統改曆之時，……則漏刻自當宗法北監測驗』。湯斌本『永樂以後，須正朔、設儀表皆自京師，則漏刻自當宗法北監測驗』作『永樂以後，自當宗法北監測驗』，且此後有『所以大一統而尊帝都也』。

新法晷漏照依元舊①。』

其議日食也，曰：『日道與月道相交處有二，若正會于交，則月體障盡日體，謂之食既。若但在交前後②度相近者，則③食而不既④。月行交外食偏南，月行交內食偏北，近于交際食分多，遠于交際食分少，此天之交限也⑤。又有人⑥之交限，舊云⑦假令中國食既，戴日之下所虧纔半，化外反觀則交而不食；化外食既，戴日之下所虧纔半，中國反⑧觀則交而不食⑨。何則？日如大赤丸，月如小黑丸，共懸一綫，日上而月下，即其下正望之，黑丸必掩赤丸，似食之既。及旁觀，有遠近之差，則食數有多寡矣。春分已後日行赤道北畔，交外偏多、交內偏少；秋分已後日行赤道南畔，交外偏少、交內偏多，是故有南北差。冬至已後日行黃道東畔，午前偏多、午後偏少；夏至已後日行黃道西畔，午前偏少、午後偏多，是故有東西差。日中仰視⑩則高，旦暮平視則低，是故有距午差。食于中前見早，食于中後見遲，是故有時差。凡此諸差，惟日有之，月則無也。正德九年八月辛卯朔日食，監推⑪合食八分六十七秒，而閩廣⑫遂至食既⑬，故推交食惟日頗難⑭。欲推九服之變，必各據其處，考晷景之短長，揆辰極

① 湯斌本『照依元舊』作『始從元曆，所推爲其與今京師晷刻相合也』。
② 湯斌本『前後』後有『而』字。
③ 湯斌本『則』作『亦』。
④ 定本『若正會于交，……則食而不既』作『若正會于交，則食既，若但在交前後相近者，則食而不既』。
⑤ 湯斌本『此天之交限也』作『天之交限，此大率也』。定本此處無『月行交外食偏南，……遠于交際食分少』。
⑥ 紹圖本『人』誤作『入』。
⑦ 王鴻緒本、定本此處無『舊云』二字。
⑧ 紹圖本『反』誤作『交』。
⑨ 定本『化外反觀則交而不食；……中國反觀則交而不食』作『化外之地，則交而不食。易地反觀，亦如之』。
⑩ 紹圖本『視』誤作『觀』。
⑪ 湯斌本『監推』作『《大統曆》推之』。
⑫ 湯斌本『閩廣』後有『之區』二字。
⑬ 定本此處無『正德九年八月辛卯朔日食，……而閩廣遂至食既』。湯斌本此後有『彼處言官以曆不效爲言，然京師所觀止食八、九分耳』。
⑭ 湯斌本此後有『蓋宇宙之廣未可以一術齊』，朱載堉《律曆通融》卷四此處亦有該句。

之高下，順天求合，與地偕變①。《曆經》推定之數，徒②以中國③所見者言之耳。舊云：「月④行内道，在黄道之北⑤，食多有驗。月行外道，在黄道之南，雖遇正交，無由掩映⑥，食多不驗。」又云：「天之交限，雖係内道，若在人之交限之外，類同外道，日亦不食。」此説似矣，而未盡也。假若夏至前後，日食于寅卯酉戌之間，人向東北、西北觀之⑦，則外道食分反多于内道矣。此前人⑧所未發，而舊曆所不及⑨也⑩。日體大于月，月不能盡掩之，或遇食既⑪，而日光四溢，形如金環，故日無食十分之理，雖既亦止⑫九分八十秒。蓋月掩正中，四邊皆餘十秒也⑬。《授時曆》日食，陽曆限六度，定法六十，陰曆限八度，定法八十。各置其限度，如其定法而一，皆⑭得十分。今于其定法下，各加一數，以除限度，則得九分八十餘秒，此與舊异也⑮。』

其議月食也，曰：『暗虚者，景也。景之蔽月，無早晚高卑之异，亦無⑯四時九服之殊。譬如縣一黑丸于暗室，其左燃⑰燭，

① 湯斌本此後有『增損其法，而後準也』，朱載堉《律曆通融》卷四此處亦有該句。定本『順天求合，與地偕變』作『庶幾得之』。
② 紹圖本『徒』誤作『從』。
③ 定本『中國』作『燕都』。
④ 紹圖本『月』誤作『日』。
⑤ 定本此處無『在黄道之北』。
⑥ 定本此處無『在黄道之南，雖遇正交，無由掩映』。
⑦ 湯斌本『觀之』前有『而』字。
⑧ 紹圖本『人』誤作『入』，湯斌本『前人』作『前賢』。
⑨ 湯斌本『不及』作『未及』。
⑩ 定本此處無『此前人所未發，而舊曆所不及也』。
⑪ 定本『食既』作『日既』。
⑫ 紹圖本『止』誤作『上』。
⑬ 定本此處無『蓋月掩正中，四邊皆餘十秒也』。
⑭ 紹圖本『皆』誤作『階』。
⑮ 湯斌本此處無『日體大于月，……此與舊异也』，但朱載堉《律曆通融》卷四此處有該内容。定本『則得九分八十餘秒，此與舊异也』作『則得九分八十餘秒也』。
⑯ 定本此處無『亦無』二字。
⑰ 紹圖本、熊賜履本『燃』作『然』。

其右縣一白丸，若燭光爲黑丸所蔽，則白丸不受其光矣。人在四旁觀①之，所見無不同也。故月食無時差之説，自《紀元曆》妄立時差，金《大定曆》因之，元儒格物窮理②亦爲所惑③，若《授時》月食亦求時差④，誤矣⑤。新法不用時差，直以定望加時，便爲食甚時刻⑥。」

其議五緯也，曰：『古法推步五緯，不知⑦有⑧變數之加減。北齊張子信仰觀歲久，知五緯有盈縮之變，當加減以求⑨逐⑩日之躔。蓋五緯不由黄道，亦不由月所行道，而出入黄道内外⑪，各⑫有其道⑬，視日遠近爲遲疾，其變數之加減，如里路之徑直斜曲也。宋人有言曰：「古今曆法⑭，五星行度惟留退之際最多差。自内而進者，其退必向外；自外而進者，其退必由内⑮。其跡如循柳葉，兩末鋭于中間，往還之道相去甚遠。故星行兩末⑯成⑰度稍遲，以其斜行故也。中間成⑱度稍速，以其徑捷⑲故

① 湯斌本『觀』作『視』。
② 熊賜履本此處無『格物窮理』。
③ 湯斌本『亦爲所惑』作『而亦爲其所惑』。
④ 湯斌本『《授時》月食亦求時差』作『《授時曆》月食求時差者』。
⑤ 定本『金《大定曆》因之，……誤矣』作『《授時》因之，誤矣』。
⑥ 定本此處無『新法不用時差，直以定望加時，便爲食甚時刻』。
⑦ 國科圖本『知』誤作『如』。
⑧ 王鴻緒本、定本此處無『有』字。
⑨ 湯斌本『求』後有『其』字。
⑩ 紹圖本『逐』誤作『遂』。
⑪ 熊賜履本、定本『蓋五緯不由黄道，亦不由月所行道，而出入黄道内外』作『蓋五緯出入黄道内外』。
⑫ 湯斌本、定本『各』作『各自』。
⑬ 熊賜履本此處無『各有其道』。
⑭ 定本此處無『古今曆法』。
⑮ 紹圖本『内』誤作『力』。
⑯ 紹圖本『末』誤作『未』。
⑰ 定本此處無『成』字。
⑱ 定本『成』作『行』。
⑲ 湯斌本、熊賜履本、王鴻緒本『捷』作『絶』，朱載堉《律曆通融》卷四此處亦作『絶』。

也。」曆家但知行道①有遲速，不知道徑又有斜直之异②。前代修曆止③增損舊法而已，未嘗實考天度。其法須測驗每夜昏曉夜半，月及五星④所在度秒，置簿録之。滿五年，其間去⑤陰雲⑥晝見日數外，可得三年實行，然後可以算術綴⑦之也⑧。昔蔡邕上書，願匍匐⑨渾儀之下，按度考數，著于篇章，以成一代盛典。夫古人不敢⑩自逸，願爲此勤苦⑪者，惧抱藝而長終，惜絶傳于後世⑫。欲伸葵⑬藿之忱，遑恤出位之罪哉？⑭』

又著《萬年備考》，取歷代國史所志曆五十家，按所距年各以其術推當時及近歲之冬至，復取新率上考與相參校。得古曆下推皆後天，惟《統天》《授時》與天合，而新率上推則合者三十六，以爲曆法最後最密之驗。又取魯僖公五年丙寅歲正月至洪武十六年癸亥歲十一月二千三十八年之間，傳志所載二至晷景凡六十事，用《太⑮初》《大衍⑯》《紀元》《授時》《大統》五曆并新法考之。惟⑰《授時》合者四十八，新法合者四十九⑱，餘皆疏。又取漢武帝元光元年丁未歲至陳宣帝太⑲建八年丙申歲七百餘年

① 湯斌本『行道』作『行度』。
② 定本此處無『曆家但知行道有遲速，不知道徑又有斜直之异』。
③ 湯斌本『止』作『多止』。
④ 北大本『星』誤作『度』。
⑤ 湯斌本『去』作『剔去』。
⑥ 湯斌本『陰雲』作『雲陰及』。
⑦ 國科圖本『綴』誤作『綴』。
⑧ 湯斌本此處無『也』字。
⑨ 湯斌本『匍匐』後有『于』字。
⑩ 湯斌本『不敢』作『何不飽煖』，與朱載堉《律曆通融》卷四原文相同。
⑪ 湯斌本『願爲此勤苦』作『而願爲此辛苦事』，與朱載堉《律曆通融》卷四原文相同。
⑫ 湯斌本『後世』作『來世』。
⑬ 紹圖本『葵』誤作『蔡』。
⑭ 熊賜履本、王鴻緒本、定本此處無『昔蔡邕上書，……遑恤出位之罪哉？』。
⑮ 紹圖本『太』誤作『大』。
⑯ 紹圖本『衍』誤作『行』。
⑰ 紹圖本『惟』誤作『推』。
⑱ 紹圖本、國科圖本『九』誤作『凡』。
⑲ 紹圖本『太』誤作『大』。

間，史志原載日月食分加時、起復方位有據者數事，以元儒舊法并新法考之。仍取萬曆甲①午已後日月交食亦各數事，校其异同②，以課疏密③。

書上④，禮部尚書范謙奏⑤：『《大統曆》⑥制⑦自太祖，行之二百餘年⑧，一旦更新其名，恐駭聽聞⑨。且考《元志》，至元四年，西域札馬魯丁撰進《萬年曆》，則《萬年曆》名元已有之，不便襲用⑩。歲差之法，自虞喜立法⑪以來，代有差法之議⑫，竟無畫一之規，所以求之者大約有三：考⑬月令之中星移次應節⑭，測⑮二至之日景長短應候⑯，驗⑰交食之分秒起復應時⑱。考以

① 國科圖本『甲』誤作『中』。
② 北大本『异同』作『同异』。
③ 湯斌本、定本此處無從『又著《萬年備考》』到『以課疏密』一段内容。王鴻緒本此處無從『又取魯僖公五年』到『以課疏密』的内容。
④ 湯斌本『書上』作『章下』。
⑤ 湯斌本『奏』作『覆奏』。
⑥ 湯斌本『《大統曆》』前有『以』字。
⑦ 紹圖本『制』誤作『剬』，湯斌本『制』作『造』。
⑧ 《神宗實録》卷二百八十九此後有『此萬世不可易者』。
⑨ 湯斌本『恐駭聽聞』作『既失創法至意，又駭中外聽聞』，《神宗實録》卷二百八十九作『既失創法至意，又駭華夷聽聞』。
⑩ 定本此處無『《大統曆》制自太祖，……不便襲用』。
⑪ 定本此處無『立法』二字。
⑫ 湯斌本『歲差之法，自虞喜立法以來，代有差法之議』作『至歲差之法，上古無聞，漢洛下閎始知有差，晋虞喜始立差法，自後代有差法之議』，與《神宗實録》卷二百八十九記載相同。
⑬ 湯斌本『考』前有『曰』字。
⑭ 定本此處無『移次應節』。
⑮ 湯斌本『測』前有『曰』字。
⑯ 定本此處無『長短應候』。
⑰ 湯斌本『驗』前有『曰』字。
⑱ 定本此處無『起復應時』。

衡管，測以臬表，驗以刻漏①，斯亦僅得之矣。夫天體至廣②，曆家以周天三百六十五度四分度之一，而紀日月星辰之行，次又析③一度爲百分，一分爲百秒④，可謂密矣。然渾象之體，徑僅數尺，外布三百六十五度四分度之一⑤，每度⑥不及⑦指許，安所置分⑧秒哉？至于臬表之樹，不過數尺，刻漏之籌，不越數寸⑨。以天之高且廣也，而以尺寸⑩之物求之，欲其纖微不爽，不亦難乎？故方其差在分秒之間，無可驗者⑪，至逾一度，乃可以管窺耳。此所以窮古今之智巧，不能盡其變與？今之談曆者，或得其算，而無測驗之具，即有具⑫而置非其地，則亦無準，宜⑬非墨守者之所能自信也⑭。即如世子言，以《大統》《授時》二⑮曆相較⑯，考古⑰則氣差三日，推今則時差九刻。夫時差九刻在亥子之間則移一日，在晦朔之交則移一月，此可驗之于近也。設移

① 定本「刻漏」作「漏刻」。
② 定本此處無「夫天體至廣」。
③ 紹圖本「析」誤作「折」。
④ 定本「而紀日月星辰之行，次又析一度爲百分，一分爲百秒」作「紀七政之行，又析度爲百分，分爲百秒」。
⑤ 定本「外布三百六十五度四分度之一」作「布周天度」。
⑥ 湯斌本此處無「度」字。
⑦ 紹圖本「及」誤作「反」。
⑧ 國科圖本「分」誤作「八」。
⑨ 紹圖本「寸」誤作「十」。
⑩ 紹圖本「寸」誤作「十」。湯斌本「尺寸」前有「徑」字。
⑪ 紹圖本、國科圖本「者」誤作「若」。
⑫ 國科圖本「具」誤作「其」。
⑬ 紹圖本「宜」作「置」。
⑭ 定本此處無「今之談曆者，……宜非墨守者之所能自信也」。《神宗實録》卷二百八十九未載從「考以衡管」至「宜非墨守者之所能自信也」一段內容，該部分實際上取自《聖壽萬年曆》卷五附謝廷訓等所撰有關進曆書的奏本。
⑮ 國科圖本「二」誤作「一」。
⑯ 湯斌本「較」作「校」。
⑰ 紹圖本「古」誤作「占」。

而前則生明在二日之昏，設移而後則生明在四日之夕矣。弦望亦宜各差一日①，今似未至此也。」載堉議遂格②不行③。

二十四年④十二月⑤，河南按察⑥司僉事邢雲路言⑦：「治曆之要，無逾觀象、測⑧景、候時、籌策四事⑨。即如今年之⑩日至，《大統》推在乙未日申正二刻。臣以癸巳、甲午、丙申、丁酉之晷相加減，實測二⑪百五十九刻七十三分四十五秒，得乙未日未正一刻。復取前後二十餘日，計二千餘刻，量較皆同⑫。此⑬日行所至，昭昭在天，可以籌數⑭，可以景測。乃《大統》⑮後天九刻餘，計氣應應損九百餘分，而不自覺，豈其未嘗籌測耶⑯？不寧惟是⑰，今年立春、夏至、立冬皆適直⑱子半之交，臣

① 定本此處無「弦望亦宜各差一日」。
② 紹圖本「遂格」誤作「逆裕」。
③ 湯斌本卷五至此結束。定本「「今似未至此也。」載堉議遂格不行」作「「今似未至此也。其書應發欽天監參訂測驗。世子留心曆學，博通今古，宜賜敕奬諭。」從之」，與《神宗實録》卷二百八十九記載相合。
④ 湯斌本卷六自此始，該卷標題作「潛庵先生擬明史稿卷之六」，署名作「睢州湯斌潛庵擬，同里田蘭芳簣山評」，且正文首句前有「曆志」標題。
⑤ 湯斌本「十二月」作「三月壬午占月食不應」。
⑥ 紹圖本「察」誤作「舉」。
⑦ 王鴻緒本「二十四年十二月，河南按察司僉事邢雲路言」作「河南僉事邢雲路亦上書言」，定本作「河南僉事邢雲路上書言」。《神宗實録》卷三百〇五關于此事的記載較簡略。邢雲路奏疏附録于朱載堉《萬年曆備考》。
⑧ 紹圖本「測」誤作「則」。
⑨ 湯斌本此後有「臣以四事窺天運，胥日异而月不同」。
⑩ 湯斌本此處無「之」字。
⑪ 紹圖本「二」誤作「一」。
⑫ 湯斌本「量較皆同」作「日日而量之，秒秒而校之，皆同未正一刻，無殊科」，邢雲路奏疏原文亦有該句。
⑬ 國科圖本「此」誤作「北」。
⑭ 湯斌本「籌數」作「數籌」。
⑮ 湯斌本「《大統》」後有「差至」二字。
⑯ 紹圖本「測耶」誤作「則即」。王鴻緒本「即如今年之日至，……豈其未嘗籌測耶？」作「日行所至，昭昭在天，可以籌數，可以景測。今丙申年日至臣測應在乙未日未正一刻，而《大統》推在申正二刻，差九刻餘，應損九百餘分，而不自覺」，定本作「今丙申年日至，臣測得乙未日未正一刻，而《大統》推在申正二刻，相差九刻」。
⑰ 王鴻緒本、定本「不寧唯是」作「且」。
⑱ 湯斌本「直」作「值」。

測①立春乙亥，而《大統》推丙子；臣測②夏至壬辰，而《大③統》推④癸巳；臣測⑤立冬己酉，而《大統》推庚戌。夫立春、立冬乃王者行陽德、陰德之令，而夏至則祀⑥方澤之期也，今相隔皆⑦一日，則理人事神之謂何⑧？且曆法疏密，驗在交食，自昔⑨記之矣⑩。乃今年⑪閏八月朔日食⑫，《大統》推初虧巳正二刻，食幾既，而臣候初虧巳正一刻，食止七分餘。《大統》實後天幾二刻，計⑬閏應及轉應、交應各宜增損⑭之矣⑮。蓋日食八分以下，陰曆交前，初虧西北，曆家⑯所共知也。今閏八月朔日食，實在陰曆交前，初虧西北，其食七分餘，明甚，則安得謂之初虧正西，食甚九分八十六秒耶⑰？若值元日于子半⑱，則當退履端于月

① 王鴻緒本、定本『測』作『推』。
② 王鴻緒本、定本此處無『臣測』二字。
③ 國科圖本『大』誤作『太』。
④ 紹圖本『推』誤作『惟』。
⑤ 王鴻緒本、定本此處無『臣測』二字。
⑥ 湯斌本『祀』前有『其』字。
⑦ 湯斌本『皆』字在『相隔』之前。
⑧ 湯斌本此後有『是豈爲細故耶』，邢雲路奏疏原文亦有該句。
⑨ 紹圖本『昔』誤作『音』。
⑩ 王鴻緒本、定本『夫立春、立冬乃王者行陽德、陰德之令，……自昔記之矣』作『相隔皆一日』，且定本此後有『若或直元日于子半，則當退履端于月窮，而朝賀大禮在月正二日矣，豈細故耶？』。
⑪ 王鴻緒本、定本此處無『乃今年』。
⑫ 湯斌本『日食』作『日有食之』。
⑬ 定本『計』作『則』。
⑭ 紹圖本『損』誤作『復』。
⑮ 湯斌本『計閏應及轉應、交應各宜增損之矣』作『而計閏應及轉應若交應，則各宜如法增損之矣』。
⑯ 湯斌本『曆家』前有『固』字。
⑰ 湯斌本此後有『而《大統》之不效，亦明甚』，邢雲路奏疏原文亦有該句。定本此處無『蓋日食八分以下，……食甚九分八十六秒耶？』。
⑱ 湯斌本『若值元日于子半』作『然此八月也，若或值元日于子半』。

窮，而朝賀大禮當在月正二日矣，又可謂細故耶？①此而不改，臣恐②愈久愈差也③。』

刑科④給事中李應策亦言⑤：『《大統曆》本之郭守敬，減周歲，加周天，窺度精⑥深⑦。然積六十六年有奇而退一度，則推驗之始⑧，已知有差，必俟其退一度⑨，逾六十六年而後？更無乃厘毫加減，纖悉難究，不能不隨時以待與⑩。今⑪雲路持觀象、測景、候時、籌策四事⑫，議改諸應，宜即俾其訂正，以成一代之典⑬。』而是時曆官皆承世族，無知曆者。監正張應候⑭見雲

① 王鴻緒本此處無『蓋日食八分以下，……又可謂細故耶？』。定本將『若值元日于子半，……又可謂細故耶？』改寫後置于上文『閏八月朔日食』之前。

② 北大本、湯斌本、熊賜履本『恐』作『竊恐』。

③ 湯斌本此處無『也』字，且其後有『將不流而至春秋之食晦不止，臣故曰閏應、轉應、交應之宜俱改也』，邢雲路奏疏原文亦有該句。王鴻緒本『此而不改，臣恐愈久愈差也』作『及今不改，竊恐愈久愈差』。定本此處無『此而不改，臣恐愈久愈差也』。

④ 湯斌本『刑科』前有『而』字，王鴻緒本此處無『刑科』二字。

⑤ 《神宗實録》未載此事。李應策奏疏附録于朱載堉《萬年曆備考》。

⑥ 紹圖本『精』誤作『積』。

⑦ 湯斌本『減周歲，加周天，窺度精深』作『以彼減二十四分二十五秒于周歲，加二十五分七十五秒于周天，窺度精到，有陋《太初》《大衍》等爲不足言者』，與李應策奏疏原文相同。

⑧ 國科圖本『始』誤作『殘』。

⑨ 湯斌本『必俟其退一度』作『何不即酌定畫一，而必俟其退一度』。

⑩ 湯斌本『厘毫加減，纖悉難究，不能不隨時以待與』作『厘毫之除，加之周天者微多，減之周歲者微少，纖悉難究。姑置此爲盈虛之驗，而探賾索隱，不能不隨時以待歟』，與李應策奏疏原文相同。

⑪ 湯斌本此處無『今』字。

⑫ 王鴻緒本此處無『持觀象、測景、候時、籌策四事』。

⑬ 湯斌本『議改諸應，宜即俾其訂正，以成一代之典』作『議諸應，宜俱改，使得中秘星曆一編閱而校焉，必自有得』。王鴻緒本作『議改之處，宜即俾其訂正之』。定本此處無從『刑科給事中李應策亦言』至『以成一代之典』的內容。

⑭ 《神宗實録》未載此事。張應候題疏附録于朱載堉《萬年曆備考》。熊賜履本『候』誤作『侯』。

路疏，甚惡之，奏詆①，其誣且言僭妄惑世②。尚書③范謙言④：『曆數精微，欲斟酌損益，緣⑤舊爲新，非監官膠執成法者所能爲也⑥。乞以雲路提督欽天監事，督率官屬，精心測候，積之數年⑦，酌定歲差，以成鉅典⑧。至律例所禁，乃指民間妄言妖祥者⑨。若夫《天官書》《天文志》《曆書》《曆志》，載在史册⑩，固學士大夫所宜討論者也⑪。《大明會典》云天文地理藝術之人，禮部博訪取用，何嘗⑫禁人習學乎？監官拘守成算，既不能深思測驗以窮其變，又⑬不能虛心考訂以復其常⑭。今幸有其人，所當和衷共事，毋專己守殘，徒懷嫉⑮忌爲也⑯。』不報⑰。

① 湯斌本『而是時曆官皆承世族，無知曆者。監正張應侯見雲路疏，甚惡之。于是監正張應侯奏詆』。
② 湯斌本此後有『其心不可問』。王鴻緒本此處無『而是時曆官皆承世族，……其誣且言僭妄惑世』。定本該句作『欽天監見雲路疏，甚惡之，監正張應侯奏詆，謂其僭妄惑世』。
③ 湯斌本『尚書』前有『禮部』二字。
④ 《神宗實録》未載此事。范謙題疏附録于朱載堉《萬年曆備考》。湯斌本『言』前有『乃』字。
⑤ 紹圖本、國科圖本『緣』誤作『緑』。
⑥ 王鴻緒本『尚書范謙言：「……非監官膠執成法者所能爲也」』僅作『尚書謙』。
⑦ 王鴻緒本此處無『積之數年』。
⑧ 湯斌本『以成鉅典』作『世世遵循，以成一代之典章』。
⑨ 湯斌本『者』後有『爾』字。
⑩ 湯斌本此後有『昭然可考』。
⑪ 湯斌本『固學士大夫所宜討論者也』作『固國家之大事，學士大夫之所宜討論者也。豈星官曆士之所得私乎？』。
⑫ 紹圖本『嘗』誤作『常』。
⑬ 紹圖本『又』誤作『人』。
⑭ 紹圖本『常』誤作『當』。
⑮ 湯斌本『嫉』作『妒』。
⑯ 王鴻緒本此處無『至律例所禁，……徒懷嫉忌爲也』。定本『尚書范謙言：「……徒懷嫉忌爲也」』作『禮部尚書范謙乃言：「曆爲國家大事，士夫所當講求，非曆士之所得私。律例所禁，乃妄言妖祥者耳。監官拘守成法，不能修改合天。幸有其人，所當和衷共事，不宜妒忌。乞以雲路提督欽天監事，督率官屬，精心測候，以成鉅典。」』
⑰ 王鴻緒本、定本『不報』作『議上，不報』。

二十九年二月，大西洋人利瑪竇進貢方①物。繼龍華民、羅雅谷②、龐迪峨、鄧玉函、熊三拔、湯若望等先後至。瑪竇等俱精天文③曆法，蓋彼④國以此爲大事，五千年以來⑤聰明絶群之士聚而講之，爲專門之學，其始入中國内地，自瑪竇始⑥。

三十八年，禮部上言，監推⑦本年十一月壬寅朔日食七分五十七秒，未正⑧一刻初虧，申初⑨三刻食甚，酉初⑩初⑪刻復圓，食甚日躔尾宿一十五度八十五分一十三秒。及見兵部職方司員外郎范守己疏稱⑫：『親驗日晷，未時不虧，至申時初刻始見西南略有虧形，正三刻⑬方食甚，酉初初刻尚未復圓，而日⑭已入地。又以分數不至七分五十七⑮秒。臣惟治曆明時，國家要務，曆官果按成法而差，則當隨時修改⑯，以合天道。今歲冬至日躔當在箕四度二十二分⑰，乃曆官《七政曆》内辛丑年已注箕三度，

①　北大本、熊賜履本『方』作『土』，國科圖本作『二』。

②　北大本此處無『龍華民』，且『羅雅谷』在下文『熊三拔』與『湯若望』之間。熊賜履本此處無『羅雅谷』。

③　國科圖本『文』誤作『交』。

④　紹圖本『彼』誤作『傳』。

⑤　熊賜履本此處無『五千年以來』。

⑥　湯斌本、王鴻緒本、定本此處無『二十九年二月，大西洋人利瑪竇進貢方物。……自瑪竇始』一段内容，但王鴻緒本、定本將『大西洋人利瑪竇進貢方物，……瑪竇等俱精天文曆法』一句修改後移至下文。

⑦　湯斌本『監推』作『先據欽天監奏』。

⑧　湯斌本『未正』作『未時正』。

⑨　湯斌本『申初』作『申時初』。

⑩　湯斌本『酉初』作『酉時初』。

⑪　紹圖本『初』誤作『二』，《神宗實録》卷四百七十七此處復圓時間爲『酉時初刻』。

⑫　國科圖本『稱』誤作『稍』。

⑬　湯斌本『三刻』作『二刻』，《神宗實録》卷四百七十七此處記載亦爲『正二刻』。按現代天文理論，當日日食食甚時間應爲北京當地真太陽時16：03，如范守己觀測誤差不至于太大，則此處『正二刻』更爲合理。

⑭　國科圖本『日』誤作『目』。

⑮　湯斌本『七』作『餘』。

⑯　湯斌本『則當隨時修改』作『則當如前代歲差之法，隨時修改』，與《神宗實録》卷四百七十七記載相同。

⑰　湯斌本此後有『明甚』二字。

後知其謬，始改四度①。夫歲差之法既有錯誤，則日食安得與天符合②？今當博求通知曆學者，令③與監官④集議⑤，于⑥冬至前詣⑦觀象臺，晝夜推測，日記月書，至次年冬至，于各行度一一驗實，以核前聞，則于成⑧法合離當修與否⑨，必有親切著明者⑩。至于日食，宜講里差。蓋日輪大⑪、月魄小，自⑫下望之，南北不同則食分有多寡，東西不同則食時有先後。于此并加研考，庶曆法靡差，而明時有賴矣⑬。』

三十九年⑭，五官正周子愚言：『大西洋歸化遠臣龐迪峨、熊三拔等，攜有彼國曆法，多中國典籍⑮所未備者⑯。乞照⑰洪

① 湯斌本『始改四度』作『仍改箕四度』。
② 《神宗實録》卷四百七十七此處無『今歲冬至日躔當在箕四度二十二分，乃曆官《七政曆》內辛丑年已注箕三度，後知其謬，始改四度。夫歲差之法既有錯誤，則日食安得與天符合？』。
③ 紹圖本、國科圖本『令』誤作『今』。
④ 湯斌本、國科圖本『監官』作『監員』。
⑤ 湯斌本此後有『又如華湘所言』，《神宗實録》卷四百七十七此處亦有該句。
⑥ 紹圖本『于』誤作『終』。
⑦ 湯斌本『詣』作『親詣』。
⑧ 紹圖本『成』誤作『戒』。
⑨ 湯斌本『合離當修與否』作『果合果離果當修改與否』，與《神宗實録》卷四百七十七記載相同。
⑩ 湯斌本此後有『而後曆可議也』。
⑪ 紹圖本『大』誤作『久』。
⑫ 湯斌本『自』前有『故』字。
⑬ 王鴻緒本、定本『三十八年，禮部上言，……而明時有賴矣』一段內容僅作『三十八年，監推十一月壬寅朔日食分秒及虧圓之候，職方郎范守己疏駁其誤。禮官因請博求知曆學者，令與監官晝夜推測，庶幾曆法靡差』。
⑭ 王鴻緒本、定本『三十九年』作『于是』。
⑮ 紹圖本『典籍』誤作『無藉』。
⑯ 《神宗實録》卷四百八十三『多中國典籍所未備者』作『參互考證，固有典籍所已載者也，亦有典籍所未備者，當悉譯以資采用』。
⑰ 王鴻緒本、定本『照』作『視』。

武中譯西域曆法例①，取知曆儒臣率同監官，將諸書盡譯，以補典籍之缺②。』禮部因奏③：『精通曆學④，如按察司⑤邢雲路、兵部郎中范守己⑥，爲時所推，請改授京卿，共理曆事。又⑦翰林院檢討徐光啓、南京工部員外郎⑧李之藻，亦皆精心曆理，可與迪峨、三拔⑨等同譯西洋法⑩，俾雲路等參訂⑪修改。然曆法疏密，莫顯于交食，欲議修曆，必重測驗。乞敕所司修治儀器，以便從事⑫。』疏入，留中。四十年四月己卯望⑬月食，先時監⑭推食六分二十秒，初虧寅一刻，復圓辰初刻⑮。至⑯期測⑰得寅三刻初虧，止⑱食三分餘⑲。

① 《神宗實録》卷四百八十三『乞照洪武中譯西域曆法例』作『乞照洪武十五年命翰林李翀、吴伯宗及本監靈臺郎海達兒、兀丁，回回大師馬黑亦沙、馬哈麻等譯修西域曆法例』。
② 王鴻緒本、定本此後有『先是，大西洋人利瑪竇進貢土物，而迪峨、三拔及龍華民、鄧玉函、湯若望等先後至，俱精究天文曆法』，即上文黄百家本已專門介紹過的内容。
③ 按《神宗實録》，周子愚上奏是在萬曆三十九年五月初一，而禮部後來上奏是在當年十二月初五。
④ 定本『曆學』作『曆法』。
⑤ 北大本、湯斌本、熊賜履本『司』作『使』。
⑥ 王鴻緒本、定本『按察司邢雲路、兵部郎中范守己』作『雲路、守己』。
⑦ 王鴻緒本此處無『又』字。
⑧ 湯斌本此處無『郎』字。
⑨ 湯斌本『迪峨、三拔』作『龐迪峨、熊三拔』。
⑩ 湯斌本『法』作『曆法』。
⑪ 熊賜履本『訂』作『討』。
⑫ 《神宗實録》卷四百九十『乞敕所司修治儀器，以便從事』作『觀象臺年久滲漏，地勢失平，儀器欹斜，與天度不合。公館直房俱難棲止，臺頂須添造板房一間，臺下添造直房五間。及增制天體星球、各樣日晷，以便測驗』。
⑬ 湯斌本『望』作『晓望』。
⑭ 湯斌本『先時監』作『先是欽天監奏』。
⑮ 《神宗實録》卷四百九十四復圓時間作『辰初初刻』。
⑯ 紹圖本『至』誤作『主』。
⑰ 紹圖本『測』誤作『則』。
⑱ 湯斌本『止』作『約』。
⑲ 王鴻緒本、定本此處無『四十年四月己卯望月食，……止食三分餘』，代之以『未幾雲路、之藻皆召至京，參預曆事。雲路據其所學，之藻則以西法爲宗』。

四十一年，南京太僕寺少卿李之藻上西洋①曆法，略言②：『邇③年臺監失職，推算日月交食時刻虧分往往差謬。交食既差，定朔定氣由是皆舛。伏見龐迪峨④、龍華民、熊三拔、陽瑪諾等，洞知曆算之學⑤，有中國昔賢所未及道者⑥。一曰：天包地外，地在天中，其體皆圓，皆以三百六十度算之。地徑各有測法，從地窺天，其自地心測算，與自地面測算⑦者，都有不同⑧。二曰：地面南北，其北極出地高低度分不等。其赤道所離天頂亦因而异，以辨地方風氣寒暑之節。三曰：各處地方⑨所見黄道各有高低斜直之异，故其晝夜長短亦各不同。所得日景有表北景，有表南景，亦有周圍圓景。四曰：七政⑩行度不同，各爲一天⑪，層層包裹，推⑫算周徑各有其法。五曰：列⑬宿在天，自⑭行度以二萬五千餘歲一周，此古今中星所以⑮不同之故，不當

① 湯斌本此處無『洋』字。
② 《神宗實録》未載此事。李之藻奏疏見載于陳子龍等輯《皇明經世文編》卷四百八十三《李存我集》卷之一。
③ 紹圖本『邇』誤作『適』。
④ 湯斌本『龐迪峨』前有『大西洋國歸化遠臣』。
⑤ 湯斌本此後有『携有彼國書籍，久漸聲教，晓習華音』，與李之藻奏疏原文吻合。王鴻緒本、定本『四十一年，南京太僕寺少卿李之藻上西洋曆法，……洞知曆算之學』作『四十一年，之藻已改銜南京太僕少卿，奏上西洋曆法，略言臺監推算日月交食時刻虧分之謬。而力薦迪峨、三拔及華民、陽瑪諾等』。
⑥ 湯斌本『有中國昔賢所未及道者』作『其言天文曆數，有中國昔賢所未及道者』，王鴻緒本作『引其所論十四事』，定本作『言其所論天文曆數，有中國昔賢所未及者』。
⑦ 紹圖本『算』誤作『僅』。
⑧ 紹圖本『同』誤作『周』。王鴻緒本『自地心測算，與自地面測算者，都有不同』作『自地心與地面測算各异』。
⑨ 王鴻緒本『各處地方』作『各地』。
⑩ 紹圖本『政』誤作『故』。
⑪ 湯斌本『天』作『重天』。
⑫ 紹圖本『推』誤作『惟』。
⑬ 紹圖本『列』誤作『例』。
⑭ 湯斌本『自』作『另』。
⑮ 王鴻緒本此處無『所以』二字。

指列宿之天爲晝夜一周之天。六曰：五星之天各有小輪，原俱平行。特①爲小輪旋轉于大輪之上下，人②從地面測之，覺有順逆遲疾之异。七曰：歲差分秒多寡古今不同，蓋列宿天外别有兩重之天，動運不同，各有定算，其差極微③。八曰：七政諸天之中心，各與地心不同處所。春分至秋分多九日，秋分至春分少九日，此由太陽天心與地心不同處所，人從地面望之覺有盈縮之差，其本行初無盈縮。九曰：太陰小輪，不但算得遲疾，又且測得高下遠近大小之异，交食多寡，非此④不確。十曰：日月交食，隨其出地高低之度，視法不同。而人從所居地面⑤南北望之，又皆不同。兼此二者，食分乃審。十一曰：日月交食，人⑥從地面望之，東方先見，西方後見。凡地面差三十度，則食差一時。而以東西⑦相距二百五十里作一度，南北⑧則視所離赤道以爲減差。十二曰：日食與合朔不同，日食在午前則先食後合，在午後則先合後食。凡出地入地之時⑨近于地平，其差多至八刻，漸近于午則其差時漸少。十三曰：日月食所在之宫，每次不同。皆有捷法定理，可以用器轉測。十⑩四曰：節氣⑪當求太陽真度，如春、秋分日乃太陽正當黄、赤二道相交之處，不當計日勻分。凡此十四事，臣觀⑫前此《天文》《曆志》諸書皆所未及者

①　紹圖本「特」誤作「時」。
②　湯斌本有「人」前有「故」字
③　紹圖本「微」誤作「徵」。
④　國科圖本「此」誤作「北」。
⑤　王鴻緒本「面」誤作「而」。
⑥　紹圖本「人」誤作「入」。
⑦　湯斌本「東西」誤作「南北」，《皇明經世文編》卷四百八十三此處同誤。
⑧　湯斌本「南北」誤作「東西」，《皇明經世文編》卷四百八十三此處同誤。
⑨　熊賜履本、王鴻緒本此處無「時」字。
⑩　紹圖本「十」誤作「午」。
⑪　紹圖本「節氣」誤作「氣節」。
⑫　王鴻緒本此處無「臣觀」二字。

也①。其②所製窺天窺日之器，種種精絶，即使郭守敬諸人而在，恐未或及，非今臺監③諸人可同日而論也④。昔年利瑪竇最稱博覽超悟⑤，溘先朝露，士論惜之⑥。今迪峨⑦等鬚髮已白，年齡向衰。失今不圖，政恐後無解人⑧。伏乞敕下禮部亟開館局，將迪峨等所有曆法⑨，譯出成書⑩。』禮科⑪姚永濟亦以爲言⑫。

四十四年，邢⑬雲路獻《七政真數》，其略曰⑭：『凡⑮步曆之法，必以兩交相對⑯，兩交正而中間時刻分秒之度數一一⑰可

① 王鴻緒本此處無『者也』二字。湯斌本『所未及者也』作『未能及』，且其後有『或有依稀揣度，頗與相近，然亦初無一定之見。惟是諸臣能備論之，不徒論其度數而已，又能論其所以然之理。蓋緣彼國不以天文曆學爲禁，五千年來，通國之俊，曹聚而講究之。窺測既核，研辨亦審，與中國數百年來始得一人，無師無友，自悟自是，此豈可以疏密校者哉』，與李之藻奏疏原文相同。定本此處無從『一曰：天包地外』到『皆所未及者也』一段内容，僅代之以『不徒論其度數，又能明其所以然之理』。
② 湯斌本『其』作『觀其』。
③ 熊賜履本『臺監』作『監臺』。
④ 湯斌本『即使郭守敬諸人而在，恐未或及，非今臺監諸人可同日而論也』作『即使郭守敬諸人尚在，未或測其皮膚，又況見在臺監諸人，刻漏塵封，星臺迹斷者，自非可同日而論也』，與李之藻奏疏原文相同。
⑤ 湯斌本此後有『其學未傳』。
⑥ 湯斌本『惜之』前有『至今』二字。王鴻緒本、定本此處無『即使郭守敬諸人而在，……士論惜之』。
⑦ 湯斌本『迪峨』作『龐迪峨』。
⑧ 王鴻緒本、定本『今迪峨等鬚髮已白，……政恐後無解人』作『今迪峨等年齡向衰』。
⑨ 湯斌本此後有『照依原文』。
⑩ 湯斌本此後有『其于鼓吹休明，觀文成化，不無裨補也』，李之藻奏疏原文亦有該句。王鴻緒本『伏乞敕下禮部亟開館局，將迪峨等所有曆法，譯出成書』作『乞敕禮部亟開館局，取其曆法，譯出成書』，定本作『乞敕禮部開局，取其曆法，譯出成書』。
⑪ 湯斌本『禮科』作『又禮科給事中』。
⑫ 王鴻緒本、定本此後有『時庶務因循，未暇開局也』。
⑬ 王鴻緒本、定本此處無『邢』字。
⑭ 定本『其略曰』作『言』。
⑮ 王鴻緒本、定本此處無『凡』字。
⑯ 湯斌本此後有『彼交印此交，此交符彼交』，《神宗實録》卷五百四十七此處亦有該句。
⑰ 湯斌本『一一』前有『自』字。

按①。七政之行，其理皆同。日月之交食，五星②之淩犯，以同度同道也③，故④兩交相對，而⑤互相發明，七政之能事畢矣。以此法布算，今歲七月十六日戊寅夜望月食，推得是月望交泛分一十三⑥日八十四刻五十六分六十三秒，陰曆交前一度二十二分三秒九十五微，月食分一十三分五十九秒六十九微，定用分六刻六十八分四十五秒二十一微，既内分二刻八十六分六十五秒七十微，既外分三刻八十一分七十九秒五十一微，初虧分六刻四十三分二十秒八十九微，食既分一十刻二十五分四十微，食甚分一十三刻一十一分六十六秒一十微，生光分一十五刻九十八分三十一秒八十微，復圓分一十九刻八十分一十一秒三十一微⑦。初虧丑初二刻，食既丑正一⑧刻，食甚寅初一刻，生光寅初三刻，復明寅正三刻，此月食之數，即日月交之數也。其推步五星盈初之數，即五星交之數也，二數定而七政明矣⑨。」

天啓元年春，雲路詳述⑩日月交食分數，以備修曆⑪，言：「臣數歲以來，勉竭心力⑫，正表鑿度，孔壺浮箭，步得日月交食詳

① 紹圖本「按」誤作「接」。
② 湯斌本「五星」前有「即」字。
③ 湯斌本此後有「故日月食爲日月交，五星在黄道間合伏爲日與五星交，月與五星淩犯爲月與五星交，木星與火星淩犯爲木星與火星交，推之五星互犯，莫不皆然」，《神宗實録》卷五百四十七此處亦有該句。定本「七政之行，……以同度同道也」作「日月之交食，五星之淩犯，皆日月五星之相交也」。
④ 王鴻緒本、定本此處無「故」字。
⑤ 定本此處無「而」字。
⑥ 紹圖本「三」誤作「二」。
⑦ 王鴻緒本「推得是月望交泛分一十三日八十四刻五十六分六十三秒，……復圓分一十九刻八十分一十一秒三十一微」作「推得是月望交泛分及月食分，初虧、食既、食甚、生光、復圓之刻分秒微」。
⑧ 湯斌本、熊賜履本、王鴻緒本「一」作「二」，但《神宗實録》卷五百四十七此處作「一」。按上文「食既分一十刻二十五分四十微」，食既時間應在丑正一刻九十二分六秒六十六微，未至丑正二刻，但已非常接近丑正二刻。
⑨ 定本此處無「以此法布算，……二數定而七政明矣」一段内容。
⑩ 王鴻緒本「詳述」前有「復」字。
⑪ 王鴻緒本此處無「以備修曆」。
⑫ 王鴻緒本此處無「勉竭心力」。

悉分數，謹此具述①。按新法推泰昌元年庚申歲十一月十六日己丑夜望月食，初虧漏下二百七十三籌五十三分，計九十七刻二十四分；食既漏下二百九十四籌六十分，計八十八分；生光漏下三百三十二籌四十分，計七刻四十分；復圓漏下三百五十三籌四十八分，計一十一刻。各以發斂求之，得初虧夜子初一刻，食既子正一刻，食甚子正四刻，生光丑初三刻，復圓丑正三刻，月食一十四分九十九秒，食甚月離黄道畢宿一十四度三十分一十秒。而《授時》則推初虧子正一刻，食既丑初一刻②，食甚丑正初刻，生光丑正三刻，復圓寅初三刻，月③食一十三分三十一秒，月離黄道畢宿一十四度三十四分四十四秒④。臣當日⑤以漏箭自子平計至初虧，月在五車星下，天關星西、諸王東第一星，爲九十七刻二⑥十四分，夜⑦子初一刻無疑。仰觀⑧在天，管窺所共睹，隸首所共算者，《授時》誤矣⑨。復以此法推天啓元年辛酉歲四月壬申朔日食，初虧申正一刻，食甚酉初一刻，復圓酉正初刻，日食一分八十六秒。復圓日在天，未入地，食不及三分，不救。而《授時》則推⑩初虧申正三刻，食甚酉正初刻，復圓戌初一⑪刻，日食三分九十一秒。日未入已復光三分一十三秒，日已入未復光七十八秒⑫，與天不合。以新法推天啓三年癸亥歲九月壬寅夜望月食，初虧申正三刻，食甚酉初三刻，復圓戌初初⑬刻，月食五分三十八秒。月未出已食五分二十五秒，月已出見食一十三

① 王鴻緒本此處無『僅此具述』。
② 紹圖本『刻』誤作『則』。
③ 紹圖本『月』誤作『日』。
④ 湯斌本此後有『與天不合，如以《授時》爲是』，《熹宗實録》卷七此處亦有該句。
⑤ 湯斌本『日』作『是日』。
⑥ 湯斌本『二』誤作『三』。
⑦ 湯斌本『夜』前有『而』字。
⑧ 湯斌本『仰觀』前有『乃』字。
⑨ 湯斌本此後有『是其見在之數與天合符者也』，《熹宗實録》卷七此處亦有該句。
⑩ 湯斌本此後有『是日食』。
⑪ 北大本、湯斌本、熊賜履本『一』作『初』，《熹宗實録》卷七此處復圓時間爲『戌初刻』。
⑫ 湯斌本『七十八秒』作『八十秒』。
⑬ 紹圖本『初』誤作『一』。

秒①。而《授時》則推月食七分八秒，月未出已食一分九十八秒，月已出見食五分一十秒，與天不合。是其未來之數以見在之數知之者也②。再以此法③上推宋、唐、漢④，惟⑤宋仁宗天聖⑥二年甲子歲五月丁亥朔日食五十七秒。考《宋史》載是年五月朔日當食五分有奇，候之不食，司天監奏日食不應⑦，中書奉表稱賀。以《授時》法⑧算，亦當食不食。以⑨新法推唐開元十二年甲子歲七月戊午朔，日食在寅刻，及⑩日出且⑪見食一分四十秒。考《唐史》載一行算是年七月朔當食半强，自交趾至朔方，候之不食，一行以爲德之動天。以《授時》法算，亦當食不食。以新法推漢靈帝熹平四年乙卯歲正月己巳朔，日食在寅刻，及日出止見食一分十秒。考《漢史》無日食，蔡邕上書謂元旦親見日體微傷，同群臣赴宫門，欲救不得。以《授時》法⑫算，是日卯時日食。夫此三日食，乃紊亂懸絶⑬之最甚者。凡日食不及三分，與不食同，不救。夜食亦不爲食。漢、唐、宋皆食一分餘，而曆官差算，皆

① 湯斌本此後有『不及一分，不救』。
② 王鴻緒本『按新法推泰昌元年庚申歲十一月十六日己丑夜望月食，……是其未來之數以見在之數知之者也』一段内容僅作『按新法推泰昌元年十一月己丑望月食，及天啓元年四月壬申朔日食、三年九月壬寅望月食，皆與《授時》分刻各殊，而《授時》并誤』。
③ 王鴻緒本『再以此法』作『又以新法』。
④ 湯斌本『宋、唐、漢』作『而宋、而唐、而漢』，王鴻緒本此處無『宋、唐、漢』。
⑤ 王鴻緒本此處無『惟』字。
⑥ 紹圖本『聖』誤作『理』。
⑦ 王鴻緒本此處無『司天監奏日食不應』。
⑧ 湯斌本『《授時》法』作『郭守敬《授時曆法》』。
⑨ 王鴻緒本此處無『以』字。
⑩ 紹圖本『及』誤作『反』。
⑪ 湯斌本、熊賜履本、王鴻緒本『且』作『止』，《熹宗實録》卷七此處亦作『止』。
⑫ 湯斌本『法』作『曆法』。
⑬ 紹圖本『絶』誤作『繩』。

以爲日月失行①。乃日月何常②失行③？可知漢、唐、宋及元曆俱疏，而新法獨密④。是其已往之數與天符合⑤者也。漢熹平至今一千四百餘年之久，而新法猶合，則未來皆合可知。然天道高遠⑥，自古難求⑦。元《授時曆》成⑧，自謂推算之精古今無比，而未久輒差。臣今不揣妄意窺天，亦安保其盡善，第驗之于天，新法頗合⑨。』章下禮部。

至冬，雲路又奏：『臣本年春推⑩四月朔日食，曆數臨期測驗分刻不合⑪，蓋由《大統》沿《授時》之誤也⑫。夫⑬日食者，月食之也，故正曆一準于月食。而月⑭之分數與限度定法，皆其綱領最大者⑮。守敬率南北日官以儀器測驗于天⑯自丙子至庚

① 湯斌本『而曆官差算，皆以爲日月失行』作『算不及三分，而曆官皆以日月失行』，《熹宗實録》卷七此處作『算不及一分，而曆官皆以日月失行』。

② 湯斌本『常』作『嘗』，《熹宗實録》卷七此處亦作『嘗』。

③ 王鴻緒本此處無『乃日月何常失行』。

④ 湯斌本『可知漢、唐、宋及元曆俱疏，而新法獨密』作『漢、唐、宋及郭守敬俱算差，而新法俱算合』，與《熹宗實録》卷七記載相同。

⑤ 湯斌本『符合』作『合符』。

⑥ 湯斌本『然天道高遠』作『然臣獨未敢自以爲是也，蓋天道高遠』，與《熹宗實録》卷七記載相同。

⑦ 湯斌本此後有『後之不察，率多輕易作法，訑訑自聖』，《熹宗實録》卷七此處亦有該句。

⑧ 湯斌本『元《授時曆》成』作『如元《授時曆》成，著爲《曆經》』。

⑨ 湯斌本『第驗之于天，新法頗合』作『第所立新法，頗似近密。臣今年七十有三矣，止求進言，非求進身，伏乞敕部議覆』，與《熹宗實録》卷七記載相合。定本『天啓元年春，雲路詳述日月交食分數，……第驗之于天，新法頗合』一大段内容僅作『天啓元年春，雲路復詳述古今日月交食數事，以明《授時》之疏，證新法之密』。

⑩ 湯斌本『推』作『言』。

⑪ 湯斌本『不合』作『乃有不合』。

⑫ 湯斌本『蓋由《大統》沿《授時》之誤也』作『臣始悟曆元立法原自無差，而其差者乃今《大統曆》沿郭守敬《授時曆》之誤也』，與《熹宗實録》卷十六記載相同。王鴻緒本從『漢熹平至今一千四百餘年之久』至『蓋由《大統》沿《授時》之誤也』的内容僅作『雲路極言新法之密，而是年四月朔日食，臨期測驗所推分刻不合，雲路乃言此由《大統》沿《授時》之誤也』。

⑬ 湯斌本『夫』作『蓋』。

⑭ 熊賜履本『月』作『月食』。

⑮ 王鴻緒本此處無『夫日食者，月食之也，……皆其綱領最大者』。

⑯ 湯斌本『守敬率南北日官以儀器測驗于天』作『《授時》定月食分三十分及十五分，月食限十三度五分，定限八十七分，此守敬率南北日官以儀器測驗于天』，與《熹宗實録》卷十六記載相同。

辰，又經甲午①，再②驗③幾二十年。自謂推步之精，可以④永久無弊，以故《大統曆》用之。臣今所步曆亦用之，及四月朔日食⑤方見其差。乃悟以昇乘同除，另變其法，變月食分三十分爲三十五分，變十五分爲十七分五十秒，變定限十三度五分爲十三度十二⑥分五十秒，變定法八十七分爲七十五分。諸數皆⑦變，乃依舊曆元立法布算⑧，一一方合⑨。故必如臣所推，以五千七百四十爲日食成限，以四千九百二十爲月食成限，以三十五分爲月食分⑩，方爲正法⑪。」

又言⑫：「《授時曆法》上考下推，每百年消長一分，昔⑬李德芳疏⑭稱消長一日，誤也⑮。若⑯元統閏、氣、轉、交四準⑰分⑱，

① 熊賜履本「甲午」誤作「甲子」，王鴻緒本此處無「自丙子至庚辰又經甲午」。
② 紹圖本「再」誤作「耳」。
③ 王鴻緒本此處無「再驗」二字。
④ 湯斌本「可以」作「可」。
⑤ 湯斌本「日食」後有「測驗」。
⑥ 國科圖本「二」誤作「三」。
⑦ 湯斌本「皆」作「既」。
⑧ 湯斌本「算」作「曆」。
⑨ 湯斌本此後有「然後知曆元法原自無差，而其差者《大統》相沿《授時》法誤之也」，與《熹宗實録》卷十六記載相同。
⑩ 湯斌本此後有「而黜郭守敬之三十分」，《熹宗實録》卷十六此處亦有該句。
⑪ 王鴻緒本此處無「變月食分三十分爲三十五分，……方爲正法」。湯斌本此後有「章下禮部知之」。
⑫ 湯斌本「又言」作「雲路嘗言」。此處邢雲路議論取自氏著《古今律曆考》卷六十三「曆議四」中的「歲餘歲差」部分。
⑬ 湯斌本「昔」作「而」。
⑭ 熊賜履本此處無「疏」字。
⑮ 湯斌本「誤也」前有「德芳」二字。王鴻緒本此處無「昔李德芳疏稱消長一日，誤也」。
⑯ 王鴻緒本此處無「若」字。
⑰ 紹圖本「準」誤作「進」。
⑱ 湯斌本此處無「分」字。

實皆《授時》之數，接①年續之，但去其消長之法，而無一②所改③。且《授時》之法，歲差④六十六年三分年之二⑤差一度，統謂七十年⑥，亦非。』雲路又辨⑦《授時》《大統》二曆之失⑧。一曰：『《授時》求盈縮遲疾差，立⑨二術。一術不拘日時⑩，以平立定差三乘之爲密；一術用加⑪分損益積度，乃以二日對減餘乘時刻立零數，則分秒微有不合，爲疏也。』一曰：『《授時》定南北、東西定差，先言陰陽二曆，非也⑫。夫方求定差⑬，尚未有正交、中交限度，則陰陽曆⑭從何而出？則⑮于何處加減之？正法曰：南北差，盈初縮末正交減、中交加；縮初盈末正交加、中交減。東西差，盈曆正交中前減、中後加，中交中前加、中後減；縮曆正交中前加、中後減，中交中前減、中後加，爲是。』一曰：『《授時》引李梵、蘇統⑯，皆以月行當有遲疾，不必在牽牛、東井、

① 熊賜履本、王鴻緒本『接』作『按』。
② 湯斌本『無一』作『一無』。
③ 湯斌本此後有『乃竟以修改自命，將誰欺乎？』。《古今律曆考》卷六十三此後一句爲『乃謂隨時修改以合天道，將誰欺乎？ 甚矣元統之謬妄也！』
④ 湯斌本『歲差』作『乃』。
⑤ 紹圖本『二』誤作『一』。
⑥ 湯斌本此後有『差一度』。
⑦ 湯斌本『又辨』作『復辨論』。
⑧ 湯斌本此後有『其論《授時》也』。此處邢雲路議論取自氏著《古今律曆考》卷六十五『曆議六』中的『辨《授時曆》之失』及『辨《大統曆》之失』。
⑨ 王鴻緒本此處無『立』字。
⑩ 湯斌本『日時』作『整日半日奇零時刻』，與《古今律曆考》卷六十五記載相同。
⑪ 國科圖本『加』誤作『如』。
⑫ 王鴻緒本此處無『非也』二字。湯斌本『先言陰陽二曆，非也』作『先言陰陽二曆，于南北定差云，在盈初縮末者，交前陰曆減、陽曆加，交後陰曆加、陽曆減。在縮初盈末者反是。于東西定差云，在盈中前者，交前陰曆減、陽曆加，交後陰曆加、陽曆減；中後者交前陰曆加、陽曆減，交後陰曆減、陽曆加。在縮反是。皆非也』，與《古今律曆考》卷六十五記載相同。
⑬ 王鴻緒本『定差』誤作『立差』。
⑭ 湯斌本『陰陽曆』後有『去中前後度』。
⑮ 王鴻緒本此處無『則』字。
⑯ 紹圖本『統』誤作『紇』。

婁、角之間，乃由行道有遠近出入所生，其言似是①，而非也②。蓋③月行高低處在牽牛、東井，至婁、角始平行者，古時則然，而久之則漸④移他宿。如⑤日躔漢時在斗，而今退至箕。所謂不必在牽牛、東井、婁、角之間者，此也。若謂⑥月行當有遲疾，由道有遠近出入所生，則非⑦。」一曰：『日食爲月所掩，人⑧以目視，九服不同，故有時差分。月食行入暗虛，异地所見皆同⑨，而《紀元曆》立時差，金《大明曆⑩》亦用之，《授時》因而未革，非也⑪。然日出入分九服早晚不一，則人目所視時刻亦殊，故以日周減卯酉前後分數，以加于定望，此月食無時差中之時差也⑫。』一曰：『《授時》⑬求月食既法，以既内分與一十分相減、相乘，平方開之，所得⑭五千七百四十乘之，如⑮入定限行度而一，爲既内分，非也。蓋日大月之半，故日食定法二十分，月食定法三十分，三

① 北大本「似是」作「是似」。
② 王鴻緒本此處無「其言似是，而非也」。
③ 紹圖本「蓋」誤作「差」，王鴻緒本「蓋」作「夫」。
④ 熊賜履本、王鴻緒本此處無「漸」字。
⑤ 國科圖本「如」誤作「加」。
⑥ 湯斌本「謂」後有「爲」字。
⑦ 湯斌本此後有「蓋月行遲疾遠近出入所生，乃月行一周天出入黄道内外寬狹所離之數，在古時每周高低處在牽牛、東井間，平行俱在婁、角，至年久方漸移他宿耳。故守敬引李、蘇之言，以證月行遲疾之理，其説似是而非，不可不辨」，與《古今律曆考》卷六十五記載相同。
⑧ 紹圖本「人」誤作「入」。
⑨ 湯斌本此後有「宜無時差，故《宋志》「應天」等曆直以定望小餘爲食甚定分」，《古今律曆考》卷六十五此處亦有該句。
⑩ 湯斌本「大明曆」前有「重修」二字。
⑪ 湯斌本「非也」作「其謂月食分，視定望分在日周四分之一已下爲卯前，已上復減半周爲卯後；在四分之三已下，減去半周爲酉前，已上復減日周爲酉後。以卯酉前後分自乘，退二位，如四百七十八而一爲時差，子前以減，子後以加，皆加減定望分。此《元史》之文，其説非也」，與《古今律曆考》卷六十五記載相同。
⑫ 湯斌本「然日出入分九服早晚不一，……此月食無時差中之時差也」作「然《授時》時差之説固非，而揆以密率，則月亦有時差焉。其時差者，乃人處其偏，日出入分早晚不一，則人目所視去日月對衝之中心少頃方至，微有差殊也。故以日周減卯酉前後分，餘數止在刻下分秒間爲時差，以加于定望爲食甚定分。然而有加無減者，以日月相對相迎之故耳。若异地則反是。此月食無時差中之時差也」，與《古今律曆考》卷六十五記載相同。
⑬ 湯斌本「《授時》」前有「《元史》載」。
⑭ 北大本、湯斌本、熊賜履本、王鴻緒本「所得」後有「以」字。
⑮ 國科圖本「如」誤作「加」。

十分半之而十五分，乃月食既分。如月食十分已上者，去其十分，餘爲既單分。是月西邊與日西邊齊，至日東邊所食之數，爲既單分也①。以既單分②用減月食既分十五分，餘復以單分乘之，平方開之，所得以四千九百二十乘之，如入定限行度而一，爲既内分。以減定用，爲既外分，爲是。若如《授時》云，以既内分與一十分相減、相乘，夫未得數③先，安得有既内分④一十分已過之數？又與既分無預，何以相減、相乘爲⑤也？且四十九刻二十分者，乃自⑥昏至晓夜六時因每時八刻二十分所得之數，爲夜定法也。若五十七刻四十分者，乃自⑦晓至昏七時之數⑧，晝⑨定法也。晝定法乃推日食所用，而守敬誤用以推月食定用分并食既分，非其類矣。今欽天監用四十九刻二十分，却是。』其論《大統》也，一曰⑩：『《革象新書》載斗綱所指謂之月建，又載建子之月次名玄枵，以至建亥之月次名娵訾，此趙緣⑪督之言，其説非也。蓋在天宫次，原與月建無關。况正月昏時斗杓指寅，惟雨水後六日則然，六日⑫以前斗杓不指丑乎？且⑬雨水後六日指寅，惟今時則然，久之天星漸移，數百年後不轉而二月指丑乎？

① 熊賜履本、王鴻緒本此處無『也』字。
② 王鴻緒本此處無『以既單分』。
③ 王鴻緒本『數』誤作『所』。
④ 國科圖本『分』誤作『方』。
⑤ 熊賜履本此處無『爲』字。
⑥ 湯斌本『自』作『以』。
⑦ 湯斌本『自』作『以』。
⑧ 湯斌本『之數』作『因每時八刻二十分所得之數』。
⑨ 湯斌本『晝』前有『爲』字。
⑩ 國科圖本『曰』誤作『田』。
⑪ 紹圖本『緣』誤作『绿』。
⑫ 湯斌本『六日』前有『雨水後』。
⑬ 湯斌本此處無『且』字。

誤①以天星之次舍加爲地盤之月建②,幾何而不迷③亂人④之耳目耶?』一曰:『四正⑤初日⑥則黄、赤道同度,如《授時》⑦冬至日⑧在箕⑨十度,至今萬曆年退至箕⑩五度。以推天正冬至赤道變黄道,則惟宜以冬至初日下赤道度率一度〇八六五⑪而一⑫。今《大統》推冬至初日,因此時日躔箕五度,遂誤用至後五度下率,不及減,以四度下率一度〇八四九⑬減之⑭,則大⑮謬⑯矣。夫日躔箕五度者,乃三百餘年自箕十度退至箕五度也,與冬至初度行至至後之五度何關?如久而日退于尾十九度,亦

①湯斌本『誤』前有『緣督不知而』。
②湯斌本此後有『欽天監不知而刻于《天文星圖考略》中』。
③湯斌本『迷』誤作『述』。
④紹圖本『人』誤作『入』。
⑤湯斌本『四正』作『四正者,歲周之四分也。冬至即冬正,夏至即夏正,春分前三日爲春正,秋分後三日爲秋正』,與《古今律曆考》卷六十五記載相同。
⑥湯斌本『初日』前有『每正』二字。
⑦湯斌本『《授時》』前有『元』字。
⑧湯斌本『日』作『初日』。
⑨湯斌本『在箕』作『至箕宿』。
⑩湯斌本『箕』作『箕宿』。
⑪湯斌本『一度〇八六五』作『一度八分六十五秒』。
⑫王鴻緒本此處無『以推天正冬至赤道變黄道,則惟宜以冬至初日下赤道度率一度〇八六五而一』。湯斌本此後有『即得黄道度,正以是日赤黄道同度爲四正之一正也』,《古今律曆考》卷六十五亦有該句。
⑬湯斌本『一度〇八四九』作『一度八分四十九秒』。
⑭湯斌本此後有『若曰今日躔箕五度,亦宜用五度率也』,《古今律曆考》卷六十五亦有該句。王鴻緒本『今《大統》推冬至初日,……以四度下率一度〇八四九減之』作『《大統》推冬至初日,遂誤用至後五度下率減之』。
⑮國科圖本『大』誤作『六』。
⑯湯斌本『大謬』後有『不然』二字。

將以十九度下之度率減之①乎？②』一曰：『《授時曆》至元辛巳黄道躔度十二交宫界，守敬所測也。至今三百餘年，冬至日躔已退五度，則宜另考日躔宫界，另③以赤道變黄道，以合今時在天宫界，未④有以三百年後仍⑤用三百年前黄道者。《唐志》⑥云⑦，宿度既差，黄道從⑧而變矣。《元志》云，黄道宿度當據歲差所移，依術推變。嘉靖初樂護亦嘗以是爲言，何監官不之察也？』一曰：『元大都即今順天府，《授時》大都測景，夏至晝六十二刻、夜三十八刻，冬至反是。我朝洪武初南京測景，冬、夏晝夜長止五十九刻，短止四十一刻。今欽天監以《授時》大都之曆法，步洪武南京之⑨刻漏，冬、夏二至各差三刻。以故正統十四年曆，冬、夏至晝夜六十一⑩刻，想⑪監官以漏記之，覺其差而改。人駭以爲异⑫，而不知爲順天測景宜然之數也。⑬』

① 熊賜履本『減之』作『之減』。
② 湯斌本此後有『何悖戾之甚也』，《古今律曆考》卷六十五此後有『何悖戾不通如此之甚也。夫以斯明白易曉者，尚昧不知，他何望焉？』。
③ 王鴻緒本『另』作『更』。
④ 湯斌本『未』前有『從古曆家』。
⑤ 紹圖本『仍』誤作『得』。
⑥ 湯斌本《唐志》前有『考』字。
⑦ 湯斌本此後有『日躔宿度，如郵傳之過』。
⑧ 湯斌本『從』作『隨』。
⑨ 國科圖本『之』誤作『七』。
⑩ 王鴻緒本『一』誤作『二』。
⑪ 王鴻緒本『想』作『必』。
⑫ 北大本『异』後有『矣』字。
⑬ 湯斌本卷六至此結束。熊賜履本卷二十七『曆法一』至此結束。王鴻緒本該頁末有『明史稿　志第七終』，其『曆一』至此結束。定本從『至冬，雲路又奏』至『而不知爲順天測景宜然之數也』一大段内容僅作『四月壬申朔日食，雲路所推食分時刻，與欽天監所推互异。自言新法至密，至期考驗，皆與天不合。雲路又嘗論《大統》宫度交界，當以歲差考定，不當仍用《授時》三百年前所測之數。又月建非關斗杓所指，斗杓有歲差，而月建無改移。皆篤論也』。

明史曆志卷二①

姚江②未史黄百家纂③

崇禎④二年五月乙酉朔日食⑤,《大統曆》預⑥推食三分二十四秒,初虧巳正三刻,食甚午初三刻,復圓午正三刻⑦。《回回曆》預⑧推食五分五十二⑨秒,初虧午初三刻,食甚午正三刻,復圓未初三刻⑩。時⑪禮部侍郎⑫徐光啓依西法⑬預推,順天府

① 湯斌本本卷標題作「潛庵先生擬明史稿卷之七」,熊賜履本作「明史卷二十八　志二」,王鴻緒本作「明史稿　志第八」,定本此處未分卷。
② 北大本此處無「姚江」二字。
③ 湯斌本本卷署名作「睢州湯斌潛庵擬,同里田蘭芳簣山評」,王鴻緒本作「光禄大夫經筵講官明史總裁户部尚書加七級臣王鴻緒奉敕編撰」,熊賜履本本卷無署名。
④ 湯斌本該句前有「曆志」標題,熊賜履本有「曆法二」標題,王鴻緒本有「曆二」標題。
⑤ 本卷所述史事大都取自《治曆緣起》,下文如無特別説明,則其内容來源皆爲《治曆緣起》,後不贅述。整體而言,黄百家本對所用《治曆緣起》内容進行了改編,較原書更爲簡潔。本段有關此次日食的内容取自崇禎二年四月二十九日禮部揭帖,詳見《治曆緣起》。
⑥ 王鴻緒本此處無「預」字。
⑦ 此處《大統曆》推算數據與《治曆緣起》記載吻合。王鴻緒本此處無「初虧巳正三刻,食甚午初三刻,復圓午正三刻」。
⑧ 王鴻緒本此處無「預」字。
⑨ 國科圖本「二」誤作「一」。
⑩ 此處《回回曆》推算數據與《治曆緣起》記載吻合。王鴻緒本此處無「初虧午初三刻,食甚午正三刻,復圓未初三刻」。
⑪ 王鴻緒本此處無「時」字。
⑫ 湯斌本此後有「兼翰林院侍讀學士」。
⑬ 湯斌本此處無「依西法」。

見食二分有奇，初虧①巳正三刻二分，食甚午初二②刻六分，復圓午初四刻六分③。已而光啓④之法驗，《大統》《回回》曆皆疏⑤。帝⑥切責監官⑦。五官正戈豐年言⑧：『《大統曆⑨》乃國初監正元統⑩所定，實⑪即郭守敬《授時曆》也，二百六十年⑫曆官按法推步⑬，毫末⑭增損⑮。曆⑯始于唐堯，至今四千⑰年，《授時》之法稱爲極密⑱。然至元十八年成曆⑲，越十八年爲大

① 紹圖本『虧』誤作『測』。
② 紹圖本『二』誤作『三』。
③ 此處西法推算數據與《治曆緣起》記載吻合。北大本、湯斌本、熊賜履本此後有『應天府見食六分有奇，瓊州府食既，大寧以北不見食』，與《治曆緣起》記載相符。
④ 國科圖本『光啓』誤作『啓光』。
⑤ 王鴻緒本『初虧巳正三刻二分，……《大統》《回回》曆皆疏』作『初虧、食甚、復圓皆與《大統》《回回》互异，應天食六分有奇，瓊州食既，大寧以北不食。已而光啓法驗，《大統》《回回》皆疏』。定本『《大統曆》預推食三分二十四秒，……《大統》《回回》曆皆疏』作『禮部侍郎徐光啓依西法預推，順天府見食二分有奇，瓊州食既，大寧以北不食。《大統》《回回》所推順天食分時刻，與光啓互异。已而光啓法驗，餘皆疏』。
⑥ 湯斌本『帝』作『莊烈愍帝』。
⑦ 湯斌本『監官』作『欽天監官』。
⑧ 湯斌本『五官正戈豐年言』作『于是禮部言據五官正戈豐年等稱』，北大本、熊賜履本、王鴻緒本作『于是禮部及五官正戈豐年等言』，定本作『時五官正戈豐年等言』。本段有關戈豐年等討論的內容取自崇禎二年五月初十日禮部題本，詳見《治曆緣起》。
⑨ 王鴻緒本、定本此處無『曆』字。
⑩ 定本此處無『監正元統』。
⑪ 湯斌本『實』作『其實』。
⑫ 湯斌本『二百六十年』後有『來』字。
⑬ 定本此處無『按法推步』。
⑭ 紹圖本『末』誤作『未』。
⑮ 湯斌本『毫末增損』作『一毫未嘗增損』，且其後有『非惟不敢，亦不能。若妄有竄易，則失之益遠矣』，與《治曆緣起》記載相同。
⑯ 湯斌本『曆』前有『竊詳』二字。
⑰ 紹圖本『千』誤作『十』。
⑱ 湯斌本『《授時》之法稱爲極密』作『其法從粗入精，從疏入密，漢唐以來有差至二日、一日者，後有差一、二時者，至于守敬《授時》之法，古今稱爲極密』，與《治曆緣起》記載相同。王鴻緒本、定本此處無『曆始于唐堯，至今四千年，《授時》之法稱爲極密』。
⑲ 湯斌本『然至元十八年成曆』作『然中間刻數依其本法尚不能無差，此其立法固然，非職所能更改。豈惟職等，即守敬以至元十八年成曆』，與《治曆緣起》記載相合。王鴻緒本、定本『然至元十八年成曆』作『自至元十八年造曆』。

德三年八月，已推①當食而②不食。大德③六年六月④，又食而失⑤推。載在《曆志⑥》可考也⑦。是時守敬方知院事⑧，亦付之無可奈何⑨，况臣⑩等⑪斤斤守法者哉？今欲循⑫舊法⑬，向後不能無差；欲行修改，更非淺陋所及⑭。臣惟百年無不改之曆⑮，我國家獨此一事⑯略無更定，豈所以昭聖朝之令典哉⑰？乞⑱開局修改⑲。』從之⑳。

① 王鴻緒本、定本此處無『推』字。
② 定本此處無『而』字。
③ 定本此處無『大德』二字。
④ 王鴻緒本此處無『六月』二字。
⑤ 紹圖本、國科圖本『失』誤作『夫』。
⑥ 湯斌本『曆志』作『律曆志』。
⑦ 王鴻緒本、定本此處無『載在《曆志》可考也』。
⑧ 湯斌本『知院事』作『以昭文殿大學士知太史院事』。
⑨ 湯斌本此後有『良以心思技術已盡于此，不能復有進步矣，夫彼立法者尚然』，與《治曆緣起》記載相合。
⑩ 湯斌本『臣』作『職』。
⑪ 定本此處無『臣等』二字。
⑫ 湯斌本『循』作『循守』。
⑬ 定本『今欲循舊法』作『今若循舊』。
⑭ 湯斌本此後有『遵奉嚴綸，措躬無地』。
⑮ 湯斌本『臣惟百年無不改之曆』作『臣惟曆法大典，唐虞以來，咸所隆重，故無百年不改之曆』，與《治曆緣起》記載相合。
⑯ 湯斌本『我國家獨此一事』作『我國家事事度越前代，而獨此一事』。
⑰ 王鴻緒本、定本此處無『欲行修改，更非淺陋所及。……豈所以昭聖朝之令典哉？』
⑱ 湯斌本、王鴻緒本『乞』後有『允臣奏』。
⑲ 定本『乞開局修改』作『于是禮部奏開局修改』。
⑳ 王鴻緒本、定本此處無『從之』二字。

乃以光啓①督修曆法②。光啓言③：『近世言曆諸家，大都宗郭守敬舊法④。至若歲差環轉，歲實參差，天有緯度，地有經度，列宿有本行，月五星有本輪，日月有真會、視會⑤，皆古⑥所未聞，惟西國之曆⑦有之。而舍此數法，則交食凌犯，終無密合之理。宜取其法參互考訂，使與《大統》法會同歸一。⑧』

已而光啓⑨上曆法修正十事⑩：其一，議歲差，每歲東行漸長漸短之數，以正古來百年、五十年、六十六⑪年多寡互⑫异之說。其二，議歲實⑬小餘，昔⑭多今少，漸次改易，及⑮日景長短歲歲不⑯同之因，以定冬至，以正氣朔。其三，每日測驗日行經度，以定盈縮加減真率，東西南北高下之差，以步日躔。其四，夜測月行經緯度數，以定交轉遲疾真率，東西南北高下之差，以步月離。其五，密測列宿經緯行度，以定七政盈縮、遲疾、順逆、違離、遠近之數。其六，密測五星經緯⑰行度，以定小輪行度遲疾、

① 湯斌本『乃以光啓』作『乃議以本部侍郎兼翰林院侍讀學士徐光啓』。
② 國科圖本此處缺『修曆法』。
③ 湯斌本『光啓言』作『且言』。本段徐光啓的議論取自崇禎二年七月十一日禮部題本，詳見《治曆緣起》。
④ 定本『舊法』作『法』。湯斌本此後有『比于見在曆官，藝猶魯衛』，與《治曆緣起》記載相同。
⑤ 湯斌本『視會』作『似會』，與《治曆緣起》記載相同。
⑥ 湯斌本『古』作『古來』。
⑦ 定本『西國之曆』作『西曆』。
⑧ 湯斌本此後有『即本朝之曆可以遠邁前代矣』，《治曆緣起》此處亦有該句。
⑨ 湯斌本『光啓』作『徐光啓』。
⑩ 本段『曆法修正十事』內容取自崇禎二年七月二十六日徐光啓奏本，詳見《治曆緣起》。
⑪ 定本『六十六』作『六十』。
⑫ 紹圖本『互』誤作『旦』。
⑬ 紹圖本『實』誤作『貴』。
⑭ 紹圖本『昔』誤作『音』。
⑮ 紹圖本『及』誤作『又』。
⑯ 紹圖本『不』誤作『下』。
⑰ 王鴻緒本『經緯』作『緯經』。

留逆、伏見之數，東西南北高下之差，以推步淩犯。其七，推變黄道、赤道①廣狹度數，密測二道距度，及月五星各道與黄道相距之度，以定交轉。其八，議日月去交遠近，及真會、視會②之因，以定距午時差之真率，以正交食。其九，測日行，考知二極出③入地度數，以定周天緯度，以齊七政。因月食考知東西相距地輪經度，以定交食時刻。其十，依唐、元法，隨地測驗二極出入地度數，地輪經緯，以求晝夜晨昏④永短，以正交食有無、先後、多寡之數。因舉南京太僕少卿李之藻、西洋人龍華民⑤、鄧玉函⑥。報可⑦。九月癸卯開曆局⑧。三年，鄧玉函卒，徵⑨西洋人湯若望、羅雅谷譯書□⑩籌⑪。
時巡按四川御史⑫馬如蛟薦資縣諸生冷守中⑬精⑭曆學，以所呈⑮曆書送局。光啓駁⑯云⑰：時光啓進禮部尚書，督修曆法。⑱

① 湯斌本「黄道、赤道」作「黄、赤道」。
② 湯斌本「視會」作「似會」，與《治曆緣起》記載相同。
③ 國科圖本「出」後有「極」字。
④ 北大本「晨昏」作「昏晨」。
⑤ 紹圖本「民」誤作「氏」。
⑥ 湯斌本此後有「同襄曆務」。
⑦ 湯斌本「報可」作「疏奏報可」。
⑧ 北大本此處無「九月癸卯開曆局」。湯斌本此後有「命光啓督修曆法」。
⑨ 王鴻緒本、定本「徵」前有「又」字。
⑩ 紹圖本、國科圖本此處空一格。
⑪ 北大本、湯斌本、熊賜履本、王鴻緒本、定本「□籌」作「演算」。湯斌本此後有「進光啓禮部尚書兼翰林院學士協理詹事府詹事，督修曆法如故」，王鴻緒本、定本則有「光啓進本部尚書，仍督修曆法」。
⑫ 湯斌本「御史」作「監察御史」。
⑬ 湯斌本「冷守中」作「冷守忠」。
⑭ 王鴻緒本此處無「精」字。
⑮ 湯斌本「以所呈」前有「都察院」。
⑯ 湯斌本「駁」作「復咨」。
⑰ 本段徐光啓對冷守中的反駁取自崇禎三年十一月徐光啓咨文，詳見《學曆小辯》。
⑱ 北大本、湯斌本此處無此小注。

『曆之始事，先定氣朔①；曆之終事，必驗交食。今辛未②歲前冬至，《大統曆》推在庚午十一月十八日亥正一刻，新法定在十九日丑初一刻五分四十一秒，則《大統曆》已先天一十二刻有奇。乃守中所③推在酉初四刻，又先于《大統》一十六刻，比之新法共先二十八刻有奇矣④。更考是年四月十五日戊午夜望月食，監⑤推食限一十四分九十九秒，初虧于正東。⑥爲丑初三刻，食既爲丑正三刻，食甚爲寅初二刻，生光爲寅正一刻，復圓⑦于正西爲卯初刻⑧。而新法所推⑨食限二十六分六十秒，在⑩順天府則初虧在丑初一刻内二十五分⑪三十秒，食既在丑正一刻内五十一分⑫二十三秒，食甚在寅初一刻内六分⑬四十三秒，生⑭光在寅初四刻内五十九分⑮二秒，復圓在卯初初刻内二分⑯二十三秒。又依⑰各地⑱道里推之，如四川成都府，則初虧在子正初刻九十一分一十三秒，食既在丑初一刻二十六分六十七秒，食甚在丑正初刻七十分六十三秒，生光在寅初初刻二十六分四十秒，復圓

①　紹圖本『朔』誤作『明』。
②　北大本、湯斌本、熊賜履本『辛未』前有『崇禎四年』。
③　紹圖本『所』誤作『雨』。
④　湯斌本此處無『矣』字，且之後有『燕越蒼素，不啻遠矣』，《學曆小辯》此處亦有該句。
⑤　湯斌本『監』作『欽天監』。
⑥　湯斌本、熊賜履本『虧于正東』爲正文格式。
⑦　國科圖本此處無『圓』字。北大本、湯斌本『復圓』作『復光』。
⑧　北大本、湯斌本、熊賜履本『卯初刻』作『卯初初刻』。
⑨　北大本、湯斌本、熊賜履本『所推』後有『則』字。
⑩　北大本、湯斌本、熊賜履本『在』作『其在』。
⑪　湯斌本『二十五分』前有『第』字。
⑫　湯斌本『五十一分』前有『第』字。
⑬　湯斌本『六分』前有『第』字。
⑭　國科圖本『生』誤作『主』。
⑮　湯斌本『五十九分』前有『第』字。
⑯　湯斌本『二分』前有『第』字。
⑰　熊賜履本『依』作『以』。
⑱　湯斌本『各地』作『各省直』。

在寅正初刻五①十分七十三秒。蓋順天府復圓之時月輪在②地平上未入，四川復圓之時月輪在③地平上十五④度有奇，守中云加時在晝，此⑤則相左之甚也⑥。』

四年正月，光啓⑦進新法⑧曆書二十四卷⑨。《曆書總目》一卷，《日躔曆指》一卷，《測天約説》二卷，《大測》二卷，《日躔表》二卷，《割圜八綫表》六卷，《黄道升度表》七卷，《黄赤道⑩距度表》一卷，《通率表》二卷。⑪夏四月戊午夜望月食，光啓預推度⑫分秒時刻方位。奏言⑬：『日食隨地不同，則用地緯度算其食分多少，用地經度算其加時早晏⑭。月食分秒，海内并同，止用地經度推求先後時刻。漢安帝元初三年三月二日日食，史官不見，遼東以聞。五年八月朔日食，史官不見，張掖以聞。蓋食在早獨見于遼東，食在晚獨見于張掖，當時京師不見食，非史官之罪，而不能言遼東、張掖之見食，則其法爲未密也。《唐書》載北極出地自林邑十七度至蔚州四十度，

① 紹圖本「五」誤作「丑」。
② 湯斌本「在」作「凖在」。
③ 湯斌本「在」作「尚在」。
④ 湯斌本「十五」作「一十五」。
⑤ 紹圖本此處裝訂錯頁，此後兩頁次序顛倒，誤將下文「食，寅正二刻初虧」一直到「若食在正中，則無時差」一頁内容提前。
⑥ 湯斌本「相左之甚也」作「相左之甚而明白易見也」。王鴻緒本「光啓駁云：「……此則相左之甚也」」僅作「光啓力駁其謬」，定本作「光啓力駁其謬，并預推次年四月四川月食時刻，令其臨時比測」。
⑦ 北大本「光啓」誤作「啓光」。
⑧ 定本此處無「新法」二字。
⑨ 徐光啓此次進書載于其崇禎四年正月二十八日題本，詳見《治曆緣起》。
⑩ 熊賜履本「黄赤道」作「黄道赤道」。
⑪ 定本此處無此小注。湯斌本、王鴻緒本此處無「四年正月，光啓進新法曆書二十四卷。《曆書總目》一卷，《日躔曆指》一卷，《測天約説》二卷，《大測》二卷，《日躔表》二卷，《割圜八綫表》六卷，《黄道升度表》七卷，《黄赤道距度表》一卷，《通率表》二卷。」。
⑫ 湯斌本「預推度」作「預定月食」，北大本、熊賜履本「度」作「定」，王鴻緒本、定本此處無「度」字。
⑬ 本段徐光啓的議論取自崇禎三年十二月初三日徐光啓題本，詳見《治曆緣起》。
⑭ 紹圖本「晏」誤作「宴」。

元人設四海測驗二十七所，庶幾知詳求經緯之法矣①。臣從輿地圖約略推步，開載各布政司②今食③初虧度分。蓋食分多少既天下皆同，則餘率可以類推，不若日食之經緯各殊，必須詳備也。又月體一十五分，則盡入暗虛亦十五分止耳。臣④今推二十六分六十秒者，蓋暗虛體大⑤于月，若食時去交稍遠，即月體不能全入暗虛，止⑥從月體論其分數。是夕之食，極近于二道之交⑦，故月入暗虛一十五⑧分方爲食既，更進一十一分有奇，乃得生光，故爲二十六分有奇。如《回回曆》推十八分四十七秒，略同此法也。』已而四川報⑨冷守中原推四月十五交十六日月食⑩，寅正二刻初虧，卯初二刻食甚，卯正二刻復圓，月食一十三分二十八秒。至期參政賀自鏡等候驗⑪，乃初虧正東子正初刻，食既丑初三刻，食甚丑正初刻，生光寅初三刻，復圓正西寅正二刻，與新法吻合，守中所推實差二時⑫。

八月⑬，光啓又進新法⑭曆書二十一卷⑮。《測量全義》十卷，《恒星曆指》三卷，《恒星曆表》四卷，《恒星總圖》一卷，《恒星圖像》一卷，《揆日解

① 定本此處無『漢安帝元初三年三月二日日食，……庶幾知詳求經緯之法矣』。
② 湯斌本『布政司』作『省』。
③ 定本『今食』作『月食』。
④ 湯斌本『臣』前有『而』字，王鴻緒本、定本此處無『臣』字。
⑤ 紹圖本『大』誤作『太』。
⑥ 紹圖本『止』前空一格。
⑦ 定本『二道之交』作『交』。
⑧ 熊賜履本『一十五』作『十五』。
⑨ 湯斌本『報』作『呈報』。
⑩ 下文冷守中所推數據及此次月食觀測結果載于崇禎四年八月二十八日禮部咨文，詳見《治曆緣起》。
⑪ 湯斌本『候驗』前有『公同』二字。
⑫ 王鴻緒本『已而四川報冷守中原推四月十五交十六日月食，……守中所推實差二時』僅作『已而四川報冷守中所推月食實差二時，而新法獨合』，定本大體與王鴻緒本相同，而『獨合』作『密合』。
⑬ 王鴻緒本、定本此處無『八月』二字。
⑭ 定本此處無『新法』二字。
⑮ 徐光啓此次進書載于其崇禎四年八月初一日題本，詳見《治曆緣起》。

訂①訛》一卷,《比例規解》一卷。②冬十月辛丑朔日食③,新法預推順天府④見食二⑤分一十二秒,初虧午正一刻内九十四分四十一秒,食甚未初二刻内一十三分三十三秒,復圓未初四刻内五十一分三十三秒。食甚日躔黄道經度⑥大火⑦一度二十五分二十八秒,月離白道經度未至中交二度一十五分二十一秒,月⑧緯度距黄道北實行七十五分二十二秒,不應見食。用三差法,算得本地視行距黄道北二十七分,應見食⑨。又用二徑折半法,算得見食分如前⑩。應天府以南全不見食⑪,大漠以⑫北食既,例以京師見食未⑬及三分,不救護。光啓言:『日月交食,皆天驗之大者⑭。而⑮月食在夜,加時早晚苦無定據。惟日食按晷定時,無可遷就,故曆法疏密獨此爲證⑯。況⑰臣等纂緝⑱,新法漸次就緒,而向後交食爲期尚遠,此時不與監臣共見⑲,至成曆後將何徵

① 紹圖本『訂』誤作『計』。
② 王鴻緒本、定本此處無此小注。湯斌本此處無『八月,光啓又進新法曆書二十一卷。《測量全義》十卷,《恒星曆指》三卷,《恒星曆表》四卷,《恒星總圖》一卷,《恒星圖像》一卷,《揆日解訂訛》一卷,《比例規解》一卷。』
③ 此次日食推算結果及下文徐光啓的議論載于崇禎四年九月初八日徐光啓題本,詳見《治曆緣起》。
④ 王鴻緒本、定本此處無『府』字。
⑤ 紹圖本『二』誤作『一』。
⑥ 湯斌本此處無『經度』二字。
⑦ 紹圖本『火』誤作『大』。
⑧ 湯斌本此處無『月』字。
⑨ 湯斌本此處無『應見食』。
⑩ 王鴻緒本、定本此處無『初虧午正一刻内九十四分四十一秒,……算得見食分如前』。
⑪ 王鴻緒本、定本『應天府以南全不見食』作『應天以南不食』。
⑫ 國科圖本此處脱『漠以』二字。
⑬ 王鴻緒本、定本『未』作『不』。
⑭ 王鴻緒本、定本此處無『日月交食,皆天驗之大者』。
⑮ 王鴻緒本、定本此處無『而』字。
⑯ 湯斌本『獨此爲證』作『獨此最爲的證』,定本作『此爲的證』。
⑰ 王鴻緒本此處無『況』字。
⑱ 湯斌本、熊賜履本『緝』作『輯』。
⑲ 湯斌本『此時不與監臣共見』作『此時不一指實,與監員共見』,與《治曆緣起》記載相合。

信①？且是食之必當測候有四②。

按日食有時差，舊法用距午加減以定早晚③。若食在正中④，則無時差⑤。今⑥此食既在日中，而新⑦法又必加時者⑧，蓋以七政運行皆依黄道⑨，不由赤道。舊法所謂中乃赤道之午中，非黄道之正中也⑩。黄赤二道之中，獨冬、夏至⑪加時正午⑫乃得同⑬度，餘日⑭餘時⑮漸次相離⑯。今十月朔去冬至度數尚遠，兩中之差二十三度有奇，豈可仍⑰因食限⑱近午不加不減

① 湯斌本『至成曆後將何徵信』作『至曆成之後，無憑取驗，何從强其必信而安意習之乎』，與《治曆緣起》記載相合。
② 湯斌本『有四』作『有四説焉』，定本作『更有説焉』。
③ 湯斌本『用距午加減以定早晚』作『用距午爲限，中前宜減，中後宜加，以定加時早晚』，與《治曆緣起》記載相合。
④ 定本『按日食有時差，舊法用距午加減以定早晚。若食在正中』作『舊法食在正中』。
⑤ 紹圖本將『食，寅正二刻初虧』一直到『若食在正中，則無時差』的一頁内容誤置于上一頁之前。湯斌本此後有『不用加減，故臺官相傳謂日食加時有差多在早晚，日中必合』，《治曆緣起》此處亦有該句。
⑥ 湯斌本『今』前有『獨』字。
⑦ 紹圖本『新』誤作『諸』。
⑧ 定本『又必加時者』作『仍有時差者』。
⑨ 湯斌本『而新法又必加時者，蓋以七政運行皆依黄道』作『而加時則舊術在後，新術在前，當差三刻以上。所以然者，七政運行皆依黄道』，與《治曆緣起》記載相同。
⑩ 湯斌本『非黄道之正中也』作『而不知所謂中者黄道之正中也』，與《治曆緣起》記載相同。
⑪ 湯斌本『至』作『二至』。
⑫ 北大本、湯斌本此處無『加時正午』。
⑬ 國科圖本此處脱『同』字。
⑭ 紹圖本、國科圖本『日』誤作『食』。
⑮ 北大本、湯斌本此處無『餘時』二字。
⑯ 定本此處無『餘日餘時漸次相離』。
⑰ 定本此處無『仍』字。
⑱ 定本『食限』作『加時』。

乎？①適際此日，又值此時，足爲顯證②，是可驗時差之正術③，一也。

交食之法既無差誤，及至臨期實候，其加時又或少有後先④。此則不因天度，而因地之經度也⑤。本方之地經度未得真率，則加時難定。其法必從交食時測驗數次，乃可較⑥勘畫一。今此食依新術測候，其加時刻分或前後未合，當取從前所記地經度分斟酌改定。此可以求里差之真率，二也。

時差一法⑦，但知中無加減，而不知中分黃、赤。今一經目見⑧，人人知加時之因黃道，知⑨黃道極之歲一周天，奈何以赤道之午⑩正爲黃道之中限乎？⑪因此推彼，他術皆然，足以知⑫學習之甚易，三也。

從來議曆之人詆爲擅改成法，不知守敬之法加勝于前多矣⑬。而謂其至竟⑭無差，亦不能也。如時差等術，蓋⑮非一人一

① 湯斌本此後有『若食在二至，又正午相值，果可無差；即食于他時而不在日中，即差之原尚多，亦復難辨』，與《治曆緣起》記載相同。
② 北大本『適際此日，又值此時，足爲顯證』作『若食在二至，又值正午，果可無差，非是則不得誤赤道爲黃道』。
③ 定本『足爲顯證，是可驗時差之正術』作『足可驗時差之正術』。
④ 北大本『後先』作『先後』。
⑤ 湯斌本『而因地之經度也』作『而因地度，地度者，地之經度也』。定本此處無『交食之法既無差誤，……而因地之經度也』。
⑥ 湯斌本『較』作『校』。
⑦ 湯斌本此後有『溺于所聞』。
⑧ 湯斌本此後有『一經口授』。
⑨ 湯斌本『知』前有『人人』二字。
⑩ 紹圖本『午』誤作『牛』。
⑪ 定本此處無『知黃道極之歲一周天，奈何以赤道之午正爲黃道之中限乎』。
⑫ 湯斌本『知』作『明』。
⑬ 湯斌本『從來議曆之人詆爲擅改成法，不知守敬之法加勝于前多矣』作『監臣所最苦者，從來議曆之人詆爲擅改，不知其斤斤墨守郭守敬之法，即欲改，不能也。守敬之法加勝于前多矣。』，與《治曆緣起》記載相同。
⑭ 湯斌本『竟』作『今』。
⑮ 熊賜履本『蓋』作『信』。

世之聰明所能揣測①。若前無緒業，即守敬不能驟得之，况諸臣乎？此足以明疏失之非辜，四也②。即③分數甚少，亦宜詳加測候，以求顯驗。』

從之④。至期⑤，光啓率監臣⑥預點日晷，調壺漏，將⑦測高儀器推定食甚刻分，應得日軌⑧高于地平三十五度四十分⑨。又于密室中斜開一隙，置窺筒遠鏡以測虧復，畫⑩日體分⑪數圖板以定食分。候至午正二刻内⑫方見初虧，至正四刻食甚，儀上得日高三十五度四十分，未初三刻内已見復圓，食甚分數未及二分⑬。于是光啓言：『今⑭食甚之度分密合，則⑮經度里差已⑯無煩更定矣。獨食分未合，原推者蓋因太陽光大，能減月魄，必食及四五分已⑰上，乃得與原推相合。然此測，用密室窺筒⑱，

① 湯斌本此後有『必因千百年之積候，而後智者會通以立法』，《治曆緣起》此處亦有該句。
② 定本此處無『從來議曆之人詆爲擅改成法，……此足以明疏失之非辜，四也』。
③ 湯斌本『即』前有『有此四者』。熊賜履本『即』前有『蓋交食于曆法最關緊要』。
④ 王鴻緒本、定本『從之』作『帝是其言』。
⑤ 下文此次日食的觀測情况及徐光啓的議論取自崇禎四年十月初二日徐光啓奏本，詳見《治曆緣起》。
⑥ 湯斌本『監臣』作『監員』。
⑦ 王鴻緒本『將』作『用』。
⑧ 紹圖本、熊賜履本、王鴻緒本『軌』誤作『晷』。
⑨ 定本『將測高儀器推定食甚刻分，應得日軌高于地平三十五度四十分』作『用測高儀器測食甚日晷高度』。
⑩ 紹圖本『畫』誤作『晝』。
⑪ 紹圖本『分』誤作『介』。
⑫ 湯斌本此處無『内』字。
⑬ 定本『候至午正二刻内方見初虧，……食甚分數未及二分』作『其時刻、高度悉合，惟食甚分數未及二分』。
⑭ 湯斌本『今』前有『臣前疏四款，其第二言本方里差經度未得真率』，與《治曆緣起》記載相符。
⑮ 湯斌本『則』作『在』。
⑯ 湯斌本『已』作『似已』。
⑰ 湯斌本、熊賜履本『已』作『以』。
⑱ 湯斌本此後有『形象分明』。

故①能得此分數，倘止憑目力，則炫②耀不真，或水盆照映，亦蕩搖難定③，恐少尚不止此也。」④

時有滿⑤城布衣魏文魁，著《曆元⑥》《曆測》二書，令⑦其子象乾進⑧《曆元⑨》于朝，通政司送局考驗。按《曆元⑨》新法密率⑩，周天徑一百一十六度八十四分五十秒，黃道内外半弧背二十四度，黄赤道大弦五十八度四十二分二十五秒，黄赤道弧矢⑪五度〇五分八十秒，黄赤道大勾二十三度七十七分八⑫十五秒，黃赤道大股五十三度三十六分四十五秒。其自識曰⑬：測⑭日月星⑮之晷，冬至得盈，夏至得縮，是⑯太陽之進退也。最低得遲，最高得速，是太陰之升降也。若五星，出黄道最遠者曰盈，入黃道最裏者曰縮。取交食之虧復，折取其中，加減盈縮遲疾⑰之刻，定爲經望、經朔。取月食分秒定爲交應，以冬至爲氣應，以月遲疾爲轉應，以經朔較氣應爲閏應。以氣應得歲周⑱，倍三百六十五度四分度之一，得七百三十度五十分，以較歲周得周天度分。以閏應得月策，以轉應得轉終，以交應得交終。以月策而一周天度分得數，加日行一度，得月平行度分。以十二月策較歲周得通閏，以二十四而一歲周⑲得氣策。以土木二十年之會因之，以通閏而一得紫氣周歲，以周歲而一一度得紫氣日行分。以轉終而一周天度分得轉平分，以月⑳平行度

① 湯斌本「故」作「方」。
② 熊賜履本、王鴻緒本「炫」作「眩」。
③ 定本「倘止憑目力，則炫耀不真，或水盆照映，亦蕩搖難定」作「倘止憑目力，或水盆照映，則眩耀不定」。
④ 湯斌本此後有「帝是之」。
⑤ 紹圖本「滿」誤作「蒲」。
⑥ 紹圖本「元」誤作「原」。
⑦ 湯斌本「令」前有「是年」二字。
⑧ 紹圖本「子象乾進」爲小注格式。
⑨ 紹圖本「元」誤作「原」。
⑩ 此處「新法密率」内容可能取自邢雲路《古今律曆考》卷六十九「曆原三」。
⑪ 國科圖本「矢」誤作「天」。
⑫ 紹圖本此處多一個「八」字衍文。
⑬ 此處「自識」内容取自《曆測》卷上的「定曆元法」部分。
⑭ 紹圖本「測」誤作「則」。
⑮ 紹圖本「星」誤作「差」。
⑯ 熊賜履本「是」作「實」。
⑰ 熊賜履本「疾」作「速」。
⑱ 紹圖本「歲周」作「周歲」。
⑲ 熊賜履本「歲周」作「周歲」。
⑳ 紹圖本「月」誤作「日」。

較之，得月孛日行分。以月孛日行分而一一度得月孛度率，以月孛度率乘周天度分得周積。以交終而一周天度分得交平分，以交平分較月平度①得羅計日行分。以羅計日行分而一一度得羅計度率，以度率乘周天度分得羅計周積。以歲周較周天度分得歲差，以歲差而一一度得差度之年。以五星周歲之年爲五星周積，以五星合伏之日爲五星周日分，以五星周日分較周天度分得五星周日度分，以周日度分而一一度得五星度率，以五星度率乘周天度分得曆率。七政四餘法咸備矣。②光啓因舉③當極論者七事④：

『其一，歲實自漢以來，代有減差，至《授時》減爲二十四分二十五秒。依郭法百年消一，今當爲二十一秒⑤有奇。而《曆元⑥》用楊級⑦、趙知微之⑧三十六⑨，翻復⑩驟加，與郭法懸殊矣⑪。

其一，勾股弧矢，曆學之斧斤繩尺也。每測皆覓弧背，每算皆求弦矢。今⑫《曆測》中猶用圍三徑一開方求矢之法，此術一誤，何所不誤？⑬

其一，冬、夏二⑭至不爲盈縮之定限⑮。今考日躔春分迄夏至、夏至迄秋分，此兩⑯限中日時刻分不等。又立春迄立夏、立

① 北大本『度』作『行度』。
② 北大本此段小注爲正文格式。湯斌本、王鴻緒本、定本此處無此段小注。
③ 湯斌本『因舉』作『爲摘』，定本作『摘』。
④ 此處『當極論者七事』取自崇禎四年六月初一日咨禮部文，詳見《學曆小辯》。
⑤ 紹圖本、國科圖本、北大本、熊賜履本、王鴻緒本『秒』誤作『分』。
⑥ 紹圖本、熊賜履本『元』誤作『原』。
⑦ 定本此處無『楊級』二字。
⑧ 定本此處無『之』字。
⑨ 湯斌本、定本『三十六』後有『秒』字，熊賜履本『三十六』後有『分』字。
⑩ 湯斌本『復』作『覆』。
⑪ 定本此處無『與郭法懸殊矣』。湯斌本此後有『所宜極論者一』。
⑫ 湯斌本『今』前有『而』字。
⑬ 定本『勾股弧矢，曆學之斧斤繩尺也。……何所不誤？』作『弧背求弦矢，宜用密率。今《曆測》中猶用徑一圍三之法，不合弧矢真數』。湯斌本此後有『所宜極論者二』。
⑭ 湯斌本此處無『二』字。
⑮ 定本『冬、夏二至不爲盈縮之定限』作『盈縮之限，不在冬、夏至，宜在冬、夏至後六度』。
⑯ 紹圖本『兩』誤作『而』。

秋迄立冬，此兩限中日時刻分亦不等。此皆測量易見、推算易明之事①，蓋太陽盈縮之實限宜在夏、冬二至之後，各②有時日刻分，代有消長③加減④。

其一，舊曆⑤言太陰最高得疾、最低得遲，且以圭表測而得之，非也。太陰遲疾是入轉内事，表測高下是入交内事，若云交即是轉，何以⑥交終、轉終兩⑦率互异？既是二法，豈容混推，以交道之高下爲轉率之遲疾也⑧？蓋交道右旋，月體行轉周之上又復左旋⑨，所以最高向西行則⑩極遲，最低向東行則⑪極疾，正與舊法相反⑫。五星高下遲疾亦皆準⑬此⑭。

其一，日食法謂在正午無時差⑮，非也。時差言距⑯，乃距黄道限東西各九十度之正⑰中也，黄道⑱限之正中在午中前後有

① 定本『此皆測量易見、推算易明之事』作『測量可見』。
② 湯斌本『各』前有『而』字。
③ 湯斌本『消長』作『長消』。
④ 定本此處無『蓋太陽盈縮之實限宜在夏、冬二至之後，各有時日刻分，代有消長加減』。湯斌本此後有『所宜極論者三』。
⑤ 定本此處無『舊曆』二字。
⑥ 湯斌本此處無『以』字。
⑦ 紹圖本『兩』誤作『而』。
⑧ 湯斌本『也』作『耶』。定本『若云交即是轉，……以交道之高下爲轉率之遲疾也』删改作『豈容混推』。
⑨ 湯斌本『蓋交道右旋，月體行轉周之上又復左旋』作『交、轉既是二行，而月行轉周之上又復左旋』，定本作『而月行轉周之上又復左旋』。
⑩ 定本此處無『則』字。
⑪ 北大本、定本此處『則』作『乃』。
⑫ 定本『正與舊法相反』作『舊法正相反』。
⑬ 紹圖本『準』誤作『佳』。
⑭ 定本此處無『五星高下遲疾亦皆準此』。湯斌本此後有『所宜極論者四』。
⑮ 定本『日食法謂在正午無時差』作『言日食正午無時差』。
⑯ 湯斌本、定本此後有『非距赤道之午中』。
⑰ 定本此處無『正』字。
⑱ 湯斌本『黄道』前有『而』字。

差至二十餘度者，若依正午加減①焉能必合②？

其一，交食限定爲陰曆距交八度，陽曆距交六度，亦非也③。本局考定陰曆當十七度，陽曆當八度，月食則定限南北各十二度④。

其一，《曆測》云：「宋文帝元嘉六年十一月己丑朔，日食不盡如鈎⑤，晝星見。今以《授時》⑥推之，止食六分九十六秒，郭曆舛矣。」不知所謂舛者，何也⑦？夫月食天下皆同，日食九服⑧各异⑨。南宋都于金陵，郭曆造于燕地⑩，相去三千里⑪，北極出地差八度，日食分數宜有异同矣⑫。其云不盡如鈎，當在九分左右，而極差八度，時在十一月，則食差當得二分弱。郭曆推得

① 北大本「正午加減」後有「誤黄爲赤」。
② 定本「黄道限之正中在午中前後有差至二十餘度者，若正午加減焉能必合」作「黄道限之中有距午前後二十餘度者，但依午正加減焉能必合」。湯斌本此後有「所宜極論者五」。
③ 定本「交食限定爲陰曆距交八度，陽曆距交六度，亦非也」作「言交食定限，陰曆八度、陽曆六度，非也」。
④ 定本「本局考定陰曆當十七度，陽曆當八度，月食則定限南北各十二度」作「日食，陰曆當十七度，陽曆當八度，月食則陰陽曆俱十二度」。湯斌本此後有「所宜極論者六」。
⑤ 紹圖本「鈎」誤作「鈞」。
⑥ 湯斌本「《授時》」作「郭氏《授時曆》」。
⑦ 定本此處無「不知所謂舛者，何也」。湯斌本此後有「如郭曆果推不盡如鈎，晝星見，則真舛耳。今云六分九十六秒乃是密合，非舛也」，《學曆小辯》此處亦有該句。
⑧ 紹圖本「服」誤作「股」。
⑨ 湯斌本此後有「前史類能言之」，《學曆小辯》此處亦有該句。
⑩ 北大本、湯斌本「燕地」作「燕中」。
⑪ 定本此處無「相去三千里」。
⑫ 定本此處無「日食分數宜有异同矣」。

七分弱，非密合而何？①本局今定日食分數，首言交，次言地②，次言時，③一不可闕也④。』

已而文魁反覆論難⑤，光啓⑥更申前説⑦，著爲《學曆小辨⑧》。一⑨曰⑩：『歲實小餘，自漢迄元漸次減率⑪。彼皆實測實算⑫，何獨今日乃應驟加？或處士實測冬至時刻，知《大統》未嘗後天，故加之耶⑬？然亦知冬至時刻終古無定率乎？使果有定率，則處士所定歲餘，歲歲加增足矣，何爲每測必差？乃至

① 定本『其云不盡如鉤，……非密合而何？』作『時在十一月，則食差當得二分弱，其云不盡如鉤，當在九分左右，郭曆推得七分弱，乃密合，非舛也』。王鴻緒本『光啓因舉當極論者七事：「……非密合而何？……」』一大段對魏文魁批判的內容删改作『其論冬夏二至爲盈縮定限，以圭表測太陰得去地高卑，日食距交限爲陰曆八度，皆據郭法。論日食在正午無時差，則據郭法以駁西法。論宋元嘉日食，則詆郭曆之舛。論歲差小餘，則驟加減差之數，與郭法大异。論勾股弧矢，則用圍三徑一、開方求矢之法，而不能如郭法之覓弧背求弦矢。光啓因極論此七事以駁之，其與郭同者，論其不如新法之密。其驟加減差及但用圍三徑一，則斥其誤。其論日食，則伸郭曆之非舛。云：「據文魁《曆測》，宋文帝元嘉六年十一月己丑朔，日食不盡如鉤，晝星見，今以《授時》推之，止食六分九十六秒，郭曆舛矣。夫月食天下皆同，日食九服各异。南宋都于金陵，郭曆造于燕地，相去三千里，北極出地差八度，日食分數宜有异同。其云不盡如鉤當在九分左右，而極差八度，時在十一月，則食差當得二分弱。郭曆推得七分弱，非密合而何？何以謂之舛也？」』。

② 紹圖本『地』誤作『池』。

③ 湯斌本、熊賜履本、王鴻緒本、定本『次言時』爲正文格式。

④ 湯斌本、王鴻緒本、定本此處無『也』字。湯斌本後有『所宜極論者七』。

⑤ 湯斌本此後有『語甚忿激』。

⑥ 湯斌本『光啓』前有『于是』二字。

⑦ 湯斌本『更申前説』後有『開喻之』。

⑧ 湯斌本『辨』作『辯』。

⑨ 湯斌本『一』作『其一』。

⑩ 定本『一曰』作『其論歲實小餘及日食變差尤明晰，曰』。

⑪ 定本『減率』作『消減』。

⑫ 湯斌本此後有『以爲當然』。

⑬ 湯斌本此後有『此亦不爲無見』。

較①自定小餘，更多四刻以上耶②？今新法定用歲實，更減于元。不知者必謂不惟先天，且③先《大統》。乃以推壬申冬至，《大統》得己亥寅正一刻，而新法得己亥④辰初一刻十八分。何也？蓋⑤冬至無定率，與定朔⑥、定望無定率一也。朔望無定率，宜以平朔望加減之，冬至無定率，宜以平年加減之。若郭太史所增減⑦之歲實者，平年也⑧。故新法之平冬至雖在《大統》前，其⑨定冬至恒在《大統》後也。」

二⑩曰：「勾股三乘術非誤也，特徑一圍三不合耳。弧與弦終古無相準之率，無論古率、徽⑪率、太一率。即多分之萬萬億，猶是弦也，不則外周之切綫也。且弧弦之術舉手⑫即須，古率推演已覺太繁⑬，況徽⑭密諸率乎？⑮新法于此另⑯有論説，有立成，有通率，都爲八十餘萬言，作者雖勞，用者甚逸。⑰」

① 湯斌本「較」作「校」。
② 定本此處無「彼皆實測實算，……更多四刻以上耶」。
③ 定本「且」作「更」。
④ 定本此處無「己亥」二字。
⑤ 湯斌本、定本「蓋」後有「正歲年與步月離相似」。
⑥ 紹圖本「朔」誤作「明」。
⑦ 熊賜履本「增減」作「減增」。
⑧ 定本此處無「若郭太史所增減之歲實者，平年也」。
⑨ 定本「其」作「而」。
⑩ 湯斌本「二」作「其二」。
⑪ 紹圖本「徽」誤作「微」。
⑫ 紹圖本「手」誤作「乎」。
⑬ 湯斌本「古率推演已覺太繁」作「每推一法數四用之，即依古率推演已覺太繁」，與《學曆小辯》記載相同。
⑭ 紹圖本「徽」誤作「微」。
⑮ 北大本此處無「古率推演已覺太繁，況徽密諸率乎？」。
⑯ 湯斌本此處無「另」字。
⑰ 湯斌本此後有「且其爲用又甚大，故名《大測》。處士欲羅而致之《曆元》中，竊恐崇臺九成，延袤百丈而不混者，或未易寄人廡下也」，《學曆小辯》此處亦有該句。北大本此後有「且其爲用又甚大，幫名《大測》。處士欲羅而致之《曆元》中，亦淺之乎窺數學矣」。

三①曰：『舊法冬、夏二至爲盈縮之定限，今云否者，非無據也。古名曆家精詳測候，見春分至立夏行四十五度有奇，立秋至秋分亦行四十五度有奇，其度分等而中間所歷時日不等。又時日多寡世世不等，因知日行最高度上古②在夏至前，今在夏至後六度，則夏至後六度乃真盈縮之限，此即真冬至所自出矣③。』

四④曰⑤：『舊法用圭表測太陰，謂得去地高庳者交道也，非轉率也。九年再測者，亦非測太陰，測月孛也。交道⑥東鶩，月轉西馳，兩道違行，是生月孛⑦。月轉至是則違天行，故最遲也。九年以內，孛實行天一周，四年半在高，四年半在庳。其測高測庳之月日，太陰必與⑧孛同度，既得同度必是最遲，豈因圭表所測去地高下爲其遲疾耶？且孛雖九年而一周，月則二十七日有奇而一轉，若洞悉交轉之義，深明平自⑨之説，即月月自有其遲疾，日日可得其高下，何必九年哉？如必九年乃得，則歲星須十二年，填星須二十九年，歲差須二萬五千餘年，誰能待之？』

五⑩曰：『日食距午時差，舊法以爲論時，則定朔小餘五十刻是也。新法以爲論度，則黄道九十度限是也。時與度有時而合，有時而離，有食在午中或近午左右，而推算時刻乃不合者，其度限去午左右稍遠故也。如今年十月朔日食午正，而監推乃在未初，《回回⑪》在未正，亦一證已⑫。』

① 湯斌本『三』作『其三』。
② 紹圖本『古』誤作『右』。
③ 湯斌本此後有『達者自能豁然』。
④ 湯斌本『四』作『其四』。
⑤ 國科圖本此處無『曰』字。
⑥ 湯斌本『交道』作『月交』。
⑦ 湯斌本此後有『孛者悖也』。
⑧ 紹圖本『與』誤作『典』。
⑨ 紹圖本『自』誤作『白』。
⑩ 湯斌本『五』作『其五』。
⑪ 北大本、湯斌本、熊賜履本『回回』作『回回曆』。
⑫ 王鴻緒本此處無從『一曰：歲實小餘』至『亦一証已』所述前五點議論。

六①曰：『日食距交限，新法定爲陰曆十七度、陽曆八度，非妄也。即今年十月朔日食②，依法推得日食甚時，月未至中交十四度强，而食及二分，則初入食限，豈非距交十七度乎③？何得定爲陰曆八度耶？其説不自④西法始。《大統曆》推日食在正交、中交限度，法曰：視其交定度，如在七度以下，或三百四十二度以上⑤，皆爲食在正⑥交。夫置三百四十二度以減交終度，餘二十二度，則是正交後二十二⑦度爲食限矣。曰⑧：如在一⑨百七十五度以上，或二百二度以下，皆爲食在中交。夫置交中度以減二百二度，餘二⑩十度，則是中交前二十度爲食限矣。⑪宋仁宗⑫天聖二年甲子歲五月丁亥朔，曆官推當食不食，司天奏日食不應，中書奉表稱賀⑬。諸曆推算皆云⑭當食，夫于法則實當食，而于時則實不食。今當何以解之？按西曆⑮日食有變差一法，月⑯在陰曆距交十度强，于法當食。而獨此日此地之⑰南北

① 湯斌本『六』作『其六』，王鴻緒本作『其論日食之距交、里差，尤最明晰』。
② 湯斌本『日食』作『日食甚』。
③ 王鴻緒本『豈非距交十七度乎』作『乃距交十七度』。
④ 紹圖本『自』誤作『白』。
⑤ 紹圖本『上』誤作『工』。
⑥ 國科圖本『正』誤作『止』。
⑦ 紹圖本『二』誤作『三』。
⑧ 北大本、湯斌本、熊賜履本『曰』作『又曰』。
⑨ 紹圖本『一』誤作『二』。
⑩ 紹圖本『二』誤作『三』。
⑪ 王鴻緒本此處無此小注。定本此處無『二曰：勾股三乘術非誤也』至『則是中交前二十度爲食限矣』數段內容。
⑫ 湯斌本『宋仁宗』前有『至』字。定本『宋仁宗』前有『又曰』二字。
⑬ 定本此處無『司天奏日食不應，中書奉表稱賀』。
⑭ 紹圖本『云』誤作『去』。
⑮ 定本『按西曆』作『蓋』。
⑯ 湯斌本『月』作『是日』。
⑰ 紹圖本『之』誤作『乏』。

差變爲東西差，故論天行①，則地心與日月兩心俱參直②，實不失食；而從人目所③見，則日月相距近變爲遠，實不得食。顧獨汴京爲然，若從汴以東數千里，則漸見食，至東北萬餘里外，則④全見食也。推曆之難，全在此等。蓋日食獨在黄道中限乃無變差，不在中限，雖食午正亦必有之。故曰東西時差不以午正爲限，以黄道九十度之正中爲限也。變則時時不同，或多變爲少，或少變爲多，或有變爲無，或無變爲有。其多變爲少、少變爲多者，人但以爲⑤推步未工，竟不知未工者安在也⑥。無變爲有，古史所載⑦凡⑧食而失推者，職此之故⑨，星曆家雖蒙失占之咎⑩，亦不有知⑪其所由。有變爲無，推步在先⑫，至期勿⑬驗，于是遂有當食不食之論。⑭』

其七則有二説⑮：『一謂⑯南北里差。《元史》稱四海⑰推⑱驗二十七所，大都北極出地四十度太⑲强，揚州三十三度，金

① 紹圖本「行」誤作「竹」。
② 定本「兩心俱參直」作「相參直」。
③ 紹圖本「所」誤作「而」。
④ 湯斌本「則」作「將」。
⑤ 湯斌本此處無「爲」字。
⑥ 王鴻緒本「竟不知未工者安在也」作「其實非也」。
⑦ 湯斌本「古史所載」作「人多不覺，然古史所載」。
⑧ 湯斌本「凡」作「亦有」。
⑨ 紹圖本「故」誤作「古」。
⑩ 北大本、湯斌本、熊賜履本、王鴻緒本「咎」作「罰」。
⑪ 湯斌本「亦不有知」作「亦竟不知」，北大本、熊賜履本作「亦不自知」。
⑫ 湯斌本「有變爲無，推步在先」作「惟有變爲無，則推步在先」。
⑬ 湯斌本、熊賜履本、王鴻緒本「勿」作「弗」。
⑭ 湯斌本「于是遂有當食不食之論」作「不得不傳耳」。王鴻緒本此段小注全爲正文格式，且最末「于是遂有當食不食之論」後有「耳」字。定本將此段小注删改作「夫變差時時不同，或多變爲少，或少變爲多，或有變爲無，或無變爲有。推曆之難，全在此等」，且爲正文格式。
⑮ 湯斌本「其七則有二説」作「其七曰：末一則，本部原咨有二説」，王鴻緒本作「里差有二」。
⑯ 王鴻緒本「一謂」作「其一」。
⑰ 王鴻緒本此處無「稱四海」。
⑱ 北大本、湯斌本「推」作「測」。
⑲ 紹圖本「太」誤作「大」。

陵①三十二度半，約差八度②。依每度二百五十里推之，去其横斜，則南北二千里爲其徑綫③。有里差，則有食分差，安可謂日食南北之分秒等耶？試問之④南來人，今⑤十⑥月朔曾見日食與否，當自知之。一爲⑦東西里差。盡大地人皆以日出處爲東，日入處爲西。皆以日⑧出時爲卯，日入時爲酉，有定東西無定卯酉也。南北里差，論北極出地，若干⑨里而高下差一度。東西里差，論七政出入，亦⑩若干里而後先差一度⑪。驗諸交食易見⑫矣。』⑬

五年十月，光啓時兼東閣大學士。⑭奏⑮：『本年九月十五日月食⑯，先時⑰監推⑱初虧在卯初一刻，臣⑲等以新法推⑳在卯初

① 湯斌本『金陵』前有『今測得』。
② 湯斌本『約差八度』作『校差八度少』。
③ 湯斌本『去其横斜，則南北二千里爲其徑綫』作『則二千餘里爲其南北徑綫』，與《學曆小辯》記載相同。
④ 王鴻緒本此處無『之』字。
⑤ 湯斌本『今』後有『年』字。
⑥ 國科圖本『十』誤作『廿』。
⑦ 湯斌本『爲』作『謂』，王鴻緒本『一爲』作『其一』。
⑧ 紹圖本『日』誤作『目』。
⑨ 北大本『干』誤作『千』。
⑩ 北大本此處無『亦』字。
⑪ 湯斌本此後有『不易之定論』。
⑫ 湯斌本『易見』前有『最』字。
⑬ 王鴻緒本此後有『光啓雖力駁文魁，時以曆法未定，亦兼存文魁之説。未幾，光啓入内閣』。定本此處無『其七則有二説：「……驗諸交食易見矣」』一段，且後有『未幾，光啓入内閣』。
⑭ 北大本此處無此小注。
⑮ 湯斌本『五年十月，光啓時兼東閣大學士。奏』作『五年，光啓以禮部尚書兼東閣大學士預機務，仍督修曆法。是年十月十一日，光啓奏』。下文議論取自崇禎五年十月十一日徐光啓奏本，詳見《治曆緣起》。
⑯ 王鴻緒本『五年十月，光啓時兼東閣大學士。奏：「本年九月十五日月食」』作『五年九月十五日月食』。
⑰ 王鴻緒本此處無『先時』二字。
⑱ 湯斌本『監推』作『欽天監以《授時曆法》推』。
⑲ 王鴻緒本『臣』作『光啓』。
⑳ 湯斌本『推』後有『初虧』二字。

三刻，回回科推①在辰初初刻。至期測候，陰雲迄②明，三法异同無可徵驗③。其所以不同之因，臣得備陳之④。

交食之法，先求平朔望，算起于曆元⑤。今依《授時》，仍用至元辛巳⑥。臣等新法則以崇禎元年戊辰計。當時所立四應，積年至今，已推得舊法後天六十五分⑦，爲半刻有奇矣。次求定朔望⑧，即日月食甚定分也⑨。法以日躔盈縮、月轉遲疾，以加減于平數⑩，得定數焉。昨⑪九月十四日夜望，則太陽在縮曆。而《授時》⑫縮曆起夏至，不知日有最高、有夏至，兩⑬行异法。縮曆宜在⑭最高起算也，惟宋紹興年間兩行同度。郭守敬後此百年，去離近⑮一度有奇，故未及⑯覺。今最高一行已在夏至後六

① 湯斌本「推」後有「初虧」二字。

② 熊賜履本「迄」作「遮」。

③ 王鴻緒本「陰雲迄明，三法异同無可徵驗」作「陰雲不見，异同無可徵」。

④ 湯斌本「至期測候，陰雲迄明，三法异同無可徵驗。其所以不同之因，臣得備陳之」作「三法异同，致奉詰問。正欲至期測候，籍以辨其離合。不意候至卯初，遂有陰雲。迄于天明，未見開朗。三法是非既無徵驗，則其所以不同之因，臣不得不溯流窮源而備陳之」，與《治曆緣起》記載相合。定本「五年十月，光啓時兼東閣大學士。奏：「……臣得備陳之」作「五年九月十五日月食，監推初虧在卯初一刻，光啓等推在卯初三刻，回回科推在辰初初刻。三法异同，致奉詰問。至期測候，陰雲不見，無可徵驗。光啓具陳三法不同之故」。

⑤ 湯斌本「交食之法，先求平朔望，算起于曆元」作「蓋聞交食之法，先求平朔望，平朔望之算起于曆元」。

⑥ 湯斌本「今依《授時》，仍用至元辛巳」作「今曆法本用元《授時曆》，以至元辛巳爲曆元」，與《治曆緣起》記載相同。

⑦ 湯斌本「臣等新法則以崇禎元年戊辰計。當時所立四應，積年至今，已推得舊法後天六十五分」作「當時所立四應稍有未合。臣等新法以崇禎元年戊辰爲曆元。兩者相提，已推得舊法後天六十五分」，與《治曆緣起》記載相同。

⑧ 湯斌本「次求定朔望」作「既得平朔望，以求定朔望」。

⑨ 湯斌本「即日月食甚定分也」作「定朔望即日月之食甚定分也」。

⑩ 湯斌本「以加減于平數」作「推其各差，又以兩差之校爲加減時差，用以加減于平數」，與《治曆緣起》記載相同。

⑪ 北大本「昨」誤作「時」。

⑫ 湯斌本「《授時》」作「《授時》法」。

⑬ 紹圖本「兩」誤作「西」。

⑭ 湯斌本「在」作「從」。

⑮ 湯斌本、熊賜履本「近」作「僅」。

⑯ 湯斌本此處無「及」字。

日有奇，以推縮差，則舊法後天一十八分有奇也①。是日太陰在疾曆，遲疾之法，《授時》止論一轉周，新法謂之自行輪。月自行之外又有兩次輪，以次密推，則舊法疾曆先天二度有奇。以推疾差，又後天四十分也。次以縮疾兩差相較②，變爲時，而求定望，宜用減法。舊法則一推而得四十八刻九十分，新法再③推先得四十一刻一十三分有奇，次得四十四刻八分，兩得相④較⑤，又差三刻弱。故舊法之食甚定⑥分得二十八刻弱，新法得三十刻弱。以推初虧，則舊法得在子正後二十二刻二十二分，爲卯初一刻。新法得在子正後二十三刻五十九分，爲卯初三刻。此舊法與新法异同之因也⑦。

若《回回曆》又异二法者，臣等未⑧能盡曉其故⑨。即以減分論，則是日太陽縮曆在四宫一度，依彼法得縮差一度四十一分，新法得一度四十三分，其差二分。太陰疾曆在十宫十七度，依彼法得疾差三⑩度一十九分半，新法得三⑪度六分，其差一十三分半。兩差相并，得十五分半，變爲時，約彼法在新法後四刻。今差五刻者，或⑫在曆元四應，否則創法之處距西一⑬萬餘里，里差

① 定本『交食之法，……後天一十八分有奇也』作『言：時刻之加減，由于盈縮、遲疾兩差。而盈縮差，舊法起冬、夏至，新法起最高，最高有行分，惟宋紹興間與夏至同度。郭守敬後此百年，去離一度有奇，故未覺。今最高在夏至後六度。此兩法之盈縮差所以不同也』。
② 湯斌本『較』作『校』。
③ 紹圖本『再』作『并』。
④ 紹圖本『相』誤作『兩』。
⑤ 湯斌本『較』作『校』。
⑥ 紹圖本『定』誤作『足』。
⑦ 定本『是日太陰在疾曆，……此舊法與新法异同之因也』删改作『遲疾差，舊法只用一轉周，新法謂之自行輪。自行之外又有兩次輪。此兩法之遲疾差所以不同也』。
⑧ 湯斌本『未』作『實未』。
⑨ 湯斌本此後有『僅知彼曆元爲阿剌必年，與隋開皇相值，去今一千三十餘載矣。年遠數殊，意其平朔望亦未合也』，《治曆緣起》此處亦有該句。
⑩ 國科圖本、湯斌本『三』誤作『二』，《治曆緣起》此處亦誤作『二』。
⑪ 湯斌本『三』誤作『二』。
⑫ 湯斌本『或』前有『意其緣』。
⑬ 國科圖本『一』誤作『二』。

未合也①。必欲辨其疏密，則在臨食之時，實測實驗而已②。今③已往④無可復論⑤，將來⑥所宜求者有⑦二端：

一⑧曰食分多寡。按⑨交食法中不惟推步爲難，并⑩較⑪驗亦復未易。日食時陽晶晃耀，每先食而後見。月食時游氣紛侵，每先見而後食。蓋⑫日食⑬既交，光大未⑭見⑮，必至一分以上⑯乃得見之。月食未交，暗虛之旁先有黑景侵入于月⑰。故推步縱無舛謬，而較⑱驗每多影響⑲。昔宋臣⑳周琮定㉑差天一分以下爲親，二分以下爲近，三分以下爲遠，非苟自恕，蓋其術

① 湯斌本「里差未合也」作「或里差又未合也」。且此後有「總之，三家所報各依其本法。展轉推求，乃始得之。不能立异以相畸，亦不能中變以相就」，《治曆緣起》此處亦有該句。
② 王鴻緒本「其所以不同之因，臣得備陳之。……實測實驗而已」數段内容僅作「光啓具陳三法不同之故」。
③ 王鴻緒本「今」作「因言」。
④ 湯斌本「已往」後有「之事」二字。
⑤ 定本「若《回回曆》又异二法者，……今已往無可復論」作「至于《回回曆》又异者，或由于四應，或由于里差，臣實未曉其故。總之，三家俱依本法推步，不能變法遷就也」。
⑥ 湯斌本「將來」後有「準法似須商求」。
⑦ 湯斌本「有」作「蓋有」。
⑧ 湯斌本「一」作「其一」。
⑨ 王鴻緒本此處無「按」字。
⑩ 王鴻緒本此處無「并」字。
⑪ 紹圖本「較」誤作「交」，湯斌本「較」作「校」。
⑫ 湯斌本此後有「食者，二體相交之謂也」。
⑬ 國科圖本「日食」誤作「月食」。
⑭ 國科圖本「未」誤作「木」。
⑮ 湯斌本「光大未見」作「因其大光，人目未見」，與《治曆緣起》記載相同。
⑯ 紹圖本「上」誤作「土」。
⑰ 湯斌本後有「及其體交，反無界限」，《治曆緣起》此處亦有該句。
⑱ 紹圖本「較」誤作「交」，湯斌本「較」作「校」。
⑲ 湯斌本「每多影響」作「多任目任意，揣摩景嚮，不能灼見分數以證原推得失」，與《治曆緣起》記載相同。
⑳ 王鴻緒本此處無「臣」字。
㉑ 湯斌本「昔宋臣周琮定」作「如宋臣周琮所定」。

止①此而已。今欲灼見實分，有近造窺筩新法，日食時用②于密室③中取其光景，映照尺素之上，自初虧至復圓，所見分數界限真確，畫④然不爽。月食不能定⑤分秒之限，然二體離合之際，鄞鄂著明，中間色象亦與目測迥异。此定分法也。⑥

一⑦曰加時早晚。定時之術，壺漏⑧爲古法，近則⑨有輪鐘，爲簡法。然而⑩調品皆⑪由人力⑫，總⑬不若⑭求端于日星。晝則用日，夜則任用一星。皆以儀器測取經緯度數，推算得之，是爲本法。其驗之，則測日有平晷⑮，測星有立晷⑯。皆甃石範

① 紹圖本、國科圖本「止」誤作「正」。
② 王鴻緒本此處無「用」字。
③ 國科圖本「室」誤作「色」。
④ 紹圖本「畫」誤作「晝」。
⑤ 湯斌本「定」後有「其」字。
⑥ 定本「將來所宜求者有二端：……此定分法也」删改作「將來有宜講求者二端：一曰食分多寡。日食時陽晶晃耀，每先食而後見。月食時游氣紛侵，每先見而後食。其差至一分以上。今欲灼見實分，有近造窺筩，日食時于密室中取其光景，映照尺素之上，初虧至復圓，分數真確，畫然不爽。月食用以仰觀二體離合之際，鄞鄂著明，與目測迥异。此定分法也」。
⑦ 湯斌本「一」作「其一」。
⑧ 湯斌本「壺漏」前有「相傳有」。
⑨ 湯斌本此處無「則」字。
⑩ 王鴻緒本此處無「而」字。
⑪ 紹圖本「皆」誤作「昏」。
⑫ 湯斌本「皆由人力」後有「遷就可憑人意」。
⑬ 王鴻緒本此處無「總」字。
⑭ 湯斌本「總不若」作「故不如」。
⑮ 湯斌本「平晷」後有「新法」二字。
⑯ 湯斌本「立晷」後有「新法」二字。

銅，鑱畫①度數②節氣時刻，一一分明。以之較③論交食，皆于本晷之上時刻先定，至期④徵驗⑤，灼然易見。此定時法也。⑥

二法既立，一遇交食⑦，則諸術之得失疏密⑧，毫末⑨莫遁矣。然臺官之曆，郭守敬之曆也⑩，今日之所謂差，當時之所謂密也⑪。古今月食，諸史不載。所載⑫日食，自漢至隋凡二百九十三，而食于晦者七十七，晦前⑬一日者三，初二⑭日者三，其疏如此。唐至五代凡一百一十，而食于晦⑮者一，初二食者一，初三食者一。⑯稍密矣。宋凡一百四十八，無⑰晦食者，更密⑱矣，猶有推食而不食者十三。元凡四十五，亦無晦食，猶有推食而不食者一，食而失推者一，夜食而書晝者一。至加時先後⑲至四五刻者，

① 紹圖本『畫』誤作『晝』。
② 湯斌本『度數』作『數度』。
③ 湯斌本『較』作『校』。
④ 北大本『期』作『時』。
⑤ 湯斌本『時刻先定，至期徵驗』作『某時某刻，先期注定，至時徵驗是合是離』，與《治曆緣起》記載相同。
⑥ 定本『二曰加時早晚。……此定時法也』刪改作『一曰加時早晚。定時之術，壺漏爲古法，輪鍾爲新法，然不若求端于日星。晝則用日，夜則任用一星。皆以儀器測取經緯度數，推算得之。此定時法也』。
⑦ 國科圖本『交食』誤作『變食』。定本此處無『一遇交食』。
⑧ 定本此處無『疏密』二字。
⑨ 湯斌本『毫末』作『自然』。
⑩ 湯斌本此後有『守敬之法』。
⑪ 定本此處無『然臺官之曆，……當時之所謂密也』。
⑫ 王鴻緒本、定本此處無『所載』二字。
⑬ 湯斌本『前』作『初』。
⑭ 紹圖本『二』誤作『三』。
⑮ 湯斌本『晦』作『晦日』。
⑯ 國科圖本『初二食者一，初三食者一』作『初二日者』，且爲正文格式；北大本、湯斌本、熊賜履本作『初二日者一，初三日者一』，亦爲正文格式。
⑰ 湯斌本『無』前有『則』字，熊賜履本『無』誤作『每』。
⑱ 湯斌本此處無『密』字，但空一格。
⑲ 定本『先後』作『差』。

當其時已然①。可知②高遠無窮之事，必積時纍世乃稍見其端倪。故漢至今千七百歲，立法者③十有三家，守敬所差僅四五刻④，較⑤于⑥前代洵爲密矣。若使生⑦今世，欲更求精密⑧計，非苦心極力⑨，假以數年，恐未易得。何可責于沿襲舊法者乎？⑩』

是年，光啓又進曆書，合⑪三十卷⑫。《月離曆指》四卷，《交食曆指》四卷，《月離曆表》六卷，《交食曆表》二卷，《南北高弧表》十二卷，《諸方半晝分表》一卷，《諸方晨昏分表》一卷。⑬六年冬十月，以山東參政李天經督修曆法。時光啓以病辭務，逾月卒⑭。七年，魏文魁上言曆官

① 湯斌本此後有『至今遵用不改，安能無誤？乃守敬之法三百年來世共推，以爲度越前代，何也？』，《治曆緣起》此處亦有該句。
② 湯斌本此處無『可知』二字。
③ 湯斌本『者』後有『僅』字。
④ 湯斌本『守敬所差僅四五刻』作『蓋于數十百年間一校工拙，非一人之心思智力所能黽勉者也。守敬集前古之大成，故所差僅四五刻』，《治曆緣起》此處亦有該句。
⑤ 湯斌本『較』作『比』。
⑥ 熊賜履本、王鴻緒本此處無『于』字。
⑦ 湯斌本『生』作『守敬復生』。
⑧ 紹圖本『密』作『參』。
⑨ 王鴻緒本『極力』作『竭力』。
⑩ 湯斌本『沿襲舊法者乎』作『沿襲舊法如諸臺臣者乎』。定本『守敬所差僅四五刻，……何可責于沿襲舊法者乎』作『而守敬爲最優，尚不能無數刻之差，而況于沿習舊法者，何能責其精密哉？』。
⑪ 定本此處無『合』字。
⑫ 徐光啓此次進書載于其崇禎五年四月初四日題本，詳見《治曆緣起》。
⑬ 王鴻緒本、定本此處無此小注。湯斌本此處無『是年，光啓又進曆書，合三十卷。《月離曆指》四卷，《交食曆指》四卷，《月離曆表》六卷，《交食曆表》二卷，《南北高弧表》十二卷，《諸方半晝分表》一卷，《諸方晨昏分表》一卷。』
⑭ 黃百家本此處記録有誤，徐光啓推薦李天經接替督修曆法事務是在崇禎六年九月二十九日，并非十月，詳見徐氏當日奏本。不久，徐光啓卒于十月初七，而非十一月。王鴻緒本『六年冬十月，……時光啓以病辭務，逾月卒』作『明年冬六月，光啓以病辭務，用山東參政李天經督修曆法以代光啓。逾月而光啓卒』。定本與王鴻緒本基本相同，但『用山東參政李天經督修曆法以代光啓』作『以山東參政李天經代之』。湯斌本此後有『所著《崇禎曆書》幾百卷』。

所推交食節氣皆非是，于是命文魁入京測驗。是時言曆者四家，原設①《大統》《回回》而②外，別立西洋爲③西局，文魁爲東局。言人人殊，紛若聚訟焉④。

七月⑤，天經繕進曆書⑥，凡二十九卷并星屏一具⑦，《五緯總論》一卷，《日躔增》一卷，《五⑧星圖》一卷，《日躔表》一卷，《火木土星二百恒年表并周歲時刻表》三卷，《交食曆指》三卷，《交食諸表用法》二卷⑨，《交食表》四卷，《黃平象限表》七卷，《土木加減表》二卷，《交食簡法表》二卷，《方根表》二卷，《恒星屏障》一架。⑩俱故輔徐⑪光啓督率西人所造也⑫。閏八月⑬，天經言⑭：『本年⑮秋分，《大統⑯》算⑰在八月三十日未正一刻，新法算⑱在閏八月二⑲日未初一刻一十分，相距約差兩日。臣于閏八月二日⑳測太陽午正高五十度六分，尚差一分入

① 熊賜履本『設』作『説』，王鴻緒本、定本此處無『原設』二字。
② 王鴻緒本、定本此處無『而』字。
③ 紹圖本『爲』誤作『烏』。
④ 湯斌本『紛若聚訟焉』作『議曆有如聚訟云』。
⑤ 王鴻緒本、定本此處無『七月』二字。
⑥ 熊賜履本『曆書』誤作『書曆』。
⑦ 李天經此次進書載于其崇禎七年七月十九日題本，詳見《治曆緣起》。
⑧ 紹圖本『五』誤作『百』。
⑨ 熊賜履本『二卷』誤作『三卷』。
⑩ 王鴻緒本、定本此處無此小注。
⑪ 王鴻緒本、定本此處無『徐』字。
⑫ 湯斌本此處無『七月，天經繕進曆書，……俱故輔徐光啓督率西人所造也』。
⑬ 湯斌本『閏八月』作『是年閏八月十八日』。
⑭ 李天經此處議論取自其崇禎七年閏八月十八日題本，詳見《治曆緣起》。
⑮ 湯斌本此後有『八月』二字。
⑯ 湯斌本『大統』作『大統曆』。
⑰ 王鴻緒本此處無『算』字。
⑱ 紹圖本『算』誤作『置』，王鴻緒本此處無『算』字。
⑲ 湯斌本『二』作『初二』。
⑳ 湯斌本此後有『同監局官生』。

交。推①變時刻，應在未初一刻一②十分，吻合新曆③。隨取輔臣徐光啓從前測景簿勘對，數年俱合。《春秋傳》曰：「分同道也，至相過也。」④蓋太陽行黄道中綫，迨二分而黄道與⑤赤道⑥相交，此晝夜之所以平，而分之名所由起也。迨二至，則過赤道内外各二十三度有奇，爲真至⑦。舊法平分歲實⑧，計日立算，其于盈縮加減之理多所未曉⑨。夫⑩太陽有平行、有實行，平則每日約行若干，而實則日有多寡⑪。必從最高起算，用法加減⑫，始⑬得真度分節氣⑭。故新法之與舊法，惟二至⑮止差時刻，餘則有差至一二日⑯者，不獨秋分爲然也⑰。」

① 紹圖本『推』誤作『椎』。
② 王鴻緒本此處無『一』字。
③ 熊賜履本、王鴻緒本『曆』作『法』。
④ 湯斌本此後有『二語可爲今日節氣差訛之一證』，《治曆緣起》此處亦有該句。
⑤ 熊賜履本此處無『與』字。
⑥ 王鴻緒本『黄道與赤道』作『黄赤道』。
⑦ 湯斌本『二十三度有奇，爲真至』作『二十三度有奇矣，夫過赤道二十三度有奇，爲真至，則兩道相交于一綫，詎不爲真分乎？』，與《治曆緣起》記載相合。
⑧ 湯斌本『舊法平分歲實』作『即舊法亦知分前分後之有晝夜平，但拘泥一定之法平分歲實』，與《治曆緣起》記載相同。
⑨ 湯斌本此後有『無怪其認平與分爲二也』，《治曆緣起》此處亦有該句。
⑩ 湯斌本『夫』作『何也？』。
⑪ 湯斌本『日有多寡』作『有多有寡，日日不等』。
⑫ 湯斌本『加減』後有『之』字。
⑬ 熊賜履本『始』作『如』。
⑭ 湯斌本『節氣』作『真節氣』。
⑮ 湯斌本『二至』作『冬夏二至』。
⑯ 湯斌本『一二日』作『一日二日』。
⑰ 湯斌本『不獨秋分爲然也』作『不獨秋分爲然，皆所當講求畫一者也』。

九月①，天經言②：『臣考測七政③，預推五星會合淩犯行度，本月④初四日昏初火星與土星⑤同度⑥，初七日卯正二刻金星與土星同度，十一日昏初金星與火星同度，木星⑦亦于是月前犯鬼宿之積尸氣⑧。臣于初四日，偕羅雅谷、郎中陳六韐等詣臺⑨，候至昏初，用簡儀測得火星在尾四度五十分，土星在尾四度七十分。至初七日⑩候測，土、金陰雲難見⑪。十一日，又用⑫簡儀測得金星在尾十五度一十分，火星在尾十五度二十分⑬。臣思火、土之同度也，舊法推在初七⑭，是後天三日⑮，而新法密。金、火之同度也，舊法推在初三，是先天八日⑯，而新法又密⑰。蓋五星一道⑱，即守敬諸人且不能⑲如今日⑳纍黍不差㉑，何況

① 湯斌本『九月』作『九月十二日』，王鴻緒本此處無『九月』二字。
② 李天經此處議論取自其崇禎七年九月十二日題本，詳見《治曆緣起》。
③ 王鴻緒本『天經言：「臣考測七政」』作『天經又』。
④ 王鴻緒本『本月』作『言九月』。
⑤ 王鴻緒本『火星與土星』作『火、土』。
⑥ 湯斌本『預推五星會合淩犯行度，本月初四昏初火星與土星同度』作『預報會合淩犯行度，內開九月初四昏初火星與土星同度』。
⑦ 紹圖本『木星』誤作『本生』。
⑧ 湯斌本此處無『木星亦于是月前犯鬼宿之積尸氣』，王鴻緒本該句作『木星亦于是月犯積尸氣』。
⑨ 湯斌本『臣于初四日，偕羅雅谷、郎中陳六韐等詣臺』作『臣偕羅雅谷等同郎中陳六韐等并監局官生詣觀星臺』。
⑩ 熊賜履本此處無『日』字。
⑪ 湯斌本『陰雲難見』作『適遇雲掩難見』。
⑫ 湯斌本『又用』作『又詣臺仍用』。
⑬ 王鴻緒本此處無『臣于初四日，……火星在尾十五度二十分』。
⑭ 國科圖本『初七』誤作『初三』。
⑮ 湯斌本『是後天三日』作『而臣報初四者合，是舊法後天三日』，與《治曆緣起》記載相同。
⑯ 湯斌本『是先天八日』作『而臣報十一日合，是舊法先天八日』，與《治曆緣起》記載相同。
⑰ 王鴻緒本『臣思火、土之同度也，……而新法又密』作『舊法推火、土同度在初七，是後天三日。金、火同度在初三，是先天八日』。
⑱ 湯斌本此後有『千古塵蒙』。
⑲ 湯斌本『且不能』作『當年且不能別創一解、別樹一義』，與《治曆緣起》記載相合。
⑳ 湯斌本『今日』後有『之』字。
㉑ 湯斌本『不差』後有『者』字。

剿襲舊説者乎①？」

魏文魁②奏③天經所報木星犯積尸不合。天經又言④：『窺管創自西洋⑤，爲用甚大⑥。論⑦其⑧圓徑不過寸許，凡兩星密聯，星體細微，及兩星相距半度以内⑨，窮儀器與目力不能測見者，皆能明晰⑩。如觜宿三⑪星相距三十七分，則不能同見⑫，蓋因窺管度分止容半度三十分也⑬。臣于閏八月二十五日夜及九月初一日夜，同諸臣⑭仰⑮見木星在鬼宿之中，距積尸僅半度⑯。

① 王鴻緒本此處無『乎』字。定本從『閏八月，天經言：「本年秋分」』一直到此處『何況剿襲舊説者乎』一大段内容删改作『天經預推五星淩犯會合行度，言：「閏八月二十四，木犯積尸氣。九月初四昏初，火、土同度。初七卯正，金、土同度。十一昏初，金、火同度。舊法推火、土同度在初七，是後天三日。金、火同度在初三，是先天八日」』。
② 湯斌本『魏文魁』作『又文魁』。
③ 王鴻緒本、定本『魏文魁奏』作『而文魁則言』。
④ 李天經此處議論取自其崇禎七年九月十三日題本，詳見《治曆緣起》。
⑤ 湯斌本『天經又言：「窺管創自西洋」』作『于是天經又言：「測驗之法非止一端，測驗之儀非止一器，要皆各適其用，而窺管則創自西洋」』，與《治曆緣起》記載相符。
⑥ 王鴻緒本此處無『爲用甚大』。
⑦ 湯斌本『論』前有『窺管之制』。
⑧ 王鴻緒本此處無『論其』二字。
⑨ 湯斌本此後有『新法所謂三十分』。
⑩ 王鴻緒本『凡兩星密聯、星體細微，……皆能明晰』作『兩星相距半度以内，皆能明晰』。湯斌本此後有『其容半度强者，即此管之度分也』，《治曆緣起》此處亦有該句。
⑪ 紹圖本『三』誤作『壹』。
⑫ 湯斌本此後有『五車西柱下二星相距四十四分，愈不能同見，其爲半度强明甚』，與《治曆緣起》記載相合。
⑬ 湯斌本此處無『蓋因窺管度分止容半度三十分也』。
⑭ 湯斌本『諸臣』作『部監諸臣在局』。
⑮ 紹圖本『仰』誤作『卯』。
⑯ 湯斌本此後有『因木星光大，氣體不顯，是以獨用此管』，《治曆緣起》此處亦有該句。

人人見①積尸爲數十小②星團聚，木星③與積尸共納一管。禮臣陳六軨謂④「恍⑤見木星之側有數十⑥小星結聚，係⑦鬼宿中積尸氣者是也」。而文魁⑧但據臆⑨算⑩，未經實測，據⑪稱⑫初二日木星已在柳前⑬，則前此豈能越鬼宿而飛渡乎⑭？且臣推閏八月二十四日，而文魁推⑮在九月初一日，相距七日⑯，度分已移，乃執⑰爲不犯之證，謬矣。且木星⑱後此出鬼宿退行時尚一犯焉，既退而順行時又一犯焉，非直此日之犯已也⑲。』十月十三日，天經預推⑳木星退行、順行兩經鬼宿，行度、尺寸、晷刻已而

① 湯斌本『見』作『各自窺見』。
② 紹圖本『小』誤作『外』。
③ 熊賜履本、王鴻緒本此處無『星』字。
④ 湯斌本『謂』作『所謂』。
⑤ 紹圖本『恍』誤作『挄』。
⑥ 湯斌本『數十』作『數』，與《治曆緣起》記載相同。
⑦ 湯斌本『係』作『云係』。
⑧ 湯斌本此後有『指爲未犯』。
⑨ 紹圖本此處空一格，無『臆』字。
⑩ 國科圖本此處脱『算』字。
⑪ 國科圖本、北大本此處脱『據』字。
⑫ 王鴻緒本『據稱』作『云』。
⑬ 湯斌本『前』作『初』，與《治曆緣起》記載相同。
⑭ 定本『天經又言：「窺管創自西洋，……豈能越鬼宿而飛渡乎」』删改作『天經又言：「臣于閏八月二十五日夜及九月初一日夜，同禮臣陳六軨等用窺管測，見積尸爲數十小星團聚，木與積尸共納管中。蓋窺管圓徑寸許，兩星相距三十分内者方得同見。如觜宿三星相距三十七分，則不能同見。而文魁但據臆算，未經實測，據云初二日木星已在柳前，則前此豈能越鬼宿而飛渡乎？」』。
⑮ 湯斌本『推』作『算』。
⑯ 《治曆緣起》『而文魁推在九月初一日，相距七日』作『而魁算在九月初二，相距九日』。
⑰ 紹圖本『執』誤作『孰』。
⑱ 湯斌本『且木星』作『然木星之于積氣』，熊賜履本『木星』作『本星』。
⑲ 王鴻緒本此處無『且木星後此出鬼宿退行時尚一犯焉，既退而順行時又一犯焉，非直此日之犯已也』。定本此處無『且臣推閏八月二十四日，……非直此日之犯已也』。
⑳ 湯斌本『推』作『報』。

皆驗①。

十二月②，天經又進西法③曆書三十④卷⑤，《五緯曆指》八卷，《五緯用法》一卷，《日躔考》二卷，《夜中測時》一卷，《古今交食考》一卷，《恒星出没表》二卷，《高弧表》五卷，《五緯諸表》九卷，《甲戌、乙亥⑥日躔細行》二卷。⑦并日晷、星晷、窺筩諸儀器。八年正月十五日夜望月食，先是⑧新法推⑨復圓在地平上爲卯正二刻内七分八十六秒，而《大統》《回回》俱推復圓在晝，魏文魁推見生光四十二秒，不見復光九分五十八秒。至期新法以測星變時，復圓正在地平上，與原推密合⑩。四月初四日⑪，天經上⑫乙亥、丙子《七政行度曆》及⑬『參訂曆法條議』⑭二十六則⑮。

其七政公説之議七：一曰諸曜之應宜改。蓋日月五星各有本行，其行有平有視，而平行起算之根則爲應⑯。應者⑰，乃某

① 李天經預推結果載于其當日題本，詳見《治曆緣起》。王鴻緒本『十月十三日，……行度、尺寸、晷刻已而皆驗』作『天經又推十月十三木星退行、順行兩經鬼宿，行度、尺寸、晷刻已而皆驗，于是文魁説絀』，定本作『天經又推木星退行、順行兩經鬼宿，其度分、晷刻已而皆驗，于是文魁説絀』。

② 王鴻緒本、定本此處無『十二月』。

③ 定本此處無『西法』二字。

④ 熊賜履本『三十』作『三十一』，定本作『三十二』。

⑤ 李天經此次進書載于其崇禎七年十二月初三日題本，詳見《治曆緣起》。

⑥ 熊賜履本此處無『甲戌、乙亥』。

⑦ 王鴻緒本、定本此處無此小注。

⑧ 熊賜履本『是』作『時』。

⑨ 北大本此處無『推』字。

⑩ 湯斌本此處無『十二月，天經又進西法曆書三十卷，……與原推密合』。熊賜履本此處無『與原推密合』。王鴻緒本、定本此處無『八年正月十五日夜望月食，……與原推密合』。

⑪ 湯斌本『四月初四日』作『八年四月初四日』，王鴻緒本、定本作『八年四月』。

⑫ 王鴻緒本、定本『天經上』作『又上』。

⑬ 國科圖本『及』誤作『父』。

⑭ 湯斌本『乙亥、丙子《七政行度曆》，及「參訂曆法條議」』作『「曆法條議」』。

⑮ 下文『參訂曆法條議』二十六則的具體内容取自崇禎八年四月初四日李天經題本，詳見《治曆緣起》。

⑯ 定本『蓋日月五星各有本行，其行有平有視，而平行起算之根則爲應』作『蓋日月五星平行起算之根則爲應』。

⑰ 定本此處無『應者』二字。

曜某日某時躔某宮次之數。今新法改定諸應，悉從崇禎元年戊辰前冬至後己卯日子正①爲始。

二曰測諸曜行度②應用黄道儀。蓋太陽繇③黄道中綫④行，月星⑤各有本道，亦皆⑥出⑦入黄道内外，不⑧行赤道。若用赤道儀測之，則⑨所得經緯度分，須通以黄、赤道⑩率表乃可⑪，否則所推⑫經度宿次非本曜天上所在之宫次也⑬。

三曰諸方七政行度隨地推算⑭不等。蓋日月東西見食，其時各有先後⑮，既無庸疑矣。則太陽之躔二十四節氣，與月五星之掩食凌犯，安得不與交食同一理乎？故新法立成諸表雖以順天府爲主，而推算諸方行度亦皆各有本法。

四曰諸曜加⑯減分用平、立、定三差法尚不足。蓋加減⑰平行以求自行⑱，乃曆家之⑲要務。第天實圓體，與平形⑳异類，

① 湯斌本『子正』作『第一子正』。
② 湯斌本『行度』後有『用赤道儀尚不足』。
③ 王鴻緒本、定本『繇』作『由』。
④ 定本此處無『中綫』二字。
⑤ 湯斌本『月星』作『日月五星』。
⑥ 定本此處無『亦皆』二字。
⑦ 國科圖本『亦皆出』誤作『皆亦豈』。
⑧ 湯斌本『不』前有『而』字。
⑨ 定本此處無『則』字。
⑩ 國科圖本、熊賜履本、王鴻緒本、定本『道』作『通』。
⑪ 定本此處無『乃可』二字。
⑫ 湯斌本、國科圖本『推』作『測』。
⑬ 定本『否則所推經度宿次非本曜天上所在之宫次也』作『不如用黄道儀，即得七政之本度爲便也』。
⑭ 定本此處無『推算』二字。
⑮ 熊賜履本『先後』作『後先』。
⑯ 紹圖本『加』誤作『如』。
⑰ 紹圖本『減』誤作『感』。
⑱ 湯斌本『自行』作『視行』，與《治曆緣起》記載相同。
⑲ 王鴻緒本、定本此處無『之』字。
⑳ 紹圖本『形』誤作『行』，湯斌本此處無『形』字。

舊所用三差法，俱從勾股平形定者，于天體未合。即各盈縮損益之數，未得其真。今新法加減諸表，乃以圓齊圓，始①可合天②。

五曰隨時隨地可求諸曜之經度。舊法③欲得某日某曜經度，必先推各曜冬至日所行宫度宿次，後乃以各段日度比算始得④。今法不拘時日方所，只簡⑤本表，推步⑥即是。

六曰徑一圍⑦三非弧矢真法。蓋古曆家以直綫測圓形，名曰弧矢法，而算用徑一圍三，謬也。今立割圓八綫表，其用簡而大。弧矢等⑧綫但乘除一次便能得之，非若向之展轉⑨商求，纍時始得⑩一率者可比⑪。

七曰球上⑫三角三⑬弧形非勾股可盡。蓋古法測天以勾股爲本，然勾股弦乃三腰之形，勾與股交必爲直角，遇斜角則勾股窮矣⑭。且天爲圓球，其面上與諸道相割生多三弧形，因以測諸星經緯度分二者⑮，一⑯勾股不足以盡之。

恒星之議四：一曰恒星本行，即所謂歲差，從黄道極起算。蓋各星距赤極度分，古今不同。其距赤道内外也，亦古今不同。

① 湯斌本『始』作『差』。
② 紹圖本『天』誤作『矣』。
③ 湯斌本『舊法』前有『蓋』字。
④ 湯斌本『始得』作『得之』。
⑤ 湯斌本『簡』作『檢』。
⑥ 湯斌本『推步』前有『一』字。
⑦ 紹圖本『圍』誤作『圓』。
⑧ 國科圖本『等』誤作『算』。
⑨ 熊賜履本『展轉』作『輾轉』，王鴻緒本作『轉展』。
⑩ 湯斌本『始得』作『方成』。
⑪ 定本此處無『非若向之展轉商求，纍時始得一率者可比』。
⑫ 紹圖本『上』誤作『二』。
⑬ 北大本此處無『三』字。
⑭ 定本『然勾股弦乃三腰之形，勾與股交必爲直角，遇斜角則勾股窮矣』作『然勾股能御直角，不能御斜角』。
⑮ 定本此處無『因以測諸星經緯度分二者』。
⑯ 定本此處無『一』字。

而距黄極或距黄道内外，則皆終①古如一。所以②日月五星俱依黄道行，其恒星本行應從黄極起算，以爲歲差之率。

二曰古今各宿度不同。蓋恒星以黄道極爲極，故各宿距星行度與赤道極時近時遠。行漸近極，即赤道所出過距星綫漸密，其本宿赤道弧則較③小。漸遠極，即過距星綫漸疏，其本宿赤道弧則較④大。此緣二道二⑤極不同，故非距星有异行，亦非距星有易位也。如觜宿距星，漢測⑥距參二度，唐測一度，宋崇寧測半度，元郭守敬測五分⑦。今測之，不啻無分，且侵入參宿二十四分，此⑧非一證⑨乎？

三曰夜中測星定時。蓋太陽依赤道左行，每十五度爲一小時，三度四十五分爲一刻⑩。今任指一星測之，必較⑪其本星經行與太陽經行，得相距若干度分，又得其距子午圈前後若干度分，則以加減推太陽距本圈若干，因以變爲真時刻⑫。

四曰宋時所定十二宫次在某宿度，今不能定于某宿度。蓋因恒星有本行，宿度已右⑬移故也。

① 紹圖本『終』誤作『終』。
② 定本『所以』後有『知』字。
③ 湯斌本『較』誤作『校』。
④ 湯斌本『較』誤作『校』。
⑤ 紹圖本『二』誤作『一』。
⑥ 熊賜履本『測』誤作『則』。
⑦ 湯斌本『漢測距參二度，唐測一度，宋崇寧測半度，元郭守敬測五分』作『古測距參二度，或一度、半度，又或五分』，與《治曆緣起》記載相同。
⑧ 定本此處無『此』字。
⑨ 湯斌本『一證』作『可證之一端』。
⑩ 定本此處無『三度四十五分爲一刻』。
⑪ 湯斌本『較』誤作『校』。
⑫ 定本『今任指一星測之，……因以變爲真時刻』作『今任測一星距子午圈前後度分，又以本星經行與太陽經行相加減，得太陽距子午圈度分，因以變爲真時刻』。
⑬ 紹圖本『右』誤作『台』。

太陽之議四：一曰太陽盈縮之限非冬、夏二至。此限亦微有行動①，所謂最高及最高衝也②。測③算此限不在二至④，已過六度有奇。且年年行動，初無一定之數⑤。

二曰以圭表測冬、夏二至非法之善。蓋二至前後，太陽南北之行度⑥甚微，則表景長短之差亦微⑦。且景符之光綫闊亦不止數秒，此時一秒于時得六刻有奇。一日約差一分三十秒。⑧若測差二、三⑨秒，即差幾⑩二十刻，安⑪所得準乎？今法獨用春、秋二分，蓋以此時太陽一日南北行二十四分，計一日一丈之表⑫景差一寸二分，即測差一、二秒，算不滿一刻⑬，較⑭二至爲最密。

三曰日出入分應從順天府起算。蓋諸方北極出地不同，晨昏時刻亦因以异。《大統》依應天府算⑮，是⑯以晝夜長短、日月

①　定本此處無『此限亦微有行動』。
②　湯斌本『所謂最高及最高衝也』作『蓋舊法以冬、夏二至爲太陽盈縮初末之限，即新法所謂最高及最高衝也』，與《治曆緣起》記載相同。
③　紹圖本、國科圖本『測』誤作『則』。
④　湯斌本『測算此限不在二至』作『因測冬至至春分，又測春分至夏至，中間日數不等，覺冬至太陽行疾而盈，夏至行遲而縮焉。今新法亦測得自冬而夏、自夏而冬，或自春而夏、自夏而秋，兩測中積非一，算得此限不在二至』，與《治曆緣起》記載相同。
⑤　定本『測算此限不在二至，……初無一定之數』作『此限年年右行，今已過二至後六度有奇』。
⑥　北大本、湯斌本此處無『度』字。
⑦　湯斌本『則表景長短之差亦微』後有『如冬、夏至前後三日，太陽一日南北行爲天度六十分之一。設表長一丈，冬、夏至二日之景約差一分三十秒。夫一分三十秒爲一日之差，則測差一秒當爲六刻七分。圭上一秒之差，人目能保不誤乎？』，與《治曆緣起》記載相同。
⑧　王鴻緒本此處無此小注。湯斌本『此時一秒于時得六刻有奇。一日約差一分三十秒。』作『一秒得六刻有奇』。定本『則表景長短之差亦微。……此時一秒于時得六刻有奇。一日約差一分三十秒。』作『計一丈之表，其一日之影差不過一分三十秒，則一秒得六刻有奇』。
⑨　紹圖本『三』誤作『二』。
⑩　湯斌本『即差幾』作『算幾差』。
⑪　湯斌本『安』前有『又』字。
⑫　湯斌本此處無『一丈之表』。定本『計一日一丈之表』作『一日之』。
⑬　湯斌本此後有『其差甚微』。
⑭　湯斌本『較』誤作『校』。
⑮　湯斌本『算』作『推算』。
⑯　紹圖本『是』誤作『實』。

東西帶食所推不準①。今依順天②改定。

四曰平節氣非天上真節氣。蓋舊法氣策乃歲周二十四分之一③，然太陽之行有盈有縮，不得平分。如以平數定春、秋分④，則春分後天二日、秋分先天二日矣。今悉改定。

太陰之議四：一曰朔望之外別有損益分，一加減不足以⑤盡之。蓋舊⑥定太陰平行⑦，算朔望加減，大率五度有奇⑧。然兩弦時多寡不一⑨，即《授時》亦言⑩朔望外平行數⑪不定，明⑫其理未著其法。今于加減外再用一加減，名爲二三均數⑬。

二曰緯度不能定于五度，時多時寡。古今曆家⑭以交食分數及交泛等，測定黃、白二道相距約五度。然朔望外兩道距度有損有益，大距計五度三分度⑮之一。若一月有兩食，其弦時用儀求距黃道度，五度未能合天。

三曰交行有損益分。蓋羅睺、計都，即正交、中交，行度古定⑯爲平行⑰。今細測之，月有時在交上，以平求之必不合算。因設一加減，爲交行均數。

① 湯斌本「晝夜長短、日月東西帶食所推不準」作「晝夜長短未能合天，甚至日月東西帶食所推未如所算，多緣于此」，與《治曆緣起》記載相同。
② 湯斌本「依順天」作「悉依順天府」。熊賜履本、王鴻緒本、定本「順天」後有「府」字。
③ 湯斌本「氣策乃歲周二十四分之一」作「氣策爲一十五萬二一八四三七五，此乃歲周二十四分之一」，與《治曆緣起》記載相同。
④ 王鴻緒本此處無「分」字。定本「如以平數定春、秋分」作「如以平分」。
⑤ 北大本、湯斌本此處無「以」字。
⑥ 湯斌本「舊」作「舊法」。
⑦ 湯斌本此後有「一日爲十三度有奇」。
⑧ 湯斌本「算朔望加減，大率五度有奇」作「算朔望別有加法、減法，大率爲五度有奇」，與《治曆緣起》記載相合。
⑨ 湯斌本此後有「此加減法不足以齊之」，《治曆緣起》此處亦有該句。
⑩ 湯斌本此後有「月朔望時一日平行十三度有奇」，與《治曆緣起》記載相合。
⑪ 熊賜履本「數」作「分數」。
⑫ 湯斌本「明」前有「似」字。
⑬ 湯斌本此後有「理明而數亦盡」。
⑭ 湯斌本「古今曆家」作「蓋緯度難定，五度古今曆家俱言之」，與《治曆緣起》記載相同。
⑮ 北大本此處無「度」字。
⑯ 熊賜履本、王鴻緒本、定本「定」誤作「今」。
⑰ 湯斌本「古定爲平行」作「古定交行一日逆行三分，千百年俱爲平行」，與《治曆緣起》記載相同。

四曰天行無紫氣。舊謂①生于閏餘，又爲②木之餘氣。今細考諸曜③，無象可明，知爲妄增傅會④。

交食之議四：一曰日月景徑分恒不一。蓋日月有時行最高，有時行最庳，因相距⑤有遠近，見有大小⑥。太⑦陰過景時有厚⑧薄⑨，所以徑分不能爲一。

二曰日食午正非中限，乃以黄道九十度限爲中限。蓋南⑩北東西差，皆以視度與實度相較⑪而得⑫。日月之實度⑬俱依黄道，則⑭視度⑮安得不從黄道論其初末以求中限乎？且黄道出地平上兩象限，自有其高也⑯，亦自有其中也⑰。此理未明，或宜加反減，宜減反加⑱。凡加時不合者，由此也⑲。

① 湯斌本『舊謂』作『蓋舊謂紫氣』。
② 湯斌本『又爲』作『又曰紫氣爲』。
③ 湯斌本此後有『此種行度無從而得』，《治曆緣起》此處亦有該句。
④ 湯斌本『知爲妄增傅會』作『則知作者爲妄增，後來爲傅會』，與《治曆緣起》記載相同。定本此處無『傅會』二字。
⑤ 湯斌本『因相距』作『因高庳遂相距』。
⑥ 湯斌本『見有大小』作『近則見大，遠則見小』。
⑦ 紹圖本『太』誤作『大』。
⑧ 紹圖本『厚』誤作『原』。
⑨ 湯斌本『太陰過景時有厚薄』作『又因遠近得太陰過景有時厚，或有時薄』，定本作『又因遠近得太陰過景時有厚薄』。
⑩ 紹圖本『南』誤作『西』。
⑪ 湯斌本『較』誤作『校』。
⑫ 定本此處無『皆以視度與實度相較而得』。
⑬ 定本此處無『日月之實度』。
⑭ 紹圖本『則』誤作『與』。
⑮ 定本『視度』作『時差』。
⑯ 王鴻緒本、定本此處無『也』字。
⑰ 王鴻緒本、定本此處無『也』字。
⑱ 湯斌本『加』後有『者』字。
⑲ 湯斌本『加時不合者，由此也』作『日食加時不得合天，皆緣于此』，與《治曆緣起》記載相同。

三曰日食初虧、復圓時刻多寡恒不一①，非二時折半之説。蓋視差能變實行爲視行②，則以視差較③食甚前後，鮮有不參差者。夫④視差既食甚前後不一，又安⑤能令⑥視行前後一乎？今⑦以視行推變時刻，則初虧、復圓其不能恒爲一⑧也明矣。

四曰諸方各依地經⑨推算時刻及日食分。蓋⑩地面上東西⑪見日月出没⑫，各有前後不同，即所得時刻亦不同。故見食雖一而時刻异，此日月食皆一理。若日食，則因視差隨地不一，即太陰視距不一，所見食分亦异⑬焉。

五緯之議⑭三：一曰五星應用太陽視行，以段目定之不得⑮。蓋五星皆以太陽爲主⑯，與太陽合則疾行，衝則退行⑰。且太陽之行有遲疾⑱，而五星亦各有本行外之太陽遲疾，則合伏日數時多時寡⑲，自⑳不可以段目㉑定其度分。

① 定本「不一」作「不等」。
② 熊賜履本、王鴻緒本「變實行爲視行」作「變視行爲實行」。
③ 湯斌本「較」誤作「校」。
④ 紹圖本「夫」誤作「大」。
⑤ 紹圖本「安」誤作「姿」。
⑥ 紹圖本「令」誤作「今」。
⑦ 紹圖本「今」誤作「令」。
⑧ 定本「恒爲一」作「相等」。
⑨ 湯斌本「經」誤作「徑」。
⑩ 紹圖本「蓋」誤作「盡」。
⑪ 湯斌本此處無「東西」二字。
⑫ 湯斌本「出没」後有「與在中」。
⑬ 湯斌本「所見食分亦异」作「所以見食分數亦因之异」。
⑭ 熊賜履本「議」誤作「義」。
⑮ 定本「以段目定之不得」作「不得以段目定之」。
⑯ 國科圖本「主」誤作「至」。
⑰ 紹圖本「退」誤作「遲」。湯斌本「與太陽合則疾行，衝則退行」作「其與太陽合伏也則疾行，其與太陽衝也則退行」，與《治曆緣起》記載相同。
⑱ 湯斌本「有遲疾」作「有遲有疾」。
⑲ 王鴻緒本「時多時寡」作「時寡時多」。定本「而五星亦各有本行外之太陽遲疾，則合伏日數時多時寡」作「則五星合伏日數時寡時多」。
⑳ 紹圖本「自」誤作「白」。
㉑ 紹圖本「目」誤作「日」。

二曰五星應加緯行。蓋月有白道，半在黃道內，半在黃道外。而五星亦然，其出入各于黃道有定距度①。又木、土、火②三星衝太陽緯大，合伏③太陽緯小。金、水二星順伏緯小，逆伏緯大④。

三曰測五星當用恒星爲準則。蓋測星用黃道儀外，宜用弧矢等儀，以⑤所測緯星視距二恒星若干度分依法布算，方得本星真經緯度分。或繪圖亦可免算。

帝以新法書器雖完，疏密尚須考驗⑥，諭天經同監局再虛心詳究，務期畫⑦一⑧。

十二月⑨，天經言⑩：『《大統》推⑪本年水星三⑫月十八日晨見，至四月二十一日晨伏，則前此皆見時矣。新法載三、四、五、六等月俱伏。臣會同監正張守登等，于四月十四日五鼓登臺測驗⑬，直至日出無⑭水星出見。又于十七日再三詳測，不見如

① 定本『蓋月有白道，……其出入各于黃道有定距度』作『蓋五星出入黃道各有定距度』。
② 北大本『木、土、火』作『土、木、火』。
③ 定本此處無『伏』字。
④ 湯斌本此後有『宜詳考之』。
⑤ 湯斌本『以』作『將』。
⑥ 紹圖本『驗』誤作『雖』。
⑦ 紹圖本『畫』誤作『晝』。
⑧ 湯斌本此處無『帝以新法書器雖完，疏密尚須考驗，諭天經同監局再虛心詳究，務期畫一』，定本該句作『是時新法書器俱完，屢測交食凌犯俱密合，但魏文魁等多方阻撓，內官實左右之。以故帝意不能決，諭天經同監局虛心詳究，務祈畫一』。
⑨ 紹圖本『月』誤作『日』。湯斌本『十二月』後有『十四日』。
⑩ 李天經此處議論取自其崇禎八年十二月十四日題本，詳見《治曆緣起》。
⑪ 湯斌本『推』作『載』。
⑫ 紹圖本『三』誤作『二』。
⑬ 湯斌本『測驗』後有『良久』二字。
⑭ 湯斌本『無』作『委無』。

故①，是新法密合②。又《大統》載本年水星八月初七日晨伏不見，至九月二十一日夕見，則前此皆不見時矣。新法載七月二十五日水星晨見，至八月二十三日晨不見。又八月十三日《大統》載木星在張一度，新法③在張四度，是日子正初刻與軒轅大星同度同分。臣因于八月十三日子時與守登等測④木星，果與軒轅大星同在一綫，頃之⑤水星晨見東方，則是新法又密合矣⑥。本年八月二十七日，新法推⑦木、火、月寅正⑧二刻同在張六度三十三分，《大統》載是日木在張四度，火、月張三度。至期測得木、火、月果在同度一綫上，又與新法吻合。⑨」

九年⑩正月十五日辛酉晓望月食⑪，天經及《大統》、回回科⑫各預推順天⑬虧復食甚分秒時刻。天經恐至期雲掩難見，乃

① 湯斌本『不見如故』作『其不見也如故』。
② 湯斌本『是新法密合』作『則是新法所算水星晨不見密合矣』，與《治曆緣起》記載相同。
③ 湯斌本『新法』後有『算得』二字。
④ 湯斌本『與守登等測』作『會同守登等測驗』。
⑤ 湯斌本『頃之』作『少頃』。
⑥ 湯斌本『新法又密合矣』作『新法所算水星晨見又密合，而木星與軒轅同度亦皆歷歷不爽矣』，與《治曆緣起》記載相合。王鴻緒本、定本『十二月，天經言：「……則是新法又密合矣」』刪改作『是年，天經推水星伏見及木星所在之度，皆與《大統》各殊，而新法爲合』。
⑦ 湯斌本『推』作『算得』。
⑧ 湯斌本『寅正』前有『是日』二字。
⑨ 湯斌本『又與新法吻合』作『則是木、火、月同度，又與新法吻合矣』，與《治曆緣起》記載相同。王鴻緒本『本年八月二十七日，……又與新法吻合』作『又推木、火、月三曜寅正二刻同在張六度，而《大統》載木在張四度，火、月張三度。至期，果在同度』，定本作『又推八月二十七日寅正二刻，木、火、月三曜同在張六度，而《大統》推木在張四度，火、月張三度。至期，果同在張六度』。
⑩ 王鴻緒本『九年』前有『及』字。
⑪ 此次月食的情況載于崇禎九年正月十六日禮部與李天經題本，以及同年三月二十二日禮部題本，詳見《治曆緣起》。
⑫ 湯斌本『回回科』作『回回曆科』，定本作『《回回》、東局』。
⑬ 定本此處無『順天』二字。

按輿地①道里并推各地所見時刻，奏遣②官赴河③南、山西分行測驗④。至期⑤，天經與羅雅谷、湯⑥若望，大理⑦評事王應遴、禮部祠祭司主事⑧李焆，及監局守登、文魁⑨等，赴臺測驗⑩。候至初虧，臺官用簡儀測月⑪在卯初一刻四十三分，與天經等所推合。又同時用立運儀測得去極七十九度七十分，較⑫文魁所推差四度。至食甚，《大統》推食三分一⑬十五秒、月未入見食一分五十四秒，《回回》推食一分九十三秒、月未入見食三十五秒，文魁推食四分三十一秒，在天見食三分八十二秒，是皆未至食甚月已西入地平。而西⑭局獨推食甚月在地平上高四度二十分，見食三分八⑮秒，月未入見復光六十五秒。維時用立運儀測得月果西高四度餘，政西局所推食甚時也。復用簡儀測月得⑯卯正一刻，與天經等⑰所推又合。逮⑱至卯正二刻，月漸復光⑲，而各

① 熊賜履本、王鴻緒本此處無『輿地』二字。
② 紹圖本『遣』誤作『進』。
③ 紹圖本『河』誤作『泃』。
④ 湯斌本『乃按輿地道里并推各地所見時刻，奏遣官赴河南、山西分行測驗』作『乃以法并推各省，奏遣官生赴河南、山西分行測驗』，定本作『乃按里差推河南、山西所見時刻，奏遣官分行測驗』。
⑤ 王鴻緒本、定本『至期』作『其日』。
⑥ 紹圖本『湯』誤作『渴』。
⑦ 湯斌本『大理』作『大理寺』。
⑧ 定本『禮部祠祭司主事』作『禮臣』。
⑨ 湯斌本此處無『及監局守登、文魁』。
⑩ 湯斌本『赴臺測驗』作『同赴觀象臺，而文魁亦在焉』，與《治曆緣起》記載相合。
⑪ 湯斌本『月』後有『得』字。
⑫ 湯斌本『較』誤作『校』。
⑬ 熊賜履本『一』誤作『八』。
⑭ 紹圖本『西』誤作『兩』。
⑮ 紹圖本『八』誤作『入』。
⑯ 湯斌本『得』後有『在』字。
⑰ 國科圖本『等』誤作『簡』。
⑱ 湯斌本『逮』作『良久』。
⑲ 湯斌本『月漸復光』作『月光漸復』，與《治曆緣起》記載相同。

法俱不得仍執帶食之説矣①。已而，河南報②月初虧時，用象限儀測角宿南星西高三十七度二十七分，推得③寅正四刻内五十六分。食甚測河鼓中星東高四十度弱，推得卯正一刻内一十三分，見食三④分有奇。復光未幾，旋入地平，與原推一一⑤吻合。而山西報⑥望前測⑦太原北極高三⑧十七度四十四分，至食時雲掩，無從考驗虧復⑨。

是月得旨：『測驗月食新法爲近，但以十三日爲雨水，其再奏明⑩。』天經覆言⑪：『《大統》推本年正月十五日辛酉子正二刻雨水，新法推⑫正月十三日己未卯初二刻八分雨水，兩法相較⑬，前後⑭幾差二日⑮。蓋⑯論節氣有二法：一爲平節氣，一爲定節氣。平節氣者，以一歲之實，二十四平分之⑰，每得一十五日有奇⑱，爲一節氣。故從歲前冬至起算，必越六十日八十七刻

① 紹圖本『矣』誤作『夫』。王鴻緒本『候至初虧，臺官用簡儀測月在卯初一刻四十三分，……而各法俱不得仍執帶食之説矣』删改作『用簡儀及立運儀并測，《大統》、文魁所推皆差，惟天經所推獨合』，定本作『惟天經所推獨合』。
② 湯斌本『報』作『咨報』。
③ 湯斌本『得』後有『爲』字。
④ 熊賜履本『三』誤作『五』。
⑤ 紹圖本『一』誤作『六』。
⑥ 湯斌本『報』作『咨報』。
⑦ 北大本『測』作『推』。
⑧ 國科圖本『三』誤作『二』。
⑨ 王鴻緒本『已而，河南報月初虧時，……無從考驗虧復』作『已而，河南所報盡合原推，山西則食時雲掩，無從考驗虧復』，定本作『已而，河南所報盡合原推，山西則食時雲掩，無從考驗』。
⑩ 王鴻緒本、定本『是月得旨：……其再奏明』作『帝以測驗月食，新法爲近，但十五日雨水，而天經以十三日爲雨水，令再奏明』。
⑪ 李天經此處議論載于其崇禎九年二月初六日題本，詳見《治曆緣起》。
⑫ 湯斌本『推』後有『本年』二字。
⑬ 湯斌本『較』誤作『校』。
⑭ 湯斌本『前後』作『先後』。
⑮ 湯斌本此後有『而臣豈無説而敢臆爲創改乎？』，《治曆緣起》此處亦有該句。王鴻緒本、定本此處無『《大統》推本年正月十五日辛酉子正二刻雨水，……前後幾差二日』。
⑯ 王鴻緒本、定本此處無『蓋』字。
⑰ 湯斌本『以一歲之實，二十四平分之』作『以三百六十五日二四二五爲歲實，而以二十四平分之』，與《治曆緣起》記載相同。
⑱ 湯斌本『每得一十五日有奇』作『計日定率，每得一十五日二千一百八十四分三十七秒五十微』，與《治曆緣起》記載相同。

有奇，而始歷①雨水。舊法所推十五日子正二刻者，此也②。定節氣者，以三百六十爲周天度，而亦以二十四平分之③，每得一十五度爲一節氣。從④歲⑤前冬至起算，考定太陽所躔宿次，止須五十九日二刻有奇而⑥滿六十度⑦。新法所推十三日卯初二刻八分雨水⑧者，此也⑨。太陽⑩之行有盈有縮⑪，非用法加減之，必不合天⑫。請以春、秋分証之。舊法推本年二月十六日巳正四刻春分，新法推十四日卯正二刻五分，而舊法亦于本月十四日下，注晝五十刻、夜五十刻矣。舊法⑬本年八月二十三日丑⑭初三刻秋分，新法⑮二十五日丑初初刻十分，而舊法亦⑯于本月二十五日下，注晝五十刻、夜五十刻矣⑰。顧名思義，分者，黄、

① 定本「而始歷」作「爲」。
② 湯斌本此後有「日度之節氣也」，《治曆緣起》此處亦有該句。
③ 湯斌本此後有「因天立差」。
④ 湯斌本「從」前有「故」字。
⑤ 王鴻緒本此處無「歲」字。
⑥ 湯斌本「而」後有「已」字。
⑦ 定本「考定太陽所躔宿次，止須五十九日二刻有奇而滿六十度」作「歷五十九日二刻有奇，而太陽行滿六十度爲雨水」。
⑧ 定本此處無「雨水」二字。
⑨ 湯斌本此後有「天度之節氣也」，《治曆緣起》此處亦有該句。
⑩ 湯斌本「太陽」前有「蓋」字。
⑪ 湯斌本此後有「日日不等，冬至後行盈，盈則其行疾，一日行天一度有奇。夏至後行縮，縮則其行遲，一日所行不及一度」，《治曆緣起》此處亦有該句。
⑫ 湯斌本此後有「顧可拘泥氣策，以平分歲實乎？」，《治曆緣起》此處亦有該句。定本此後有「安得平分歲實爲節氣乎？」。
⑬ 湯斌本「舊法」後有「又推」二字。
⑭ 國科圖本「丑」誤作「五」。
⑮ 湯斌本「新法」後有「則推」二字。
⑯ 湯斌本「亦」作「隨」。
⑰ 北大本此處無「舊法本年八月二十三日丑初三刻秋分，……注晝五十刻、夜五十刻矣」一句。王鴻緒本「請以春、秋分証之。……注晝五十刻、夜五十刻矣」刪改作「乃引春、秋分以爲證。言新法推春分在二月十四日卯正，舊法推在十六，而于十四日下已注晝五十刻、夜五十刻。秋分亦差兩日，而晝夜五十刻之日復與新法同」。

赤二道相交之點。太陽行至此①乃晝夜平分，爲定春秋分②，在二月十四日與八月二十五日。而十六日與二十三③日者，乃約略勻布之平④春、秋分也⑤。』

已而天經于二分⑥届期⑦每午⑧赴臺，以象限儀纍⑨測午正太陽高度，得⑩二月十四日高五十度八分，十五日高五十度三十三分。八月二十四日高五十度一十五分，二十五日高四十九度五十二分⑪。天經言⑫：『京師北極出地三十九度五十五分⑬，

① 湯斌本『太陽行至此』作『太陽行至此點，晝夜之時刻各等，過此，則分内外，而晝夜遂有長短』，與《治曆緣起》記載相同。

② 湯斌本此處無『爲定春秋分』。

③ 紹圖本『三』誤作『二』。

④ 紹圖本『平』誤作『乎』。

⑤ 湯斌本『而十六日與二十三日者，乃約略勻布之平春、秋分也』作『而春、秋分顧推十六日與二十三日乎？知春、秋分則知各節氣，知各節氣則知雨水。臣前疏所謂冬、夏二至止差時刻，餘則有差至一日、二日者，正指是也』。王鴻緒本『在二月十四日與八月二十五日。……乃約略勻布之平春、秋分也』作『然則十六日之春分，與八月二十三日之秋分，乃約略勻布之春秋分也』。定本『請以春、秋分証之。……乃約略勻布之平春、秋分也』一段内容删改作『以春分證之，其理更明。分者，黄、赤相交之點，太陽行至此，乃晝夜平分。舊法于二月十四日下，注晝五十刻、夜五十刻，是也。夫十四日晝夜已平分，則新法推十四日春分者爲合天，而舊法推十六日者，後天二日矣。知春分則秋分及各節氣可知，而無疑于雨水矣』。

⑥ 王鴻緒本、定本『二分』作『春分』。

⑦ 湯斌本『届期』後有『會部員及監局官生』。

⑧ 紹圖本『午』誤作『年』。

⑨ 定本此處無『以象限儀纍』。

⑩ 王鴻緒本、定本此處無『得』字。

⑪ 王鴻緒本此處無『十五日高五十度三十三分。……二十五日高四十九度五十二分』。定本此處無『八月二十四日高五十度一十五分，二十五日高四十九度五十二分』。

⑫ 王鴻緒本、定本『言』作『乃言』。李天經此處議論載于崇禎九年八月姜逄元等題本，詳見《治曆緣起》。

⑬ 湯斌本『天經言：「京師北極出地三十九度五十五分」』作『終測，天經曰：「夫春、秋分者，黄、赤二道相交，太陽至此平分天中。如京師北極出地三十九度五十五分」』，與《治曆緣起》記載相符。

則赤道應高五十度五分。自南往北者高度必漸多，自北往南者高度必漸少①。今置二月十四②所測③，加以地半④徑⑤二分，較⑥赤道已多五分。蓋原推春分在卯正二刻五分⑦，至午正已過二十一⑧刻五分矣⑨。是時太陽緯行每日二十四分弱，時越二十一刻五分⑩，則緯行應加五分强⑪。至十五日，并地半徑⑫已多至三十分，况十六日乎？置八月二⑬十五日所測，加以地半徑，較⑭赤道少一十一分。蓋原推秋分在丑初初刻十分，至午正乃過四十三刻五分，則緯行應減一十一分也⑮。若二十四日，并地半徑已多一十二分，况二十三日乎？⑯』

又出《節氣圖》⑰曰：『内規分三百六十五度四分度之一者，日度也。外規分三百六十度者，天度也⑱。自⑲冬至起算，越

① 湯斌本此後有『理甚明也』。王鴻緒本此處無『自南往北者高度必漸多，自北往南者高度必漸少』，定本該句作『春分日太陽正當赤道上，其午正高度與赤道高度等，過此則太陽高度必漸多』。
② 湯斌本、王鴻緒本『十四』後有『日』字。定本『二月十四』作『十四日』。
③ 定本『所測』後有『高度』二字。
④ 國科圖本『半』誤作『平』。
⑤ 國科圖本『徑』誤作『經』。定本『地半徑』作『地半徑差』。
⑥ 湯斌本『較』誤作『校』。
⑦ 定本『五分』作『五分弱』。
⑧ 國科圖本『一』誤作『二』。
⑨ 定本此處無『至午正已過二十一刻五分矣』。
⑩ 定本『是時太陽緯行每日二十四分弱，時越二十一刻五分』作『是時每日緯行二十四分弱，時差二十一刻五分』。
⑪ 湯斌本此後有『所謂自南往北高度漸多也』，與《治曆緣起》記載相合。
⑫ 定本『地半徑』後有『較赤道高度』。
⑬ 紹圖本『二』誤作『一』。
⑭ 湯斌本『較』誤作『校』。
⑮ 湯斌本『一十一分也』作『一十一分，所謂自北往南高度漸少也』，與《治曆緣起》記載相合。
⑯ 王鴻緒本、定本此處無『置八月二十五日所測，……况二十三日乎？』，但其後有『是春分當在十四，不當在十六也。秋分亦然。』。
⑰ 湯斌本『又出《節氣圖》』作『既又以《節氣圖》示之』。
⑱ 湯斌本此後有『舊法計日定率，每得十五日二千一百八十四分有奇爲一氣，而新法止取天度十五焉』，《治曆緣起》此處亦有該句。
⑲ 湯斌本『自』作『故自』。

九十一日一①十一刻六分而始歷春分者，日②爲之限也，乃在天則已逾③二度餘矣。又越二百七十三日九十三刻一④十九分而即⑤交秋分者，亦日⑥爲之限也，乃在天不及二度餘⑦。豈非舊法春分每後天二日，秋分先天⑧二日耶？」⑨

十年正月辛丑朔日食⑩，天經等預推京師見食一分一十秒，初虧午正二刻五十六分，食甚未初一刻八十三分，復圓未正初刻六十二分⑪。

應天見食一分二十⑫二秒，初虧午正初刻八十三分，食甚未初二刻七十六分，復圓申初初刻四十二分。

濟南見食二分三十三秒，初虧午正二刻七十六分，食甚未初二刻五十六分，復圓未正二刻七分。

福州見食四分一十二秒，初虧午⑬正初刻六十二⑭分，食甚未初二刻六十九分，復圓申初初刻三十五分。

杭州見食四分四十秒，初虧午正二刻七分，食甚未正初刻三分，復圓申初一刻六十九分。

朝鮮見食三分八十六秒，初虧未初初刻九十分，食甚未正二刻二分，復圓申初二刻八十三分。

① 湯斌本、定本「一」作「三」，與《治曆緣起》記載相同。
② 湯斌本「日」作「日度」。
③ 湯斌本「逾」作「逾限」。
④ 國科圖本「一」誤作「二」。
⑤ 王鴻緒本「即」作「亦」。
⑥ 湯斌本「日」作「日度」。
⑦ 湯斌本「不及二度餘」作「所不及者尚二度餘矣」。
⑧ 湯斌本「先天」前有「每」字。
⑨ 湯斌本此後有「于是具顛末奏聞。是歲冬，進天經山東按察使，仍管曆務」。王鴻緒本此後有「奏上報可」。
⑩ 此次日食預報載于崇禎九年九月十六日李天經題本，詳見《治曆緣起》。
⑪ 王鴻緒本、定本此處無「初虧午正二刻五十六分，食甚未初一刻八十三分，復圓未正初刻六十二分」。
⑫ 紹圖本「十」誤作「千」。
⑬ 紹圖本「午」誤作「子」。
⑭ 紹圖本「二」誤作「三」。

南昌見食二分九十七秒，初虧午初三刻四十二分，食甚未初初刻八十三分，復圓未正一刻九十①分。
武昌見食一分八十九秒，初虧午初三刻二十五分，食甚未初初刻六十九分，復圓未正一刻六十九分。
開封見食一分四十八秒，初虧午正初刻五十五分，食甚未初初刻五十六分，復圓未正初刻二十一分。
廣州見食三分九十三秒，初虧午正初刻六十九分，食甚未初一刻六十九分，復圓未正二刻三十五分。
太原不見食。
桂林見食一分八十九秒，初虧午初一刻四十九分，食甚午正二刻七分，復圓②未初二刻四十二分。
西安見食二十五秒，與不見食等。
貴州③見食九十五秒，初虧巳正三刻七十六分，食甚午初一刻八十三分，復圓午正三刻二分。
成都見食九十二秒，初虧午初一刻六十九分，食甚午正一刻二十一分，復圓未初初刻五十五分。
雲南見食一十六秒，與不見食等。
食甚日④躔黄道女宿初度一十分，依赤道爲女宿二度一十六分。⑤
而《大統曆》⑥推食一分六十三秒，《回回曆⑦》推食三分七十秒，東局推⑧止⑨游氣侵光三十餘秒⑩。已而會同推驗，惟天

① 紹圖本此處空一格，缺『十』字。
② 紹圖本『圓』誤作『州』。
③ 湯斌本『貴州』作『貴陽』。
④ 紹圖本『日』誤作『見』。
⑤ 王鴻緒本從『應天見食一分二十二秒』一直到『依赤道爲女宿二度一十六分』一段内容作『應天及各省、朝鮮分秒各殊：福州、杭州四分强，朝鮮、廣州四分弱，南昌三分弱，濟南二分强。應天、武昌、開封、桂林皆二分弱、一分强，與順天分秒多少相近。貴州、成都九十餘秒，西安二十五秒，雲南十六秒，與不見食等。而太原則不見食。其初虧、食甚、復圓時刻亦各异』，定本作『應天及各省分秒各殊，惟雲南、太原則不見食。其初虧、食甚、復圓時刻亦各异』。
⑥ 王鴻緒本、定本『而《大統曆》』作『《大統》』。
⑦ 王鴻緒本、定本此處無『曆』字。
⑧ 王鴻緒本、定本『推』前有『所』字。
⑨ 紹圖本『止』誤作『正』。湯斌本『止』作『止有』。
⑩ 王鴻緒本此後有『皆止推順天』。

經所推爲密①。

天經言曆法告成，請賜改正頒行一代之大典，總名新法書爲《崇禎曆書》②。十二月③，纂修曆法④管理另局事⑤務代州知州郭正中言⑥：『中曆必不可盡廢，西曆必不可專行。當今四⑦曆各有所短，各有所長，故明旨有云，測驗推步，參合諸家。』⑧又云：『考究會通畫一之定法，西法不妨于兼收，諸家務取而參合。是謂兼收西法，而非專尚西法。參合諸家，而非專用一家也。故輔徐光啓亦云，鎔西方之材質，入《大統》之型模。義取兼收，意無偏尚，惡得舉一廢百乎？且臣詳譯西局書有三長、五謬、七可商⑨、八宜改，其間細微違誤須訂正者，更約有一百二十餘條。』⑩

十一⑪年正月⑫，詔⑬仍行《大統曆》，如交食經緯、晦朔弦望，因年遠有差者，新法推測屢近，準傍⑭求參考，同回回⑮科存

① 王鴻緒本『已而會同推驗，惟大經所推爲密』作『而食時推驗不合，惟天經爲密』，定本作『而食時推驗，惟天經爲密』。
② 熊賜履本此處無『天經言曆法告成，請賜改正頒行一代之大典，總名新法書爲《崇禎曆書》』，王鴻緒本、定本該句作『時將廢《大統》，用新法』。
③ 王鴻緒本、定本『十二月』作『于是』。
④ 北大本『纂修曆法』前有『徵學』二字。定本此處無『纂修曆法』。
⑤ 定本『事』作『曆』。
⑥ 此處郭正中的議論出處不詳，《治曆緣起》未載。
⑦ 紹圖本『四』誤作『西』。
⑧ 王鴻緒本、定本『當今四曆各有所短，……參合諸家』作『四曆各有短長，當參合諸家，兼收西法』。
⑨ 國科圖本『五謬、七可商』誤作『五七謬可商』。
⑩ 湯斌本此處無『天經言曆法告成，請賜改正頒行一代之大典，……更約有一百二十餘條』一段內容。熊賜履本此處無『且臣詳譯西局書有三長、五謬、七可商、八宜改，其間細微違誤須訂正者，更約有一百二十餘條』。王鴻緒本、定本此處無『又云：「考究會通畫一之定法，……更約有一百二十餘條」』。
⑪ 紹圖本『十一』誤作『一十』。
⑫ 此處崇禎帝下詔一事載于崇禎十一年五月初三日李天經題本，詳見《治曆緣起》。
⑬ 王鴻緒本、定本『詔』前有『乃』字。
⑭ 熊賜履本『傍』作『旁』。
⑮ 北大本『回回』後有『曆』字。

監①。十二月②，天經言③：『《大統》置閏但論月無中氣，新法④尤視合朔後先⑤。今所進十五年新曆，其十月、十二月中氣適交次月合朔時刻之前，所以月内雖無中氣，而實非閏月。蓋氣在朔前，即⑥此氣尚屬前月之晦也。至十六年正月，除合朔前雨水⑦，止有驚蟄一節，而春分中氣交次月合朔之後，則其月當閏無疑也⑧。』十六年⑨三月⑩乙丑朔日⑪食⑫，新法推京師見食⑬分秒，已又獨驗⑭。八月，詔西法果密，即改爲《大統曆法》通行天下⑮。無何遇變⑯，竟未施行⑰。

① 湯斌本『新法推測屢近，準傍求參考，同回回科存監』作『準傍求參考，新法推測屢近，許同回回科存監學習。魏象乾等賜白金、紵絲，散遣回籍』，與《治曆緣起》記載相符。王鴻緒本該句作『參考新法，與回回科并存』，定本作『傍求參考，新法與回回科并存』。湯斌本此後有『七月，進天經光禄寺卿，仍管曆務』，定本有『是年，進天經光禄寺卿，仍管曆務』。
② 湯斌本、定本『十二月』作『十四年十二月』，與《治曆緣起》記載相符。
③ 李天經此處議論載于其崇禎十四年十二月二十八日題本，詳見《治曆緣起》。王鴻緒本『十二月，天經言』作『天經又言』。
④ 湯斌本『新法』作『臣局新法』。
⑤ 紹圖本『後先』誤作『復完』，北大本作『先後』。
⑥ 王鴻緒本『即』作『則』。
⑦ 湯斌本『除合朔前雨水』作『後』。
⑧ 王鴻緒本此處無『也』字。定本『至十六年正月，……則其月當閏無疑也』作『至十六年第二月止有驚蟄一節，而春分中氣交第三月合朔之後，則第二月爲閏正月，第三月爲二月無疑』。王鴻緒本、定本此後有『時帝已深知西法之密』。
⑨ 王鴻緒本、定本『十六年』前有『殆』字。
⑩ 湯斌本『三月』作『二月』，與《治曆緣起》記載相符。其餘各本作『三月』皆誤。
⑪ 紹圖本『日』誤作『月』。
⑫ 此次日食的情況載于崇禎十六年二月初二日李天經題本，詳見《治曆緣起》。
⑬ 湯斌本『食』作『日食』。
⑭ 湯斌本『已又獨驗』作『已而又皆驗』。王鴻緒本『新法推京師見食分秒，已又獨驗』作『推又獨驗』，定本作『測又獨驗』。
⑮ 按崇禎十七年正月初二日李天經題本，崇禎帝于十六年八月曾下旨『本内朔望日月食，如新法得再密合，着即改爲《大統曆法》通行天下』，而非直接下詔『西法果密』，并將之『改爲《大統曆法》通行天下』。詳見《治曆緣起》。
⑯ 湯斌本『遇變』作『遇國變』。王鴻緒本『遇變』作『國變』。定本『無何遇變』作『未幾國變』。
⑰ 定本此後有『本朝用爲《時憲曆》』。

按：有明一代，曆官皆墨守郭氏①成法，不能②修改。其不在曆官而知曆者，如③鄭世子而外，頗不乏人④。武進唐順之，山陰周述學，長興顧應祥，嘉興袁黄，漳海黄道周，皆能有所發明。應祥精于弧矢，袁黄别自⑤成書，道周以之⑥附會周易。順之與述學慨從前曆家但有經度而無緯度，不能窮五星之淩犯，至⑦西域之曆始有經緯之説，而啞鍾久絶，欲演其法以會通中西。順之卒⑧而弗⑨果，述學乃創緯法，續《弧矢經》，撰《曆宗中經》《曆宗通議》，中西曆理⑩。後邢雲路作《古今律曆考》盡掩爲己有，其實《律曆考》多出魏文魁之手，而雲路又復掩之者也⑪。蓋由此學知者甚寡，故互相掩襲，矜爲獨得也⑫。

西洋新法，其⑬初與《回回曆》同傳于厄日多國多禄某⑭，故其立法，如截齊周天爲三百六十度，每度六十分、每分六十秒、每

① 王鴻緒本此處無『郭氏』二字。
② 國科圖本『不能』作『不敢能』，『敢』應爲衍文。
③ 王鴻緒本此處無『如』字。
④ 王鴻緒本此處無『頗不乏人』。
⑤ 熊賜履本、王鴻緒本『自』作『有』。
⑥ 王鴻緒本此處無『以之』二字。
⑦ 王鴻緒本『至』作『惟』。
⑧ 紹圖本『卒』誤作『率』。
⑨ 北大本『弗』作『勿』。
⑩ 此處『中西曆理』明顯前後應有缺文，熊賜履本、王鴻緒本作『中西曆理幾無餘藴』。
⑪ 王鴻緒本『後邢雲路作《古今律曆考》盡掩爲己有，其實《律曆考》多出魏文魁之手，而雲路又復掩之者也』作『邢雲路作《古今律曆考》采其書，而没其實考本出魏文魁手居多，雲路又掩其所竊以爲名也』。
⑫ 熊賜履本『也』作『耳』。王鴻緒本此處無『蓋由此學知者甚寡，故互相掩襲，矜爲獨得也』。定本『按：有明一代，曆官皆墨守郭氏成法，……矜爲獨得也』一段删改作『按：明制曆官皆世業，成、弘間尚能建修改之議，萬曆以後則皆專己守殘而已。其非曆官而知曆者，鄭世子而外，唐順之、周述學、陳壤、袁黄、雷宗皆有著述。唐順之未有成書，其議論散見周述學之《曆宗通議》《曆宗中經》。袁黄著《曆法新書》，其天、地、人三元則本之陳壤。而雷宗亦著《合璧連珠曆法》。皆會通《回回曆》以入《授時》，雖不能如鄭世子之精微，其于中西曆理，亦有所發明。邢雲路《古今律曆考》，或言本出魏文魁手，文魁學本膚淺，無怪其所疏《授時》皆不得其旨也。』定本該段内容應爲梅瑴成所撰，後收入氏著《操縵卮言》，篇名作《明史·歷志》後論』。
⑬ 熊賜履本、王鴻緒本此處無『其』字。
⑭ 『多禄某』即古希臘天文學家托勒密(Claudius Ptolemy)。熊賜履本、王鴻緒本此處無『于厄日多國多禄某』。

秒六十微，一日爲二十四時，每時四刻，有閏日，無閏月，大旨相同①。其後西洋則有亞而封所②、歌白泥③、麻日諾④、未葉大⑤、第谷⑥輩，更加密焉。及入中國，徐光啓以爲閏日不閏月必不可行，于是鎔西方之材質，入《大統》之型模，而《崇禎曆書》屹然出焉，即⑦本朝《時憲曆》之《新法曆書》也。預修二十餘年，著書演器，用修⑧興朝之大典，故志中則詳《大統》《回回》二曆，于新法則僅序其緣起焉⑨。

① 熊賜履本「故其立法，……大旨相同」作「故其立法，如周天三百六十度，度六十分，分六十秒，一日二十四時，時八刻，刻十五分，有閏日、無閏月之類，大約相同」，王鴻緒本作「故其立法，如周天三百六十度，度六十分，分六十利少，日十二時，時八刻，刻十五分，有閏日、無閏月之類，大約相同」。

② 「亞而封所」即卡斯蒂利亞王國(Kingdom of Castile)國王阿爾豐索十世(Alfonso X of Castile)。

③ 「歌白泥」即波蘭天文學家哥白尼(Nicolaus Copernicus)。

④ 「麻日諾」即意大利天文學家喬瓦尼・安東尼奧・馬吉尼(Giovanni Antonio Magini)。

⑤ 「未葉大」即法國數學家弗朗索瓦・韋達(François Viète)。

⑥ 「第谷」即丹麥天文學家第谷・布拉赫(Tycho Brahe)。

⑦ 國科圖本至此處結束，缺最後兩行。

⑧ 北大本「修」作「備」。

⑨ 湯斌本此處無「按：有明一代，曆官皆墨守郭氏成法，……于新法則僅序其緣起焉」一大段内容，但其卷七末有「文簡意暢，叙新法處詮次校詳，會于法者深也」一句。熊賜履本「其後西洋則有亞而封所、……于新法則僅序其緣起焉」作「而西洋多禄某，更爲窮測詳推，其後亞而封所、歌白泥等繼之，益加精密。逮入中國又通融中法，如復置閏月之類。成書數百卷，亦古今來創事也」，王鴻緒本作「而西洋多禄某，更爲窮推詳測，其後亞而封所、歌白泥等繼之，益加精密。逮入中國又通融中法，如復置閏月之類，成書數百卷，而《授時》《大統》之説漸以絀矣」。

定本「西洋新法，其初與《回回曆》同傳于厄日多國多禄某，……于新法則僅序其緣起焉」作「西洋人之來中土者，皆自稱甌羅巴人，其曆法與《回回》同，而加精密。嘗考前代，遠國之人言曆法者多在西域，而東南北無聞。唐之《九執曆》，元之《萬年曆》，及洪武間所譯《回回曆》，皆西域也。蓋堯命羲、和仲叔分宅四方，羲仲、羲叔、和叔則以嵎夷、南交、朔方爲限，獨和仲但曰「宅西」，而不限以地，豈非當時聲教之西被者遠哉。至于周末，疇人子弟分散。西域、天方諸國，接壤西陲，非若東南有大海之阻，又無極北嚴寒之畏，則抱書器而西征，勢固便也。甌羅巴在回回西，其風俗相類，而好奇喜新競勝之習過之。故其曆法與回回同源，而世世增修，遂非回回所及，亦其好勝之俗爲之也。羲、和既失其守，古籍之可見者，僅有《周髀》。而西人渾蓋通憲之器，寒熱五帶之説，地圓之理，正方之法，皆不能出《周髀》範圍，亦可知其源流之所自矣。夫旁搜博采以續千百年之墜緒，亦禮失求野之意也，故備論之」。定本該段内容應爲梅瑴成所撰，後收入氏著《操縵卮言》，篇名作「《明史・曆志》附載西洋法論」。

湯斌本卷七至此結束。熊賜履本卷二十八「曆法二」至此結束。王鴻緒本該頁末有「明史稿　志第八終」，其「曆二」至此結束。定本該頁末有「明史卷三十一終」，其「曆一」至此結束。

明史曆志卷三①

餘姚耒史黃百家纂②

大統曆法　法原上③

史載曆法，必載立法④之原⑤。如《太初》⑥起數鐘律，《大衍》⑦求端河洛，是也⑧。惟《授時》以測驗算術爲主⑨，于天既合⑩，而⑪律呂之損益，象數⑫之奇偶⑬，不必一一牽附，悉在其中矣⑭。考⑮《郭守敬傳》，有《修改源流》一卷、《儀象法式》二卷、

① 梅文鼎本本卷標題作「大統曆志卷一」，熊賜履本作「明史卷二十九　志三」，王鴻緒本作「明史稿　志第九」，定本作「明史卷三十二　志第八」。

② 梅文鼎本本卷署名作「宣城梅文鼎撰」，王鴻緒本作「光禄大夫經筵講官明史總裁户部尚書加七級臣王鴻緒奉敕編撰」，定本作「總裁官總理事務經筵講官少保兼太子太保保和殿大學士兼管吏部户部尚書事加六級張廷玉等奉敕修」，熊賜履本本卷無署名。

③ 梅文鼎本此處標題作「大統曆法一　法源」，熊賜履本作「曆法三　法原」，王鴻緒本作「曆三上　大統曆法一　法原」，定本作「曆二　大統曆法一上法原」。

④ 梅文鼎本「立法」作「其所以曆法」，王鴻緒本作「其所以立法」。

⑤ 熊賜履本「史載曆法，必載立法之原」作「從古曆法，必有其原」，定本作「造曆者各有本原，史宜備録，使後世有以考」。

⑥ 梅文鼎本、王鴻緒本《太初》後有「諸曆」二字，定本《太初》後有「之」字。

⑦ 梅文鼎本、王鴻緒本《大衍》前有「一行」。

⑧ 定本「《大衍》求端河洛，是也」作「《大衍》之造端蓍策，皆詳本志」。

⑨ 熊賜履本「惟《授時》以測驗算術爲主」作「郭守敬《授時曆》獨以測驗算術爲宗」，梅文鼎本、王鴻緒本作「古今曆法惟《授時曆》獨以測驗算術爲宗」，定本作「《授時曆》以測驗算術爲宗」。

⑩ 熊賜履本、王鴻緒本「于天既合」作「以爲于天既合」，梅文鼎本作「以爲與天既合」。

⑪ 梅文鼎本、王鴻緒本「而」作「則」。

⑫ 梅文鼎本、王鴻緒本「象數」作「易象」。

⑬ 熊賜履本「而律呂之損益，象數之奇偶」作「即律呂、易象」。

⑭ 梅文鼎本、熊賜履本、王鴻緒本「不必一一牽附，悉在其中矣」作「悉在其中，不必一一牽附矣」。定本「于天既合，而律呂之損益，象數之奇偶，不必一一牽附，悉在其中矣」作「惟求合天，不牽合律呂、卦爻」。

⑮ 王鴻緒本此處無「考」字。

《曆議擬稿》三卷、《二至晷景考》二十卷、《五星細行考》五十卷、《古今交食考》一卷、《新測二十八舍雜座諸星入宿去極》一卷、《新測無名星》一卷①，并藏之官。又《齊履謙傳》云②：『《授③時曆》有經、串，經以著定法，串以紀成數。』履謙又④作《經串演撰八法》一卷⑤，以求法⑥之所以然，數之所從出⑦。作《元史》者漫無采摭，而僅存李謙⑧之《曆議》，録《曆經》之初稿，及儀象大略而已⑨。其三應改率⑩，及立成之數，與夫黃赤道⑪割圓弧矢之法，日月五星⑫平立定三差之原，盡削⑬不載。使作者之⑭精意

①　熊賜履本『考《郭守敬傳》，有《修改源流》一卷、《儀象法式》二卷、《曆議擬稿》三卷、《二至晷景考》二十卷、《五星細行考》五十卷、《古今交食考》一卷、《新測二十八舍雜坐諸星入宿去極》一卷、《新測無名星》一卷』作『守敬當時有《修改源流》《儀象法式》，與《二至晷景》《五星細行》《古今交食》諸考，及《新測二十八舍雜坐諸星》若干卷』。
②　熊賜履本『又《齊履謙傳》云』作『齊履謙亦云』，梅文鼎本作『又《齊履謙傳》之』。
③　紹圖本『授』誤作『投』。
④　熊賜履本『履謙又』作『爰』。
⑤　熊賜履本此處無『一卷』二字。
⑥　梅文鼎本、王鴻緒本『法』前有『其』字。
⑦　熊賜履本『以求法之所以然，數之所從出』作『以求其理數之所以然』。定本『考《郭守敬傳》，……數之所從出』作『然其法之所以立，數之所從出，以及晷影、星度，皆有全書。郭守敬、齊履謙傳中有書名可考。』。
⑧　梅文鼎本『李謙』誤作『履謙』。
⑨　熊賜履本『作《元史》者漫無采摭，而僅存李謙之《曆議》，録《曆經》之初稿，及儀象大略而已』作『《元史》并未采摭，僅存所爲《曆經》之初編，與儀象大略而已』，定本作『《元史》漫無采摭，僅存李謙之《議》，録《曆經》之初稿』。
⑩　定本『其三應改率』作『其後改三應率』。
⑪　定本此處無『黃赤道』。
⑫　定本此處無『日月五星』。
⑬　熊賜履本『削』後有『而』字。
⑭　梅文鼎本、王鴻緒本、定本此處無『之』字。

湮没①，識者②憾焉。有明《大統曆》即《授時》之法，中間略有增減③，今特采輯《大統曆通軌》④《通經》⑤及《曆成》⑥《曆草》諸書，芟繁就要，顯著于篇⑦。而仍以法原爲首，其目八⑧：曰弧矢割圓⑨，曰句股測晷極⑩，曰弧背求矢⑪，曰黄赤道差，曰黄赤道内外度及去北極度⑫，曰白道交周，曰日月五星平立定三差之原⑬，曰里差刻漏，以補《元史》之缺漏焉⑭。

弧矢割圓後附圖⑮

天體圓，七政旋轉皆圓，勾股止可以測平直斜方，遇圓則窮。因創法割之，割平圓之旁，狀若弧矢，其背曲曰弧背，其弦⑯直

① 熊賜履本此處無「使作者之精意湮没」。
② 熊賜履「識者」後有「每」字。
③ 梅文鼎本、熊賜履本、王鴻緒本、定本此處無「有明《大統曆》即《授時》之法，中間略有增減」一句。
④ 熊賜履本、王鴻緒本、定本「今特采輯《大統曆通軌》」作「今據《大統曆通軌》」，梅文鼎本作「今據《大統曆》及《通軌》」。
⑤ 梅文鼎本、熊賜履本、王鴻緒本、定本此處無「《通經》」。
⑥ 「《曆成》」疑爲「《立成》」之誤。梅文鼎本、熊賜履本、王鴻緒本、定本此處無「《曆成》」。
⑦ 梅文鼎本、熊賜履本、王鴻緒本「芟繁就要，顯著于篇」作「稍爲詮次，著于篇」，定本作「稍爲編次」。
⑧ 梅文鼎本、熊賜履本、王鴻緒本「八」作「七」。定本「而仍以法原爲首，其目八」作「首法原，次立成，次推步，而法原之目七」。
⑨ 梅文鼎本、熊賜履本、王鴻緒本、定本「曰弧矢割圓」在「曰勾股測望」後。
⑩ 梅文鼎本、熊賜履本、王鴻緒本、定本「勾股測晷極」作「勾股測望」。
⑪ 梅文鼎本、熊賜履本、王鴻緒本、定本此處無「曰弧背求矢」。
⑫ 梅文鼎本、熊賜履本、王鴻緒本、定本此處無「及去北極度」。
⑬ 熊賜履本、王鴻緒本「曰日月五星平立定三差之原」作「曰太陽太陰平立定三差，曰五星平立定三差」。梅文鼎本、定本此處無「之原」二字。
⑭ 熊賜履本、王鴻緒本此處無「曰里差刻漏，以補《元史》之缺漏焉」。梅文鼎本、定本此處無「以補《元史》之缺漏焉」。定本從本卷開篇至此的一段内容，應爲梅㲄成所撰，後收入氏著《操縵卮言》，篇名作「《明史》大統曆論」。
⑮ 本節在其他版本中無對應内容，應爲黄百家參考顧應祥《弧矢算術》中的「弧矢論説」、周述學《神道大編曆宗算會》卷七中的「弧矢經補上」及《雲淵先生文選》卷四中的「弧矢論」等相關内容改編而成。
⑯ 紹圖本「弦」誤作「絃」。

曰弧弦，其中横曰矢，其中積曰積，而皆取則于徑。徑也者，平圓中心之徑也。背有舒曲，弦有修短，係于圓之大小。圓大則徑長，圓小則徑短。非徑無以定之，故曰取則于徑，而勾股開①方仍法内之所必須者也。

其求弦之法，以半徑爲弦，半徑減矢爲股，股弦各自乘，相減餘爲實，平方開之得勾，勾即半截弦也。

其求矢之法有五②：一以徑弦，一以徑背③，一以徑積，一以積弦，一以餘周及弦。以徑弦求者，亦以半徑爲弦，半截弦爲勾，勾弦各自乘，相減餘爲實，平方開之得股。股乃半徑減矢之餘也，以減半徑即矢。以徑背求者，以半弧背冪與徑冪相乘爲實，徑乘④徑冪爲益方，徑冪爲上廉，全背與徑相乘爲下廉，約矢初商也。爲上法，乘上廉以減益方⑤爲從方。以約矢自乘減下廉，餘又以約矢乘之爲從廉。從廉、從方相并爲下法，下法乘上法減實得矢⑥。以矢乘上廉減益方者，蓋益方乃徑與徑冪相乘，其中多一矢乘徑冪之數，故減之。以矢自乘減下廉者，下廉乃背徑相乘，其中多一矢自乘之數，故亦減之。法詳『求黄赤道矢度』。以徑積求者，則倍積自乘爲實，四因積爲上廉，四因徑爲下廉，五爲負隅，約矢以隅因之以減下廉。又以矢一度乘上廉，兩度乘下廉，并而爲法，除實得矢。以矢減下廉者，矢本減徑而得，故減徑求之。五爲負隅者，凡以方爲圓，每一寸得虚隅二⑦分五厘，四其虚隅與四其矢合而爲五也。四其廉者，倍積則乘出之數，爲積者四，故廉亦四之，升法以就實。以積弦求者，倍積以弦爲從方，平方開之得矢。以餘周弦求者，以弦冪、半徑冪相乘，四而三之爲實，并弦及餘周爲益方，半弦乘弦加弦冪爲上廉，并廉及餘周爲下廉。以約出之矢乘上廉，又以矢自乘，再乘爲隅法，并上廉以減益方，矢自之乘下廉，并減餘從方爲法，除實得矢。

求徑之法有二：一以積矢，一以矢弦。以積矢求者，以積自乘，與矢冪乘積相減，餘爲實。矢自乘，再乘爲法除之，以矢乘虚隅，加之得徑。以矢弦求者，以半弦自之爲冪，如矢而一得矢以徑差，并矢得徑。

其求積之法，或并弦矢折半以乘矢，或以矢加弦，以矢乘而半之得積。

① 紹圖本『開』誤作『間』。
② 紹圖本『五』誤作『三』。
③ 紹圖本『背』誤作『皆』。
④ 紹圖本『乘』誤作『不』。
⑤ 紹圖本『益方』誤作『并方』。
⑥ 《弧矢算術》『弧矢論説』、《神道大編曆宗算會》卷七『弧矢經補上』及《雲淵先生文選》卷四『弧矢論』與黄百家此處算法表述略有差异。
⑦ 紹圖本『二』誤作『一』。

其求背之法，以徑除矢冪得半弦背差，倍差加弦即弧背。

大約弧矢之法，不外徑積弦矢背五者，折變以相求。而矢上矢下經緯之度數，俱莫能遁焉。如二徑與和矢求和弦，并二徑減和①矢，餘爲二靈②半徑，以矢因之爲二半弧弦，共冪平方開之得二半弦和。以大小二徑各乘二矢半弦和，如③徑和而一得大小二矢及半弦。其法即徑矢求弦而倍之也。如徑與再截積求再截矢，并二截積倍而負之爲實，四因并截積爲上廉，四因圓徑爲下廉，五爲負隅，開三乘方除之得二矢和，減之截矢得再截矢。其法即用兩徑積求矢而相減之也。如截環求徑，以圓積減截積，倍其餘以半徑乘之圓周④，除之爲實，平方開之得内周半徑。又如環從外截，以二周較乘倍積，以實徑除⑤之，與外周冪⑥相減餘爲實，平方開之得所截内⑦周，用減外周以六除，其餘得截徑。又如環從内截，倍截積爲實，以實徑除二周差爲正隅，倍内周爲從⑧方，平方開之得截徑。蓋弧法所以御截旁，環法所以御截周，弧環二法備而割圓之法盡是矣。

按：弧矢割圓，郭氏造曆之本也。凡測算黄赤及諸曜行度，悉用此術。而《元史》不載，豈非缺漏乎？《大統》之法即《授時》之法也，故特以此爲法原之首。

又按⑨：郭曆割圓以徑一圍三立法。夫徑一則圍三有奇，故祖沖之密率徑七則圍二十二，劉徽率徑五十則圍一百五十七，郭氏曷不取之乎？不知郭氏非不知徑一圍三之數猶未準也，而以之立法者以可取其還原也。試例以徑十寸之平圓，剖而半之，矢闊五寸，自乘得二十五寸。以徑十寸除之，得二寸五分爲半背弦差，倍之得五寸，以加弦得一十五寸爲半圓，全圓適得三十寸。若用祖、劉二率，爲數既多，繁雜散漫，而還原仍不合原數。蓋圍與徑終古無相準之率，故止用徑一圍三亦勢之不得已也。

① 紹圖本「和」誤作「秒」。
② 《神道大編曆宗算會》卷七「弧矢經補上」此處「靈」作「多」，但《雲淵先生文選》卷四「弧矢論」作「靈」。
③ 紹圖本「如」誤作「加」。
④ 紹圖本「周」誤作「因」。
⑤ 紹圖本「除」誤作「際」。
⑥ 紹圖本「冪」誤作「乘」。
⑦ 紹圖本「内」誤作「而」。
⑧ 紹圖本「從」誤作「徑」。
⑨ 此處按語應參考了顧應祥《弧矢算術》「方圓論説」中的相關内容，但黄百家在其基礎上作了較多删改與增補。

況曆家以萬分爲度，秒以下皆不録，縱有小差，不出一度之中。且所謂黄赤道弧背皆由實測所得，故止以徑一圍三定其平差、立差，足矣。顧要其極究竟圍三徑一之本數未密，行遠不能無差，而且方廉浩繁，習者蹙頞，曷若今朝《時憲曆》之以三角八綫割圓，能以虛率與弧度曲直相準，更精密復簡便，可謂愈出愈奇，後來居上。然在郭氏當時之創造斯術以定曆，實爲跨越千古者也。

割圓弧矢圖①

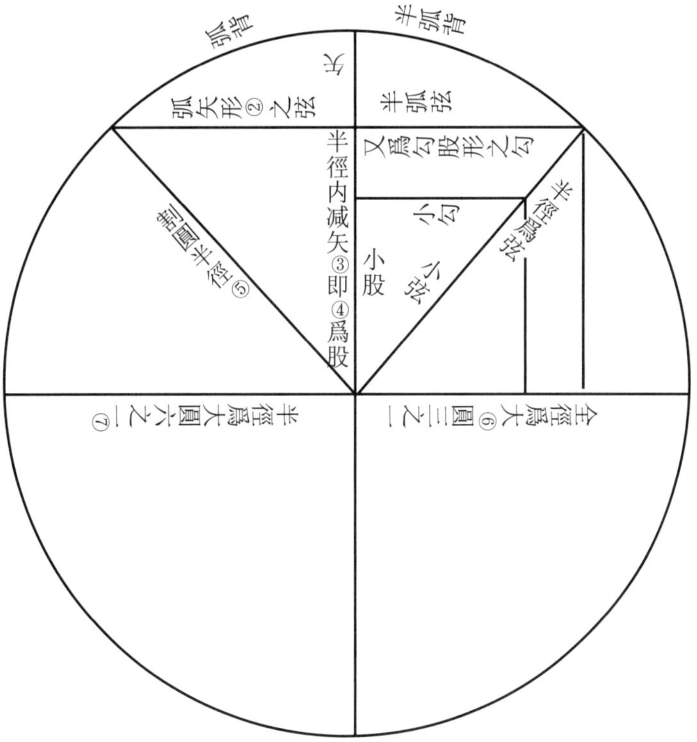

① 『割圓弧矢圖』『側視之圖』『平視之圖』亦見于梅本、王本、定本，但位于本卷『黄赤相求弧矢諸率立成』之後，『黄赤道内外度』之前。熊賜履本無此三圖及圖下文字。梅文鼎本『割圓弧矢圖』作『割圓弧矢之圖』。

② 梅文鼎本此處無『形』字。

③ 紹圖本此處脱『矢』字。

④ 梅文鼎本、王鴻緒本、定本此處無『即』字。

⑤ 定本此後有『爲圓六之一』。

⑥ 定本此處無『大』字。

⑦ 定本此處無該句。

凡①渾圓中剖則成平圓，任割②平圓之一分成弧矢形，則③有弧背、有弧弦、有矢。剖弧矢④形而半之，則有半弧背、半⑤弧弦與⑥矢。因弧矢⑦生勾股形，以半弧弦爲勾，半徑減矢⑧爲股，半徑爲弦⑨。勾股内成小勾股，則有小勾、小股、小弦，而大小可以⑩互求，平視、側視可以⑪互用，渾圓之理，斯爲密近。

① 梅文鼎本該句前有『補圖説』標題。
② 梅文鼎本『割』作『剖』。
③ 梅文鼎本、王鴻緒本、定本『則』作『皆』。
④ 梅文鼎本『矢』誤作『之』。
⑤ 梅文鼎本、王鴻緒本、定本『半』前有『有』。
⑥ 梅文鼎本、王鴻緒本、定本『與』作『有』字。
⑦ 定本『弧矢』作『弦矢』。
⑧ 梅文鼎本、王鴻緒本、定本『半徑減矢』作『矢減半徑之餘』。
⑨ 梅文鼎本『半徑爲弦』作『半徑爲勾股之弦』。
⑩ 王鴻緒本、定本『可以』作『可』。
⑪ 王鴻緒本『可以』作『可』。定本『平視、側視可以』作『平側可』。

側立之圖

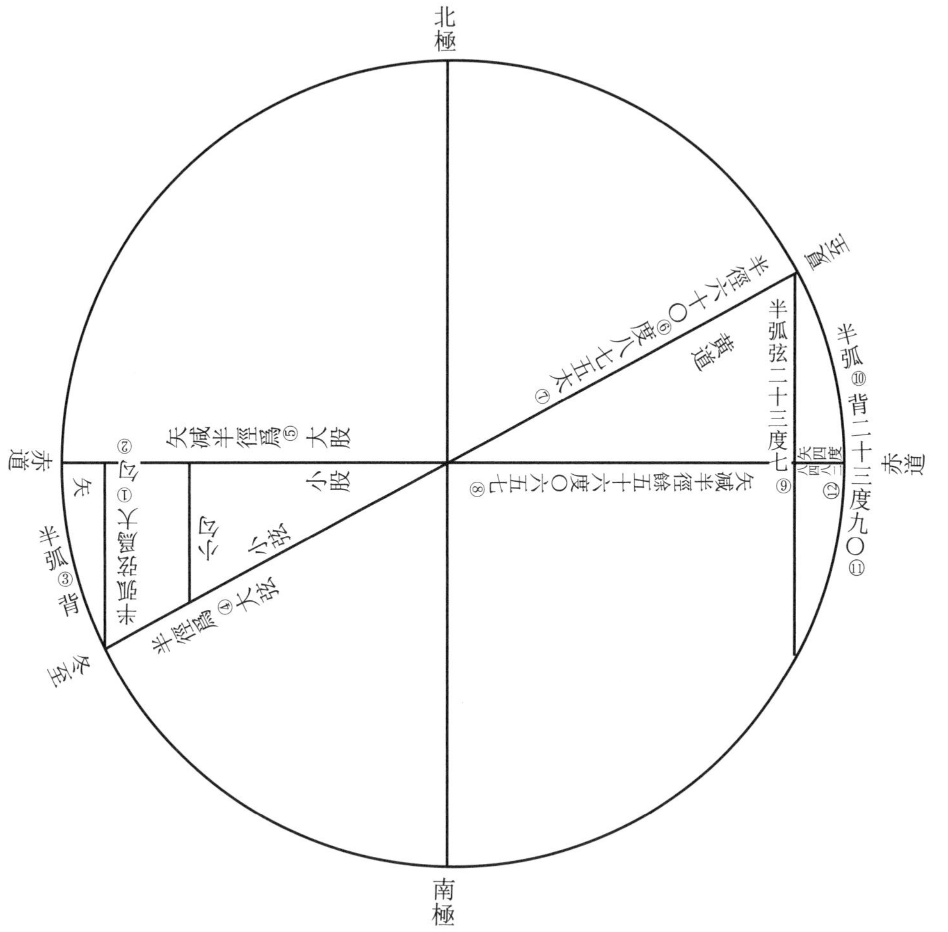

① 紹圖本「大」誤作「矢」。
② 梅文鼎本此勾股形位于夏至一側，與其他版本位于冬至一側不同。
③ 梅文鼎本「弧」誤作「弦」。
④ 梅文鼎本、王鴻緒本「爲」作「常爲」。
⑤ 王鴻緒本、定本「爲」作「餘爲」。
⑥ 王鴻緒本此處無「〇」字。
⑦ 定本此處無該句。
⑧ 梅文鼎本、定本此處無該句。
⑨ 梅文鼎本「二十三度七」作「二十一度七一」，王鴻緒本作「二十三七一」，定本此處無「二十三度七」。
⑩ 梅文鼎本「弧」誤作「弦」。
⑪ 梅文鼎本「二十三度九〇」作「廿三度九〇」，王鴻緒本作「二十三九〇」。
⑫ 梅文鼎本「八四八二」作「八十一分」，王鴻緒本作「八一」。定本此處無「四度八四八二」。

平①者爲赤道，斜者爲黄道。因二至黄赤之距生②大勾股，因各度黄赤之距生小勾股。

周天三百六十五度二十五分七十五秒，象限九十一度三十一分四十三秒③。周天徑一百二十一④度七十五分二十五秒，半徑六十⑤度八十七分五十秒。二至黄赤道内外半弧背二十三度九十分，半弧弦二十三度七十一分⑥，矢四度八十四分八十二秒⑦。

① 梅文鼎本該句前有『補圖説』標題。

② 梅文鼎本『生』作『成』。

③ 梅文鼎本、王鴻緒本、定本此處無『周天三百六十五度二十五分七十五秒，象限九十一度三十一分四十三秒』。

④ 紹圖本『一』誤作『二』。

⑤ 熊本、王本、定本『六十』後有『〇』字。

⑥ 梅文鼎本、王鴻緒本、定本此處無『半弧弦二十三度七十一分』。

⑦ 紹圖本『秒』誤作『刻』。『周天徑一百二十一度七十五分二十五秒，……矢四度八十四分八十二秒』這段數據在熊本、王本、定本中位于『弧矢割圓』（對應紹圖本『弧背求矢黄赤道同用』一節）開頭，作『周天徑一百二十一度七十五分少，少不用。半徑六十〇度八十七分半。又爲黄赤道大弦。二至黄赤道内外半弧背二十四度，所測就整。二至黄赤道弧矢四度八十四分八十二秒。黄赤道大勾二十三度八十分七十秒，黄赤道大股五十六度〇二分六十八秒』，梅本與熊本、王本、定本大體相同，但『周天徑一百二十一度七十五分少』後無小注。定本末句『黄赤道大股五十六度〇二分六十八秒』後還有小注『半徑内減去矢度之數』。

平視之圖

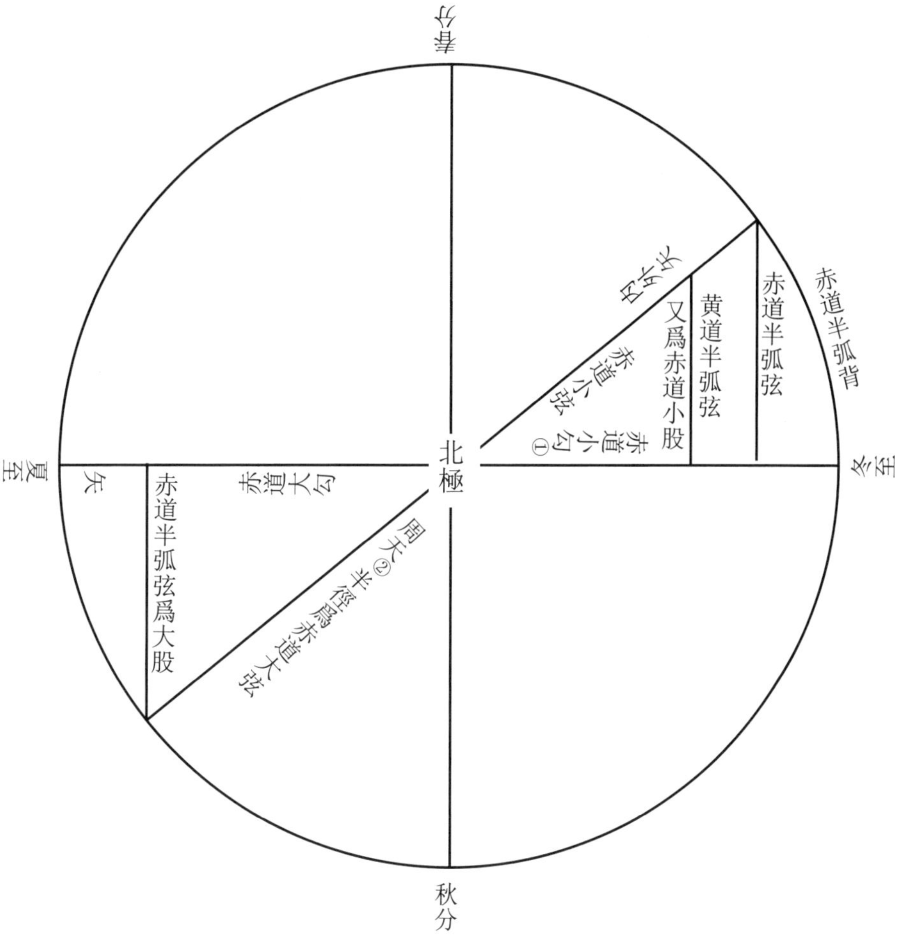

---

① 梅文鼎本此勾股形位于夏至一側，與其他版本位于冬至一側不同。

② 定本此處無『周天』二字。

外①大圓爲赤道②，有赤道各度，即各度③有其半弧弦，以生大勾股。又各有其相當之黄道半弧弦，以生小勾股。此二者皆可互求。

按：舊史無圖，然表亦圖之屬也。今弧矢割圓之法，實爲曆家測算之本。非圖不明，因采擇其要者，并爲注釋之④。

勾股測望⑤

測二至去極度術。北極去南極半周天，赤道距兩極皆一象限。用表景及儀器測二至日景之差，折半以加冬至之景得赤道。置象限減之，此南極入地之數，即北極出地之數也。⑥

如⑦北京立四丈表，冬至日測得正午⑧景長七丈九尺八寸五分。以⑨簡儀簡儀、高表見《元史》⑩。測到冬至日⑪南至地平二十六度四十六分五十秒⑫爲半弧背，求得矢度五度九十一分五十秒⑬。求矢法詳『弧背求矢』。⑭置周天半徑六十〇度八十七分二十秒。⑮

① 梅文鼎本該句前有『補圖説』標題。
② 梅文鼎本此後有『從兩極平視，則黄道在赤道内』，定本與梅文鼎本大體相同，但『兩極』作『北極』。
③ 梅文鼎本、王鴻緒本、定本此處無『度』字。
④ 梅文鼎本『今弧矢割圓之法，……并爲注釋之』作『今勾股割圓弧矢黄赤道推變諸法，實爲曆家測算之本。非圖不明，因存其要者數端』，王鴻緒本、定本作『今勾股割圓弧矢之法，實爲曆家測算之本。非圖不明，因存其要者數端』。梅文鼎本該頁末有『大統曆志卷一』，其卷一至此結束。
⑤ 本節應參考邢雲路《古今律曆考》卷六十七『曆原一』中的『勾股測天』一節改編而成。
⑥ 梅文鼎本、熊賜履本、王鴻緒本、定本此處無『測二至去極度術。……即北極出地之數也』一段。
⑦ 梅文鼎本、熊賜履本、王鴻緒本、定本此處無『如』字。
⑧ 定本『測得正午』作『午正測得』。
⑨ 定本『以』前有『隨』字。
⑩ 梅文鼎本、熊賜履本、王鴻緒本、定本此處無此小注。
⑪ 定本『冬至日』作『太陽』。
⑫ 熊賜履本、王鴻緒本、定本『五十秒』作『半』。
⑬ 梅文鼎本、熊賜履本、王鴻緒本、定本『五十秒』作『半』。
⑭ 梅文鼎本、熊賜履本、王鴻緒本、定本此處無此小注。
⑮ 梅文鼎本、熊賜履本、王鴻緒本、定本此處無此小注。

爲弦①，截矢餘五十四度九十六分爲股，乃本地去戴日下之度。以弦股別勾術，術附後。②求得勾二十六度一十七分六十六秒③，爲日下至地度，即冬至日出地半弧弦④。

北京立四丈表，夏至日測得正午⑤景長一丈一尺七寸一分⑥。以⑦簡儀測到夏至日⑧南至地平七十四度二十六分五十秒⑨爲半弧背，求得矢度四十三度七十四分⑩。置周天半徑爲弦⑪，截矢餘一十七度一十三分五十秒⑫爲勾，乃本地去戴日下之度。以勾弦別股術，求得股五十八度四十五分五十秒⑬，爲日下至地度，即夏至日出地半弧弦⑭。

以二⑮至日度相并，得一百度七十三分，半之⑯得五十度三十六分半，爲北京赤道出地度。轉⑰減周天象限⑱，周天度四之一。

① 梅文鼎本、熊賜履本、王鴻緒本、定本此處無「爲弦」二字。
② 梅文鼎本、熊賜履本、王鴻緒本、定本此處無此小注。
③ 熊賜履本「六十六秒」作「六六」。
④ 定本「爲日下至地度，即冬至日出地半弧弦」作「爲日出地半弧弦」。
⑤ 定本「測得正午」作「午正測得」。
⑥ 梅文鼎本「七寸一分」作「七十一分」，且後有小注「按《元史》作一丈二尺三寸六分」。
⑦ 定本「以」前有「隨」字。
⑧ 定本「夏至日」作「太陽」。
⑨ 梅文鼎本、熊賜履本、王鴻緒本、定本「五十秒」作「半」。
⑩ 梅文鼎本、熊賜履本、王鴻緒本、定本「分」後有「少」字，《古今律曆考》卷六十七「曆原一」此處亦有「少」字。
⑪ 梅文鼎本、熊賜履本、王鴻緒本、定本此處無「爲弦」二字。
⑫ 梅文鼎本、熊賜履本、王鴻緒本、定本「五十秒」作「二十五秒」，《古今律曆考》卷六十七「曆原一」此處亦爲「二十五秒」。
⑬ 梅文鼎本、熊賜履本、王鴻緒本、定本「五十秒」作「半」。
⑭ 定本「爲日下至地度，即夏至日出地半弧弦」作「爲日出地半弧弦」。
⑮ 紹圖本此處裝訂錯誤，將下節「弧背求矢」中的兩頁誤置于此，即下文從「方，餘一百八十〇萬四千五百八十九度二七四八七五爲從方」一直到「以乘上廉得一十三萬〇四百四十二度九十」的兩頁内容。
⑯ 梅文鼎本、熊賜履本、王鴻緒本、定本「半之」作「折半」。
⑰ 熊賜履本、王鴻緒本、定本「轉」前有「以赤道出地度」。
⑱ 梅文鼎本、熊賜履本、王鴻緒本、定本「周天象限」作「周天四之一」，且之後無小注。

餘四十度九十四分九十三秒七十五微，爲北京北極出地度。

按①：勾股從來已久，所不必言，即弧矢之術亦不能外也，故測高遠深廣必以之。凡步日躔、月離、五星行度，一切則驗推算，皆須先得北極出地之正度分。若測候未確，則以測日躔行度，不能得其真率也。此用表景及儀器，測冬、夏至兩日軌高之差，折半以減夏至高得赤道高，以減象限即此極高，此正法也。顧後之已精而益求精者，謂人目測望，下在地心，而在地面則有地半徑之視差。且立表既長，景末難定，有表差又有日輪半徑之差，另立別法。茲不載具。

勾股弦相別術，以弦自②乘、股自乘，兩幂積數。相減，平方開之得勾。以弦自乘、勾自乘，兩幂相減，平方開③之得股。以勾自乘、股自乘，兩幂相并，平方開之得弦。蓋勾三股四得弦五，勾之積九，股之積十六，兩積適得弦之積二十五，并減之義起此。

弧背求矢 黄赤道同用④

半弧背求矢術⑤。置半弧背度自之自乘。⑥爲半弧背幂，周天徑自之爲徑幂⑦。又爲上廉。⑧二幂相乘得數爲正實⑨，徑幂乘徑爲益方⑩，半弧背倍之乘徑⑪爲下廉。置初商爲上法，以乘上廉⑫，用以減益方⑬，餘爲從方。又以初商自乘減下廉，餘以乘

①　梅文鼎本、熊賜履本、王鴻緒本、定本此處無此按語。
②　紹圖本「自」誤作「句」。
③　紹圖本「開」誤作「間」。
④　本節對應梅文鼎本、熊賜履本、王鴻緒本、定本中的「弧矢割圓」一節。本節應爲黄百家參考顧應祥《弧矢算術》、邢雲路《古今律曆考》卷六十九「曆原三」中的相關内容改編而成。
⑤　梅文鼎本、熊賜履本、王鴻緒本、定本「半弧背求矢術」作「割圓求矢術」。
⑥　梅文鼎本、熊賜履本、王鴻緒本、定本此處無此小注。
⑦　定本「徑幂」作「上廉」。
⑧　梅文鼎本「又爲上廉」爲正文格式，定本此處無此小注。
⑨　定本「二幂相乘得數爲正實」作「上廉乘半弧背幂爲正實」。
⑩　梅文鼎本、熊賜履本、王鴻緒本「爲益方」作「得數爲益從方」。定本「徑幂乘徑爲益方」作「上廉乘徑爲益從方」。
⑪　梅文鼎本、熊賜履本、王鴻緒本「乘徑」後有「得數」二字。
⑫　定本「置初商爲上法，以乘上廉」作「以初商乘上廉」。
⑬　梅文鼎本、熊賜履本、王鴻緒本「用以減益方」作「得數以減益從方」。

初商，得數爲從廉①。從方、從廉相并爲下法。下法乘上法②，以減正實而定初商。有不盡者，依次③商除，則次商又爲上法④。置初商倍之⑤，與⑥次商相并以乘上廉，得數以減益方⑦，餘爲從方。并初商次商⑧自之，又以初商自之，并二數以減下廉，餘以初商倍數并次商乘之，得數⑨爲從廉。與從方相并⑩爲下法，下法乘上法⑪，以減餘實而定次商。有不盡者如法商之，皆以商得數爲矢⑫度數⑬。

如黄赤道⑭半弧背一度，求矢度。以半弧背一度自之，仍一度，爲半弧背冪⑮。置周天徑一百二十一度七五⑯，自之得一萬

① 梅文鼎本、熊賜履本、王鴻緒本「又以初商自乘減下廉，餘以乘初商，得數爲從廉」作「置初商自之以減下廉，餘以初商乘之，得數爲從廉」，定本與梅文鼎本、熊賜履本、王鴻緒本大體相同，但無「得數」二字。
② 定本「上法」作「初商」。
③ 梅文鼎本「依次」作「次第」。
④ 定本「下法乘上法，……則次商又爲上法」作「下法乘初商，以減正實，實不足減，改初商。實有不盡，次第商除之」。
⑤ 定本「置初商倍之」作「倍初商數」。
⑥ 梅文鼎本、熊賜履本、王鴻緒本「與」前有「得數」二字。
⑦ 梅文鼎本、熊賜履本、王鴻緒本、定本「益方」作「益從方」。
⑧ 梅文鼎本、熊賜履本、定本「次商」後有「而」字。
⑨ 定本此處無「得數」二字。
⑩ 梅文鼎本、熊賜履本、王鴻緒本、定本「與從方相并」作「從方、從廉相并」。
⑪ 定本「上法」作「次商」。
⑫ 紹圖本「矢」誤作「天」。
⑬ 梅文鼎本、熊賜履本、王鴻緒本、定本「矢度數」作「矢度之數」，且之後有小注「黄赤道同用」。
⑭ 熊賜履本此處無「黄赤道」。梅文鼎本、王鴻緒本、定本「如黄赤道」作「如以」。
⑮ 梅文鼎本、熊賜履本、王鴻緒本、定本「以半弧背一度自之，仍一度，爲半弧背冪」作「術曰：置半弧背一度自之，得一度，爲半弧背冪」。
⑯ 梅文鼎本、熊賜履本、王鴻緒本、定本「七五」作「太」。

四千八百二十三度〇六分二十五秒爲徑冪①，又爲上廉②。二冪相乘，仍③得④一萬四千八百二十三度〇六分二十五秒⑤，爲正實。置徑冪以周徑乘之⑥，得一百八十〇萬四千七百〇七度八十五分九十三秒七十五微⑦，爲益方⑧。又名益從方。倍半弧背一度爲二度⑨，以乘周徑⑩得二⑪百四十三度五十分，爲下廉。

初商八十秒爲上法⑫，乘⑬上廉一萬四千八百二十三度〇六二五。⑭得一百一十八度五八四五，以八十秒乘數應得此，定位見後。⑮以減益⑯方⑰，餘一百八十〇萬四千五百八十九度二七四八七五，爲從方。又置初商八十秒自之，得六十四微，置秒自乘得微者，蓋八十秒自乘應得六十四分，而此下算，以萬位定分，以分位積萬秒。常其乘時積六千四百秒，便爲六十四分，及得數則視以萬定分之位，此六十四在微位也。

① 定本「徑冪」作「上廉」。
② 梅文鼎本、熊賜履本、王鴻緒本「又爲上廉」爲小注格式，定本此處無「又爲上廉」。
③ 梅文鼎本、熊賜履本、王鴻緒本此處無「仍」字。
④ 定本「二冪相乘，仍得」作「上廉乘半弧背冪得」。
⑤ 梅文鼎本、熊賜履本、王鴻緒本、定本「二十五秒」作「二五」。
⑥ 梅文鼎本、熊賜履本、王鴻緒本「置徑冪以周徑乘之」作「徑冪又乘徑」，定本作「上廉又乘徑」。
⑦ 梅文鼎本、熊賜履本、王鴻緒本、定本「七十五微」作「七五」。
⑧ 梅文鼎本、熊賜履本、王鴻緒本、定本「益方」作「益從方」，且之後無小注。
⑨ 梅文鼎本、熊賜履本、王鴻緒本、定本「倍半弧背一度爲二度」作「半弧背一度倍之，得二度」。
⑩ 梅文鼎本、熊賜履本、王鴻緒本、定本「周徑」作「徑」。
⑪ 紹圖本「二」誤作「三」。
⑫ 梅文鼎本、王鴻緒本「爲上法」作小注格式，定本此處無「爲上法」。
⑬ 梅文鼎本、熊賜履本、王鴻緒本、定本「乘」前有「置初商八十秒」。
⑭ 梅文鼎本、熊賜履本、王鴻緒本、定本此小注爲正文格式。
⑮ 梅文鼎本、熊賜履本、王鴻緒本、定本此處無此小注。
⑯ 紹圖本此處裝訂錯誤，下文從「方，餘一百八十〇萬四千五百八十九度二七四八七五，爲從方」一直到「以乘上廉得一十三萬〇四百四十二度九十」的兩頁內容被誤置于上節「勾股測望」之中。
⑰ 梅文鼎本、熊賜履本、王鴻緒本、定本「益方」作「益從方一百八十〇萬四千七百〇七度八五九三七五」。

度從度位，乘得度爲度，分從度下二位，乘得分爲秒。秒從度下四位，乘滿度始爲分。①以減下廉，餘二百四十三度四九九九三六。仍以八十秒乘之，得一度②九四七九九九四一③八，置八十秒本位，進一位起十。④爲從廉。并從方⑤，共得一百八十〇萬四千五百九十一度二三⑥二八七四四八八，爲下法。與上法相乘，除實，置八十秒本位，進四位爲下法之萬乘之。餘三百八十六度三三二七一七〇〇四〇九六⑦。

次商二秒爲上法⑧。置初商八十秒。⑨倍之，得一分六十秒，加次商共⑩一分六十二秒。乘上廉⑪，得二百四十〇度一三⑫三六一二五，以減益方⑬，餘一百八十〇萬四千四百六十七度七二五七六二五，爲從方。置⑭初次商八十二秒自之，得六十七微。加初商八十秒自之⑮數，六十四微。⑯得一秒三十一微，以減下廉，餘二百四十三度四九九八六九。以前所得一分六十二秒乘

① 梅文鼎本、熊賜履本、王鴻緒本、定本此處無此小注。
② 熊賜履本「一度」誤作「一度一度」，多「一度」二字衍文。
③ 梅文鼎本、熊賜履本、王鴻緒本、定本「一」作「八」，《古今律曆考》卷六十九「曆原三」此處亦作「八」。
④ 梅文鼎本、熊賜履本、王鴻緒本、定本此處無此小注。
⑤ 梅文鼎本、熊賜履本、王鴻緒本、定本「并從方」作「以從廉、從方并之」。
⑥ 梅文鼎本「二」作「三」，《古今律曆考》卷六十九「曆原三」此處作「二」。
⑦ 梅文鼎本、熊賜履本、王鴻緒本「與上法相乘，……餘三百八十六度三三二七一七〇〇四〇九六」作「下法乘上法，得一萬四千四百三十六度七十二分九七八二九九五九〇四，以減正實，餘實三百八十六度三十三分二七一七〇〇四〇九六」。定本與梅文鼎本、熊賜履本、王鴻緒本大體相同，但「上法」作「初商」。
⑧ 梅文鼎本、熊賜履本、王鴻緒本「爲上法」爲小注格式，定本此處無「爲上法」。
⑨ 梅文鼎本、王鴻緒本、定本此小注爲正文格式。
⑩ 梅文鼎本、熊賜履本、王鴻緒本、定本「加次商共」作「加次商二秒得」。
⑪ 梅文鼎本、熊賜履本、王鴻緒本、定本「乘上廉」後有「一萬四千八百二十三度〇六二二五」。
⑫ 梅文鼎本「三」作「二」。
⑬ 梅文鼎本、熊賜履本、王鴻緒本、定本「益方」作「益從方」。
⑭ 梅文鼎本、熊賜履本、王鴻緒本、定本「置」作「又置」。
⑮ 梅文鼎本此處脱「之」字。
⑯ 梅文鼎本、熊賜履本、王鴻緒本、定本此處無此小注。

之，得三度九四①四六九七八七七八，爲從廉。并從方共得②一百八十〇萬四千四百七十一度六七③〇四六〇三七七八，爲下法。與上法相乘，置二秒本位，乘下法進六位。除實，餘二十五度四三八三八二九一二〇二〇四四④。不足一秒，弃不用，下⑤同。求得⑥矢度八十二秒。

又如黄赤道半弧背二十四度⑦，求矢度。即二至黄赤道内外半弧背，所測就整數。以半弧背自之，得五百七十六度，爲半弧背冪。以周天徑自之，得一萬四千八百二十三度〇六二五，爲徑冪。二冪相乘，得八百五十三萬八千〇八十四度，爲正實。以徑冪乘徑，得一百八十〇萬四千七百〇七度八十五分九十三秒七五，爲益方。以徑冪爲上廉，倍半弧背得四十八度，以乘周徑得五千八百四十四度爲下廉。

初商四度爲上法，置四度于算左。乘上廉得五萬九千二百九十二度二五，以減益方，餘一百七十四萬五千四百一十五度六〇九三七五，爲從方。以四度自之，得一十六度，以減下廉，餘五千八百二十八度。又以四度因之，得二萬三千三百一十二度，爲從廉。從廉、從方相并，得一百七十六萬八千七百二十七度六〇九三七五，爲下法。與上法相乘，除實，下法除一乘上法而除四。餘實一百四十六萬三千一百七十三度五六二五。

次商八十分。置八于左爲上法，置八于右，倍初商，共八度八十分。以乘上廉，得一十三萬〇四百四十二度九十⑧五分，以減益方，餘一百六十七萬四千二百六十四度九〇九三七五，爲從方。又以八十分并初商自之，得二十三度〇四，加于初商自之

① 梅文鼎本、熊賜履本、王鴻緒本、定本「九四」作「九十四分」。
② 梅文鼎本、熊賜履本、王鴻緒本、定本「并從方共得」作「以從廉、從方并得」。
③ 梅文鼎本、熊賜履本、王鴻緒本、定本「六七」作「六十七分」。
④ 梅文鼎本、熊賜履本、王鴻緒本「與上法相乘，……餘二十五度四三八三八二九一二〇二〇四四」作「下法乘上法，得三百六十〇度八九四三三四〇九二〇七五五六，以減餘實，仍餘二十五度四三八三八二九一二〇二〇四四」。定本與梅文鼎本、熊賜履本、王鴻緒本大體相同，但「上法」作「次商」。
⑤ 梅文鼎本「下」作「後」。
⑥ 梅文鼎本、熊賜履本、王鴻緒本、定本「求得」前有「凡」字。
⑦ 此處「又如黄赤道半弧背二十四度」至下文「得矢四度八十四分八十二秒」的一大段内容爲半弧背二十四度的算例，梅文鼎本、熊賜履本、王鴻緒本僅作「如以半弧背二十四度求矢度，用上法得矢四度八十四分八十二秒」，且在「如以半弧背二度求矢度」一句之後。定本此處無此算例。
⑧ 紹圖本裝訂錯誤的兩頁内容至此處結束。

一十六度，共三十九度〇四。以減下廉，餘五千八百〇四度九六。又以八度八十分因之，得五萬一千〇八十三度六四八，爲從廉。并從方共一百七十二萬五千三百四十八度五五七三七五，爲下法。與上法相乘，除實，一除八。餘實八萬二千八百九十四度七一六六。

三商四分。置四分于左爲上法，置四分于右，倍初次商，共九①度六十四分。以乘上廉，得一十四萬二千八百九十四度三二二五，以減益方，餘一百六十六萬一千八百一十三度五三六八七五，爲從方。置四分并初次商自之，得二十三度四二五六。加于初次商自之二十三度〇四，共四十六度四六五六。以減下廉，餘五千七百九十七度五三四四。又以九度六十四分乘之，得五萬五千八百八十八度二三一六一六，爲從廉。并從方共一百七十一萬七千七百〇一度七六八四九一，爲下法。與上法相乘，除實，一除四。餘實一萬四千一百八十六度六四五八六〇三六。

四商八十秒。置八十秒于左爲上法，置八十秒于右，倍初次三商加入之，共九度六十八分八十秒。以乘上廉，得一十四萬三千六百〇五度八二九五，以減益方，一②百六十六萬一千一百〇二度〇二九八七五，爲從方。置八十秒并初次三商自之，得二十三度五十分三一〇四，加初次三商自之二十三度四二五六，共四十六度九二八七〇四。以減下廉，餘五千七百九十七度〇七一二九六。又以九度六十八分八十秒乘之，得五萬六千一百六十二度〇二六七一五六四八，爲從廉。并從方共一百七十一萬七千二百六十四度〇五六五九〇六四八，爲下法。與上法相乘，除實，一除八。餘實四百八十八度五三三四〇七六三四八一六。

五商二秒。置二秒于左爲上法，置二秒于右，倍初次三四商四度八十四分八十秒。加入之，共九度六十九分六十二秒。以乘上廉，得一十四萬三千七百二十七度三七八六一二五，以減益方，餘一百六十六萬〇九百八十〇度四八〇七六二五，爲從方。置二秒并初次三四商自之，得二十三度五〇五〇四三二四，加初次三四商自之二十三度五〇三一〇四内③，共四十七度〇〇八一四七二四。以減下廉，餘五千④七百九十六度九九一八五二七六。又以九度六十九分六十二秒乘之，得五萬六千二百〇八度七九二四〇三七三一五一一，爲從廉。并從方共一百七十一萬七千一百八十九度一七三一六五二三一五一一，爲下法。與上法相乘，除實，一除二。餘實一百〇五度〇九五五五三〇〇一七六九六九七六，不滿一秒之數，弃不用。得矢四度八十四分八十二秒。

① 紹圖本「九」誤作「七」，《古今律曆考》卷六十九「曆原三」此處作「九」。
② 紹圖本「一」前似缺「餘」字。
③ 此處「内」疑爲衍文。
④ 紹圖本「千」誤作「十」。

如以半弧背二度求矢度，依術得矢三分一十八秒①。如以半弧背四十四度求矢度，依術得矢一十六度五十六分八十二秒。餘度各依術，求到矢度，以爲黄赤相求及其内外度之根。數詳後『黄赤道相求弧矢諸率立成』②。

黄赤道差③

求黄道各度下赤道積度術。置周天半徑度分④内減去黄道矢度，餘爲黄赤道小弦。置黄赤道小弦，以黄赤道大股乘之⑤爲實。以黄赤道大弦半徑。爲法而一，除之也。爲黄赤道小股⑥。置黄道矢自乘爲實，以周天全徑爲法除之⑦，爲黄道半背弦差。以差減⑧黄道積度，即黄道半弧背。餘爲黄道半弧弦。置弦自之爲弦幂，置黄赤道小股自之爲股幂⑨，二幂相并，平方開之⑩爲赤道小弦。置黄道半弧弦，以周天半徑亦爲赤道大弦。乘之爲實，以赤道小弦爲法而一，爲赤道半弧弦。置黄赤道小股，亦爲赤道横小勾。以赤道大弦⑪乘之爲實，以赤道小弦爲法而一，爲赤道横大勾，以減半徑，餘爲赤道横弧矢。横弧矢自⑫之爲實，以周天⑬全

① 梅文鼎本、熊賜履本、王鴻緒本『如以半弧背二度求矢度，依術得矢三分一十八秒』作『如以半弧背二度求矢度，用上法得矢三分一十八秒』，且該句在半弧背二十四度的算例之前。定本此處無『如以半弧背二度求矢度，依術得矢三分一十八秒』。

② 梅文鼎本、熊賜履本、王鴻緒本『如以半弧背四十四度求矢度，……數詳後「黄赤道相求弧矢諸率立成」』作『如以半弧背四十四度求矢度，用上法得矢一十六度五十六分八十二秒。餘度各如上法，求到矢度，以爲黄赤相求及其内外度之根。數詳後。』，定本作『餘度各如上法，求到矢度，以爲黄赤相求及其内外度之根。數詳後。』。

③ 本節應爲黄百家參考邢雲路《古今律曆考》卷六十九『曆原三』中的相關内容改編而成。

④ 定本此處無『度分』二字。

⑤ 梅文鼎本、熊賜履本、王鴻緒本、定本『乘之』後有小注『大股見割圓』。

⑥ 梅文鼎本、熊賜履本、王鴻緒本、定本『以黄赤道大弦半徑。爲法而一，除之也。爲黄赤道小股』作『黄赤道大弦半徑。爲法，實如法而一，爲黄赤道小股』。

⑦ 熊賜履本『除之』作『而一』，梅文鼎本、王鴻緒本、定本作『實如法而一』。

⑧ 梅文鼎本、熊賜履本、王鴻緒本、定本『減』作『去減』。

⑨ 梅文鼎本、熊賜履本、王鴻緒本、定本『置弦自之爲弦幂，置黄赤道小股自之爲股幂』作『置黄道半弧弦自之爲股幂，黄赤道小股自之爲勾幂』。

⑩ 梅文鼎本、熊賜履本、王鴻緒本、定本『二幂相并，平方開之』作『二幂并之，以開平方法除之』。

⑪ 梅文鼎本、熊賜履本、王鴻緒本『大弦』後有小注『即周天半徑』，定本有小注『即半徑』。

⑫ 紹圖本『自』誤作『句』。

⑬ 定本此處無『周天』二字。

徑爲法而一，爲赤道半背弦差。以差加赤道半弧弦，爲赤道積度。

如黄道半弧背一度，求赤道積度。置①周天半徑六十〇度八十七②分五十秒，即黄赤道大弦。内減黄道矢八十二秒，餘六十③度八六六八爲黄赤道小弦。置黄赤道小弦，以黄赤道大股五十六度〇二六八乘之，得三千四百一十〇度一七二〇三〇二④四爲實⑤，以黄赤道大弦六十〇度八七五爲法而一，得五十六度〇一九二⑥爲黄赤道小股。又爲赤道小勾。置矢度八十二秒自之，得六十七微，乘法定位見前注。⑦以周天徑⑧一⑨百二十一⑩度七五爲法而一⑪，得五十五纖，除一十二微一七〇五爲一十纖。⑫爲黄道半背弦差。置黄道半弧背⑬一度，内減黄道半背弦差⑭，餘爲黄道⑮半弧弦。今半背弦差在微以下，不減，即一度爲黄道半弧弦⑯。置半弧弦一度自之，仍一度爲弦冪⑰。置黄赤小股五十六度〇一九二。⑱自之，得三千一百三十八度一五〇七六八六四爲股

① 梅文鼎本、熊賜履本、王鴻緒本、定本「置」前有「術曰」二字。
② 梅文鼎本「七」作「六」，《古今律曆考》卷六十九「曆原三」此處亦作「七」。
③ 梅文鼎本、熊賜履本、王鴻緒本、定本「六十」作「六十〇」。
④ 紹圖本「二」誤作「三」。
⑤ 紹圖本「實」誤作「度」。
⑥ 梅文鼎本、熊賜履本、王鴻緒本、定本「以黄赤道大弦六十〇度八七五爲法而一，得五十六度〇一九二」作「以黄赤道大弦六十〇度八七五爲法，實如法而一，得五十六度〇一分九十二秒」。
⑦ 梅文鼎本、熊賜履本、王鴻緒本、定本此處無此小注。
⑧ 定本「周天徑」作「全徑」。
⑨ 熊賜履本此處無「一」字。
⑩ 梅文鼎本「一」作「二」，《古今律曆考》卷六十九「曆原三」此處亦作「一」。
⑪ 梅文鼎本、熊賜履本、王鴻緒本、定本「而一」作「除之」。
⑫ 梅文鼎本、熊賜履本、王鴻緒本、定本此處無此小注。
⑬ 梅文鼎本「半弧背」作「弦背」。
⑭ 梅文鼎本、熊賜履本、王鴻緒本「半背弦差」作「半弧背差」。
⑮ 梅文鼎本、熊賜履本、王鴻緒本、定本此處無「黄道」二字。
⑯ 梅文鼎本、王鴻緒本、定本「今半背弦差在微以下，不減，即一度爲黄道半弧弦」作「因差在微以下，不減，即用一度爲半弧弦」，熊賜履本與梅文鼎本、王鴻緒本、定本大體相同，但「不減」誤作「在減」。
⑰ 梅文鼎本、熊賜履本、王鴻緒本、定本「置半弧弦一度自之，仍一度爲弦冪」作「置黄道半弧弦一度自之，得一度爲股冪」。
⑱ 梅文鼎本、熊賜履本、王鴻緒本、定本「置黄赤小股五十六度〇一九二。」作「黄赤道小股五十六度〇一九二」。

冪①。二冪相②并得三千一百三十九度一五〇③七六八六四④，以⑤平方開之，得五十六度〇二八一，爲赤道小弦。置黄道半弧弦一度，以赤道大弦半徑。乘之，仍得六十〇度八七五爲實⑥，以赤道小弦五十六度〇二八一。⑦爲法而一⑧，得一度〇八分六十五秒，爲赤道半弧弦。置黄赤道小股，五十六度〇一九二。⑨以赤道大弦即半徑六十〇度八七五。乘之⑩，得三千四百一十〇度一六八八爲實，以赤道小弦爲法而一⑪，得六十〇度八十六分五十三秒，爲赤道横大勾。置半徑内減赤道横大勾，餘九十七秒，爲赤道横弧矢⑫。置赤道横弧矢⑬自之，得九十四微〇九，算法見前。⑭以周天徑⑮除之⑯，得七十七纖，爲赤道背弦差。置赤道半弧弦一度〇八六五。内⑰加赤道背弦差，爲赤道積度。今差在微以下，不加，即半弧弦一度〇八分六十五秒爲赤道積度⑱。

① 梅文鼎本、熊賜履本、王鴻緒本、定本「股冪」作「勾冪」。
② 梅文鼎本、熊賜履本、王鴻緒本、定本此處無「相」字。
③ 梅文鼎本「一五〇」作「空」。
④ 梅文鼎本、熊賜履本、王鴻緒本、定本「六四」後有「爲弦實」。
⑤ 梅文鼎本、熊賜履本、王鴻緒本、定本此處無「以」字。
⑥ 梅文鼎本、熊賜履本、王鴻緒本「以赤道大弦半徑。乘之，仍得六十〇度八七五爲實」作「以周天半徑即赤道大弦。乘之，得六十〇度八七五爲實」，定本與梅文鼎本、熊賜履本、王鴻緒本大體相同，但無「周天」二字。
⑦ 梅文鼎本、熊賜履本、王鴻緒本、定本此小注爲正文格式。
⑧ 梅文鼎本、熊賜履本、王鴻緒本、定本「而一」作「除之」。
⑨ 梅文鼎本、熊賜履本、王鴻緒本、定本此小注爲正文格式，且後有小注「又爲赤道小勾」。
⑩ 梅文鼎本、熊賜履本、王鴻緒本「以赤道大弦即半徑六十〇度八七五。乘之」作「以赤道大弦半徑六十〇度八七五乘之」，定本與梅文鼎本、熊賜履本、王鴻緒本大體相同，但「半徑」二字爲小注格式。
⑪ 梅文鼎本、熊賜履本、王鴻緒本、定本「而一」作「除之」。
⑫ 梅文鼎本、熊賜履本、王鴻緒本、定本「置半徑内減赤道横大勾，餘九十七秒，爲赤道横弧矢」作「置半徑六十〇度八十七分五十秒，内減赤道大勾六十〇度八十六分五十三秒，餘九十七秒，爲赤道横弧矢」。
⑬ 梅文鼎本、熊賜履本、王鴻緒本、定本「横弧矢」後有「九十七秒」。
⑭ 梅文鼎本、熊賜履本、王鴻緒本、定本此處無此小注。
⑮ 定本「周天徑」作「全徑」。
⑯ 梅文鼎本、熊賜履本、王鴻緒本、定本「除之」前有「爲法」二字。
⑰ 梅文鼎本、熊賜履本、王鴻緒本、定本「一度〇八六五。内」作「一度〇八分六十五秒」。
⑱ 梅文鼎本、熊賜履本、王鴻緒本「即半弧弦一度〇八分六十五秒爲赤道積度」作「即用半弧弦爲積度，凡求得赤道積度一度〇八分六十五秒」。

如黃道半弧背二十四度①，求赤道積度。置半徑內減矢度四度八十四分八十二秒，二至度分。餘五十六度〇二分六十八秒，爲黃赤道小弦。與黃赤道大股同。置小弦與黃赤道大股相乘，今同即自之。得三千一百三十九度〇〇二三一八，以半徑而一，得五十一度五十六八四十七秒，爲黃赤道小股。置矢度四度八四八二。自之，得二十三度五〇五，以周徑而一，得一十九分三十秒，爲黃道半背弦差。用減半弧背，二十四度。餘二十三度八十分七十秒，爲黃道半弧弦。置半弧弦自之，得五百六十六度七七三二四九爲勾冪。置黃赤道小股五十一度五六四七。自之，得二千六百五十八度九一八二八六〇九爲股冪。二冪相并，得三千二百二十五度六九一五三五〇九，以平方開之得五十六度七九五一，爲赤道小弦。置黃道半弧弦，二十三度八〇七〇。以乘半徑，得一千四百四十九度二五一一二五，以赤道小弦而一，得二十五度五一七一爲赤道半弧弦。置黃赤道小股，以乘半徑，得三千一百三十九度，以赤道小弦而一，得五十五度二六八八，爲赤道橫大勾。又術：置半徑自之，得三千七百〇五度七六五六二五爲弦冪，以赤道半徑弧弦二十五度五一七一勾之，得六百五十一度一二三九二四一爲股冪，二②冪相較，餘三十〇五十四度六四三二三二五九，以平方法開之得五十③五度二六八八，爲赤道橫大勾。置半徑內減赤道橫大勾，餘五度六〇六二，爲赤道橫弧矢。置赤道橫弧矢自之，得三十一度四二九四七八四四，以周徑而一，得二十五分八十一秒，爲赤道背弦差。加入赤道半弧弦二十五度五一七一內，共二十五度七十七分五十二秒，爲赤道積度。

餘度各依術，求到黃道各度下赤道積度④，乃至後之率。其分後，以赤道度求黃道，反⑤此求之，其數并同。

① 此處『如黃道半弧背二十四度』至下文『共二十五度七十七分五十二秒，爲赤道積度』爲半弧背二十四度的算例，熊賜履本、王鴻緒本僅作『如求黃道二度下赤道積度，用上法得赤道積度二度一十七分二十八秒。如求黃道二十四度下赤道積度，用上法得赤道積度二十五度七十七分五十二秒。如求黃道四十四度下赤道積度，用上法得赤道積度四十六度三十〇分八十五秒』，梅文鼎本與熊賜履本、王鴻緒本大體相同，但首句『如求黃道二度下赤道積度』無『求』字。定本此處無此內容。

② 紹圖本『二』誤作『一』。

③ 紹圖本『十』誤作『千』。

④ 梅文鼎本、熊賜履本、王鴻緒本『餘度各依術，求到黃道各度下赤道積度』作『餘度各如上法，求到各黃道度下赤道積度』，定本作『餘度各如上法，求到各黃道度下赤道積度，兩數相減，即得黃赤道差』。

⑤ 梅文鼎本『反』誤作『及』。

黄赤道相求割圓弧矢諸率立成內分黄赤道弧矢乃至後之率，分後反是。①

黄道半弧背積度在分後爲赤道	黄道矢度	黄道矢差	黄道半弧弦又爲赤道小股	黄赤道小股又爲赤道小勾	赤道小弦	赤道半弧弦	赤道矢度	赤道半弧背積度在分後爲黄道	度率	黄赤道差
十度	十度十分十秒	度十分十秒	十度十分十秒	十度十分十秒	十度十分十秒	十度十分十秒	十度十分十秒	十度十分十秒	度十分十秒	度十分十秒
初									一○八六五	
一	○○○○八二	○○二四六	○一○○○○	五六○一九二	五六○二八一	○一○八六五	○○○○九七	○一○八六五	一○八六一	○○八六五
二	○○○三二八	○○四一一	○二○○○○	五五九九六六	五六○三二三	○二一七二八	○○○三八八	○二一七二八	一○八六○	○一七二八
三	○○○七三九	○○五七六	○二九九九九	五五九五八八	五六○三九一	○三二五八七	○○○八七五	○三二五八八	一○八五七	○二五八八
四	○○一三一五	○○七四一	○三九九九九	五五九○五八	五六○四八七	○四三四四三	○○一五五三	○四三四四五	一○八九四	○三四四五
五	○○二○五六	○○九○七	○四九九九七	五五八三七六	五六○六一○	○五四二九○	○○二四二五	○五四二九四	一○八四三	○四二九四
六	○○二九六三	○一○七三	○五九九九三	五五七五四一	五六○七五九	○六五一二七	○○三四九四	○六五一三七	一○八三三	○五一三七
七	○○四○三六	○一二四○	○六九九八七	五五六五五三	五六○九三六	○七五九五二	○○四七五七	○七五九七○	一○八二三	○五九七○
八	○○五二七六	○一四○八	○七九九七七	五五五四一二	五六一一四○	○八六七六二	○○九二一四	○八六七九三	一○八一二	○六七九三
九	○○六六八四	○一五七六	○八九九六三	五五四一一六	五六一三七一	○九七五五六	○○七八一四	○九七六○五	一○八○一	○七六○五
一○	○○八二六○	○一七四五	○九九九四四	五五二六六六	五六一六三○	一○八三二九	○○九七一六	一○八四○六	一○七八六	○八四○六
一一	○一○○○五	○一九一六	一○九九一八	五五一○六○	五六一九一五	一一九○七九	○一一七六○	一一九一一二	一○七七二	○九一九二
一二	○一一九二一	○二○八七	一一九八八三	五四九二九六	五六二二二六	一二九八○三	○一四○○○	一二九九六四	一○七五五	○九九六四
一三	○一四○○八	○二二五八	一二九八三九	五四七三七五	五六二五六五	一四○四九八	○一六四三五	一四○七一九	一○七四○	一○七一九
一四	○一六二六六	○二四三○	一三九七八三	五四五二九七	五六二九二八	一五一一六一	○一九○六七	一五一四五九	一○七二○	一一四五九
一五	○一八六九六	○二六○五	一四九七一三	五四三○六一	五六三三二○	一六一七九六	○二一八九三	一六二一七九	一○七○四	一二一七九

① 梅文鼎本、熊賜履本、王鴻緒本、定本此處表名作『黄赤道相求弧矢諸率立成』，且表名後無小注。定本將此表分作上、下二表。

黄道半弧背積度（在分後爲赤道）	黄道矢度	黄道矢差	黄道半弧弦（又爲赤道小股）	黄赤道小股（又爲赤道小勾）	赤道小弦	赤道半弧弦	赤道矢度	赤道半弧背積度（在分後爲黄道）	度率	黄赤道差
十度	十度十分十秒	度十分十秒	十度十分十秒	十度十分十秒	十度十分十秒	十度十分十秒	十度十分十秒	十度十分十秒	度十分十秒	度十分十秒
一六	○二一三○一	○二七七九	一五九六二八	五四○六六三	五六三七三五	一七二三七四	○二四九一五	一七二八八三	一○六八四	一二八八三
一七	○二四○八○	○二九五五	一六九五二四	五三八一○六	五六四一七八	一八二九一七	○二八一三二	一八三五六七	一○六六三	一三五六七
一八	○二七○三五	○三一三○	一七九四○○	五三五三八九	五六四六四四	一九三四一三	○三二五四四	一九四二三○	一○六四二	一四二三○
一九	○三○一六五	○三三○七	一八九二五三	五三二五○五	五六五一三五	二○三八五八	○三五一五○	二○四八七二	一○六二二	一四八七二
二○	○三三四七二	○三四八五	一九九○八○	五二九四六二	五六五六五二	二一四二四八	○三八九四八	二一五四九四	一○五九九	一五四九一
二一	○三六九五七	○三六六三	二○八八七八	五二六二五四	五六六一九二	二二四五七八	○四二九四八	二二六○九三	一○五七五	一六○九三
二二	○四○六二○	○三八四二	二一八六四五	五二二八八二	五六六七五六	二三四七一二	○四七一二四	二三六六六八	一○五五四	一六六六八
二三	○四四四六二	○四○二○	二二八三七六	五一九二四七	五六七三四二	二四五○四四	○五一四九八	二四七二二二	一○五三○	一七二二二
二四	○四八四八二	○四二○○	二三八○七○	五一五六四七	五六七九五二	二五五一七一	○五六○六一	二五七七五二	一○五○六	一七七五二
二五	○五二六八二	○四三七九	二四七七二一	五一一七八一	五六八五八二	二六五二二一	○六○八一四	二六八二五八	一○四八二	一八二五八
二六	○五七○六一	○四五五九	二五七三二六	五○七七五一	五六九二三四	二七五一八九	○六五七五二	二七八七四○	一○四五六	一八七四○
二七	○六一六二○	○四七三八	二六六八八一	五○三五五五	五六九九○六	二八五○七一	○七○八七四	二八九一九六	一○四三三	一九一九六
二八	○六六三五八	○四九一七	二七六三八二	四九九二九九	五七○五九九	二九四八六二	○七六一七八	二九九六二八	一○四○八	一九六二八
二九	○七一二七五	○五○九五	二八五八二八	四九四六六九	五七一三一○	三○四五五九	○八一六六四	三一○○二六	一○五八二	二○○三六
三○	○七六三七○	○五二七三	二九五二一○	四八九九八○	五七二○三九	三一四一五五	○八七三二六	三二○四一八	一○三五五	二○四一八
三一	○八一六四三	○五四五○	三○四五三五	四八五一二七	五七二七八六	三二三六四五	○九三二六三	三三○七七三	一○三三二	二○七七三
三二	○八七○九三	○五六二六	三一三七六○	四八○一一一	五七三五四九	三三三○二七	○九九一七三	三四一一○五	一○三○六	二一一○五
三三	○九二七一九	○五八○一	三二二九三九	四七四五三三	五七四三二六	三四二二九五	一○五三五一	三五一四一一	一○二八○	二一四一一
三四	○九八五二○	○五九七四	三三二○二八	四六九五九四	五七五一一八	三五一四四四	一一一六九五	三六一六九一	一○二五四	二一六九一

黃道半弧背積度（在分後爲赤道）	黃道矢度	黃道矢差	黃道半弧弦（又爲赤道小股）	黃赤道小股（又爲赤道小勾）	赤道小弦	赤道半弧弦	赤道矢度	赤道半弧背積度（在分後爲黃道）	度率	黃赤道差
十度	十度十分十秒	度十分十秒	十度十分十秒	十度十分十秒	十度十分十秒	十度十分十秒	十度十分十秒	十度十分十秒	度十分十秒	度十分十秒
三五	一〇四四九四	〇六一四五	三四一〇三二	四六四〇九六	五七五九二三	三六〇四七〇	一一八二〇二	三七一九四五	一〇二三九	二一九四五
三六	一一〇六三九	〇六三一四	三四九九四六	四五八四四〇	五七六七四〇	三六九三六八	一二四八六六	三八二一七四	一〇二〇三	二二一七四
三七	一一六九五三	〇六四八一	三五八七六六	四五二六二九	五七七五六九	三七八一三四	一三一六八六	三九二三七七	一〇一七七	二二三七七
三八	一二三四三四	〇六六四七	三六七四八六	四四六六六四	五七八四〇七	三八六七六四	一三八六五四	四〇二五五四	一〇一五二	二二五五四
三九	一三〇〇八一	〇六八〇八	三七六一〇二	四四〇五四七	五七九二五二	三九五二五四	一四五七七〇	四一二七〇六	一〇一二六	二二七〇六
四〇	一三六八八九	〇六九六七	三八四六〇九	四三四二八一	五八〇一〇七	四〇三五九九	一五三〇三七	四二二八三二	一〇一〇二	二二八三三
四一	一四三八五六	〇七一二四	三九三〇〇三	四二七八六九	五八〇九六七	四一一七九七	一六〇四二〇	四三二九三〇	一〇〇七五	二二九三四
四二	一五〇九八〇	〇七二七六	四〇一二六七	四二一三一二	五八一八二一	四一九八四二	一六七九四六	四四三〇〇九	一〇〇四九	二三〇〇九
四三	一五八二五六	〇七四二六	四〇九四二九	四一四六一六	五八二六九九	四二七七三三	一七五五九八	四五三〇五八	一〇〇二七	二三〇五八
四四	一六五六八二	〇七五七一	四一七四五四	四〇七七八二	五八三五六九	四三五四六七	一八三三七三	四六三〇八五	一〇〇〇〇	二三〇八五
四五	一七三二五三	〇七七一二	四二五三四六	四〇〇八二二	五八四四四〇	四四三〇五八	一九一二六五	四七三〇八五	〇九九七四	二三〇八五
四六	一八〇九六五	〇七八五〇	四三三一〇二	三九三七一五	五八五三一一	四五〇四四五	一九九二六五	四八三〇五九	〇九九五一	二三〇五九
四七	一八八八一五	〇七九八四	四四〇七一八	三八六四九〇	五八六一八〇	四五七六八七	二〇七三七九	四九三〇一〇	〇九九二五	二三〇一〇
四八	一九六七九九	〇八一一二	四四八一八九	三七九一四三	五八七〇四五	四六四七六〇	二一五五九〇	五〇二九三五	〇九九〇一	二二九三五
四九	二〇四九一一	〇八二三七	四五五五一三	三七一六七六	五八七九〇七	四七一六六二	二二三八九七	五一二八三六	〇九八七六	二二八三六
五〇	二一三一四八	〇八三五七	四六二六八四	三六四〇九五	五八八七六三	四七八三九一	二三二二九五	五二二七一二	〇九八五一	二二七一二
五一	二二一五〇五	〇八四七二	四六九七〇一	三五六四〇四	五八九六一二	四八四九四六	二四〇七七八	五三二五六五	〇九八二七	二二五六三
五二	二二九九七七	〇八五八三	四七六五五九	三四八六〇七	五九〇四五三	四九一三二六	二四九五四一	五四二三九〇	〇九八〇三	二二三九〇
五三	二三八五六〇	〇八六八八	四八三二五六	三四〇七〇七	五九一二八五	四九七五三〇	二五七九八〇	五五二一九三	〇九七八〇	二二一九三
五四	二四七二四八	〇八七八九	四八九七八九	三三二七一一	五九二一〇六	五〇三五五六	二六六六八七	五六一九七三	〇九七五五	二一九七三

黃道半弧背積度在分後爲赤道	黃道矢度	黃道矢差	黃道半弧弦又爲赤道小股	黃赤道小股又爲赤道小勾	赤道小弦	赤道半弧弦	赤道矢度	赤道半弧背積度在分後爲黃道	度率	黃赤道差
十度	十度十分十秒	度十分十秒	十度十分十秒	十度十分十秒	十度十分十秒	十度十分十秒	十度十分十秒	十度十分十秒	度十分十秒	度十分十秒
五五	二五六〇三七	〇八八八五	四九六一五六	三二四六二二	五九二九一七	五〇九四〇五	二七五四六〇	五七一七二八	〇九七三一	二一七二八
五六	二六四九二二	〇八九七七	五〇二三五四	三一六四四五	五九三七一四	五一五〇七六	二八四二九一	五八一四五九	〇九七〇八	二一四五九
五七	二七三八九九	〇九〇六三	五〇八三八二	三〇八一八三	五九四四九九	五二〇五六八	二九三一八〇	五九一一六七	〇九六八五	二一一六七
五八	二八二九六二	〇九一四四	五一四二三六	二九九八四一	五九五二六七	五二五八八三	三〇二一一八	六〇〇八五二	〇九六六一	二〇八五二
五九	二九二一〇六	〇九二二二	五一九九一七	二九一四二六	五九六〇二二	五三一〇一九	三一一一〇二	六一〇五一三	〇九六三九	二〇五一三
六〇	三〇一三二八	〇九二九四	五二五四二二	二八二九三八	五九六七六〇	五三五九七八	三二〇一二八	六二〇一五二	〇九六一六	二〇一五二
六一	三一〇六二二	〇九三六一	五三〇七五一	二七四三八四	五九七四八一	五四〇七六一	三二九一九一	六二九七六八	〇九五九四	一九七六八
六二	三一九九八三	〇九四二六	五三五九〇二	二六五七六九	五九八一八四	五四五三六八	三三八二八七	六三九三六二	〇九五七二	一九三六二
六三	三二九四〇九	〇九四八五	五四〇八七五	二五七〇九四	五九八八六八	五四九八〇〇	三四七四一四	六四八九三四	〇九五五	一八九三四
六四	三三八八九四	〇九五三八	五四五六六八	二四八三六四	五九九五三二	五五四〇五七	三五六五六八	六五八四八五	〇九五二九	一八四八五
六五	三四八四三二	〇九五九〇	五五〇二八四	二三九五八六	六〇〇一七八	五五八一四三	三六五七四二	六六八〇一四	〇九五〇九	一八〇一四
六六	三五八〇二二	〇九六三八	五五四七一九	二三〇七五九	六〇〇八〇二	五六二〇五七	三七四九三九	六七七五二三	〇九四八七	一七五二三
六七	三六七六六〇	〇九六八一	五五八九七四	二二一八八九	六〇一四〇四	五六五八〇一	三八四一五一	六八七〇一〇	〇九四七〇	一七〇一〇
六八	三七七三四一	〇九七一九	五六三〇五〇	二一二九七九	六〇一九八四	五六九三七九	三九三三七八	六九六四八〇	〇九四五〇	一六四八〇
六九	三八七〇四一	〇九七五六	五六六九四八	二〇四〇三四	六〇二五四四	五七二七九〇	四〇二六一五	七〇五九三〇	〇九四二七	一五九三〇
七〇	三九六八一六	〇九七八九	五七〇六六七	一九五〇五五	六〇三〇八一	五七六〇三一	四一一八六二	七一五三五七	〇九四一二	一五五五七
七一	四〇六六〇五	〇九八一八	五七四二〇七	一八六〇四六	六〇三五九五	五七九一一一	四二一一一六	七二四七六九	〇九三九二	一四七六九
七二	四一六四二三	〇九八四五	五七七五七〇	一七七〇二〇	六〇四〇八六	五八二〇二九	四三〇三七四	七三四一六一	〇九三八五	一四一六一
七三	四二六二六八	〇九八六八	五八〇七五六	一六七九四九	六〇四五五三	五八四七八七	四三九六三六	七四三五四六	〇九三五三	一三五四六
七四	四三六一三六	〇九八九一	五八三七六六	一五八八七六	六〇四九九七	五八七三八七	四四八八九九	七五二八九九	〇九三四三	一二八九九

黄道半弧背積度（在分後爲赤道）	黄道矢度	黄道矢差	黄道半弧弦（又爲赤道小股）	黄赤道小股（又爲赤道小勾）	赤道小弦	赤道半弧弦	赤道矢度	赤道半弧背積度（在分後爲黄道）	度率	黄赤道差
十度	十度十分十秒	度十分十秒	十度十分十秒	十度十分十秒	十度十分十秒	十度十分十秒	十度十分十秒	十度十分十秒	度十分十秒	度十分十秒
七五	四四六〇二七	〇九九一〇	五八六六〇〇	一四九七六三	六〇五四一六	五八九八三〇	四五八一六三	七六二一四二	〇九三二九	一二三四二
七六	四五五九三七	〇九九二五	五八九二五八	一四〇六四三	六〇五八一〇	五九二一一七	四六七四二五	七七一五七一	〇九三一五	一一五七一
七七	四六五八六二	〇九九四〇	五九一七四四	一三一五〇八	六〇六一八一	五九四二五一	四七六六八五	七八〇八八六	〇九三〇四	一〇八八六
七八	四七五八〇二	〇九九三二	五九四〇五六	一二二三五九	六〇六五二六	五九六二三四	四八五九四四	七九〇一九〇	〇九二八六	一〇一九一
七九	四八五七五四	〇九九六二	五九六一九六	一一三二〇〇	六〇六八四七	五九八〇六五	四九五一九五	七九九四七六	〇九二七五	〇九四七六
八〇	四九五七一六	〇九九七二	五九八一六五	一〇四〇三二	六〇七一四四	五九九七四七	五〇四四四三	八〇八七五一	〇九二六五	〇八七五一
八一	五〇五六八八	〇九九七九	五九九九六三	〇九四八五四	六〇七四一五	六〇一二八一	五一三六八八	八一八〇一六	〇九二五五	〇八〇一六
八二	五一五六六七	〇九九八四	六〇一五九二	〇八五六七〇	六〇七六六一	六〇二六七四	五二二九一七	八二七二七一	〇九二四四	〇七二七一
八三	五二五六五一	〇九九八九	六〇三〇五一	〇七六四八一	六〇七八八二	六〇三九一三	五三二一五九	八三六五一五	〇九二三八	〇六五一五
八四	五三五六四〇	〇九九九三	六〇四三四五	〇六七二八七	六〇八〇七九	六〇五〇一二	五四一三八九	八四五七五三	〇九二二八	〇五七五三
八五	五四五六三三	〇九九九六	六〇五四七〇	〇五八〇九〇	六〇八二五〇	六〇五九六七	五五〇六一三	八五四九八一	〇九二二三	〇四九八一
八六	五五五六三九	〇九九九七	六〇六四一八	〇四八八九〇	六〇八三九五	六〇六七八一	五五九八三二	八六四二〇三	〇九二一五	〇四二〇三
八七	五六五六二六	〇九九九九	六〇七二二二	〇三九六二九	六〇八五一八	六〇七四五三	五六九〇四六	八七三四一八	〇九二一二	〇三四一八
八八	五七五六二五	一〇〇〇〇	六〇七八四九	〇三〇四八七	六〇八六一三	六〇七九八五	五七八二五七	八八二六三〇	〇九二一〇	〇二六三〇
八九	五八五六二五	一〇〇〇〇	六〇八三一一	〇二一二八三	六〇八六八三	六〇八三七一	五八七四六五	八九一八四〇	〇九二〇四	〇一八四〇
九〇	五九五六二五	一〇〇〇〇	六〇八六〇九	〇一二〇七九	六〇八七二九	六〇八六三〇	五九六六七一	九〇一〇四四	〇九二〇四	〇一〇四四
九一	六〇五六二五	〇三一二五	六〇八七四二	〇〇二八七六	六〇八七四九	六〇八七四三	六〇五八七四	九一〇二四八	〇二八七七	〇〇二四八
九一三一	六〇八七五〇	〇〇〇〇〇	六〇八七五〇	〇〇〇〇〇〇	六〇八七五〇	六〇八七五〇	六〇八七五〇	九一三一二五	〇〇〇〇〇	〇〇〇〇〇

按①：郭守敬創法五端，内一曰黄赤道差，此其根率也。舊法以一百一度相減相乘。《授時》立術，以勾股、弧矢、方圓、斜直所容，求其差數，合于渾象之理，視古爲密。顧至元《曆經》所②載甚略，又誤以黄道矢度爲積差，黄道矢差爲差率，今正之。③

黄赤道内外度及去極度分④

求⑤黄道各度距赤道内外術⑥。置周天⑦半徑内減去赤道小弦，餘爲赤道二弦差。又爲黄赤道小弧矢，又爲内外矢，又爲股弦差。置半徑内減去黄道矢度，餘爲黄赤道小弦，以二至黄赤道内外半弧弦乘之爲實，以黄赤道大弦爲法即周天半徑。而一⑧，爲黄赤道小弧弦。即黄赤道内外半弧弦，又爲黄赤道小勾。置二弦差自之⑨，以周天徑⑩除之，爲半背弦差。以差加黄赤道小弧弦爲黄赤道小弧半背，即黄赤道内外度。

求黄道各度去北極遠近術⑪。置黄道各度所推⑫黄赤道内外度，視在盈初縮末限以加，在縮初盈末限⑬以減，皆加減象⑭限度，即各得太陽去北極度及分秒⑮。

① 熊賜履本此處無此按語。
② 紹圖本『所』誤作『用』。
③ 梅文鼎本、王鴻緒本、定本此後有『割圓弧矢圖』『側視之圖』『平視之圖』三圖及圖下文字，且梅文鼎本卷一在此三圖後結束。
④ 梅文鼎本卷二自此始，其本卷標題作『大統曆志卷二』，署名作『宣城梅文鼎撰』。梅文鼎本、熊賜履本、王鴻緒本、定本此處標題作『黄赤道内外度』。本節可能爲黄百家參考邢雲路《古今律曆考》卷七十『曆原四』中的相關内容改編而成。
⑤ 梅文鼎本、熊賜履本、王鴻緒本『求』作『推』。
⑥ 定本將本段與下一段合爲一段，故將本句『求黄道各度距赤道内外術』改作『推黄道各度距赤道内外及去極遠近術』。
⑦ 定本此處無『周天』二字。
⑧ 梅文鼎本、熊賜履本、王鴻緒本『而一』作『法除實』，定本『即周天半徑。而一』作『即半徑。除之』。
⑨ 梅文鼎本、熊賜履本、王鴻緒本、定本『置二弦差自之』作『置黄赤道小弧矢自之即赤道二弦差。』。
⑩ 定本『周天徑』作『全徑』。
⑪ 定本此處無『求黄道各度去北極遠近術』。
⑫ 定本此處無『黄道各度所推』。
⑬ 梅文鼎本、熊賜履本、王鴻緒本此處無『限』字。
⑭ 紹圖本『象』誤作『乘』。
⑮ 定本『度及分秒』作『度分』。

如冬至後四十四度，求太陽去赤道内外及去極度。置①周天半徑六十〇度八十七分五十秒②，内減黄道四十四度下赤道小弦五十八度三十五分六十九秒，餘二度五十一分八十一秒，爲黄赤道内外矢。即赤道二弦差。③置半徑④内減黄道四十四度矢一十六度五十六分八十二秒，餘四十四度三十⑤分六十八秒，爲黄赤道小弦。置黄赤⑥小弦，以二至黄赤⑦内外半弧弦二十三度七十一分乘之，得一千〇五十〇度五十一分四二二⑧八爲實，以黄赤道大弦半徑。除之⑨，得一十七度二十五分六十九秒，爲黄赤道小弧弦，即内外半弧弦⑩。置黄赤道内外矢二度五一八一。自⑪之爲實⑫，以周徑一百二十一度七十五分。⑬爲法⑭除之，得五分二十⑮秒爲背弦差，以差加黄赤道小弧弦，一十七度一五六九。⑯共⑰得一十七度三十〇分八十九秒，爲内外度⑱。置象限九十一度

① 梅文鼎本、熊賜履本、王鴻緒本、定本「置」前有「術曰」二字。
② 梅文鼎本、熊賜履本、王鴻緒本、定本「五十秒」作「半」。
③ 梅文鼎本、熊賜履本、王鴻緒本、定本「内外矢即赤道二弦差。」作「小弧矢即内外矢。」。
④ 梅文鼎本、熊賜履本、王鴻緒本、定本「半徑」後有「六十〇度八七五」。
⑤ 梅文鼎本、熊賜履本、王鴻緒本、定本「三十」作「三十〇」。
⑥ 梅文鼎本、熊賜履本、王鴻緒本、定本「黄赤」後有「道」字。
⑦ 梅文鼎本、熊賜履本、王鴻緒本、定本「黄赤」後有「道」字。
⑧ 梅文鼎本、王鴻緒本、定本「二」作「三」。
⑨ 梅文鼎本、熊賜履本、王鴻緒本、定本「以黄赤道大弦半徑。除之」作「以黄赤道大弦六十〇度八七五爲法除之」。
⑩ 梅文鼎本、王鴻緒本、定本「即内外半弧弦」爲小注格式。
⑪ 紹圖本「自」誤作「句」。
⑫ 梅文鼎本、熊賜履本、王鴻緒本、定本「置黄赤道内外矢二度五一八一。自之爲實」作「置黄赤道小弧矢二度五十一分八十一秒自之爲實」。
⑬ 梅文鼎本、熊賜履本、王鴻緒本「周徑一百二十一度七十五分。」作「圓徑一百二十一度七十五分」，定本大體與梅文鼎本、熊賜履本、王鴻緒本相同，但「圓徑」作「全徑」。
⑭ 王鴻緒本、定本此處無「爲法」二字。
⑮ 梅文鼎本、王鴻緒本、定本「二十」作「二十一」。
⑯ 梅文鼎本、熊賜履本、王鴻緒本、定本「一十七度一五六九」作「一十七度二十五分六十九秒」，且爲正文格式。
⑰ 定本此處無「共」字。
⑱ 梅文鼎本、王鴻緒本、定本「爲内外度」作「爲二至前後四十四度太陽去赤道内外度」。

三一四三七五①，以内外度一十七度三〇八九加之，得一百〇八度六十二分三十二秒七十五微②，爲冬至後四十四度太陽去北極度。

黄道每度去赤道内外及去北極立成③

黄道積度	赤道小弦	黄赤内外矢 又爲赤道二弦差	内外半弧弦 又爲黄赤道小弧弦	背弦差	内外度 又爲黄赤道小弧半背	内外度差	冬至前後去極度	夏至前後去極度
十度	十度十分十秒	度十分十秒	十度十分十秒	十分十秒	十度十分十秒	十分十秒	百十度十分十秒	十度十分十秒
初	五六〇二一八	四八四八二	二三七一〇〇	一九三〇	二三九〇三〇	〇〇三三	一十五二一七三	六七四一一三
一	五六〇二八一	四八四六九	二三七〇七八	一九二九	二三八九九七	〇〇九九	一一五二一四〇	六七四一四六
二	五六〇三二三	四八四二七	二三六九七二	一九二六	二三八八九八	〇一六六	一一五二〇四一	六七四二四五
三	五六〇三九一	四八三五九	二三六八一二	一九二〇	二三八七三二	〇二三一	一一五一八七五	六七四四一一
四	五六〇四八七	四八二六三	二三六五八八	一九一三	二三八五四一	〇二九九	一一五一六四四	六七四六四二
五	五六〇六一〇	四八一四〇	二三六二九九	一九〇三	二三八二〇二	〇三六五	一一五一三四五	六七四九四一
六	五六〇七五九	四七九九一	二三五九四六	一八九一	二三七八三七	〇四三二	一一五〇九八〇	六七五三〇六
七	五六〇九三六	四七八一四	二三五五二八	一八七七	二三七四〇五	〇四九八	一一五〇五四八	六七五七三八
八	五六一一四〇	四七六一〇	二三五〇四五	一八六二	二三六九〇七	〇五六五	一一五〇〇五〇	六七六二三六
九	五六一三七一	四七三九九	二三四四九六	一八四六	二三六三四二	〇六三六	一一四九四八五	六七六八〇一
一〇	五六一六三〇	四七一二〇	二三三八八三	一八二三	二三五七〇六	〇七〇二	一一四八八四九	六七七四三七
一一	五六一九一五	四六八三五	二三三二〇三	一八〇一	二三五〇〇四	〇七六九	一一四八一四七	六七八一三九

① 梅文鼎本、熊賜履本、王鴻緒本、定本『三一四三七五』作『三十一分四十三秒七五』。
② 梅文鼎本、熊賜履本、王鴻緒本、定本『七十五微』作『七五』。
③ 定本此表僅有六列，無『赤道小弦』『背弦差』『内外度差』三列數據。

黃道積度	赤道小弦	黃赤內外矢 又爲赤道二弦差	內外半弧弦 又爲黃赤道小弧弦	背弦差	內外度 又爲黃赤道小弧半背	內外度差	冬至前後去極度	夏至前後去極度
十度	十度十分十秒	度十分十秒	十度十分十秒	十分十秒	十度十分十秒	十分十秒	百十度十分十秒	十度十分十秒
一二	五六二二二六	四六五二四	二三二四五七	一七七八	二三四二三五	〇八三九	一一四七三七八	六七八九〇八
一三	五六二五六三	四六一八七	二三一六四四	一七五二	二三三三九六	〇九〇八	一一四六五三九	六七九七四七
一四	五六二九二〇	四五八二二	二三〇七六四	一七二四	二三二四八八	〇九七五	一一四五六三一	六八〇六五五
一五	五六三三二〇	四五四三〇	二二九八一八	一六九五	二三一五一三	一〇四七	一一四四六五六	六八一六三〇
一六	五六三七三五	四五〇一五	二二八八〇二	一六六四	二三〇四六六	一一一四	一一四三六〇九	六八二六七七
一七	五六四一七八	四四五七二	二二七七二一	一六三一	二二九三五二	一一八五	一一四二四九五	六八三七九一
一八	五六四六四四	四四二〇六	二二六五七〇	一五九七	二二八一六七	一二五四	一一四一三一〇	六八四九七六
一九	五六五一五五	四三六一五	二二五三五一	一五六二	二二六九一三	一三二五	一一四〇〇五六	六八六二三〇
二〇	五六五六五二	四三〇九八	二二四〇六三	一五二五	二二五五八八	一三九五	一一三八七三一	六八七五五五
二一	五六六一九二	四二五五八	二二二七〇六	一四八七	二二四一九三	一四六六	一一三七三三六	六八八九五〇
二二	五六六七五六	四一九九四	二二一二七九	一四四八	二二二七二七	一五三七	一一三五八七〇	六九〇四一六
二三	五六七三四二	四一四〇八	二一九七八二	一四〇八	二二一一九〇	一六〇六	一一三四三三三	六九一九五三
二四	五六七九五二	四〇七九八	二一八二一七	一三六七	二一九五八四	一六七八	一一三二七二七	六九三五五九
二五	五六八五八二	四〇一六八	二一六五八一	一三二五	二一七九〇六	一七四七	一一三一〇四九	六九五二三七
二六	五六九二三四	三九五一六	二一四八七五	一二八四	二一六一五九	一八二〇	一一二九三〇二	六九六九八四
二七	五六九九〇六	三八八四四	二一三一〇〇	一二三九	二一四三三九	一八九〇	一一二七四八二	六九八八〇四
二八	五七〇五九九	三八一五一	二一一二五四	一一九五	二一二四四九	一九六〇	一一二五五九二	七〇〇六九四
二九	五七一三一〇	三七四四〇	二〇九三三九	一一五〇	二一〇四八九	二〇二七	一一二三六三二	七〇二六五四
三〇	五七二〇二九	三六七一一	二〇七三五五	一一〇七	二〇八四六二	二〇九九	一一二一六〇五	七〇四六八一

黄道積度	赤道小弦	黄赤内外矢 又爲赤道二弦差	内外半弧弦 又爲黄赤道小弧弦	背弦差	内外度 又爲黄赤道小弧半背	内外度差	冬至前後去極度	夏至前後去極度
十度	十度十分十秒	度十分十秒	十度十分十秒	十分十秒	十度十分十秒	十分十秒	百十度十分十秒	十度十分十秒
三一	五七二七八六	三五九六四	二〇五三〇一	一〇六二	二〇六三六三	二一六八	一一九五〇六	七〇六七八〇
三二	五七三五四九	三五二〇一	二〇二二七八	一〇一七	二〇四一九五	二二三五	一一七三三八	七〇八九四八
三三	五七四三三六	三四四二四	二〇〇九八七	〇九七三	二〇一九六〇	二三〇三	一一五一〇三	七一一一八三
三四	五七五一一八	三三六三二	一九八七二八	〇九二九	一九九六五七	二三七一	一一二八〇〇	七一三四八六
三五	五七五九二三	三二八二七	一九六四〇一	〇八八五	一九七二八六	二四三七	一一〇四二九	七一五八五七
三六	五七六七四〇	三二〇一〇	一九四〇〇八	〇八四一	一九四八四九	二五〇三	一〇七九九二	七一八二九四
三七	五七七五六九	三一一八一	一九一五四八	〇七九八	一九二三四六	二五六六	一〇五四八九	七二〇七九七
三八	五七八四〇七	三〇三四三	一八九〇二四	〇七五六	一八九七八〇	二六三一	一〇二九二三	七二三三六三
三九	五七九二五三	二九四九七	一八六四三五	〇七一四	一八七一四九	二六九三	一〇〇二九二	七二五九九四
四〇	五八〇一〇七	二八六四三	一八三七八二	〇六七三	一八四四五六	二七五二	〇九七五九九	七二八六八七
四一	五八〇九六七	二七七八三	一八一〇七〇	〇六三四	一八一七〇四	二八一四	〇九四八四七	七三一四三九
四二	五八一八三一	二六九一九	一七八二九五	〇五六五	一七八八九〇	二八七二	〇九二〇三三	七三四二五三
四三	五八二六九九	二六〇五一	一七五四六一	〇五五七	一七六〇一八	二九二九	〇八九一六一	七三七一二五
四四	五八三五六九	二五一八一	一七二五六九	〇五二〇	一七三〇八九	二九八四	〇八六二三二	七四〇〇五四
四五	五八四四四〇	二四三一〇	一六九六二〇	〇四八五	一七〇一〇五	三〇三八	〇八三二四八	七四三〇三八
四六	五八五三一一	二三四三九	一六六六一六	〇四五一	一六七〇六七	三〇九〇	〇八〇二一〇	七四六〇七六
四七	五八六一八〇	二二五七〇	一六三五五九	〇四一八	一六三九七七	三一四一	〇七七一二〇	七四九一六六
四八	五八七〇四五	二一七〇五	一六〇四四九	〇三八七	一六〇八三六	三一九一	〇七三九九九	七五二三〇七
四九	五八七九〇七	二〇八四三	一五七二八九	〇三五六	一五七六四五	三二三六	〇七〇七八八	七五五四九七

黃道積度	赤道小弦	黃赤內外矢 又爲赤道二弦差	內外半弧弦 又爲黃赤道小弧弦	背弦差	內外度 又爲黃赤道小弧半背	內外度差	冬至前後去極度	夏至前後去極度
十度	十度十分十秒	度十分十秒	十度十分十秒	十分十秒	十度十分十秒	十分十秒	百十度十分十秒	十度十分十秒
五〇	五八八七六三	一九九八七	一五四〇八一	〇三二八	一五四四〇九	三二八五	一〇六七五五二	七五八七三四
五一	五八九六一二	一九一三八	一五〇八二三	〇三〇一	一五一一二四	三三二六	一〇六四二六七	七六二〇一九
五二	五九〇四五三	一八二九七	一四七五二三	〇二七五	一四七七九八	三三六四	一〇六〇九四一	七六五三四五
五三	五九一二八五	一七四六五	一四四一八四	〇二五〇	一四四四三四	三四〇七	一〇五七五七七	七六八七〇九
五四	五九二一〇六	一六六四四	一四〇八〇〇	〇二二七	一四一〇二七	三四四五	一〇五四一七〇	七七二一一六
五五	五九二九一七	一五八三三	一三七三七七	〇二〇五	一三七五八二	三四八一	一〇五〇七二五	七七五五六一
五六	五九三七一四	一五〇三六	一三三九一六	〇一八五	一三四一〇一	三五一五	一〇四七二四四	七七九〇四二
五七	五九四四九九	一四二五一	一三〇四二〇	〇一六六	一三〇五八六	三五四七	一〇四三七二九	七八二五五七
五八	五九五二六七	一三四八三	一二六八九〇	〇一四九	一二七〇三九	三五七八	一〇四〇一八二	七八六一〇四
五九	五九六〇二三	一二七二八	一二三三二八	〇一三三	一二三四六一	三六〇七	一〇三六六〇四	七八九六八二
六〇	五九六七六〇	一一九九〇	一一九七三六	〇一一八	一一九八五四	三六三三	一〇三二九九七	七九三二八九
六一	五九七四八一	一一二六九	一一六一一七	〇一〇四	一一六二二一	三六五九	一〇二九三六四	七九六九二二
六二	五九八一八四	一〇五六六	一一二四七一	〇〇九一	一一二五六二	三六八三	一〇二五七〇五	八〇〇五八一
六三	五九八八六八	〇九八八二	一〇八七九九	〇〇八〇	一〇八八七九	三七〇五	一〇二二〇二二	八〇四二六四
六四	五九九五三二	〇九二一八	一〇五一〇五	〇〇六九	一〇五一七四	三七二四	一〇一八三一七	八〇七九六九
六五	六〇〇一七八	〇八五七二	一〇一三九〇	〇〇六〇	一〇一四五〇	三七四四	一〇一四五九三	八一一六九三
六六	六〇〇八〇二	〇七九四八	〇九七六五五	〇〇五一	〇九七七〇六	三七六一	一〇一〇八四九	八一五四三七
六七	六〇一四〇四	〇七三四六	〇九三九〇一	〇〇四四	〇九三九四五	三七七六	一〇〇七〇八八	八一九一九八
六八	六〇一九八四	〇六七六六	〇九〇一三二	〇〇三七	〇九〇一六九	三七九一	一〇〇三三一二	八二二九七四

黃道積度	赤道小弦	黃赤內外矢又爲赤道二弦差	內外半弧弦又爲黃赤道小弧弦	背弦差	內外度又爲黃赤道小弧半背	內外度差	冬至前後去極度	夏至前後去極度
十度	十度十分十秒	度十分十秒	十度十分十秒	十分十秒	十度十分十秒	十分十秒	百十度十分十秒	十度十分十秒
六九	六〇二五四四	〇六二〇六	〇八六三四七	〇〇三一	〇八六三七八	三八〇七	〇九九九五二一	八二六七六五
七〇	六〇三〇八一	〇五六六九	〇八二五四五	〇〇二六	〇八二五七一	三八一七	〇九九五七一四	八三〇五七二
七一	六〇三五九五	〇五一五五	〇七八七三三	〇〇二一	〇七八七五四	三八二八	〇九九一八九七	八三四三八九
七二	六〇四〇八六	〇四六六四	〇七四九〇九	〇〇一七	〇七四九二六	三八三八	〇九八八〇六九	八三八二一七
七三	六〇四五五三	〇四一九七	〇七一〇七四	〇〇一四	〇七一〇八八	三八四七	〇九八四二三一	八四二〇五五
七四	六〇四九九七	〇三七五三	〇六七二三〇	〇〇一一	〇六七二四一	三八五四	〇九八〇三八四	八四五九〇二
七五	六〇五四一六	〇三三三四	〇六三三七八	〇〇〇九	〇六三三八七	三八六二	〇九七六五三〇	八四九七五六
七六	六〇五八一〇	〇二九四〇	〇五九五一八	〇〇〇七	〇五九五二五	三八六七	〇九七二六六八	八五三六一八
七七	六〇六一八一	〇二五六九	〇五五六五三	〇〇〇五	〇五五六五八	三八七三	〇九六八八〇一	八五七四八五
七八	六〇六五二六	〇二二二四	〇五一七八一	〇〇〇四	〇五一七八五	三八七七	〇九六四九二八	八六一三五八
七九	六〇六八四七	〇一九〇三	〇四七九〇五	〇〇〇三	〇四七九〇八	三八八一	〇九六一〇五一	八六五二三五
八〇	六〇七一四四	〇一六〇六	〇四四〇二五	〇〇〇二	〇四四〇二七	三八八五	〇九五七一七〇	八六九一一六
八一	六〇七四一五	〇一三三五	〇四〇一四一	〇〇〇一	〇四〇一四二	三八八八	〇九五三二八五	八七三〇〇一
八二	六〇七六六一	〇一〇八九	〇三六二五四	〇〇〇〇	〇三六二五四	三八八九	〇九四九三九七	八七六八八九
八三	六〇七八八二	〇〇八六八	〇三二三六五	〇〇〇〇	〇三二三六五	三八九〇	〇九四五五六八	八八〇七七八
八四	六〇八〇七九	〇〇六七一	〇二八四七五	〇〇〇〇	〇二八四七五	三八九二	〇九四一六一八	八八四六六八
八五	六〇八二五〇	〇〇五〇〇	〇二四五八三	〇〇〇〇	〇二四五八三	三八九三	〇九三七七二六	八八八五六〇
八六	六〇八三九五	〇〇三五五	〇二〇六九〇	〇〇〇〇	〇二〇六九〇	三八九四	〇九三三八三三	八九二四五二

黃道積度	赤道小弦	黃赤内外矢又爲赤道二弦差	内外半弧弦又爲黃赤道小弧弦	背弦差	内外度又爲黃赤道小弧半背	内外度差	冬至前後去極度	夏至前後去極度
十度	十度十分十秒	度十分十秒	十度十分十秒	十分十秒	十度十分十秒	十分十秒	百十度十分十秒	十度十分十秒
八七	六〇八五一八	〇〇二三二	〇一六七九六	〇〇〇〇	〇一六七九六	三八九四	〇九二九九三九	八九六三四八
八八	六〇八六一三	〇〇一三七	〇一二九〇二	〇〇〇〇	〇一二九〇二	三八九五	〇九二六〇四五	九〇〇二四一
八九	六〇八六八三	〇〇〇六七	〇〇九〇〇七	〇〇〇〇	〇〇九〇〇七	三八九五	〇九二二一五〇	九〇四一三六
九〇	六〇八七二九	〇〇〇二一	〇〇五一一二	〇〇〇〇	〇〇五一一二	三八九五	〇九一八二五五	九〇八〇三一
九一	六〇八七四九	〇〇〇〇一	〇〇一二一七	〇〇〇〇	〇〇一二一七	一二一七	〇九一四三六〇	九一一九二六
九一三一四三	六〇八七五〇	〇〇〇〇〇	〇〇〇〇〇〇	〇〇〇〇	〇〇〇〇〇〇	〇〇〇〇	〇九一三一四三	九一五一四三

白道交周附圖①

推白赤道正交距黃赤道正交極數術②。置實測白道出入黃道内外六度③，即以一度爲矢④。置周天半徑⑤自之，得三千⑥七百〇五⑦度七六五六二五，以矢六度而一，六度爲一度。⑧得六百一十七度六十三分爲股弦和，加矢六度，共六百二十三度六十

① 梅文鼎本、熊賜履本、王鴻緒本、定本此處無『附圖』二字。本節可能爲黃百家參考黃宗羲《授時曆故》卷四『月離厤』中的相關内容改編而成。
② 梅文鼎本、熊賜履本、王鴻緒本、定本『術』作『術曰』。
③ 梅文鼎本、熊賜履本、王鴻緒本、定本『六度』後有『爲半弧弦，又爲大圓弧矢，又爲股弦差』。
④ 梅文鼎本、熊賜履本、王鴻緒本、定本此處無『即以一度爲矢』。
⑤ 梅文鼎本、熊賜履本、王鴻緒本、定本『半徑』後有『六十〇度八七五』。
⑥ 紹圖本『千』誤作『十』。
⑦ 紹圖本『五』誤作『三』。
⑧ 梅文鼎本、熊賜履本、王鴻緒本、定本此處無此小注。

三分爲大圓徑。依法求得容闊五度七十分，法注後。①是②爲小勾。以大勾二十三度七一二至出入半弧弦爲大勾。爲法，除大股五十六度〇六五〇③，矢減半徑，餘爲大股，俱見前側立圜。④得二度三十七分就整。爲度差。以度差乘小勾，得小股一十三度四十七分八十二秒，爲容半長。以大弦半徑。乘小勾，以大勾除之⑤，得一十四度六十三分爲小弦，又爲白赤道正交距黄赤道正交半弧弦。依法求得半弧背一十四度六十六分，白⑥赤道正交距黄赤道正交極數。求容闊法，置大圓徑以矢減之，以截矢乘之爲容半長，冪寄左。以度差自乘，與寄左相消，平方開之得數。⑦

① 梅文鼎本、熊賜履本、王鴻緒本、定本此處無此小注。
② 梅文鼎本、熊賜履本、王鴻緒本、定本「是」作「又」。
③ 梅文鼎本、熊賜履本、王鴻緒本、定本「以大勾二十三度七一二至出入半弧弦爲大勾。爲法，除大股五十六度〇六五〇」作「又以二至出入半弧弦二十三度七十一分爲大勾，以大勾爲法，除大股五十六度〇六分五十秒」。
④ 梅文鼎本、熊賜履本、王鴻緒本、定本此處無此小注。
⑤ 王鴻緒本「以大弦半徑。乘小勾，以大勾除之」作「置周天半徑爲大弦，以乘小勾五度七十分爲實，以大勾二十三度七十一分爲法除之」；梅文鼎本大體與王鴻緒本相同，但「五度七十分」作「〇五度七十分」；熊賜履本亦大體與王鴻緒本相同，但「七十一分」誤作「七十一八」；定本該句作「置半徑六十〇度八七五爲大弦，以乘小勾五度七十分爲實，以大勾二十三度七十一分爲法除之」。
⑥ 梅文鼎本、熊賜履本、王鴻緒本、定本「白」前有「爲」字。
⑦ 梅文鼎本、熊賜履本、王鴻緒本、定本此處無此小注。

月道距差圖①

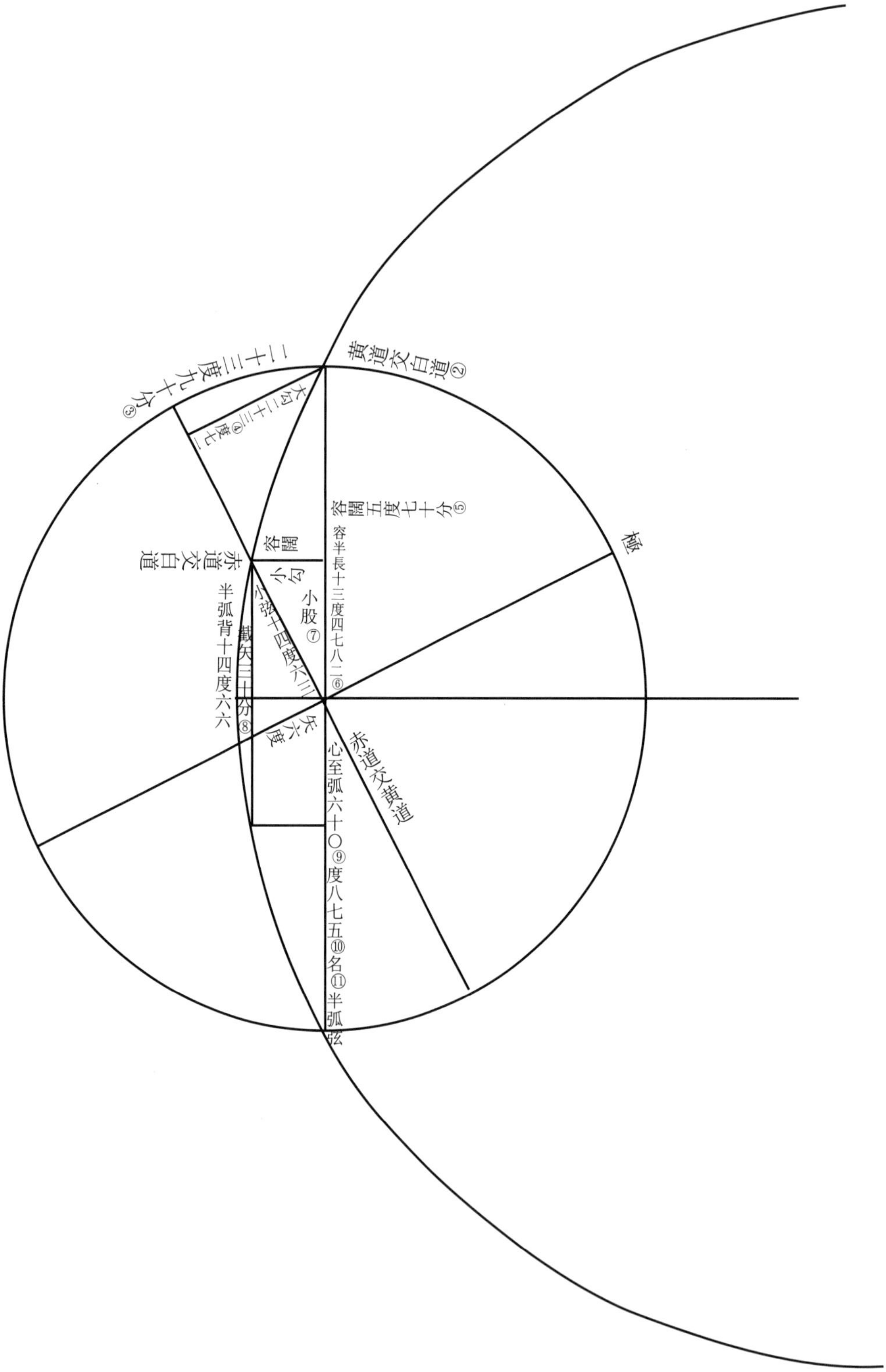
黄道交白道②
二十三度九十分③
大勾二十三④度七二
容闊五度七十分⑤
容半長十三度四七八二⑥
容闊
赤道交白道
勾小
小股⑦
小弦十四度六三
半弧背十四度六六
截矢三十分⑧
矢六度
極
赤道交黄道
心至弧六十○⑨度八七五⑩名⑪半弧弦

按⑫：黄道出入赤道，遠約距二十四度。白道出入黄道，下逾六度，其距赤道遠不過三十度，近不下十八度。交初入黄道北爲陰，出黄道南爲陽。陰陽一周分爲四象，月當黄道爲正交，出黄道外六度爲正半交，復當黄道爲中交，入黄道内六度爲中半交，四象周曆爲交終，退天約一度半。其月道與赤道正交距春秋二正、黄赤正交東西相去之數，難以測識，郭⑬氏因焉大圓弧矢以弧中所容直闊之法求之，而得月行之理，最爲詳密。因知古者九道之説，當廢無疑也。

① 熊賜履本此處無此圖。梅文鼎本『月道距差圖』後有『里差漏刻』一節，而該節在黄百家本卷四、熊賜履本卷三十一『曆法五』、王鴻緒本『志十四』、定本卷三十三。梅文鼎本卷二在『里差漏刻』文字部分之後、立成表之前結束。王鴻緒本該頁末有『明史稿 志第九終』，其『曆三上 大統曆法一 法原』至此結束。定本該頁末有『明史卷三十二終』，其『曆二 大統曆法一 法原』至此結束。

② 定本此處無『交白道』，但圖下方另一側相應處標有『黄道交白道』。

③ 定本『九十分』作『九〇』，且旁標有『赤道』。

④ 梅文鼎本『二十三』作『廿三』。

⑤ 梅文鼎本『容闊五度七十分』在圖另一側相應處。定本此處作『容闊五度七〇爲小勾』。

⑥ 梅文鼎本、王鴻緒本無『容半長十三度四七八二』，定本『容半長』在圖另一側相應處，但無數據。

⑦ 梅文鼎本、王鴻緒本、定本此處無『小股』二字。

⑧ 梅文鼎本『截矢三十分』作『小矢』，定本此處無文字。

⑨ 定本此處無『〇』字。

⑩ 梅文鼎本『八七五』誤作『七八五』。

⑪ 定本『名』作『爲』。

⑫ 梅文鼎本、熊賜履本、王鴻緒本、定本此處無此按語。該按語應爲黄百家參考周述學《神道大編曆宗通議》卷十『白道交周議』、《雲淵先生文選》卷一『論白與黄赤道差』中的相關内容改編而成。

⑬ 紹圖本『郭』誤作『耶』。

明史曆志卷四①

姚江耒史黃百家纂②

大統曆法　法原下③

平立定三差④

太陽盈縮三差⑤之原

盈初縮末限⑥。冬至前後盈初縮末限，八十八日九十一刻，就整。離爲六段，每段各得一十四日八十二刻⑦。實測躔度數⑧與平行相較，以爲積差。如第一段下積差七千⑨〇五十八分〇二五，乃是實測日至四十日⑩八十二刻，此初日所差之數。餘仿此⑪。

① 梅文鼎本本卷標題作『大統曆志卷三』，熊賜履本此處未分卷，王鴻緒本作『明史稿　志第十』，定本作『明史卷三十三　志第九』。

② 梅文鼎本本卷署名作『宣城梅文鼎撰』，王鴻緒本作『光禄大夫經筵講官明史總裁户部尚書加七級臣王鴻緒奉敕編撰』，定本作『總裁官總理事務經筵講官少保兼太子太保保和殿大學士兼管吏部户部尚書事加六級張廷玉等奉敕修』。

③ 梅文鼎本此處無標題，王鴻緒本此處標題作『曆三下』，定本作『曆三　大統曆法一下法原』。

④ 梅文鼎本、熊賜履本、王鴻緒本、定本此處無此標題。本節可能爲黃百家參考邢雲路《古今律曆考》卷六十八、七十一中的相關内容改編而成。據周述學《雲淵先生文選》卷二『五星常變差』，這種平立定三差的構造方法應由張方齋所創，詳見曲安京《中國曆法與數學》第五章第四節。梅文鼎本此前有『黃道每度晝夜刻立成』及『二至出入差圖』，即上卷『里差刻漏』的剩餘未完部分。

⑤ 梅文鼎本、熊賜履本、王鴻緒本、定本『三差』作『平立定三差』。

⑥ 梅文鼎本、熊賜履本、王鴻緒本、定本此處無『盈初縮末限』。

⑦ 梅文鼎本、熊賜履本、王鴻緒本、定本『刻』後有小注『就整』。

⑧ 梅文鼎本、熊賜履本、王鴻緒本、定本『實測躔度數』作『各段實測日躔度數』。

⑨ 紹圖本『千』誤作『十』。

⑩『四十日』應爲『十四日』之誤。

⑪ 梅文鼎本、熊賜履本、王鴻緒本、定本此處無此小注。

	積日	積差①
第一段	一十四日八十二刻②	七千〇五十八分〇二五
第二段	二十九日六十四刻	一萬二千九百七十六分三九二③
第三段	四十四日四十六刻	一萬七千六百九十三分七四六二
第四段	五十九日二十八刻	二萬一千一百四十八分七三二八
第五段	七十四日一十刻④	二萬三千二百七十九分九九七
第六段	八十八日九十二刻	二萬四千〇⑤二十六分一八四

求各段日平差、一差、二差⑥。各置其段積差，以其段積日除之，爲各段日平差。如置第一段下積差七千〇五八〇二五，即以一段積日一十四日八二除之，得四百七十六分二十五秒，爲第一段平差分。餘仿此。⑦置各段日⑧平差，與後⑨日平差相減，爲一差。如置第一段平差四百七十六分二五，與第二段平差四百三十七分八十秒相減，餘三十八分四五爲第一段一差，乃初日至十四日八十二刻共差之數。餘仿此。⑩置一差，與後段一差相減，爲二差。如置第一段一差，與第二段一差相減，餘一分三十八秒，爲各段二差。此每日所差之數。⑪

① 梅文鼎本、熊賜履本、王鴻緒本將『積日』『積差』置于下文第一至六段中的每個數據前，後不贅述。
② 梅文鼎本、熊賜履本、王鴻緒本、定本『八十二刻』作『八二』，下文第二至六段的情况類似，後不贅述。
③ 熊賜履本、王鴻緒本、定本『七十六分三九二』作『七十六三九二』，梅文鼎本誤作『七十二三九六』；下文第二至六段，不同版本的數字格式情况類似，即梅文鼎本、熊賜履本、王鴻緒本、定本無『分』字，後不贅述。
④ 梅文鼎本、熊賜履本、王鴻緒本、定本『一十刻』作『一〇』。
⑤ 梅文鼎本『〇』作『〇百』。
⑥ 梅文鼎本、熊賜履本、王鴻緒本、定本此處無『求各段日平差、一差、二差』。
⑦ 梅文鼎本、熊賜履本、王鴻緒本、定本此處無此小注。
⑧ 梅文鼎本此處無『置各段日』。
⑨ 梅文鼎本、熊賜履本、王鴻緒本、定本『後』作『後段』。
⑩ 梅文鼎本、熊賜履本、王鴻緒本、定本此處無此小注。
⑪ 梅文鼎本、熊賜履本、王鴻緒本、定本此處無此小注。

	日平差	一差	二差
第一段	四百七十六①分二五	三十八分四五	一分三八
第二段	四百三十七分八〇	三十九分八三	一分三八
第三段	三百九十七分九七	四十一分二一	一分三八
第四段	三百五十六分七六	四十二分五九	一分三八
第五段	三百一十四分一七	四十三分九七	
第六段	二②百七十〇分二〇		

求平立定三差③。置第一段日平差，四百七十六分二十五秒爲泛平積。以④第一⑤段二差一分三十八秒，減⑥第一段一差三十八分四十五秒，凡加減，前多後少加，前少後多減，一差俱前少後多，故減。⑦餘三十七分〇七秒爲泛平積差。另置第一段二差一分三十八秒，折半得六十九秒爲泛立積差。以泛平積差三十七分〇七秒，加入泛平積四百七十六分二五⑧，平差俱前多後少，故加。⑨共得五百一十三分三十二秒⑩，爲定差。即五百一十三萬三千二百數。⑪以泛立積差六十九秒，減⑫泛平積差三十七分〇七秒，泛平積差

① 梅文鼎本「六」誤作「七」。
② 紹圖本、熊賜履本「二」誤作「三」。
③ 梅文鼎本、熊賜履本、王鴻緒本、定本此處無「求平立定三差」。
④ 梅文鼎本此處無「以」字。
⑤ 定本「一」誤作「二」。
⑥ 梅文鼎本、熊賜履本、王鴻緒本、定本「減」前有「去」字。
⑦ 梅文鼎本、熊賜履本、王鴻緒本、定本此處無此小注。
⑧ 梅文鼎本、熊賜履本、王鴻緒本、定本「二五」作「二十五秒」。
⑨ 梅文鼎本、熊賜履本、王鴻緒本、定本此處無此小注。
⑩ 梅文鼎本「三十二秒」誤作「三十〇一秒」。
⑪ 梅文鼎本、熊賜履本、王鴻緒本、定本此處無此小注。
⑫ 梅文鼎本、熊賜履本、王鴻緒本、定本「減」前有「去」字。

從第一段一差來，前少後多，故減。①餘三十六分三十八秒爲實，段日②一十四日八十二刻爲法除之，得二分四十六秒爲平差。以③泛立積差六十九秒爲實，段日④一四八二爲法⑤除二⑥次，得三十一微爲立差。依算得三⑦十一分，位次分常爲微，見前。⑧

盈初縮末三差用數⑨：

平差二分四十六秒⑩，

立差三十一微，

定差五百一十三分三十二秒⑪。

縮初盈末限⑫。夏至前後縮初盈末限，九十三日七十一刻，就整。離爲六段，每段各得一十五日六十二刻。就整。各段實測日躔度數，與平行相較，以爲積差。

① 梅文鼎本、熊賜履本、王鴻緒本、定本此處無此小注。
② 定本『段日』前有『以』字。
③ 梅文鼎本、熊賜履本、王鴻緒本、定本『以』作『置』。
④ 定本『段日』前有『以』字。
⑤ 紹圖本『法』誤作『泛』。梅文鼎本、熊賜履本、王鴻緒本『一四八二爲泛』作『一十四日八十二刻爲法』，定本作『爲法』。
⑥ 梅文鼎本『二』作『兩』。
⑦ 紹圖本『三』誤作『二』。
⑧ 梅文鼎本、熊賜履本、王鴻緒本、定本此處無此小注。
⑨ 定本此此處無此三差用數。
⑩ 梅文鼎本、熊賜履本、王鴻緒本此處平差數據在立差之後。
⑪ 梅文鼎本此處無『三十二秒』。
⑫ 梅文鼎本、熊賜履本、王鴻緒本、定本此處無『縮初盈末限』。

	積日	積差①
第一段	一十五日六二	七千〇五十八分九九〇四
第二段	三十一日②二四	一萬二千九百七③十八六五八
第三段	四十六日八六	一萬七千六百九十六六七九
第四段	六十二日四八	二萬一千一百五十〇七二九六
第五段	七十八日一〇	二萬三千二百七十八四六④
第六段	九十三日七二	二萬四千〇一十七六四⑤

求各段日平差、一差、二差術，同盈初縮末⑥。

	日平差	一差	二差
第一段	四百五十一⑦分九二	三⑧十六分四七	一分三三
第二段	四百一十五分四五	三十七⑨分八〇	一分三三⑩

① 梅文鼎本、熊賜履本、王鴻緒本將『積日』『積差』置于表中每個數據前。
② 梅文鼎本『三十一日』誤作『一十五日』。
③ 熊賜履本『七』誤作『六』。
④ 王鴻緒本、定本『四六』作『四八六』，梅文鼎本『十八四六』作『十八四八六』。
⑤ 王鴻緒本、定本『〇一十七六四』作『〇百一十七六二四四』，梅文鼎本『〇一十七六四』作『〇百一十七六二四四』。
⑥ 梅文鼎本、熊賜履本、王鴻緒本、定本『求各段日平差、一差、二差術，同盈初縮末』作『推日平差、一差、二差術，與盈初縮末同』。
⑦ 梅文鼎本『一』誤作『四』。
⑧ 紹圖本『三』誤作『一』。
⑨ 紹圖本『七』誤作『八』。
⑩ 梅文鼎本『三三』誤作『三二』。

第三段　三百七十七分六五　三十九分一三①　一分三三

第四段　三百三十八分五二　四十〇分四六　一分三三

第五段　二百九十八②分〇六　四十一分七九

第六段　二百五十六分二七

推平立定三差③。置第一段日平差四百五十一分九十二秒，爲泛平積。以二差④一分三十三秒，減⑤一差⑥三十六分四十七秒，餘三十五分一十四秒，爲泛平積差。另置二差⑦一分三十三秒折半，得六十六秒五十微，爲泛立積差。以泛平積差，三五一四。⑧加入泛平積，四五一九二。⑨共四百八十七分〇六秒，爲定差。以泛立積差，六六五〇。⑩減泛平積⑪，餘三十四分四十七秒五十微爲實，段日⑫一十五日六二爲法除之，得二分二十一秒爲平差。置泛立積差⑬爲實，段日⑭一五六二。⑮爲法除⑯二次，得二一

①　梅文鼎本、王鴻緒本、定本「三」誤作「二」。
②　紹圖本此處脱「八」字。
③　梅文鼎本、熊賜履本、王鴻緒本、定本此處無「推平立定三差」。
④　熊賜履本、王鴻緒本、定本「二差」前有「第一段」，梅文鼎本有「第」字。
⑤　梅文鼎本、熊賜履本、王鴻緒本、定本「減」前有「去」字。
⑥　梅文鼎本、熊賜履本、王鴻緒本、定本「一差」前有「第一段」。
⑦　梅文鼎本、熊賜履本、王鴻緒本、定本「二差」前有「第一段」。
⑧　梅文鼎本、熊賜履本、王鴻緒本、定本「三五一四。」作「三十五分一十四秒」，且爲正文格式。
⑨　梅文鼎本、熊賜履本、王鴻緒本、定本「四五一九二。」作「四百五十一分九十二秒」，且爲正文格式。
⑩　梅文鼎本、熊賜履本、王鴻緒本、定本「六六五〇。」作「六十六秒五十微」，且爲正文格式。
⑪　梅文鼎本、熊賜履本、王鴻緒本、定本「減泛平積」作「去減泛平差三十五分一十四秒」。
⑫　定本「段日」前有「以」。
⑬　梅文鼎本、熊賜履本、王鴻緒本「積差」後有「六十六秒五十微」。
⑭　定本「段日」前有「以」。
⑮　梅文鼎本、熊賜履本、王鴻緒本「一五六二」作「一十五日六二」，且爲正文格式。定本此處無此小注。
⑯　熊賜履本、王鴻緒本「除」作「除之」。

十七微，爲立差。

縮初盈末三差用數①：

平差二分二十一秒②，

立差二十七微，

定差四百八十七分〇六秒。

推盈縮積度。置立差，（盈初縮末三十一微，縮初盈末二十七微。）以初末限乘之，得數加平差。（盈初縮末二萬四六，縮初盈末二萬二一，以立差數在微以萬作分。）又以初末限乘之，得數以減定差，（盈初縮末五百一十三萬三二，縮初盈末四百八十七萬〇六。）餘數又以初末限求之，爲盈縮積度。③

按④：盈曆以八十八日九〇九二二⑤五爲限，縮曆以九十三日七一二〇二五爲限。在其限以⑥下爲初，在其限⑦以⑧上轉減半歲周，餘爲末。盈初八十八日九〇九二二五⑨，是從冬至後順推。縮末亦八十八日九〇九二二五⑩，是從冬至前逆溯。其

① 定本此處無此三差數據。

② 梅文鼎本、熊賜履本、王鴻緒本此處平差數據在立差之後。

③ 梅文鼎本、熊賜履本、王鴻緒本「推盈縮積度。……爲盈縮積度」作「凡求盈縮，皆以入曆初末日乘立差，得數以加平差，再以初末日乘之，得數以減定差，餘數以初末日乘之，爲盈縮積」。定本大體與梅文鼎本、熊賜履本、王鴻緒本相同，但「皆以入曆初末日乘立差」一句無「皆」字。

④ 梅文鼎本、熊賜履本、王鴻緒本、定本「按」作「凡」。

⑤ 紹圖本「二」誤作「三」。

⑥ 王鴻緒本、定本「以」作「已」。

⑦ 梅文鼎本、熊賜履本、王鴻緒本、定本此處無「在其限」。

⑧ 王鴻緒本「以」作「已」。

⑨ 定本此處無「八十八日九〇九二二五」。

⑩ 定本此處無「亦八十八日九〇九二二五」。

距冬至同，故其盈積同。縮初九十三①日七一二〇二五②，是從夏至後順推，盈末亦九十三日七一二〇二五③，是從夏至④逆溯。其距夏至同，故其縮積同。

盈縮限⑤

盈初限八十八日九千〇九十二分二十五秒，

盈末限九十三日七千一百二十〇分二十五秒，

縮初限九十三日七千一百二十〇分二十五秒，

縮末限八十八日九千〇九十二分二十五秒。

按⑥：四限每限同行一象限，何以其度同，日數不同也？此由黄道心與地不同心之故也。蓋外規天元經度與地心同，而日輪之周行黄道，其得黄道本圈之中心于地心有距度。西法因此所以位⑦最高、最高衝之名，或作小輪，亦與同理。自春分而夏至，自夏至而秋分，論天元之經度正周天之半也，太陽之經度行已過半周而逾四度有奇矣。秋分而冬至，自冬至而春分，論天元之經度亦周天之半也，太陽之經度行不及半周而尚少四度有奇也。顧節氣以天元經度爲準，不在太陽自行之多寡，必日躔降婁宮次正交赤道爲春分，躔鶉首宮次去赤道極北爲夏至，躔壽星宮次又交赤道爲秋分，然在日自行之度遠，而爲日亦多矣。由壽星而躔星紀去赤道極南爲冬至，由冬至而復至降婁，在日自行之度近，而爲日亦少矣。設使不知此理，但取歲實二十四年分之，每得一十五日有奇爲一節氣，不亦于天大徑庭乎？此盈縮加減之法所由立也。

① 梅文鼎本「三」誤作「二」。
② 定本此處無「九十三日七一二〇二五」。
③ 定本此處無「亦九十三日七一二〇二五」。
④ 梅文鼎本、熊賜履本、王鴻緒本、定本「夏至」後有「前」字。
⑤ 梅文鼎本、熊賜履本、王鴻緒本、定本此處未載「盈縮限」數據，亦無之後按語。
⑥ 此處按語應爲黄百家參考《崇禎曆書・日躔曆指》相關内容編撰而成。
⑦ 「位」疑爲「立」之誤。

盈縮招差圖①

差平 差立	一 九	一 八	一 七	一 六	一 五	一 四	一差平 三差立	一差平 二差立	一差平 一差立
差平 差立	二 八十	二 六十	二 四十	二 二十	二 十	一 八	一差平 六差立	二差平 四差立	定差實②
差平 差立	三 七廿	三 四廿	三 一廿	三 八十	三 五十	三 二十	三差平 九差立	定差	
差平 差立	四 六三	四 二三	四 八廿	四 四廿	四 十二	四 六十	定差		
差平 差立	五 五四	五 十四	五 五三	五 十三	五 五廿	定差			
差平 差立	七 四五	六 八四	六 二四	六 六三	定差				
差平 差立	八 三六	七 六五	七 九四	定差					
差平 差立	八 二七	八 四六	定差						
差平 差立	九 一八	定差							
	九限 定差③	八限	七限	六限	五限	四限	三限	二限	一限

① 梅文鼎本此處標題作『盈縮招差之圖』。不同版本圖中數據表示方式略有差异，如『三十』作『卅』，『二十』作『廿』，『八十一』作『八一』，等等。爲避免注釋過于繁瑣，此處不对這些差异逐一進行標注，後不贅述。

② 梅文鼎本、熊賜履本、王鴻緒本此列前有『定差法』表頭，定本則將『定差實』提前一列作表頭。

③ 定本『定差』後有『法』字。

按①：日行黄道，以一日當一度者，平行也。若實測之盈縮損益，四序不同。自冬至日行一度强，出赤道外二十四度弱，自此日軌漸北，當春分前三日，依本法言之。交赤道而適平，爲盈初限。自後其盈日損，及當夏至，向之盈分盡損而無餘，爲盈末限，盈末之行較盈初極差二度四十分一十四秒。何以謂之盈也？以盈初之盈未盡，故亦謂之盈。夏至日行一度弱，入赤道内二十四度弱，自此日軌漸南，當秋分後三日交赤道亦適平，爲縮初限。自後其縮日益，復當冬至，向之縮分盡益而無餘，爲縮末限，縮末之行較縮初極差亦二度四十分一十四秒。何以謂之縮也？以縮初之縮未補，故亦謂之縮。其盈縮均有損益，初爲益，末爲損，盈初縮末俱八十八日九十一分而行一象限，縮初盈末九十三日七十一分而行一象限，盈縮極差皆二度四十分强，由實測晷景而得數。郭氏至招差法以推之，列實測盈縮積差各六段，亦以六除二至後所入初末限，得盈縮每段積日。各以段積日除各段下積差，得各段平差。是差雖平于一段，而較之各段，猶未平也，即爲每段泛平差積。以各段平差前後相減爲一差，其得數尚未齊，乃平差逐段漸少之差分也。又以一差前後相減爲二差，而各段之得數齊矣，即以第一段平差爲泛平積。用本段二差加減一差爲泛平差，以加減泛平積爲定平積，是即所謂定差也。以二除二差爲泛立積差，加減泛平積差爲定平差，以段日除之爲日定平差，即所謂平差也。以段日再除泛立積差爲日立差，即所謂立差也。其加減法，皆以後多前少者爲減，前多後少者爲加，是以

① 此處按語應爲黄百家參考周述學《雲淵先生文選》卷二『論日躔盈縮差』改編而成。梅文鼎本、熊賜履本、王鴻緒本、定本此處無此按語，而有一節『凡布立成』，對應黄百家本卷五『推步上・步日躔』結尾的『布太陽盈縮立成法』一節。梅文鼎本的『凡布立成』一節在招差表格之前，而熊賜履本、王鴻緒本、定本則在表格之後。定本在『凡布立成』前另有一節『盈縮招差圖説』及按語：

『**盈縮招差圖説**

盈縮招差，本爲一象限之法。如盈曆則以八十八日九十一刻爲象限，縮曆則以九十三日七十一刻爲象限。今止作九限者，舉此爲例也。其空格九行定差本數，爲實也。其斜綫以上平差立差之數，爲法也。斜綫以下空格之定差，乃餘實也。假如定差爲一萬，平差爲一百，立差爲單一。今求九限法，以九限乘定差得九萬爲實。另置平差，以九限乘二次，得八千一百。置立差，以九限乘三次，得七百二十九。并兩數得八千八百二十九爲法。以法減實，餘八萬一千一百七十一，爲九限積。又法，以九限乘平差得九百，又以九限乘立差二次得八十一，并兩數得九百八十一爲法，定差一萬爲實，以法減實，餘九千零一十九，即九限末位所書之定差也。于是再以九限乘餘實，得八萬一千一百七十一，爲九限積，與前所得同。蓋前法是先乘後減，又法是先減後乘，其理一也。

按：《授時曆》于七政盈縮，并以垜積招差立算，其法巧合天行，與西人用小輪推步之法，殊途同歸。然世所傳《九章》諸書，不載其術，《曆草》載其術，而不言其故。宣城梅文鼎爲之圖解，于平差、立差之理，垜積之法，皆有以發明其所以然。有專書行于世，不能備録，謹録「招差圖説」，以明立法之大意云。』

定本『盈縮招差圖説』一節取自梅文鼎《曆學駢枝》卷五，其後按語可能爲梅瑴成參考《勿庵曆算書目》『平定三差詳説一卷』編撰。

求差之法。置立差以限乘之，并平差再以限乘之，以平差一除，故一乘，立差再除，故再乘也。蓋以平、立二差爲消息之法，用之以減定差，其定差又與限相乘而得差者，以段積日與段積差相除故也。所得盈縮差數與所測允合。此以三差立法，巧思最爲奇特。而修《元史》者遺之，没造曆之意矣。

太陰遲疾平立定三差之原

積限積差①。太陰轉周二十七日五十五刻四十六分②，月行一周之數。測分四象，各得③七段。四象二十八段，每段十二限，每象八十四限，凡三百三十六限。而四象一周，得每段下實測月行遲疾之數④，與平行相較，以求積差。各段下實測晷差若干，爲各段遲疾度差分。如第一段遲疾度差一度二十八分七一二，乃是測晷至十二限比初限所差之數。餘仿此。⑤

	積限	積差
第一段	一十二	一度二十八分七一二
第二段	二十四	二度四十五分九六一六
第三段	三十六	三度四十八分三七九二
第四段	四十八	四度三十二分五九五二⑥
第五段	六十	四度九十五分二四
第六段	七十二	五度三十二分九四四

① 梅文鼎本、熊賜履本、王鴻緒本、定本此處無『積限積差』。
② 紹圖本『四十六分』誤作『四十一分』。梅文鼎本、熊賜履本、王鴻緒本、定本『四十六分』作『四六』，且無之後小注。
③ 梅文鼎本、熊賜履本、王鴻緒本、定本『各得』作『象各』。
④ 梅文鼎本、熊賜履本、王鴻緒本『得每段下實測月行遲疾之數』作『以四象爲法，除轉周日，得每象六日八八六五，以分七段，每段下實測月行遲疾之數』； 定本大體與梅文鼎本、熊賜履本、王鴻緒本相同，但『以分七段』作『分爲七段』。
⑤ 梅文鼎本、熊賜履本、王鴻緒本、定本此處此無小注。
⑥ 紹圖本『二』誤作『一』。

第七段　八十四　五度四十二分三三七六

求各段平差一差、二差①。各置其段積差，以其段積限爲法除之，爲各段限平差。置各段限平差，與後段限平差②相減爲一差。置一差，與後段一差相減爲二差。

	限平差	一差	二差
第一段	一十〇分七二六〇	四十七秒七六	九秒三六
第二段	一十③分二四八四	五十七秒一二	九秒三六
第三段	九分六七七二	六十六秒四八	九秒三六
第四段	九分〇一二四	七十五秒八四	九秒三六
第五段	八分二五四〇	八十五秒二〇	九秒三六
第六段	七分四〇二〇	九十四秒五六	
第七段	六分四五六四		

求平立定三差④。置第一段限平差一十⑤分七二六爲泛平積。以第一段一差四十七秒七六，減去二差九秒三六⑥，前多後

①　梅文鼎本、熊賜履本、王鴻緒本、定本此處無『求各段平差一差、二差』。
②　梅文鼎本、熊賜履本、王鴻緒本、定本此處無『限平差』。
③　梅文鼎本、熊賜履本、王鴻緒本、定本『一十』作『一十〇』。
④　梅文鼎本、熊賜履本、王鴻緒本、定本此處無『求平立定三差』。
⑤　梅文鼎本、熊賜履本、王鴻緒本、定本『一十』作『一十〇』。
⑥　梅文鼎本、熊賜履本、王鴻緒本、定本『以第一段一差四十七秒七六，減去二差九秒三六』作『置第一段一差四十七秒七六，以第一段二差九秒三六減之』。

少加，今一差前少後多，應減。①餘三十八秒四十微，爲泛平差②。又以二差九秒三六，半之得四秒六十八微爲泛立積差③。置泛平積一〇七二六。加入平差前多後少，故加。泛平差，三八四〇。④得一十一⑤分一十一秒，爲定差。又名定平積。⑥置泛平差三八四〇。以減泛平差從一差所得，前少後多，故減。泛立積差，四秒六八。⑦餘三十三秒七十二微爲實，以十二限爲法除之，得二秒八⑧十一微，爲平差。置泛立積差⑨爲實，十二限爲法二次⑩，得三微二十五纖，爲立差。

太陰遲疾三差用數⑪：

平差二秒八十一微⑫，

立差三微二十五纖，

定差一十一分一十一秒⑬。

① 梅文鼎本、熊賜履本、王鴻緒本、定本此處無此小注。

② 梅文鼎本、熊賜履本、王鴻緒本、定本「泛平差」作「泛平積差」。

③ 梅文鼎本、熊賜履本、王鴻緒本、定本「又以二差九秒三六，半之得四秒六十八微爲泛立積差」作「另置第一段二差九秒三十六微折半，得四秒六十八微爲泛立積差」。

④ 熊賜履本、王鴻緒本、定本「置泛平積一〇七二六。加入平差前多後少，故加。泛平差三八四〇。」作「以泛平積差三十八秒四十微，加泛平積一十〇分七二六」；梅文鼎本大體與熊賜履本、王鴻緒本、定本相同，但最末缺「六」字。

⑤ 梅文鼎本「一」誤作「二」。

⑥ 梅文鼎本、熊賜履本、王鴻緒本、定本此處無此小注。

⑦ 梅文鼎本、熊賜履本、王鴻緒本、定本「置泛平差三八四〇。以減泛平差從一差所得，前少後多，故減。泛立積差四秒六八。」作「置泛平積差三十八秒四十微，以泛立積差四秒六十八微減之」。

⑧ 梅文鼎本此處脱「八」字。

⑨ 梅文鼎本、熊賜履本、王鴻緒本、定本此後有「四秒六十八微」。

⑩ 梅文鼎本、熊賜履本、王鴻緒本、定本「二次」前有「除」字。

⑪ 定本此處無此三差數據。

⑫ 梅文鼎本、熊賜履本、王鴻緒本此處平差數據在立差之後。

⑬ 梅文鼎本「一十一分一十一秒」誤作「一十一秒一十一」。

求遲疾積度①。凡求遲疾，皆以入曆日乘十二限二十分，日法萬分，以八百二十分爲一限，一日得十二限，餘一百六十分，今就整爲二十分。②在③八十四限初限八十四④分，周限三百六十也。⑤以⑥下爲初限⑦，以⑧上則置一百六十八半周限。以所乘分減之，餘爲末限⑨。各以初末限乘立差，得數以加平差，再以初末限乘之，得數以減定差，餘又⑩以初末限乘之，爲遲疾積。初限是從最遲最疾處順推至後，末限是從最遲最疾處逆溯⑪至前，其距最遲最疾處同，故其積度亦同。⑫

按⑬：月平行每日行一十三度三十六分八十七秒五十微，自天元某宮次起，凡二十七日三十二刻有奇復于原界，此月本天白道平行之度也。每日行一十三度二十五分七十秒，凡二十七日五十五刻四十六分復于原所，此月入轉周左旋轉終之度也。每日五分三十七秒，凡六千七百九十三日奇而一周，此正交逆行之度也。因此月行有遲疾，難于定率，漢耿壽昌以爲日月行至牽牛、東井，日過度，月行十五度，至婁、角始平行。而李梵、蘇統以月行自有遲疾，不必在婁、井、牛、角，究不知遲疾意。劉洪作

① 梅文鼎本、熊賜履本、王鴻緒本、定本此處無『求遲疾積度』。
② 梅文鼎本、熊賜履本、王鴻緒本、定本此處無此小注。
③ 梅文鼎本、熊賜履本、王鴻緒本、定本『在』前有『以』字。
④ 紹圖本此後多一『四』字爲衍文。
⑤ 梅文鼎本、熊賜履本、王鴻緒本、定本此處無此小注。
⑥ 王鴻緒本、定本『以』作『已』。
⑦ 梅文鼎本、熊賜履本、王鴻緒本、定本此處無『限』字。
⑧ 王鴻緒本、定本『以』作『已』。
⑨ 梅文鼎本、熊賜履本、王鴻緒本、定本『則置一百六十八限半周。以所乘分減之，餘爲末限』作『轉減一百六十八限，餘爲末』。
⑩ 梅文鼎本、熊賜履本、王鴻緒本、定本此處無『又』字。
⑪ 紹圖本『最遲最疾處逆溯』誤作『最遲最疾逆處溯』。
⑫ 梅文鼎本、熊賜履本、王鴻緒本、定本此處小注爲正文格式，作『其初限是從最遲最疾處順推至後，末限是從最遲最疾處逆溯至前，其距最遲最疾處同，故其積度同』。梅文鼎本、熊賜履本、王鴻緒本此後還有一句『月與日立法同，但太陽以定氣立限，故盈縮异數。太陰以平行立限，故遲疾同原』，定本則作小注『太陰與太陽立法同，但太陽以定氣立限，故盈縮异數。太陰以平行立限，故遲疾同原』。另外，梅文鼎本、熊賜履本、王鴻緒本、定本之後還有一段『布立成法』，對應紹圖本卷五『太陰遲疾立成』之後的『步太陰遲疾立成法』。
⑬ 此處按語應爲黄百家參考周述學《雲淵先生文選》卷二『論月離遲疾差』改編而成。梅文鼎本、熊賜履本、王鴻緒本、定本此處無此按語。

《乾象曆》，考其陰陽交錯于陰陽表裏，列爲差率，以囿①進退損益之數。唐一行宗整、恂九道之説，更爲纍裁之法以求之，然正半中交與黄赤相距之數，終難密合。或謂月與五星皆近日而疾、遠日而遲，顧五星變行起于入合，太陰入轉不由合朔，其遲疾不關太陽也。于是曆法以入轉一周之日爲遲疾二曆，各立初末二限，初爲益、末爲損，在疾初遲末其行度率過于平行，遲初疾末其行度不及于平行。自入轉初，日行十四度半强，從自漸殺，歷七日適及平行，及謂之疾初限，其積度比②平行餘五度四十二分。自是其疾日損，又歷七日至轉中，日行十二度微强，向之益者盡損而無餘，謂之疾末限。自是復行遲度，又及七日適及平行度，謂之遲初限，其積度比平行不及五度四十二分。自此其遲日③損，行度漸增，又歷七日復行十四度半强，向之益者亦損而無餘，謂之遲末限，而轉終復入轉初。舊曆日爲一限，皆用二十八限，郭氏定法以萬分之日八百二十分爲一限，一日分爲十二限，一轉分爲三百三十六④，半之爲半周限，析⑤而四之爲象限，八⑥十四立爲垛叠招差法，列實測遲疾積差，各七段亦以七除入轉初末限，得遲疾每段限數。其立法大約與太陽相同，但太陽以定氣立限，故盈縮异數，太陰以平行立限，故遲疾同原。

五星平立定三差之原

凡五星各以實測，分其行度爲八段，以求積差，略如日月法。

木星⑦

以氣象限九十二日就整。離爲八段，各得一十一日五十刻，以各段實測與平行相較，以爲積差。⑧

① 紹圖本『囿』誤作『固』。
② 紹圖本『比』誤作『此』。
③ 紹圖本『日』誤作『自』。
④ 紹圖本『三百三十六』誤作『三百六十』。
⑤ 紹圖本『析』誤作『折』。
⑥ 紹圖本『八』誤作『入』。
⑦ 梅文鼎本、熊賜履本、王鴻緒本此處『木星』標題後有木星平立定三差數據。定本『木星』標題後有小注『立差加，平差減』，但無三差數據。
⑧ 梅文鼎本、熊賜履本、王鴻緒本、定本此處無『以氣象限九十二日就整。離爲八段，……以爲積差』。

	積日	積差
第①一段	一十一日五十刻	一度二一五二九七一一五
第二段	二十三日	二度三②四〇五二一四
第三段	三十四日五十刻	三度三五四一三七二六五
第四段	四十六日	四度二三四六〇九一二
第五段	五十七日五十刻	四度九六〇四〇一三七五
第六段	六十九日	五度五〇九九七八四四
第七段	八十〇日五十刻	五度八六一八〇四七二五
第八段	九十二③日	五度九九四三④四四六四

求各段泛平差、泛平較、泛立較⑤。置各段日下所測積差度分爲實，各以其段日爲法而一，爲泛平差。各以次段泛平差相減，爲泛平較。又各以次段泛平較相減，爲泛立較。⑥

① 梅文鼎本、熊賜履本、王鴻緒本此處無「第」字，其餘各段亦無，後不贅述。

② 梅文鼎本「三」誤作「二」。

③ 梅文鼎本「二」誤作「三」。

④ 紹圖本「三」誤作「二」。

⑤ 梅文鼎本、熊賜履本、王鴻緒本、定本此處無「求各段泛平差、泛平較、泛立較」。

⑥ 「置各段日下所測積差度分爲實，……爲泛立較」的對應内容在熊賜履本、王鴻緒本、定本位于「泛平差　泛平較　泛立較」數據之後，作「各置其段所測積差度分爲實，以段日爲法除之，爲泛平差。各以泛平差與次段泛平差相較，爲泛平較。又以泛平較與次段泛平較相較，爲泛立較」；梅文鼎本大體與熊賜履本、王鴻緒本、定本相同，但末句中的「又以泛平較」缺「平」字。

	泛平差	泛平較	泛立較
第①一段	一十分五六②七八〇一	三十九秒一六二一	六秒二四二二一
第二段	一十分一七六一八	四十五秒四〇四三	六秒二四二二一
第三段	九分七二二一三七	五十一秒六四六五	六秒二四二二一
第四段	九分二〇五六七二	五十七秒八八八七	六秒二四二二一
第五段	八分六二③六七八五	六十四秒一三〇九	六秒二四二二一
第六段	七分九八五四七六④	七十〇秒三七三⑤一	六秒二四二二一
第七段	七分二八一七四五	七十⑥六秒六一五三	
第八段	六分五一五五九二		

求平立定三差⑦。置一段⑧泛平較三十九秒一六二一⑨，減其下泛立較六秒二四二二一，餘三十二秒九一九九，爲初段平立

① 梅文鼎本、熊賜履本、王鴻緒本此處無『第』字，其餘各段亦無，後不贅述。
② 紹圖本此處無『六』字。
③ 梅文鼎本『二』誤作『三』。
④ 紹圖本『六』誤作『八』。
⑤ 王鴻緒本、定本『三』誤作『二』。
⑥ 紹圖本『十』誤作『七』。
⑦ 梅文鼎本、熊賜履本、王鴻緒本、定本此處無『求平立定三差』。
⑧ 梅文鼎本、熊賜履本、王鴻緒本、定本『一段』作『第一段』。
⑨ 梅文鼎本、熊賜履本、王鴻緒本『一六二一』爲小注格式。

較。以①加初段泛平差一十分五六七八〇一，共得一十②分八十九秒七十③微，爲定差④。置初段平立較⑤，三十二秒九一九九。⑥内減泛立較之半三秒一二一一，餘二十九秒七九八八，以一段日⑦一十一日五十刻而一⑧，得二秒五十九微一十二纖，爲平差。又⑨置泛立差之半，三秒一二一一。⑩以段日爲一，再而一，除二次。⑪得二微三十六纖，爲立差。置泛立差之半，以一段日除之，得二十七微一十四纖。又以段日除二十七微一四，得二微三十六纖。⑫得木星平立定三差之原⑬。

木星盈縮三差用數⑭：

平差二萬五千九百一十二減，以秒定萬，即二秒五十九微一十二纖，五星同。

立差二百三十六加，即二微三十六纖。

① 梅文鼎本、熊賜履本、王鴻緒本、定本此處無『以』字。

② 梅文鼎本、熊賜履本、王鴻緒本、定本『一十』作『一十〇』。

③ 梅文鼎本、熊賜履本、王鴻緒本、定本『七十』作『七十〇』。

④ 梅文鼎本、熊賜履本、王鴻緒本、定本此後有小注『秒置萬位』。

⑤ 梅文鼎本、熊賜履本、王鴻緒本、定本『平立較』作『平立較差』。

⑥ 熊賜履本、王鴻緒本、定本此小注爲正文格式。梅文鼎本『三十二秒九一九九』作『三十二秒九十九九』，且爲正文格式。

⑦ 梅文鼎本、熊賜履本『一段日』作『段』，王鴻緒本、定本作『段日』。

⑧ 梅文鼎本、熊賜履本、王鴻緒本、定本『而一』作『除之』。

⑨ 梅文鼎本、熊賜履本、王鴻緒本、定本此處無『又』字。

⑩ 梅文鼎本、熊賜履本、王鴻緒本、定本此處小注爲正文格式。

⑪ 梅文鼎本、熊賜履本、王鴻緒本、定本『以段日爲一，再而一，除二次』作『以段日爲法除二次』。

⑫ 梅文鼎本、熊賜履本、王鴻緒本、定本此處無此小注。

⑬ 梅文鼎本『得木星平立定三差之原』作『以上爲木星平立定三差之原』，熊賜履本内容相同但爲小注格式。王鴻緒本、定本大體與梅文鼎本相同，但『以上』作『已上』。

⑭ 梅文鼎本、熊賜履本、王鴻緒本此處三差數據位于上文『木星』標題之後，内容爲『立差二微三十六纖加，平差二秒五十九微一十二纖減，定差一十〇分八十九秒七十〇微』，定本此處無此三差數據。

定差一千〇八十九萬七千。一十〇分八十九秒七十〇微。

火星①

盈初縮末限。以六十一日離爲八段,每段各得七日六十二刻五十分爲積日,以各段實測與平行相較,爲積差②。

積日

一段③七日六十二④刻五十〇分⑤
二段一十五日二十五刻
三段二十二日八十七刻五十〇分⑥
四段三十〇日五十〇刻
五段三十八日一十二刻五十〇分
六段四十五日七十五刻
七段五十三日三十七刻五十〇分
八段六十一日

①　梅文鼎本、熊賜履本、王鴻緒本此處標題作『火星盈初縮末』,且之後有火星平立定三差數據。定本『火星』作『火星盈初縮末立差減,平差減』,但之後無三差數據。
②　梅文鼎本、熊賜履本、王鴻緒本、定本此處無『以六十一日離爲八段,……爲積差』。
③　定本『一段』前有『第』字,其餘各段相同,後不贅述。
④　梅文鼎本此處脱『二』字。
⑤　梅文鼎本、熊賜履本、王鴻緒本此處無『五十〇分』,定本『五十〇分』作『五十分』。
⑥　梅文鼎本、熊賜履本、王鴻緒本、定本三、五、七段中的『五十〇分』作『五十分』,後不贅述。

積差
一段①六度二十六分八二五一二二八一八五五九三七五〇②
二段一十一度六十〇分〇一七五七四三五九三七五
三段一十六度〇二五九六三七九二五一九五三一二五〇
四段一十九度六十六分九〇一三六二一二五〇
五段二十二度二十七分九八九一四七六〇七四二一八七五〇
六段二十四度一十六分八二二八六〇三三八一二五
七段二十五度三十三分一五五六二四九二六〇一五六二五〇
八段二十五度六一九五一五六六

求泛平差、泛平較、泛立較，術同木星③。

泛平差
一段④八十二分二⑤〇六五七三四八四三七五
二段七十六分〇六六⑥七二六一六七五
三段七十〇分〇五八八五八一〇九三七五

① 定本『一段』前有『第』字，其餘各段相同，後不贅述。
② 梅文鼎本、熊賜履本、王鴻緒本格式爲『一段　六度二六八二五一二二八一八五五九三七五』，定本格式大體相同，但『一段』前有『第』字，其餘各段格式相同，後不贅述。另外，梅文鼎本、熊賜履本、王鴻緒本、定本各段數據末尾的『〇』皆省去。
③ 梅文鼎本、熊賜履本、王鴻緒本、定本此處無『求泛平差、泛平較、泛立較，術同木星』。
④ 定本『一段』前有『第』字，其餘各段相同，後不贅述。
⑤ 梅文鼎本、熊賜履本、王鴻緒本、定本此處無『二』字。
⑥ 熊賜履本『六六』誤作『六』，即脱一個『六』字。

四段六十四分一八二九六九二五
五段五十八分四三九〇五九六〇九三七五
六段五十二分八二七一二九一八七五
七段四十七分三四七一①七七九八四三七五
八段四十一分九九九二②〇六

泛平較
一段③六分一三④九八四七二九六八七五
二段六分〇〇七八六八〇七八一二五
三段五分八七五八八八五九三⑤七五
四段五分七四三九〇九六四〇六二五
五段五分六一一九三〇四二一八七五
六段五分四七九九五一二〇三一二五
七段五分三四七九七一九八四三七五

① 紹圖本「一」誤作「二」。
② 紹圖本「二」誤作「二二」，即多一個「二」字衍文。
③ 定本「一段」前有「第」字，其餘各段相同，後不贅述。
④ 梅文鼎本「三」誤作「二」。
⑤ 紹圖本「三」誤作「二」。

泛立較

一段① 一十三秒一九七九二一八七五〇②

二段一十三秒一九七九二一八七五〇

三段一十三秒一九七九二一八七五〇

四段一十三秒一九七九二一八七五〇

五段一十三秒一九七九二一八七五〇

六段一十三秒一九七九二一八七五〇

求平立定三差③。泛④平較前多後少，應加泛立較⑤。置一段⑥下泛平較，六分一三九八四七二九六八七五。⑦加一段下⑧泛立較，一十三秒一九七九二⑨一八七五〇⑩。得六分二十七秒一十八微二十六纖⑪五一五六二五，爲初日下平立較。置一段下泛平差，

① 定本「一段」前有「第」字，其餘各段相同，後不贅述。
② 梅文鼎本、熊賜履本、王鴻緒本、定本各段數據末尾無「〇」字，後不贅述。
③ 梅文鼎本、熊賜履本、王鴻緒本、定本此處無「求平立定三差」。
④ 紹圖本「泛」誤作「凡」。
⑤ 梅文鼎本「泛平較前多後少，應加泛立較」作「泛平較前多後小，應扣泛立較」，末句中的「扣」當爲「加」之誤。
⑥ 梅文鼎本、熊賜履本「置一段」作「取初段」，王鴻緒本、定本作「置初段」。
⑦ 梅文鼎本、熊賜履本、王鴻緒本、定本此小注爲正文格式，本段其他小注情況相同，後不贅述。
⑧ 梅文鼎本、熊賜履本、王鴻緒本、定本此處無「一段下」。
⑨ 紹圖本此處缺「二」字。
⑩ 梅文鼎本、熊賜履本、王鴻緒本、定本此處無「〇」字。
⑪ 梅文鼎本、熊賜履本、王鴻緒本、定本「二十七秒一十八微二十六纖」作「二七一八二六」。

八十二分二〇六五七三四八四三七五。以初日下平立較加之，共得八十八分四十七秒八十四微①，爲盈初縮末②定差。置初日下平立較③，加泛立較之半六秒五九八九六〇九三七五，得六分三三七八一六一二五爲實，以一段下積日④而一，得八十三秒一十一微八十九纖，爲盈初縮末⑤平差。置泛立較之半，以一段日七日六十二刻五十分。而一，得八十六微五四三七五，再以段日而一⑥，得一十一微三十五纖，爲盈初縮末⑦立差。

火星盈初縮末三差用數⑧：

平差八十三萬一千一百八十九減，以秒定萬，見木星。

立差一千一百三十五減，

定差八十八百四十七萬八千四百。

① 梅文鼎本、熊賜履本、王鴻緒本、定本「置一段下泛平差，八十二分二〇六五七三四八四三七五。以初日下平立較加之，共得八十八分四十七秒八十四微」作「置初段泛平差八十二分二十〇秒六五七三四八四三七五，加初日下平立較六分二七一八二六五一五六二五，得八十八分四十七秒八十四微」。

② 定本此處無「盈初縮末」。

③ 梅文鼎本、熊賜履本、王鴻緒本、定本此後有「六分二七一八二六五一五六二五」。

④ 定本「一段下積日」作「段日」。

⑤ 定本此處無「盈初縮末」。

⑥ 熊賜履本、王鴻緒本「置泛立較之半，以一段日七日六十二刻五十分。而一，得八十六微五四三七五，再以段日而一」作「置泛立較之半，六秒五九八九六〇九三七五，以一段日七日六十二刻五十分爲法除二次」。梅文鼎本、定本大體與熊賜履本、王鴻緒本相同，但梅文鼎本「以一段日七日六十二刻五十分」誤作「以一段十七日六十二刻五十分」，定本作「以段日七日六十二刻五十分」。

⑦ 定本此處無「盈初縮末」。

⑧ 梅文鼎本、熊賜履本、王鴻緒本此處無「火星盈初縮末三差用數」，其三差數據在上文「火星盈縮初末」標題之後，内容爲「立差一十一微三十五纖減，平差八十三秒一十一微八十九纖減，定差八十八分四十七秒八十四微」。定本此處無此三差數據。

縮初盈末限①。以一百二十二日離爲八段，每段各得一十五日二十五刻爲積日，以各實測與平行相較，爲積差。②

積日

一段③一十五日二十五刻

二段三十〇日五十刻

三段四十五日七十五刻

四段六十一日

五段七十六日二十五刻

六段九十一日五十刻

七段一百〇六日七十五刻

八段一百二十二日 按：五星積日，是周日各以度率而一，得三百六十五度二十五分太，四分之得象限九十一度三一四三。木、土、金、水四星各以象限度就整爲日，以九十二日分八段。火星于盈初縮末限，以象限三之一三十度四三七四，減象限就整，以六十一日分八段；于縮初盈末限，以象限三之一增象限就整，以一百二十二日分八段。其命度爲日者，爲各取盈縮用之便而設也。④

積差

一段⑤四度五十三分⑥一二五一八五七九六八七五

① 梅文鼎本、熊賜履本、王鴻緒本『縮初盈末限』作『火星縮初盈末』標題，且其後有三差數據；定本作『火星縮初盈末。平差負減，立差減。』，但無三差數據。

② 梅文鼎本、熊賜履本、王鴻緒本、定本此處無『以一百二十二日離爲八段，……爲積差』。

③ 定本『一段』前有『第』字，其餘各段相同，後不贅述。

④ 此處按語可能爲黃百家參考邢雲路《古今律曆考》卷七十一『曆原五』末頁相關內容改編而成。梅文鼎本、熊賜履本、王鴻緒本、定本此處無此小注按語。

⑤ 定本『一段』前有『第』字，其餘各段相同，後不贅述。

⑥ 梅文鼎本、熊賜履本、王鴻緒本、定本『五十三分』作『五三』，其餘各段情況類似，後不贅述。

二段九度一十〇分二九六一四五一①二五
三段一十三度五十三分一六七〇九〇一七七三七五
四段一十七度四十七分八九七九②〇四
五段二十〇度八十四分三六六三〇六六四〇六二五
六段二十三度四十三分一三三六二四一二五
七段二十五度〇九分二四三五二八三③四六八七五
八段二十五度六十一分八三七四七二

泛平差
一段④二十九分七一三一二六九三七五
二段二十九分八四五七七五二五
三段二十九分五七八三五五〇六二五
四段二十八分六五四〇六四
五段二十七分三三三九五一五六二五
六段二十五分六一八〇一七七五
七段二十三分五〇六二六二五六二五
八段二十〇分九九八六八六

① 熊賜履本此處「一」誤作「二」。
② 梅文鼎本「九」誤作「五」。
③ 紹圖本「三」誤作「二」。
④ 定本「一段」前有「第」字，其餘各段相同，後不贅述。

泛平較
一段①一十三秒二六四八三一二五
二段二十六秒八四一八〇八七五
三段九十二秒四二九一〇六二五
四段一分三二〇一一二四三七五
五段一分七一五九三三八一二五
六段二分一一七五五一八七五
七段二分五〇七五七六五六二五

泛立較②
一段③一十三秒五七六九七七五
二段六十五秒五八七二九七五
三段三十九秒五八二一三七五
四段三十九秒五④八二一三七五
五段三十九秒五八二⑤一三七五
六段三十九秒五八二一⑥三七五⑦

① 定本「一段」前有「第」字，其餘各段相同，後不贅述。
② 熊賜履本、王鴻緒本、定本將泛立較數據置于同段泛平較數據之下。
③ 定本「一段」前有「第」字，其餘各段相同，後不贅述。
④ 梅文鼎本「五」誤作「四」。
⑤ 梅文鼎本「五八二」誤作「三八五」。
⑥ 紹圖本「二」誤作「一一」。
⑦ 梅文鼎本此後有「七段闕」。

求平立定三差①。取泛立較均停者，三十九秒五八二一三七五，以較一段②泛平較一十三秒二六四八三一二五，餘二十六秒三一七三〇六二五爲較較，加入一段泛平差内，得二十九分九十七秒六十三微，爲縮初盈末定差③。置較較④，以一⑤段日一十五日二十五刻而一，得一秒七二五七二五，爲較較魄⑥。再置泛立較之半一十九秒七九一〇⑦六八七五，以一段日⑧而一，得一秒二九七七七五，爲較較體⑨。體魄合而爲一⑩，得三秒〇二微三十五纖，爲縮初盈末⑪平差。置泛立較之半，以一段日而一，得一秒二九七七七五。再以一段日而一⑫，得八微五十一纖，爲縮初盈末⑬立差⑭。

① 梅文鼎本、熊賜履本、王鴻緒本、定本此處無『求平立定三差』。
② 梅文鼎本、熊賜履本、王鴻緒本、定本『一段』後有『下』字。
③ 梅文鼎本、熊賜履本、王鴻緒本『加入一段泛平差内，得二十九分九十七秒六十三微，爲縮初盈末定差』作『以加一段下泛平差二十九分七一三一二六九三七五，得二十九分九十七秒六十三微，爲縮初盈末定差』，定本大體與梅文鼎本、熊賜履本、王鴻緒本相同，但無『縮初盈末』。
④ 梅文鼎本、熊賜履本、王鴻緒本、定本『較較』後有『二十六秒三一七三〇六二五』。
⑤ 定本此處無『一』字。
⑥ 梅文鼎本、熊賜履本、王鴻緒本、定本此處無『爲較較魄』。
⑦ 紹圖本此處缺『〇』字。
⑧ 梅文鼎本、熊賜履本、王鴻緒本、定本『一段日』作『段日』。
⑨ 梅文鼎本、熊賜履本、王鴻緒本、定本此處無『爲較較體』。
⑩ 梅文鼎本、熊賜履本、王鴻緒本、定本『體魄合而爲一』作『兩數并』。
⑪ 定本此處無『縮初盈末』。
⑫ 梅文鼎本、熊賜履本、王鴻緒本『置泛立較之半，以一段日而一，得一秒二九七七七五。再以一段日而一』作『置泛立較之半一十九秒七九一〇六八七五，以段日一十五日二五爲法，除二次』。
⑬ 定本此處無『縮初盈末』。
⑭ 梅文鼎本此後有『以上爲火星平立定三差之原』，熊賜履本、王鴻緒本、定本大體與梅文鼎本相同，但熊賜履本該句爲小注格式，王鴻緒本、定本『以上』作『已上』。

火星縮初盈末三差用數①：

平差三萬〇二百三十五負減，

立差八百五十一減，

定差二千九百九十七萬六千三百。

土星

盈曆②

	積日	積差
一段③	一十一日五十刻	一度六八三二四五八二八七五
二段	二十三日	三度二三二一④六四〇一
三段	三十四日五十刻	四度六二〇九三〇〇八六二五
四段	四十六日	五度八二三七一九⑤六
五段	五十七⑥日五十刻	六度八一四七⑦〇八六六八七五⑧

① 熊賜履本、王鴻緒本此處無「火星縮初盈末三差用數」，且三差數據在上文「火星盈初縮末」標題之後，内容爲「立差八微五十一纖減，平差三秒〇二微三十五纖負減，定差二十九分九十七秒六十三微」。梅文鼎本大體與熊賜履本、王鴻緒本相同，但「八微五十一纖」後無「減」字，「負減」作「損減」。定本此處無此三差數據。

② 梅文鼎本、熊賜履本、王鴻緒本此處標題合爲「土星盈曆」，且其後有土星平立定三差數據。定本此處標題作「土星盈曆立差加，平差減」，但之後無三差數據。

③ 定本「一段」前有「第」字，其他各段相同，後不贅述。

④ 紹圖本「二一」誤作「一二」。

⑤ 梅文鼎本「一九」誤作「〇〇」。

⑥ 紹圖本「七」誤作「八」。

⑦ 紹圖本此處缺「七」字。

⑧ 梅文鼎本此處無「八七五」。

六段	六十九日	七度五六八〇七一一一
七段	八十〇日五十刻	八度〇五七九八四一九一二五
八段	九十二日	八度二五八六二二八八

	泛平差	泛平較	泛立較
一段①	一十四分六三六九二〇二五	五十八秒四〇三三二五②	七秒③四八五三五
二段	一十四分〇五二八八七	六十五秒八八八六七五	七秒四八五三五
三段	一十三分三九四〇〇〇二五	七十三秒三七四〇二五	七秒四八五三五
四段	一十二分六六〇二六	八十〇秒八五九三七五	七秒四八五三五
五段	一十一分八五一六六六二五	八十八秒三四四七二五	七秒四八五三五
六段	一十一分九六八二④一九	九十五秒八三〇〇七五	七秒四八五三五
七段	一十〇分〇〇九九一八二五	一分〇三秒三一五四二五	
八段	八分九七六七六四		

求平立定三差⑤。置第一段⑥泛平較，内減其下泛立較，餘五十〇秒九一七九七五，爲平立較。以平立較，加本段泛平差，

① 定本『一段』前有『第』字，其餘各段相同，後不贅述。
② 紹圖本此處缺此數據。
③ 梅文鼎本此處缺『七秒』二字。
④ 紹圖本『八二』誤作『二八』。
⑤ 梅文鼎本、熊賜履本、王鴻緒本、定本此處無『求平立定三差』。
⑥ 梅文鼎本、熊賜履本、王鴻緒本、定本『第一段』後有『下』字。

得一十五分一十四秒六十一微，爲盈①定差。置平立較，内減泛立較之半，三秒七四二六七五，餘四十七秒一七五三，以一②段日一十一③日五十刻而一，得四秒一十〇微二十二纖，爲盈④平差。置泛立⑤較⑥之半，以一⑦段日除二次，得二微八十三纖，爲盈⑧立差。

土星盈曆三差用數⑨：

平差四秒一十〇微二十二纖減，

立差二微八十三纖加，

定差一十五分一十四秒六十一微。

①　定本此處無『盈』字。

②　定本此處無『一』字。

③　梅文鼎本、熊賜履本、王鴻緒本、定本『一十一』作『十一』。

④　定本此處無『盈』字。

⑤　紹圖本『立』誤作『差』。

⑥　梅文鼎本『較』誤作『數』

⑦　定本此處無『一』字。

⑧　定本此處無『盈』字。

⑨　熊賜履本、王鴻緒本此處無『土星盈曆三差用數』，三差數據在上文『土星盈曆』標題之後，内容爲『立差二微八十三纖加，平差四秒一十〇微二十二纖減，定差一十五分一十四秒六十一微』。梅文鼎本大體與熊賜履本、王鴻緒本相同，但『加』誤作『扣』。定本此處無此三差數據。

土星縮曆①

	積日	積差
一段②	一十一日五十刻	一度二四一九七四二六八七五③
二段	二十三日	二④度四一三七三五六九⑤
三段	三十四日五十刻	三度四八五〇七九六八六二五⑥
四段	四十六日	四度四二五八〇一六八
五段	五十七日五十刻	五度二〇五六九七〇九三七五
六段	六十九日	五度七九四五六一三五
七段	八十〇日五十刻	六度一六二四一一〇〇四七五
八段	九十二日	六度二七⑦八三七八〇八

	泛平積⑧	泛平較	泛立較
一段⑨	一十分七九九七七六二五	三十〇秒五二七三二五	八秒七五四九五

① 梅文鼎本、熊賜履本、王鴻緒本『土星縮曆』後有三差數據，定本有小注『立差加平差減』。
② 定本『一段』前有『第』字，其餘各段相同，後不贅述。
③ 紹圖本此處缺『七四二六八七五』，梅文鼎本此處缺末三位『八七五』。
④ 紹圖本『二』誤作『一』。
⑤ 紹圖本此處缺『三五六九』。
⑥ 梅文鼎本此處缺『二五』。
⑦ 梅文鼎本『七』誤作『六』。
⑧ 梅文鼎本、熊賜履本、王鴻緒本、定本『泛平積』作『泛平差』。
⑨ 定本『一段』前有『第』字，其餘各段相同，後不贅述。

二段	一十分四九四五〇三	三十九秒二八二二七五	八秒七五四九五
三段①	一十分一〇一六八〇二五	四十八秒〇三七二二②五	八秒七五四九五
四段	九分六二一三〇八	五十六秒七九二一七五③	八秒七五四九五
五段	九分〇五三三八六二五	六十五秒五四七一二五	八秒七五四九五④
六段	八分三九七九一五	七十四秒三〇二⑤〇七五	八秒七五四九五⑥
七段	七分六五四八九四二五	八十三秒〇五七〇七五	
八段	六分八二⑦四三二⑧四		

求平立定三差⑨。置一段泛平較，減去⑩其下泛立較，餘二十一秒七七二三七五，爲平立較。加入本段泛平差內⑪，得一十一分〇一秒七十五微，爲縮⑫定差。置平立較，減⑬泛立較之半，四秒三七七四七五，餘一十七秒三九四九，以一⑭段日一十一日

① 梅文鼎本此處缺此數據，僅有『闕』字小注。
② 紹圖本、熊賜履本『二』誤作『一』。
③ 梅文鼎本『五十六秒七九二一七五』誤作『四十八秒〇三七二二一五』。
④ 梅文鼎本此處缺此數據。
⑤ 梅文鼎本、王鴻緒本、定本『二』誤作『三』。
⑥ 梅文鼎本此處缺此數據。
⑦ 梅文鼎本『二』誤作『三』。
⑧ 紹圖本『二』誤作『一』。
⑨ 梅文鼎本、熊賜履本、王鴻緒本、定本此處無『求平立定三差』。
⑩ 梅文鼎本、熊賜履本、王鴻緒本、定本『減去』作『內減』。
⑪ 梅文鼎本、熊賜履本、王鴻緒本、定本『加入本段泛平差內』作『以平立較加入本段泛平差』。
⑫ 定本此處無『縮』字。
⑬ 梅文鼎本、熊賜履本、王鴻緒本、定本『減』作『內減』。
⑭ 定本此處無『一』字。

五十刻。①而一②，得一秒五十一微二十六纖，爲縮③平差。置泛立較之半，以一段日而一，得三十八微〇六五，再以段日而一④，得三微三十一纖，爲縮⑤立差⑥。

土星縮曆三差用數⑦：

平差一萬五千一百二十六減，

立差三百三十一加，

定差一千一百萬七千五百。

金星⑧

	積日	積差
一段⑨	一十一日五十刻	空度四十〇分⑩二一三四〇九八七五⑪

① 梅文鼎本、熊賜履本、王鴻緒本、定本「一十一日五十刻」爲正文格式。

② 梅文鼎本、熊賜履本、王鴻緒本、定本「而一」作「爲法除之」。

③ 定本此處無「縮」字。

④ 熊賜履本、王鴻緒本「以一段日而一，得三十八微〇六五，再以段日而一」作「以一段日爲法除二次」，梅文鼎本、定本大體與熊賜履本、王鴻緒本相同，但梅文鼎本句末缺「二次」二字，定本「一段日」作「段日」。

⑤ 定本此處無「縮」字。

⑥ 梅文鼎本、熊賜履本此後有「以上爲土星平立定三差之原」，但熊賜履本爲小注格式； 王鴻緒本、定本亦有該句，但「以上」作「已上」。

⑦ 梅文鼎本、熊賜履本、王鴻緒本此處無「土星縮曆三差用數」，三差數據在上文「土星縮曆」標題之後，内容爲「立差三微三十一纖加，平差一秒五十一微二十六纖減，定差一十一分〇一秒七十五微」。 定本此處無此三差數據。

⑧ 梅文鼎本、熊賜履本、王鴻緒本「金星」標題後有金星平立定三差數據，定本「金星」標題後有小注「立差加，平差減」，但無三差數據。

⑨ 定本「一段」前有「第」字，其餘各段相同，後不贅述。

⑩ 梅文鼎本、熊賜履本、王鴻緒本、定本「四十〇分」作「四〇」。

⑪ 熊賜履本此處末尾缺「五」字。

二段	二十三日	空度七十九分① 一三九三六六
三段	三十四日五十刻	一度一五四九一二〇八一二五
四段	四十六日	一度四七九②八二二七六
五段	五十七日五十刻	一度七五三二五九〇九三七五
六段	六十九日	一度九六二三五四四八
七段	八十〇日五十刻	二度〇九③四二四二三一六二五
八段	九十二日	二度一三六〇五六

	泛平差	泛平較	泛立較④
一段⑤	三分四九六八一八二五	五秒五九七六二五	三秒七二九四五
二段	三分四四〇八四二⑥	九秒三⑦二七〇七五	三秒七二九四五
三段	三分三四七五七一二⑧五	一十三秒〇五六⑨五二五	三秒七二九四五
四段	三分二一七〇〇六	一十六秒七八五九七五	三秒七二九四五
五段	三分〇四九一四六二五	二十〇秒五一五四二五	三秒七二九四五
六段	二分八四三九九二	二十四秒二四四八七五	三秒七二九四五

① 梅文鼎本、熊賜履本、王鴻緒本、定本「七十九分」作「七九」。
② 定本「四七九」誤作「七四九」。
③ 梅文鼎本「九」誤作「三」。
④ 梅文鼎本三、四、五、六段下缺「泛立較」數據，後不贅述。
⑤ 定本「一段」前有「第」字，其餘各段相同，後不贅述。
⑥ 梅文鼎本、熊賜履本、王鴻緒本、定本此後有「〇〇」二字。
⑦ 紹圖本「三」誤作「二」。
⑧ 紹圖本「二」誤作「三」。
⑨ 紹圖本「五六」誤作「二六」，定本誤作「六五」。

七段　二分六〇一五四三二五　二十七秒九七四三二五①

八段　二分三三一八②

求平立定三差③。置一段下泛平較、泛立較較之④，餘一秒八六八一七五爲平立較，加入泛平差内⑤，得三分五十一秒五十五微，爲定差。置平立較，以泛立較之半一秒八六四七二五較之⑥，餘三十四纖，以段日而一⑦，得三纖，爲平差。置泛立較之半，以段日而一，得一十六微二一五，再以段日而一⑧，得一微四十一纖，爲立差⑨。

金星三差用數⑩：

平差三減，

立差一百四十一加，

定差三百五十一萬五千五百。

① 梅文鼎本、熊賜履本、王鴻緒本此處有數據「三秒七二九四五」，但明顯爲誤置。

② 梅文鼎本「三三一八」誤作「二三四八」，熊賜履本、王鴻緒本誤作「二三一八」。

③ 梅文鼎本、熊賜履本、王鴻緒本、定本此處無「求平立定三差」。

④ 梅文鼎本、熊賜履本、王鴻緒本、定本「置一段下泛平較、泛立較較之」作「置一段下泛平較，與其泛立較相減」。

⑤ 熊賜履本、王鴻緒本、定本「加入泛平差内」作「以加泛平差」，梅文鼎本誤作「以加泛立差」。

⑥ 熊賜履本、王鴻緒本、定本「以泛立較之半一秒八六四七二五較之」作「與泛立較之半一秒八六四七二五相減」，梅文鼎本大體相同，但「泛立較」誤作「泛立數」。

⑦ 梅文鼎本、熊賜履本、定本「以段日而一」作「以段日一十一日五十刻爲法除之」，王鴻緒本大體與梅文鼎本、熊賜履本、定本相同，但「段日」作「一段日」。

⑧ 梅文鼎本、熊賜履本、定本「以段日而一，得一十六微二一五，再以段日而一」作「以段日爲法除二次」，王鴻緒本大體與熊賜履本、定本相同，但「段日」作「一段日」。

⑨ 梅文鼎本、王鴻緒本、定本此後有「以上爲金星平立定三差之原」，熊賜履本亦有該句，但爲小注格式。

⑩ 梅文鼎本、熊賜履本、王鴻緒本此處無「金星三差用數」，三差數據在上文「金星」標題之後，内容爲「立差一微四十一纖加，平差三纖減，定差三分五十一秒五十五微」。定本此處無此三差數據。

水星①

	積日	積差
一段②	一十一日五十刻	空度四十四分③〇八四七三五三七五
二段	二十三日	空度八十六分④三一〇一六八
三段	三十四日五十刻	一度二五三八九六三七六二五⑤
四段	四十六日	一度六〇〇三六四八四⑥
五段	五十七日五十刻	一度八八九六三一〇四三七五
六段	六十九日	二度一〇八八五六六六
七段	八十〇日五十刻	二度二四五二九二一一⑦三七五
八段	九十二⑧日	二度二八五六四四三二

	泛平差⑨	泛平較	泛立較⑩
一段⑪	三分八三三四五五二五	八秒〇八三九二五	三秒七二九四五

① 梅文鼎本、熊賜履本、王鴻緒本『水星』後有水星平立定三差數據。定本『水星』後有小注『立差加，平差減』，但無三差數據。
② 定本『一段』前有『第』字，其餘各段相同，後不贅述。
③ 梅文鼎本、熊賜履本、王鴻緒本、定本『四十四分』作『四四』。
④ 梅文鼎本、熊賜履本、王鴻緒本、定本『八十六分』作『八六』。
⑤ 梅文鼎本此處缺『六二五』。
⑥ 梅文鼎本此處缺『四』字。
⑦ 梅文鼎本『一』誤作『八』。
⑧ 梅文鼎本『二』誤作『一』。
⑨ 梅文鼎本二至八段下『泛平差』缺分以下數據，後不贅述。
⑩ 梅文鼎本缺第三、五段下『泛立較』數據。
⑪ 定本『一段』前有『第』字，其餘各段相同，後不贅述。

二段	三分七五二六一六	一十一秒八一三三七五	三秒七二九四五
三段	三分六三四四八二二五	一十五秒五四二八二五	三秒七二九四五
四段	三分四七九〇五四	一十九秒二七二二七五	三秒七二九四五
五段	三分二八六三三一二五	二十三秒〇〇一七二五	三秒七二九四五
六段	三分〇五六三一四	二十六秒七三二一七五	三秒七二九四五
七段	二分七八九〇〇二二五	三十〇秒四六〇六二五	
八段	二分四八四三九六		

求平立定三差①。術同金星，求得定差三分八十七秒七②十微，平差二十一微六十五纖，立差一微四十一纖。③

水星三差用數④：

平差二千一百六十五減，

立差一百四十一加，

定差三百八十七萬七千。

右係五星平立定三差之原也。古以五星悉以順行，至秦方知有金火之逆。漢《三統》創有小周、大周，以乘乾坤之策，而爲各星歲數，其説附會不經。《乾象》制儀測候，列晨夕疾遲留退積日平度諸段，以爲常率。北齊張子信始悟五星五星⑤之行有入

① 梅文鼎本、熊賜履本、王鴻緒本、定本此處無「求平立定三差」。

② 王鴻緒本、定本「七」誤作「九」。

③ 梅文鼎本、王鴻緒本、定本此後有「以上爲水星平立定三差之原」，熊賜履本亦有該句，但爲小注格式。

④ 梅文鼎本、熊賜履本、王鴻緒本此處無「水星三差用數」，三差數據在上文「水星」標題之後，内容爲「立差一微四十一纖加，平差二十一微六十五纖減，定差三分八十七秒七十〇微」。定本此處無此三差數據。

⑤ 「五星」二字疑爲衍文。

氣盈縮，張胄①玄因之用損益法列表，以求加減之差。唐一行配以陰陽老少四象爻目，以均進退，自後或增減段日，或損益度分，分段失實，入段行度惟用平行，升降無準。周王朴以星行舒亟有漸，始校逐日行分積度，究其損益之分，漸爲密矣。元初用趙知微曆，五星不效，耶律楚材稍加厘正，無大更易。郭氏立三差法以求之，五星皆以立差爲秒，秒者標也，平差爲本，本者根也，定差爲總，總者幹也。五星各以段次因秒，木土金水四星并本，惟火星較本，各以積日而積，五星皆較總，又各以積日乘之，滿億爲度，不滿退除爲分秒，故三差用數，皆以秒定萬位者，此也。然測改星曆視日月較難，其段日平度雖本于實測，但其數有寡多不齊，以之推步凌犯，往往紊而無次。元統之徒謹守成法，見有求合②，噤口瞠目，付之無可柰③何。張方齋效三差之法以求之，稍爲增損，可得逐段每日漸次進退之度，法以各星周合平度分，俱有疾遲及退三限，每限各列三段，其段内日分相均而列積數，平行度須依實測積度列之，各有多寡不同。以本段日分除本段平行度分，得本段每日平行度分。因與各段每日平行度分有多寡之差，故名平差分。以各段平差分前後相較，所④得之數爲一差，乃一段之平差積數也。又以前後一差相較，所得之數爲二差，則得各段俱差之積數矣。是二差或前多後少，或前少後多，其多寡不同，故又以二除之，折多補寡，而得立差。以二差減一差，餘爲泛平積。云平積者，得本段之平差積也；云泛者，以平差積猶泛而未切也。然與各段之平差積俱相同矣。以立差減泛平差積，爲定平差。又以段日除之，爲日平差，是得每一日之平差。又置立差，以段日除之，得每日平立差，再以段日除之，爲每日日立差。其名立差者，以一除爲平差，再除爲立差也。其法雖係立差，其用則扯長以從平差而減定差矣。其立定差之法，以本限段日分除本限平度分，即得本限平差度分，加入泛平積，其得爲定差，是爲三差法也。凡求各段下平度分，置立差，以今段下段積日分乘之，加平差，又以段積日分乘之，減定差，又以段積日分乘之，得其段平行度，是以其疾遲及退仍爲疾遲退限以求之者。若混其疾遲而均爲前後限以求之，或以退減順而返作順限以求之，數皆符合。此術較前實爲曠古奇創，然止可以步五星之經度，步緯之法終闕如也。唐順之當有慨于此，欲創緯法以補中曆之未備，已有端緒，卒弗克成。山陰周述學撰《曆宗中經》七

① 紹圖本『胄』誤作『胃』。
② 據文意，『求合』疑爲『未合』之誤。
③ 『柰』疑爲『奈』之誤。
④ 紹圖本『所』誤作『用』。

卷，以竟順之之志，實中曆未有之創舉，柰①其書若滅若没，未有傳者，惜哉！②

里差刻漏③

北京北極出地四十度九十五分。實測半弧背。

二至黄赤道内外度二十三度九十分。實測半弧背。

二至黄赤道内外半弧弦二十三度七十一分。又爲黄赤④大勾，又爲小三斜中弦。

北京二至出入差股一十五度二十九分。又爲小三斜中股，又爲小股。

二至出入差半弧弦一十九度八十七分。又爲小弦。

二至出入差半弧背一十九度九十六分一十四秒。

度差八十四分一十九秒。

冬至去極一百一十五度二十一分七十三秒。

夏至去極六十七度四十一分一十三秒。

夏至晝、冬至夜六十一刻八十四分。

① 『柰』疑爲『奈』之誤。

② 從『右係五星平立定三差之原也』一直到『未有傳者，惜哉！』的一段議論應爲黄百家參考周述學《雲淵先生文選》卷二『五星常變差』編撰而成。該段議論在熊賜履本、王鴻緒本、定本中僅對應一小段：『右五星，皆以立差爲秒，平差爲本，定差爲總。五星各以段次因秒，土木金水四星并本，惟火星較本，各以積日而積，五星皆較總，又各以積日乘之，得各實測之度分。五星積日，皆以度率，除周日得三百六十五度二十五分太。各以四分之一爲象限，惟火星用象限三之一，減象限爲盈初縮末限，加象限爲縮初盈末限。其命度爲日者，爲各取盈縮曆乘除之便，其實積日之數即積度也』。梅文鼎本大體相同，但『惟火星用象限三之一』一句缺『三』字。

梅文鼎本該頁末有『大統曆志卷三』，其卷三至此結束。熊賜履本卷二十九『曆法三』至此結束。王鴻緒本該頁末有『明史稿　志第十終』，其『曆三下』至此結束。

③ 本節梅文鼎本位于卷二末至卷三首，熊賜履本位于卷三十一『曆法五』末，王鴻緒本位于志第十四『曆五下』末，定本位于卷三十三『曆三』末。本節内容應爲黄百家主要參考邢雲路《古今律曆考》卷七十『曆原四』中的相關内容編撰而成，但『黄道每度晝夜立成』『冬夏二至後每日晨昏分立成』等内容另有出處。

④ 梅文鼎本、熊賜履本、王鴻緒本『黄赤』作『黄赤道』。

冬至晝、夏至夜三十八刻一十六分。①

求二至差股及出入差

置②所測北極出地四十度九十五分爲半弧背，以前割圓弧矢法，推得出地半弧弦三十九度二十六分，爲大三斜中股。置測到二至黄赤道内外度二十三度九十分爲半弧背，以前法推得内外半弧弦二十三度七十一分。又爲黄赤道大勾，又③小三斜弦。

置内外半弧弦自之爲勾冪，周天④半徑自之爲弦冪，二冪相減，開方得股，以股轉減周天⑤半徑，餘⑥四度八十一分，爲二至出入矢，即黄赤道内外矢。夏至日南至地平七十四度二十六分半爲半弧背，求得日下至地半弧弦五十八度四十五分。半圓⑦徑六十〇度八十七分半，爲大三斜中弦。

置大三斜中股三十九度二十六分，以二至内外半弧弦二十三度七十一分乘之爲實，以半徑六十〇度八十七分半爲法除之，得一十五度二十九分，爲小三斜中股。又爲小股。

置小三斜中股一十五度二十九分，去減日下至地半弧弦五十八度四十五分，餘四十三度一十六分，爲大股。以出入矢四度八十一分，去減半徑六十〇度八十七分半，餘五十六度〇六分半，爲大股弦⑧。

置大股弦，以小股一十五度二⑨九乘之爲實，大股四十三度一六爲法，法除實⑩，得一十九度八十七分爲小弦，即爲二至出入差半弧弦。

置二至出入差半弧弦，依法求到二至出入差半弧背一十九度九十六分一十四秒。

置二至出入差半弧背一十九度九六一四，以二至黄赤道内外半弧弦二十三度七十一分除之，得八十四分一十九秒，爲度

① 定本此處無『北京北極出地四十度九十五分。……冬至晝、夏至夜三十八刻一十六分』。
② 梅文鼎本、熊賜履本、王鴻緒本、定本『置』前有『術曰』二字。
③ 梅文鼎本『又』誤作『大』，定本『又』作『又爲』。
④ 定本此處無『周天』二字。
⑤ 定本此處無『周天』二字。
⑥ 梅文鼎本、熊賜履本、王鴻緒本『餘』作『得餘』。
⑦ 定本此處無『圓』字。
⑧ 梅文鼎本『弦』誤作『法』。
⑨ 梅文鼎本『二』誤作『一』。
⑩ 梅文鼎本『大股四十三度一六爲法，法除實』作『大股四十三度一六爲法除實』，定本作『大股四十三度一六爲法除之』。

差分。

求黄道每度晝夜刻

置①所求每度黄赤道内外半弧弦，以二至出入差半弧背乘之爲實，二至黄赤道内外半弧弦爲法除之，爲所求②每度出入差半弧背。又術：置黄赤道内外半弧弦，以度差八十四分一十九秒乘之，亦得出入差半弧背。

置周天③半徑内減所求④黄赤道内外矢，即赤道二弦差，見前條立成。餘數倍之，又三因之，得數加一度，爲所求⑤日行百刻度⑥。又術：以黄赤道内外矢倍之，以減周天⑦全徑餘數，三因加一度，爲實⑧日行百刻度，亦同。

置每度出入半弧背，以百刻乘之爲實，日行百刻度爲法除之，得數爲出入差刻。

置二十五刻，以出入差刻，黄道⑨在赤道内加之，在赤道外減之，得數爲半晝刻，倍之爲晝刻，以減百刻，爲夜刻。

如求冬至後四十四度晝⑩夜刻

置⑪所求⑫冬至後四十四度黄赤道内外半弧弦一十七度二十五分六十九秒，又爲黄赤道小弧弦，前立成中取⑬之。以二至出入差半弧背一十九度九十六分一十四秒乘之爲實，以二至黄赤道内外半弧弦二十三度七十一分爲法除之，得一十四度五十二分

① 梅文鼎本、熊賜履本、王鴻緒本、定本「置」前有「術曰」二字。
② 定本此處無「所求」二字。
③ 定本此處無「周天」二字。
④ 定本此處無「所求」二字。
⑤ 定本此處無「所求」二字。
⑥ 梅文鼎本此處無「即赤道二弦差見前條立成。餘數倍之，又三因之，得數加一度，爲所求日行百刻度」。
⑦ 定本此處無「周天」二字。
⑧ 梅文鼎本、熊賜履本、王鴻緒本、定本此處無「實」字。
⑨ 定本「黄道」前有「視」字。
⑩ 紹圖本「晝」誤作「差」。
⑪ 梅文鼎本、熊賜履本、王鴻緒本、定本「置」前有「術曰」二字。
⑫ 定本此處無「所求」二字。
⑬ 梅文鼎本「取」誤作「叙」。

八十五秒，爲所求①出入半弧背。又法：置黃赤道②內外半弧弦一十七度二五六九，以度差〇度八四一九乘之，亦得一十四度五二八五，爲出入半弧背。

置周天③半徑六十〇度八七五，以四十四度黃赤道內外矢二度五十一分八十一秒又爲赤道二弦差，前條④立成中取⑤之。減之，餘五十八度三十五分六十九秒即赤道小弦。倍之，得一百一十六度七十一⑥分三十八秒，三因之，加一度，得三⑦百五十一度一十四分一十四秒，爲日行百刻度。又術：倍黃赤道內外矢得五度〇三分六十二秒，以減周天⑧全徑一百二十一度七十五分，亦得一百一十六度七十一分三十八秒，三因加一⑨，爲日行百刻度，并同⑩。

置出入半弧背一十四度五十二分八十五秒，以百刻乘之爲實，以日行百刻度三百五十一度一十四分一十四秒爲法除之，得四刻一十三分七十五秒，爲出入差刻。

置二十五刻，以出入差刻四刻一十三分七十五秒減之，因冬至後四十四度，黃道在赤道外，故減。餘二十〇刻八十六分二十五秒，爲半晝刻。倍之得四十一刻七十二分半，爲晝刻。以晝刻減百刻，餘五十八刻二⑪十七分半，爲夜刻。又術：置出入差刻四刻一十三⑫分七十五秒，倍之，得八刻二十七分半，以減春秋分晝夜五十刻，得四十一刻七十二分半，爲晝刻。以倍刻加五十刻，得五十八刻二十七分半，爲夜刻。晝減故夜加，餘倣此。⑬

① 定本此處無『所求』二字。
② 熊賜履本此處無『道』字。
③ 定本此處無『周天』二字。
④ 定本此處無『條』字。
⑤ 梅文鼎本『取』誤作『眨』。
⑥ 熊賜履本『一』誤作『二』。
⑦ 紹圖本『三』誤作『二』。
⑧ 定本此處無『周天』二字。
⑨ 定本『一』作『一度』。
⑩ 定本『并同』作『亦同』。
⑪ 梅文鼎本『二』誤作『一』。
⑫ 紹圖本『三』誤作『二』。
⑬ 梅文鼎本該頁末有『大統曆志卷二』，其卷二至此結束。

二至出入差圖①

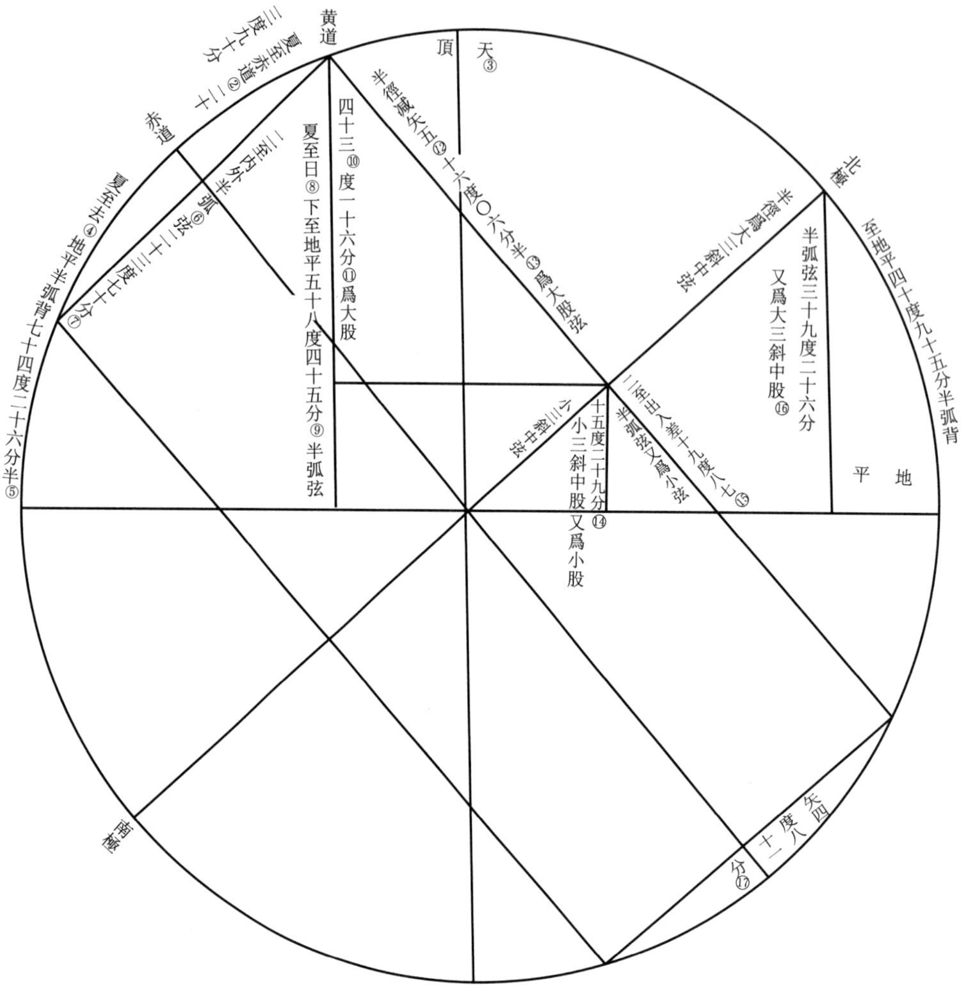
黃道
夏至赤道②二十三度九十分
赤道
天③
頂
半徑減矢五⑫十六度〇六分半⑬爲大股弦
四十三⑩度一十六分⑪爲大股
夏至日⑧下至地平五十八度四十五分⑨半弧弦
二至內外半弧⑥弦二十三度七十分⑦
夏至去④地平半弧背七十四度二十六分半⑤
北極
至地平四十度九十五分半弧背
半徑爲大三斜中弦
半弧弦三十九度二十六分
又爲大三斜中股⑯
平
地
二至出入差十九度八七⑮
半弧弦又爲小弦
十五度二十九分⑭
小三斜中股又爲小股
小三斜中弦
南極
矢四度八十二分⑰

①熊賜履本此處無此圖，梅文鼎本、王鴻緒本、定本此圖在『黄道每度晝夜立成』之後。王鴻緒本該頁末有『明史稿　志第十四終』，其『曆五下』至此結束。定本該頁末有『明史卷三十三終』，其『曆三』至此結束。

②梅文鼎本『赤道』前有『距』字，王鴻緒本前有『去』字，定本『夏至赤道』作『去赤道』。

③梅文鼎本、王鴻緒本此處圓外側有『夏至去天頂十七度〇五分』，定本有『去天頂十七度〇五分』。

④梅文鼎本『去』作『距』。

⑤定本『二十六分半』作『廿六五』。

⑥梅文鼎本此處無『弧』字。

⑦王鴻緒本『七十分』作『七十一分』，定本『二十三度七十分』作『廿三度七一』。

⑧梅文鼎本『日』作『日體』，定本作『太陽』。

⑨定本此處無『五十八度四十五分』。

⑩紹圖本『三』誤作『二』。

⑪定本『二十六分』作『一六』。

⑫梅文鼎本『五』誤作『三』。

⑬定本『〇六分半』作『零』。

⑭定本此處無『十五度二十九分』。

⑮王鴻緒本『八七』作『八十七分』，定本此處無『十九度八七』。

⑯梅文鼎本此處無『又爲大三斜中股』。

⑰王鴻緒本『八十一分』誤作『六十一分』，定本作『八十一』。

黄道每度晝夜①立成②

黄道積度	出入半弧背	日行百刻度	出入差刻分	刻差	冬至前後晝 夏至前後夜	冬至前後夜 夏至前後晝
十度	十度十分十秒	百十度十分十秒	刻十分十秒	分十秒	十刻十分十秒	十刻十分十秒
初	十九九六一四	三三七一六〇八	五九二〇四	〇〇九	三八一五九二	六一八四〇八
一	九五八七	一六八六	九一九五	二九	一六一〇	八三九〇
二	九五〇六	一九三八	九一六六	四七	一六六八	八三三二
三	九三七二	二三四六	九一一九	六六	一七六二	八二三八
四	九一八三	二九二三	九〇五三	八五	一八九四	八一〇六
五	八九四〇	三六六〇	八九六八	一〇四	二〇六四	七九三六
六	八六四二	四五五四	八八六四	二三	二二七二	七七二八
七	八二九一	五六一六	八七四二	四二	二五一六	七四八四
八	七八八四	六八四〇	八六〇〇	六一	二八〇〇	七二〇〇
九	七四二三	八二二六	八四三九	七九	三一二三	六八七八
十〇	六九〇六	九七八〇	八二六〇	九九	三四八〇	六五二〇
十一	六三三三	三三八一四九〇	八〇六一	二一八	三八七八	六一二三
十二	五七〇五	三三五六	七八四三	三七	四三一四	五六八六
十三	五〇二一	五三七八	七六〇六	五六	四七八八	五二一二

① 梅文鼎本、熊賜履本、王鴻緒本、定本『晝夜』作『晝夜刻』。

② 此表數值據王鴻緒本，位于其志第十四『曆五下』；梅文鼎本位于卷三；熊賜履本位于卷三十一『曆法五』；定本位于卷三十三『曆三』，較其他版本少『刻差』一列。據表後按語，該表應取自《曆草》（該書現已失傳）。

黃道積度	出入半弧背	日行百刻度	出入差刻分	刻差	冬至前後晝 夏至前後夜	冬至前後夜 夏至前後晝
十度	十度十分十秒	百十度十分十秒	刻十分十秒	分十秒	十刻十分十秒	十刻十分十秒
十四	四二八〇	七五六八	七三五〇	七四	五三〇〇	四七〇〇
十五	三四八三	九九二〇	七〇七六	九四	五八四八	四一五二
十六	二六二八	三三九二四〇〇	六七八二	三一四	六四三六	三五六四
十七	一七一八	五〇六八	六四六八	三〇	七〇六四	二九三六
十八	十九〇七四九	七八六四	六一三八	五一	七七二四	二二七六
十九	十八九七二三	三四〇〇八一〇	五七八七	六九	八四二六	一五七四
二〇	八六三八	三九一二	五四一八	八八	九一六四	〇八三六
二一	七四九六	七一五二	五〇三〇	四〇七	九九四〇	〇〇六〇
二二	六二九四	三四一〇五三六	四六二三	二六	三九〇七五四	六〇九二四六
二三	五〇三四	四〇五二	四一九七	四三	一六〇六	八三九四
二四	三七一六	七七一二	三七五四	六二	二四九二	七五〇八
二五	二三三九	三四二一四九二	三三九二	八〇	三四一六	六五八四
二六	〇九〇三	五四〇四	二八一二	九八	四三七六	五六二四
二七	十七九四〇八	九四三六	二三一四	五一六	五三七二	四六二八
二八	七八五四	三四三三五九四	一七九八	三五	六四〇四	三五九六
二九	六二四二	七九八〇	一二六三	四九	七四七四	二五二六
三〇	四五七二	三四四二三三四	〇七一四	六七	八五七二	一四二八
三一	二八四二	六七一六	〇一七四	八五	九七〇六	〇二九四

黃道積度	出入半弧背	日行百刻度	出入差刻分	刻差	冬至前後晝 夏至前後夜	冬至前後夜 夏至前後晝
十度	十度十分十秒	百十度十分十秒	刻十分十秒	分十秒	十刻十分十秒	十刻十分十秒
三二	一〇五五	三四五一二九四	四九五六二	六〇一	四〇〇八七六	五九九一二四
三三	十六九二一〇	五九五六	八九六一	一六	二〇七八	七九二二
三四	七三〇九	三四六〇七〇八	八三四五	三三	三三一〇	六六九〇
三五	五三五〇	五五二八	七七一二	四八	四五七六	五四二四
三六	三三三五	三四七〇四四〇	七〇六四	六三	五八七二	四一二八
三七	二二六四	五四一四	六四〇一	七八	七一九八	二八〇二
三八	十五九一三九	三四八〇四四二	五七二三	九二	八五五四	一四四六
三九	六九五九	五五一八	五〇三一	七〇五	九九二八	〇〇六二
四〇	四七二六	三四九〇六四二	四三二六	一九	四一一三四八	五八八六五二
四一	二四四二	五八〇二	三六〇七	三三	二七八六	七二一四
四二	〇一〇七	三五〇〇九八六	二八七五	四四	四二五〇	五七五〇
四三	十四七七二〇	六一九四	二一三一	五六	五七三八	四二六二
四四	五二八五	三五一一四一四	一三七五	六八	七二五〇	二七五〇
四五	二八〇三	六六四〇	〇六〇七	七八	八七八六	一二一四
四六	〇二七四	三五二一八六六	三九八二九	八九	四二〇三四二	五七九六五八
四七	十三七七〇〇	七〇八〇	九〇四〇	九八	一九二〇	八〇八〇
四八	五〇八二	三五三二三七〇	八二四二	八〇八	五五一六	六四八四
四九	二四二一	七四四二	七四三四	一七	五一三二	四八六八

黄道積度	出入半弧背	日行百刻度	出入差刻分	刻差	冬至前後晝 夏至前後夜	冬至前後夜 夏至前後晝
十度	十度十分十秒	百十度十分十秒	刻十分十秒	分十秒	十刻十分十秒	十刻十分十秒
五〇	十二九七二〇	三五四二五七八	六六一七	二六	六七六六	三二三四
五一	六九七七	七六七二	五七九一	三二	八四一八	一五八二
五二	四一九九	三五五二七一八	四九五九	四〇	四三〇〇八二	五六九九一八
五三	一三八八	七七一〇	四一一九	四六	一七六二	八二三八
五四	十一八五三九	三五六二六三六	三二七三	五四	三四五四	六五四六
五五	五六五七	七五〇二	二四一九	五九	五一六二	四八三八
五六	二七三三	三五七二二八四	一五六〇	六四	六八八〇	三一二〇
五七	十〇九八〇〇	六九九四	〇六九六	六九	八六〇八	一三九二
五八	六八二八	三五八一六〇二	二九八二七	七五	四四〇三四六	五五九六五四
五九	三八二九	六一三二	八九五二	七八	二〇九六	七九〇四
六〇	〇八〇五	三五九〇五六〇	八〇七四	八一	三八五二	六一四八
六一	〇九七七五八	四八八六	七一九三	八四	五六一四	四三八六
六二	四六八九	九一〇四	六三〇九	八九	七三八二	二六一八
六三	一五九七	三六〇三二〇八	五四二〇	九〇	九一六〇	〇八四〇
六四	〇八八四八七	七一九二	四五三〇	九二	四五〇九四〇	五四九〇六〇
六五	五三六〇	三六一一〇〇八	三六三八	九四	二七二四	七二七六
六六	二二一五	四八一二	二七四四	九七	四五一二	五四八八
六七	〇七九〇五四	八四二四	一八四七	九七	六三〇六	三六九四

黄道積度	出入半弧背	日行百刻度	出入差刻分	刻差	冬至前後晝 夏至前後夜	冬至前後夜 夏至前後晝
十度	十度十分十秒	百十度十分十秒	刻十分十秒	分十秒	十刻十分十秒	十刻十分十秒
六八	五八八二	三六二一九〇四	〇九五〇	九八	八二〇〇	一九〇〇
六九	二六九五	五二六四	〇〇五二	九〇〇	九八九六	〇一〇四
七〇	〇六九四九四	八四八六	一九一五一	〇〇	四六一六九六	五三八三〇四
七一	六二八五	三六三一五七〇	八二五二	〇一	三四九六	六五〇四
七二	三〇六五	四五一六	七三五一	〇一	五二九八	四七〇二
七三	〇五九八三七	七三一八	六四五〇	〇一	七一〇〇	二九〇〇
七四	六六〇〇	九九八二	五五四九	〇一	八九〇二	一〇九八
七五	三三五七	三六四二四九六	四六四八	〇一	四七〇七〇四	五二九二九六
七六	〇一〇八	四八七〇	三七四七	〇一	二五〇六	七四九四
七七	〇四六八五四	七〇八六	二八四六	〇〇	四三〇八	五六九二
七八	三五九四	九一五六	一九四六	〇〇	六一〇八	三八九二
七九	〇三三一	三六五一〇八二	一〇四六	〇〇	七九〇八	二〇九二
八〇	〇三七〇六四	二八六四	〇一四六	〇〇	九七〇八	〇二九二
八一	三七九四	四四九〇	〇九二四六	〇〇	四八一五〇八	五一八四九二
八二	〇五七八	五九六六	八三四六	八九七	三三〇八	六六九二
八三	〇二七二四九	七二九二	七四四九	九七	五一〇二	四八九八
八四	三九七三	八四七四	六五五二	九七	六八九六	三一〇四
八五	〇六九六	九五〇〇	五六五五	九七	八六九〇	一三一〇

黄道積度	出入半弧背	日行百刻度	出入差刻分	刻差	冬至前後晝 夏至前後夜	冬至前後夜 夏至前後晝
十度	十度十分十秒	百十度十分十秒	刻十分十秒	分十秒	十刻十分十秒	十刻十分十秒
八六	○一七六一八	三六六○三七○	四七五八	九六	四九○四八四	五○九五一六
八七	四一四○	一一○八	三八六二	九六	二二七六	七七二四
八八	○八六二	一六七八	二九六六	九六	四○六八	五九三二
八九	○○六五八二	二○九八	二○七○	九六	五八六○	四一四○
九○	四三○三	二三七四	一一七四	九五	七六五二	二三四八
九一	一○二四	二四九四	○二七九	二七九	九四四二	○五五八
九一三一○六	○○○○○○	三六六二五	○○○○○	○○○	五○○○○○	五○○○○○

右《曆草》所載每度晝夜刻分，乃《授時》原定大都晷漏。大都者，燕京也①。夏至晝、冬至夜極長，六十一刻八十四分，冬至晝、夏至夜極短，三十八刻一十六分。《元史》有云：六十二刻者②，就整數耳。明既都燕，不知遵用。惟正統己巳③奏準頒曆用六十一刻，而群然非之。士大夫既未考諸《元史》，疇人子弟失其官守，又不能執《曆草》以爭，遂旋行而罷。終明之世，皆用南京之晷④漏而已。⑤

① 熊賜履本、王鴻緒本「乃《授時》原定大都晷漏。大都者，燕京也」作「乃《授時》原定大都即燕京。晷漏也」。
② 熊賜履本、王鴻緒本此處無「者」字。
③ 梅文鼎本「己巳」後有「年」字。
④ 梅文鼎本「晷」作「軌」。
⑤ 熊賜履本、王鴻緒本「皆用南京之晷漏而已」作「用南京晷漏而已」。定本該段作「右《曆草》所載晝夜刻分，乃大都即燕京。晷漏也。夏晝、冬夜極長，六十一刻八十四分，冬晝、夏夜極短，三十八刻一十六分。明既遷都于燕，不知遵用。惟正統己巳奏準頒曆用六十一刻，而群然非之。景泰初仍復用南京晷刻，終明之世未能改正也」。熊賜履本卷三十一「曆法五」至此結束。

冬夏二至後每日晨昏分立成①日出入及半晝分立成不具，附明其法于後，即可于此立成取之。②

	冬至晨分	冬至昏分	夏至晨分	夏至昏分
積日	千百十分十秒	千百十分十秒	千百十分十秒	千百十分十秒
初日	二六八一七〇	七三一八三〇	一八一八三〇	八一八一七〇
一日	八一六二	一八三八	一八六二	八一六四
二日	八一三九	一八六一	一八五六	八一四四
三日	八一〇一	一八九九	一八八七	八一一三
四日	八〇四八	一九五二	一九三〇	八〇七〇
五日	七九七九	二〇二一	一九八七	八〇一三
六日	七八九六	二一〇四	二〇五六	七九四四
七日	七七九七	二二〇三	二一三七	七八六三
八日	七六八三	二三一七	二二三一	七七六九
九日	七五五五	二四四五	二三三八	七六六二
十日	七四一一	二五八九	二四五八	七五四二
十一日	七二五二	二七四八	二五九〇	七四一〇

① 熊賜履本該表位于卷三十『曆法四』，題爲『冬夏二至日晨昏分立成』； 王鴻緒本位于志第十一『曆四上 大統曆法二 立成』，題爲『冬夏二至日晨昏分立成』； 定本位于卷三十四『曆四 大統曆法二 立成』，題爲『冬夏二至後晨昏分立成』。梅文鼎本該立成分爲兩部分，分别爲『冬至日後每日日出晨分半晝分』與『夏至日後每日日出晨分半晝分』，位于卷五『《大統曆》依《授時》立成法下』。據表後按語，該表應取自《大統曆法通軌》，即《太陰通軌》中的『冬夏二至日出晨昏分立成鈐』。

② 熊賜履本、王鴻緒本此處無此小注，其標題下小注對應本書表格後面按語。定本該小注作『此《通軌》所載南京應天府晷刻也』。

積日	冬至晨分 千百十分十秒	冬至昏分 千百十分十秒	夏至晨分 千百十分十秒	夏至昏分 千百十分十秒
十二日	七〇七八	二九二二	二七三四	七二六六
十三日	六八八九	三一一一	二八九二	七一〇八
十四日	六六八五	三三一五	三〇六二	六九三八
十五日	六四六六	三五三四	三二四六	六七五四
十六日	六二三二	三七六八	三四四一	六五五九
十七日	五九八三	四〇一七	三六三〇	六三五〇
十八日	五七一九	四二八一	三八七一	六一二九
十九日	五四四一	四五五九	四一〇六	五八九四
二十日	五一四七	四八五三	四三五二	五六四七
二十一日	四八三九	五〇六一	四六一二	五三八八
二十二日	四五一七	五四八三	四八八五	五一一五
二十三日	四一八一	五八一九	五一七一	四八二九
二十四日	三八二九	六一七一	五四六九	四五三一
二十五日	三四六四	六五三六	五七七九	四二二一
二十六日	三〇八五	六九一五	六一〇三	三八九七
二十七日	二六九二	七三〇八	六四九三	三五六一
二十八日	二二八四	七七一六	六七八七	三二一三
二十九日	一八六六	八一三四	七一四七	二八五三
三十日	一四三三	八五六七	七五二二	二四七九
三十一日	〇九八八	九〇一二	七九〇五	二〇九五
三十二日	〇五三一	九四六九	八三〇一	〇六九九

積日	冬至晨分 千百十分十秒	冬至昏分 千百十分十秒	夏至晨分 千百十分十秒	夏至昏分 千百十分十秒
三十三日	○○六一	九九三九	八七○八	一二九二
三十四日	二五九五七九	七四○四二一	九一二八	○八七二
三十五日	九○八五	○九一五	九五五八	○四四二
三十六日	八五八○	一四二○	一九○○○○	○○○○
三十七日	八○六五	一九三五	○四五二	八○九五四八
三十八日	七五三九	二四六一	○九一五	九○八五
三十九日	七○○一	一九九八	一三八九	八六一一
四十日	六四五六	三五四四	一八七三	八一二七
四十一日	五九○○	四一○○	一三六六	七六三四
四十二日	五三三六	四六六四	二八六九	七一三一
四十三日	四七六三	五二三七	二三八二	六六一八
四十四日	四一八一	五八一九	三九○三	六○九七
四十五日	三五九二	六四○八	四四三三	五五六七
四十六日	二九九六	七○○四	四九七一	五○二九
四十七日	二三九二	七六○八	五五一九	四四八一
四十八日	一七八二	八二一八	六○七三	三九二七
四十九日	一一六七	八八三三	六六三五	三三六五
五十日	○五四四	九四五六	七二○三	二七九七

積日	冬至晨分 千百十分十秒	冬至昏分 千百十分十秒	夏至晨分 千百十分十秒	夏至昏分 千百十分十秒
五十一日	二四九九一八	七五〇〇八二	七七七九	二二二一
五十二日	九二八六	〇七一四	八三六一	一六三九
五十三日	八六五〇	一三五〇	八九四九	一〇五一
五十四日	八〇一〇	一九五〇	九五四三	〇四五七
五十五日	七三六六	二六三四	二〇〇一四二	七九九八五三
五十六日	七六一八	二三八二	〇七四七	九二五三
五十七日	六〇六七	三九三三	一三五五	八六四五
五十八日	五四一四	四五八六	一九六九	八〇三一
五十九日	四七五九	五二四一	二五八六	七四一四
六十日	四一〇二	五八九八	三二〇七	六七九三
六十一日	三四四二	六五五八	三八三三	六一六七
六十二日	二四二七八一	七二一九	四四六一	五五三九
六十三日	二一一九	七八八一	五〇九一	四九〇九
六十四日	一四五六	八五四四	五七二四	四二七六
六十五日	〇七九三	九二〇七	六三六一	三六三九
六十六日	〇一二八	九八七二	六九五九	三〇〇一
六十七日	二三九四六三	七六〇五三七	七六四〇	二三六〇
六十八日	八七九八	一二〇二	八二八二	一七一八

積日	冬至晨分	冬至昏分	夏至晨分	夏至昏分
	千百十分十秒	千百十分十秒	千百十分十秒	千百十分十秒
六十九日	八一三三	一八六七	八九二六	一〇七四
七十日	七四六八	二五三三	九五六九	〇四三一
七十一日	六八〇二	三一九七	二一〇二一六	七八九七八四
七十二日	六一三八	三八六二	〇八六四	九一三六
七十三日	五四七四	四五二六	一五一二	八四八八
七十四日	四八一〇	五一九〇	二一六一	七八三九
七十五日	四一四七	五八五三	二八一〇	七一九〇
七十六日	三四八五	六五一五	三四六〇	六五四〇
七十七日	二八二三	七一七七	四一一〇	五八九〇
七十八日	二一六二	七八三八	四七六一	五二三九
七十九日	一五〇三	八四九七	五四一二	四五八八
八十日	〇八四三	九二五七	六〇六四	三九三六
八十一日	〇一八四	九八一六	六七一五	三二八五
八十二日	二二九五二六	七七〇四七四	七三六六	二六三四
八十三日	八八六九	一一三三	八〇一八	一九八二
八十四日	八二一三	一七八七	八六六八	一三三二
八十五日	七五五八	二四四二	九〇二〇	〇九八〇
八十六日	六九〇四	三〇九六	九九七二	七八〇〇二八
八十七日	六二四九	三七五一	二二〇六二四	七七九三七六
八十八日	五五九六	四四〇四	一二七五	八七二五
八十九日	四九三九	五〇六一	一九二六	八〇七四

積日	冬至晨分	冬至昏分	夏至晨分	夏至昏分
	千百十分十秒	千百十分十秒	千百十分十秒	千百十分十秒
九十日	四二八六	五七一四	二五七八	七四二二
九十一日	三六三四	六三六六	三二二九	六七七一
九十二日	二九八二	七〇一八	三八八一	六一一九
九十三日	二三三一	七六六九	四五三四	五四六六
九十四日	一六八〇	八三二〇	五一九一	四八〇九
九十五日	一〇二九	八九七一	五八四五	〇一五八
九十六日	〇三七八	九六二三	六四九九	三五〇一
九十七日	二一九七二六	七八〇二七四	七一五三	二八四七
九十八日	九〇七五	〇五二五	七八〇八	二一九二
九十九日	八四二三	一五七七	八四六四	一五三六
一百日	七七七三	二二二七	九一二一	〇八七九
百一日	六一二三	二八七八	五七七八	〇二二二
百二日	六四七一	三五二九	二三〇四三七	七六九五六三
百三日	五八二〇	四一八〇	一〇九七	八九〇三
百四日	五一六九	四八三一	一七五六	八四四四
百五日	四五一八	五四八二	二四一六	七五八四
百六日	三八六七	六一三三	三〇七八	六九二二
百七日	三二一七	六七八三	三七四〇	六二六〇
百八日	二五六八	七四三二	四四〇三	五五九七

積日	冬至晨分 千百十分十秒	冬至昏分 千百十分十秒	夏至晨分 千百十分十秒	夏至昏分 千百十分十秒
百九日	一九一九	八〇八一	五〇六七	四九三三
百十日	一二七一	八七二九	五七三一	四二六九
百十一日	〇六二三	九三七七	六三九五	三六〇五
百十二日	二〇九九七六	七九〇〇二四	七〇六〇	二九四〇
百十三日	九三二九	〇六七一	七七二六	二二七四
百十四日	八六八七	一三一三	八三九一	一六〇九
百十五日	八〇四四	一九九六	九〇五六	〇九四四
百十六日	七四〇三	二五九七	九七二二	〇二七八
百十七日	六七六三	三二三七	二四〇三八七	七五九六一三
百十八日	六一二六	三八七四	一〇五一	八九四九
百十九日	五四九一	四五〇九	一七一五	八二八五
百二十日	四八五九	五一四一	二三七八	七六二二
百二十一日	四二二九	五七七一	三〇四〇	六九六〇
百二十二日	三六〇二	六三九八	三七〇〇	六三〇〇
百二十三日	二九七九	七〇二一	四三六〇	五六四〇
百二十四日	二三五九	七六四一	五〇一六	四九八四
百二十五日	一七四四	八二五六	五六七〇	四三三〇
百二十六日	一一三一	八八六八	六三二三	三六七七
百二十七日	〇五二五	九四七五	六九七三	三〇二七

積日	冬至晨分	冬至昏分	夏至晨分	夏至昏分
	千百十分十秒	千百十分十秒	千百十分十秒	千百十分十秒
百二十八日	一九九九二三	八〇〇〇七七	七六一九	二三八一
百二十九日	一九九三二六	〇六七四	八二六二	一七三八
百三十日	八七三四	一二六六	八九〇〇	一一〇〇
百三十一日	八一四九	一八五一	九五三五	〇四六五
百三十二日	七五六九	二四三一	二五〇一六五	七四九八三五
百三十三日	六九九六	三〇〇四	〇七九一	九二〇九
百三十四日	六四三〇	三五七〇	一四一〇	八五九〇
百三十五日	五八七一	四一二九	二〇二四	七九七六
百三十六日	五三一九	〇六八一	二六三二	七三六八
百三十七日	四七七五	五二二五	三二三三	六七六七
百三十八日	四二三九	五七六一	三八二六	六一七四
百三十九日	三七一三	六二八七	四四二二	五五八七
百四十日	三一九四	六八〇六	四九九二	五〇〇八
百四十一日	二〇八五	七三一五	五五六二	四四三八
百四十二日	二一八六	七八一四	六一二三	三八七七
百四十三日	一六九六	八三〇四	六六七五	三三二五
百四十四日	一二一六	八七八四	七二一八	二七八二
百四十五日	〇七四六	九二五四	七七五一	二三四九
百四十六日	〇二八八	九七一二	八二七三	一七二七

積日	冬至晨分	冬至昏分	夏至晨分	夏至昏分
	千百十分十秒	千百十分十秒	千百十分十秒	千百十分十秒
百四十七日	一八九八三九	八一〇一六一	八七八四	一二一六
百四十八日	九四〇二	〇五九八	九二八五	〇九一五
百四十九日	八九七六	一〇二四	九七七四	〇二二六
百五十日	八五六二	一四三九	二六〇二五二	七三九七四八
百五十一日	八一五七	一八四三	〇七一七	九二八三
百五十二日	七七六七	二二三三	一一六七	八八三三
百五十三日	七三八六	二六一四	一六〇九	八三九一
百五十四日	七〇一七	二九八三	〇〇三六	七九六四
百五十五日	六六六二	三三三八	二四五〇	七五五〇
百五十六日	六三一八	三六八二	二八五二	七一四八
百五十七日	五九八七	四〇一三	三二三九	六七六一
百五十八日	五六六九	四三三一	三六一二	六三八八
百五十九日	五三六三	四六三七	三九七二	六〇二八
百六十日	五〇六九	四九三一	四三一七	五六八三
百六十一日	四七八八	五二一二	四六四八	五三五二
百六十二日	四五二〇	五四八〇	四九六四	五〇三六
百六十三日	四二六四	五七三六	五二六七	四七三三
百六十四日	四〇二一	五九七九	五五五四	四四四六
百六十五日	三七九一	六二〇九	五八二七	四一七三

積日	冬至晨分 千百十分十秒	冬至昏分 千百十分十秒	夏至晨分 千百十分十秒	夏至昏分 千百十分十秒
百六十六日	三五七四	六四二六	六〇八五	三五一五
百六十七日	三三七〇	六六三〇	六三二八	三六七二
百六十八日	三一七八	六八二二	九五五七	三四四三
百六十九日	二九九九	七〇一〇	六七六九	三二三一
百七十日	二八三三	七一六七	六九六九	三〇三二
百七十一日	二六八一	七三一九	七一五二	二八四八
百七十二日	二五四一	七四五九	七三一九	二六八一
百七十三日	二四一四	七五八六	七四七二	二五二八
百七十四日	二二九九	七七〇一	六六一一	二三八九
百七十五日	二一九七	七八〇三	七七二三	二二六七
百七十六日	二一〇七	七八九三	七八四一	二一五九
百七十七日	二〇三一	七九六九	七九三二	二〇六八
百七十八日	一九六六	八〇三四	八〇一〇	一九九〇
百七十九日	一九一四	八〇八六	八〇七一	一九二九
百八十日	一八七五	八一二五	八一一八	一八八二
百八十一日	一八四九	八一五一	八一四九	一八五一
百八十二日	一八三四	八一六六	八二六六	一八三四

按：此《通軌》所載晝夜刻分也。夏至晝、冬至夜極長五十八刻六十三分半，夏至夜、冬至晝極短四十一刻三十六分半，蓋南京應天府晷刻也。厥後都燕仍用此率，此臺官之失，非立法之咎。內尚有日出分、日入分、半晝分三立成，以晨分加二百五十分爲日出分，晨分減日周一萬爲昏分①，昏分減二百五十分爲日入分。②

① 紹圖本「昏分」誤作「分昏」。

② 熊賜履本、王鴻緒本此處按語位于該立成標題下，且爲小注格式，作「以晨分加二百五十分爲日出分，晨分減日周一萬爲昏分，昏分減二百五十分爲日入分，又減五千分爲半晝分。此《通軌》所載晝分夜刻分也，夏至晝、冬至夜極長五十八刻六十三分半，夏至夜、冬至晝極短四十一刻三十六分半，蓋南京應天府晷刻也。厥後都燕仍用此率，此臺官之失，非立法之咎」。王鴻緒本該表後有「明史稿　志第十一終」，其「曆四上大統曆法二 立成」至此結束。

定本該段位于立成後，作「晨分加二百五十分爲日出分，日周一萬分內減晨分爲昏分，昏分減二百五十分，爲日入分，又減五千分爲半晝分。故立成只列晨昏分，則出入及半晝分皆具，不必盡列也」。

梅文鼎本此段按語對應「冬至日後每日日出晨分半晝分」立成標題之後內容，作「法以半晝分轉減五十刻，即半日周五十分也。餘爲日出分。日出分內又減去二百五十分爲晨分，以晨分減日周一萬分，餘爲昏分，昏分內又減二百五十分爲日入分。若順推者，以半晝分加半日周爲日入分。又加二百五十分爲昏分，以昏分減日周爲晨分，晨分加二百五十分爲日出分」。且該冬至立成表後有查表之法，作「查表捷法：凡晨分、昏分相并成日周一萬，日出分、日入分相并亦成日周一萬。又晨分、昏分之尾數四位相并成一百分，日出分、日入分之尾數四位相并亦成一百分。即一刻。若尾數三位，則晨分同日出，而昏分日入并同半晝，皆尾數三位不變」。

另外，梅本在夏至立成表後有一段説明，內容爲「右立成所載日出入、半晝夜、晨昏分，蓋陽城晷刻也。凡晷刻長短，生于北極出地之高下，極高則景長差多，極卑則景短差平。據《元史》所載，當時四海測驗晷景之數二十有七，其一爲南京，北極出地三十四度太强；其一爲河南府陽城，北極出地三十四度太弱；其一爲嶽臺，北極出地三十五度，夏至晝六十刻夜四十刻。今立成所載晝夜永短之數，于六十則弱，于四十則强，故知爲陽城或南京晷刻也。今將《元志》晷差列後：

南海，北極出地一十五度，夏至景在表南，長一尺一寸六分，晝五十四刻，夜四十六刻。

衡嶽，北極出地二十五度，夏至日在表端，無景，晝五十六刻，夜四十四刻。

嶽臺，北極出地三十五度，夏至晷景長一尺四寸八分，晝六十刻，夜四十刻。

和林，北極出地四十五度，夏至晷景長三尺二寸四分，晝六十四刻，夜三十六刻。
鐵勒，北極出地五十五度，夏至晷景長五尺一分，晝七十刻，夜三十刻。
北海，北極出地六十五度，夏至晷景長六尺七寸八分，晝八十二刻，夜一十八刻。
大都，北極出地四十度太強，夏至晷景長一丈二尺三寸六分，《通軌》作一丈一尺七寸一分，晝六十二刻，夜三十八刻。
上都，北極出地四十三度少。
北京，北極出地四十二度強。
益都，北極出地三十七度少。
登州，北極出地三十八度少。
高麗，北極出地三十八度少。
西京，北極出地四十度少。
太原，北極出地三十八度少。
西安，北極出地三十四度半強。
興元，北極出地三十三度半強。
成都，北極出地三十一度半強。
西涼州，北極出地四十度強。
東平，北極出地三十五度太。
南京，北極出地三十四度太強。
大名，北極出地三十六度。
河南府陽城，北極出地三十四度太弱。
揚州，北極出地三十三度。
鄂州，北極出地三十一度半。
吉州，北極出地二十六度半。
雷州，北極出地二十度太。
瓊州，北極出地一十九度太』。
梅文鼎本之後還有『《大統曆》依《授時》算立成，北京日出入時刻晝夜長短』立成表。

附：《大統曆》依《授時》算立成，北京日出入時刻晝夜長短

	冬至盈曆		夏至縮曆	
初日	出辰初二刻 入申正二刻	晝三十八刻 夜六十二刻	出寅正二刻 入戌初二刻	晝六十二刻 夜三十八刻
一日				
二日				
三日				
四日				
五日				
六日				
七日				
八日				
九日				
十日				
十一日				
十二日				
十三日				
十四日				
十五日				
十六日				
十七日				
十八日				

	冬至盈曆	冬至盈曆	夏至縮曆	夏至縮曆
十九日				
二十日		晝三十九刻 夜六十一刻		
二十一日				
二十二日				晝六十一刻 夜三十九刻
二十三日				
二十四日				
二十五日	入申正三刻			
二十六日				
二十七日	出辰初一刻		出寅正三刻	
二十八日				
二十九日			入戌初一刻	
三十日		晝四十刻 夜六十刻		
三十一日				
三十二日				
三十三日				晝六十刻 夜四十刻
三十四日				
三十五日				
三十六日				

	冬至盈曆		夏至縮曆	
三十七日				
三十八日		晝四十一刻 夜五十九刻		
三十九日				
四十日				晝五十九刻 夜四十一刻
四十一日	入申正四刻			
四十二日	出辰初初刻			
四十三日	入酉初初刻			
四十四日	出卯正四刻	晝四十二刻 夜五十八刻	出寅正四刻	
四十五日			入戌初初刻	
四十六日			出卯初初刻	
四十七日			入酉正四刻	晝五十八刻 夜四十二刻
四十八日				
四十九日				
五十日		晝四十三刻 夜五十七刻		
五十一日				
五十二日				

	冬至盈曆		夏至縮曆	
五十三日				晝五十七刻 夜四十三刻
五十四日				
五十五日	入酉初一刻			
五十六日	出卯正三刻	晝四十四刻 夜五十六刻		
五十七日				
五十八日			出卯初一刻	
五十九日			入酉正三刻	晝五十六刻 夜四十四刻
六十日				
六十一日		晝四十五刻 夜五十五刻		
六十二日				
六十三日				
六十四日				
六十五日				晝四十五刻 夜五十五刻
六十六日	入酉初二刻			
六十七日	出卯正二刻	晝四十六刻 夜五十四刻		

	冬至盈曆		夏至縮曆	
六十八日				
六十九日				
七十日			出卯初二刻	
七十一日			入酉正二刻	晝五十四刻 夜四十六刻
七十二日	晝四十七刻 夜五十三刻			
七十三日				
七十四日				
七十五日				
七十六日				晝五十三刻 夜四十七刻
七十七日	入酉初三刻			
七十八日	出卯正一刻	晝四十八刻 夜五十二刻		
七十九日				
八十日				
八十一日			出卯初三刻	
八十二日			入酉正一刻	晝五十二刻 夜四十八刻

	冬至盈曆		夏至縮曆	
八十三日		晝四十九刻 夜五十一刻		
八十四日				
八十五日				
八十六日				
八十七日				
八十八日	入酉初四刻			晝五十一刻 夜四十九刻
八十九日	出卯正初刻	晝五十刻 夜五十刻		
九十日	入酉正初刻			
九十一日	出卯初四刻			
九十二日			出卯初四刻	
九十三日			入酉正初刻	
九十四日			出卯正初刻	晝五十刻 夜五十刻
九十五日		晝五十一刻 夜四十九刻	入酉初四刻	
九十六日				
九十七日				
九十八日				

	冬至盈曆		夏至縮曆	
九十九日				
一百日				晝四十九刻 夜五十一刻
一百〇一日	入酉正一刻	晝五十二刻 夜四十八刻		
一百〇二日	出卯初三刻			
一百〇三日				
一百〇四日				
一百〇五日			出卯正一刻	晝四十八刻 夜五十二刻
一百〇六日			入酉初三刻	
一百〇七日		晝五十三刻 夜四十七刻		
一百〇八日				
一百〇九日				
一百一十日				
一百一十一日				晝四十七刻 夜五十三刻
一百一十二日	入酉正二刻	晝五十四刻 夜四十六刻		

	冬至盈曆		夏至縮曆	
一百一十三日	出卯初二刻			
一百一十四日				
一百一十五日				
一百一十六日			出卯正二刻	晝四十六刻 夜五十四刻
一百一十七日			入酉初二刻	
一百一十八日		晝五十五刻 夜四十五刻		
一百一十九日				
一百二十日				
一百二十一日				
一百二十二日				晝四十五刻 夜五十五刻
一百二十三日				
一百二十四日	入酉正三刻	晝五十六刻 夜四十四刻		
一百二十五日				
一百二十六日				
一百二十七日			出卯正三刻	晝四十四刻 夜五十六刻

	冬至盈曆		夏至縮曆	
	[出入]	[晝夜]	[出入]	[晝夜]
一百二十八日			入酉初一刻	
一百二十九日				
一百三十日		晝五十七刻 夜四十三刻		
一百三十一日				
一百三十二日				
一百三十三日				
一百三十四日				晝四十三刻 夜五十七刻
一百三十五日				
一百三十六日	入酉正四刻	晝五十八刻 夜四十二刻		
一百三十七日	出卯初初刻			
一百三十八日	入戌初初刻			
一百三十九日	出寅正四刻		出卯正四刻	晝四十二刻 夜五十八刻
一百四十日			入酉初初刻	
一百四十一日			出辰初初刻	
一百四十二日			入申正四刻	
一百四十三日		晝五十九刻 夜四十一刻		

	冬至盈曆		夏至縮曆	
一百四十四日				
一百四十五日				晝四十一刻 夜五十九刻
一百四十六日				
一百四十七日				
一百四十八日				
一百四十九日				
一百五十日				
一百五十一日		晝六十刻 夜四十刻		
一百五十二日				
一百五十三日				晝四十刻 夜六十刻
一百五十四日	入戌初一刻			
一百五十五日				
一百五十六日	出寅正三刻		出辰初一刻	
一百五十七日				
一百五十八日			入申正三刻	
一百五十九日				
一百六十日				
一百六十一日		晝六十一刻 夜三十九刻		

	冬至盈曆		夏至縮曆	
一百六十二日				
一百六十三日				晝三十九刻 夜六十一刻
一百六十四日				
一百六十五日				
一百六十六日				
一百六十七日				
一百六十八日				
一百六十九日				
一百七十日				
一百七十一日				
一百七十二日				
一百七十三日				
一百七十四日				
一百七十五日				
一百七十六日				
一百七十七日				
一百七十八日				
一百七十九日				
一百八十日				
一百八十一日				
一百八十二日				

明史曆志卷五①

姚江耒史黄百家纂②

大統曆法 推步上③ 氣朔 日躔 月離 中星④

《大統》⑤推步，悉本《授時》，惟去消長而已。然《通軌》諸捷法，實爲步算所須，其間次序⑥，亦有與《曆經》微別者。如氣朔發斂，《授時》原分二章，《大統》⑦合爲一。《授時》盈縮差在日躔，遲疾差在月離，經朔、定朔⑧離爲二處。《大統》⑨則經朔後即

① 梅文鼎本卷四、五主要爲立成表，無『推步』内容。熊賜履本卷三十『曆法四』、王鴻緒本志第十一『曆四上』及志第十二『曆四下』、定本卷三十四『曆四』亦主要爲立成表。『推步』内容熊賜履本在卷三十一『曆法五』，王鴻緒本在志第十三『曆五上』及志第十四『曆五下』，定本在卷三十五『曆五』及卷三十六『曆六』。因此，紹圖本本卷内容大體對應梅文鼎本卷四，熊賜履本『曆法四』『曆法五』的太陽、太陰及中星部分，王鴻緒本『曆四上』『曆四下』的太陽、太陰立成及『曆五上』，定本『曆四』的太陽、太陰立成及『曆五』。後不贅述。
梅文鼎本卷四標題作『大統曆志卷四』，熊賜履本相應兩卷標題分別作『明史卷三十　志四』『明史卷三十一　志五』，王鴻緒本相應三卷標題分別作『明史稿　志第十一』『明史稿　志第十二』『明史稿　志第十三』，定本相應兩卷標題分別作『明史卷三十四　志第十』『明史卷三十五　志第十一』。

② 梅文鼎本卷四署名作『宣城梅文鼎撰』，王鴻緒本相應三卷作『光禄大夫經筵講官明史總裁户部尚書加七級臣王鴻緒奉敕編撰』，定本相應兩卷作『總裁官總理事務經筵講官少保兼太子太保保和殿大學士兼管吏部户部尚書事加六級張廷玉等奉敕修』，熊賜履本無署名。

③ 梅文鼎本此處標題作『立成』，卷首一段文字後又有標題『《大統曆》依《授時》算立成上』，亦應爲本卷標題；熊賜履本相應兩卷此處標題分別作『曆法四　立成』『曆法五　推步』，王鴻緒本相應三卷此處標題分別作『曆四上　大統曆法二 立成』『曆四下』『曆五上　大統曆法三 推步』，定本相應兩卷標題分別作『曆四　大統曆法二立成』『曆五　大統曆法三上推步』。

④ 熊賜履本、王鴻緒本、定本此處無『氣朔　日躔　月離　中星』。

⑤ 熊賜履本、王鴻緒本『《大統》』前有『既有立成之數，始可施用，故推步次之』。

⑥ 熊賜履本、王鴻緒本『次序』作『序次』。

⑦ 熊賜履本、王鴻緒本、定本『《大統》』作『今』。

⑧ 熊賜履本、王鴻緒本、定本『經朔、定朔』作『定朔、經朔』。

⑨ 熊賜履本、王鴻緒本、定本『《大統》』作『今』。

求定朔，于用殊便。《元史》不載立成，縱有推步，無所于用。且推步僅載其法，無從求其所以然之故，兹特稍爲注明，俾览者識造法之意①。爲其目七②：曰氣朔，曰日躔，曰月離，曰中星，曰交食，曰五星，曰四餘③。

步氣朔④發斂附

洪武十七年甲子歲爲曆元⑤。上距至元⑥辛巳一百〇四算。《授時》以辛巳爲元，原係截法，今依原法，復截至洪武甲子爲元。以求諸數，所得無二。但《授時》上推百年增一，下推百年减一，《大統》不用。⑦

歲實⑧三百六十五萬二千四百二十五分。即歲周三百六十五日二十四刻二十五分。一歲，日與天會之數。定歲實法：取前人所測實景所得冬至日時刻分秒，距今見測到冬至日時刻分秒，共計若干爲實，以相距積年爲法而一，以定歲實。⑨

半歲實⑩一百八十二萬六千二百一十二分五十秒。

① 熊賜履本、王鴻緒本「《元史》不載立成，……俾览者識造法之意」作「不得病其更張也」。定本此處無該句。

② 熊賜履本「爲其目七」作「其目六」，王鴻緒本、定本作「其目七」。

③ 熊賜履本、王鴻緒本此後有「而以里差刻漏終焉」。

④ 本節内容與《大統曆法通軌》《大明大統曆法》等明代官方曆法著作中的步氣朔部分明顯不同，與邢雲路《古今律曆考》、王錫闡《大統曆法啓蒙》等亦异。相較而言，本節與梅文鼎《曆學駢枝》卷一最爲接近，兩者在小節編排上基本一致，但具體行文也并不相同。總的來説，本節内容更爲簡潔，且來源非一，應爲黄百家結合《曆學駢枝》《大統曆法通軌》《大明大統曆法》等改編而成。

⑤ 熊賜履本、王鴻緒本、定本「曆元」作「元」。

⑥ 熊賜履本、王鴻緒本此處無「至元」二字。

⑦ 熊賜履本、王鴻緒本「《授時》以辛巳爲元，……所得無二」作「《授時》以至元辛巳爲元，原係截法，今依原法，復截至洪武甲子爲元。以求諸數，所得無二」，且爲正文格式；之後無「但《授時》上推百年增一，下推百年减一，《大統》不用」。定本此處無「《授時》以辛巳爲元，……《大統》不用」。

⑧ 熊賜履本、王鴻緒本、定本「歲實」作「歲周」。

⑨ 熊賜履本、王鴻緒本、定本此處小注「即歲周三百六十五日二十四刻二十五分。……以定歲實」作「實測無消長」。定本此後有「半之爲歲周，四分之爲氣象限，二十四分之爲氣策」，其中「半之爲歲周」明顯有誤，應作「半之爲半歲周」。

⑩ 熊賜履本、王鴻緒本「半歲實」作「半歲周」。熊賜履本、王鴻緒本從「半歲實」至「宿策」的内容位于「氣應」至「交應」的内容之後，且各參數具體次序亦有所不同，詳見下文。定本無「半歲實」與「氣象限」數據，「通餘」至「宿策」的内容亦位于「氣應」至「交應」的内容之後。

氣象限九十一萬三千一百〇六分二十五秒。歲實四之一。①

通餘五萬二千四百二十五分。歲實內纍減去紀法六十萬之餘數。②

朔實③二十九萬五千三百〇五分九十三秒。即朔策，月與日會一次之數。日法萬分，萬即日，百即刻也。④

望策一十四萬七千六百五十二分九十六秒五十微。一名交望，以朔策半之⑤。

弦策七萬三千八百二十六分四十八秒二十五微。四分朔策。⑥

氣策一十五萬二千一百八十四分三十七秒五十微。以歲實二十四分之。⑦

通閏一十〇萬八千七百五十三分八十四秒。歲實內減去十二朔策，隨歲實消長。⑧

月閏九千〇⑨六十二分八十二秒。分通閏爲十二。⑩

閏限一十八萬六千五百五十二分〇九秒。一名閏準，朔實內減通閏⑪。

盈初縮末限八十八萬九千〇⑫九十二分二十五秒。冬至至春分前三日日行周天一象，秋分後三日至冬至日行周天一象，于氣象限內減盈縮極差二度四一四。⑬

① 熊賜履本、王鴻緒本此處無此小注。

② 熊賜履本、王鴻緒本、定本此處無此小注。

③ 熊賜履本、王鴻緒本、定本『朔實』作『朔策』。

④ 熊賜履本、王鴻緒本、定本此處小注『即朔策，月與日會一次之數。日法萬分，萬即日，百即刻也』僅作『一名朔實』。定本此後有『半之爲望策，一名交望。又半之爲弦策』。

⑤ 熊賜履本、王鴻緒本此處無『以朔策半之』。

⑥ 熊賜履本、王鴻緒本此處無此小注。定本此處無『望策』與『弦策』數據。

⑦ 熊賜履本、王鴻緒本該句在『氣象限』之後，『通餘』之前，句中『三十七秒五十微』作『三十七秒半』，且後無小注。定本此處無『氣策』數據。

⑧ 熊賜履本、王鴻緒本、定本此處無此小注。

⑨ 熊賜履本、王鴻緒本、定本『〇』後有『百』字。

⑩ 熊賜履本、王鴻緒本、定本此處無此小注。

⑪ 熊賜履本、王鴻緒本、定本此處無『朔實內減通閏』。

⑫ 熊賜履本、王鴻緒本、定本『〇』後有『百』字。

⑬ 熊賜履本、王鴻緒本、定本此處無此小注。

縮初盈末①限九十三萬七千一百二十〇分二十五秒。春分前三日至夏至日行周天一象，夏至至秋分後三日日行周天一象，于氣象限加盈縮極差數。②

轉終二十七萬五千五百四十六分。即轉周二十七日五十五刻四十六分，月行一周天之數。③

轉中一十三萬七千七百七十三分。半轉終。④

朔轉差一萬九千七百五十九分九十三秒。朔實内減轉終餘數。⑤

弦轉限九十〇萬〇六百八十三分〇八秒六十五微。以日轉限乘弦策。⑥

朔轉限二十四萬一二〇七一十分一十四秒六十微。以日轉限乘朔轉差。⑦

日轉限一十二萬二千分。即一十二限二十。⑧

轉中限一百六十八萬〇八百三十〇分六十秒。以日轉限乘轉終，一名限總。⑨

交終二十七萬二千一百二十二分二十四秒。即交周。⑩

朔交差二萬三千一百八十三分六十九秒。朔實内減交終。⑪

没限七千八百一十五分六十二秒五十微。以十六日内減氣策餘數。⑫

① 紹圖本『末』誤作『乘』。
② 熊賜履本、王鴻緒本、定本此處無此小注。
③ 熊賜履本、王鴻緒本、定本此處無此小注。定本此後有『半之爲轉中』。
④ 熊賜履本、王鴻緒本此處無此小注。定本此處無『轉中』數據。
⑤ 熊賜履本、王鴻緒本、定本此處無此小注。
⑥ 熊賜履本、王鴻緒本、定本『弦轉限』與『朔轉限』兩句在『轉中限』之後、『交終』之前，且『弦轉限』在『朔轉限』後，作『弦轉限九十〇限〇六八三〇八六五。以日轉限乘弦策，一名限策』。
⑦ 熊賜履本、王鴻緒本、定本該句作『朔轉限二十四限一〇七一一四六。以日轉限乘朔轉差』。
⑧ 熊賜履本、王鴻緒本、定本該句作『日轉限一十二限二十』，且無小注。
⑨ 紹圖本『限總』誤作『限編』。熊賜履本、王鴻緒本、定本該句作『轉中限一百六十八限〇八三〇六〇。以日轉限乘轉終，一名限總』。
⑩ 熊賜履本、王鴻緒本、定本此處無此小注。
⑪ 熊賜履本、王鴻緒本、定本此處無此小注。
⑫ 熊賜履本、王鴻緒本、定本該句在『朔虚』之後、『盈策』之前，且無小注。

氣盈二千一百八十四分三十七秒五十微。氣策內減十五日餘數。①

朔虛四千六百九十四分〇七秒。以三十日內減朔策餘數。②

盈策九萬六千六百九十五分二十八秒。三百六十日內合氣盈朔虛實測定數。③

虛策二萬九千一百四十二分三十秒。三十日內減轉終，加朔虛實測定數。④

土王策三萬〇四百三十六分七十五⑤。一名貞策，五除歲周，減去五氣策餘數。⑥

候策五萬〇七百二十八分一十二秒五十微。以七十二分歲實。⑦

宿策一萬五千三百〇五分九十三秒。朔策內除去二十八萬。⑧

日周一萬。即一百刻，刻有百分，分有百秒，秒⑨以下微纖，皆以百遞析。⑩

紀法六十萬。即旬周六十日。

氣準分⑪五十五萬〇三百七十五分。係洪武甲子歲前甲子距冬至日加時刻數。《授時》辛巳氣應五十五萬〇六百分，置距算一百〇四，以歲實

① 熊賜履本、王鴻緒本、定本此處無此小注。
② 熊賜履本、王鴻緒本、定本此處無此小注。
③ 熊賜履本、王鴻緒本、定本此處無此小注。
④ 紹圖本此處數據有誤，熊賜履本、王鴻緒本、定本該句作「虛策二萬九千一百〇四分二十二秒」，且無小注。
⑤ 熊賜履本「七十五」後有「秒」字。王鴻緒本「七十五」作「八十七秒半」，定本作「八十七秒五十微」。紹圖本與熊賜履本此處數據有誤，據《授時曆》土王策應爲「三日四百三十六分八十七秒半」。
⑥ 熊賜履本、王鴻緒本、定本此處無此小注。
⑦ 熊賜履本、王鴻緒本、定本此處無「候策」一句。
⑧ 熊賜履本、王鴻緒本、定本此處無此小注。
⑨ 熊賜履本、王鴻緒本、定本此處無「秒」字。
⑩ 熊賜履本、王鴻緒本、定本該句位于「歲周」之後、「氣應」之前。
⑪ 熊賜履本、王鴻緒本、定本「氣準分」作「氣應」。熊賜履本、王鴻緒本從「氣應」至「交應」的內容以及之後的按語位于「日周」之後、「半歲周」之前，定本位于「日周」之後、「通餘」之前。

乘之，得中積三億七千六百一十九萬九千七百七十五分。加辛巳氣應，得通積三億七千六百七十五萬〇三百七十五分，纍去紀法，餘爲《大統》氣應。①

閏準分② 一十八萬二千〇七十〇分一十八秒。洪武甲子歲前一一③月經朔距冬至日加時刻數。置中積，加辛巳閏應二十〇萬二千〇五十分，得閏積三億七千六百四十〇萬一千八百二十五分，纍去朔實，餘爲《大統》閏應。④

轉準分⑤ 二十〇萬九千六百九十〇分。係洪武甲子歲前十一月經朔距入轉日數。置中積，加辛巳轉應一十三萬〇二百五分，得轉⑥積三億七千六百三十二萬九千九百八十〇分，纍去轉終，餘爲《大統》轉應。⑦

交準分⑧ 一十一萬五千一百〇五分〇八秒。洪武甲子歲前十一月經朔距入交日數。置中積，加辛巳交應二十六萬〇三百八十八分，共得三億七千六百四十六萬〇一百六十三分，纍去交終，餘爲《大統》交應。⑨

按：《授時曆》既成之後，閏、轉、交三應數旋有改定，故《元志》「曆經」閏應二十〇萬一千八百五十分，而《通軌》載閏應二十

① 熊賜履本、王鴻緒本「係洪武甲子歲前甲子距冬至日加時刻數。……餘爲《大統》氣應」作「置距算一百〇四，求得中積三億七千六百一十九萬九千七百七十五分，加辛巳氣應五十五萬〇六百分，得通積三億七千六百七十五萬〇三百七十五分，以滿紀法六十去之，餘爲《大統》氣應」，且爲正文格式；定本大體與熊賜履本、王鴻緒本相同，但「以滿紀法六十去之」一句無「以」字。

② 熊賜履本、王鴻緒本、定本「閏準分」作「閏應」。

③ 「一一」當爲「十一」之誤。

④ 熊賜履本、王鴻緒本「洪武甲子歲前一一月經朔距冬至日加時刻數。……餘爲《大統》閏應」作「置中積，加辛巳閏應二十〇萬二千〇五十分，得閏積三億七千六百四十〇萬一千八百二十五分，以滿朔實去之，餘爲《大統》閏應」，且爲正文格式；定本大體與熊賜履本、王鴻緒本相同，但「以滿朔實去之」一句無「以」字。

⑤ 熊賜履本、王鴻緒本、定本「轉準分」作「轉應」。

⑥ 紹圖本「轉」誤作「稱」。

⑦ 熊賜履本、王鴻緒本「係洪武甲子歲前十一月經朔距入轉日數。……餘爲《大統》轉應」作「置中積，加辛巳轉應一十三萬〇二百〇五分，共得三億七千六百三十二萬九千九百八十分，以滿轉終去之，餘爲《大統》轉應」，且爲正文格式；定本大體與熊賜履本、王鴻緒本相同，但「以滿轉終去之」一句無「以」字。

⑧ 熊賜履本、王鴻緒本、定本「交準分」作「交應」。

⑨ 熊賜履本、王鴻緒本「洪武甲子歲前十一月經朔距入交日數。……餘爲《大統》交應」作「置中積，加辛巳交應二十六萬〇三百八十八分，共得三億七千六百四十六萬〇一百六十三分，以滿交終去之，餘爲《大統》交應」，且爲正文格式；定本大體與熊賜履本、王鴻緒本相同，但「以滿交終去之」一句無「以」字。

○萬二千○五十分，實加二百分，是當時經朔改早二刻也。《曆經》轉應一十三萬一千九百○四分，《通軌》載轉應一十三萬○二百○五分，實減一千六百九十九分，是入轉改遲一十七刻弱也。《曆經》交應二十六萬一百八十七分八十六秒，《通軌》載交應二十六萬○三百八十八分①，實加二百分一十四秒，是正交改早二刻强也。洪武十七年，漏刻博士元統上言：『自《授時》曆元辛巳至今洪武甲子，積一百四年，用②法推之，得三億七十六百一十九萬九千七百七十五分。臣今推演得《授時曆》辛巳閏準分二十萬二千五十分，洪武甲子閏準分一十八萬二千七十分一十八秒；《授時曆》辛巳轉準分一十三萬二百五分，洪武甲子轉準分二十萬九千六百九十分；《授時曆》辛巳交準分二十六萬三③百八十八分，洪武甲子交準分一十一萬五千一百五分八秒。』夫元統既以甲子爲元，而三準分皆蒙辛巳爲説，其爲承用無疑。④或以辛巳⑤三應與《元志》互异，遂目⑥爲元統所定，誤矣⑦。夫改憲必由測驗，即當具詳始末，以明徵厥故⑧，何反追改《授時》⑨，自没其勤乎？是故《通軌》所述者，乃《授時》續定之數，而《曆經》所存，則其未定之初稿也。

推天正冬至

置距洪武甲子積年減一，以歲策⑩乘之爲中積，加《大統》⑪氣應爲通積，滿紀法去之，至不滿之數，爲天正冬至。以萬爲日，

① 紹圖本此處語句明顯錯亂有誤，原文作『是入轉改遲一（一十七刻弱也曆經交應二十六萬○三百八十八 二十六萬一百八十七分八十六秒通軌載交應）分』。熊賜履本此處徑取小注第一行，作『是入轉改遲一十七刻弱也。《曆經》交應二十六萬○三百八十八分』，亦明顯有誤。王鴻緒本對該句進行了修訂，作『是入轉改遲一十七刻弱也。《曆經》交應二十六萬一百八十七分八十六秒，《通軌》載交應二十六萬○三百八十八分』。定本大體與王鴻緒本相同，但《曆經》交應作『二十六萬○一百八十七分八十六秒』，較其他版本多了一個『○』字。

② 熊賜履本『用』誤作『周』。

③ 紹圖本『三』誤作『二』。

④ 定本此處無『洪武十七年，漏刻博士元統上言：……其爲承用無疑』。

⑤ 定本『辛巳』前有『《通軌》』二字。

⑥ 紹圖本『遂目』誤作『遲自』，定本『遂目』作『目』。

⑦ 定本『誤矣』作『非也』。

⑧ 定本此處無『以明徵厥故』。

⑨ 熊賜履本、王鴻緒本、定本『《授時》』作『《授時曆》』。

⑩ 定本『歲策』作『歲周』。

⑪ 定本此處無『《大統》』二字。

命甲子算外，爲冬至日辰。纍加通餘，即得次年天正冬至。

推天正閏餘

置中積，加《大統》①閏應，滿朔策鈐纍去之②，不盡③爲天正閏餘。纍加通閏，即得次年④。朔策鈐，即朔實所積，一朔二十九萬五三〇五九三，二朔五十九萬〇六一一八六，十二月朔實如是積去。⑤

推天正經朔

置冬至，減閏餘，遇不及減，加紀法減之，爲天正經朔。無閏，加五十四萬三六七一一六。十二朔策去紀法。有閏，加二十三萬八九七七〇九。十三朔實去紀法。滿紀法仍去之，即爲⑥次年天正經朔。

推有閏無閏⑦

視天正閏餘在閏限已上，其年有閏月。

推天正盈縮

置半歲周，內減其年閏餘全分，餘爲所求天正縮曆。如徑求次年者，于天正縮曆內減通閏，即得。減後，視在⑧一百五十三日〇九以下者，復加朔實，爲次年天正縮曆。

① 定本此處無《大統》二字。

② 定本『滿朔策鈐纍去之』作『滿朔策去之』。

③ 定本『不盡』作『至不滿之數』。

④ 定本『次年』後有『天正閏餘』。

⑤ 熊賜履本、王鴻緒本、定本此處無此小注。熊賜履本、王鴻緒本此後列一小表：

『朔策鈐

一	二十九萬五三〇五九三	二	五十九萬〇六一一八六	三	八十八萬五九一七七九
四	一百一十八萬一二二三七二	五	一百四十七萬六五二九六五	六	一百七十七萬一八三五五八
七	二百〇六萬七一四一五一	八	二百三十六萬二四四七四四	九	二百六十五萬七七五三三七』

⑥ 熊賜履本、王鴻緒本、定本『爲』作『得』。

⑦ 定本此處無此標題，且將本節內容合并至上一節『推天正經朔』。

⑧ 紹圖本『在』後多一『在』字衍文。

推天正遲疾

置中積，加《大統》①轉應，減去其年閏餘全分，餘滿轉終鈐②去之，即天正入轉。視在轉③已下爲疾曆，已上去之爲遲曆。如求④次年者，加二十三萬七一一九一六，十二轉差之積。經閏再加轉差，皆滿轉終去之，遲疾各仍其舊。若⑤滿轉中去之，爲遲疾相代。轉終鈐，以轉終二十七萬⑥五五四六纍積之。⑦

推天正入交

置中積，減閏餘，加《大統》⑧交應，滿交終鈐⑨去之，即天正入交泛日。如求⑩次年者，加六千⑪〇八十二分〇四秒，十二交

① 定本此處無《大統》二字。
② 定本此處無『鈐』字。
③ 定本『轉』後有『中』字。
④ 熊賜履本、王鴻緒本、定本『求』作『徑求』。
⑤ 紹圖本『若』誤作『者』。
⑥ 紹圖本『萬』誤作『爲』。
⑦ 熊賜履本、王鴻緒本、定本此處無此小注。熊賜履本此後列一小表：

『轉終鈐

一	二十七萬五五四六	二	五十五萬一〇九二	三	八十二萬六六三八
四	一百一十〇萬二一八四	五	一百三十七萬七七三〇	六	二百六十五萬三二七六
七	二百九十二萬八八二二	八	二百二十〇萬四三六八	九	二百四十七萬九九一四』

王鴻緒本亦列此表，且修改了其中第五、六、七的數據，作『五　一百二十七萬七七三〇』『六　一百六十五萬三二七六』『七　一百九十二萬八八二二』。
⑧ 定本此處無《大統》二字。
⑨ 定本此處無『鈐』字。
⑩ 熊賜履本、王鴻緒本、定本『求』作『徑求』。
⑪ 紹圖本『千』誤作『十』。

差之積數減①去交終。經閏加二萬九千二百六十五分七十三秒，上數內再②加一交差。③皆滿交終仍去之，即得。交終鈐，以交終二十七萬二一二二二四纍積之。④

推各月經朔及弦望

置天正經朔，加二朔策，滿紀法去之，即得正月經朔。以弦策纍⑤加之，去紀法，即得弦望及各月⑥。

推各恒氣

置天正冬至，加三氣策，滿紀法去之，即得立春恒日。以氣策纍加之，去紀法，即得二十四氣恒日。

推閏在何月

置朔策，以有閏之年閏餘減之，餘爲實，以月閏爲法而一，得數命起天正次月算外，即得所閏之月。閏有進退，仍以定朔無中氣爲定。如減餘不及月閏，或僅及一月閏者，爲閏在年前。

推各月盈縮曆

置天正縮曆，加二⑦朔⑧策，去半歲周，即得正月經朔下盈曆。纍加弦策，各得弦望及次朔⑨，如滿半歲周去之交縮，滿半歲

① 定本「十二交差之積數減」作「十二交差內」。

② 紹圖本「再」誤作「有」。

③ 定本該小注作「十三交差內去交終」。

④ 熊賜履本、王鴻緒本、定本此處無此小注。熊賜履本、王鴻緒本此後列一小表：

「交終鈐

一	二十七萬二一二二二四	二	五十四萬四二四四四八	三	八十一萬六三六六七二
四	一百〇八萬八四八八九六	五	一百三十六萬〇六一一二〇	六	一百六十三萬二七三三四四
七	一百九十〇萬四八五五六八	八	二百一十七萬六九七七九二	九	二百四十四萬九一〇〇一六」

⑤ 熊賜履本「纍」誤作「略」。

⑥ 定本「各月」作「次朔」。

⑦ 紹圖本「二」誤作「一」。

⑧ 熊賜履本「朔」誤作「縮」。

⑨ 熊賜履本「朔」誤作「縮」。

周又去之即復交盈。凡遇半歲周，則盈縮交換。①

推初末限

視盈曆在盈初縮末限以下②，縮曆在縮初盈末限已下③，各爲初。以④上用減半歲周爲末。

推盈縮差

置初末曆小餘，以立成内所有盈縮加分乘之爲實，日周一萬爲法除之，得數以加其下盈縮積，即盈縮差。以萬爲度，不滿爲分秒，盈初縮末立成内夏至前後取，縮初盈末冬至前後取。⑤

推各月遲疾曆

置天正經朔遲疾曆，加二轉差，得正月經朔下遲疾曆。纍加弦策，得弦望及次朔，皆滿轉中去之，爲遲疾相代。

推遲疾限

各置遲疾曆，以日轉限乘之，即得限數。以弦轉限纍加之，滿轉中限去之，即各弦望及次朔限。如求⑥次月，以朔轉限加之，亦滿轉中去之，即得。又法：視立成中日率，有與遲疾曆較小而相近者以減之，餘在八百二十以下，即所用限。

求遲疾差

置遲疾曆，以立成日率減之，如不及減，則⑦退一位。餘以其下損益分乘之爲實，八百二十分爲法除之，得數以加其下遲疾積，即遲疾差。

① 熊賜履本、王鴻緒本、定本此處無此小注。
② 紹圖本「下」誤作「上」，定本「以下」作「已下」。
③ 紹圖本「下」誤作「上」。
④ 定本「以」作「已」。
⑤ 熊賜履本、王鴻緒本、定本此處無此小注。
⑥ 熊賜履本、王鴻緒本、定本「求」作「徑求」。
⑦ 熊賜履本「則」作「即」。

推加減差

視經朔弦望下所得盈縮差、遲疾差，以盈遇遲、縮遇疾爲同相并，盈遇疾、縮遇遲爲异相較，各以八百二十分乘之爲實，再以遲疾限行度内減去八百二十分，爲定限度爲法，法除實爲加減差。盈遲爲加，縮疾爲減，异名相較者，盈多于疾爲加，疾多于盈爲減，縮多于遲減，遲多于縮加。

推定朔弦望

各置經朔弦望，以加減差加減之，即爲定日。視定朔干名，與後朔同者月大，不同者月小，内無中氣者爲閏月。其弦望在立成相同日日出分以下者，則退一日命之。

推各月入交

置天正經朔入交泛日加二交差，得正月經朔下入交泛日。纍加交望，滿交終去之，即得各月朔望①下入交泛日。徑求次月，加交差即得。

推土王用事

置穀雨、大暑、霜降、大寒恒氣日，減土王策，如不及減，加紀法減之，即各得土王用事日。

推發斂加時

各置所推定朔弦望及恒氣之小餘，以十二乘之，滿萬爲時，命起子正。滿五千②，又進一時，命起子初。算外得時不滿者，以一千二百除之爲刻，命起初刻。初正時之刻，皆以初一二三四爲序，于算外命之。每日百刻，每刻百分，十二時合萬分。一時凡八大刻、二小刻，前四大刻曰初初、初一、初二、初三，俱百分；一小刻曰初四，止十六分六十六秒大③。後四大刻正初、正一、正二、正三，小刻正四同前。一日凡九十六大刻、二十四小刻，六小刻準一大刻，共百刻。④

① 定本此處無『朔望』二字。

② 紹圖本『千』誤作『十』。

③ 『大』疑爲『太』之誤。

④ 熊賜履本、王鴻緒本此處小注作『其第四刻爲畸零，得刻法三之二，凡三時成二刻，以足十二時百刻之數』，定本改作『其第四刻爲畸零，得刻法三之一，凡三時成一刻，以足十二時百刻之數』。

按①：古②曆③皆以發斂爲一章。《五代史》王朴《欽天曆》闕發斂章，得劉羲叟本補之，是也④。發斂云者，即所推二十四恒氣、七十二⑤候及五行用事之類，乃日道發南斂北之細數也⑥。而加時附焉，則又所以紀發斂之辰刻，故曰發斂加時也。《授時》原有七章，具在《曆經》⑦。《大統》取其便算，故合發斂與氣朔共爲一章，承用者未考源流⑧，或以乘除疏發斂，非其質矣。

推盈日

視恒氣小餘，在没限已上，爲有盈之氣。置策餘一萬〇一四五六二五⑨，以十五日除氣策。以有盈之氣小餘減之，餘以六十八分六六以氣盈除十五日。乘之，得數以加恒氣大餘，滿紀法去之，命甲子算外，得盈日。求次盈。置盈日及⑩分秒，以盈策加之，又加⑪紀法，即得。盈日古謂之没，以歲實分三百六十段，凡兩段跨三日，其或日之段在九十八刻五四三七後者爲没，與下滅俱終極之處，選日者忌之。⑫

推虚日

視經朔小餘在朔虚以下，爲有虚之朔。置有虚之朔小餘，以六十三分九一以朔虚除三十日。乘之，得數以加經朔大餘，滿紀法去之，命甲子算外爲虚日。求次虚。置虚日及分秒，以虚策加之，又加⑬紀法，即得。虚日古謂之滅⑭，以朔策分三十段，其或日之段在九

① 此處按語可能參考了梅文鼎《曆學答問》「問發斂加時之法」中的「又按」按語。
② 紹圖本「古」誤作「占」。
③ 定本「古曆」後有「及《授時》」。
④ 定本此處無《五代史》王朴《欽天曆》闕發斂章，得劉羲叟本補之，是也」。
⑤ 紹圖本「二」誤作「一」。
⑥ 定本「即所推二十四恒氣、七十二候及五行用事之類，乃日道發南斂北之細數也」作「日道發南斂北之細數也」。
⑦ 紹圖本「具」誤作「其」。定本此處無「《授時》原有七章，具在《曆經》」。
⑧ 定本此處無「承用者未考源流」。
⑨ 紹圖本此處缺「五」字。
⑩ 紹圖本「及」誤作「反」。
⑪ 定本「加」作「去」。
⑫ 熊賜履本、王鴻緒本、定本此處無此小注。
⑬ 定本「加」作「去」。
⑭ 紹圖本「滅」誤作「減」。

十八刻四三五三一以後者爲滅。①

按②：盈日古謂之没，虚日古謂之滅③。六紀三百六十，一歲之常率也。天與日會則氣周，一年二十四氣，氣積三百六十五日二千四百二十五分，是于常率之外多五日二四二五，謂之氣盈。以二十四氣均氣積，氣策一十五萬二一八四三七五，是每段氣盈出二一八四三七五。以三百六十日均氣積，每日盈出百四十五分六二五，積六十九日盈出一日。有餘分，故七十日有一没，一年之内有五没二四二五也。日與月會爲合朔，一年十二月，朔積三百五十四日三六七一一六，是于常率三百六十之内少五日六三二八八四，謂之朔虚。以十二月均朔積，朔實二十九萬五三〇五九三，是每月縮去四千六九四〇七四。以三百六十日均朔積，每日縮去百五十六分四六九，積六十四日内縮去一日。有餘分，故六十四日有一滅④，一年之内有五滅六三二八八四。合并氣盈、朔虚謂之閏，得一十〇萬八千七百五十三分八四，是一歲之閏餘分也。即通閏。

推直宿

置通積，以《大統》⑤氣應加中積。減閏應，以宿會二十八萬纍去之，餘命起翼宿算外，得天正經朔直宿。置天正經朔直宿，加兩宿策，爲正月經朔直宿。以宿策纍加，得各月經朔直宿。再以各月朔下加減差加減之，爲定朔直宿。

推建日⑥

建除，滿平定執破危成收開閉十二者相周，交節後各以月支爲建，故節日與上日同名。《漢書·王莽傳》曰『戊辰直定』，師古注：『于建除之次，其日當定』，然則建日所從來遠矣。

推納音⑦

置先天甲己子午九，乙庚丑未八，丙辛寅申七，丁壬卯酉六，戊癸壬戌五，巳亥四之數，以減大衍四十九，餘以水火木金土遞

① 紹圖本『滅』誤作『減』。熊賜履本、王鴻緒本、定本此處無此小注。
② 熊賜履本、王鴻緒本、定本此處無此按語。此處按語應爲黄百家根據周述學《神道大編曆宗通議》卷十三『盈虚解』編撰而成。
③ 紹圖本『滅』誤作『減』。
④ 紹圖本『滅』誤作『減』。
⑤ 定本此處無『《大統》』二字。
⑥ 熊賜履本、王鴻緒本、定本此處無『推建日』一節。本節應取自邢雲路《古今律曆考》卷三十六『建日』。
⑦ 熊賜履本、王鴻緒本、定本此處無『推納音』一節。本節應取自邢雲路《古今律曆考》卷三十六『納音』。

數之，至是行，以所生爲納音。假如求甲子乙丑納音金。置甲與子各九，乙與丑各八，共三十四，以減四十九，餘十五。以五行遞數得土，土生金，金爲納音，是也。餘仿此。

推七十二①候②

置恒氣，纍加候策，滿紀法去之，即各候日。

步日躔③

周天三百六十五度二十五分七十五秒④。

半周天一百八十二⑤度六十二⑥分八十七秒半。

周天象限九十一度三十一分四十三秒七十五微⑦。

周天分三百六十五萬二千五百七十五分⑧。即周天度分以萬爲度，則二十五分七十五秒當化作二千五百七十五分。《授時》上推往古每一百年消一秒，下算將來每百年長一秒，此秒以周天度算。若用周天分，則一秒當爲一分。《大統》不用消長，以此爲定。

歲差一分五十秒。歲實内減周天餘數，亦周天度之分秒也。《授時》每百年增二秒。⑨

① 紹圖本「二」誤作「一」。

② 熊賜履本、王鴻緒本、定本此處無「推七十二候」一節。

③ 本節内容與《大統曆法通軌》中的《太陽通軌》明顯不同，與王錫闡《大統曆法啓蒙》等著作中的步日躔部分亦异。相較而言，本節與邢雲路《古今律曆考》卷三十九「曆法四」較爲接近，兩者在小節編排上基本一致，但具體行文也有所差异。總的來説，本節可能爲黄百家在邢雲路《古今律曆考》卷三十九基礎上參考黄宗羲《曆學假如》卷二中的「步日躔」部分編撰而成。

④ 熊賜履本、王鴻緒本此後有小注「《授時》周天每百年加一秒」。定本「周天」「半周天」「周天象限」三句合并爲一句，作「周天三百六十五度二十五分七十五秒，半之爲半周天，又半之爲象限」。

⑤ 紹圖本「二」誤作「一」。

⑥ 紹圖本「二」誤作「一」。

⑦ 熊賜履本、王鴻緒本「七十五微」作「太」。

⑧ 熊賜履本、王鴻緒本、定本此處無該句及之後小注。

⑨ 熊賜履本、王鴻緒本此處小注僅作「《授時》每百年增二秒」，定本此處無此小注。

周應三百一十三萬五千六百二十五分①。亦名度應。《授時》辛巳周應三百一十五萬一千○七十五分，冬至加時太陽所在起虛七度至箕十度之數也。《大統》增一萬五千○五十分。

推天正冬至日躔赤道宿次

置中積，加周應爲通積。滿周天分去之，不盡，以日周約之爲度，不滿退約爲分秒，起虛七度，依各宿次去之，即得。如超次年，于所求赤道日度纍減歲差。《授時》黃道宿度，依赤道及冬至歲差所在算定，凡上下消長皆從虛度。②

赤道各宿次度分③起虛七度至尾末，共三百五度一七○五④

虛八九五七五	危十五四	室十七一	壁八六
奎十六六	婁十一八	胃十五六	昴十一三
畢十七四	觜初○五	參十一一⑤	井三十三三
鬼二二	柳十三三	星六三	張十七二五
翼十八七五	軫十七三	角十二一	亢九二
氐十六三	房五六	心六五	尾十九一
箕十四	斗二十五二	牛七二	女十一三五⑥

① 熊賜履本、王鴻緒本、定本該句作『周應三百一十五度一十分七十五秒』，且之後無小注。定本此後有按語，作『按：此係至元辛巳之周應，乃自虛七度至箕十度之數也。洪武甲子相距一百四年，歲差已退天一度五十四分五十秒，而周應仍用舊數，殆傳習之誤耳』。

② 熊賜履本該句作『置中積，加周應，滿周天去之，不盡，起虛七度，依各宿次去之，即冬至加時赤道日度。如超次年，于所求赤道日度纍減歲差』，且之後無小注； 王鴻緒本該句大體與熊賜履本相同，但『超』作『起』； 定本該句作『置中積，加周應，應減距曆元甲子以來歲差。滿周天去之，不盡，起虛七度，依各宿次去之，即冬至加時赤道日度。如求次年，纍減歲差即得』。

③ 熊賜履本、王鴻緒本、定本『赤道各宿次度分』作『赤道度』。

④ 熊賜履本、王鴻緒本此處小注作『起虛宿七度至尾末，共三百五度一○七五』，定本此處無此小注。

⑤ 熊賜履本『參十一一』作『參十一』，脱『一』字。

⑥ 定本該表除數據虛張翼女四宿之外，其他各宿皆在數值最後多一個『○』。

推天正冬至日躔黃道宿次

置天正冬至加時赤道日度，以立成内赤道積度減之，不及減者，退一步減。餘以黃道率乘之，赤道①率除之，得數以加其下黃道積度，即得。按：《授時曆經》置冬至赤道日度，以其赤道積度減之，餘以黃道率乘之，如赤道率而一。邢雲路、魏文魁駁之，夫四正皆起初度，赤道、黃道未有積度也，然則減于何減②乎？③不知《授時》本法原是倒算，與盈縮末限同理，非誤也。赤道積度及積度率、黃道積度俱見《法原》諸率立成。④

黃道各宿次度分⑤

箕九五九	斗二十三四七⑥	牛⑦六九	女十一一二
虛九〇〇七五	危十五九五	室十八三二	壁九三四
奎十七八七	婁十二三六	胃十五八一	昴十一〇八
畢十六五	觜初〇五	參十一二八	井三十一〇三
鬼二一一	柳十三	星六三一	張十七七九
翼二十〇九	軫十八七五	角十二八七	亢九五六
氐十六四	房五四八⑧	心六二七	尾十七九⑨五

① 定本『赤道』前有『如』字。
② 『減』疑爲衍文。
③ 此處邢雲路、魏文魁的反駁議論詳見《古今律曆考》卷六十五『辨《大統曆》之失』。
④ 熊賜履本、王鴻緒本該段内容作『置冬至加時赤道日度，以至後赤道積度減之，如其赤道率而一，以加黃道積度，即冬至加時黃道日度。赤道積度及積度率、黃道積度俱見《法原》。』，定本作『置冬至加時赤道日度，以至後赤道積度減之，餘以黃道率乘之。如赤道率而一，得數以加黃道積度，即冬至加時黃道日度。黃、赤道積度及度率俱見《法原》。』。
⑤ 熊賜履本、王鴻緒本、定本『黃道各宿次度分』作『黃道度』。
⑥ 王鴻緒本『七』誤作『九』。
⑦ 紹圖本『牛』誤作『井』。
⑧ 紹圖本『房五四八』誤作『房五四』，脱『八』字。
⑨ 紹圖本『九』誤作『五』。

推定象限度

以冬至加時赤道日度，與冬至加時黄道日度相減，爲黄赤道差。以本年黄赤道差，與次年黄赤道差相減，餘以四而一，加入氣象限内，爲定象限度。

推四正定氣日

置所推冬至分，即爲冬正定氣，加盈初縮末限，滿紀法去之，餘爲春正定氣。加縮初盈末限，去紀①，餘爲夏正定氣。加縮初盈末限，去紀②，餘爲秋正定氣。加盈初縮末限，去紀③，餘爲次年冬正定氣。四正者，歲周之四分也，二至爲二正，春分前三日爲春正，秋分後三日爲秋正，每正初日則黄赤道同度，春秋二正則經緯度俱同。④

推四正相距日

以前正定氣大餘，減次正定氣大餘，加六十日，得相距日。如次正氣不及減者，加六十日減之，再加六十日，爲相距日。

推四正加時黄道積度

置冬至加時黄道日度，纍加定象限度，各得四正加時黄道積度。

推四正加時減分

置定氣⑤小餘，以其初日行度乘之，滿度爲分⑥，爲各正加時減分。

冬⑦正行度一度〇五一〇八五。春正距夏正九十三日，行度初度九九九七〇二，距九十四日行度一度。夏正行度初度九五

①　定本「紀」作「紀法」。
②　定本「紀」作「紀法」。
③　定本「紀」作「紀法」。
④　熊賜履本、王鴻緒本、定本此處無此小注。
⑤　定本「定氣」前有「四正」二字。
⑥　定本「滿度爲分」作「如日周而一」。
⑦　熊賜履本「冬」誤作「各」。

一五一五。秋正距冬正八十八日，行度一度〇〇〇五〇五，距八十九日行度一度。①

推四正夜半積度

置四正加時黄道積度，減去其加時減分，即得。

推四正夜半黄道宿次

置四正夜半黄道積度，以冬至爲準，各以黄道度去之②，即得。

推四正夜半相距度

置次正夜半黄道積度，以前正夜半黄道積度減之，餘爲兩正相距度，遇不及減者，加周天減之。

推四正行度加減日差

以相距度與相距日下行積度相減，餘如相距日而一，爲日差。從相距度内減去行積度者爲加，從行積度内減去相距度者爲減。

秋正距冬至、冬至距春正八十八日，行積度九十度四〇〇八九五③，八十九日行積度九十一度四〇一四。春正距夏至、夏至④距秋正九十三日，行積度九十度五九八九九四⑤，九十四日行積度九十一度五九八六九七⑥。

① 定本該段作『冬正行一度〇五一〇八五。春正距夏正九十三日者，行〇度九九九七〇三，距九十四日者行一度。夏正行〇度九五一五一六。秋正距冬正八十八日者，行一度〇〇〇五〇五，距八十九日者行一度』。

② 定本『以冬至爲準，各以黄道度去之』作『滿黄道宿度去之』。

③ 定本『四〇〇八九五』作『四〇〇九』，《太陽通軌》相應内容作『四〇〇九秒秒三五六八。』，《古今律曆考》卷三十九相應内容作『四〇〇九三五』。

④ 熊賜履本『夏至』作『夏正』。

⑤ 定本『五九八九九四』作『五九九〇九』，《太陽通軌》相應内容作『五九九〇秒五九八九四七三九。』，《古今律曆考》卷三十九相應内容作『五九九〇』。

⑥ 定本『五九八六九七』作『五九八七』，《太陽通軌》相應内容作『五九八七秒五九八六四九六八〇度九五一五一六。』，《古今律曆考》卷三十九相應内容作『五九八七』。

推每日夜半日度

置四正後每日行度，在立成。以日差加減①，爲每日行定度。置四正夜半日度，以行定度每日加之，滿黄道度②去之，即每日夜半日度。

黄道十二次宿度

危十二度六四九一	入娵訾，辰在亥	奎一度七三六三③	入降婁，辰在戌
胃三④度七四五六	入大梁，辰在酉	畢六度八八〇五	入實沈，辰在申
井八度三四⑤九四	入鶉首，辰在未	柳三度八六八〇	入鶉火，辰在午
張十五度二六〇六	入鶉尾，辰在巳	軫十度〇七九七	入壽星，辰在辰
氐一度一四五二	入大火，辰在卯	尾三度〇一一五	入析木，辰在寅
斗二度七六八⑥五	入星紀，辰在丑	女二度〇六三八	入玄枵，辰在子

推日躔黄道入十二次時刻

置入次宿度，以入次日夜半日度減之，餘以日周乘之，一分作百分。爲實。以入次日夜半日度，與明日夜半日度相減，餘爲法。實如法而一爲分⑦，得數，以發斂加時求之，即入次時刻。

① 熊賜履本、王鴻緒本「加減」作「相減」，定本作「加減之」。
② 定本「黄道度」作「黄道宿度」。
③ 紹圖本「七三六三」誤作「九三六三」，王鴻緒本、定本作「七三六三」。《太陽通軌》與《古今律曆考》卷三十九相應數值皆作「七三六三」。
④ 熊賜履本「三」誤作「五」。
⑤ 紹圖本「四」誤作「九」。
⑥ 紹圖本「八」誤作「一」。
⑦ 定本此處無「爲分」二字。

太陽盈縮立成①

盈初縮末限太陽冬至前後二象限同用②

積日	平立合差 分十秒十微	盈加分 百十分十秒十微	盈積 萬千百十分十秒十微	盈行度 度千百十分十秒
初日	四九三八六	五一〇八五六九	空	一〇五一〇八五
一日	四九五七二	五〇五九一八三	〇〇五一〇八五六九	一〇五〇五九一
二日	四九七五八	五〇〇九六一一	〇一〇一六七七五二	一〇五〇〇九六
三日	四九九四四	四九五九八五三	〇一五一七七三六三	一〇四九五九八
四日	五〇一三〇	四九〇九九〇九	〇二〇一三七二一六	一〇四九〇九九

① 梅文鼎本該立成位于卷四，熊賜履本位于卷三十『曆法四』，王鴻緒本位于志第十一『曆四上』，定本位于卷三十四『曆四』。

上述四本該立成前皆有一段文字，熊賜履本、王鴻緒本作『既有法原，則數可紀矣，故立成次之。立成云者，依法以日月五星盈縮遲疾之數，預爲排定，以便推步取用也。《元志》『曆經』步七政盈縮遲疾，皆有二術。其一術以三差立算者，即布立成法也。其又術云，以其下盈縮分，乘入限分萬約之，以加其下盈縮積者，用立成法也。而遺立成未載，無從入算。今依《大統曆通軌》具録。其要目有四：曰太陽盈縮，曰晨昏分，曰太陰遲疾，曰五星盈縮。餘詳《法原》及《推步》二卷中。按《元史》，至元十七年《授時曆》成，十九年王恂卒，時曆雖頒，然立成之數尚皆未有定稿。郭守敬比類篇次，整齊分秒，裁爲二卷。而今欽天監本，載嘉議大夫太史令臣王恂奉敕撰，意者王先有稿，而郭卒成之與。』。

梅文鼎本該段内容大體相同，但『今依《大統曆通軌》具録。其要目有四：曰太陽盈縮，曰晨昏分，曰太陰遲疾，曰五星盈縮』作『今依《大統曆通軌》具録之。其目有四：曰太陽盈縮，曰太陰遲疾，曰晝夜刻，曰五星盈縮』；段後小注首句『餘詳《法原》及《推步》二卷中』無句末『中』字，小注末句作『而郭卒成之者歟』。

定本該段内容亦大體相同，但無段首『既有法原，則數可紀矣，故立成次之』一句，隨後的『立成云者，依法以日月五星盈縮遲疾之數』作『立成者，以日月五星盈縮遲疾之數』，『今依《大統曆通軌》具録。其要目有四』作『今依《大統曆通軌》具録之。其目有四』；段後小注首句『餘詳《法原》及《推步》二卷中』無『二』字，之後『至元十七年』誤作『至正十七年』，『比類篇次』作『比類編次』。

② 梅文鼎本該立成標題作『太陽冬至前後二象盈初縮末限置八十七日下消息分六分五五六八，内減初日四分九三八六，餘一分六一八二爲實，八十七日爲法除之，得〇一八六爲每日之差』，且此標題前有『《大統曆》依《授時》算立成上』； 定本該立成標題作『太陽盈初縮末限立成冬至前後二象限同用』。

積日	平立合差 分十秒十微	盈加分 百十分十秒十微	盈積 萬千百十分十秒十微	盈行度 度千百十分十秒
五日	五〇三一六	四八五九七七九	〇二五〇四七一二五	一〇四八五九七
六日	五〇五〇二	四八〇九四六三	〇二九九〇六九〇四	一〇四八〇九四
七日	五〇六八八	四七五八九六一	〇三四七一六三六七	一〇四七五八九
八日	五〇八七四	四七〇八二七三	〇三九四七五三二八	一〇四七〇八二
九日	五一〇六〇	四六五七三九九	〇四四一八三六〇一	一〇四六五七三
十日	五一二四六	七六〇六三三九	〇四八八四一〇〇〇	一〇四六〇六三
十一日	五一四三二	四五五五〇九三	〇五三四四七三三九	一〇四五五五〇
十二日	五一六一八	四五〇三六六一	〇五八〇〇二四三二	一〇四五〇三六
十三日	五一八〇四	四四五二〇四三	〇六二五〇六〇九三	一〇四四五二〇
十四日	五一九九〇	四四〇〇二三九	〇六六九五八一三六	一〇四四〇〇二
十五日	五二一七六	四三四八二四九	〇七一三五八三七五	一〇四三四八二
十六日	五二三六二	四二九六〇七三	〇七五七〇六六二四	一〇四二九六〇
十七日	五二五四八	四二四三七一一	〇八〇〇〇二六九七	一〇四二四三七
十八日	五二七三四	四一九一一六三	〇八四二四六四〇八	一〇四一九一一
十九日	五二九二〇	四一三八四二九	〇八八四三七五七一	一〇四一三八四
二十日	五三一〇六	四〇八五五〇九	〇九二五七六〇〇〇	一〇四〇八五五
二十一日	五三二九二	四〇三二四〇三	〇九六六六一五〇九	一〇四〇三二四
二十二日	五三四七八	三九七九一一一	一〇〇六九三九一二	一〇三九七九一
二十三日	五三六六四	三九二五六三三	一〇四六七三〇二三	一〇三九二五六

積日	平立合差 分十秒十微	盈加分 百十分十秒十微	盈積 萬千百十分十秒十微	盈行度 度千百十分十秒
二十四日	五三八五〇	三八七一九六九	一〇八五九八六五六	一〇三八七一九
二十五日	五四〇三六	三八一八一一九	一二二四七八六二五	一〇三八一八一
二十六日	五四二二二	三七六四〇八三	一一六二八八七八四	一〇三七六四〇
二十七日	五四四〇八	三七〇九八六一	一二〇〇五二八二七	一〇三七〇九八
二十八日	五四五九四	三六五五四五三	一二三七六二六八八	一〇三六五五四
二十九日	五四七八〇	三六〇〇八五九	一二七四一八一四一	一〇三六〇〇八
三十日	五四九六六	三五四六〇七九	一三一〇一九〇〇〇	一〇三五四六〇
三十一日	五五一五二	三四九一一一三	一三四五六五〇七九	一〇三四九一一
三十二日	五五三三八	三四三五九六一	一二八〇五六一九二	一〇三四三五九
三十三日	五五五二四	三三八〇六二三	一四一四九二一五三	一〇三三八〇六
三十四日	五五七一〇	三三二五〇九九	一四四八七二七七六	一〇三三二五〇
三十五日	五五八九六	三二六九三八九	一四八一九七八七五	一〇三二六九三
三十六日	五六〇八二	三二一三四九三	一五一四六七二六四	一〇三二一三四
三十七日	五六二六八	三一五七四一一	一五四六八〇七五七	一〇三一五七四
三十八日	五六四五四	三一〇一四三	一五七八三八一六八	一〇三一〇一
三十九日	五六六四〇	三〇四四六八九	一六〇九三九三一一	一〇三〇四四六
四十日	五六八二六	二九八八〇四九	一六三九八四〇〇〇	一〇二九八八〇
四十一日	五七〇一二	二九三一二二三	一六六九七二〇四九	一〇二九三一二
四十二日	五七一九八	二八七四二一一	一六九九〇三二七二	一〇二八七四二

積日	平立合差 分十秒十微	盈加分 百十分十秒十微	盈積 萬千百十分十秒十微	盈行度 度千百十分十秒
四十三日	五七三八四	二八一七〇一三	一七二七七四八三	一〇二八一七〇
四十四日	五七五七〇	二七五九六二九	一七五五九四四九六	一〇二七五九六
四十五日	五七七五六	二七〇二〇五九	一七八三五四一二五	一〇二七〇二〇
四十六日	五七九四二	二六四四三〇三	一八一〇五六一八四	一〇二六四四三
四十七日	五八一二八	二五八六三六一	一八三七〇〇四八七	一〇二五八六三
四十八日	五八三一四	二五二八二三三	一八六二八六八四八	一〇二五二八三
四十九日	五八五〇〇	二四六九九一九	一八八八一五〇八一	一〇二四六九九
五十日	五八六八六	二四一一四一九	一九一二八五〇〇〇	一〇二四一一四
五十一日	五八八七二	二三五二七三三	一九三六九六四一九	一〇二三五二七
五十二日	五九〇五八	二二九三八六一	一九六〇四九一五二	一〇二二九三八
五十三日	五九二四四	二二三四八〇三	一九八三四三〇一三	一〇二二三四八
五十四日	五九四三〇	二一七五五五九	二〇〇五七七八一六	一〇二一七五五
五十五日	五九六一六	二一一六一二九	二〇二七五三三七五	一〇二一一六一
五十六日	五九八〇二	二〇五六五一三	二〇四八六九五〇四	一〇二〇五六五
五十七日	五九九八八	一九九六七一一	二〇六九二六〇一七	一〇一九九六七
五十八日	六一〇七四	一九三六七二三	二〇八九二二七二八	一〇一九三六七
五十九日	六〇四六〇	一八七六五四九	二一〇八五九四五一	一〇一八七六五
六十日	六〇五四六	一八一六一八九	二一二七三六〇〇〇	一〇一八一六一
六十一日	六〇七三二	一七五五六四三	二一四五五二一八九	一〇一七五五六

積日	平立合差 分十秒十微	盈加分 百十分十秒十微	盈積 萬千百十分十秒十微	盈行度 度千百十分十秒
六十二日	六〇九一八	一六九四九一一	二一六三〇七八三二	一〇一六九四九
六十三日	六一一〇四	一六三三九九三	二一八〇〇二七四三	一〇一六三三九
六十四日	六一二九〇	一五七二八八九	二一九六三六七三六	一〇一五七二八
六十五日	六一四七六	一五一一五九九	二二一二〇九六二五	一〇一五一一五
六十六日	六一六六二	一四五〇一二三	二二二七二一二二四	一〇一四五〇一
六十七日	六一八四八	一三八八四六一	二二四一七一三四七	一〇一三八八四
六十八日	六二〇三四	一三二六六一三	二二五五五九八〇八	一〇一三二六六
六十九日	六二二二〇	一二六四五七九	二二六八八六四二一	一〇一二六四五
七十日	六二四〇六	一二〇二三五九	二二八一五一〇〇〇	一〇一二〇二三
七十一日	六二五九二	一一三九九五三	二二九三五三三五九	一〇一一三九九
七十二日	六二七七八	一〇七七三六一	二三〇四九三三一二	一〇一〇七七三
七十三日	六二九六四	一〇一四五八三	二三一五七〇六七三	一〇一〇一四五
七十四日	六三一五〇	〇九五一六一九	二三二五八五二五六	一〇〇九五一六
七十五日	六三三三六	〇八八八四六九	二三三五三六八七五	一〇〇八八八四
七十六日	六三五二二	〇八二五一三三	二三四四二五三四四	一〇〇八二五一
七十七日	六三七〇八	〇七六一六一一	二三五二五〇四七七	一〇〇七六一六
七十八日	六三八九四	〇九九七九〇三	二三六〇一二〇八八	一〇〇六九七九
七十九日	六四〇八〇	〇六三四〇〇九	二三六七〇九九九一	一〇〇六三四〇
八十日	六四二六六	〇五六九九二九	二三七三四四〇〇〇	一〇〇五六九九

積日	平立合差 分十秒十微	盈加分 百十分十秒十微	盈積 萬千百十分十秒十微	盈行度 度千百十分十秒
八十一日	六四四五二	○五○五六六三	二三七九一三九二九	一○○五○五六
八十二日	六四六三八	○四四一二一一	二三八四一九五九二	一○○四四一二
八十三日	六四八二四	○三七六五七三	二三八八六○八○三	一○○三七六五
八十四日	六五○○○	○三一一七四九	二三九二三七三七六	一○○三一一七
八十五日	六五一九六	○二四六七三九	二三九五四九一二五	一○○二四六七
八十六日	六五三八二	○一八一五四三	二三九七九五八六四	一○○一八一五
八十七日	六五五六八	○一一六一六一	二三九九七七四○七	一○○一一六一
八十八日	六五七五四	○○五○五九三	二四○○九三五六八	一○○○五○五
八十九日	六○○○○	○○○○○○○	二四○一四四一六一	一○○○○○○

縮初盈末限太陽夏至前後二象限同用①

積日	平立合差 分十秒十微	縮加分 百十分十秒十微	縮積 萬千百十分十秒十微	縮行度 度千百十分十秒
初日	四四三六二	四八四八四七三	○○○○○○○○○	○九五一五一六
一日	四四五二四	四八○四一一一	○○四八四八四七三	○九五一九五九
二日	四四六八六	四七五九五八七	○○九六五二五八四	○九五二四○五
三日	四四八四八	四七一四九○一	○一四四一二一七一	○九五二八五一

① 梅文鼎本該立成標題作『太陽夏至前後二象縮初盈末限置九十二日下消息分五分九二六六，內減初日四分四三六二，餘一分四九○四爲實，九十二日爲法除之，得○一六二爲每日之差』，定本作『太陽縮初盈末限立成夏至前後二象限同用』。

積日	平立合差 分十秒十微	縮加分 百十分十秒十微	縮積 萬千百十分十秒十微	縮行度 度千百十分十秒
四日	四五〇一〇	四六七〇〇五三	〇一九一二七〇七二	〇九五三三〇〇
五日	四五一七二	四六二五〇四三	〇二三七九七一二五	〇九五三七五〇
六日	四五三三四	四五七九八七一	〇二八四二二一六八	〇九五四二〇二
七日	四五四九六	四五三四五三七	〇三三〇〇二〇三九	〇九五四六五五
八日	四五六五八	四四八九〇四一	〇三七五三六五七六	〇九五五一一〇
九日	四五八二〇	四四四三三八三	〇四二〇二五六一七	〇九五五五六七
十日	四五九八二	四三九七五六三	〇四六四六九〇〇〇	〇九五六〇二五
十一日	四六一四四	四三五一五八一	〇五〇八六六五六三	〇九五六四八五
十二日	四六三〇六	四三〇五四三七	〇五五二一八一四四	〇九五六九四六
十三日	四六四六八	四二五九一三一	〇五九五二三五八一	〇九五七四〇九
十四日	四六六三〇	四二一二六六三	〇六三七八二七一二	〇九五七八七四
十五日	四六七九二	四一六六〇三三	〇六七九九五三七五	〇九五八三四〇
十六日	四六九五四	四一一九二四一	〇七二一六一四〇八	〇九五八八〇八
十七日	四七一一六	四〇七二二八七	〇七六二八〇六四九	〇九五九二七八
十八日	四七二七八	四〇二五一七一	〇八〇三五二九三六	〇九五九七四九
十九日	四七四四〇	三九七七八九三	〇八四三七八一〇七	〇九六〇二二一
二十日	四七六〇二	三九三〇四五三	〇八八三五六〇〇〇	〇九六〇六九六
二十一日	四七七六四	三八八二八五一	〇九二二八六四五三	〇九六一一七二
二十二日	四七九二六	三八三五〇八七	〇九六一六九三〇四	〇九六一六五〇
二十三日	四八〇八八	三七八七一六一	一〇〇〇〇四三九一	〇九六二一二九
二十四日	四八二五〇	三七三九〇七三	一〇三七九一五五二	〇九六二六一〇

積日	平立合差 分十秒十微	縮加分 百十分十秒十微	縮積 萬千百十分十秒十微	縮行度 度千百十分十秒
二十五日	四八四一二	三六九〇八二三	一〇七五三〇六二五	〇九六三〇九二
二十六日	四八五七四	三六四二四一一	一一一二三一四四八	〇九六三五七六
二十七日	四八七三六	三五九三八三七	一一四八六三八五九	〇九六四〇六二
二十八日	四八八九八	三五四五一〇一	一一八四五七六九六	〇九六四五四九
二十九日	四九〇六〇	三四九六二〇三	一二二〇〇二七九七	〇九六五〇三八
三十日	四九二二二	三四四七一四三	一二五四九九〇〇〇	〇九六五五二九
三十一日	四九三八四	三三九七九二一	一二八九四六一四三	〇九六六〇二一
三十二日	四九五四六	三三四八五三七	一三二三四四〇六四	〇九六六五一五
三十三日	四九七〇八	三二九八九九一	一三五六九一六〇一	〇九六七〇一一
三十四日	四九八七〇	三二四九二八三	一三八九九一五九二	〇九六七五〇八
三十五日	五〇〇三二	三一九九四一三	一四二二四〇八七五	〇九六八〇〇六
三十六日	五〇一九四	三一四九三八一	一四五四四〇二八八	〇九六八五〇七
三十七日	五〇三五六	三〇九九一八七	一四八五八九六六九	〇九六九〇〇九
三十八日	五〇五一八	三〇四八八三一	一五一六八八八五六	〇九六九五一二
三十九日	五〇六八〇	二九九八三一三	一五四七三七六八七	〇九七〇〇一七
四十日	五〇八四二	二九四七六三三	一五七七三六〇〇〇	〇九七〇五二四
四十一日	五一〇〇四	二八九六七九一	一六〇六八三六三三	〇九七一〇三三
四十二日	五一一六六	二八四五七八七	一六三五八〇四一四	〇九七一五四三
四十三日	五一三二八	二七九四六二一	一六六四二六二一一	〇九七二〇五四
四十四日	五一四九〇	二七四三二九三	一六九二二〇八三二	〇九七二五六八
四十五日	五一六五二	二六九一八〇三	一七一九六四一二五	〇九七三〇八二

積日	平立合差 分十秒十微	縮加分 百十分十秒十微	縮積 萬千百十分十秒十微	縮行度 度千百十分十秒
四十六日	五一八一四	二六四〇一五一	一七四六五五九二八	〇九七三五九九
四十七日	五一九七六	二五八八三三七	一七七二九六〇七九	〇九七四一一七
四十八日	五二一三八	二五三六三六一	一七九八八四四一六	〇九七四六三七
四十九日	五二三〇〇	二四八四二二三	一八二四二〇七七七	〇九七五一五八
五十日	五二四六二	二四三一九二三	一八四九〇五〇〇〇	〇九七五六八一
五十一日	五二六二四	二三七九四六一	一八七三三六九二三	〇九七六二〇六
五十二日	五二七八六	二三二六八三七	一八九七一六三八四	〇九七九七三二
五十三日	五二九四八	二二七四〇五一	一九二〇四三二二一	〇九七七二六〇
五十四日	五三一一〇	二二二一一〇三	一九四三一七二七二	〇九七七七八九
五十五日	五三二七二	二一六七九九三	一九六五三八三七五	〇九七八三二一
五十六日	五三四三四	二一一四七二一	一九八七〇六三六八	〇九七八八五三
五十七日	五三五九六	二〇六一二八七	二〇〇八二一〇八九	〇九七九三八八
五十八日	五三七五八	二〇〇七六九一	二〇二八八二三七六	〇九七九九二四
五十九日	五三九二〇	一九五三九三三	二〇四八九〇〇六七	〇九八〇四六一
六十日	五四〇八二	一九〇〇〇一三	二〇六八四四〇〇〇	〇九八一〇〇〇
六十一日	五四二四四	一八四五九三一	二〇八七四四〇一三	〇九八一五四一
六十二日	五四四〇六	一七九一六八七	二一〇五八九九四四	〇九八二〇八四
六十三日	五四五六八	一七三七二八一	二一二三八一六三一	〇九八二六二八
六十四日	五四七三〇	一六八二七一三	二一四一一八九一二	〇九八三一七三
六十五日	五四八九二	一六二七九八三	二一五八〇一六二五	〇九八三七二一
六十六日	五五〇五四	一五七三〇九一	二一七四二九六〇八	〇九八四二七〇

積日	平立合差 分十秒十微	縮加分 百十分十秒十微	縮積 萬千百十分十秒十微	縮行度 度千百十分十秒
六十七日	五五二一六	一五一八〇三七	二一九〇〇二六九九	〇九八四八二〇
六十八日	五五三七八	一四六二八二一	二二〇五二〇七三六	〇九八五三七二
六十九日	五五五四〇	一四〇七四四三	二二一九八三五五七	〇九八五九二六
七十日	五五七〇二	一三五一九〇三	二二三三九一〇〇〇	〇九八六四八一
七十一日	五五八六四	一二九六二〇一	二二四七四二九〇三	〇九八七〇三八
七十二日	五六〇二六	一二四〇三三七	二二六〇三九一〇四	〇九八七五九七
七十三日	五六一八八	一一八四三一一	二二七二七九四四一	〇九八八一五七
七十四日	五六三五〇	一一二八一二三	二二八四六三七五二	〇九八八七一九
七十五日	五六五一二	一〇七一七七三	二二九五九一八七五	〇九八九二八三
七十六日	五六六四七	一〇一五二六一	二三〇六六三六四八	〇九八九八四八
七十七日	五六八三六	〇九五八五八七	二三一六七八九〇九	〇九九〇四一五
七十八日	五六九九八	〇九〇一七五一	二三二六三七四九六	〇九九〇九八三
七十九日	五七一六〇	〇八四四七五三	二三三五三九二四七	〇九九一五五三
八十日	五七三二二	〇七八七五九三	二三四三八四〇〇〇	〇九九二一二五
八十一日	五七四八四	〇七三〇二七一	二三五一七一五九三	〇九九二六九八
八十二日	五七六四六	〇六七二七八七	二三五九〇一八六四	〇九九三二七三
八十三日	五七八〇八	〇六一五一四一	二三六五七四六五一	〇九九三八四九
八十四日	五七九七〇	〇五五七三三三	二三七一八九七九二	〇九九四四二七
八十五日	五八一三二	〇四九九三六三	二三七七四七一二五	〇九九五〇〇七
八十六日	五八二九四	〇四四一二三一	二三八二四六四八八	〇九九五五八八
八十七日	五八四五六	〇三八二九三七	二三八六八七七一九	〇九九六一七一
八十八日	五八六一八	〇三二四四八一	二三九〇七〇六五六	〇九九六七五六

積日	平立合差 分十秒十微	縮加分 百十分十秒十微	縮積 萬千百十分十秒十微	縮行度 度千百十分十秒
八十九日	五八七八〇	〇二六五八六三	二三九三九五一三七	〇九九七三四二
九十日	五八九四二	〇二〇七〇八三	二三九六六一〇〇〇	〇九九七九三九
九十一日	五九一〇四	〇一四八一四一	二三九八六八〇八三	〇九九八五一九
九十二日	五九二六六	〇〇八九〇三七	二四〇〇一六二二四	〇九九九一一〇
九十三日	五九四二八	〇〇二九七七一	二四〇一〇五二六一	〇九九九七〇三
九十四日	〇〇〇〇〇	〇〇〇〇〇〇〇	二四〇一三五〇三二	一〇〇〇〇〇〇①

① 梅文鼎本該立成表末有一段小注『置本限平行九十三度七一二〇二五，減去縮積度二度四千〇一十四分，亦恰合得九十一度三一〇六二五，爲周歲一象之度』。

之後還有以下内容：

『布立成法

先依《曆經》盈縮招差，各以其日平差、立差，求到每日盈縮積。次以相挨兩日盈縮積相減，餘爲每日盈縮加分。以其日加分，盈加縮減一度，即每日日行度。又以相挨兩日加分相減，餘爲每日消息分。再置末日消息分，以初日分減之，餘爲實。求日日數爲法，法除實，即自然得每日消息之差也。

覆驗法

各以其日消息分減其日加分，以加其日加分加其日加分[整理者按：此句似爲衍文]，亦即得先日加分也。纍積每日加分，得其日盈縮積。以其日盈縮積減去先日加分，亦即得先日盈縮積也。又法：盈初置立差三十一，縮初置立差二十七，各六因之，得各消息之差。

勿庵補求盈縮末日法

既有初入末之日，其次朔弦望，但以望策纍減，即得次朔望；以弦策減之，亦得弦。此法用之寫算尤妙。既遞減訖，乃取所得末日，加其原列盈縮日，即合半歲周，則知不誤也。

丙寅十月。

《高麗史·曆志》于《授時曆經》後載有日行盈縮、月行遲疾、五星盈縮立成，俱同，遂不細鈔。惟盈縮立成後有語二條，今録于此：

「盈初縮末限，以初日行分至八十八日，計得九十一度四〇一四二七，此盈初冬至。休初日行分，自一日至後八十八日，計得九十一度三五〇三四二，此縮末秋分。

縮初盈末限，以初日行分至九十三日，計得九十一度五九八七一七，此縮初夏至。休初日行分，自一日至後九十三日，計得九十一度六四七二〇一，此盈末春分。」

按①：程子曰曆法主于日，日一事正，則其餘可推。凡天周、曆周、歲周，俱候日晷進②退，以驗陰陽消息之機，則日躔爲首事也。赤道橫絡天腹，黃道斜交赤道出入内外，其極距約二十四度，然其差每歲不同，歲移一分餘。鄭世子《黃鐘曆議》謂斜絡于二十八宿之間，歲久皆其經行之道，如人捲絲爲團，絲絲纏絡，雖重複參差，而周道則一。西法名作螺旋圈。譬猶月之出入黃道，每交退移變動不居，日出入于赤道大率亦然。但月之退移也著，日之退移也微，古人所以紛紛有歲差多少之議也。究歲差之所以然，古謂是太陽退度，西法以爲恒③星進度，且謂日行自有多種之差，茲具新法書，不具論。《元志》『曆經』步七政俱有二術，其一術以三差立算者，即布立成法也；其又術云，以其下盈縮分，乘入限分萬約之，以加其下盈縮積者，用立成法也。《元史》既不列三差，又遺立成不載，僅言推步將爲用之，是史志直爲具文廢物耳。今既具弧矢割圓等立成于法原，又揀縮立成之要者附于推步之後，而推步始④可用焉。

布太陽盈縮立成法⑤

盈初縮末

置立差三十一微，以六因之，得一秒八十六微，爲加分立差。置平差二分四十六秒，倍之得四分九十二秒，加入加分立差，得四分九十三秒八十六微，爲平立合差。置定差五百一十三分三十二秒，内減平差二分四十六秒，再減立差三十一微，餘五⑥百一十〇分八十五秒六十九微，爲加分。

縮初盈末

置立差二十七微，以六因之，得一秒六十二微，爲加分立差。置平差二分二十一秒，倍之得四分四十二秒，加入加分立差，

① 梅文鼎本、熊賜履本、王鴻緒本、定本此處無此按語。
② 紹圖本『進』誤作『近』。
③ 紹圖本『恒』誤作『垣』。
④ 紹圖本『始』誤作『如』。
⑤ 梅文鼎本相應内容位于卷三『太陽盈縮平立定三差之原』部分，『盈縮招差之圖』之前；熊賜履本本節内容位于卷二十九『曆法三』的『太陽盈縮平立定三差之原』部分，『盈縮招差圖』之後；王鴻緒本位于志第十『曆三下』的『太陽盈縮平立定三差之原』部分，『盈縮招差圖』之後；定本位于卷三十三『曆三』，『盈縮招差圖說』之後。梅文鼎本、熊賜履本、王鴻緒本、定本此處標題均作『凡布立成』。
⑥ 紹圖本『五』誤作『立』。

得四分四十三秒六十二微，爲平①立合差。置定差四百八十七分〇六秒，内減平差二分二十一秒，再減立差二十七微，餘四百八十四分八十四秒七十三微，爲加分。

以得初日之數，以上所得平立合差、加分，皆初日之數。②其推次日，皆以加分立差，纍加平立合差，爲次日平立合差。以平立合差減其日加分，爲次日加分。盈縮并同。其加分纍積之，即盈縮積③。

步月離④

月平行⑤ 一十三度三十六分八十七秒半。每日行度大略。⑥

周限三百三十六。日法萬分，限法八百二十分，轉終二十七日五十五刻四十六分，得三百三十六。⑦

中限一百六十八。半周限。⑧

初限八十四。四分周限，猶日行象限。⑨

限平行度一度〇九分六十三秒。以限法八百二十分，乘月平行，百約之爲度。⑩

太陽限行八分二十秒。即日率八百二十分〇八秒就整之數。⑪

① 梅文鼎本「平」誤作「并」。

② 梅文鼎本、熊賜履本、王鴻緒本、定本「以得初日之數，以上所得平立合差、加分，皆初日之數。」作「以上所推，皆初日之數」。

③ 梅文鼎本、熊賜履本、王鴻緒本、定本「即盈縮積」後有「其數并見立成」。

④ 本節内容與《大統曆法通軌》中的《太陰通軌》及邢雲路《古今律曆考》卷四十四「曆法九」在小節編排上基本一致，但也都存在一些差异。就各小節具體内容而言，黄百家本明顯比《太陰通軌》要簡潔得多，與《古今律曆考》卷四十四更加接近。總的來説，本節可能爲黄百家在《古今律曆考》卷四十四基礎上結合《太陰通軌》編撰而成。

⑤ 熊賜履本、王鴻緒本、定本「平行」作「平行度」。

⑥ 熊賜履本、王鴻緒本、定本此處無此小注。

⑦ 熊賜履本、王鴻緒本此處無此小注。定本將「周限」「中限」「初限」合并爲一句，作「周限三百三十六，半之爲中限，又半之爲初限」。

⑧ 熊賜履本、王鴻緒本此處無此小注。

⑨ 熊賜履本、王鴻緒本此處無此小注。

⑩ 熊賜履本、王鴻緒本此處無此小注。定本「六十三秒」作「六十二秒」，且無此處小注。

⑪ 熊賜履本、王鴻緒本、定本此處無此小注。

上弦九十一度三十一分四十三秒太。即周天象限。①

望一百八十二度六十二分八十七秒半。半周天。②

下弦二百七十三度九十四分三十一秒少。周天四之三。③

交終度三百六十三度七十九分三十四秒一九六。以月平行乘交周。④

朔平行度三百九十四度七八七一一五一六八七五。每月行度大略。⑤

推朔後平交日

置交終分，見氣朔曆。減天正經朔交泛分，爲朔後平交日。如推次月，于⑥本月朔後平交日⑦，纍減交差二日三一八三六九，得次月朔後平交日。如所得朔後平交日于交差不及減，其交又在本月，加交終爲重交月朔後平交日。⑧每歲⑨必有重交一⑩月。

推平交距後度⑪

置朔後平交日，以月平行度乘之，爲平交距後度。如推次月，于本月平交距後度內，纍減月平交差三十度九九三六九五五六八七五，以交終度減朔平行度。各得次月平交距後度。如所得平交距後度不及減月平交差者，加交終度爲重交月平交距後度。

① 熊賜履本、王鴻緒本、定本此處無此小注。
② 熊賜履本、王鴻緒本、定本此處無此小注。
③ 熊賜履本、王鴻緒本、定本此處無此小注。
④ 熊賜履本、王鴻緒本、定本此處無此小注。
⑤ 熊賜履本、王鴻緒本、定本此處無此小注。
⑥ 紹圖本「于」誤作「子」。
⑦ 定本此處無「于本月朔後平交日」。
⑧ 定本「如所得朔後平交日于交差不及減，其交又在本月，加交終爲重交月朔後平交日」作「不及減交差者，加交終減之，其交又在本月，爲重交月朔後平交日」。
⑨ 紹圖本本卷第三十頁至此結束，下頁第三十一頁缺，缺失內容據熊賜履本補全。
⑩ 定本「一」作「之」。
⑪ 定本此處無本節內容。

推平交入轉遲疾曆

置經朔遲疾曆，加入朔後平交日爲平交入轉。在轉終以下，與經朔同曆①，以上減去轉中疾交遲，遲交疾。如推次月，于本月平交遲疾曆内減去交轉差②三千四百二十三分七六，交差内減轉差數。即得。如不及減，加轉中減之，亦遲疾相代。

推平交入限遲疾差

置平交入轉遲疾曆，依步氣朔内，推遲疾限及遲疾差，即得。

推平交加減定差

置平交入限遲疾差，以日率八百二十分乘之，以所入遲疾限下行度而一，即得。在遲爲加，在疾爲減。

推經朔加時中積

置經朔盈縮曆，見步氣朔内。在盈曆即爲加時中積，在縮曆加半歲周。如推次月，于本月加時中積内③纍④加朔策，滿歲⑤周去之，即各朔加時中積⑥。若月内有二交，後交即注前交經朔加時中積⑦。

推正交距冬至加時黄道積度

置經朔加時中積，加平交距後度，即得。滿⑧歲周去之，在半歲周以下爲冬至後⑨，以上爲夏至後。如⑩推次月，于本月所

①　定本『與經朔同曆』作『其遲疾與經朔同』。
②　定本『于本月平交遲疾曆内減去交轉差』作『纍減交轉差』。
③　定本此處無『于本月加時中積内』。
④　紹圖本本卷缺第三十一頁，即從上文『必有重交一月』一直到此處『于本月加時中積内纍』的内容。
⑤　紹圖本此處頁面破損，『加朔策，滿歲』據熊賜履本補。
⑥　定本『即各朔加時中積』後有『命日爲度』。
⑦　紹圖本此處頁面破損，『加時中積』據熊賜履本補。
⑧　紹圖本此處頁面破損，『距後度，即得。滿』據熊賜履本補。
⑨　紹圖本『後』誤作『復』。
⑩　紹圖本此處頁面破損，『夏至後。如』據熊賜履本補。

推，纍減月平交朔差一度四六三一〇①二；如不及減，加歲周減之。遇重交月，同次朔。

推正交月離黃道宿次

置各月正交距冬至加時黃道積度，加②冬至加時黃道日度，見日躔。滿黃道積度鈐③減之，至不滿宿次，即正交月離。如推次月，于本月所推內纍減月平交朔差；如不及減，加入宿前一宿度減之。遇重交月，同次朔。④

黃道積度鈐⑤

箕九度五九	斗三十三度〇六	牛三十九度九六
女五十一度〇八	虛六十度〇八七五	危七十六度〇三七五
室九十四度三五七五	壁一百三度六九七五	奎一百二十一度五六七五
婁一百三十三度九二七五	胃一百四十九度七三七五	昴一百六十度八一七五
畢一百七十七度三一七五	觜一百七十七度三六七五	參一百八十七度六四七五
井二百一十八度六七七五	鬼二百二十度七八七五	柳二百三十三度七八七五
星二百四十度〇九七五	張二百五十七度八八七五	翼二百七十七度九七七五
軫二百九十六度七二七五	角三百九⑥度五九七五	亢三百一十九度一五七五

① 紹圖本此處頁面破損，「三一〇」據熊賜履本補。
② 熊賜履本「加」字僅有右半部分。
③ 紹圖本「鈐」誤作「餘」。
④ 定本將「推正交距冬至加時黃道積度」「推正交月離黃道宿次」兩節合并，作：
「推正交距冬至加時黃道積度及宿次
置朔後平交日，以月平行乘之爲距後度，以加經朔加時中積，爲各月正交距冬至加時黃道積度。加冬至加時黃道日度，見日躔。以黃道積度鈐減之，至不滿宿次，即正交月離。如推次月，纍減月平交朔差一度四六三一〇二。以交終度減天周，其數宜爲一度四六四〇八〇。遇重交月，同次朔。後仿此。」
⑤ 紹圖本井、星、軫、氐四宿數據因頁面破損而殘缺，今據熊賜履本補全。
⑥ 定本「三百九」作「三百〇九」。

氐三百三十五度五五七五　房三百四十一度〇三七五　心三百四十七度三〇七五

尾三百六十五度二五七五

推平交日辰

置朔後平交日，加經朔，滿紀法去之，即得。如推次月，于本月所推內纍加交終，滿紀法去之。如遇重交，于本月所推加交終，即得平交日辰于本月內①。

推正交日辰時刻

置平交日辰，以平交加減差加減之，其日命甲子算外，即正交日辰，小餘依發斂加時求之爲時刻。②

推四正赤道宿次

置冬至赤道日度，以氣象限纍加之，即得四正赤道積度，滿赤道積度鈐③去之，爲四正加時赤道日度。

赤道積度鈐④

箕十度四　斗三十五度六　牛四十二度八

女五十四度一五　虛六十三度一〇七五　危七十八度五〇七五

室九十五度六〇七五　壁一⑤百四度二〇七五　奎⑥百二十度八〇七五

婁百三十二度六〇七五　胃百四十八度二〇七五　昴百五十九度五〇七五

① 熊賜履本、王鴻緒本此處無「即得平交日辰于本月內」。

② 定本將「推平交日辰」「推正交日辰時刻」兩節合并，作：

「推正交日辰時刻

置朔後平交日，加經朔，去紀法，以平交定差加減之，其日命甲子算外，小餘依發斂加時求之，即得正交日辰時刻。如推次月，纍加交終，滿紀法去之。如遇重交，再加交終。」

③ 熊賜履本、王鴻緒本、定本此處無「鈐」字。

④ 紹圖本畢、井、星、軫四宿數據因頁面破損而殘缺，今據熊賜履本補全。

⑤ 熊賜履本、王鴻緒本此處無「一」字。

⑥ 定本奎宿至參宿數據中的「百」皆作「一百」，後不贅述。

畢百七十六度九〇七五	觜百七十六度九五七五	參百八十八度〇五七五
井二百二十一度三五七五	鬼二百二十三度五五七五	柳二百三十六度八五七五
星二百四十三度一五七五	張二百六十度四〇七五	翼二百七十九度一五七五
軫二百九十六度四五七五	角三百〇八度五五七五	亢三百一十七度七五七五
氐三百三十四度〇五七五	房三百三十九度六五七五	心三百四十六度一五七五
尾三百六十五度二五七五		

推定限日①

視定朔日辰某甲子，至正交日辰某甲子，即知定限是月内幾日。

推正交黄道在二至後初末限

置正交距冬至加時黄道積度，在半歲周已下爲冬至後，以上減去半歲周，餘爲夏至後。又視二至後度分，在氣象限已下爲初限，已上置半歲周減之②，餘爲末限。推次月者，若本月初限，則纍減月平交朔差，餘爲次月初限。至不及減寄位，置月平交朔差，以寄位減之，餘爲次月末限。夏至後初限交冬至後末限，冬至後初限交夏至後末限。若本月末限，則纍加月平交朔差，餘爲次月末限。至滿歲象限寄位，置半歲周，以寄位減之，餘爲次月初限。冬至後末限交夏至後③初限，夏至後末限交冬④至後初限。遇重交，即同次朔。⑤

① 定本此處無本節。
② 定本『置半歲周減之』作『用減半歲周』。
③ 紹圖本此處脱『後』字。
④ 紹圖本『冬』誤作『之』。
⑤ 定本『至不及減寄位，……即同次朔』作『不及減者，反減月平交朔差，餘爲次月末限。若本月末限，則纍加月平交朔差，爲次月末限。至滿氣象限，以減半歲周，餘爲次月初限』。

推定差度

置所入①初末限，以象極總差一分六〇五五〇八乘之，即爲②定差度。象極總差，是以象限除極差，其數宜爲一十六分〇五五〇八③。如推次月，初限則纍④減、末限則纍加極平差二十三分四九〇二，爲次月定差度。遇重交，即同次月。⑤

推距差度

置極差十四度六六，減去定差度，即得。求次月，于本月所推，初限加、末限減極平差⑥。遇重交，皆同次月。⑦

推定限度

置定差度，以定極總差一分六三七一〇七乘之，定極總差，是以極差除二十四度，其數宜爲一度六三七一〇七⑧。所得視正交在冬至後爲減，夏至後爲加，皆置九十八度加減之，爲定限度⑨。

推月道與赤道正交宿度

正交在冬至後，置春正赤道積度，以距差度初限加末限減之。在夏至後，置秋正赤道積度，以距差初限減末限加之。得數，滿赤道積度鈐去之，即得。

① 定本此處無「所入」二字。
② 紹圖本此處頁面破損，「八乘之，即爲」據熊賜履本補。
③ 定本「五五〇八」作「五四四二」，《太陰通軌》中的象極總差數值爲「一分六十〇秒五十五微〇八纖」。
④ 紹圖本此處頁面破損，「月，初限則纍」據熊賜履本補。
⑤ 定本「如推次月，……即同次月」作「如推次月，初限則纍減，末限則纍加，俱以極平差二十三分四九〇二加減之。極平差，是以月平交朔差，乘象極總差，其數宜爲二十三分五〇四九。」。
⑥ 熊賜履本「差」誤作「度」。
⑦ 定本「于本月所推，初限加、末限減極平差。遇重交，皆同次月」作「以極平差加減之。初限加，末限減。」。
⑧ 紹圖本此處「七」誤作「一」。
⑨ 定本「爲定限度」作「即得」。

推月道與赤道正交後積度

視月道與赤道正交所入宿次，置赤道全度減去月道與赤道正交宿度，餘爲正交後積度。次以赤道各宿全度纍加之，得各宿積度，滿氣象限去之，爲半交後。又滿去之，爲中交後。再滿去之，爲半交後。正交所入宿次，不出壁、軫、奎、角、室、翼六宿。

推初末限

視各正半、中半交後積度，在半象限四十五度六五五三已下爲初限，以上覆減氣象限，餘爲末限。①

推定差

置②每交定限度，凡正交所推定限度，正半、中半用之，盡此一交。以正半、中半交後初末限減之，餘以初末限乘之，所得千約之爲度，即定差。在正交、中交後爲加，半交③後爲減。④

推月道定積度

置月道與赤道正半、中半交後每宿積度，每宿求定差加減之，即得。

推月道宿次

置正交後月道定積度，加月道與赤道正交定宿度，月道與赤道正交宿度，即爲初限與當下入交定限度相減相乘，得定⑤差，加⑥入爲定宿

① 定本將『推月道與赤道正交後積度』『推初末限』兩節合并，作：

『推月道與赤道正交後積度并入初末限

視月道與赤道正交所入某宿次，即置本宿赤道全度，減去月道與赤道正交宿度，餘爲正交後積度。以赤道各宿全度纍加之，滿氣象限去之，爲半交後。又滿去之，爲中交後。再滿去之，爲半交後。視各交積度，在半象限以下爲初限，以上覆減象限，餘爲末限。』

② 紹圖本此處頁面破損，本節標題『推定差』及『置』字據熊賜履本補。

③ 熊賜履本『交』誤作『減』。

④ 定本本段內容作『置每交定限度，與初末限相減相乘，得數千約之爲度，即得。正交、中交後爲加，半交後爲減。』。

⑤ 紹圖本『定』誤作『之』。

⑥ 紹圖本『加』誤作『初』。

度①。共爲正交後宿次。其後置各宿月道定積度，以前宿定積度減之，餘爲各宿度數至從正入半、從半入中、從中入半之宿前宿定積度。多本宿不及減，加氣象限減之。②

活象限例

置正交後宿次，加前交後半交末宿定積度，爲活象限。如正交後宿次度少，加前交不及數，却置正交後宿次加氣象限即是。如遇換交之月，置正交後宿次，以前交前半③交末宿定積度加之，爲換交活象限。假如前交正交是軫，後交正交是角，其前交欠一軫。求活象限者，置正④交後宿次，不從翼下取定積度加之，仍于軫下取定積度也。又如前交、正交是軫，後交、正交是翼，其前交多一翼。求活象限者，置正交後宿次，不從翼下取定積度加之，仍于張下取定積度也。

推相距日

置定上弦大餘，減去定朔大餘，即相距日⑤。上弦至望，望至下弦，下弦至朔，倣此。不及減者，加紀法減之。

推定朔弦望入盈縮曆⑥

置各月朔弦望入盈縮曆，在步氣朔。⑦以朔弦望加減差加減之，亦在步氣朔。⑧爲定盈縮曆。視盈曆在盈初限以下爲盈初限，已

① 熊賜履本、王鴻緒本「定宿度」作「定宿之度」。
② 定本將「推月道定積度」「推月道宿次」兩節合并，作：
「推月道定積度及宿次
置月道與赤道各交後每宿積度，以定差加減之，爲各交月道積度。加月道與赤道正交定宿度，共爲正交後宿度。以前宿定積度減之，即得各交月道宿次。」
③ 紹圖本「半」誤作「平」。
④ 紹圖本「正」誤作「求」。
⑤ 定本「即相距日」作「即得」。
⑥ 定本「推定朔弦望入盈縮曆」後有「及盈縮定差」。
⑦ 定本此處無此小注。
⑧ 熊賜履本「氣朔」誤作「朔氣」，定本此處小注作「并在步氣朔内」。

上用減半歲周，餘爲盈末限。縮曆在縮初限以下爲縮初限，已上用減半歲周，餘爲縮末限，即定初末限①。

推定朔弦望加時中積及盈縮定差②

置定盈縮曆，如是盈曆在朔，便爲加時中積，在上弦加氣象限，在望加半歲周，在下弦加三象限。如是縮曆在朔加半歲周，在上弦加三象限，在望便爲加時中積，在下弦加氣象限，加後滿周天去之。置定初末限，依步氣朔内推盈縮差，爲盈縮定差。③

推黄道加時定積度

置定朔弦望加時中積，以其下盈縮定差盈加縮減之，即得。

推赤道加時定積度及宿④次

置黄道加時定積度，在周天象限已下爲至後，已上去之爲分後，滿二⑤象限去之爲至後，滿三象限去之爲分後。置分至後積度⑥，以立成内赤道加時分至積度減之，以分至捷法乘之⑦，得數加入分至⑧積度，次以所去象限合之，爲赤道加時定積度。置赤道加時定積度，加入天正冬至加時赤道日度，滿赤道積度鈐去之，得定朔弦望赤道加時宿次。

推正半中交後積度

置定朔弦望加時赤道宿次，視朔弦⑨望在何交後，正半，中半。即以交後積度，在朔望加時赤道宿前一宿者加之，即爲正半中

① 定本此處無『即定初末限』，且之後有『依步氣朔内求盈縮差，爲盈縮定差』。
② 定本此處無『及盈縮定差』。
③ 定本此處無『置定初末限，依步氣朔内推盈縮差，爲盈縮定差』。
④ 紹圖本『宿』誤作『縮』。
⑤ 王鴻緒本此處無『二』字，定本『二』作『兩』。
⑥ 定本『積度』作『黄道積度』。
⑦ 定本『以立成内赤道加時分至積度減之，以分至捷法乘之』作『以立成内分至後積度減之，餘以其下赤道度率乘之，如黄道度率而一』。
⑧ 定本『分至』後有『後』字。
⑨ 紹圖本『弦』誤作『望』。

交①積度，滿氣象限去之，爲正半中轉交②。

推初末限

視正半中交後積度，在半象限四十五度六③五五三。④已下爲初限，已上覆減氣象限，餘爲末限。

推月道與赤道定⑤差

置其交定限度，以初末限減之，餘以初末限乘之，所得千度爲度⑥，即定差。在正交、中交爲加，在半交爲減。

推正半中交加時⑦定積度

置正半中交後積度，以定差加減之，爲朔弦望加時月道定積度。

推定朔弦望加時月道宿次

置定朔弦望加時月道定積度，取交後月道定積度，在所置宿前一宿者減之，即得。遇轉交則前積度多，所置積少爲不及減。從半轉正，加其交活象限減之。從正轉半，從半轉中，從中轉半，皆加氣象限減之⑧。

推夜半入轉日

置經朔弦望遲疾曆，在步氣朔。⑨以定朔弦望加減差加減之。在疾曆，便爲定朔弦望加時入轉日。在遲曆，用加轉中置定朔

① 定本『正半中交』後有『後』字。
② 定本『轉交』作『换交』。
③ 紹圖本『六』誤作『一』。
④ 定本此處無此小注。
⑤ 紹圖本『定』誤作『交』。
⑥ 定本『以初末限減之，餘以初末限乘之，所得千度爲度』作『與初末限相減相乘，所得，千約之爲度』。
⑦ 定本『加時』後有『月道』二字。
⑧ 紹圖本此處脱『減之』二字。
⑨ 定本此處無此小注。

弦望加時入轉日，以定朔弦望小餘減之，爲夜半入轉日。遇①入轉日少不及減者，加轉終減之。

推加時入轉度

置定朔弦望小餘，去秒，取夜半入轉日下轉定度乘之，萬約之爲分，即得。

遲疾轉定度鈐

初日	十四度六七六四	十日	十二度四七七七	二十日	十三度三三七七
一日	五五七三	十一日	二九六〇	二十一日	五七一二
二日	四〇二九	十二日	一四九六	二十二日	八五一一②
三日	二一三〇	十三日	〇四六二	二十三日	十四度〇九五五
四日	十三度九八七七	十四日	〇八五二	二十四日	三〇四六
五日	七二七一	十五日	二一二二	二十五日	四七八二
六日	四四四六	十六日	三七五二	二十六日	六一六三
七日	二三五二③	十七日	五七三〇	二十七日	七一五四
八日	十二度九四七五	十八日	八〇六三		
九日	六九四八	十九日	十三度〇七五三		

推定朔弦望夜半入轉積度及宿次

置定朔弦望加時月道定積度，減去加時入轉度，爲夜半積度。如朔弦望加時定積度初換交，則不及減，半正相接，用活象限，正半、中半相接，用氣象限加之，然後減加時入轉度，則正者爲後半，後半爲中，中爲前半，前半爲正。置朔弦望夜半月道定積度，依推定朔弦望加時月道宿次④減之，爲夜半宿次。

① 紹圖本「遇」誤作「過」。
② 王鴻緒本「一一」誤作「一二」。
③ 定本「二」作「三」，《太陰通軌》此處亦爲「二三五三」。
④ 熊賜履本、王鴻緒本、定本「宿次」後有「法」字。

推晨昏入轉日及轉度

置夜半入轉日，以定盈縮曆撿①立成日下晨分加之，爲晨入轉日。滿轉終去之。置其日晨分，取夜半入轉日下轉定度乘之，萬約爲分，爲晨轉度。如求昏轉日轉度，依法撿②日下昏分，即得。

推晨昏轉積度及宿次

置朔弦望夜半月道定積度，加晨轉度，爲晨轉積度。如求昏轉積③，則加昏轉度，滿氣象限去之，則換交。若推夜半積④度之時，因朔弦望加時定積不及減轉度，以半正相接，而加活象限減之者，今復換正交，則以活象限減之。置晨轉積度，依前法減之，爲晨分宿次。置昏轉積度，依法減之，爲昏分宿次。

推相距度

朔與上弦相距，上弦與望相距，用昏轉積度。望與下弦相距，下弦與朔相距，用晨轉積度。置後段晨昏轉積度，視與前段同交者，竟以前段晨昏轉積度減之，餘爲相距度。若後段與前段接兩交者，從正入半，從半入中，從中入半，加⑤氣象限。從半入正，加活象限。然後以前段晨昏轉積度減之，餘爲相距度⑥。若後段與前段接三交者，其內無從半入正，則加二氣象限，其內有從半⑦入正，則加一活象限，一氣象限，以前段晨昏轉積度減之。

推轉定積度

置晨昏入轉日，朔至弦，弦至望，用昏。望至弦，弦至朔，用晨。前減後，如不及減者⑧，加二十八日減之，爲晨昏相距日。從前段

①　熊賜履本、定本「撿」作「檢」。
②　熊賜履本、定本「撿」作「檢」。
③　定本「昏轉積」作「昏轉積度」。
④　熊賜履本「積」誤作「横」。
⑤　王鴻緒本「加」誤作「如」。
⑥　熊賜履本、王鴻緒本、定本此處無「餘爲相距度」。
⑦　紹圖本「半」誤作「平」。
⑧　定本「前減後，如不及減者」作「以前段減後段，不及減者」。

日①下，于鈐內驗晨昏相距日同者，取其轉定積度。若朔弦望相距日少晨昏相距日一日者，則于晨昏相距日同者，取其轉定②積度，減去轉定極差一十四度七一五四，餘爲前段至後段轉定積度③。

轉定積度鈐

晨昏日	距後六日	距後七日	距後八日
初日	八十五度五六四四	九十九度〇〇九〇	百④十二度二四四三
一日	八十四度三三二六	九十七度五六七九	百⑤一十度五一五四
二日	八十三度〇一〇六	九十五度九五八一	一百八⑥度六⑦五二九
三日	八十一度五五五二	九十四度二五〇〇	一百六度七二七七
四日	八十⑧度〇三七〇	九十二度五一四七	一百四度八一〇七
五日	七十八度五二七〇	九十度八二三〇	一百二度九七二六⑨
六日	七十七度〇九⑩五九	八十九度二四五五	一百一度二九一七
七日	七十五度八〇〇九	八十七度八四七一	九十九度九三二三

① 熊賜履本、王鴻緒本、定本此處無『日』字。
② 熊賜履本、王鴻緒本、定本此處無『定』字。
③ 熊賜履本、王鴻緒本『積度』誤作『度積』。
④ 熊賜履本、王鴻緒本、定本『百』作『一百』。
⑤ 熊賜履本、王鴻緒本、定本『百』作『一百』。
⑥ 定本『一百八』作『一百〇八』，下文該列一百至一百〇九之間的其他數據情況相同，後不贅述。
⑦ 紹圖本『六』誤作『一』。
⑧ 熊賜履本、王鴻緒本、定本『八十』作『八十〇』。
⑨ 紹圖本『九七二六』誤作『九六二六』，王鴻緒本誤作『九七二十』。
⑩ 紹圖本『九』誤作『五』。

八日	七十四度六一①一八	八十六度六九七〇	九十八度九〇九二
九日	七十三度七四九五	八十五度九六一七	九十八度三三六九②
十日	七十三度二六六九	八十五度六四二一	九十八度二一五一
十一日	七十三度一六四四	八十五度七三③七四	九十八度五四三七
十二日	七十三度四四一四	八十六度二④四七七	九十九度三三三〇
十三日	七十四度〇九八一	八十七度一七三四	一百度五一一一
十四日	七十五度一二七二	八十八度四六四九	一百二度〇三六一
十五日	七十六度三七⑤九七	八十九度九五〇九	一百三度八〇二〇
十六日	七十七度七三八七	九十一度五八九八	一百五度六八五三
十七日	七十九度二一四六	九十三度三一〇一⑥	一百七度六一四七⑦
十八日	八十⑧度七三七一	九十五度〇四一七	一百九度五一九九
十九日	八十二度二三五四	九十六度七一三六	百⑨十一度三二九九
二十日	八十三度六三八三	九十八度二五四六	百十二度九七〇〇

① 紹圖本「六一」誤作「六七」，王鴻緒本誤作「九一」。
② 熊賜履本、王鴻緒本「六九」誤作「九六」。
③ 紹圖本「三」誤作「二」。
④ 紹圖本、熊賜履本、王鴻緒本「二」誤作「一」。
⑤ 定本「七」誤作「九」。
⑥ 熊賜履本、王鴻緒本「一」誤作「三」。
⑦ 紹圖本、熊賜履本、王鴻緒本「六一四七」誤作「六一七四」，定本誤作「六一〇七」。
⑧ 熊賜履本、王鴻緒本、定本「八十」作「八十〇」。
⑨ 熊賜履本、王鴻緒本、定本自十九日到二十七日該列數據中的「百」皆作「一百」，後不贅述。

二十一日	八十四度九一六九	九十九度六三二三	百十四度三〇八七①
二十二日	八十六②度〇六一一	一百③度七三七五	百十五度二九四八
二十三日	八十六度八八六四	一百一度四四三七	百十五度八四六六
二十四日	八十七度三四八二	一百一度七五一一	百十五度九六四一
二十五日	八十七度四四六五	一百一度六五九五	百十五度六四④七二
二十六日	八十七度一八一六	一百一度一六九〇	百十四度八九六一
二十七日	八十六度五五⑤二七	一百⑥度二⑦七九八	百十三度七二四四

推加減差

以相距度與轉定積度相減爲實，以其朔弦望相距日爲法除之，所得視相距度多爲加差，少爲減差。

推每日太陰行定度

置朔弦望晨昏入轉日，視遲疾轉定度鈐日下轉定度，纍日以加減差加減之，至所距日而止⑧，即得。

推每日月離晨昏宿次

置朔弦望晨昏宿次，以每日太陰行度加之，滿月道宿次減之，各得其次日晨昏宿次⑨。

① 熊賜履本、王鴻緒本、定本「八七」誤作「七八」。
② 熊賜履本「六」誤作「五」。
③ 定本「一百」作「一百〇」。
④ 紹圖本、熊賜履本、王鴻緒本「四」誤作「五」。
⑤ 紹圖本「五」誤作「七」。
⑥ 定本「一百」作「一百〇」。
⑦ 紹圖本「二」誤作「六」。
⑧ 紹圖本「止」誤作「上」。
⑨ 定本「各得其次日晨昏宿次」作「即得」。

赤道十二宮界宿次

亥危十二度二六一五　戌奎一度五九九六　酉胃三度六三七八

申畢七度一七五九①　未井九度〇六四〇　午柳四度〇〇二一

巳張十四度八四〇三　辰軫九度二七八四　卯氐一度一一六五

寅尾三度一五四六　丑斗四度〇九②二八　子女二度一三〇九

推月道③與赤道正交後宮界積度

視月道與赤道正交後，各宿積度宮界，某宿次在後，即以加之，便爲某宮下正交後宮界積度。求次宮者，纍加宮率三十度四三八一，滿氣象限去之，各得某宮下半交、中交後宮界積度。

推宮界定積度

視宮界積度在半象限已下爲初限，已上覆減氣象限，餘爲末限。置其交定限度，與初末限相減相乘，所得，千度約爲一度④，在正交、中交爲加差，在半交爲減差，是爲定差⑤。置宮界正半中交後積度，以定差加減之，爲宮界定積度。

推宮界宿次

置宮界定積度，于月道内取其在所置前一宿者減之，不及減者，加氣象限減之。

推每月日⑥下交宮時刻

置各次⑦宮界宿次，減入交宮日下月離晨昏宿次。如不及減者，加宮界宿次前宿度減之，餘以日周乘之，以其⑧日太陰行定

① 紹圖本、熊賜履本、王鴻緒本、定本「一七五九」誤作「一五七九」，《太陰通軌》此處作「一七五九二五」。
② 王鴻緒本、定本「九」誤作「五」。
③ 熊賜履本、王鴻緒本、定本此處無「道」字。
④ 定本「千度約爲一度」作「千約之爲度」。
⑤ 熊賜履本、王鴻緒本「在半交爲減差，是爲定差」作「在半交爲減」，定本作「在半交爲減差」。
⑥ 定本「日」作「每日」。
⑦ 定本「各次」作「每月」。
⑧ 王鴻緒本「其」誤作「具」。

度而一，得數，又①視定盈縮曆取立成日下晨昏分加之。晨加晨分，昏加昏分。如滿日周交宮在次日，不滿在本日，依發斂推之，即交宮時刻。

太陰遲疾立成

遲疾限同用②

遲疾限數	遲疾曆日率 日千百十分	益分 十分十秒十微十纖	遲疾積度 度十分十秒十微十纖		疾曆限行度 遲曆限行度 度十分十秒
初限	○○○○○	一一○八一五七五	○○○○○○○○○	疾	一二○七一
				遲	○九八五五
一限	○○八二○	一一○二三四二五	○一一○八一五七五	疾	一二○六五
				遲	○九八六一
二限	○一六四○	一○九六三三二五	○二二一○五○○○	疾	一二○五九
				遲	○九八六七
三限	○二四六○	一○九○一二七五	○三三○六八三二五	疾	一二○五三
				遲	○九八七三
四限	○三二八○	一○八三七二七五	○四三九六九六二○	疾	一二○四七
				遲	○九八七九

① 紹圖本「又」誤作「之」。

② 梅文鼎本該立成位于卷四，熊賜履本位于卷三十「曆法四」，王鴻緒本位于志第十二「曆四下」，定本位于卷三十四「曆四」。梅文鼎本此處標題作「太陰限數遲疾度十分定三子，單分定二子，十秒定一子，單秒不定」，定本作「太陰遲疾立成遲疾同用」。

遲疾限數	遲疾曆日率（日千百十分）	益分（十分十秒十微十纖）	遲疾積度（度十分十秒十微十纖）	疾曆限行度（度十分十秒）疾	遲曆限行度（度十分十秒）遲
五限	〇四一〇〇	一〇七七一三二五	〇五四八〇六八七五	一〇二〇四	〇九八八六
六限	〇四九二〇	一〇七〇三四二五	〇六五五七八二〇〇	一二〇三三	〇九八九三
七限	〇五七四〇	一〇六三三五七五	〇七六七八一六二五	一二〇二六	〇九九〇〇
八限	〇六五六〇	一〇五六一七七五	〇八六九一五二〇〇	一二〇一九	〇九九〇七
九限	〇七三八〇	一〇四八八〇二五	〇九七四七六九七五	一二〇一二	〇九九一四
十限	〇八二〇〇	一〇四一二三二五	一〇七九六五〇〇〇	一二〇〇四	〇九九二二
十一限	〇九〇二〇	一〇三三四六七五	一一八三七七三二五	一一九九六	〇九九二九
十二限	〇九八四〇	一〇二五五〇七五	一二八七一二〇〇〇	一一九八八	〇九九三七
十三限	一〇六六一	一〇一七三五二五	一三八九六七〇七五	一一九八〇	〇九九四六

遲疾限數	遲疾曆日率 日千百十分	益分 十分十秒十微十纖	遲疾積度 度十分十秒十微十纖	疾曆限行度 度十分十秒	遲曆限行度 度十分十秒
十四限	一一四八一	一〇〇九〇〇二五	一四九一四〇六〇〇	疾 一一九七二	遲 〇九九五四
十五限	一二三〇一	一〇〇〇四五七五	一五九二三〇六二五	疾 一一九六三	遲 〇九九六二
十六限	一三一二一	〇九九一七一七五	一六九二三五二〇〇	疾 一一九五五	遲 〇九九七一
十七限	一三九四一	〇九八二七八二五	一七九一五二三七五	疾 一一九四六	遲 〇九九八〇
十八限	一四七六一	〇九七三六五二五	一八八九八〇二〇〇	疾 一一九三七	遲 〇九九八九
十九限	一五五八一	〇九六四三二七五	一九八七一六七二五	疾 一一九二七	遲 〇〇九九九
二十限	一六四〇一	〇九五四八〇七五	二〇八三六〇〇〇〇	疾 一一九一八	遲 一〇〇〇八
二十一限	一七二二一	〇九四五〇九二五	二一七九〇八〇七五	疾 一一九〇八	遲 一〇〇一八
二十二限	一八〇四一	〇九三五一八二五	二二七三五九〇〇〇	疾 一一八九八	遲 一〇〇二八

遲疾限數	遲疾曆日率	益分	遲疾積度	疾曆限行度	遲曆限行度
	日千百十分	十分十秒十微十纖	度十分十秒十微十纖	度十分十秒	
二十三限	一八八六一	〇九二五〇七七五	二三六七一〇八二五	疾 一一八八八	遲 一〇〇三八
二十四限	一九六八一	〇九一四七七七五	二四五九六一六〇〇	疾 一一八七八	遲 一〇〇四八
二十五限	二〇五〇二	〇九〇四二八二五	二五五一〇九三七五	疾 一一八六七	遲 一〇〇五九
二十六限	二一三二二	〇八九三五九二五	二六四一五二二〇〇	疾 一一八五六	遲 一〇〇六九
二十七限	二二一四二	〇八八二七〇七五	二七三〇八八一二五	疾 一一八四六	遲 一〇〇八〇
二十八限	二二九六二	〇八七一六二七五	二八一九一五二〇〇	疾 一一八三五	遲 一〇〇九一
二十九限	二三七八一	〇八六〇三五二五	二九〇六三一四七五	疾 一一八二三	遲 一〇一〇三
三十限	二四六〇二	〇八四八八八二五	二九九二三五〇〇〇	疾 一一八一二	遲 一〇一一四
三十一限	二五四二二	〇八三七二一七五	三〇七七二三八二五	疾 一一八〇〇	遲 一〇一二六

遲疾限數	遲疾曆日率	益分	遲疾積度	疾曆限行度	遲曆限行度
	日千百十分	十分十秒十微十纖	度十分十秒十微十纖	度十分十秒	
三十二限	二六二四二	〇八二五三五七五	三一六七九六〇〇〇	疾 一一七八八	遲 一〇一三八
三十三限	二七〇六二	〇八一三三〇二五	三二四三四九五七五	疾 一一七七六	遲 一〇一五〇
三十四限	二七八八二	〇八〇一〇五二五	三三二四八二六〇〇	疾 一一七六四	遲 一〇一六二
三十五限	二八七〇二	〇七八八六〇七五	三四〇四九二一二五	疾 一一七五一	遲 一〇一七四
三十六限	二九五二二	〇七七五九六七五	三四八三七九二〇〇	疾 一一七三九	遲 一〇二八七
三十七限	三〇三四三	〇七六三一三二五	三五六一三八八七五	疾 一一七二六	遲 一〇二〇〇
三十八限	三一一六三	〇七五〇一〇二五	三六三七七〇二〇〇	疾 一一七一三	遲 一〇二一三
三十九限	三一九八三	〇七三六八七七五	三七一二七一二二五	疾 一一七〇〇	遲 一〇二二六
四十限	三二八〇三	〇七二三四五七五	三七八六四〇〇〇〇	疾 一一六八六	遲 一〇二三九

遲疾限數	遲疾曆日率（日千百十分）	益分（十分十秒十微十纖）	遲疾積度（度十分十秒十微十纖）	疾曆限行度（度十分十秒）	遲曆限行度（度十分十秒）
四十一限	三三六二三	〇七〇九八四二五	三八五八七四五七五	疾 一一六七三	遲 一〇二五三
四十二限	三四四四三	〇六九六〇三二五	三九二九七三〇〇〇	疾 一一六五九	遲 一〇二六七
四十三限	三五二六三	〇六八二〇二七五	三九九三三三二五	疾 一一六四五	遲 一〇二八二
四十四限	三六〇八三	〇六六七八二七五	四〇六七五三六〇〇	疾 一一六三一	遲 一〇二九五
四十五限	三六九〇三	〇六五三四三二五	四一三四三一八七五	疾 一一六一六	遲 一〇三〇九
四十六限	三七七二三	〇六三八八四二五	四一九九六六二〇〇	疾 一一六〇二	遲 一〇三二四
四十七限	三八五四三	〇六二四〇五七五	四二六三五四六二五	疾 一一五八七	遲 一〇三三九
四十八限	三九三六三	〇六〇九〇七七五	四三二五九五二〇〇	疾 一〇三三九	遲 一〇五七二
四十九限	四〇一八三	〇五九三九〇二五	四三八六八五九七五	疾 一一五五七	遲 一〇三六九

遲疾限數	遲疾曆日率 日千百十分	益分 十分十秒十微十纖	遲疾積度 度十分十秒十微十纖	疾曆限行度 度十分十秒	遲曆限行度 度十分十秒
五十限	四一〇〇四	〇五七八五三二五	四四四六二五〇〇〇	疾 一一五四一	遲 一〇三八四
五十一限	四一八二四	〇五六二九六七五	四五〇四一〇三二五	疾 一一五二六	遲 一〇四〇四
五十二限	四二六四四	〇五四七二〇七五	四五六〇四〇〇〇〇	疾 一一五一〇	遲 一〇四一六
五十三限	四三四六四	〇五三一二五二五	四六一五一二〇七五	疾 一一四九四	遲 一〇四三二
五十四限	四四二八四	〇五一五一〇二五	四六六八二四六〇〇	疾 一一四七八	遲 一〇四四八
五十五限	四五一〇四	〇四九八七五七五	四七一九七五六二五	疾 一一四六二	遲 一〇四六四
五十六限	四五九二四	〇四八二二一七五	四七六九六三二〇〇	疾 一一四四五	遲 一〇四八一
五十七限	四六七四四	〇四六五四八二五	四八一七八五三七五	疾 一一四二八	遲 一〇四九七
五十八限	四七五六四	〇四四八五五二五	四八六四四〇二〇〇	疾 一一四一一	遲 一〇五一四

遲疾限數	遲疾曆日率 日千百十分	益分 十分十秒十微十纖	遲疾積度 度十分十秒十微十纖	疾曆限行度 度十分十秒	遲曆限行度 度十分十秒
五十九限	四八三八四	○四三一四二七五	四九○九二五七二五	疾 一一三九四	遲 一○五三一
六十限	四九二○四	○四一四一○七五	四九五二四○○○○	疾 一一三七七	遲 ○○五四九
六十一限	五○○二四	○三九六五九二五	四九九三八一○七五	疾 一一三五九	遲 ○○五六六
六十二限	五○八四五	○三七八八八二五	五○三三四七○○○	疾 一一三四二	遲 ○○五八四
六十三限	五一六六五	○三六○九七七五	五○七一三五八二五	疾 一一三二四	遲 ○○六○二

遲疾限數	遲疾曆日率 日千百十分	損分 十分十秒十微十纖	遲疾積度 度十分十秒十微十纖	疾曆限行度 度十分十秒	遲曆限行度 度十分十秒
六十四限	五二四八五	○三四二八七七五	五一○七四五六○○	疾 一一三○六	遲 ○○六二○
六十五限	五三三○五	○三二四五八二五	五一四一七四三七五	疾 一一二八七	遲 一○六三八
六十六限	五四一二五	○三○六○九二五	五一七四二○二○○	疾 一一二六九	遲 一○六五七

遲疾限數	遲疾曆日率	損分	遲疾積度	疾曆限行度	遲曆限行度
	日千百十分	十分十秒十微十纖	度十分十秒十微十纖	度十分十秒	
六十七限	五四九四五	○二八七四○七五	五二○四八一一二五	疾 一一二五○	遲 一○九七六
六十八限	五五七六五	○二六七五二七五	五二三三五五二○○	疾 一一二三一	遲 一○六九四
六十九限	五六五八五	○二四九四五二五	五二六○四○四七五	疾 一一二一二	遲 一○七一三
七十限	五七四○五	○二三○一八二五	五二八五三五○○○	疾 一一一九三	遲 一○七三三
七十一限	五八二二五	○二一○七一七五	五三○八三六八二五	疾 一一一七四	遲 一○七五二
七十二限	五九○四五	○一九一○五七五	五三二九四四○○○	疾 一一一五四	遲 一○七七二
七十三限	五九八六五	○一七一二○二五	五三四八五四五七五	疾 一一一三四	遲 一○七九二
七十四限	六○六八五	○一五一一五二五	五三六五六六六○○	疾 一一一一四	遲 一○八一二
七十五限	六一五○六	○一三○九○七五	五二八○七八一二五	疾 一一○九四	遲 一○八三二
七十六限	六二三二六	○一一○四六七五	五三九三八七二○○	疾 一一○七三	遲 一○八五二

遲疾限數	遲疾曆日率	損分	遲疾積度	疾曆限行度	遲曆限行度
	日千百十分	十分十秒十微十纖	度十分十秒十微十纖	度十分十秒	
七十七限	六三一四六	〇〇八九八三二五	五四〇四九一八七五	疾 一一〇五三	遲 一〇八七三
七十八限	六三九六六	〇〇六九〇〇二五	五四一三九〇二〇〇	疾 一一〇三二	遲 一〇八九四
七十九限	六四七八六	〇〇四七九七七五	五四二〇八〇二二五	疾 一一〇一一	遲 一〇九一五
八十限	六五六〇六	〇〇二六七五七五	五四二五六〇〇〇〇	疾 一〇九九〇	遲 一〇九三六
八十一限	六六四二六	〇〇〇五三四二五	五四二八二七五七五	疾 一〇九六八	遲 一〇九五八
八十二限	六七二四六	〇〇〇三五六一六	五四二八八一〇〇〇	疾 一〇九六六	遲 一〇九五九
八十三限	六八〇六六	〇〇〇一七八〇八	五四二九一六六一六	疾 一〇九六五	遲 一〇九六一
八十四限	六八八八六	〇〇〇一七八〇八	五四二九三四四二四	疾 一〇九六一	遲 一〇九六五
八十五限	六九七〇六	〇〇〇三五六一六	五四二九一六六一六	疾 一〇九五九	遲 一〇九六六

遲疾限數	遲疾曆日率	損分	遲疾積度	疾曆限行度	遲曆限行度
	日千百十分	十分十秒十微十纖	度十分十秒十微十纖	度十分十秒	
八十六限	七〇五二六	〇〇〇五三四二五	五四二八八一〇〇〇	疾 一〇九五八	遲 一〇九六八
八十七限	七一三四六	〇〇二六七五七五	五四二八二七五七五	疾 一〇九三六	遲 一〇九九〇
八十八限	七二一六七	〇〇四七九七七五	五四二五六〇〇〇〇	疾 一〇九一五	遲 一一〇一一
八十九限	七二九八七	〇〇六九〇〇二五	五四二〇八〇二二五	疾 一〇八九四	遲 一一〇三二
九十限	七三八〇七	〇〇八九八三二五	五四一三九〇二〇〇	疾 一〇八七三	遲 一一〇五三
九十一限	七四六二七	〇一一〇四六七五	五四〇四九一八七五	疾 一〇八五二	遲 一一〇七三
九十二限	七五四四七	〇一三〇九〇七五	五三九三八七二〇〇	疾 一〇八三三	遲 一一〇九四
九十三限	七六二六七	〇一五一一五二五	五三八〇七八一二五	疾 一〇八一二	遲 一一一一四
九十四限	七七〇八七	〇一七一二〇二五	五三六五六六六〇〇	疾 一〇七九二	遲 一一一三四

遲疾限數	遲疾曆日率	損分	遲疾積度	疾曆限行度	遲曆限行度
	日千百十分	十分十秒十微十纖	度十分十秒十微十纖	度十分十秒	
				疾	遲
九十五限	七七九〇七	〇一九一〇五七五	五三四八五四五七五	一〇七七二	一一一五四
九十六限	七八七二七	〇二一〇七一七五	五三三九四四〇〇〇	一〇七五二	一一一七四
九十七限	七九五四七	〇二三〇一八二五	五三〇八三六八二五	一〇七三三	一一一九三
九十八限	八〇三六七	〇二四九四五二五	五二八五三五〇〇〇	一〇七一三	一一二一二
九十九限	八一一八七	〇二六八五二七五	五二六〇四〇四七五	一〇六九四	一一二三一
一百限	八二〇〇八	〇二八七四〇七五	五二三三五五二〇〇	一〇六七六	一一二五〇
百一限	八二八二八	〇三〇六〇九二五	五二〇四八一一二五	一〇六五七	一一二六九
百二限	八三六四八	〇三二四五八二五	五一七四二〇二〇〇	一〇六三八	一一二八七
百三限	八四四六八	〇三四二八七七五	五一四一七四三七五	一〇六二〇	一一三〇六

遲疾限數	遲疾曆日率（日千百十分）	損分（十分十秒十微十纖）	遲疾積度（度十分十秒十微十纖）	疾曆限行度（度十分十秒）	遲曆限行度（度十分十秒）
百四限	八五二八八	〇三六〇九七七五	五一〇七四五六〇〇	一〇六〇二	一一三二四
百五限	八六一〇八	〇三七八八二五	五〇七一三五八二五	一〇五八四	一一三四二
百六限	八六九二八	〇三九六五九二五	五〇三三四七〇〇〇	一〇五六六	一一三五九
百七限	八七七四八	〇四一四一〇七五	四九九三八一〇七五	一〇五四九	一一三七七
百八限	八八五六八	〇四三一四二七五	四九五二四〇〇〇〇	一〇五三一	一一三九四
百九限	八九三八八	〇四四八五五二五	四九〇九二五七二五	一〇五一四	一一四一一
百十限	九〇二〇八	〇四六五四八二五	四八六四四〇二〇〇	一〇四九七	一一四二八
百十一限	九一〇二八	〇四八二二一七五	四八一七八五三七五	一〇四八一	一一四四五
百十二限	九一八四八	〇四九八七五七五	四七六九六三二〇〇	一〇四六四	一一四六二

遲疾限數	遲疾曆日率 日千百十分	損分 十分十秒十微十纖	遲疾積度 度十分十秒十微十纖	疾曆限行度 度十分十秒	遲曆限行度 度十分十秒
百十三限	九二六六九	〇五一五一〇二五	四七一九七五六二五	疾 一〇四四八	遲 一一四七八
百十四限	九三四八九	〇五三一二五二五	四六六八二四六〇〇	疾 一〇四三二	遲 一一四九四
百十五限	九四三〇九	〇五四七二〇七五	四六一五一二〇七五	疾 一〇四一六	遲 一一五一〇
百十六限	九五一二九	〇五六二九六七五	四五六〇四〇〇〇〇	疾 一〇四〇〇	遲 一一五二六
百十七限	九五九四九	〇五七八五三二五	四五〇四一〇三二五	疾 一〇三八四	遲 一一五四一
百十八限	九六七六九	〇五九三九〇二五	四四四六二五〇〇〇	疾 一〇三六九	遲 一一五五七
百十九限	九七五八九	〇六〇九〇七七五	四三八六八五九七五	疾 一〇三五四	遲 一一五七二
百二十限	九八四〇九	〇六二四〇五七五	四三二五九五二〇〇	疾 一〇三三九	遲 一一五八七
百廿一限	九九二二九	〇六三八八四二五	四二六三五四六二五	疾 一〇三二四	遲 一一六〇二

遲疾限數	遲疾曆日率（日千百十分）	損分（十分十秒十微十纖）	遲疾積度（度十分十秒十微十纖）	疾曆限行度（度十分十秒）	遲曆限行度（度十分十秒）
百廿二限	十〇〇四九	〇六五三四三二五	四一九九六六二〇〇	疾 一〇三〇九	遲 一一六一六
百廿三限	十〇八六九	〇六六七八二七五	四一三四三一八七五	疾 一〇二九五	遲 一一六三一
百廿四限	十一六八九	〇六八二〇二七五	四〇六七五三六〇〇	疾 一〇二八一	遲 一一六四五
百廿五限	十二五一〇	〇六九六〇三二五	三九九九三三三二五	疾 一〇二六七	遲 一一六五九
百廿六限	十三三三〇	〇七〇九八四二五	三九二九七三〇〇〇	疾 一〇二五三	遲 一一六七三
百廿七限	十四一五〇	〇七二三四五七五	三八五八七四五七五	疾 一〇二三九	遲 一一六八六
百廿八限	十四九七〇	〇七三六八七七五	三八七六四〇〇〇〇	疾 一〇二二六	遲 一一七〇〇
百廿九限	十五七九〇	〇七五〇一〇二五	三七一二七一二二五	疾 一〇二一三	遲 一一七一三
百三十限	十六六一〇	〇七六三一三二五	三六三七七〇二〇〇	疾 一〇二〇〇	遲 一一七二六

遲疾限數	遲疾曆日率	損分	遲疾積度	疾曆限行度	遲曆限行度
	日千百十分	十分十秒十微十纖	度十分十秒十微十纖	度十分十秒	
百二十一限	十七四三〇	〇七七五九六七五	三五六一三八八七五	疾 一〇一八七	遲 一一七三九
百二十二限	十八二五〇	〇七八八六〇七五	三四八二七九二〇〇	疾 一〇一七四	遲 一一七五二
百二十三限	十九〇七〇	〇八〇一〇五二五	三四〇四九三一二五	疾 一〇一六二	遲 一一七六四
百二十四限	十九八九〇	〇八一三三〇二五	三三二四八二六〇〇	疾 一〇一五〇	遲 一一七七六
百二十五限	十一〇七一〇	〇八二五三五七五	三二四三四九五七五	疾 一〇一三八	遲 一一七八八
百二十六限	十一一五三〇	〇八三七二一七五	三一六〇九六〇〇〇	疾 一〇一二六	遲 一一八〇〇
百二十七限	十一二三五〇	〇八四八八二五	三〇七七二三八二五	疾 一〇一一四	遲 一一八一二
百二十八限	十一三一七一	〇八六〇三五二五	二九九二三五〇〇	疾 一〇一〇三	遲 一一八二三
百二十九限	十一三九九一	〇八七一六二七五	二九〇六三一四七五	疾 一〇〇九一	遲 一一八三五

遲疾限數	遲疾曆日率（日千百十分）	損分（十分十秒十微十纖）	遲疾積度（度十分十秒十微十纖）	疾曆限行度（度十分十秒）	遲曆限行度（度十分十秒）
百四十限	十一四八一一	○八八二七○七五	二八一九一五二○○	疾 一○○八○	遲 一一八四六
百四一限	十一五六三一	○八九三五九二五	二七三○八○一二五	疾 一○○六九	遲 一一八五六
百四二限	十一六四五一	○九○四二八二五	二六四一五二二○○	疾 一○○五九	遲 一一八六七
百四三限	十一七二七一	○九一四七七七五	二五五一○九三七五	疾 一○○四八	遲 一一八七八
百四四限	十一八○九一	○九三五○七七五	二四五九六一六○○	疾 一○○三八	遲 一一八八八
百四五限	十一八九一一	○九二五一八二五	二三六七一○八二五	疾 一○○二八	遲 一一八九八
百四六限	十二九七三一	○九四五○九二五	二二七三五九○○○	疾 一○○一八	遲 一一九○八
百四七限	十二○五五一	○九五四八○七五	二一七九○八○七五	疾 一○○○八	遲 一一九一八
百四八限	十二一三七一	○九六四三二七五	二○八三六○○○○	疾 ○九九九九	遲 一一九二七

遲疾限數	遲疾曆日率	損分	遲疾積度	疾曆限行度	遲曆限行度
	日千百十分	十分十秒十微十纖	度十分十秒十微十纖	度十分十秒	
百四九限	十二二一九一	〇九七三六五二五	一九八七一六七二五	疾 〇九九八九	遲 一一九三七
百五十限	十二三〇一二	〇九八二七八二五	一八八九八〇二〇〇	疾 〇九九八〇	遲 一一九四六
百五一限	十二三八三二	一〇九一七一七五	一七九一五二三七五	疾 〇九九七一	遲 一一九五五
百五二限	十二四六五二	一〇〇〇四五七五	一六九二三五二〇〇	疾 〇九九六二	遲 一一九六三
百五三限	十二五四七二	一〇〇九〇〇二五	一五九二三〇六二五	疾 〇九九五四	遲 一一九七二
百五四限	十二六二九二	一〇一七三五二五	一四九一四〇六〇〇	疾 〇九九四六	遲 一一九八〇
百五五限	十二七一一二	一〇二五五〇七五	一三八九六七〇七五	疾 〇九九三七	遲 一一九八八
百五六限	十二七九三二	一〇三三四六七五	一二八七一二〇〇〇	疾 〇九九二九	遲 一一九九六
百五七限	十二八七五二	一〇四一二三二五	一一八三七七三二五	疾 〇九九二二	遲 一二〇〇四

遲疾限數	遲疾曆日率 日千百十分	損分 十分十秒十微十纖	遲疾積度 度十分十秒十微十纖	疾曆限行度 度十分十秒	遲曆限行度 度十分十秒
百五八限	十二九五七二	一〇四八八〇二五	一〇七九六五〇〇〇	疾 〇九九一四	遲 一二〇一二
百五九限	十三〇三九二	一〇五六一七七五	〇九七四七六九七五	疾 〇九九〇七	遲 一二〇一九
百六十限	十三一二一二	一〇六三三五七五	〇八六九一五二〇〇	疾 〇九九〇〇	遲 一二〇二六
百六一限	十三二〇三一	一〇七〇三四二五	〇七六二八一六二五	疾 〇九八九三	遲 一二〇三三
百六二限	十三二八五三	一〇七七一三二五	〇六五五七八二〇〇	疾 〇九八八六	遲 一九〇四〇
百六三限	十三三六七三	一〇八三七二七五	〇五四八〇六八七五	疾 〇九八七九	遲 一一〇四七
百六四限	十三四四九三	一〇九〇一二七五	〇四三九六九六〇〇	疾 〇九八七三	遲 一一〇五三
百六五限	十三五三一三	一一九六三三二五	〇三三〇六八三二五	疾 〇九八六七	遲 一一〇五九
百六六限	十三六一三三	一一〇二三四二五	〇二二一〇五〇〇〇	疾 〇九八六一	遲 一一〇六五

遲疾限數	遲疾曆日率 日千百十分	損分 十分十秒十微十纖	遲疾積度 度十分十秒十微十纖	疾曆限行度 遲曆限行度 度十分十秒 疾	遲
百六七限	十三六九五三	一一〇八一五七五	〇一一〇八一五七五	〇九八五五	一一〇七一
百六八限	十三七七七三①				

①　梅文鼎本該立成後有以下內容：

『置月平行一十三度三六八七五，以每限日行分八百二十分爲法乘之，又以萬約之，得數一度〇九六二三七五，是爲每限月平行度也。復置在位以各限損益分加減之，如在疾曆，則益者加之、損者減之，如在遲曆，則益者減之、損者加之，即各得每限月行遲疾度數也。數止秒，秒以下有零數，不拘多少俱收爲秒。勿庵注。

又法：置小轉中一十三日七七七三，以月平行度爲法乘之，得數一百八十四度一八五二七九三七五爲實，以一百六十八限爲法除之，得一度〇九六三四〇九四，是爲每限月平行度也。復以各限損益分加減之，即各得其限遲疾行度也。數止秒，秒以下弃不用。此法較親，加減同。

布立成法

依《曆經》垜叠招差，各以平差立差，求到各限遲疾度。次以相挨兩限遲疾度相減，餘爲每限損益分。次各以其限損益分，加減每限月平行一度〇九六三四〇九四，得爲各限疾遲行度也。秒以下數不用。其加減法，在疾益加損減，在遲反之。其八十三四限，另有變率求差之法。

勿庵補求限數法

以所得遲疾日，及今與立成日率相比，而取其日率相似而略少者用之，即得所用限數也。不必以十二限二十分乘。此法甚捷，又免退一限減之煩。

丙寅十月初十日記

欽天監秘本

遲疾行度之法　〇度〇〇〇

歌曰：天根一度〇九分，六三三九七五齊，法曰：先置天根之數。損益加減爲分秒，各限行度自然知。法曰：加者，加入天根之內，減者，置天根之數減其損益分也。八十三限前皆益，疾加遲減是端的，八十四限後皆損，疾減遲加更莫疑。

又加減差之法　〇十〇百〇〇〇〇。』

梅文鼎本該頁末有『大統曆志卷四』，其卷四至此結束。

布太陰遲疾立成法①

置立差，三微二五。②以六因之，得一十九微五十纖，爲損益立差。置平差，二秒八一。③倍之，得五秒六十二微，加損益立差，得五秒八十一微④，爲初限平立合差。自此以損益立差，纍加之，爲每限平立合差⑤即初限平立合差五秒八一，次限則六秒○一，又次限六秒二○五○。⑥至八十限下，積至二十一秒四一五，爲平立合差之極。八十一限下平立合差⑦一秒七八○九，八十二限下一秒七八○八，至八十三⑧限下平立合差于此中分⑨，爲益分之終，八十四限數同八十三限。⑩爲損分之始。至八十六限下差，亦二十一秒四一五，自此以損益立差纍減之，即每限平立合差。至末限與初限同。另⑪置定差，一十一分一十一秒。⑫内減平差，二秒八一。⑬再

① 梅文鼎本相應内容位于卷三『太陰遲疾平立定三差之原』部分末尾；熊賜履本位于卷二十九『曆法三』的『太陰遲疾平立定三差之原』部分末尾；王鴻緒本位于志第十『曆三下』的『太陰遲疾平立定三差之原』部分末尾；定本位于卷三十三『曆三』的『太陰遲疾平立定三差之原』部分末尾。梅文鼎本、熊賜履本、王鴻緒本、定本此處標題作『布立成法』。本節内容與黄宗羲《授時曆故》卷四『求遲疾差第三』中的『定立成術曰』一段較爲相似，可能黄百家在編撰本節時參考過該内容。

② 梅文鼎本、熊賜履本、王鴻緒本、定本此處小注爲正文格式，作『三微二十五纖』。

③ 梅文鼎本、熊賜履本、王鴻緒本、定本此處小注爲正文格式，作『二秒八十一微』。

④ 熊賜履本、王鴻緒本、定本『加損益立差，得五秒八十一微』作『再加損益立差一十九微五十纖，共得五秒八十一微』，梅文鼎本大體與熊賜履本、王鴻緒本、定本相同，但『損益立差』誤作『積益立差』。

⑤ 梅文鼎本、熊賜履本、王鴻緒本、定本『爲每限平立合差』作『即每日平立合差』。

⑥ 梅文鼎本、熊賜履本、王鴻緒本、定本此處無此小注。

⑦ 梅文鼎本、熊賜履本、王鴻緒本、定本『平立合差』作『差』。

⑧ 梅文鼎本『三』誤作『二』。

⑨ 梅文鼎本、熊賜履本、王鴻緒本、定本『于此中分』作『與益分中分』。

⑩ 梅文鼎本、熊賜履本、王鴻緒本、定本『八十四限數同八十三限。』作『八十四限下差，亦與損分中分』。

⑪ 梅文鼎本、熊賜履本、王鴻緒本、定本此處無『另』字。

⑫ 梅文鼎本、熊賜履本、王鴻緒本、定本此處小注爲正文格式。

⑬ 梅文鼎本、熊賜履本、王鴻緒本、定本此處小注爲正文格式，作『二秒八十一微』。

減立差，三微二五。①餘一十一分○八秒一十五微七十五纖，爲加分定差，即初②限損益分。置損益分，以其限平立合差益減損加之，即③次④限損益分。以益分積⑤之，損分減之，便爲其下遲疾積度⑥。以八百二十分爲一限日率，纍加之⑦，爲每限日率⑧。置小轉中一十三日七七七三，以月平行度乘之，得數一百八十四度一八五二七九三七五爲實，以一百六十八限爲法除之，得一度○九六三四○九四，是爲每限月平行度也。以各限損益分加減之，在疾益加損減，在遲反之。即各得其限遲疾行度。立成內數止秒，秒以下弃不用。數并詳立成。附欽天監求遲疾行度秘訣，歌曰：先置天根之數兮，一度○九六三零，損益分兮爲加減，各限行度自分明。八十三限前皆益，疾加遲減是端的，八十四限後皆損，疾減遲加莫疑時。⑨

步中星⑩

推每日夜半赤道

置推到每日夜半黃道，見日躔。依法以黃道積度減之，餘如黃道率而一，以加赤道積度。又以天正冬至赤道加之，如在春正後，再加一象限，夏至後加半周天，秋正⑪後加三象限，爲每日夜半赤道積度。

① 梅文鼎本、熊賜履本、王鴻緒本、定本此處小注爲正文格式，作『三微二十五纖』。
② 熊賜履本此處脱『初』字。
③ 梅文鼎本、熊賜履本、王鴻緒本、定本『即』作『即爲』。
④ 紹圖本『次』誤作『以』。
⑤ 紹圖本『積』誤作『損』。
⑥ 梅文鼎本、熊賜履本、王鴻緒本、定本『積度』作『度』。
⑦ 熊賜履本、王鴻緒本、定本『纍加之』作『纍加八百二十分』，梅文鼎本作『加八百二十分』。
⑧ 梅文鼎本、熊賜履本、王鴻緒本、定本此後有小注『以上俱詳立成』。
⑨ 梅文鼎本、熊賜履本、王鴻緒本、定本此處無『置小轉中一十三日七七七三』至此處小注內容。
⑩ 本節內容與《授時曆》及邢雲路《古今律曆考》等著作中的步中星部分明顯不同，未發現內容較相似者，或許本節爲黃百家根據《大統曆法通軌》中的《中星通軌》（該書現已失傳）改編而成。
⑪ 熊賜履本『正』誤作『至』。

推夜半赤道宿度

置夜半赤道積度，以①赤道宿全度減之，仍挨減赤道宿度②，爲本日夜半赤道宿度。

推晨距度③

置立成内每日晨分，以三百六十六度二十五分七十五秒乘之爲實，日周一萬爲法除之，爲晨距度④。

推距中⑤度⑥

置晨距度，以減一百八十三度一十二分七十五秒，餘爲距中⑦度。

推更差度⑧

置距中⑨度，倍之，以減三百六十六度二十五分七十五秒，餘爲更總度。以五爲法，除更總度爲更差度。又法：倍晨距度，以五除之，即爲更差度。

推每日夜半中星

置推到每日夜半赤道宿度，加半周天，即夜半中星積⑩度。置夜半宿全度内減夜半宿度，其⑪餘以減夜半中星積度，餘以後

①　熊賜履本、王鴻緒本此處無『以』字。
②　定本『以赤道宿全度減之，仍挨減赤道宿度』作『以赤道宿度挨次減之』。
③　定本『推晨距度』作『推晨距度及更差度』。
④　定本『日周一萬爲法除之，爲晨距度』作『如日周而一，爲晨距度』，且之後有『倍晨距度，以五除之，爲更差度』。
⑤　紹圖本『中』誤作『午』。
⑥　定本此處無本節内容。
⑦　紹圖本『中』誤作『午』。
⑧　定本本節内容合并至『推晨距度及更差度』。
⑨　紹圖本『中』誤作『午』。
⑩　紹圖本『積』誤作『損』。
⑪　紹圖本『其』誤作『止』。

一宿赤道度挨次減之，不及減者爲夜半中星宿度。①

推昏旦中星

置夜半中星積度，減晨距度，爲昏中星積度。加晨距度，爲旦中星積度②。

推五更中星③

其昏中星積度，即爲一更中星積度。以更差度纍加之，爲逐更中星積度。

加減積度法

凡夜半中星積度，以不及減晨距度者，加周天全度減之，爲昏中星積度。加晨距度于夜半，及加更差度于逐更者，滿周天全度仍去之，爲旦及逐更中星積度。

推昏旦五更中星宿度

各置昏旦五更中星積度，以赤道宿次纍減之，得昏旦五更中星宿度，皆如夜半法。

求晝夜刻長短

置其日半晝分，見立成。倍之，百約爲晝刻，以減百刻，餘爲夜刻。

求日出入辰刻

置其日日出入分，依發斂加時法求之，即得辰刻。

① 定本『置夜半宿全度内減夜半宿度，……不及減者爲夜半中星宿度』作『以赤道宿度挨次減之，爲夜半中星宿度』。

② 熊賜履本『加晨距度，爲旦中星積度』作『加晨距度，求更點，以晨分五之一，加倍爲更率，更率五而一爲點率。凡昏分，即一更一點，纍加更率爲各更。凡交更即爲一點，纍加點率爲各點』。王鴻緒本大體與熊賜履本相同，但『凡交更即爲一點』中的『凡』誤作『几』。定本亦大體與熊賜履本相同，但『加晨距度，求更點』作『以更差度纍加之，爲逐更及旦中星積度。俱滿赤道宿度去之，即得』。定本該頁末有『明史卷三十五終』，其『曆五　大統曆法三推步』至此結束。

③ 熊賜履本、王鴻緒本、定本無本節與之後四節内容以及最末按語。

按①：中星者，恒星之見于正南午位者也。七政自日躔而後，即當定恒星之經緯。恒星之經緯不定，即六曜之經緯無從可論。何也？六曜如乘傳，恒星其地志也。恒星于何定之？于中星定之。顧列宿晝夜循環，無刻不有中星而掩于太陽，故《堯典》以星鳥、星火、星虚、星昴，各以昏時測其正中，以定分至，此聖人敬授民時之規也。自後如《詩②》『定之方中』『七月流火』，《春秋》『龍見而雩』『水昏正而栽③』『火中成軍』之屬，皆一以候星爲考時出政之本。逮《月令》更以十二月別昏旦中星，敘次尤晰。然月之氣朔有後先，法雖分晝，故漢唐至今皆以節氣爲準，斯爲密也。但節氣古與今同，中星今與古异，如《堯典》冬至昏昴中，今時冬至昏壁中，四千年之間已移五十餘度，此何以故？蓋緣恒星與七政各有東西二行，其隨赤道而西也，西曆名宗動天。大約晝夜一周；其隨黄道而東也，西曆名自行④。各有遲速不等。恒星之東行最遲，即曆家所謂歲差也。既有歲差，則中星當非一定，其云恒星即天體之説，非也。顧一歲之差甚微，必曆久而始見。而又以黄道之極爲極，距黄道之緯度亘古不變，距赤道之緯度今昔大异。如堯時列屏星全座在赤道南，而今在北；角宿在北，而今在南也。赤道在天中萬古常然，諸曜至黄道各有本動，欲考中星以爲推步之準則者，又須知黄赤經緯之别焉。

① 此處按語中的部分内容與《崇禎曆書·恒星曆指》卷一『恒星曆敘目』相合，但兩者整體差异很大，并無明確徵引關係，只是黄百家在撰寫此處按語時應參考過該敘目。
② 紹圖本『詩』誤作『許』。
③ 紹圖本『栽』誤作『我』。
④ 紹圖本『行』爲正文格式，但按文意應爲此處小注最後一字。

明史曆志卷六①

餘姚耒史黃百家纂②

大統曆法　推步二③

步交食④

交周日二十七日二⑤十一刻二十二分二十四秒⑥。即交終。⑦

① 紹圖本本卷内容大體對應熊賜履本卷三十『曆法四』、卷三十一『曆法五』的交食、五星及四餘部分，王鴻緒本志第十二『曆四下』的五星立成及志第十三『曆五上』的交食部分和志第十四『曆五下』，定本卷三十四『曆四』的五星立成及卷三十六『曆六』。梅文鼎本僅卷五『五星盈縮立成』可與紹圖本本卷部分内容對應。後不贅述。

梅文鼎本卷五標題作『大統曆志卷五』，熊賜履本相應兩卷標題分別作『明史卷三十　志四』『明史卷三十一　志五』，王鴻緒本相應三卷標題分別作『明史稿　志第十二』『明史稿　志第十三』『明史稿　志第十四』，定本相應兩卷標題分別作『明史卷三十四　志第十』『明史卷三十六　志第十二』。

② 梅文鼎本卷四署名作『宣城梅文鼎撰』，王鴻緒本相應三卷署名作『光禄大夫經筵講官明史總裁户部尚書加七級臣王鴻緒奉敕編撰』，定本相應兩卷署名作『總裁官總理事務經筵講官少保兼太子太保保和殿大學士兼管吏部户部尚書事加六級張廷玉等奉敕修』，熊賜履本無署名。

③ 梅文鼎本此處標題作『《大統曆》依《授時》立成法下』，熊賜履本相應兩卷此處標題分別作『曆法四　立成』『曆法五　推步』，王鴻緒本相應三卷此處標題分別作『曆四下』『曆五上　大統曆法三推步』『曆五下』，定本相應兩卷標題分別作『曆四　大統曆法一立成』『曆六　大統曆法三下推步』。

④ 本節内容與《大統曆法通軌》中的《交食通軌》及邢雲路《古今律曆考》卷四十八『曆法十三』在小節編排上基本一致，但各小節具體行文上存在差异。具體而言，黃百家本明顯比《交食通軌》更加簡潔，與《古今律曆考》卷四十八較接近。總的來説，本節可能爲黃百家在《古今律曆考》卷四十八基礎上結合《交食通軌》編撰而成。

⑤ 紹圖本『二』誤作『一』。

⑥ 熊賜履本、王鴻緒本、定本『二十二分二十四秒』作『二二二四』。下文從『交中』至『交望』的數據形式情况類似，即度以下分秒只列數字，後不贅述。

⑦ 熊賜履本、王鴻緒本此處無此小注。定本將『交周』『交中』兩句合并，作『交周日二十七日二十一刻二二二四，半之爲交中日』。

交中一十三日六十〇①刻六十一分一十二秒。半交周。②

交終度三百六十三度七十九分三十四秒九十六微八十纖③。以月平④行乘交周。⑤

交中度一百八十一度八十九分六十七秒〇九微⑥。平交終周度。⑦

正交度三百五十七度六十四八⑧。以月平行乘正交限二十六日七五一九。⑨

中交度一百八十八度〇五分。以月平行乘中交限一十四日〇六六四。⑩

前準一百六十六度三十九分六十八秒。月未至交，在交之前也，以月平行乘天尾前限一十二日四四六九二七五所得，已上月食，以下月不食。⑪

後準一十五度五十分。遇交後之餘數，以月平行乘天首⑫後限一日一十五刻九一八四五所得，自此以下爲交後度，已上則月不食。⑬

交差二日三千一百八十三分六十九秒⑭。即朔交差。⑮

① 熊賜履本、王鴻緒本此處無「〇」字。

② 熊賜履本、王鴻緒本此處無此小注。

③ 熊賜履本、王鴻緒本「七十九分三十四秒九十六微八十纖」作「七九三四一九六」，兩者數值不同，《交食通軌》此處數據爲「交終度三百六十三度七九三四一九」，紹圖本此處數據應誤。

④ 紹圖本「平」誤作「半」。

⑤ 熊賜履本、王鴻緒本此處無此小注。

⑥ 熊賜履本、王鴻緒本「八十九分六十七秒〇九微」作「八九六七〇九八」，末尾多一位數字。

⑦ 熊賜履本、王鴻緒本此處無此小注。定本將「交終度」「交中度」兩句合并，作「交終度三百六十三度七九三四一九六，半之爲交中度」。

⑧ 熊賜履本、王鴻緒本、定本「六十四八」作「六四」，末尾少一位數字。

⑨ 熊賜履本、王鴻緒本、定本此處無此小注。

⑩ 熊賜履本、王鴻緒本、定本此處無此小注。

⑪ 熊賜履本、王鴻緒本、定本此處無此小注。

⑫ 紹圖本「首」誤作「有」。

⑬ 熊賜履本、王鴻緒本、定本此處無此小注。

⑭ 熊賜履本、王鴻緒本、定本「三千一百八十三分六十九秒」作「三一八三六九」。

⑮ 熊賜履本、王鴻緒本、定本此處無此小注。

交望一十四日七千六百五十二分九十六秒半①。即望策。又名交望差。②

日食陽曆限六度。　定法六十。

日食陰曆限八度。　定法八十。陰陽二曆，黄道南北也，北爲陰，南爲陽。月在黄道北，近中國，食在南，遠中國，故陰八度、南六度也。謂黄道北狹而長、南闊而短之説，尚須參酌。定法六十、八十，日體十分，各就其度以爲十分。③

月食限一十三度○④五分⑤。　定法八十七。月食限者，陰八度、陽六度并之，得一十四度，半之得七度，爲腹寬之數。以爲法，以周天象爲實除之，得十三度五分弱，就整爲月食定限法。八十七者，以五十分除月食限也。⑥

陽食限 視定朔入交

○日六○以下　一十三日一○以上　在一十四日，不問小餘，皆入食限。

一十五日二○以下　二十五日六○以上　在二十六日、二十七日，不問小餘，皆入食限。

陰食限 視定望入交

一日二○以下　一十二日四○以上　在○日一十三日，不問小餘，皆入食限。

一十四日八○以下　二十六日○五以上　在二十七日，不問小餘，皆入食限。

又視定朔小餘在日出前、日入後二十分以上者，日食在夜。定望小餘在日入前、日出後八刻二十分以上者，月食在晝。皆不必布算。

推日食用數

經朔　盈縮曆　盈縮差　遲疾曆　遲疾差　加減差　定朔　入交泛分以上皆全録之。　定入遲疾曆以加減

① 熊賜履本此處無『交望』數據。王鴻緒本『七千六百五十二分九十六秒半』作『七六五二九六』，定本作『七六五二九六五』。
② 王鴻緒本、定本此處無此小注。
③ 熊賜履本、王鴻緒本、定本此處無此小注。
④ 定本此處無『○』字。
⑤ 熊賜履本『一十三度○五分』誤作『十五分』。
⑥ 熊賜履本、王鴻緒本、定本此處無此小注。

差，加減遲疾曆①即是。遲疾定限置定入遲疾曆，以日轉限一十二限二十分乘之，小餘不用。

定限行度以定限，取立成内行度，遲用遲，疾用疾，内減日行分②八分二十秒，得③之。日出分以盈縮曆，從④立成内取之，下同。日入分

半晝分在晨昏立成内，加減出入分⑤，得之。⑥。

歲前冬至加時黄道宿次

推交常度

置有食之朔入交泛分，以月平行度乘之⑦。

推交定度

置交常度，以朔下盈縮差盈加縮減之⑧。

推日食正交中交限度

視交定度在七度已下，三百四十二度已上者，食在正交。在一百七十五度已上，二百〇二度已下者，食在中交。不在限内不食。

推中前中後分

視定朔小餘，在半日周已下，用減半日周，餘爲中前分。在半日周已上，減去半日周，餘爲中後分。

① 熊賜履本、王鴻緒本、定本此處無『曆』字。
② 據陳美東研究，『日行分』當作『日限分』，詳見氏著《歷代律曆志校證》第301頁。
③ 紹圖本『得』誤作『轉』。
④ 紹圖本『從』誤作『後』。
⑤ 熊賜履本、王鴻緒本『出入分』作『日出入分』。
⑥ 定本此處小注作『取立成内昏分，減去五千二百五十分，得之』。
⑦ 熊賜履本、王鴻緒本、定本此後有『即得』二字。
⑧ 熊賜履本、王鴻緒本、定本此後有『即得』二字。

推時差

置半日周，以中前、中後分減①之，餘以中前、中後分乘之，所得以九十六②而一爲時差。在中前爲減，中後爲加。九十六而一者，十二時刻數，六在小分位，故以九十六爲一分。③

推食甚定分

置定朔小餘，以時差加減之，即得。

推距午定分

置中前、中後分，加時差即得。雖減差亦加之，此食時距午時之數也。④

推食甚入盈縮曆

置原得盈縮曆，加入定朔大餘及食甚定分，即得，減去經朔大小餘⑤。

推食甚盈縮差

依步氣朔求之。

推食甚入盈縮曆行定度

置食甚入盈縮曆，以盈縮差，盈加縮減之，即得。

推南北泛差

視食甚入盈縮曆行定度，在周天象限已下爲初限，已上與半歲周相減爲末限。以初末限自之，如一千八百七十而一爲度，不滿退除爲分秒⑥，得數，置四度四十六分減之，餘爲南北泛差。四度四十五分者，月平行三之一也。一千八百七十者，以周天象限自之，以

① 紹圖本『減』誤作『咸』。
② 熊賜履本、王鴻緒本、定本『九十六』作『九千六百』
③ 熊賜履本、王鴻緒本、定本此處無此小注。
④ 熊賜履本、王鴻緒本、定本此處小注作『但加不減』。
⑤ 熊賜履本、王鴻緒本、定本此處無『減去經朔大小餘』。
⑥ 定本『如一千八百七十而一爲度，不滿退除爲分秒』作『如一千八百七十度而一』。

四度四六除之也。①

推南北定差

置南北泛差，以距午定分乘之，如半晝分而一，所得另置泛差減之，餘爲南北定差。盈②初縮末，食在正交爲減，中交爲加。縮初盈末，食在正交爲加，中交爲減。如泛差不及減者，反減所得，即爲定差，加差爲減，減差爲加③。如半晝分④而一爲一秒。⑤

推東西泛差

置半歲周，減去食甚入盈縮曆行定度，餘以食甚入盈縮曆行定⑥度乘之，所得⑦以一千八百七十除之爲度，不滿退除爲分秒⑧，即東西泛差。

推東西定差

置東西泛差，以距午定分乘⑨之，如二千⑩五百而一，即東西定差⑪。在⑫泛差已上，倍泛差減之，餘爲定差。盈曆中前、縮曆中後者，正交減、中交加。盈曆中後、縮曆中前者，正交加、中交減。距午定分之分當泛差之度二千五百分者，日周四之一也，以二千五百

①　熊賜履本、王鴻緒本、定本此處無此小注。
②　紹圖本「盈」誤作「益」。
③　定本該段作「置南北泛差，以距午定分乘之，如半晝分而一，以減泛差，餘爲南北定差。若泛差數少，即反減之。盈初縮末，食在正交爲減，中交爲加。縮初盈末，食在正交爲加，中交爲減。如係泛差反減而得者，則其加減反是」。
④　紹圖本「分」誤作「八」。
⑤　熊賜履本、王鴻緒本、定本此處無此小注。
⑥　紹圖本「定」誤作「是」。
⑦　定本此處無「所得」二字。
⑧　熊賜履本、王鴻緒本、定本此處無「不滿退除爲分秒」。
⑨　紹圖本「乘」誤作「除」。
⑩　紹圖本「千」誤作「十」。
⑪　定本「如二千五百而一，即東西定差」作「如二千五百度而一，視得數在東西泛差以下，即爲東西定差」。
⑫　熊賜履本、王鴻緒本、定本「在」作「若在」。

度爲一度。①

推正交中交定限度

視日食在正交者置正交度，在②中交者置中交度，各③以南北東西二定差加④減之⑤。

推日食入陰陽曆去交前交後度

視交⑥定度在正交定限度已下，減去交定度，餘爲陰曆交前度；已上，減去正交定限度，餘⑦爲陽曆交後度。在中交定限度已下，減去交定度⑧，餘爲陽曆交前度；已上，減去中交定限度，餘爲陰曆交後度。若交定度在七度已下者，加交終度，減去正交定限度，餘爲陽曆交後度。

推日食分秒

在陽曆者，置陽曆限六度，減去陽曆交前、交後度⑨，餘以定法六十而一。滿六⑩分爲一分。⑪在陰曆者，置陰曆限八度，減去陰曆交前、交後度，餘以定法八十而一，滿八十分爲一分。⑫即日食分秒⑬。

① 熊賜履本、王鴻緒本、定本此處無此小注。
② 紹圖本『在』誤作『正』。
③ 熊賜履本、王鴻緒本、定本此處無『各』字。
④ 熊賜履本此處脱『加』字，紹圖本『加』誤作『初』。
⑤ 熊賜履本、王鴻緒本、定本此後有『即得』二字。
⑥ 紹圖本『交』誤作『定』。
⑦ 紹圖本『餘』誤作『除』。
⑧ 熊賜履本『交定度』作『交定』，王鴻緒本作『交定限度』。紹圖本此後有『餘爲陽曆交後度，在中交定限度已下，減去交定度』衍文，今删去。
⑨ 定本此後有小注『不及減者，不食。陰曆同』。
⑩ 『六』當爲『六十』之誤，即此處脱『十』字。
⑪ 熊賜履本、王鴻緒本、定本此處無此小注。
⑫ 熊賜履本、王鴻緒本、定本此處無此小注。
⑬ 熊賜履本、王鴻緒本、定本『即日食分秒』作『即得』。

推定用分

置日食分秒與二十分相減相乘，爲開方積。以平方法開之，爲開方①數。用五千七百四十②乘之，如定限行度而一，即得。定限行度，視立成定限日下遲疾行度，是遲用遲，疾用疾，内減去日行八分二十秒，即是。③

推初虧復圓分秒④時刻

置食甚定分，以定用分減爲⑤初虧分，加爲復圓分⑥，各依發斂加時，即得時刻。

推日食起復方位

陽曆初虧西南，甚于正南，復于東南。陰曆初虧西北，甚于正北，復于東北⑦。若食在八分已上，不分陰陽曆皆虧正西，復正東。據午地而論。

推食甚日躔黄道宿次

置食甚入盈縮曆行定度，在盈就爲定積度，在縮加半歲周爲定積度。置定積度，以歲前冬至加時黄道日度加之，滿黄道積度鈐去之，不滿⑧宿次，即食甚日躔。

推日帶食

視初虧食甚分，有在日出分已下，爲晨刻帶食。食甚復圓分，有在日入分已上，爲昏刻帶食。在晨置日出分，在昏置日入分，皆以食甚分與之相減，餘爲帶食差。置帶食差，以日食分秒乘之，以定用分而一，定用分位在百者，如定用分爲一分。⑨所得以減日

① 紹圖本、熊賜履本「方」誤作「法」。
② 熊賜履本、王鴻緒本「五千七百四十」作「〇度五十七分四十秒」，定本作「五千七百四十分七因八百二十分也。」。
③ 熊賜履本、王鴻緒本、定本此處無此小注。
④ 王鴻緒本、定本此處無「分秒」二字。
⑤ 紹圖本此處脱「爲」字。
⑥ 熊賜履本、王鴻緒本、定本「減爲初虧分，加爲復圓分」作「減爲初虧，加爲復圓」。
⑦ 紹圖本「北」誤作「此」。
⑧ 熊賜履本、王鴻緒本、定本「不滿」前有「至」字。
⑨ 熊賜履本、王鴻緒本、定本此處無此小注。

食分秒，餘爲所見帶食分秒。

推月食用數

經望　盈縮曆　盈縮差　遲疾曆　遲疾差　加減差　定望　入交泛分

定入遲疾曆　定限　定限行度　晨分　日出分　昏分　日入分　限數

歲前①冬至加②時黄道宿次

推交常度

置望下入交泛分，乘月平行，如日食法。

推交定度

置交常度，以望下盈縮差盈加縮減之③。不及減④者，加⑤交終度減之。

推食甚定分⑥

不用時差，即以定望分爲食甚分。

推食甚入盈縮曆行定度

法同推日食。

推月食入陰陽曆

視交定度在交中度以下爲陽⑦曆，以上減去交中度，餘爲陰曆。

① 熊賜履本『前』誤作『在』。
② 紹圖本『加』誤作『如』。
③ 熊賜履本、王鴻緒本、定本此後有『即得』二字。
④ 紹圖本『減』誤作『藏』。
⑤ 熊賜履本『加』誤作『如』。
⑥ 按《授時曆》與《大統曆法通軌》，此前還有『求卯酉前後分』與『求時差分』二節，但明末一些學者（如朱載堉等）指出應放弃月食時差算法，在這種觀念的影響下，《明史・曆志》未載此二節内容，詳見李亮《大統曆法研究》第六章。
⑦ 紹圖本『陽』誤作『陟』。

推交前交後度

視所得入陰陽曆，在後準已下爲交後，在前準已上置交中度減之，餘爲交前。

推月食分秒

置月食限一十三度〇五，減去交前交後度，不及減者不食。餘以定法八十七分而一爲分，不滿退除爲秒①。

推月食定用分

置三十分，以月食分秒減之，餘以月食分秒乘之，爲開方積。依平方法②開之，爲開方③數。又以四千九百二十④分乘之，如定限行度而一爲分，不滿退除爲秒，即定用分。晝定法自晓至昏五十七刻四十分，故推日食定用分以五千七百四十乘之；夜定法自昏至晓四十九刻二十分，故推月食定用分以四千九百二十乘。《授時》反之，《大統》爲是。⑤

推月食三限初虧、食甚、復圓時刻

置食甚定分，以定用分減爲初虧，加爲復圓。依發斂得時刻如日食。

推月食五限⑥

月食十分已上者，用五限推之，初虧、食既、食甚、生光、復圓也⑦。置月食分秒，減去十分，餘與十五⑧分相減相乘，爲開方

① 熊賜履本、王鴻緒本此後有『即得』二字。定本『餘以定法八十七分而一爲分，不滿退除爲秒』作『餘以定法八十七分而一，即得』。
② 熊賜履本、王鴻緒本『平方法』作『平法』。
③ 紹圖本『方』誤作『法』。
④ 熊賜履本此後有小注『乃六日八刻二十分數』，王鴻緒本小注大體與熊賜履本相同，但『日』作『因』。
⑤ 熊賜履本、王鴻緒本此處無此小注。定本該段作『置三十分，與月食分秒相減相乘，爲開方積。依平方法開之，爲開方數。又以四千九百二十乃六因八百二十分數。分乘之，如定限行度而一，即得』。
⑥ 定本『五限』後有『時刻』二字。
⑦ 紹圖本『也』誤作『已』。
⑧ 定本『十五』作『十』。定本此處改動并非脱字或訛誤，而應是梅瑴成有意爲之。梅文鼎曾指出《授時曆》計算月食既内分的算法比《大統曆法通軌》更合理，故應遵從前者。在其影響下，梅瑴成最終修改了《明史·曆志》的月食既内分算法，致其與《大統曆法通軌》有异，詳見李亮《大統曆法研究》第六章。

積。平方開之，爲開方數。又以四千九百二十分乘之，如定限行度而一爲分，不滿爲秒，爲所求既内分①。與定用分相減，餘爲既外分。置食甚定分，減既内分爲食既分，又減既外分爲初虧分。再置食甚定分，加既内分爲生光分，又加既外分爲復圓分。各依發斂得②時刻。

推更點

置晨分，倍之，五約③之爲更法，又五約④之爲點⑤。

推月食入更點

各置三限或五限，在昏分已上減去昏分，在晨分已下加入晨分，不滿更法爲初更，不滿點法爲一點，以次求之，各得更點之數。

推月食⑥起復方位

陽曆初虧東北，甚于正北，復于西北。陰曆初虧東南，甚于正南，復于西南。若食在八分以上者，皆初虧正東，復于正西。

推食甚月離黄道宿次

置食甚入⑦盈縮曆定度，在盈加半周天，在縮減去七十五秒爲定積度。置定積度，加歲前冬至加時黄道日度，以黄道積度鈐去之⑧。

① 定本「如定限行度而一爲分，不滿爲秒，爲所求既内分」作「如定限行度而一，爲既内分」。
② 熊賜履本、王鴻緒本「得」作「即得」。
③ 定本「約」作「分」。
④ 定本「約」作「分」。
⑤ 熊賜履本、王鴻緒本、定本「點」後有「法」字。
⑥ 紹圖本此處脱「食」字。
⑦ 紹圖本「入」誤作「次」。
⑧ 熊賜履本、王鴻緒本、定本此後有「即得」二字。

驗①月帶食

視初虧食甚復圓等分，在日入分以下，爲昏刻帶食。在日出分已上，爲晨刻帶食。推法同日食。②

按③：古曆步交食止用經朔，以至于或失于晦及朔二是，但知求食于經，而不知求食于緯。北齊張子信以交道別爲陰陽，自初入交而出于黃道之外爲陽曆，行半周入黃道之內爲陰曆。以陰末陽初謂之交初，陽末陰初謂之交中，西曆反是。內外一周謂之交終。亦名交周。一終計二十七日有奇，以乘月平行爲交終度。以交終度減周天，餘爲退交之度分。以退交度分除周天，得周天之交數。以交數乘交終，如朔實而一，得交周之月數。以朔實乘月平行爲朔平行度，半之爲望平行度。交初猶月之朔也，交中猶月之望也，朔望行度多而交初交中行度少，故望常行過交中，朔常行過交終。望多于交中之數則交望又名交望差。是也，朔多于交終之數則交差又名交朔差。是也。以朔望度混兩交而行之，是朔望差過兩交而侵之，則六望之際近于第六之交終，六朔之際近于第六之交中，其朔望而鄰于兩交者，則日月爲之食也。

推食限，《三統》以五月二十三分之二十通分納子，得一百三十五爲會法，以求所食之月。至隋張胄玄④更加朔望差，以求天正朔入交。《授時》截元惟用應以求之，初求經朔望入交泛日分及定朔望，加時⑤入交定日分，視交定日分在半交周已下爲月⑥在陽曆，已上去半交周餘爲陰曆。其入交日在一日已下、十二日已上，十五日已下、二十五已上，皆爲入食限。

置經朔望入交泛日分，以月平行乘之爲交常度，以太陽盈縮差盈加縮減之爲交定度。視交定度在交中已下爲陽曆，已上減去交中爲陰曆。又視交定度，如在七度已下、三百四十二度已上爲食在正交限，若在一百七十五度已上、二百〇度已下爲食在中交限。此推日食限，月食不用是。蓋日月之食係于交，而日食午前見食早，午後見食遲，地偏西見食早，偏東見食遲，所以立時差分

① 定本「驗」作「推」。
② 王鴻緒本此後有「明史稿　志第十三終」，其「曆五上」至此結束。
③ 熊賜履本、王鴻緒本、定本此處無此按語。此處按語應爲黃百家主要參考周述學《雲淵先生文選》卷二「日月交食差」編撰而成，并對其中一些內容做了修改訂正，其中較典型者如對暗虛成因的解釋。周述學原文解釋暗虛有誤，黃百家用明末傳入的西法理論將其置換。另外，紹圖本此處按語原未分段，但因其篇幅過長，爲方便閱覽，本書按內容將其分爲數段。
④ 紹圖本「張胄玄」誤作「張玄胄」。
⑤ 紹圖本「時」誤作「特」。
⑥ 紹圖本「月」誤作「日」。

法，以求其午前午後之差分，而加減其朔之交定日大小餘，以爲日食甚定分。蓋因人①在地上有見食早晚之故，非定朔之法有未密，而又爲之加減也。

其立時差，始于唐徐昂立損益法，以定朔日出入辰刻距午正數約百四十七爲時差。視定朔小餘在半法已下，以減半法爲初率，已上減去半法爲末率，以乘時差如刻法而一，初率以減，末②率倍之，以加定朔小餘，爲食甚定分。《授時》視定朔分在半日周五十分已下，去減五十分爲中前分，即初率。已上減去五十分，餘爲中後分。即末率。以中前分與半日周五十分相減相乘，如九十六而一，十二時九十六刻，故以九十六爲一分。爲時差。中前以減，中後以加，皆加減定朔分，爲日食甚定分。置中前中後分，皆加時差分爲距午定分。月食視定望小餘，以分卯酉前後，在日周四分之一二十五刻。已下爲卯前，已上減去半日周爲卯後；在日周四分之三七十五刻。已下減去半日周爲酉前，已上覆減日周爲酉後。以卯酉前後分自乘，退二位，如四百七十八以③日法四分之一自之爲實，以卯酉極差一刻三十分太④爲法，除之得數。而一，如上得一分。爲時差，日爲月所掩，人⑤以目視，九服不同，故有時差。月食行入暗虛，异地所見皆同，不必有時差。故宋《應天》諸曆直以定望小餘爲食甚定分，自《紀元曆》立時差，《授時》因之，至鄭世子《曆書》始去時差⑥不用，是也。西洋曆雖有時差，則以東西道里有時刻之异，仍非所見有先後也。在子前以減，子後以加，皆加減定望小餘，爲月食甚定分。

求日食甚入盈縮曆，置經朔入盈縮曆日分，以食甚定分加之，以經朔日分減之。蓋以日食甚定分較之經朔日分，則曆有多寡之殊，而法有加減之异。如日食定分多于經朔日分，以日食甚定分內減去經朔日分，以其餘爲加差，加于經朔盈縮曆分，而爲食甚入盈縮曆日分。如經朔日分多于食甚定分，則食甚定分不及減矣，其不及減之數，當于經朔盈縮曆日分內減之。用經朔曆與日食定分相并，然後以經朔日分減之，則食甚定分之當加者隨之而加，當減者隨之而減，此只是以食甚定分而加減其經朔曆，而爲日食甚入盈縮曆日分已。又效氣朔法以求其差，而盈加縮減之爲食甚入盈縮曆定度分。如求月食甚入盈縮曆定度，亦效例求之。

① 紹圖本「人」誤作「入」。
② 紹圖本「末」誤作「未」。
③ 紹圖本「以」誤作「少」。
④ 紹圖本「太」誤作「大」。
⑤ 紹圖本「人」誤作「入」。
⑥ 紹圖本「差」誤作「善」。

其求南北東西差，視日食入盈縮曆定度，在象限已下①爲初限度，已上用減半歲周爲末限度。月道交有陰陽曆限，各有度數，然推日食其限未②爲定也，必考其黄道斜正廣狹、天體升降③低昂，而求二道南北東西之差，以加減正交中交限數，乃爲日食定限。若推月食，則無南北東西二差，加減惟視所入陰陽曆，以近交限數求之，即爲月食定限。其日月食限之中，視入交日不及交中而在十二日已上者爲交中前限，在十五日已下者爲交中後限，以後限減交中在二十五日④已上者爲交初前限，在一日已下者爲交初後限。凡先交後食，自交而至食在後限數之内者，可通謂之交後分；先食後交，自食而至交在前限數之内者，可通謂之交前分。在交初前限已上、交中後限已下者，皆謂交中後分；在交初後限已下、交中前限已上，皆謂交中前分，其食分及用分數之多寡，皆隨交前後分而見之矣。求南北東西之差，亦創自徐昂⑤，《授時》因之，以月平行三分之一得四度四十六分，以初末限自之，以四度四十六分除之，得一千八百七十，用以爲法。其求南北差，置初末限度自相乘，如一千八百七十而一爲度，不滿退除爲分秒。用減四度四十六分，餘爲南北泛差。再以距午⑥定分乘之，以日食甚入盈縮曆日下冬夏二至後半晝分除之，以減泛差爲定差分，亦看盈初縮末限正爲減而中爲加，縮初盈末限正爲加而中爲減，順減者依規，逆減者返作。其求東西差，置日食甚入盈縮曆定度分，與半歲周相減相乘，如一千八百七十而一爲度，不滿退除爲分秒，爲東西泛差。以距午分乘之，以日周四分之一二十五。除之，所得若少，泛差即爲定差度分。若在泛差已上者，倍泛差減之，餘爲定差。盈曆中前、縮曆中後者，正交減、中交加；縮曆中前、盈曆中後者，正交加、中交減。

視日食在正交三百五十七度六十四，在中交一百八十八度二十五，以南北東西二差加減之，而成正交中交定限度分。以定限度分與交定度分相較，則得日食陰陽曆及去交前後度。置交定度，在中交限已下，以減中⑦交限，爲陽曆交前度；已上，減去中交限，爲陰曆交後度。在正交限已下，以減正交限，爲陰曆交前度；已上，減去正交限，爲陽曆交後度。月食視交定度在交中

① 紹圖本「下」誤作「上」。
② 紹圖本「未」誤作「末」。
③ 紹圖本「降」誤作「除」。
④ 紹圖本「日」誤作「月」。
⑤ 紹圖本「昂」誤作「昴」。
⑥ 紹圖本「午」誤作「年」。
⑦ 紹圖本「中」誤作「正」。

度一百八十一度已下爲陽曆，已上減去交中爲陰曆。視入陰陽曆，在後準十五度五十分已下爲交後度；前準一百六十六度三十九分六八已上，覆減交中，餘爲交前度。以去交前後度分，用減日月食限，則食分可得矣。隋張賓以食有應食不食者，悟交有表裏，日有外限，《授時》因之，以太陽陽曆食限去交六度，定法六十，陰曆食限去交八度，定法八十；太陰食限去交前後一十三度五分，定法八十七，各以交定度減食限，餘各以定法除之，得所食分秒。

何以日食陰陽曆有八六之异也？蓋日食者，以月近于交掩其日體也，月行陰曆，近于中國，日在外、月在內，易于參直相掩，故食限八度。月行陽曆，則日在內、月在外，遠于中國，惟月行密近于交乃能掩犯，故食限止六度。此時據法言之，若夏日食于寅卯酉戌者，又反是矣。日體十分，六十、八十各就其度以爲十分。至于月食，乃由月行入暗虛也。舊解暗虛，謂月體資日光而明，然當望時經度對①躔，平分黃道之半，而緯度不同則光顯，若經緯正對②，則所受日光傷于太勝，故致月體黑暗爲日所食。如然燈者正當爐炭炎熾之光爲所衝時，則燈反不然矣。謂之暗者，言月爲日所暗；謂之虛者，非以日之實體暗之，乃日之虛衝爾。此說實非確論，地景之說爲是。漢張衡云：『當日之衝，光常不合者，蔽于地也，是爲暗虛』。宋濂謂月食爲地景之所隔，早有定言矣。日輪大，月輪小，地球小于日輪、大于月輪，當望時地球間于日月之中，有景在天，是名暗虛。此時月行交內外，遠于黃道，則地景不能及月體，則不食。若當望時，月行近交，經由地景之中，日光不照，則月食。疑者以爲春秋二分食于卯酉之正，日月相望，其平如衡，地猶在下，烏有景能蔽月乎？不知此有清③蒙氣之能使物象升卑爲高也。說詳新法《曆指》。

何以月食限十三度五分，定法八十七也？月望而距交未遠，在四度三十五分之內其食必既，外此雖食而不既，出十三度五分則不食。以交前四度三十五分，并交後四度三十五分，共八度七十分，爲食既限。既限之前又八度七十分，交前四度三十五分并此共十三度五分，交後下同。爲既外前限；既限之後又八度七十分，爲既外後限。此三限在暗虛則爲二④十六度十分，而在月道止⑤爲十三度五分。夫日食至十分即爲食既，月⑥食乃至十五分者，以月之食限交前後各一十三度五分，均爲十五分。每分計

① 紹圖本「對」誤作「葑」。
② 紹圖本「對」誤作「葑」。
③ 紹圖本「清」誤作「青」。
④ 紹圖本「二」誤作「六」。
⑤ 紹圖本「止」誤作「正」。
⑥ 紹圖本「月」誤作「日」。

八十七分，食十分計歸限八度七十分。十分已是食既，然所食雖既，而纔入既限，故食十分已上之數爲既内分。遇月正在交，而食更以八十七分歸四度三十五分，又得既外五分，乃十五分也，共限十三度五分，乃前限之一半。其出後限亦然，故月食有既限，而日食不立既限也。月體廣一度，暗虚二度，親①日衝遠近，大小不足②，姑就舊説言之。兩度相犯者多，故食限亦多，食之時刻亦久，而其食也頻；日月二體皆廣一度，相犯者少，故食限亦少，食之時刻亦速，而其食也罕。

推日食定用及三限辰刻法亦始徐昂，以二十分與日食一十分相乘減③，平方開之，得日徑之數，是用以推食之定分，故爲定用分。《授時》以弧矢之法求之，假令二圓相套，徑各一十步，二④矢共四步，求二半弧弦。法：并二徑，得二十步，内減二矢四步，餘一十六步，爲二多半徑。以二矢共四步因之，得六十四步爲二半弦幂，平方開之得八步，爲二半弧弦共數，即得日徑之數也。其求日食定用分，置日食分⑤秒與二十分相減相乘，平方開之，所得以五千七百四十乘之，如入定限行度而一，爲定用分。二十分者，初虧至食甚十分，食甚至復圓十分也。二十分内減日食分秒，仍以日食分秒乘之者，就食體也。平方開之，得食體之方面也。五十七刻四十分乘之者，昏晨相距之數也。定限行度除之者，月度之數也。又太陰周限三百三十六⑥，除轉周得日行八百二⑦十分，日徑十分度之七，以七乘八百二十，得五千七百四。法：以五千七百四乘定用分，即徑數，正得太陰限數，撿立成本限下太陰遲疾限行度，内減日行八百二十分，以其餘爲法除之，得月來掩日之日分也。又名定用刻分。其三限以食定便爲食甚，以定用分減食甚則初食之時，故爲初虧；以定用分加食甚，則所食還減盡矣，故爲復圓。月食分秒與三十分相減乘⑧者，前限十五分，後限十五分也。四千九百二十乘之者，六因日行八百二十分數也。食在十分以下用三限辰刻，食在十分以上用既内既外五限，初虧、食既、食甚、生光、復圓也。

日食所起自西而復于東，月食所起自東而復于西。日遲月速，日之食，月自西方來掩，其近既限者，是月正當黃白之交，故

① 『親』疑爲『視』之誤。
② 『足』疑爲『定』之誤。
③ 『減』前疑脱『相』字。
④ 紹圖本『二』誤作『一』。
⑤ 紹圖本『分』誤作『八』。
⑥ 紹圖本『三百三十六』誤作『三百六十』。
⑦ 紹圖本『二』誤作『一』。
⑧ 『乘』前疑脱『相』字。

日食起自正西。若①不入既限者，月帶陰陽曆，所食分淺，偏南偏北矣。此據午地而論，日食四時早晚、南北東西所見各不同，須考表景長短、極星高下及中星所在計里絡之差，定時刻之异，以加減之。月之食，亦由月行速而自犯暗虚也，若月正當黄白之交，或在四度三十五分之上，則入既限，月食其正東；若出既限，在十三度五分之内，是月雖侵暗虚，視月行或陰曆或陽曆，則所虧之體或南或北，食分淺矣。又須視月行過交而食者，漸離黄道遠，食而漸疏也；未至交而食者，漸就黄道近，食而漸親也。其在既限之内，食八分已上者，并無偏于南北之勢，無論陰陽曆、交前交後矣。若帶食分出入在晨昏之際，如不見食甚，但見初虧或見復圓，以前以後不必論之。其日朔食于夜，月望食于晝，理數宜然，在所不論，總以人目所不及見也。

步五星②

曆度三百六十五度二十五分七十五秒③。即周天。④

曆中一百八十二度六十二分八十七秒五⑤十微⑥。半周天。⑦

曆策一十五度二十一分九十〇秒六十二微五十纖⑧。分周天二十四。⑨

① 紹圖本『若』誤作『巨』。
② 本節内容在小節編排上與《大統曆法通軌》中的《五星通軌》明顯不同，尤其是各小節標題；與《授時曆》及邢雲路《古今律曆考》卷三十八『曆法三』整體上比較接近，但也并非没有差别。本節前半部分介紹五星參數等内容大體與《授時曆》及《古今律曆考》卷三十八相同，但五星『合應』『曆應』被替换成了《五星通軌》的數值。值得注意的是，這些『合應』『曆應』數據是以洪武甲子爲曆元，與中國國家圖書館藏《五星通軌》抄本數值相同，而與朝鮮刊本《五星通軌》不同（朝鮮刊本所載仍爲《授時曆》至元辛巳曆元數值）。後半部分推步内容則形式上更接近《授時曆》及《古今律曆考》卷三十八，但具體行文與之差异較大，應爲黄百家根據《五星通軌》改編，特别是最後幾節内容。總的來説，本節應爲黄百家結合《五星通軌》、《授時曆》、《古今律曆考》卷三十八等編撰，且改寫程度很大，往往與原文明顯不同。
③ 熊賜履本、王鴻緒本『二十五分七十五秒』作『二五七五』。
④ 熊賜履本、王鴻緒本此處無此小注。
⑤ 紹圖本此處多一個『五』字衍文。
⑥ 熊賜履本、王鴻緒本『六十二分八十七秒五十微』作『六二八七五』。
⑦ 熊賜履本、王鴻緒本此處無此小注。
⑧ 熊賜履本、王鴻緒本『二十一分九十〇秒六十二微五十纖』作『二一九〇六二五』。
⑨ 熊賜履本、王鴻緒本此處無此小注。定本將『曆度』『曆中』『曆策』三句合并，作『曆度三百六十五度二五七五，半之爲曆中，又半之爲曆策』。

木星

合應二百四十三萬二千三百〇一分①。置中積三億七千六百一十九萬九七七五，加②辛巳合應一百一十七萬九七二六，得三億七千七百三十七萬九五〇一，滿木星周率去之，餘爲《大統》合應。蓋以前伏後見于其所積之日，折③取其中，即星日周度合伏之期。④

曆應五百三⑤十八萬二千五百七十二分二十一秒五十微⑥。置中積，加辛巳曆應一千八百九十九萬九四八一，得三億九千五百一十九萬九二五六，滿木星曆率去之，餘爲《大統》曆應，乃曆元合伏日去冬至分之數⑦。

周率三百九十八萬八千八百分⑧。即諸段⑨日積數，各星伏見一周之日，木星平度五十三度一六二五，減退，實行三十三度六三⑩七五，加歲周得數。⑪

曆率四千三百三十一萬二千九百六十四分八十六秒五十微⑫。木行一周天之日，以度率乘曆度所得。⑬

度率一十一萬八千五百八十二分⑭。木行一度之日，置周率以限度歸除之。⑮

① 熊賜履本、王鴻緒本、定本「二千三百〇一分」作「二三〇一」。
② 紹圖本「加」誤作「如」。
③ 紹圖本「折」誤作「所」。
④ 熊賜履本、王鴻緒本、定本此處無「蓋以前伏後見于其所積之日，折取其中，即星日周度合伏之期」。
⑤ 王鴻緒本「三」誤作「五」。
⑥ 熊賜履本、王鴻緒本、定本「二千五百七十二分二十一秒五十微」作「二五七二二一五」。
⑦ 熊賜履本、王鴻緒本「乃曆元合伏日去冬至分之數」作「其中積同上」，定本此處無該句。
⑧ 熊賜履本、王鴻緒本、定本「八千八百分」作「八八」。
⑨ 紹圖本「段」誤作「度」。
⑩ 紹圖本「三」誤作「二」。
⑪ 熊賜履本、王鴻緒本、定本此處無此小注。
⑫ 熊賜履本、王鴻緒本、定本「二千九百六十四分八十六秒五十微」作「二九六四八六五」。
⑬ 熊賜履本、王鴻緒本、定本此處無此小注。
⑭ 熊賜履本、王鴻緒本、定本「八千五百八十二分」作「八五八二」。
⑮ 熊賜履本、王鴻緒本、定本此處無此小注。

盈縮立差二百三十六加，

平差二萬五千①九百一十二減，

定差一千〇八十九萬七千。已上三差，俱見《法原》，位數以秒定萬，五星并同。②

伏見一十三度。

段目	段日	平度	限度	初行率
合伏	一十六日八六	三度八六	二度九三	二③十三分
晨疾初	二十八日	六度一一	四度六四	二十二分
晨疾末	二十八日	五度五一	四度一九	二十一分
晨遲初	二十八日	四度三一	三度二八	一十八分
晨遲末	二十八日	一度九一	一度四五	一十二分
晨留	二十四日			
晨退	四十六日五八	減④四度八八一二五	〇度三二八七五	
夕退	四十六日五八	減⑤四度八八一二五	〇度三二八七五	一十六分
夕留	二十四日			
夕遲初	二十八日	一度九一	一度四五	
夕遲末	二十八日	四度三一	三度二八	一十二分

① 紹圖本「千」誤作「十」。

② 熊賜履本、王鴻緒本、定本此處無木星平立定三差數據及之後小注。

③ 紹圖本「二」誤作「一」。

④ 定本此處無「減」字。

⑤ 定本此處無「減」字。

夕疾初	二十八日	五度五一	四度一九	一十八分
夕疾末	二十八日	六度一一	四度六四	二十一分
夕伏	一十六日八六	三度八六	二度九三	二十二分

按①：平度，即中星度，纍積諸段平度，減退分即爲限度。限度，入盈縮曆度也。纍積諸段限度，加退分即爲諸段平度。初行率，即各段日除各段平度之數。置各段平度，以段日歸除之，就近爲分。

火星②

合應二百四十○萬一千四百分③。置中積，加辛巳合應五十六萬七④五四五，得三億⑤七千六百七十六萬七三二，滿火星周率去之，爲《大統》合應。中積見木星，五星并同。

曆應三百八十四萬五千七百八十九分三十五秒⑥。置中積，加辛巳曆應五百四十七萬二⑦九三八，得三億八千一百六十七萬二七一三，滿火星曆率去之。

周曆七百七十九萬九千二百九十分⑧。火平度，減退分，實行四百一十四度六八六五，加歲周數。蓋日在天行七百七十九度九二九，火行天四百一十四度六一六五，不及日一周天，而遲⑨速之率復同矣。⑩

① 熊賜履本、王鴻緒本、定本此處無此按語。
② 紹圖本此處空一行，應是脱漏『火星』標題，今據上下文體例補。
③ 熊賜履本、王鴻緒本、定本『二千四百分』作『二四』。
④ 紹圖本『七』誤作『六』。
⑤ 紹圖本『億』誤作『應』。
⑥ 熊賜履本、王鴻緒本、定本『五千七百八十九分三十五秒』作『五七八九三五』。
⑦ 紹圖本『二』誤作『一』。
⑧ 熊賜履本、王鴻緒本、定本『九千二百九十分』作『九二九』。
⑨ 紹圖本『而遲』誤作『内迅』。
⑩ 熊賜履本、王鴻緒本、定本此處無此小注。

曆率六百八十六萬九千五百①八十〇分四十三秒②。火行一周天之數。③

度率一萬八千八百〇七分五十秒④。火行一度之數。⑤

盈初縮末立差一千一百三十五減，

平差八十三萬一千一百八十九，

定差八千八百四十七萬八千四百，

縮初盈末立差八百五十一減，惟火星平立差俱減。

平差三萬〇二百三十五減，

定差二千⑥九百九十七萬六千三百。⑦

伏見一十九度。

段目	段日	平度	限度	初行率
合伏	六十九日	五十度	四十六度五⑧	七十三分
晨疾初	五十九日	四十一度八⑨	三十八度八七	七十二⑩分
晨疾末	五十七日	三十九度〇八	三十六度三四	七十分

① 紹圖本『百』誤作『十』。
② 熊賜履本、王鴻緒本、定本『九千五百八十〇分四十三秒』作『九五八〇四三』。
③ 熊賜履本、王鴻緒本、定本此處無此小注。
④ 熊賜履本、王鴻緒本『一萬八千八百〇七分五十秒』誤作『一百八十八萬〇七五』，定本作『一萬八八〇七五』。
⑤ 熊賜履本、王鴻緒本、定本此處無此小注。
⑥ 紹圖本『千』誤作『十』。
⑦ 熊賜履本、王鴻緒本、定本此處無火星平立定三差數據。
⑧ 定本『五』作『五〇』。
⑨ 定本『八』作『八〇』。
⑩ 紹圖本『二』誤作『三』。

晨次疾初①	五十三日	三十四度一六	三十一度七七	六十七分
晨次疾末②	四十七日	二十七度〇四	二十五度一五	六十二分
晨遲初	三十九日	一十七度七二	一十六度四八	五十三分
晨遲末	二十九日	六度二③	五度七七	三十八分
晨留	八日			
晨退	二十八日九六四五	減④八度六五六七五	六度四六三三五	
夕退	二十八日九六四五	減⑤八度六五六七五	六度四六三三五	四十四分
夕留	八日			
夕遲初	二十九日	六度二⑥	五度七七	
夕遲末	三十九日	一十七度七二	一十六度四八	三十八分
夕次疾初	四十七日	二十七度〇四	二十五度一五	五十三分
夕次疾末	五十三日	三十四度一六	三十一度七七	六十二分
夕疾初	五十七日	三十九度〇八	三十六度三四	六十七分
夕疾末	五十九日	四十一度八⑦	三十八度八七	七十分
夕伏	六十九日	五十度	四十六度五⑧	七十二⑨分

① 紹圖本「晨次疾初」誤作「晨疾初」。
② 紹圖本「晨次疾末」誤作「晨疾末」。
③ 定本「二」作「二〇」。
④ 定本此處無「減」字。
⑤ 定本此處無「減」字。
⑥ 定本「二」作「二〇」。
⑦ 定本「八」作「八〇」。
⑧ 紹圖本「五」誤作「丑」，定本「五」作「五〇」。
⑨ 紹圖本「二」誤作「一」。

土星

合應二百〇六萬四千七百三十四分①。置中積，加辛巳合應一十七萬五六四三，得三億七千六百三十七萬五四一八，滿土星周率去之。

曆應一億〇六②〇〇萬三千七百九十九分〇二秒③。置中積，加辛巳曆應五千二百二十四萬〇五六一，得四億二千八百四十四萬〇三三六，滿土星曆率去之。

周率三百七十八萬〇九百一十六分④。土星一歲實行一十二度八四九一，加歲周數。日在天行三百七十八度〇九一六，土行天一十二度八四九一，不及日一周天，而遲速之數復同矣。⑤

曆率一億〇七百四十七萬八千八百四十五分六十六秒⑥。土行一周⑦天。⑧

度率二十九萬四千二百五十五分⑨。土行一度。⑩

盈立差二百八十三加，

平差四萬一千〇二十二減，

定差一千五百一十四萬六千一百，

縮立差三百三十一加，

平差一萬五千一百二十六減，

① 熊賜履本、王鴻緒本、定本『四千七百三十四分』作『四七三四』。
② 熊賜履本、王鴻緒本、定本『六』作『六百』。
③ 熊賜履本、王鴻緒本、定本『三千七百九十九分〇二秒』作『三七九九〇二』。
④ 熊賜履本、王鴻緒本、定本『〇九百一十六分』作『〇九一六』。
⑤ 熊賜履本、王鴻緒本、定本此處無此小注。
⑥ 熊賜履本、王鴻緒本、定本『八千八百四十五分六十六秒』作『八八四五六六』。
⑦ 紹圖本『周』誤作『同』。
⑧ 熊賜履本、王鴻緒本、定本此處無此小注。
⑨ 熊賜履本、王鴻緒本、定本『四千二百五十五分』作『四二五五』。
⑩ 熊賜履本、王鴻緒本、定本此處無此小注。

定差一千一百一萬七千五百。①

伏見一十八度。

段目	段日	平度	限度	初行率
合伏	二十日四②	二度四	一度四九	一十二分
晨疾	三十一日	三度四	二度一一	一十一分
晨次疾	二十九日	二度七五	一度七一	一十分
晨遲	二十六日	一度五	○度八三	八分
晨留	三十日			
晨退	五十二日六四五③八	減④三度六二五四五	○度二八四五五	
夕退	五十二日六四五八	減⑤三度六二五四五	○度二八四五五	一十分
夕留	三十日			
夕遲	二十六日	一度五	○度八三	
夕次疾	二十九日	二度七五	一度七一	八分
夕疾	三十一日	三度四	二⑥度一一	一十分
夕伏	二十日四⑦	二度四	一度四九	一十一分

① 熊賜履本、王鴻緒本、定本此處無土星平立定三差數據。
② 紹圖本「二十日四」誤作「二十四日」，定本作「二十日四〇」。
③ 紹圖本「五」誤作「八」。
④ 定本此處無「減」字。
⑤ 定本此處無「減」字。
⑥ 紹圖本「二」誤作「一」。
⑦ 定本「四」作「四〇」。

金星

合應二百三十七萬九千四百一十五分①。置中積，加辛巳合應五百七十一萬六三三〇，得三億八千一百九十一萬六一〇五，滿金星周率去之。

曆應②一十〇萬四一八九。置中積，加辛巳曆應一十一萬九六三九，得三億七千六百三十一萬九四一四，滿金星曆率去之。

周率五百八十三萬九千〇二十六分③。金實行五百八十三度九〇二六，金行度與太陽同，然有遲速，至太陽行天五百八十三度九〇二六，則遲速之分亦齊，而與日會矣。④

曆率三百六十五萬二千五百七十五分⑤。同天周。⑥

度率一萬分，同日周⑦。

盈縮立差一百四十一加，

平差三減，

定差三百五十一萬五千五百。⑧

伏見一十度半。

① 熊賜履本、王鴻緒本、定本「九千四百一十五分」作「九四一五」。
② 紹圖本此處無「曆應」數據，今據熊賜履本補全。
③ 熊賜履本、王鴻緒本、定本「九千〇二十六分」作「九〇二六」。
④ 熊賜履本、王鴻緒本、定本此處無此小注。
⑤ 熊賜履本、王鴻緒本、定本「二千五百七十五分」作「二五七五」。
⑥ 熊賜履本、王鴻緒本、定本此處無此小注。
⑦ 熊賜履本、王鴻緒本、定本「度率一萬分，同日周」作「度率一萬」。
⑧ 熊賜履本、王鴻緒本、定本此處無金星平立定三差數據。

段目	段日	平度	限度	初行率
合伏	三十九日	四十九度五①	四十七度六四	一度二七五
夕疾初	五十二日	六十五度五	六十三度〇四	一度二六五
夕疾末	四十九日	六十一度	五十八度七一	一度二五五
夕次疾初	四十二日	五十度二五	四十八度三六	一度二三五
夕次疾末	三十九日	四十二度五	四十度九②	一度一六③
夕遲初	三十三日	二十七度	二十五度九九	一度〇二
夕遲末	一十六日	四度二五	四度〇九	六十二分
夕留	五日			
夕退	一十日九五三一④	減⑤三⑥度六九八七	一度五九一三	
夕⑦退伏	六日	減⑧四度三五	一度六三	六十一分
合退伏⑨	六日	減⑩四度三五	一度六三	六⑪十二分

① 定本「五」作「五〇」，平度一列其他類似數據情況相同，後不贅述。
② 紹圖本「四十度九」誤作「四十九度」，定本作「四十度九〇」。
③ 紹圖本此處無數據，今據熊賜履本補全。
④ 王鴻緒本「三一」誤作「一三」。
⑤ 定本此處無「減」字。
⑥ 紹圖本「三」誤作「二」。
⑦ 紹圖本「夕」誤作「少」。
⑧ 定本此處無「減」字。
⑨ 紹圖本「合退伏」誤作「合伏遲」。
⑩ 定本此處無「減」字。
⑪ 紹圖本「六」誤作「八」。

晨退	一十日九五①三一	減②三度六九八七	一度五九一三	六十一分
晨留	五日			
晨遲初	一十六日	四度二五	四度〇九	
晨遲末	三十三日	二十七度	二十五度九九	六十二分
晨次疾初	三十九日	四十二度五	四十度九③	一度〇二
晨次疾末	四十二日	五十度二五	四十八度三六	一度一六
晨疾初	四十九日	六十一度	五十八度七一	一度二三五
晨疾末	五十二日	六十五度五	六十三度〇四	一度二五五
晨伏	三十九日	四十九度五	四十七度六四	一度二六五

水星

合應三十〇萬三千二百一十二分④。置中積，加辛巳合應七十〇萬〇四三七，得三億七千六百九十⑤萬〇二一二，滿水星周率去之。

曆應二百〇三萬九千七百一十一分⑥。置中積，加辛巳曆應二百〇五萬五一六一，得三億七千八百二十五萬四九三六，滿水星曆率去之。

周率一百一十五萬八千七百六十分⑦。水實行一百一十五度八七六，至日行一百一十五度八七六，與日會遲疾一周。⑧

①紹圖本「五」誤作「六」。
②定本此處無「減」字。
③紹圖本「四十度九」誤作「四十九度」。
④熊賜履本、王鴻緒本、定本「三千二百一十二分」作「三二一二」。
⑤熊賜履本、王鴻緒本、定本「九十」作「九十〇」。
⑥熊賜履本、王鴻緒本、定本「九千七百一十一分」作「九七一一」。
⑦熊賜履本、王鴻緒本、定本「八千七百六十分」作「八七六」。
⑧熊賜履本、王鴻緒本、定本此處無此小注。

曆率三百六十五萬二五七五。
度率一萬分①。同日周。②
盈縮立差一百四十一加，
平差二千一百六十五減，
定差二百八十七萬七千。③
晨伏夕見一十六度半。
夕伏晨見一十九度。

段目	段日	平度	限度	初行率
合伏	一十七日七五	三十四度二五	二十九度〇八	二度一五五八
夕疾	一十五日	二十一度三八	一十八度一六	一度七〇三④四
夕遲	一十二日	一十度一二	八度五九	一度一四七二⑤
夕留	二日			
夕退伏	一十一日一八八	減⑥七度八一二	二度一〇八	
合退伏	一十一日一八八	減⑦七度八一二	二度一〇八	一度〇三四六

① 紹圖本此處應抄寫串行，誤作『曆率一萬分』，脱漏了水星曆率數值，今據熊賜履本訂正；另外，按上文木火金土四星内容，此處水星『曆率』後亦應有小注。熊賜履本、王鴻緒本、定本『度率一萬分』作『度率一萬』。
② 熊賜履本、王鴻緒本、定本此處無此小注。
③ 熊賜履本、王鴻緒本、定本此處無水星平立定三差數據。
④ 紹圖本『三』誤作『二』。
⑤ 紹圖本此處衍抄一頁，即從上文『平差二千一百六十五減』至此處『夕遲』一列。
⑥ 定本此處無『減』字。
⑦ 定本此處無『減』字。

晨留	二日			
晨遲	一十二日	一十度一二	八度五九	
晨疾	一十五日	二十一度三八	一十八度一六	一度一四七二
晨伏	一十七日七五	三十四度二五	二十九度〇八	一度七〇三四

按①：木火土後日，故起晨見，金水先日，故起夕見。大約木星距日一十三度，火星距日一十九度，土星距日一十八度，皆夕伏而晨見。金星晨夕伏見距日一十度半，水星晨伏夕見距日一十六度半，夕伏晨見距日一十九度。五星之行各行其道，俱視去日之遠近，而有遲疾之變差焉。是以周率起于合伏，近日則順行疾，遠日則遲，遲而留，留而退，與日相衝退行疾，已遲退而又留，留而又順。行順段度當加，行退段度當減，遲疾一周加減適平，復與日相合，謂之周率。及各入其曆，又因夫入氣之淺深，而有盈縮之加減焉。是以曆率始于冬至，入陽曆，則度行盈，入陰曆則度行縮，盈差則當加，縮差則當減，盈縮一周加減適平，復會于曆初，謂之曆率。而曆率之盈縮，又所以加減其周率之遲疾也。

推天正冬至後五星平合及諸段中積中星②

置中積同太陽。內加其星合應，纍去其星周率，餘爲前合分。再置周率，以前合減之，爲後合分。如滿歲周去之，即其年無後合分。如無後合，亦無盈縮。③以周日約之，即得其星冬至後平合中積中星。命爲日，曰中積。命爲度，曰中星。以各段日下日分，纍加中積，滿歲周去之。即諸段中積。以各段目下平度，纍加中星，即諸段中星。至退段，減其平度，不及減，加歲周減，次復纍加之。如木土火三星之夕退、夕留，金水二星之夕退伏、合退伏、晨留等段，皆減其平度，分爲中星度，滿歲周亦去之，不及減者，加歲周減之。其段下無平度，亦無中星如木火之晨退、夕遲初，土星之晨退，夕遲，金星之夕退、晨遲初，水星之夕退伏、晨遲，元無平度，亦無中星及盈縮曆差。上考者，中積內減合應，去周率爲後合分。

① 熊賜履本、王鴻緒本、定本此處無此按語。
② 熊賜履本、王鴻緒本、定本將此節分爲兩節，即『推五星前後合』與『推五星中積日中星度』。
③ 此處『置中積同太陽。內加其星合應，……爲後合分。如滿歲周去之，即其年無後合分。如無後合，亦無盈縮。』對應熊賜履本、王鴻緒本、定本『推五星前後合』一節。熊賜履本、王鴻緒本該節內容作『置中積，加各星合應，滿周率去之，餘爲前合。再置周率，以前合減之，餘爲後合。如滿歲周去之，即其年無後合分』；定本大體與熊賜履本、王鴻緒本相同，但『加各星合應』作『加合應』。

後合分即爲中積日合伏下分，亦爲中星度合伏下分。①

按②：五星之行，遲疾不齊遠甚，何以推步能比而周之？以星道俱宗太陽也。月道亦宗太陽，何以月離別有推步乎？曰五星之周率俱起于合伏，太陰之入轉不由于合朔也，故五星之遲疾逆留、段日平度雖各不齊，但不齊于周率之内，其于周率爲各星伏見之一周，無不齊也。加入木星平度五十三度一六二一五，減退分，實行三十三度六三七五，加歲周即周率。蓋木行天三十三度六三七五，日行已過周天又三十三度六三七五，追及于木與之同度。五星皆近日而疾，遠日而遲，此遲疾之率可以合同而入算也。此足見立法之巧耳。

推盈縮曆③

置中積，加曆應，又加所推後合④，滿曆率去之，餘以度率除之⑤爲度。不滿退除爲分秒。⑥在曆中即半周天。⑦已下爲盈曆⑧，已上去曆中爲縮曆⑨。置各星合伏下盈縮曆，以各段目下限度分⑩纍加之，滿曆中去之，盈交縮，縮交盈，即各段盈縮曆。其段下

① 此處「以周日約之，……去周率爲後合分。後合分即爲中積日合伏下分，亦爲中星度合伏下分。」對應熊賜履本、王鴻緒本、定本「推五星中積日中星度」一節。熊賜履本、王鴻緒本該節内容作「置各星後合，即爲合伏下中積，纍加段日爲各段中積。皆滿歲周去之。置各星後合，亦爲合伏下中星，纍加合伏下平度，滿歲周去。至退段減其平度，不及減，加歲周減之。次復纍加之，爲各段中星」。定本作「置各星後合，即爲合伏下中積中星。命爲日，曰中積。命爲度，曰中星。纍加段日，爲各段中積。皆滿歲周去之。以各段下平度，纍加各段下平度，滿歲周去。退則減之，不及減，加歲周減之。次復纍加之，爲各段中星」。
② 熊賜履本、王鴻緒本、定本此處無此按語。
③ 熊賜履本、王鴻緒本、定本「推盈縮曆」作「推五星盈縮曆」。
④ 定本「加曆應，又加所推後合」作「加曆應及後合」。
⑤ 熊賜履本、王鴻緒本、定本「除之」作「而一」。
⑥ 熊賜履本、王鴻緒本、定本此處無此小注。
⑦ 熊賜履本、王鴻緒本、定本此處無此小注。
⑧ 定本此處無「曆」字。
⑨ 熊賜履本、王鴻緒本「已上去曆中爲縮曆」作「已上去之爲縮」，定本作「已上減去曆中爲縮」。
⑩ 熊賜履本、王鴻緒本「各段目下限度分」作「段下限度」。

無限度，亦無盈縮曆上考者，中積内減曆應，滿曆率去之，不盡及減曆率，以加後合，餘推同上。推火星，加至合伏下少三十九秒，另加三十九秒方合。土星八年縮曆多一秒，以多者爲準。①

推盈縮差②

置各段盈縮曆，以曆策③除之爲策數，除一曆策得一數。④不盡爲策餘。以其下損益分見立成。⑤乘之，以曆策而一，如曆策爲一分。⑥益加損減⑦其盈縮積分，即盈縮差。金星倍之，水星三之。

按⑧：用三差法求盈縮差者，視木土金水四星盈縮曆在九十一度三十一分四十三秒太已下爲初限，已上用減曆中爲末限。火星盈曆在六十度八十七分六十二秒半已下爲初限，已上用減曆中爲末限；縮曆在一百二十一度七十五分二十五秒已下爲初限，已上用減曆中爲末限。置本星立差，以初末限乘之，去加減平差，得數又以初末限乘之，去加減定差。再以初末限乘之，滿億爲度，不滿退爲分秒，即所求。

推定積日

置本星⑨各段中積，以其段盈縮差盈加縮減之，爲定積日及分秒⑩。滿歲周者去之，如盈縮差數多，中積差數少不及減者⑪，加歲周減

① 熊賜履本、王鴻緒本、定本此處無『其段下無限度，……以多者爲準』。
② 熊賜履本、王鴻緒本、定本『推盈縮差』作『推五星盈縮差』。
③ 紹圖本『策』誤作『乘』。
④ 熊賜履本、王鴻緒本、定本此處無此小注。
⑤ 紹圖本『見立成』誤作『在立減』。
⑥ 熊賜履本、王鴻緒本、定本此處無此小注。
⑦ 熊賜履本、王鴻緒本、定本『益加損減』前有『所得』二字。
⑧ 熊賜履本、王鴻緒本、定本此處無此按語。此處按語根據《授時曆》『步五星・求盈縮差』中的相關内容改編而成。
⑨ 熊賜履本、王鴻緒本、定本此處無『本星』二字。
⑩ 熊賜履本、王鴻緒本、定本『爲定積日及分秒』作『即得』。
⑪ 熊賜履本、王鴻緒本、定本『滿歲周者去之，如盈縮差數多，中積差數少不及減者』作『滿歲周去之，如中積不及減者』。

之。如本段元無差者，借前段差加減之，金水二星只用所得盈縮差①，不用三②之倍之。③又推交冬至期前後者要將在何月日，先置次段減本段，不及減者加紀法減之，寄左。又置其次段定積日，減本段定積日，兩處相約，有差二二④日，交過冬至也，多者定交不過。餘仿此。⑤

推加時定日

置定積日分，以冬至日分加之，滿紀法去之，以萬爲日命甲子算外，得日辰次時刻分⑥。視定積日分曾滿歲周去者，用次年冬至，曾加歲周減者，用歲前冬至。⑦

推平合及諸段所在月日⑧

置合伏下定積日⑨，加⑩天正閏餘，滿朔策二十九萬五三〇五零。⑪除之，記所除朔策數⑫，起十一月爲月數⑬，至不滿朔策，即

① 紹圖本『差』誤作『善』。
② 紹圖本『三』誤作『二』。
③ 熊賜履本、王鴻緒本『如本段元無差者，借前段差加減之，金水二星只用所得盈縮差，不用二之倍之』作『本段原無差者，借前段差加減之，金水二星只用所得盈縮差，不用三之倍之』，且爲正文格式； 定本大體與熊賜履本、王鴻緒本相同，但『金水二星只用』作『則金水二星亦只用』。
④ 『二二』當爲『一二』之誤。
⑤ 熊賜履本、王鴻緒本、定本此處無『又推交冬至期前後者，……餘仿此』。
⑥ 熊賜履本、王鴻緒本、定本該句作『置定積日，以歲前天正冬至分加之，滿紀法去之，餘命甲子算外，即爲定日』。
⑦ 熊賜履本、王鴻緒本此處小注作『視定積日曾滿歲周去者，用次年冬至，曾加歲周減者，用歲前冬至。推交冬至期前後者要將在何月日，先置次段減本段，不及減者加紀法減之，記左。又置其次段定積日減本段定積日，兩處相約，有差一二日，交過冬至也』，定本作『視定積日曾滿歲周去者，用本年冬至，曾加歲周減者，用歲前冬至』。
⑧ 熊賜履本、定本此處標題作『推所入月日』，王鴻緒本誤作『推所入用日』。
⑨ 定本此處無『日』字。
⑩ 熊賜履本、王鴻緒本、定本『加』前有『以』字。
⑪ 熊賜履本、王鴻緒本、定本此處無此小注。
⑫ 熊賜履本、王鴻緒本、定本此處無『記所除朔策數』。
⑬ 熊賜履本、王鴻緒本『起十一月爲月數』作『起歲前十一月』，定本作『爲月數，起歲前十一月』。

所入月也①。視其月定朔甲子，與加時定日甲子相去，即合伏日也②，纍加相距日，滿各月大小去之，即各段所入月日。若其年有閏月，自閏月後合減一月而命之，直至定積日分，再滿歲周減後依元法推之。③

推定星

置各④段中星，以各盈縮差盈加縮減之⑤，如中星度少，盈縮差數多，不及減者，加歲周減之，金星用倍差，水星用三因差。爲定星⑥。夜置定星度，加入冬至加時黄道日度，滿周天去之，即加時定星度⑦。若定積日曾加歲周者⑧，用上年⑨黄道日度⑩。遇減歲周者⑪，用本年黄道日度⑫。如原無中星度，段下亦無定星及加時定星度分。⑬

① 定本『至不滿朔策，即所入月也』作『其不滿朔策者，即入月已來日分也』。
② 定本此處無『也』字。
③ 熊賜履本、王鴻緒本、定本無此小注。
④ 紹圖本此處脱『各』字。
⑤ 熊賜履本、王鴻緒本、定本『以各盈縮差盈加縮減之』作『依推定積日法，以盈縮差加減之』。
⑥ 熊賜履本、王鴻緒本、定本此處無『如中星度少，盈縮差數多，不及減者，加歲周減之，金星用倍差，水星用三因差。爲定星』。此外，熊賜履本、王鴻緒本、定本本段此後内容另作一節，標題爲『推加時定星』。
⑦ 熊賜履本、王鴻緒本『夜置定星度，加入冬至加時黄道日度，滿周天去之，即加時定星度』作『置定星，以歲前冬至加時黄道日度加之，滿周天分去之』； 定本與熊賜履本、王鴻緒本大體相同，但『滿周天分去之』作『滿周天去之』。
⑧ 熊賜履本此處無『者』字。
⑨ 定本『上年』作『歲前』。
⑩ 熊賜履本此處無『日度』二字。
⑪ 熊賜履本此處無『者』字。
⑫ 熊賜履本此處無『日度』二字。
⑬ 熊賜履本、王鴻緒本、定本該小注爲正文格式。

推加減定分及夜半定星與宿次①

置定日小餘，以其段初行率分②乘之，滿萬爲分，所得諸段爲減分，退段爲加分。去加減加時定星，即其段初日晨前夜半定星度。惟木火土三星之夕退段，金星夕退伏、合退伏、晨退段，水星合退伏段，皆如前所乘即得，凡諸留段皆無夜半定星度，須借上挌③加時定星度去之。以黄道各宿次積度鈐内見太陽。挨及減之，即夜半宿次④。

推諸段日率度率⑤

置本段定日大餘，減次段定日大餘，即相距日率。次段不及減，加紀法減之。又必與兩段定積日相減較同，中間有差一日者，須用定日與定積日相減，二數同者，其日是也。如差六十日，用定積日較之，如後段定積日少，加三百六十五日減之，俱不用小餘。凡諸留段日率已下，諸數皆無。置本段夜半定星度，與次段定星度相減，即相距度率。次段不及減，加周天減之。如無夜半定星度，以加時定星度減之。如木火土之夕退，金之夕退伏、晨退，水之合退伏，皆置本段夜半定星度内減去後段夜半定星度，爲度率。後段如無夜半定差度，即減加時定星度。如火木之晨退、夕遲初，土之晨退、夕⑥遲，木金之夕退晨遲初，水之夕退伏晨遲等段，皆原無夜半定星度及加時定星度分，俱各借其本段前後二段夜半定星度，或加時定星度分，視其宿次順逆互相減之，餘爲本段之度率。⑦

① 熊賜履本、王鴻緒本、定本將本節分爲兩節，分別爲『推加減定分』與『推夜半定星及宿次』。

② 熊賜履本、王鴻緒本、定本此處無『分』字。

③ 『挌』當作『格』。

④ 『去加減加時定星，……即夜半宿次』對應熊賜履本、王鴻緒本、定本『推夜半定星及宿次』一節。熊賜履本該節内容作『置加時定星，以加減定分加減之，爲夜半定星夜。以黄道積度鈐減之，爲度半宿次。其留段即用加時定星，爲夜半定星』；王鴻緒本、定本大體與熊賜履本相同，但王鴻緒本『爲夜半定星夜』作『爲夜半定星度』，定本作『爲夜半定星』，王鴻緒本、定本『爲度半宿次』作『爲夜半宿次』。

⑤ 熊賜履本、王鴻緒本此處標題作『推相距日率度率』，定本作『推日率度率』。

⑥ 紹圖本『夕』誤作『少』。

⑦ 熊賜履本、王鴻緒本該段作『置各段定日大餘，與次段定日大餘相減，爲相距日率。次段不及減，加紀法減之。置各段夜半定星度，與次段夜半定星度相減，爲相距度率。次段不及減，加周天減之。凡近留之段，皆用留段加時定星，與本段夜半定星相減。如星度逆者，以後段減前段，即各得度率』，定本大體與熊賜履本、王鴻緒本相同，但前三句一些地方删去『大餘』『相距』『度』等字，作『置各段定日，與次段定日相減爲日率。次段不及減，加紀法減之。置各段夜半定星，與次段夜半定星相減爲度率』。

推平行分

置相距①度率，以相距②日率除之③。假如十日除一度得十分。蓋木火土并無一度，止得十分已下數。惟金水平行有一度者，《通軌》内云有二度及十分以下數，誤也。④

推泛差及增減差⑤總差日差⑥

以本段前後平行分⑦本段之平行分無與。⑧相減，爲本段泛差。木火土之合伏、夕伏，金水之合伏、晨伏，木火之晨遲末、夕遲初，土水之晨遲、夕遲，金之夕遲末⑨、晨遲初，五星之退段俱⑩無泛差。⑪置泛差退一位，如十退爲分。⑫倍之爲增減差。倍增減差爲總差。以本段日率減一，除總差，除法見平⑬行分條下。爲日差⑭。

① 定本此處無『相距』二字。
② 定本此處無『相距』二字。
③ 定本『除之』後有『即得』二字。
④ 此處所謂『《通軌》内云有二度及十分以下數』，與中國國家圖書館藏《五星通軌》抄本内容吻合，而朝鮮刊本《五星通軌》此處作『惟金水平行分有一度及十分以下數也』。熊賜履本、王鴻緒本、定本此處無此小注。
⑤ 定本此處無『差』字。
⑥ 熊賜履本、王鴻緒本將本節分爲兩節，分別爲『推泛差』與『推增減差總差日差』。
⑦ 熊賜履本、王鴻緒本『以本段前後平行分』作『以本段之前後兩段平行分』，定本作『以本段前後之平行分』。
⑧ 熊賜履本、王鴻緒本、定本此處無此小注。
⑨ 紹圖本此處脱『末』字。
⑩ 熊賜履本、王鴻緒本『俱』作『皆』。
⑪ 熊賜履本、王鴻緒本此處小注爲正文格式，且之後有小注『凡五星之伏段及近留之遲段及退段，皆無泛差』。熊賜履本、王鴻緒本從此後至本段結束爲另一節。
⑫ 熊賜履本、王鴻緒本此處無此小注。
⑬ 紹圖本『平』誤作『半』。
⑭ 『置泛差退一位，……爲日差』對應熊賜履本、王鴻緒本『推增減差總差日差』一節，内容作『置泛差退一位，倍之爲增減差。倍增減差爲總差。置總差以其段相距日率減一日除之爲日差』。熊賜履本、王鴻緒本此後還有一節，標題爲『日差加減』，内容作『視初日行分多爲減差，末日行分多爲加差』。定本該段作『以本段前後之平行分相減，爲本段泛差。凡五星之伏段及近留之遲段及退段，皆無泛差。倍泛差，退一位爲增減差。倍增減差爲總差。置總差，以日率減一日除之爲日差。初日行分多爲減差，末日行分多爲加差。』

推初末日行分①

視本段平行分多，次段平行分少②，置本段③平行分加增減差，爲初日行分，減增減差爲末日行分。本段少，次段多④，置本段⑤平行分減增減差爲初日行分，加增減差爲末日行分⑥。

推無泛差諸段⑦增減差總差日差

前伏者，即合伏。置後段初日行分⑧，加其日差之半，亦次段日差。爲前伏⑨末日⑩行分。後伏者，晨伏、夕伏。⑪置前段本段之前。末日行分，加其日差之半，亦前段日差。爲後⑫伏初日行分。各與本段平行分相減⑬，餘爲增減差，倍之爲總差，以相距日率減一除之爲日差。又視前⑭伏末日行分，較其平行分爲少者，于平行分內加增減差，較平行分爲多者⑮，于平行分內減增減差，爲初

① 熊賜履本、王鴻緒本、定本此處標題作「推初日行分、末日行分」。
② 熊賜履本、王鴻緒本「視本段平行分多，次段平行分少」作「視其段平行分與次段平行分相較，前多後少者」。
③ 熊賜履本、王鴻緒本此處無「本段」二字。
④ 熊賜履本、王鴻緒本「本段少，次段多」作「前少後多者」。
⑤ 熊賜履本、王鴻緒本此處無「本段」二字。
⑥ 定本該段作「以增減差加減其段平行分，爲初末日行分。視本段平行分與次段平行分相較，前多後少者，加爲初，減爲末。前少後多者，減爲初，加爲末」。
⑦ 熊賜履本、王鴻緒本、定本「諸段」後有「爲」字。
⑧ 熊賜履本、王鴻緒本、定本「前伏者，即合伏。置後段初日行分」作「合伏者，置次段初日行分」。
⑨ 熊賜履本、王鴻緒本「前伏」作「合伏」，定本此處無「前伏」二字。
⑩ 熊賜履本「日」誤作「〇」。
⑪ 熊賜履本、王鴻緒本、定本「後伏者，晨伏、夕伏。」作「晨伏夕伏者」。
⑫ 熊賜履本、王鴻緒本、定本「後」作「二」。
⑬ 熊賜履本、王鴻緒本、定本「各與本段平行分相減」作「置伏段所得初末日行分，皆與本段平行分相減」。
⑭ 熊賜履本、王鴻緒本「前」作「合」。
⑮ 熊賜履本、王鴻緒本「較平行分爲多者」作「多者」。

日行分。視後伏①初日行分，較其平行分爲多者，于平行分内減增減差，較平行少者②，于平行分内加增減差，爲末日行分。推總差日差初末日行分，法同前，復不另具。③前遲者，火木之晨遲末，土之晨遲，金之夕遲末，水之夕遲。④皆置其前段末日行分，倍其日差減之，即前段日差。爲⑤所求段⑥初日行分。後遲者⑦，木火之夕遲初，土之夕遲，金之晨遲初，水之晨遲。⑧皆置其後段初日行分，倍其日差減之，後段日差。爲⑨所求段⑩末⑪日行分。皆⑫與平行分相減，爲⑬增減差。餘法同前。⑭木火土之退行者，晨退、夕退。六因平行分，退一位，如十退爲一。⑮金之前後退伏者，夕退伏、合退伏。三因平行分半之，退一位⑯。水之退行者，夕退伏、合退伏。半其平行分，各爲增

① 熊賜履本、王鴻緒本「後伏」作「晨伏夕伏」。

② 熊賜履本、王鴻緒本「較平行少者」作「少者」。

③ 熊賜履本、王鴻緒本此處無此小注。定本「倍之爲總差，……復不另具。」作「又以增減差加減平行分，爲初末日行分。視合伏末日行分較平行分，少則加，多則減，爲初日行分。晨伏、夕伏初日行分較平行分，亦少加多減，爲末日行分」。

④ 熊賜履本、王鴻緒本、定本「前遲者，火木之晨遲末，土之晨遲，金之夕遲末，水之夕遲。」作「木火之晨遲末，土之晨遲，金之夕遲末，水之夕遲」。

⑤ 熊賜履本、王鴻緒本、定本「爲」作「餘爲」。

⑥ 定本此處無「所求段」。

⑦ 熊賜履本、王鴻緒本、定本此處無「後遲者」。

⑧ 熊賜履本、王鴻緒本、定本此處小注爲正文格式。

⑨ 熊賜履本、王鴻緒本、定本「爲」作「餘爲」。

⑩ 定本此處無「所求段」。

⑪ 紹圖本「末」誤作「未」。

⑫ 熊賜履本、王鴻緒本、定本「皆」前有「木火土之夕伏，金水之晨伏，皆置其前段末日行分，内加其前段日差之半，爲伏段初日行分」。

⑬ 熊賜履本、王鴻緒本、定本「爲」作「餘爲」。

⑭ 熊賜履本、王鴻緒本、定本此處無此小注。

⑮ 熊賜履本、王鴻緒本、定本「木火土之退行者，晨退、夕退。六因平行分，退一位，如十退爲一。」作「木火之晨退、夕退，置其平行分，退一位，六因之，爲增減差。晨退減爲初，加爲末。夕退加爲初，減爲末。晨加夕減，二段自相比較」。

⑯ 熊賜履本、王鴻緒本、定本「金之前後退伏者，夕退伏、合退伏。三因平行分半之，退一位」作「金之夕退伏、合退伏，置其平行分，退一位，三因之折半」。

減差①。金之夕退，置其後段初日行分，減日差，後段日差。爲末日行分。金之晨退，置其前段末日行分，減日差，前段日差。爲初日行分。皆與平行分相減，餘爲增減差。求總差日差初末日行分，例見前。②金火之夕遲末、晨遲初，如增減差多于平行者，爲不倫③。置④平行分，視相距日率下不倫分乘之，如日率是十六日，置平行分以八十八分二三一乘之，蓋不倫之秒與平行之分對⑤。爲⑥增減差。置平行分，夕遲末⑦加增減差爲初日行分⑧，減增減差爲末日行分。晨遲初⑨反⑩是。總差日差同前。⑪

不倫分⑫

十七日　八十八秒八八五　十六日八十八秒二三一

十五日　八十七秒四九六⑬

① 熊賜履本、王鴻緒本、定本『水之退行者，夕退伏、合退伏。半其平行分，各爲增減差』作『水之夕退伏、合退伏，以平行分折半，各爲增減差』。

② 熊賜履本、王鴻緒本無此小注，但有『凡求總差日差，皆同上。其初末日行分有其一者，以增減差加減，更求其一，如伏段法，餘依前後平行分相較增減之。推初末行分下。』，定本相應内容作『凡增減差，倍之爲總差，以相距日率減一除之，爲日差。其初末日行分有其一者，以增減差加減，更求其一，如伏段法，餘依前後平行分相較增減之』。

③ 熊賜履本、王鴻緒本此處無『如增減差多于平行者，爲不倫』。

④ 熊賜履本、王鴻緒本『置』作『置其段』。

⑤ 熊賜履本、王鴻緒本『如日率是十六日，置平行分以八十八分二三一乘之，蓋不倫之秒與平行之分對』作『不倫之秒與平行之分對』。

⑥ 熊賜履本、王鴻緒本『爲』作『即爲』。

⑦ 熊賜履本、王鴻緒本『夕遲末』作『夕者』。

⑧ 熊賜履本『初日行分』誤作『初行日分』。

⑨ 熊賜履本、王鴻緒本『晨遲末』作『晨者』。

⑩ 紹圖本『反』誤作『交』。

⑪ 熊賜履本、王鴻緒本此處無此小注。定本『金火之夕遲末、晨遲初，……總差日差同前。』作『金火之夕遲末、晨遲初，置其段平分行，以相距日率下不倫分乘之，不倫分之秒，與平行之分對。即爲增減差。置平行分，夕者以增減差加爲初日行分，減爲末日行分。晨者反是』。

⑫ 定本此後有小注『金火星之夕遲末與晨遲初，其增減差多于平行分者，爲不倫分也』。

⑬ 定本此後還有『十四日　八十六秒七六一』。

推每日①細行

置各段夜半宿次，以初日行分順加退減之，爲次日宿次。再②視初日行分，較末③日行分爲多者，其日差爲減，較末日行分爲少者④，其日差⑤爲加，皆⑥加減其初日行分⑦，爲每日行分，亦順加退減于次日宿次，滿黃道宿次去之，至次段宿次而止，爲每日夜半五星⑧宿次。木火之晨退、夕遲初，土之晨退、夕遲，金之夕退、晨遲初，水之夕退伏、晨遲，皆借留段下夜半宿次度，依前法順加退減之。求五星逐日⑨細行，當視其年定朔某甲子，録于各月一日下，依大小月而界之，以其星推得各段下某宿次，依其在何月日。假令合伏段在正月初五日下，推其夜半宿次録之，然後置其星某月某日某段某宿次度分于左。又置其段初日行分于右，順加逆減之，即得次日宿次度分耳。用日差分，每日順加逆減之，即得逐日宿次分。日差加減一次，宿次亦加減一宿，加減至後段相合方是。加差或多或少之數，如前段是角、後段是亢順，前段是亢、後段是角逆，加減後皆滿黃道宿次本度分去之。不及減者，加本宿前一度減之。⑩

推伏見⑪

晨見晨伏者，置其日太陽行度内減各星行度，夕見夕伏者，置其日各星行度内減太陽行度，即爲其日晨昏伏見度。置本日伏見度，與次日伏見度相減，餘以⑫四而一，所得晨昏伏見分。視本日伏見度較次日伏見度爲多者減，少者加。晨者，置本日伏

①熊賜履本、王鴻緒本、定本『每日』前有『五星』二字。
②熊賜履本、王鴻緒本、定本『再』作『又』。
③紹圖本此處脱『末』字。
④熊賜履本、王鴻緒本『較末日行分爲少者』作『少者』。
⑤熊賜履本、王鴻緒本此處無『其日差』。
⑥熊賜履本、王鴻緒本此處無『皆』字。
⑦定本『再視初日行分，較末日行分爲多者，其日差爲減，較末日行分爲少者，其日差爲加，皆加減其初日行分』作『又以日差加減其初日行分』。
⑧定本此處無『五星』二字。
⑨紹圖本『逐日』誤作『月逐』。
⑩熊賜履本、王鴻緒本、定本此處無『木火之晨退，夕遲初，……加本宿前一度減之。』
⑪熊賜履本、王鴻緒本、定本『伏見』前有『五星』二字，且本節位于『推五星順逆交宮時刻』之後，與朝鮮刊本《五星通軌》次序相同。
⑫熊賜履本、王鴻緒本、定本此處無『以』字。

見度，以伏見分加減之，爲晨伏見度。夕者，三因伏見分，加減伏見度①，爲夕伏見度。視在各星伏見度上下取之。凡取伏見，伏者在下取，見者在上取。②

推順逆交宫法③

視逐日五星宿次，與黄道十二宫界同名，宿次僅及相減者，其日爲有交宫。如其宿次名雖相同，而度分或太多太少者，其日無交宫④。順行者，置宫界宿次内減其星行宿次，以日周乘之爲實。另置次日星行宿次，内減本日星行宿次，得數除實，依發斂收之，得順行交宫時刻⑤。退行者，置星行宿次内減宫界同名宿次，以日周乘之爲實。又置本日星行宿次，内減次日星行宿次，得數除實，依發斂收之，得退行交宫時刻⑥。

按⑦：有明一代不無知曆之人也，然于五星終缺緯度，所以測交食或有合于天行，測凌犯茫然無所措手，實中曆數千年之憾事也。嘉隆間山陰周述學，以西域馬蛤麻有緯度以步五星，顧中西异法，名號亦殊，述學覃心窮思，用中曆之本算會通其術，推究五緯細行，創爲五星黄道南北⑧緯度立成五圖，以演緯法入推凌犯，實補中曆亘古之闕如。惜無傳人，書亦殘缺，今⑨略考其立法之槩。其五星黄道南北緯度立成，横列曆率，縱列合率，段標盈縮，遇黄道則以硃界之，星道出入南北井如。土星立成横列曆率二十段，初段在外，五星同。每段日分五百三十七萬三九四二二八三，度分一十八度二六二八七五。初段起三百〇四度三八十二〇

① 熊賜履本、王鴻緒本、定本『加減伏見度』作『置伏見度加減之』。
② 熊賜履本、王鴻緒本、定本將該小注内容移至本段首句，且爲正文格式，作『凡取伏見，伏者要在以下，見者要在以上』。
③ 熊賜履本、王鴻緒本、定本此處標題作『推五星順逆交宫時刻』，且本節位于『推五星伏見』之前。
④ 熊賜履本、王鴻緒本、定本『視逐日五星宿次，……其日無交宫』作『視逐日五星細行，與黄道十二宫界宿次同名，其度分又相近者以相減。視其餘分，在本日行分以下者，爲交宫在本日也』。
⑤ 熊賜履本、王鴻緒本、定本『順行者，……得順行交宫時刻』作『順行者，以本日夜半星行宿次度分減宫界度分』。
⑥ 熊賜履本、王鴻緒本『退行者，……得退行交宫時刻』作『退行者，以宫界度分減本日夜半星行宿次度分。各以日周一萬乘之爲實，以本日行分爲法，法除實，得數依發斂加時法得交宫時刻』，定本大體與熊賜履本、王鴻緒本相同，但『各以日周一萬乘之爲實』無『一萬』二字。
⑦ 熊賜履本、王鴻緒本、定本此處無此按語。
⑧ 紹圖本『北』誤作『此』。
⑨ 紹圖本『今』誤作『令』。

四，每段纍加度分，滿周天去之，至二十段適如初度之數。縱列合率十二段，每段日分三十一萬四二四三。即日分三一四二四三，數起一段，每段纍加之。木星曆率亦二十段，每段日分二百一十六萬五六四八二四三二五，度分一十八度二六二八七五。即度分數一八二六二八七五，起一段，每段纍加之，至終適滿周天數。合率十二段，每段日分三十三萬二一四。一段起，每段纍加是數。火星曆率三十段，每一段日分二十二萬八九八六〇一四，度分一十二度一七四二二五。初段起六度〇八七六二五，每段纍加度分。合率三十段，不盡一十分，每段二十五萬九九七六。一段起，是數每段纍加。金星曆率三十段，每段日分一十二萬一七五二五，度分一十二度一七五二五。一段起，是數纍加。合率四十段，每段日分一十四萬五九七五六五。起初段，每段纍加。水星曆率同金星，合率四十段，每段日分二萬八九六九。起一段，每段纍加。其用法，視其星入曆度分及入合日分，入本星立成内縱横兩取之，得緯數。置入曆度分，以立成上段度分挨及減之，餘爲入段度分。以兩取緯度本行與後行相減，若遇交黄道者本行與後行相并，爲法乘之，以本曆度纍加數除之爲分，用加減兩取緯數，爲未定緯度。又置入合分，以立成上段度挨及減之，餘爲入日段分。以兩取緯數本行與下行相減，若遇交黄道者本行與下行相并，爲法乘之，以本段合日纍加數除之爲分，用加減未定緯度，若遇交黄道者，所得分多，如①未定緯②度分，内減去未定緯度分③，爲得所求在黄道南北度也。視星經宿，經緯相同在一度以下者，取之相減，則得其上下左右相并相離之分秒。以之考凌犯之親疏，于法爲密。然而創造允艱，啞鐘已不可打，况今《時憲曆》之步星緯更精此術，原可度置，聊爲繹之，以志中曆之始末也。

曆朔鈐 即入曆策數，五星同用④

策數	百十度十分十秒十微半⑤
一	〇一五二一九〇六二五
二	〇三〇四三八一二五〇
三	〇四五六五七一八七五

① 『如』疑爲『加』之誤。
② 紹圖本『緯』誤作『綿』。
③ 此處語義似不通，上下文疑有脱字。
④ 熊賜履本本節位于卷三十『曆法四』五星立成之前，標題作『入曆策數 五星同用，數止五十纖，即半微』；王鴻緒本本節位于志第十二『曆四下』五星立成之前，標題作『入曆策數，五星同用，數止五十纖，即半微』；定本本節位于卷三十四『曆四』五星立成之前，標題作『五星盈縮入曆度率立成 五星盈縮同用』。
⑤ 定本『半』作『十纖』。

四 〇六〇八七六二五〇〇　五 〇七六〇九五三一二①五　六 〇九一三一四三七五〇
七 一〇六五三三四三七五　八 一二一七五二五〇〇〇　九 一三六九七一五六二五
十 一五二一九〇六二五〇　十一 一六七四〇九六八七五　十二 一八二六二八七五〇〇

數止五十纖。

五星盈縮立成②

木星③

入曆策	損益率 度十分十秒十微十纖	盈縮積 度十分十秒十微十纖	行定度 十度十分十秒十微十纖	行積度 百十度十分十秒十微十纖
盈初	益一五九〇〇八四八一	盈〇〇〇〇〇〇〇〇〇	一六八〇九一四七三一	〇一六八〇九一四七三一
一	一四二〇一三五六一	一五九〇〇八四八一	一六六三九一九八一一	〇三三四八三四五四二
二	一二〇〇二七一八八	三〇一〇二二〇四二	一六四一九三三四三八	〇四九八六七六七九八〇
三	〇九三〇四九三六二	四二一〇四九二三〇	一六一四九五五六一二	〇六六〇一七二三五九〇
四	〇六一〇八〇〇八三	五一四〇九八五九二	一五八二九八六三三三	〇八一八四七〇九九二五
五	〇二四一一九三五二	五七五一七八六七六	一五四六〇二五六〇二	〇九七三〇七三五五二七
六	損〇二四一一九三五二	五九九二九八〇二八	一四九七七八六八九七	一一二三八五二二四二五
七	〇六一〇八〇〇八三	五七五一七八六七六	一四六〇八二六一六七	一二六八九三四八五九二

①　紹圖本「二」誤作「一」。

②　紹圖本此處無此標題，今據其他版本補。五星盈縮諸立成表在梅文鼎本位于卷五，熊賜履本位于卷三十「曆法四」，王鴻緒本位于志第十二「曆四下」，定本位于卷三十四「曆四」。梅文鼎本五星盈縮諸立成表格形式與其他諸本明顯不同，無「行定度」「行積度」兩列，「損益率」「盈縮積」兩列無分以下數據，且其「曆策」一列也不見于其他諸本。梅文鼎本五星盈縮諸立成表格形式更接近于《五星通軌》。

③　梅文鼎本此處標題作「木星　盈縮同用」，定本作「木星盈縮立成」。

入曆策	損益率 度十分十秒十微十纖	盈縮積 度十分十秒十微十纖	行定度 十度十分十秒十微十纖	行積度 百十度十分十秒十微十纖
八	○九三○四九三六二	五一四○九五八九二	一四二八八五六八八八	一四一一八二○五四八○
九	一二○○二七一八八	四二一○四九二三○	一四○一八七九○六二	一五五二○○八四五四二
十	一四二○一三五六一	三○一○二二○四二	一三七九八九二六八九	一六八九九七七二三一
十一	一五九○○八四八一	一五九○○八四八一	一三六二八九七七六九	一八二六二八七五○○○
縮初	益一五九○○八四八一	縮○○○○○○○○○	一三六二八九七七六九	一九六二五七七二七六九
一	一四二○一三五六一	一五九○○八四八一	一三七九八九二六八九	二一○○五六六五四五八
二	一二○○二七一八八	三○一○二二○四二	一四○一八七九○六二	二二四○七五四四五二○
三	○九三○四九三六二	四二一○四九二三○	一四二八八五六八八八	二三八三六四○一四○八
四	○六一○八○○八三	五一四○九八五九二	一四六○八二六一六七	二五二九七二二七五七五
五	○二四一一九三五二	五七五一七八六七六	一四九七七八六八九七	二六七九五○一四四七一
六	損○二四一一九三五二	五九九二九八○二八	一五四六○二五六○二	二八三四一○四○○七五
七	○六一○八○○八三	五七五一七八六七六	一五八二九八六三三三	二九九二四○二六四○八
八	○九三○四九三六二	五一四○九八五九二	一六一四九五五六一二	三一五三八九八二○二○
九	一二○○二七一八八	四二一○四九二三○	一六四一九三三四三八	三三一八○九一五四五八
十	一四二○一三五六一	三○一○二二○四二	一六六三九一九八一一	三四八四四八三五二六九
十一	一五九○○八四八一	一五九○○八四八一	一六八○九一四七三一	三六五二五七五○○○

火星①

入曆策	損益率（度十分十秒十微十纖）	盈縮積（度十分十秒十微十纖）	行定度（十度十分十秒十微十纖）	行積度（百十度十分十秒十微十纖）
盈初	益一一五八〇三九三四	盈〇〇〇〇〇〇〇〇〇〇	二六七九九四五五八四	〇二六七九九四五五八四
一	七九七〇〇五〇七二	一一五八〇三九三四	二三一八九一一三二二	〇四九九八八五六九〇六
二	四五九九七六三一三	一九五〇〇四四四〇六	一九八一八八二五六三	〇六九八〇七三九四六九
三	一四六九五七二五二	二四一五〇二〇七一九	一六六六八六三五〇二	〇八六四九六〇二九七一
四	損〇五四二八五〇六四	二五六一九七七九七一	一四六七六二一一八六	一〇一一七二二四一五七
五	一六六二七五〇八五	二五〇七六九二九〇七	一三五五六三一一六五	一一四七二八五五三二二
六	二六〇二六二〇七二	二三四一四一七八二二	一二六一六六四一七八	一二七三四四九九五〇〇
七	三三六二五〇二一七	二〇八一一五五七五〇	一一八五六五六〇三三	一三九二〇一五五五三三
八	三九四二三九五二四	一七四四九〇五五三三	一一二七六六六七二六	一五〇四七八二二二五九
九	四四二二五七二九六	一三五〇六六六〇〇九	一〇七九六四八九五四	一六一二七四七一二一三
十	四五六二〇〇七五〇	〇九〇八四〇八七一三	一〇六五七〇五五〇〇	一七一九三一七六七一三
十一	四五二二〇七九六三	〇四五二二〇七九六三	一〇六九六九八二八七	一八二六二八七五〇〇〇
縮初	益四五二二〇七九六三	縮〇〇〇〇〇〇〇〇〇〇	一〇六九六九八二八七	一九三三二五七三二八七
一	四五六二〇〇七五〇	〇四五二二〇七九六三	一〇六五七〇五五〇〇	二〇三九八二七八七八七
二	四四二二五七二九六	〇九〇八四〇八七一三	一〇七九六四八九五四	二一〇七七九二七七四一
三	三九四二三九五二四	一三五〇六六六〇〇九	一一二七六六六七二六	二二六〇五五九四四六七

① 梅文鼎本此表分爲盈、縮兩個分表，標題分別作『火星盈曆』和『火星縮曆』；定本此處標題作『火星盈縮立成』。

入曆策	損益率（度十分十秒十微十纖）	盈縮積（度十分十秒十微十纖）	行定度（十度十分十秒十微十纖）	行積度（百十度十分十秒十微十纖）
四	三三六二五〇二一七	一七四四九〇五五三三	一一八五六五六〇三三	二三七九一二五〇五〇〇
五	二六〇二六二〇七二	二〇八一一五五七五〇	一二六一六四四一七八	二五〇五二八九四六七八
六	一六六二七五〇八五	二三四一四一七八二二	一三五五六三一一六五	二六四〇八五二五八四三
七	〇五四二八五〇六四	二五〇七六九二九〇七	一四六七六二一一八六	二七八七六一四七〇二九
八	損一四六九五七二五二	二五六一九七七九七一	一六六八八六三五〇二	二九五四五〇一〇五三一
九	四五九九七六三一三	二四一五〇二〇七一九	一九八一八八二五六三	三一五二六八九三〇九四
十	七九七〇〇五〇七二	一九五五〇四四四〇六	二三一八九一一三二二	三三八四五八〇四四一六
十一	十一五八〇三九三三四	一一五八〇三九三三四	二六九七九四五五八四	三六五二五七五〇〇〇〇

土星①

入曆策	損益率（度十分十秒十微十纖）	盈縮積（度十分十秒十微十纖）	行定度（十度十分十秒十微十纖）	行積度（百十度十分十秒十微十纖）
盈初	益二二〇〇一〇三四六	盈〇〇〇〇〇〇〇〇	一七四一九一六五九六	〇一七四一九一六五九六
一	一九五〇二一八一四	二二〇〇一〇三四六	一七一六九二八〇六四	〇三四五八八四四六六〇
二	一六四〇四七七六五	四一五〇三二一六〇	一六八五九五四〇一五	〇五一四四七九八六七五
三	一二七〇八八二一一	五七九〇七九九二五	一六四八九九四四六一	〇六七九三七九三一三六
四	〇八四一四三一三五	七〇六一六八一三六	一六〇六〇四九三八五	〇八三九九八四二五二一

① 梅文鼎本此表分爲盈、縮兩個分表，標題分別作『土星盈曆』和『土星縮曆』；定本此處標題作『土星盈縮立成』。

入曆策	損益率 度十分十秒十微十纖	盈縮積 度十分十秒十微十纖	行定度 十度十分十秒十微十纖	行積度 百十度十分十秒十微十纖
五	○三五二一二五五○	七九○三一一二七一	一五五七一一八八○○	○九九五六九六一三二一
六	損○三五二一二五五○	八二五五二三八二一	一四八六六九三七○○	一一四四三六五五○二一
七	○八四一四三一三五	七九○三一一二七一	一四三七七六三一一五	一二八八一四一八一三六
八	一二七○八八二一一	七○六一六八一三六	一三九四八一八○三九	一四二七六二三六一七五
九	一六四○四七七六五	五七九○七九九二五	一三五七八五八四八五	一五六三四○九四六六○
十	一九五○二一八一四	四一五○三二一六○	一三二六八八四四三六	一六九六○九七九○九六
十一	二二○○一○三四六	二二○○一○三四六	一三○一八九五九○四	一八二六二八七五○○○
縮初	益一六三○○五七五一	縮○○○○○○○○○	一三五八九○○四九九	一九六二一七七五四九九
一	一四八九九八○六四	一六三○○五七五一	一三七二九○八一八六	二○九九四六八三六八五
二	一二○九八九六五二	三一二○○三八一五	一三九三九一六五九八	二二三八八六○○二八三
三	○九九九八○五一六	四三九九九三四六七	一四二一九二五七三四	二三八一○五二六○一七
四	○六四九七○六五八	五三九九七三九八三	一四五六九三五五九二	二五二六七四六一六○九
五	○二二九六○○七三	六○四九四四六四一	一四九八九四六一七七	二六七六六四○七七八六
六	損○二二九六○○七三	六二七九○四七一四	一五四四八六六三三三	二八三一一二七四一○九
七	○六四九七○六五八	六○四九四四六四一	一五八六八七六九○八	二九八九八一五一○一七
八	○九九九八○五一六	五三九九七三九八三	一六二一八八六七六六	三一五二○○三七七八三
九	一二七九八九六五二	四三九九九三四六七	一六四九八九五九○二	三三一六九九三三六八五
十	一四八九九八○六四	三一二○○三八一五	一六七○九○四三一四	三四八五○八三七九九九
十一	一六三○○五七五一	一六三○○五七五一	一六八四九一二○○一	三六五二二五七五○○○

金星①

入曆策	損益率 度十分十秒十微十纖	盈縮積 度十分十秒十微十纖	行定度 十度十分十秒十微十纖	行積度 百十度十分十秒十微十纖
盈初	益〇五三〇〇四八八九	益〇〇〇〇〇〇〇〇〇	一五七四九一一一三九	〇一五七四九一一一三五
一	〇五〇〇二一三一八	〇五三〇〇四八八九	一五七一九二七五六八	〇三一四六八三八七〇七
二	〇四四〇五五五六五	一〇三〇二六二〇七	一五六五九六一八一五	〇四七一二八〇〇五二二
三	〇三五一〇七六三一	一四七〇八一七七二	一五五七〇一三八八一	〇六二六九八一四四〇三
四	〇二三一七七五一六	一八二一八九四〇三	一五四五〇八三七六六	〇七八一四八九八一六九
五	〇〇八二六五二一九	二〇五三六六九一九	一五三〇一七一四六九	〇九三四五〇六九六三八
六	損〇〇八二六五二一九	二一三六三二一三八	一五一三六四一〇三一	一〇八五八七一〇六六九
七	〇二三一七七五一六	二〇五三六六九一九	一四九八七二八七三四	一二三五七四三九四〇三
八	〇三五一〇七六三一	一八二一八九四〇三	一四八六七九八六一九	一三八四四二三八〇二二
九	〇四四〇五五五六五	一四七〇八一七七二	一四七七八五〇六八五	一五三二二〇八八七〇七
十	〇五〇〇二一三一八	一〇三〇二六二〇七	一四七一八八四九三三	一六七九三九七三六三九
十一	〇五三〇〇四八八九	〇五三〇〇四八八九	一四六八九〇一三六一	一八二六二八七五〇〇〇
縮初	益〇五三〇〇四八八九	縮〇〇〇〇〇〇〇〇〇	一四六八九〇一三六一	一九七三一七七六三六一
一	〇五〇〇二一三一八	〇五三〇〇四八八九	一四七一八八四九三三	二一二〇三六六一二九三
二	〇四四〇五五五六五	一〇三〇二六二〇七	一四七七八五〇六八五	二二六八一五一一九七八
三	〇三五一〇七六三一	一四七〇八一七七二	一四八六七九八六一九	二四一六八三一〇五九七

① 梅文鼎本此處標題作『金星　盈縮同用』，定本作『金星盈縮立成』。

入曆策	損益率	盈縮積	行定度	行積度
	度十分十秒十微十纖	度十分十秒十微十纖	十度十分十秒十微十纖	百十度十分十秒十微十纖
四	○二三一七七五一七	一八二一八九四○三	一四八八七二八七三四	二五六六七○三九三一
五	○○八二六五二一九	二○五三六六九一九	一五一三六四一○三一	二七一八○六八○三六二
六	損○○八二六五二一九	二一三六三二一三八	一五三○一七一四六九	二八七一○八五一八三一
七	○二三一七七五一六	二○五三六六九一九	一五四五○八三七六六	三○二五九三五五九七
八	○三五一○七六三一	一八二一八九四○三	一五五七○一三八八一	三一八一二九四九四七八
九	○四四○五五五六五	一四七○八一七七二	一五六五九六一八一五	三三三七八九一一二九三
十	○五○○二一三一八	一○三○二六二○七	一五七一九二七五六八	三四九五○八三八八六一
十一	○五三○○四八八九	○五二○○四八八九	一五七四九一一一三九	三六五二五七五○○○

水星①

入曆策	損益率	盈縮積	行定度	行積度
	度十分十秒十微十纖	度十分十秒十微十纖	十度十分十秒十微十纖	百十度十分十秒十微十纖
盈初	益○五八○○五八一八	盈○○○○○○○○○	一五七九一二○六八	○一五七九一二○六○
一	○五四○二○七二二	○五八○○五八一八	一五七五九二六九七二	○三一五五八三九○四一
二	○四七○五三四四六	一一二○二六五四○	一五六八九五九六九六	○四七二四七九八七三六
三	○三七一○三九八七	一五九○七九九八六	一五五九○一○二三七	○六二八三八○八九七三
四	○二四一七二三四八	一九六一八三九七三	一五四六○七八五九八	○七八二九八八七五七一

① 梅文鼎本此處標題作『水星　盈縮同用』，定本作『水星盈縮立成』。

入曆策	損益率 度十分十秒十微十纖	盈縮積 度十分十秒十微十纖	行定度 十度十分十秒十微十纖	行積度 百十度十分十秒十微十纖
五	○○八二五八五二六	二二○三五六三二一	一五三○一六四七七六	○九三六○○五二三四七
六	損○○八二五八五二六	二二八六一四八四七	一五一三六四七七二四	一○八七三七○○○七一
七	○二四一七二三四八	二二○三五六三二一	一四九七七三三九○二	一二三七一四三三九七三
八	○三七一○三九八七	一九六一八三九七三	一四八四八○二二六三	一三八五六二三六二三六
九	○四七○五三四四六	一五九○七九九八六	一四七四八五二八○四	一五三三一○八九○四○
十	○五四○二○七二二	一一二○二六五四○	一四六七八八五五二八	一六七九八七四五六八
十一	○五八○○五八一八	○五八○○五八一八	一四六三九○○四三二	一八二六二八七五○○○
縮初	益○五八○○五八一八	縮○○○○○○○○○	一四六三九○○四三二	一九七二六七七五四三二
一	○五四○二○七二二	○五八○○五八一八	一四六七八八五五二八	二一一九四六六○九六○
二	○四七○五三四四六	一一二○二六五四○	一四七四八五二八○四	二二六六九五一三七六四
三	○三七一○三九八七	一五九○七九九八六	一四八四八○二二六三	一四一五四三一六○二七
四	○二四一七二三四八	一九六一八三九七三	一四九七七三三九○二	二五六五二○四九九二九
五	○○八二五八五二六	二二○三五六三二一	一五一三六四七七二四	二七一六五六九七六五三
六	損○○八二五八五二六	二二八六一四八四七	一五三○一六四七七六	二八六九五八六二四二九
七	○二四一七二三四八	二二○三五六三二一	一五四六○七八五九八	三○二四一九四一○二七
八	○三七一○三九八七	一九六一八三九七三	一五五九○一○二三七	三一八○○九五一二六四
九	○四七○五三四四六	一五九○七九九八六	一五六八九五九六九六	三三三六九九一○九六○
十	○五四○二○七二二	一一二○二六五四○	一五七五九二六九七二	三四九四五八三七九三二
十一	○五八○○五八一八	○五八○○五八一八	一五七九九一二○六八	三六五二五七五○○○○①

① 梅文鼎本該表結束後的頁末有『大統曆志卷五』，其卷五至此結束。熊賜履本卷三十『曆法四』在該表之後結束。王鴻緒本該表結束後的頁末有『明史稿　志第十二終』，其『曆四下』至此結束。定本該表結束後的頁末有『明史卷三十四終』，其『曆四』至此結束。

步四餘①

紫氣

至後策八千②一百九十四萬九十六分二十三秒。

周積一萬③○千二百二十七日一七九二。

半周積五千一百一十三日五八九六。④

度率二十八日。⑤

日行三分五十七秒一四二九。⑥

黃道宿次⑦	宿度零分并日已下	全日分	各宿入初度積日分⑧
箕九度 二百五十二日	五九 一十六日五二⑨	二百六十八日五二	○分⑩

① 本節內容在小節編排上與《大統曆法通軌》中的《四餘躔度通軌》及邢雲路《古今律曆考》卷五十八「曆法二十三」并不相同，但與朝鮮刊本《七政算內篇》卷下中的「四餘星第七」較爲一致。不過，這并不代表黃百家編撰本節時曾參考《七政算內篇》（雖然也無法排除這種可能性）；可能與上一節「步五星」的情況類似，本節也試圖在形式上效仿《授時曆》，因而才會恰巧與《七政算內篇》類似。相較而言，黃百家本本節內容明顯比《四餘躔度通軌》更爲簡潔。總的來説，本節應爲黃百家根據《四餘躔度通軌》改編而成。梅文鼎本無「步四餘」內容。熊賜履本、王鴻緒本、定本「步四餘」部分內容順序與紹圖本不同，熊賜履本與王鴻緒本首先給出四餘的「周日」與「至後策」數據，作：

「紫氣周日一萬○二百二十七日一七九二。

月孛周日三千二百三十一日九六八四。

羅、計周日六千七百九十三日四四三一。

紫氣至後策一千二百五十六萬五二二四。

月孛至後策二千三百八十四萬一○九二。

羅睺至後策一千六百八十○萬八六○二。

計都至後策五千○七十七萬五八一八。」

定本相應部分給出了四餘的『周日』『周率』『日行分』『至後策』數據，作：

『紫氣周日一萬〇二百二十七日一七九二。

紫氣度率二十八日，日行三分五七一四二九。

紫氣至後策八千一百九十四萬九六二三。

月孛周日三千二百三十一日九六八四。

月孛度率八日八四八四九二，日行十一分三〇一三六一。

月孛至後策一千二百二十萬四六五九。

羅、計周日六千七百九十三日四四三二。

羅、計度率一十八日五九九一〇七七六，日行五分三七六六〇二。

羅睺至後策五千三百三十三萬六二一七。

計都至後策一千九百三十六萬九〇〇一。』

熊賜履本、王鴻緒本、定本然後是推步部分，最後是四餘的相關立成表。後不贅述。

由于不同版本細節差异較多，爲避免注釋過于繁瑣，本節不區分不同版本正文與小注格式的不同以及其他細小差別，如數據末尾是否加『〇』，『一十〇度』與『十度』，『初』與『〇』，等等。

② 紹圖本『千』誤作『十』。

③ 紹圖本『萬』誤作『億』。

④ 熊賜履本、王鴻緒本、定本此處無此數據。

⑤ 熊賜履本、王鴻緒本此處無此數據。

⑥ 熊賜履本、王鴻緒本此處無此數據。

⑦ 熊賜履本、王鴻緒本此處無此表格。定本此表前有標題『紫氣宿次日分立成入算初度』。

⑧ 定本此表各列名称有所差別，依次作『黄道宿整度』『日分』『宿零分』『日分』『全日分』『各宿入初度積日分』。定本『黄道宿整度』及其『日分』兩列對應紹圖本『黄道宿次』一列，『宿零分』及其『日分』對應『宿度零分并日已下』一列。另外，紹圖本此處表格一般日以下僅寫數字，而定本一般保留分位，如紹圖本『二百五十二日一七九二』在定本中作『二百五十二日一十七分九二』；但定本『各宿入初度積日分』一列與紹圖本數據形式相同。下文月孛、羅計相應立成表的情況類似，後不贅述。

⑨ 紹圖本『五二』誤作『二五』。

⑩ 定本『〇分』作『空分』。

斗二十三度	六百四十四日	四七	一十三日一六	六百五十七日一六	九百二十五日六八
牛六度	一百六十八日	九〇	二十五日二十〇分	一百九十三日二〇	一千一百一十八日八八
女一十一①度	三百〇八日	一二	三日三②十六分	三百一十一日三③六	一千四百三十〇日二四
虛九度	二百五十二④日	〇〇六四	初日一七九二	二百五十二日一⑤七九二	一千六百八十二日四一九二
危十五度	四百二十〇日	九五	二十六日六〇	四百四十六日六〇	二千一百二十九日〇一九二
室十八度	五百〇四日	三二	八日九六	五百一十二日九六	二千六百四十一日九七九二
壁九度	二百五十二日	三四	九日五二	二百六十一日五二	二千九百〇三日四九⑥九二
奎十七度	四百七十六日	八七	二十四日三六	五百〇〇〇⑦三六	三千四百〇三日八五九二
娄十二度	三百三十六日	三六	一十〇日〇八	三百四十六日〇八	三千七百四十九日九三九二
胃十五度	四百二十〇日	〇八十一分	二十二日六八	四百四十二日六八	四千一百九十二日六一九二
昴十一度	三百〇八日	〇八分	二日二四	三百一十〇日二四	四千五百〇二日八五九二
畢十度	四百四十八日	〇五十〇分	一十四⑧日〇	四百六十二日〇〇	四千九百六十四日八五九二
觜初度	〇〇〇〇	五分	一日四〇	一日四十〇分	四千九百六十六日二五九二
參一十〇度	二百八十〇日	二十八分	七日八四	二百八十七日八四	五千二百五十四日〇九九二

① 定本「一十一」作「十一」。
② 紹圖本「三」誤作「二」。
③ 紹圖本「三」誤作「二」。
④ 紹圖本「二」誤作「一」。
⑤ 紹圖本此處脱「一」字。
⑥ 紹圖本「九二」前空兩格，缺「四九」二字。
⑦ 定本「〇〇〇」作「〇十〇日」。
⑧ 紹圖本「四」誤作「〇」。

井三十一度	八百六十八日	三①分	初日八四	八百六十八日八四	六千一百二十二日九三九二
鬼二度	五十六日	十一分	三日〇八	五十九日〇八	六千一百八十二日〇一九②二
柳十三度	三百六十四日	空分	〇〇〇〇	三百六十四日〇〇	六千五百四十六日〇一九二
星六度	一百六十八日	三十一分	八日六八	一百七十六日六八	六千七百二十二③日六九九二
張十七度	四百七十六日	七十九分	二十二日一二	四百九十八日一二	七千二百二十日八一九二
翼二十〇度	五百六十〇日	九分	二〇五二	五百六十二日五二	七千七百八十三日三三九二
軫十八度	五百〇四日	七十五分	二十一日〇	五百二十五日〇〇	八千三百八④日三三九二
角十二度	三百三十六日	八十七分	二十四日三六	三百六十〇日三六	八千六百六十八日六九九二
亢九度	二百五十二日	五十六分	一十五日六八	二百六十七日六分	八千九百三⑤十六日三七九二
氐十六度	四百四十八日	四十五分	一十一日二〇	四百五十九日二〇	九千三百九十五日五七九二
房五度	一百四十〇日	四十八分	一十三日四四⑥	一百五十三日四四	九千五百四十九日〇一九二
心六度	一百六十八日	二十七分	七日五六	一百七十五日五六	九千七百二十四日五七九二
尾十七度	四百七十六日	九十五分	二十六日六〇⑦	五百〇二日六〇	一萬〇二百二十七日一七九二

① 紹圖本『三』誤作『二』。
② 紹圖本『九』誤作『六』。
③ 紹圖本『二』誤作『一』。
④ 定本『八』前有『〇』字。
⑤ 紹圖本『三』誤作『五』。
⑥ 定本『四四』誤作『四十八分』。
⑦ 紹圖本『六〇』誤作『〇六』。

紫氣取入宮定積度①

斗三度	○千三百七十四日一五○一②周後少者用此，入丑。③	
女二度	一千一百七十六日六八三二	入子
危十二度	二千○三十六日五○七二	入亥
奎一度	二千九百五十二日○四五六	入戌
胃三度	三千八百五十四日八一八八	入酉
畢六度	四千六百九十五日四○四○	入申
井八度	五千四百八十七日七三九六	入未
柳三度	六千二百九十○日二七二八	入午
張十五度	七千一百五十○日○九六八	入巳
軫十度	八千○六十五日六三五二	入辰
氐一度	八千九百六十八④日四○八四⑤	入卯
尾三度	九千八百○八日九九三六	入寅
斗三度	一萬○六百○一日三二九二周後多⑥者用此，入丑。⑦	

月孛 入箕初度，八年十個月一周天。

至後策一千二百二十○萬四六五九。

周積三千三百三十一日九千六百八十四分。

半周積一千六百一十五日九千八百四二。⑧

度率八日八四九二。⑨

① 熊賜履本、王鴻緒本、定本此處標題作「紫氣交宮積日鈐」。

② 紹圖本此處脱「一」字。

③ 熊賜履本、王鴻緒本「斗三度○千三百七十四日一五○一周後少者用此，入丑」作「斗三百七十四日一五○一　三度入丑」，定本作「斗○千三百七十四日一五○一　三度入丑」；其餘各宿數據格式相同。下文月孛、羅計相應立成表的情況類似，後不贅述。

④ 熊賜履本、王鴻緒本「八」誤作「四」。

⑤ 熊賜履本、王鴻緒本、定本「四」誤作「○」。

⑥ 紹圖本「多」誤作「少」。

⑦ 熊賜履本、王鴻緒本此處小注作「至後策多者用此」。定本此處無此小注，但表後有「至後策少者用前斗下積日，多者用後斗下積日」。

⑧ 熊賜履本、王鴻緒本、定本此處無此數據。

⑨ 熊賜履本、王鴻緒本此處無此數據。

日行一十一日三〇一三六一。①

黄道宿次②		宿度零分并日已下		全日分	各宿入初度積日分
箕九度	七十九日六三六四	五③十九分	五日二二〇六	八十四日八五七〇	空
斗二十三度	二百〇三日五一五四	四十七分	四日一五八八	二百〇七日六七四二	二百九十二日五三一二
牛六度	五十三日〇九一〇	九十〇分	七④日九六三六	六十一日〇五四六	三百五十三日五八五八
女十一度	九十七日三三三四	一⑤十二分	一日〇六一八	九十八日三九五二	四百五十一日九八一〇
虚九度	七十九日六三六四	六十四秒⑥	〇日〇五六七	七十九日六九三一	五百三十一日六七四一
危十五度	一百三十二日七二七四	九十五分	八日四〇六〇	一百四十一日一三三四	六百七十二日八〇七五
室十八度	一百五十九日二七二九	二⑦十二分	二日八三一五	一百六十二日一〇四四	八百三十四日九一一九
壁九度	七十九日六三六四	三十四分	三日〇〇八五	八十二日六四四九	九百一十七日五五六八
奎十七度	一百五十〇日四二四四	八十七分	七日六九八一	一百五十八日一二二五	一千〇七十五日六七九三
婁十二度	一百〇六日一八一九	三十六分	三日一八五五	一百〇九日三六七四	一千一百八十五日〇四六七
胃十五度	一百三十二日七二七四⑧	八十一分	七日一六七三	一百三十九日八九四七	一千三百二十四日九四一四
昴十一度	九十七日三三三四	八分	〇日七〇七九	九十八日〇四一三	一千四百二十二日九八二七
畢十六度	一百四十一日五七五九	五十〇分	四日四二四二	一百四十六日〇〇〇一	一千五百六十八日九八二八
觜〇度	〇〇〇〇〇	五分	〇日四四四二	初日〇四四四二	一千五百六十九日四二五二
參十度	八十八日四八四九	二十八分	二日四七七六	九十〇日九六二五	一千六百六十〇日三八七七

① 熊賜履本、王鴻緒本此處無此數據。
② 熊賜履本、王鴻緒本此處無此表格。定本此表前有標題『月孛宿次日分立成 入箕初度』。
③ 紹圖本『五』誤作『三』。
④ 紹圖本『七』誤作『六』。
⑤ 定本『一』誤作『二』。
⑥ 定本『秒』誤作『分』。
⑦ 紹圖本『三』誤作『二』。
⑧ 紹圖本『一百三十二日七二七四』誤作『一百二十四日六二二十四』。

井三十一度	二百七十四日三〇三三①	三分	〇日二六五四	二百七十四日五六八七	一千九百三②十四日九五六四
鬼二度	一十七日六九七③〇	十一分	〇日九七三三	一十八日六七〇三	一千九百五十三日六二六七
柳十三度	一百一十五日〇三④〇四	〇分	〇〇〇〇	一百一十五日〇三〇四	二千〇百六十八日六五七一
星六度	五十三日〇九一〇	三⑤十一分	二日七四三〇	五十五日八三四〇	二千一百二十四日四九一一
張十七度	一百五十〇日四二四四	七十九分	六日九九〇三	一百五十七日四一四七	二千一百八十一日九〇五八
翼二十度	一百七十六日九六九九	九分	〇日七九六四	一百七十七日七六六二	二千四百五十九日六七二〇
軫十八度	一百五十九日二七二九	七十五分	六日六三六三	一百六十五日九〇九二	二千六百二十五日五八一二
角十二度	一百六日一八一九	八十七分	七日六九八三	一百一十三日八八〇一	二千七百三十九日四六一三
亢九度	七十九日六三六四	五十六分	四日九五五二	八十四日五九⑥一六	二千八百二十四日〇五二九
氐十六度	一百四十一日五七五九	四十〇分	三日五三九四	一百四十五日一一五三	二千九百六十九日一六八二
房五度	四十四日二四二五	四十八分	四日二四七二	四十八日四八九七	三千〇百一十七日⑦六五七九
心六度	五十三日〇九一〇	二十七分	二日三八⑧九一	五十五日四八〇一	三千〇百七十三日一三八〇
尾十七度	一百五十〇日四二四四	九十五分	八日四〇六〇	一百五十八日八三〇四	三千二百三十一日九六八四

月孛取入宫定積度⑨

斗三度	一百一十八日二三八〇周後少者用此，入丑。⑩	女二度	三百七十一日八五二六	入子

① 紹圖本『三』誤作『五』。
② 紹圖本『三』誤作『二』。
③ 定本『七』誤作『六』。
④ 紹圖本『三』誤作『二』。
⑤ 紹圖本『三』誤作『二』。
⑥ 定本『五九』誤作『九五』。
⑦ 紹圖本『三千〇百一十七日』誤作『三千〇一百一十三日』。
⑧ 紹圖本『八』誤作『〇』。
⑨ 熊賜履本、王鴻緒本、定本此處標題作『月孛交宫積日鈐』。
⑩ 熊賜履本、王鴻緒本、定本此處無此小注。

危十二①度	六百四十三日五七二一	入亥	奎一度	九百三十二日八九八三	入戌
胃三度	一千二百一十八②日一九〇五	入酉	畢六度	一千四百八十三日八三〇二	入申
井③八度	一千七④百三十四日二二二二	入未	柳三度	一千九百八十七日八三六八	入午
張十五度	二千二⑤百五十九日五五六三	入巳	軫十度	二千五百四十八日八八二五	入辰
氐一度	二千八百三⑥十四日一七四七	入卯	尾三⑦度	三千〇百⑧九十九日八一四四	入寅
斗三度	三千三百五十〇日二〇六四周後多用此，入丑。⑨				

羅睺 入尾末度，十八年零七月一周天。

至後策五千三百三十五萬六二一七。

計都 入尾末度，十八年零七月一周天。

至後策一千九百三十六萬九千〇百〇一分。

周積六千七百九十三日四千四百三十二分。已下羅、計二星同用。

半周積三千三百九十六日七千二百一十六分。⑩

①紹圖本此處脱『二』字。
②熊賜履本、王鴻緒本『一十八』誤作『一十』，定本誤作『一十〇』。
③紹圖本『井』誤作『牛』。
④紹圖本『七』誤作『八』。
⑤紹圖本『二』誤作『三』。
⑥紹圖本『三』誤作『二』。
⑦紹圖本『三』誤作『二』。
⑧熊賜履本、王鴻緒本、定本此處無『百』字。
⑨熊賜履本、王鴻緒本此處小注作『至後策多者用此』。定本此處無此小注，但表後有『至後策少者用前斗下積日，多者用後斗下積日』。
⑩熊賜履本、王鴻緒本、定本此處無此數據。

度率一十八日五九九一〇七七六。①

日行五分三七六六〇二。②

黃道宿次③		宿度零分并日已下		全日分	各宿入末度積日分
尾十七度	三百一十六日一八四八	九十五分	十七日六六九一	三百三十三日八五三九四〇	空分④
心六度	一百十一日五九四七	二十七分	五日〇二一七	一百一十六日六一六四	四百五十〇日四七〇四⑤
房五度	九十二日九九五五	四十八分	八日九二七六	一百〇一日九二三一	五百五十二日三九三五
氐十六度	二百九十七日五八五七	四十〇分	七日四三九五	三百〇五日〇二五三	八百五十七日四一八八
亢九度	一百六十七日三九二〇	五十六分	十日四一五五	一百七十七日八〇七五	一千〇百三十五日二二六三
角十二度	二百二十三日一八九三	八十七分	一十六日一八一二⑥	二百三十九日三七〇五	一千二百七十四日五九六八
軫十八度	三百一十四日七八四〇	七十五分	一十三日九四九三	三百四十八日七三三三	一千六百二十三⑦日三三〇一
翼二十度	三百七十一日九八二二	九分	一日六七三九	三百七十三日六五六一	一千九百九十六日九八六二
張十七度	三百一十六日一八四九	七十九分	一十四日六九三二	三百三十〇日八七八一	二千三百二⑧十七日八六四三
星六度	一百一十一日五九四七	三十一分	五日七六五七	一百一十七日三六〇四	二千四百四十五日二二四七
柳十三度	二百四十一日七八八四	〇分	〇〇〇〇〇	二百四十一日七八八四	二千六百八十七日〇一三一

① 熊賜履本、王鴻緒本此處無此數據。
② 熊賜履本、王鴻緒本此處無此數據。
③ 熊賜履本、王鴻緒本此處無此表格。定本此表前有標題「羅計宿次日分立成入尾末度」。
④ 定本此處無「分」字。
⑤ 定本「四」誤作「三」。
⑥ 紹圖本「一八一二」誤作「一八三」。
⑦ 紹圖本「三」誤作「一」。
⑧ 紹圖本「二」誤作「一」。

鬼二度	三十七日一九八二①	一十一分	二日〇四五九	三十九日二四四一	二千七百二②十六日二五七二
井三十一度	五百七十六日五七二四	三分	初日五五八〇	五百七十七日一三〇四	三③千三百〇三日三八七六
參十度	一④百八十五日九九一一	二十八分	五日二〇七七	一百九十一日一九八八	三千四百九十四日五八六四
觜〇度	〇〇〇〇	五分	初日九三〇〇	九十三分〇〇	三千四百九十五日五一六四
畢十六度	二百九十七⑤日五八五七	五十〇分	九日二九九五	三百〇六日八八五二	三千八百〇二日四〇一六
昴十一度	二百〇四日五九〇二	八分	一日四八七九	二百〇六日〇七八一	四千〇百八日四七九七
胃十五度	二百七十八日九八七六	八十一分	一十五日〇六五二	二百九十四日〇五一九	四千三⑥百〇二日五三一六
婁十二度	二百二十三日一八九三	三十六分	六日六九五七	二百二十九日八八五〇	四千五百三⑦十二日四一六六
奎十七度	三⑧百一十六日一八四九	八十七分	一十六⑨日一八一一	三百三十二日三六六〇	四千八百六十四日七八二六
壁九度	一百六十七日三九二〇	三十四分	六日三二三七	一百七十三日七一五七	五千〇百三十八日四九八三
室十八度	三百三十四⑩日七八四〇	三十二分	五日九五一六	三百四十〇日七三五六	五千三百七十九日二三三九
危十五度	二百七十八日九八六七⑪	九十五分	一十七日六六九一	二百九十六日六五五八	五千六百七十五日八八九七
虚九度	一百六十七日三九二〇	六十四秒	初日一一九〇	一百六十七日五一一〇	五千八百四十三日四〇〇七

① 紹圖本「二」誤作「一」。
② 紹圖本「二」誤作「一」。
③ 定本「三」誤作「二」。
④ 紹圖本「一」誤作「二」。
⑤ 紹圖本「七」誤作「六」。
⑥ 紹圖本「三」誤作「二」。
⑦ 紹圖本「三」誤作「二」。
⑧ 紹圖本「三」誤作「二」。
⑨ 紹圖本「六」誤作「七」。
⑩ 紹圖本「三十四」誤作「二十七」。
⑪ 紹圖本「六七」誤作「七六」。

女十一度	二百〇四日五九〇二①	一十二分	二②日二三一九	二百〇六日八二三一	六千〇五十日二三二八
牛六度	一百一十一日五九四七	九十〇分	一十六日七三九二	一百二十八日三三二九	六千一百七十八日五五六七
斗二十三度	四百二十七日七七九五	四十七分	八日七四一五	四百三十六日五二一〇	六千六百一十五日〇七七七
箕九度	一百六十七日三九二〇	五十九分	十日九七三五	一百七十八日三六五五	六千七百九十三日四四三二

羅睺計都取入宮定積度③

氐一度	〇千二百七十七日七八一四周後少用此，入卯。④		軫十度	〇千八百三十六日一四二三	入辰
張十五度	一千四百三十五日八一三九	入巳	柳三度	二⑤千〇百⑥四十三日九六三八	入午
井八度	二千六百一十五日一〇⑦五二	入未	畢六度	三千一百四十八日一九一〇	入申
胃三度	三千六百七十四日五〇三〇⑧	入酉	奎一度	四千二⑨百三十二日八六四九	入戌
危十二度	四千八百三十二⑩日五三五五	入亥	女二度	五千四百四十〇⑪日六八五四	入子
斗三度	六千〇百⑫一十一分八二六八	入丑	尾三度	六千五百四十四日九一二六	入寅

① 紹圖本「〇二」誤作「二〇」。
② 紹圖本「二」誤作「五」。
③ 熊賜履本、王鴻緒本此處標題作「羅睺計都交宮積日鈐」，定本作「羅計交宮積日鈐」。
④ 熊賜履本、王鴻緒本、定本此處無此小注。
⑤ 紹圖本「二」誤作「一」。
⑥ 熊賜履本、王鴻緒本此處無「百」字。
⑦ 紹圖本「一〇」誤作「〇一」。
⑧ 紹圖本「〇」誤作「五」。
⑨ 紹圖本「二」誤作「一」。
⑩ 熊賜履本、王鴻緒本「二」誤作「一」。
⑪ 熊賜履本、王鴻緒本此處無「〇」字。
⑫ 熊賜履本、王鴻緒本此處無「百」字。

氐一度　七千〇百七十一日二二四六周後多用此，入卯。①

按②：計都取入宫，于羅睺定③積日上加入半周積，得數減去周後策，餘爲入宫積日分。

推四餘至後及周後策④

置中積，加各餘至後策分，滿周積纍去之，餘即各餘至後策全分。⑤以立成内初末度積日減之，餘爲周後策。假如過至後策餘一日者，用以減宿度零分下日分，爲周後策分。氣、孛順步，羅、計逆推。⑥

推四餘入各宿次初末度積日分⑦

置各⑧餘周後策，加入其年冬至分，滿紀法去之，即各宿次⑨初末度積日。氣、孛爲各宿初，羅、計爲各宿末。⑩以大餘命甲子，即以各餘氣度率纍加之，爲各宿逐度初末分⑪

①　熊賜履本、王鴻緒本此處小注作『至後策多者用此』。定本此處無此小注，但表後有『至後策少者用前氐下積日，多者用後氐下積日』。定本該頁末有『明史卷三十六終』，其『曆六』至此結束。

②　熊賜履本、王鴻緒本、定本此處無此按語。

③　紹圖本『定』誤作『是』。

④　熊賜履本、王鴻緒本、定本將本節分爲兩節，分别爲『推四餘至後策』與『推四餘周後策』。

⑤　『置中積，加各餘至後策分，滿周積纍去之，餘即各餘至後策全分』對應熊賜履本、王鴻緒本、定本『推四餘至後策』一節。熊賜履本、王鴻緒本該節作『置中積，加各餘至元辛巳歲至後策，滿周日去之，即得』；定本該節大體與熊賜履本、王鴻緒本相同，但『加各餘至元辛巳歲至後策』一句無『至元辛巳』。

⑥　『以立成内初末度積日減之，餘爲周後策。假如過至後策餘一日者，用以減宿度零分下日分，爲周後策分。氣、孛順步，羅、計逆推。』對應熊賜履本、王鴻緒本、定本『推四餘周後策』一節。熊賜履本、王鴻緒本該節作『以至後策，減各宿初末度積日分，在立成。即得』，定本作『以至後策，減立成内各宿初末度積日，即得』。

⑦　熊賜履本、王鴻緒本、定本此處無『分』字。

⑧　紹圖本『各』誤作『本』。

⑨　熊賜履本、王鴻緒本、定本『宿次』作『餘』，《四餘躔度通軌》此處亦作『宿次』。

⑩　熊賜履本、王鴻緒本、定本『氣、孛爲各宿初，羅、計爲各宿末』作『紫氣、月孛爲各宿初，羅睺、計都爲各宿末。氣、孛順行，羅、計逆行』，且爲正文格式。

⑪　熊賜履本、王鴻緒本、定本此處無『以大餘命甲子，即以各餘氣度率纍加之，爲各宿逐度初末分』。

推四餘初末度積日①所入月日

以周後策加閏餘，用滿朔策減之，餘即入月已來日數。又視其大餘若干，即前滿紀法去者。即知其某月中直日也，小餘以發斂求之爲時刻。視定朔某甲子爲準，居其年有閏，自閏月各減一月而命之，直至交次年冬至後，始依元月命焉②。

推每日行度③

置各餘初末度積日，氣孛以度率日纍加之，至末度加其宿零日及分，即次宿之初度。羅④計先加其宿零日及分，後以度率日纍加之，即次宿之末度。各以大餘⑤命甲子算外爲日辰，其交次宿，以小餘發斂收之⑥爲時刻。⑦

推交宫⑧

以至後策減各宿交宫積日，餘爲某宫⑨界積日，寄位置⑩。寄位⑪加天正閏餘，滿朔策去之，起十一月至不滿朔策，即所入

① 紹圖本「積日」誤作「即日即」。

② 熊賜履本、王鴻緒本、定本「以周後策加閏餘，……始依元月命焉」作「置各餘周後策，加入天正閏餘，滿朔策減之，起十一月至不滿朔策，即所入月也。其初末度積日，即滿紀法去者。命甲子算外爲日辰，小餘以發斂求之爲時刻。視定朔某甲子，即知入月以來日也」。

③ 熊賜履本、王鴻緒本、定本此處標題作「推四餘每日行度」。

④ 紹圖本「羅」誤作「置」。

⑤ 熊賜履本、王鴻緒本、定本「大餘」前有「其」字。

⑥ 熊賜履本、王鴻緒本、定本此處無「收之」二字。

⑦ 熊賜履本、王鴻緒本此後有「四餘度率日」一節。熊賜履本該節作：

「紫氣二十八日　日行三分五七一四二九

月孛八日八四四八四九二　日行十一分三〇一三六一

羅計一十八日五九九一〇七七六　日行五分三七六〇〇二」。

王鴻緒本該節大體與熊賜履本相同，但紫氣日行分誤作「三分五七一四三九」。

⑧ 熊賜履本、王鴻緒本、定本此處標題作「推四餘交宫」。

⑨ 熊賜履本、王鴻緒本「某宫」作「入某辰宫」，定本作「入某宫」。

⑩ 定本此處無「寄位置」。

⑪ 定本此處無「寄位」二字。

月。置寄位①加冬至分，滿紀法去之爲日辰，小餘發斂爲時刻。視定朔某②甲子，即知交宮日③及時刻。若所得宿次與宮界宿次不同名者，無交宮。假如氣孛黃道宿遇有氐宿，即置氐一度下入宮定積全分，推得某甲子日時交入卯宮。如羅計遇氐宿，却置前宮軫十度下入宮定積全分，推得某日時入辰宮也。餘倣此。④

按⑤：四餘曆，自漢《太初》迄元《授時》皆所不載。其說出于西域《都賴聿斯經》及婆羅門李弼乾始作《十一曜星行曆》，鮑該、曹士蔿嘗業之，上《羅計二隱曜立成曆》，而先是李淳風亦曾作月孛法。五代王朴以羅計爲蝕神首尾，行之民間小曆而已，元統入之《通軌》之末。究之羅睺、計都，乃月道與黃道相交，出入陰陽二曆之處，月孛乃月行轉上之極遲度，并非星也。至于紫氣，并非形象可指，所以識者議廢之。然既爲《大統》所載，茲亦不得而略也。

又按⑥：郭守敬撰進《授時曆》，卷帙甚繁，今《元史》所載，數篇而已，月離一篇尤缺落難通。蓋係纂作諸公不嫻籌策，凡己所不明者概削不存，遂令郭氏精思神明頓失。《大統》既祖述郭氏，茲時剔決根源，補其闕略，而或有謂詳載非史家之體，且有與《元史》重出者，不如刪同節録之爲得也。不知自來曆術一道，最爲繁瑣，故即班書歐史，內多謬訛。西法既行，其立法較中曆之法既便而加精，學士苦繁而樂易，將來郭氏之法必絕傳于後世矣！然郭氏之法周天三百六十五度有奇，黃帝堯舜已來相傳之法也，郭氏又釋回而增美之，忍令其絕傳乎？茲故不惜特⑦書屢書，顯顯焉表而出之者，所以存數千年之大典也。

① 定本「置寄位」作「又置入宮積日」。
② 定本此處無「某」字。
③ 熊賜履本、王鴻緒本、定本此處無「日」字。
④ 熊賜履本、王鴻緒本、定本此處無「若所得宿次與宮界宿次不同名者，……餘倣此。」。此處按語應參考了《崇禎曆書・月離曆指》卷四「論四餘辨天行無紫氣第二十九」中的相關內容。
⑤ 熊賜履本、王鴻緒本、定本此處無此按語。
⑥ 熊賜履本、王鴻緒本、定本此處無此按語。
⑦ 紹圖本「特」誤作「時」。

明史曆志卷七①

姚江耒史黄百家纂②

回回曆法③

明洪武初，大將軍平元都收其圖籍，其中見西域書數百册，言殊字异，無能知者。洪武元年，徵回回司天監太監黑的兒、阿都剌，監丞迭里月實、鄭阿里等，至京議曆。三年，定爲欽天監，設回回科。十五年秋九月癸亥，太祖御奉天門召翰林臣④李翀、吴伯宗，諭之曰：『西域推測天象至爲精密，其緯度之法又中國所未備，宜譯其書，以時批閲。』遂召回回科靈臺郎⑤海答兒、阿答兀丁，大⑥師馬沙亦⑦黑、馬哈麻等，譯之。十八年，西域又獻土盤曆，名經緯度，曆官元統譯漢算。三十一年，罷回回科⑧，隸于欽天監，凡交食淩犯與中曆參校推步。成化六年，具奏修補。十三年，南京欽天監監副貝⑨琳傳⑩之，而書始備。崇禎二年，更

① 南圖本本卷無標題，王鴻緒本本卷標題作『明史稿　志第十五』，定本作『明史卷三十七　志第十三』。
② 南圖本本卷無署名，王鴻緒本本卷署名作『光禄大夫經筵講官明史總裁户部尚書加七級臣王鴻緒奉敕編撰』，定本作『總裁官總理事務經筵講官少保兼太子太保保和殿大學士兼管吏部户部尚書事加六級張廷玉等奉敕修』。
③ 王鴻緒本此處標題作『曆六　回回曆法一』，定本作『曆七　回回曆法一』。本卷主要根據成化貝琳刊本《回回曆法》編撰而成，如無特別説明，則下文各節内容皆取自《回回曆法》，後不贅述。整體而言，黄百家本對《回回曆法》内容進行了改編，較原書更爲簡潔。
④ 南圖本此處無『臣』字。
⑤ 紹圖本『郎』誤作『即』。
⑥ 南圖本『大』誤作『太』。
⑦ 紹圖本『亦』誤作『赤』。
⑧ 按《太祖實録》卷二百五十七，此處『罷回回科』當指洪武三十一年四月罷回回欽天監之事。
⑨ 紹圖本、南圖本『貝』誤作『具』。
⑩ 南圖本『傳』誤作『博』。

設回回曆局①。蓋終有明之代，未嘗②廢其法也③。

積年

起西域阿剌必年，隋開皇己未。下至洪武甲子，計積④七百八十六年。其初法用天元或地元、人元積年。天元又名大元，至隋己未，中積五千二百九十四萬九千八百七十五；地元又名中元，中積二千八百七十五萬七八七五；人元又名小元，中積四百五十六萬五八七五。後廢不用。⑤

① 此處「設回回曆局」之事似未見于其他史籍，其真實性存疑。

② 南圖本「嘗」誤作「常」。

③ 王鴻緒本該段分爲兩部分，後半部分對應黄百家本本段，前半部分對應下文「七曜數」後的按語，該段作：

《回回曆》出西域馬可之地，年號阿喇，其元起于隋開皇十九年己未之歲。其法起于春分白羊戌宮，有閏日，無閏月。以三百六十五日爲一歲，歲十二宮，宮有閏日，凡一百二十八年宮閏三十一日。以三百五十四日爲一周，周十二月，月有閏日，凡三十年月閏十一日，歷千九百四十一年宮月甲子再會。相傳即《唐志》「九執曆」、《元志》「萬年曆」，皆著其名，不載其書。明洪武初，平元都收其圖籍，有西域書數百册，言殊字异，無能知者。十五年秋，太祖召翰林李翀、吴伯宗，諭之曰：「西域推測天象至爲精密，其緯度之法又中國所未備，宜譯其書。」十八年，西域又獻上土盤曆，名經緯度，曆官元統譯漢算，命存監中。與中曆相參考推步，二百七十餘年未嘗廢其法也。」

定本該段作：

《回回曆法》，西域默狄納國王馬哈麻所作。其地北極高二十四度半，經度偏西一百〇七度，約在雲南之西八千餘里。其曆元用隋開皇己未，即其建國之年也。洪武初，得其書于元都。十五年秋，太祖謂西域推測天象最精，其五星緯度又中國所無，命翰林李翀、吴伯宗同回回大師馬沙亦黑等譯其書。其法不用閏月，以三百六十五日爲一歲。歲十二宮，宮有閏日，凡百二十八年而宮閏三十一日。以三百五十四日爲一周，周十二月，月有閏日。凡三十年月閏十一日，歷千九百四十一年宮月日辰再會。此其立法之大概也。

按：西域曆術見于史者，在唐有《九執曆》，元有札馬魯丁之《萬年曆》。《九執曆》最疏，《萬年曆》行之未久，唯《回回曆》設科，隸欽天監，與《大統》參用二百七十餘年。雖于交食之有無深淺，時有出入，然勝于《九執》《萬年》遠矣。但其書多脱誤，蓋其人之隸籍臺官者，類以土盤布算，仍用其本國之書。而明之習其術者，如唐順之、陳壤、袁黄輩之所論著，又自成一家言。以故翻譯之本不行于世，其殘缺宜也。今爲博訪專門之裔，考究其原書，以補其脱落，正其訛舛，爲「回回曆法」著于篇」。

定本從本卷開篇至此的内容應爲梅瑴成所撰，後收入氏著《操縵卮言》，篇名作「《明史》回回曆論」。

④ 王鴻緒本、定本此處無「計積」二字。

⑤ 王鴻緒本、定本此處無此小注。

按①：《回回曆》即古《九執曆》，唐開元六年，詔太史瞿曇②悉達譯之。斷取近距，以開元二年二月爲曆首，度法六十，月有二③十九日，餘七百三分日之三百七十三。曆首有朔虚分百二十六。周天三百六十，無餘分。日去没分，九百分度之十三。二月爲時，六時爲歲，三十度爲相，十二相而周天。望前曰白博④，望後曰黑博，與此小异。

用數

周天十二宮。每宮三十度，共三百六十度。每度六十分，每分六十秒。微纖以下準此⑤。一日九十六刻，每刻十五分⑥。

算法⑦

相乘定數：度乘分得分，度乘秒得秒，度乘微得微，分乘分得秒，分乘秒得微，分乘微得纖，秒乘秒得纖。相除定數：度除分滿法得分，度除秒滿法得秒，度除微滿法得微，分除分滿法得秒，秒除秒滿法得微⑧。凡通分、通秒相乘者，如一度通爲六十分，一分通爲六十秒之類。得⑨數以六十收之。如得六千微，先以六十收之爲六百秒，又以六十收之爲六十分，又以六十收之爲一度。⑩凡算宮度分，滿

① 王鴻緒本、定本此處無此按語。此處按語可能根據周述學《神道大編曆宗通議》卷十三末段論述《九執曆》的内容改編而成。雖然周述學指出該段引自唐順之（唐氏《荆川稗編》卷五十四的『論回回曆』一節即有該段），但其實該段内容更早見載于《新唐書》卷二十八末。

② 紹圖本『曇』誤作『墨』。

③ 紹圖本、南圖本此處衍『二』字。

④ 南圖本『博』誤作『轉』。

⑤ 王鴻緒本『準此』前有『俱』字。

⑥ 王鴻緒本『一日九十六刻，每刻十五分』作『一日二十四時，每時六十分。每日起午正初刻，每刻十五分。其午初四刻屬前日』。定本該段作『天周度三百六十。每度六十分，每分六十秒，微纖以下俱準此。宮十二，每宮三十度。日周分一千四百四十，時二十四，每時六十分。刻九十六。每刻十五分。宮度起白羊，節氣首春分，命時起午正。午初四刻屬前日。』。

⑦ 定本此處無該節。《回回曆法》相應内容位于『推月食法』最末。

⑧ 《回回曆法》對應『分除分滿法得秒，秒除秒滿法得微』的一句作『分除分滿法得度，秒除秒滿法得度』，黄百家本此處表述似有誤。

⑨ 南圖本『得』字破損。

⑩ 紹圖本、南圖本此處小注換算過程明顯有誤，王鴻緒本此處小注作『如得六十微，則以六十收之爲一秒，得六十秒又收之爲一分，得六十分又收之爲一度』。

十二宮者去之，不及減者，加十二宮減之。凡相減，用①減餘之數。

宮分日數②

白羊戌宮三十一日，金牛酉宮三十一日，陰陽申宮三十一日，巨蟹未宮三十二日，獅子午宮三十一日，雙女巳宮三十一日，天秤辰宮三十日，天蝎卯宮三十日，人③馬寅宮二十九日，磨羯丑宮二十九日，寶④瓶子宮三十日，雙魚亥宮三十日。已上⑤十二宮所謂不動之月，凡三百六十五日乃歲周之日也。若遇宮分有閏之年，于雙魚宮加一日，凡三百六十六日。

月分大小

一月大，二月小，三月大，四月小，五月大，六月小，七月大，八月小，九月大，十月小，十一月大，十二月小⑥。已上⑦十二月，所謂動之月也。月大三十日，月小二十九日，凡三百五十四日，乃十二月之日也。遇月分有閏之年，于第十二月內增一日，凡三百五十五⑧日。蓋中曆閏月，此閏日也⑨。

七曜數⑩

日一，月二，火三，水四，木五，金六，土七。中曆紀日用六十甲子，此紀日用七曜。⑪

① 王鴻緒本『用』前有『則』字。
② 定本此處標題作『宮日』，且該節前還有一節『宮數』，內容作：
『宮數
白羊初，金牛一，陰陽二，巨蟹三，獅子四，雙女五，天秤六，天蝎七，人馬八，磨羯九，寶瓶十，雙魚十一。』
③ 紹圖本『人』誤作『入』。
④ 南圖本『寶』誤作『實』。
⑤ 南圖本此處破損，缺『上』字。
⑥ 定本『一月大，……十二月小』作『單月大，雙月小』。
⑦ 定本『已上』作『凡』。
⑧ 紹圖本『五』誤作『爲』。
⑨ 定本此處無『蓋中曆閏月，此閏日也』。
⑩ 定本該節位于『用數』之後，『宮數』之前。
⑪ 定本此處小注作『用七曜紀日，不用甲子』。

按①：《回回曆》出于西域馬可之地，馬哈麻所造也。初與西洋曆同傳于厄日多國，故其立法與西洋本法多同。西人云天下萬國曆法皆傳于上古聖人諾厄②，是中曆亦與西曆同師。顧其事杳渺，未可爲據。中曆推③步起冬至，西曆起春分，以春分之日景，緯度闊而加準也。唐順之曰：『歲之爲義，于文從步，從戌④，白羊宮于辰在戌⑤，豈謂步曆當從戌⑥起與？』周述學曰⑦：『回回曆元起于隋開皇十九年己未，其法常以三百六十五日爲一歲，歲有十二宮，宮有閏日，凡百二十八年閏三十一日。又以三百五十四日爲一周，周有十二月，月有閏日。凡⑧三十年閏十一日，歷⑨千九百四十一年，宮月甲子再會。其白羊宮第一日，日、月、五星之行與中國⑩春正定氣日之宿直同。其用以推步經緯之度，著凌犯之占，曆家⑪以爲最密。』

求宮分閏日 氣⑫之餘日。

置西域歲前積年⑬，減一，以一百五十九乘之，一百二十八年内，閏三十一日，故以總數乘。內加一十五，閏應。以一百二十八屢減

① 此處按語對應王鴻緒本本卷首段前半部分，定本此處無此按語。此處按語應爲黄百家參考周述學《神道大編曆宗通議》卷十三『語録』一節中的相關内容改編而成。
② 『諾厄』即《聖經》中的人物諾亞。
③ 南圖本『推』誤作『雖』。
④ 南圖本『戌』誤作『戍』。
⑤ 南圖本『戌』誤作『戊』。
⑥ 南圖本『戌』誤作『戊』。
⑦ 此處『周述學曰』的内容見載于唐順之《荆川稗編》卷五十四的『論回回曆』一節，以及徐有貞《武功集》卷二的『西域曆書序』，故黄百家此處所言應誤。
⑧ 南圖本『凡』字破損。
⑨ 紹圖本『歷』誤作『曆』。
⑩ 南圖本『國』作『以』。
⑪ 紹圖本『家』誤作『乘』。
⑫ 南圖本『氣』誤作『無』。
⑬ 王鴻緒本此後有小注『此以開皇甲寅爲元，爲己未前五年』。

之，餘不滿之數若在九十六①已上，閏限。其年宮分有閏日，已下無閏日。于除得之數内加五，宮分立成起火三，故須加五。滿七去之，餘即所求年②白羊宮一日七曜。又法：置三十一，以距年乘之，外加十五，以一百二十八除之。③

求月分閏日 朔之餘日。

置西域積年④，減一。⑤以一百三十一乘之，總數乘。内加⑥一百九十四，閏應。以三十爲法屡減之，餘在十八⑦已上，閏限。其年月分有閏日，已下則無。于除得之數滿七去之，月分立成起日一⑧。餘即所求年第一月一日七曜。凡算⑨閏日，有宮分閏日，有月分閏日，注前見。求得加之，或宮月俱有各加之。中曆用⑩太陰年，故閏月；《回回》與西洋本國曆法用太陽年，故閏日。⑪

太陽、五星最高行度⑫隋己未測定。

太陽，二宮二十九度二十一分⑬。土星，八宮十四度四十八分⑭。木星，六宮〇⑮度八分⑯。火星，四宮十五度四分⑰。金

① 定本「六」誤作「七」。
② 紹圖本「年」誤作「于」。
③ 王鴻緒本此處無此小注。定本此處小注作「有閏加一日，後同」。
④ 王鴻緒本、定本「積年」前有「歲前」二字。
⑤ 定本此處小注爲正文格式。
⑥ 南圖本此處脱「加」字。
⑦ 定本「八」誤作「九」。
⑧ 定本此處無此小注。
⑨ 南圖本「算」誤作「再」。
⑩ 紹圖本「用」誤作「月」。
⑪ 王鴻緒本此處無「中曆用太陰年，故閏月；《回回》與西洋本國曆法用太陽年，故閏日」，定本此處無此小注。
⑫ 定本此處無該節。
⑬ 王鴻緒本此後有小注「申」。
⑭ 王鴻緒本此後有小注「寅」。
⑮ 王鴻緒本「〇」作「初」。
⑯ 王鴻緒本此後有小注「辰」。
⑰ 王鴻緒本此後有小注「午」。

星，二宮十七度六分①。水星，七宮六度十七分②。

加次法③

置積日，全積并宮閏所得數。減月閏，内加三百三十一日，己未春正前日。以三百五十四一年數。除之，餘數減④去所加三百三十一，又減二十三，足成一年日數。又減二十四，洪武甲子加次。又減一，改應所損之一日。及⑤實距年己未至今。得數。

又法：以氣積，宮閏并通閏爲氣積。内減月閏，置十一，以距年乘之，外加十四，以三十除之，得月閏數。以三百五十四除之，餘減洪武加次二十四，又減補日二十三，又減改應損一日⑥，得數如前。求通閏，置十一日，以距年乘之。求宮閏前見。

按⑦：加次法係彼科所秘，故諸本皆所不載。然不得其法，此曆無從入門，特訪補之。

求總年零年月日⑧

置加次年，減一，以十一乘之，得數又加十四，以三⑨十分除之。另置加次月日内減所除之數，并入距年，共得總零年月日。

按⑩：不得加次⑪法，凡求總零年月日者皆錯。故此條亦彼科所秘，茲特著明之。假如崇禎二年己巳五月己酉朔，上距曆

① 王鴻緒本此後有小注『申』。
② 王鴻緒本此後有小注『卯』。
③ 《回回曆法》無本節『加次法』與下節『求總年零年月日』，這兩節内容應爲黄百家據其他來源補充。按清代學者李兆洛所言，唐順之《回回曆法議》中有『加次之法』，目前尚無法判斷其與《明史·曆志》中的『加次法』是否相同。
④ 王鴻緒本、定本『減』前有『内』字。
⑤ 『及』疑爲『即』之誤，定本『及』作『爲』。
⑥ 王鴻緒本、定本『損一日』作『損日一』。
⑦ 王鴻緒本、定本此處無此按語。
⑧ 王鴻緒本、定本此處無此節。
⑨ 紹圖本『三』誤作『二』。
⑩ 王鴻緒本、定本此處無此按語。
⑪ 紹圖本『次』誤作『之』。

元己未一千〇三十年，已減一訖①。若不得加次法，不可以求總零年月日也，故須先求加次。置全積第一法。三十七萬五千九百五十日，以距②年乘三百六十五日所得。宮閏二③百四十九日零七十三分，以三十一乘距年，加一五，以一百二十八除之所得。共得積日三十七萬六千一百九十九日零七十三分。減月閏三百七十八日，餘四分，以十一乘距年，加十四，三十除之所得。內加三百三十一日，以三百五十四日除之，得一千〇六十二年，餘二百〇四日。內一減三百三十一日，又減二十三日，再減洪武加次④二十四年，再減癸亥改應所損之一日，再減實距年⑤一千〇三十年，餘得加次⑥七年二百〇三日。約爲六個月又二十六日。求總零年月日，置加次七年，減一，以二十一乘之，得六十六分，加一⑦十四，共八十〇分，以三十分除之，得二日，此七年中閏過之月閏。餘二十分。不用。另置加次月日六個月二十六日，內減此二日，餘六個月二十四日，并入距年及加次年，共得⑧總零⑨年月日一千〇三十七年又六月二十四日。

① 紹圖本「訖」誤作「記」。
② 紹圖本、南圖本「距」誤作「詎」。
③ 紹圖本「二」誤作「三」。
④ 紹圖本、南圖本此處脱「次」字。
⑤ 紹圖本「年」誤作「平」。
⑥ 紹圖本「次」誤作「六」。
⑦ 紹圖本「一」誤作「二」。
⑧ 紹圖本「得」誤作「律」。
⑨ 南圖本「零」字破損。

太陽行度日中行度日行五十九分〇八秒强，最高衝日行一十微弱。①

求最高總度

置西域前②積年，隋己未③。入總年、零年、月分、日分④立成内，各取前年、前月、前日最高行度并之，即最高總度⑤。如⑥求十年則取九年，求十月則取九月，求十日取九日之類，即減一同法⑦。蓋立成中行度，俱本年本月日足數也，如十年竟求十年，則逾數矣。月日義同。後俱⑧仿此。

求最高行度

置求到最高總度，加測定太陽最高行度，二宫二十九度二⑨十一分。即爲⑩所求年白羊宫最高行度。如求次宫，纍⑪加五秒〇六微，求次月加四秒五十六微。太陽距地心⑫極遠點名最高，其云測定者，即爲元之年白羊宫第一日所測距最高度也。五星仿此。⑬

① 王鴻緒本此處小注作『日中行度日行五十九分八秒，最高行日行一十微弱，一月四秒五十六微。按數纍積之，即造日五星總年、零年、月分、宫分、日分五立成内日中行度、最高行度之根也』。定本此處無此按語。
② 王鴻緒本、定本『前』作『歲前』。
③ 定本此處無此小注。
④ 定本『日分』作『日期』。
⑤ 定本此處無『即最高總度』。
⑥ 紹圖本『如』誤作『加』。
⑦ 王鴻緒本此處無『即減一同法』，定本『如求十年則取九年，求十月則取九月，求十日取九日之類，即減一同法』作『如求十年，則取九年之類』。
⑧ 定本此處無『俱』字。
⑨ 南圖本此處破損，缺『二』字。
⑩ 定本此處無『爲』字。
⑪ 紹圖本、南圖本『纍』誤作『星』。
⑫ 南圖本『心』誤作『小』。
⑬ 王鴻緒本、定本此處無此小注。

求中心行度 日平行度。

置積年入總年、零年、月、日立成内，各取日中①行度并之，取法同前。內減一分四秒，即所求年②白羊宫第一日中③行度。求各④宫月日，按每日行度五十九分八秒。纍加之。內減一分四秒，一⑤云西域距中國里差，非是，蓋係己未年之宫分末日度應也。

求自行度

置其日中心行度，減其宫最高行度⑥。即入盈縮曆度⑦，中行度內減歲差之數也⑧。周述學曰⑨：『要求盈縮入曆，何故必減最高？只爲歲差積⑩久，年年欠下盈縮分，故將一個中心行度那一段去補年年欠數，剩下度分方爲所求日行入曆度分。用推盈縮度差者，應得所求盈縮差度。』

求加減差 即盈縮差。

以自行宫度爲引數，入太陽加減立成內，照引⑪數宫度取加減差。是名未定差。以此加減差與下差相減，後度加減差。依比⑫

① 定本『中』作『中心』。
② 王鴻緒本、定本此處無『年』字。
③ 定本『中』作『中心』。
④ 南圖本『各』誤作『合』。
⑤ 定本『一』作『或』。
⑥ 定本此後有『即得』二字。
⑦ 定本『度』後有『也』字，且無之後小注內容。
⑧ 王鴻緒本該小注『即入盈縮曆度，中行度內減歲差之數也』爲正文格式，且無之後小注內容。
⑨ 此處『周述學曰』的內容取自周述學《神道大編曆宗通議》卷十三中的『日食甚入曆』，但該段議論其實爲唐順之所撰，見載于王肯堂《鬱岡齋筆麈》卷三『曆法』。
⑩ 紹圖本『積』誤作『損』。
⑪ 紹圖本『引』誤作『别』。
⑫ 紹圖本、南圖本『比』誤作『此』。

例法，用餘數即立成加減分。通秒①，如一分通爲六十秒。與引數小餘亦通秒②相乘，自行宮度剩下分秒。③得數爲纖，秒乘秒得纖。以六十收之爲微，爲秒，爲分。如④數多，先以六十收之爲微，又以六十收之爲秒，又以六十收之爲分。視前所得未定加減差數較，少于⑤後數者後度加減差。加之，多于後數者減之，是爲加減定差分。如無小餘，竟用未定差爲定差。此查立成大例，後大約準此⑥。

求經度⑦

置其日中心行度，以加減定差分加減之，視定差引數自行宮度，在初宮至五宮爲減差，六宮至十一宮爲加差。即所求經度。黃道度。⑧

太陰行度 中心行度一日行十三度十一分三十五秒，加倍相離度一日二十四度二十二分五十三秒二⑨十二微，本輪行度一日十三⑩度三分五十四秒，羅計中心行度一日三分十⑪一秒。⑫

① 定本「以此加減差與下差相減，後度加減差。依比例法，用餘數即立成加減分。通秒」作「其度下小餘，用比例法，以本度加減差與後度加減差相減，餘數通爲秒」。
② 定本「亦通秒」爲小注格式。
③ 定本此處無此小注。
④ 南圖本「如」誤作「加」。
⑤ 南圖本「于」字破損。
⑥ 定本「此查立成大例，後大約準此」作「後準此」。
⑦ 定本此處標題後有小注「黃道度」。
⑧ 定本「即所求經度。黃道度。」作「即得」。
⑨ 南圖本「二」誤作「三」。
⑩ 南圖本「三」誤作「二」。
⑪ 紹圖本、南圖本此處脱「十」字。
⑫ 定本此處無此小注。王鴻緒本此後有「此造太陰經度總年、零年、宫分、月分、日分五立成之根也」。

求七曜①

置積年入立成内，取總零年、月日下七曜數并之，纍去七數，餘即所求年②白羊宫一日七曜③。如④求次宫者，内加各宫七曜數。如求逐日，纍加一數，滿七去之。求太陽⑤、五星、羅計七曜并準此。

求中心行度 月平行。⑥

置積年入立成内，取總零年、月日下中心行度并之，得數内減一十四分，己未轉應。即所求年白羊宫一日中心行度。如求逐日，纍加日行度。十三度一〇三五。求逐時，每時加一度九分十九秒五十八微。每日十二時數。⑦

求加倍相離度 月體在小輪行度，合朔後，與日相離。

置積年入立成内，取總年、零年、月日下加倍相離度并之，内減二十六分，即所求年⑧白羊宫一日度也。如求逐日，纍加倍離日行度。二十四度二二五三二二，半之，即小輪心⑨離太陽數。

求本輪行度 入轉度⑩。

置積年入立成内，取總零年、月日下本輪行度并之，内減十四⑪分，即所求年⑫白羊宫一日度也。如求各日，纍加本輪日行

① 定本『求七曜』一節在『太陰行度』之前，『求經度』之後。
② 王鴻緒本、定本此處無『年』字。
③ 南圖本『七曜』後有『也』字。
④ 南圖本此處無『如』字。
⑤ 定本『太陽』作『太陰』，因其將『求七曜』一節移至太陽部分最末，故此處做相應修改。
⑥ 定本此處無此小注。
⑦ 定本此處無『求逐時，每時加一度九分十九秒五十八微。每日十二時數』。
⑧ 王鴻緒本、定本此處無『年』字。
⑨ 南圖本『心』誤作『以』。
⑩ 王鴻緒本此處小注作『即月轉白道交黃道度』，定本作『即月轉度』。
⑪ 王鴻緒本、定本『十四』作『一十四』。
⑫ 王鴻緒本、定本此處無『年』字。

度。十三度三分五四。

求第一加減差 又名倍離差。

視①加倍相離宫度，引數②。入太陰第一加減立成内，取加減差。未定差。又與下差相減，得加減分，減餘數。以乘引數小③餘④，倍離剩分。⑤得數爲秒，分乘⑥分。依六十率⑦收之爲分，視後⑧多寡⑨，用加減未定差，視立⑩成差度，少于後一行者加之，多于後一行者減之。⑪得第一差分。

求本輪行定度

置其日本輪行度，以第一差分加減之。視倍離度，前六宫用⑫加；後六宫用⑬減。

① 定本「視」作「以」。
② 定本「引數」作「爲引數」，且爲正文格式。
③ 南圖本「小」字破損。
④ 定本「得加減分，減餘數。以乘引數小餘」作「餘乘引數小餘」。
⑤ 定本此處無此小注。
⑥ 紹圖本「乘」誤作「零」。
⑦ 定本「依六十率」作「以六十」。
⑧ 王鴻緒本「後」作「後度」。
⑨ 定本此處無「視後多寡」。
⑩ 南圖本「立」誤作「定」。
⑪ 王鴻緒本此處小注作「後差多加少減，同求太陽」，定本作「後差多加少減，同太陽」。
⑫ 定本此處無「用」字。
⑬ 定本此處無「用」字。

求第二加減差即①遲疾差。②

以本輪行定度，引數③。入太陰第二加減立成內④，取未定差。與下差相減，用比例法，與引數小餘相乘，六十收之，用加減未定差，法詳前。⑤爲第二加減差分。視引數前六宫減，後加⑥。

求比敷分月與日相離之零數。⑦

以倍離宫度，入第一加減立成內，取比敷分。如⑧倍離零分在三十分以上者，取下度比敷⑨分。

求遠近度

以本輪行定宫度，引數⑩。入太陰第二加減立成內，取遠近度分。未定分。⑪又與下度數相減，以乘引數小餘，依率收之爲分，用加減未定分。法前見。⑫

求泛差定差

置比敷分，以遠近度通分乘之，以六十約之爲分，即泛差。以泛差加入第二加減差，凡一應定差有⑬加無減，各法皆同。⑭即爲加

① 王鴻緒本無『即』字。
② 定本此處無此小注。
③ 定本『引數』作『爲引數』，且爲正文格式。
④ 紹圖本『内』誤作『兩』。
⑤ 定本『與下差相減，……法詳前。』作『依比例法，同前。求得零數加減之』。
⑥ 王鴻緒本、定本此處小注作『視引數，六宫已前爲減差，後爲加差』。
⑦ 定本此處無此小注。
⑧ 王鴻緒本『如』誤作『加』。
⑨ 紹圖本『敷』誤作『數』。
⑩ 定本『引數』作『爲引數』，且爲正文格式。
⑪ 定本此處無此小注。
⑫ 定本『又與下度數相減，……法前見。』作『其引數零分，亦依比例法取之』。
⑬ 紹圖本『有』誤作『自』。
⑭ 定本此處無此小注。

減①定差。

求經度

置其日太陰中心行度，以加減②定差加減之，即太陰經度。視本輪行定度，前六宫減，後加。③

太陰緯度④

求計都與月相離度 入交定度。

置其日太陰經度，内減其日計都行度，即一日行三分十一秒，羅計中心度⑤。即計都與月相離度分。太陰行過交道之度。⑥

求緯

以計都與月相離宫度爲引數，入太陰緯度立成⑦，取其度分。未定度分。又與下度分相減，乘引數小餘，依率收之，用加減未定度分⑧，前六宫加，後減。⑨得緯度分。引數在六宫以前爲黄道北，六宫後⑩黄道南。

求羅計⑪行度

置積年，取總年、零年、月日立成内羅計中心行度⑫并之，爲其年白羊宫一日行度。求各宫各⑬日，以各宫日行度加之。即中

① 定本此處無『加減』二字。
② 定本此處無『加減』二字。
③ 王鴻緒本、定本此處小注作『視本輪行定度，六宫以前減，以後加』。
④ 《回回曆法》『太陰緯度』一節在『五星經度』之後，『五星緯度』之前。
⑤ 定本『即一日行三分十一秒，羅計中心度』作『即羅計中心度』。
⑥ 定本此處無此小注。
⑦ 定本此後有小注『上宫用右行順度，下宫用左行逆度』。
⑧ 南圖本『分』字破損。
⑨ 定本『又與下度分相減，……前六宫加，後減。』作『依比例法求得零分加減之，上六宫加，下六宫減。』
⑩ 定本『後』後有『爲』字。
⑪ 定本『羅計』作『計羅』。
⑫ 定本『取總年、零年、月日立成内羅計中心行度』作『入總年、零年、月日立成内取羅計中心行度』。
⑬ 定本『各』作『一』。

法每①交退天一度四六四一之數。②求其日行度，置十二③宮内減其日計都行度。交常。④如求計都細行⑤，以前後二段行度相減，餘以相距日數除之，爲日差。又置前段計都行度，以日差纍減之，即得計都逐日細行⑥。如求羅睺行度，置其日計都⑦行度内加六宮。羅睺正交，計都中交也。⑧

五星經度 五星自行度，一日土行五十七分有奇，木五十四分，火二十八分，金三十七分，水三度〇⑨六分。⑩五星最高行同太陽。⑪

求最高總度

數同太陽，依前太陽術求之。

求最高行度

置所求本星最高總度，加測⑫定本星最高行度，見前。爲其年白羊宮最高行度。求各宮各日，加各宮日行度。

求日中⑬行度 亦名中心行度。⑭

依太陽術求之。

① 紹圖本『每』誤作『海』。
② 定本此處無此小注。
③ 南圖本『二』誤作『三』。
④ 定本『求其日行度，置十二宮内減其日計都行度。交常。』作『與十二宮相減，餘即所求宮一日計都行度』。
⑤ 定本『細行』前有『逐日』二字，王鴻緒本『細行』後有小注『中交』。
⑥ 定本此處無『即得計都逐日細行』。
⑦ 紹圖本、南圖本『都』誤作『度』。
⑧ 王鴻緒本、定本此處無此小注。
⑨ 王鴻緒本此處無『〇』字。
⑩ 王鴻緒本此後有『此五星自行總年、零年、宮分、月分、日分五立成之根也』。
⑪ 定本此處無此小注。
⑫ 紹圖本、南圖本『測』後衍『度』字。
⑬ 定本『中』作『中心』。
⑭ 定本此處無此小注。

求自行度 合伏一周之度，亦與日相離。①

置積年，入立成總零年、月日下，各取②自行度并之，得其年白羊宮一日自行度。土、木、金三星減一分，水星減三分，火星不減。如求各宮各日，照本星自行度纍加之。水星如自行度遇三宮初度，作五日一段算，至九宮初度，作十日一段算。緯度亦然。

求中心行度小輪心度 即入曆度五星本輪。

土、木、火三星，置太陽中心行度，內③減其星自行度，爲三星中心行度。內又減最高行度，爲三星小輪心度。金、水二星，其中心行度即太陽中心行度，內減其星最④高行度，餘爲其星小輪心度。不及減，加十二宮減，法并同⑤。

求第一加減差 盈縮差。

以其星小輪心宮度爲引數，入本星第一加減立成，取其度分⑥。與下度分相減，餘用比例法與引數小餘相乘，依率收之，用加減前取未定度分⑦。法同太陽、太陰。

求自行定度及小輪心定度

視第一加減差引數，即各星小輪心之宮度。⑧在初宮至五宮，用加減差加自行度，減小輪心度，爲兩⑨定度；在六宮至十一宮，用加減差減自行度，加小輪心度，爲兩⑩定度。

① 王鴻緒本此處小注作『五星去日』，定本此處無此小注。
② 南圖本『取』後衍『取』字。
③ 王鴻緒本、定本此處無『內』字。
④ 南圖本『最』字破損。
⑤ 定本『不及減，加十二宮減，法并同』作『不及減，加十二宮減之』。
⑥ 定本此處無『取其度分』。
⑦ 定本『與下度分相減，……用加減前取未定度分』作『依比例法求之』。
⑧ 定本此處無此小注。
⑨ 王鴻緒本、定本『爲兩』作『各爲』。
⑩ 王鴻緒本、定本『爲兩』作『各爲』。

求第二加減差即①遲疾段下平度之差。②

以其星自行定度，入本星第二加減立成内，取其度分，用比例法加減之。同前。

求比敷分

如土、木、金、水星，以本星小輪心定宫度，入第一加減立成内，本星。③取比敷分。如引數小餘在三十分已上，取下度④比敷分。

如火星，則必用⑤比例法⑥，與下度⑦比敷分相減，以減餘乘小餘，滿六十收之爲秒，用加減前取比敷分。加減法俱同前。⑧

求遠近度

視⑨自行定宫度，入第二加減立成内，取遠近度。又與下⑩度相減，以乘小餘，約之爲分，視多寡數加減之。法前見。⑪

求泛差定差

法同太陰。

求經度

置小輪心定度，以定差加減之，視引數自行定度，在六宫以前加，以後減。内加其星最高行度。

①王鴻緒本『即』作『中法』。
②定本此處無此小注。
③定本此處無此小注。
④王鴻緒本、定本『下度』作『後行』。
⑤紹圖本『用』誤作『同』。
⑥定本『比例法』後有『求之』二字。
⑦王鴻緒本『下度』作『後行』。
⑧定本此處無『與下度比敷分相減，……加減法俱同前。』
⑨定本『視』作『以』。
⑩王鴻緒本『下』作『後』。
⑪定本『又與下度相減，……法前見。』作『依比例法求之』。

求留段

視①其留段小輪心定宮度爲引數，即立成内各星入曆定限。入五星順退留立成内，于同宮近度取本星度分，與前後度②相減③若取得在初宮至六宮，本格與下格④相減；六宮至初宮，本格與上格⑤相減。爲法⑥。又以引數宮度，減立成内同宮近度爲實⑦，通分，以法乘之⑧，用六度除之，立成内每隔六度。六十分收之，順加退⑨減于前取度分，得數與其日自行定度同者即本日留。多者⑩已過留日，少者未到留日。欲得細率，以所得數與其日自行定度相減，餘以各星一日自行度約之，如土星一日自行五十七分有奇之類。即得留日在本日前後數也。土星留七⑪日，其留日前三日、後三日，皆與留日數同。木星留五日，其留日前二日、後二⑫日，與留日數同⑬。火、金、水三星不留，退而即行，行而即退，但于行分極少處爲留耳。

求細行分

土、木、金、火四星，以前後二⑭段經度相減，以相距日除之爲日行分。水星以白羊宮初日經度，又與前一日經度相減，餘爲初日行分。又置前後二段經度相減，餘以相距日除之，爲平行分。與初日行分加減，倍之，以前段前一日與後段相距日數除之，

① 定本「視」作「以」。
② 王鴻緒本、定本「度」作「行」。
③ 南圖本「減」誤作「成」。
④ 王鴻緒本、定本「本格與下格」作「本行與後行」。
⑤ 王鴻緒本、定本「本格與上格」作「本行與前行」。
⑥ 定本此處無「爲法」二字。
⑦ 紹圖本「實」誤作「是」，定本此處無「爲實」二字。
⑧ 定本「通分，以法乘之」作「兩減餘通分相乘」。
⑨ 王鴻緒本、定本「退」作「逆」。
⑩ 王鴻緒本、定本「多者」作「如自行定度多者」。
⑪ 南圖本「七」誤作「之」。
⑫ 南圖本「二」誤作「一」。
⑬ 紹圖本「同」誤作「用」。
⑭ 紹圖本「二」誤作「一」，定本作「兩」。

爲日差。以加減初日行分，初日行分少于平行分加，多減。爲日行分。置①前段經度，以逐日行分順加退減之，爲水②星逐日經度。

求伏見

視各星自行定度，在伏見立成内限度已上者，即五星晨夕伏見也。

五星緯③度求最高總度④行度、中心行度、自行度、小輪心度，并依五星經度術求之。

求自行定度

置自行宫度分，其宫以一十乘之爲度。如⑤一宫，以十乘之得十度。此用約法折算，以造緯度立成。其度以二十乘之爲分，滿六十約之爲度。其分亦以二十乘之爲秒，滿六十約之爲分。并之得數⑥。

求小輪心定度

置小輪心宫度分，其宫以五乘之爲度。如一宫，以五乘之得五度。其度以一十乘之爲分，滿六十約之爲度。其分亦以一十乘之爲秒，滿六十約之爲分。并之⑦。

求緯度

視⑧小輪心定度并⑨自行定度，入本星緯度立成内，兩取一縱一横。得數。以小輪心定度内減立成上小輪心定度，上横行。餘通分爲實。以所得兩取數與後行相減，若遇交黄道者，與後行相并。餘爲法乘之⑩，以立成上小輪心度纍加數除之，如土星上横行小輪

① 定本『置』作『五星各置』。
② 『水』疑爲『本』之誤，定本『水』作『各』。
③ 紹圖本『緯』誤作『縮』。
④ 王鴻緒本、定本此處無『度』字。
⑤ 紹圖本、南圖本『如』誤作『加』。
⑥ 定本『得數』作『即得』。
⑦ 定本『并之』後有『即得』二字。
⑧ 定本『視』作『以』。
⑨ 定本『并』作『及』。
⑩ 定本『以小輪心定度内減立成上小輪心定度，……餘爲法乘之』作『與後行相減。若遇交黄道者，與後行相并。又以小輪心定度與立成上小輪心定度相減，上横行。兩減餘相乘』。

心度每隔三度，火星每隔二①度之類。滿六十收之爲分，用加減兩②取數，多于後行減，少加。若遇交黄道者，即後行數多亦減。寄左。又③以自行定度內減立成上自行④定度⑤，首⑥直行。餘爲實⑦。以⑧兩取數與下行相減，若遇交黄道者，與下行并。餘爲法乘之⑨，以立成上自行度纍加數除之，如土星直行，自行度每隔十度，火星每隔四度之類。收之爲分。與前寄左數相減⑩，如兩取數多于下行者減，少加⑪。若遇交黄道者，所得分多于⑫寄左數，置所得分內減寄左數，餘爲交過黄道南北分也。即得⑬黄道南北緯度⑭分。

求緯度細行分

置其星前段緯度，與後段緯度相減，餘以相距日除之，爲日差。置前段緯度，以日差順加退減，即逐日緯度分⑮。

① 紹圖本『二』誤作『三』。
② 紹圖本『兩』誤作『而』。
③ 定本『又』作『復』。
④ 紹圖本、南圖本此處脱『行』字。
⑤ 定本『內減立成上自行定度』作『與立成上自行定度相減』。
⑥ 紹圖本『首』誤作『有』。
⑦ 定本此處無『餘爲實』。
⑧ 定本『以』前有『又』字。
⑨ 定本『餘爲法乘之』作『兩減餘相乘』。
⑩ 定本『減』作『加減』。
⑪ 紹圖本『加』誤作『九』。
⑫ 南圖本此處破損，缺『于』字。
⑬ 南圖本『得』字破損。
⑭ 王鴻緒本、定本『度』作『定』。
⑮ 定本此後有小注『按緯度前段少于後段者，以日差順加退減。若前段多于後段者，宜以日差順減退加。非可一例也』。

求前後①段至中間交黄道②

置③其星前後段緯度并之，以相距日除之，爲日差。置前段緯度，以日差纍減之，至不及減者，于日差内減之，餘以日差纍加之，即得星離黄道數④。

推日食法⑤日食諸數，如午前合朔，用前一日數推，午後合朔用次日數推。

辨日食限

視合朔太陰緯度，在黄道南四⑥十五分已下，黄道北九十分已下，爲有食。若合朔在⑦晝，則全見食。若合朔在日未出三時西域小時。⑧及日已入十五分，一時四分之一。皆有帶食。餘⑨合朔在夜刻者不算。

求食甚泛時 即合朔。

置午正太陰行過太陽度，求法見後月食太陰逐⑩時行過太陽分。通秒，以二十四乘之爲實。置太陰日行度，減太陽日行度，通秒爲法。置實⑪滿法⑫除之爲時，時下零數以六十通之爲分，分下零數以六十通之爲秒，三十秒以上收爲一分，六十分收爲一時，

① 王鴻緒本此處無『後』字。
② 定本將本節内容合并至『求緯度細行分』一節，續接『即逐日緯度分』之後小注，故此處無標題。
③ 定本該句前有『若前後段南北不同者』。
④ 定本『星離黄道數』作『逐日緯度』。
⑤ 《回回曆法》『推日食法』一節在『太陰五星凌犯』之後。
⑥ 紹圖本『四』誤作『西』。
⑦ 定本『在』作『爲』。
⑧ 定本此處無此小注。
⑨ 定本『餘』作『若』。
⑩ 紹圖本『逐』誤作『逆』。
⑪ 南圖本『實』誤作『日』。
⑫ 定本此處無『置實滿法』。

共爲食甚泛①時。

求合朔太陽度②

以食甚泛時通分，以太陽日行度通秒乘之，以二十四除之爲微，滿六十約之爲秒、爲分，用加減午正太陽度，午前合朔減之，午後加之。即③合朔時太陽度④，即食甚日躔黄道度⑤。

求加減分

視合朔時太陽宮度，入晝夜加減立成内，取加減分。未定分。⑥又與後行相減，餘以乘太陽小餘，得數爲纖，滿六十收之爲微⑦、爲秒，用加減未定分。後行多加，少減，法詳前。⑧

求子正至合朔時分秒 即定朔定刻分。⑨

置食甚泛時，以加減分加減之，午前合朔減，午後加。用加減十二時，午前合朔用減十二時，午後用加十二時。即子正至合朔時分秒⑩。

求第一東西差 經差。

視合朔時太陽宮，在立成經緯時加減立成。右七宮取上行時，順行。在左七宮取下行時，逆行。視⑪子正至合朔時取經差，未定

① 紹圖本「泛」誤作「之」。
② 王鴻緒本、定本「度」作「經度」。
③ 王鴻緒本、定本「即」作「得」。
④ 定本「度」作「經度」。
⑤ 定本「即食甚日躔黄道度」爲小注格式。
⑥ 定本此處無此小注。
⑦ 南圖本「微」字破損。
⑧ 定本「又與後行相減，……後行多加，少減，法詳前」作「依比例法求之」。
⑨ 王鴻緒本、定本此處無此小注。
⑩ 定本此後有小注「按命時起子正，乃變其術以合《大統》，非其本法也」。
⑪ 定本「視」作「以」。

差。①又取次一時經差相減，餘通秒，以乘合朔時下小餘，亦通秒。得數爲纖，依六十率收爲微、爲秒、爲分，用加減未定經差，次時少者減，多者加。②爲第一東西差。經緯時加減立成，右七宮自未之半至午巳辰卯寅及丑③之半，左七宮④自丑之半至子亥戌酉申及未之半。⑤

求第二東西差

視合朔時太陽宮在立成某宮⑥，同上。又取次一宮，又視子正至合朔時取經⑦差⑧。未定差。又取次一時內⑨經差相減，餘通秒，以乘⑩合朔時下小餘，亦通秒。得數亦爲纖，以六十收爲微、秒、分。以加減未定經差，爲第二東⑪西差⑫。

求第一南北差 緯差⑬。

以合朔時太陽宮及子正至合朔時入立成內，同上⑭。取緯差，未定差。⑮與次一時緯差相減，餘通秒，以乘合朔小餘，得數收之，以加減未定緯差，法同上。⑯爲第一南北差。

① 定本此處無此小注。
② 定本『又取次一時經差相減，……次時少者減，多者加。』作『依比例法求之，止用時下小餘求之，下同。』。
③ 紹圖本『丑』誤作『日』。
④ 紹圖本『宫』誤作『名』。
⑤ 王鴻緒本、定本此處無此小注。
⑥ 王鴻緒本、定本『某宫』作『内』。
⑦ 南圖本『經』作『經度』。
⑧ 王鴻緒本『又取次一宫，又視子正至合朔時取經差』作『于次宫取子正至合朔時經差』。
⑨ 王鴻緒本『次一時内』作『次宫次一時』。
⑩ 紹圖本『乘』誤作『求』。
⑪ 紹圖本『東』誤作『乘』。
⑫ 定本『又取次一宫，……以加減未定經差』作『取次宫子正至合朔時經差，依比例法求之』。
⑬ 南圖本『差』誤作『度』。
⑭ 南圖本此處破損，缺『上』字。
⑮ 定本此處無此小注。
⑯ 定本『與次一時緯差相減，……法同上。』作『依比例法求之』。

求第二南北差

視①合朔太陽宮，取次宮，又視子正至合朔時取緯差②，未定差。③與次一時緯差相減，乘合朔小餘，俱通秒。得數收之，以加減未定緯差④，爲第二南北差。

求第一時差

以合朔太陽宮及自子正至合朔時入立成，取時差，與次一時時差相減，以乘合朔小餘，得數爲微，依率收之，以加減⑤未定時差，爲第一時差。法詳求東西差内。⑥

求第二時差

以合朔太陽宮，于次宮視子正至合朔時，取時差，又取次一時時差相減，乘合朔小餘，得數爲微，收之，以加減未定差，爲第二時差。法詳前。⑦

求合朔時東西差

以第一東西差與第二東西差相減，餘通秒，以乘合朔時太陽度分，亦通秒。以三十度除之爲纖，依六十率⑧收之爲微、爲秒、爲分，以加減第一東西差，視⑨第一東西差數少于第二差者加之，多者減之⑩。爲合朔時東西⑪差。

① 王鴻緒本、定本『視』作『以』。
② 王鴻緒本『取次宮，又視子正至合朔時取緯差』作『于次宮視子正至合朔時取緯差』，定本作『取次宮子正至合朔時緯差』。
③ 定本此處無此小注。
④ 定本『與次一時緯差相減，……以加減未定緯差』作『依比例法求之』。
⑤ 南圖本『減』字破損。
⑥ 定本該段作『以合朔太陽宮及子正至合朔時，入立成取時差，依比例法求之』。
⑦ 定本該段作『以合朔太陽宮，取次宮子正至合朔時時差，依比例法求之』。
⑧ 定本『依六十率』作『以六十』。
⑨ 南圖本『視』誤作『問』。
⑩ 定本此後有『下同』二字。
⑪ 紹圖本『西』誤作『南』。

求合朔時南北差

以第一南北差與第二南北差相減，餘通秒，以乘太陽度分，以三十除之爲纖，依率收之爲微、秒、分，以加減第一南北差，爲合朔時南北差。法同東西差。①

求合朔時差

第一②、第二兩時差相減，乘太陽度分，以三十除之，依數收③之，用加減第一時差，爲合朔時差。法同東西差。④

求合朔時本輪行度

以本輪日行度一十三度四分。通分，以乘食甚泛時，亦通分。以二十四除之爲秒，依六十⑤率收⑥爲分度⑦，以加減午正本輪⑧行度，午前減，午後⑨加。爲合朔時行度。

求比敷分

視上本輪行度入立成，太陽太陰晝夜時行影徑分立成。于同宮近度取太陰比敷分，未定分。與次行比敷分相減爲法。又置引數本輪行度，減立成宮度，上行太陰宮度。通分，以法乘之爲微，以六度除之，相隔六度。滿六十爲秒，以加減未定分。次行少者減，多者加。⑩

① 定本此處無此小注。
② 王鴻緒本、定本「第一」前有「以」字。
③ 紹圖本「收」誤作「以」。
④ 定本此處無此小注。
⑤ 定本此處無「六十」二字。
⑥ 王鴻緒本、定本「收」作「收之」。
⑦ 定本「度」前有「爲」字。
⑧ 南圖本「輪」字破損。
⑨ 南圖本「後」誤作「前」。
⑩ 定本該段作「以本輪行度入立成，太陽太陰晝夜時行影徑分立成。取同宮近度太陰比敷分，依比例法求之」。

求東西定差

置合朔時東西差通秒爲實①，以比敷分通秒爲法②，乘之爲纖，依六十收之爲微、爲秒、爲分，以加合朔東③西差，有加無減。爲定④差。

求南北定差

法同求⑤東西定差。

求食甚定時 即食甚定分。

視其日合朔時太陽度，在立成經緯時加減立成。左七宮，一百六十度已下，又爲六十限已下。⑥其時差黑字減、白字加，在右七宮，一百八十度已上，又爲六十限已上。⑦白字減、黑字加，皆加減于子正至合朔時，得數命起子正減之，如午後合朔，內減十二時，命起午正減之。⑧得某時初正。餘通爲秒，以一千乘之，以一百四十四除之，六十分爲一時，每日一千四百四十分，故以千乘之，以⑨一四四除之。以六十約之，滿百爲刻，即食甚定時。按：經緯時加減立成于時差獨分黑白字，以識加減，此係後日陳星川所修改也。考《回回》原法，其食甚⑩時，時差加減必先視定朔小餘分。如在半日周五千分已下，則所得時差以減子正至合朔時分秒，爲食甚定時；如定朔小餘在半日周五千分已上，將時差加子正至合朔時分秒，爲食甚定時，不必分黑白字也。⑪

① 定本此處無『爲實』二字。
② 定本此處無『爲法』二字。
③ 紹圖本『東』誤作『乘』。
④ 南圖本『定』字破損。
⑤ 定本此處無『求』字。
⑥ 定本此處無此小注。
⑦ 定本此處無此小注。
⑧ 定本此處無此小注。
⑨ 王鴻緒本、定本『以』前有『又』字。
⑩ 紹圖本『甚』誤作『某』。
⑪ 定本此處無此小注。

求食甚太陰經度

于合朔太陽經度内，加減東西定差，即得食甚太陰經度。其加減視食甚定時時差加減。

求合朔計都度

置食甚泛時通分，以羅計①日行度三分一十一秒。通秒一百九十一秒。②乘之，以二十四除之爲微，滿六十收之爲秒、爲分，以加減其③日午時計都行度，羅計逆行，午前合朔加，午後減。爲合朔時計都度。

求太陰④緯度

食甚時太陰經度内減⑤合朔時計都度，餘爲計都與月相離度，入太陰緯度立成，即得黄道南北緯度分⑥。

求食甚太陰緯度

南北定差内加減合朔時太陰緯度，在黄道南加，北減。得食甚緯度。

求合朔時太陽自行度

通太陽中行度五十九分八秒。爲三千五百四十八秒⑦，以乘食甚泛時，亦通分。用二十四除之，得數爲微，滿六十收之爲秒、爲分，以加減其日午正自行度，午前合朔減，午後加。得合朔自行度。

求太陽徑分

以合朔太陽自行度爲引數，入立成影徑分立成。内同宫近度，取太陽徑分，以與次行徑分相減爲法。又以引數宫度減立成内同宫近度，宫度通秒爲實相乘，以六度除之爲纖，以六十收之爲微、爲秒，以加減先取徑分。加減法詳前。⑧

①王鴻緒本、定本『羅計』作『計都』。
②定本此處無此小注。
③南圖本『其』字破損。
④王鴻緒本、定本『太陰』前有『合朔』二字。
⑤王鴻緒本、定本『減』作『加減』。
⑥定本『即得黄道南北緯度分』作『取之』。
⑦定本『通太陽中行度五十九分八秒。爲三千五百四十八秒』作『用太陽日行度五十九分八秒。通秒』。
⑧定本『以與次行徑分相減爲法。……以加減先取徑分。加減法詳前。』作『依比例法求之』。

求太陰徑分

以合朔時本輪行度爲引數，入立成同上。內同宫近度，取太陰徑分，與次行徑分相減爲法。又以引數宫度減立成內同宫近度，宫度通分爲實相乘，以六除之爲微，以六十收之爲秒，以加減先取徑分。加減法詳前。①

求二半徑分

并太陽、太陰兩徑分，半之。名二徑折半分。②

求太陽食限分

置二半徑分，內減食甚太陰緯度，餘爲太陽食限。如不及減者，不食③。

求太陽食甚定分

以太陽食限分通秒，以一千④乘之爲實，以太陽徑分通秒爲法除之，以百約之爲分，爲日⑤食甚定分。此日食分秒，非天度分秒，故不用⑥六十收。⑦

求時差 即定用分。

食甚太陰緯度通秒自乘，二半徑分亦通秒自之⑧，以減緯度自乘數⑨，餘以平方開之，以二十四乘之爲實，以其日太陰日行度內減太陽日行度通分爲法。實如法而一，得數爲分，滿六十分爲一時，爲時差。

① 定本「入立成同上。內同宫近度，……以加減先取徑分。加減法詳前。」作「入立成同上。內取同宫近度太陰徑分，依比例法求之」。
② 定本此處無此小注。
③ 定本此後有「如太陰無緯度者，食既。如太陰無緯度而日徑大于月徑者，食有金環」。
④ 南圖本「千」誤作「十」。
⑤ 定本「日」作「太陽」。
⑥ 南圖本此處破損，缺「用」字。
⑦ 定本此處無此小注。
⑧ 紹圖本「之」誤作「乏」，南圖本、王鴻緒本、定本「之」作「乘」。
⑨ 定本「以減緯度自乘數」作「兩自乘數相減」。

求初虧

置食甚定時，内減定用①時差，餘時命起子正減之，得初正時。餘分通秒，以一千乘之，以一百四十四除之，以六十約之，滿百②爲刻，爲初虧時刻。

求復圓

置食甚定時，内加定用③時差，命起子正減之，得初正時。餘分通秒，以一千乘之，以百④四十四除之，以六十約之，滿百爲刻，爲復圓時刻⑤。

求初虧、食甚、復圓方位

太陽凡食八分以上，初虧正西，食甚正南，復圓正東。若八分以下，視食甚太陰緯度在黄道北者，初虧西北，食甚正北，復圓東北；在黄道南，初虧西南，食甚正南，復圓東南。如食甚太⑥陰無緯度，太陰徑分與太陽徑分等者，全食；太陰徑分多于太陽者，食既；少于太陽者，其食有金環。⑦

推月食法 月食諸數，午前望，用前一日推，午後望用次日⑧推。

辨月食限

視望日太陰經度與羅睺或計都度相離一十三度之内，太陰緯度在一度八分之下，爲有食。又視合望在太陰未⑨出二時⑩、

①　定本此處無「定用」二字。
②　南圖本「百」字破損。
③　定本此處無「定用」二字。
④　王鴻緒本「百」作「一百」。
⑤　定本「命起子正減之，……爲復圓時刻」作「命起子正，如初虧法，得復圓時刻」。
⑥　南圖本「太」誤作「八」。
⑦　定本該段僅作「與《大統》法同」。
⑧　王鴻緒本、定本「次日」作「次一日」。
⑨　紹圖本「未」誤作「求」。
⑩　南圖本「二時」誤作「時二」。

未入二時，其限有帶食。其在二時已上者不算。

求食甚泛時 即經望。

置其日太陰經度内減六宫，如不及減，加十二宫減。以減其日①太陽度爲午前望。如不及減者，置其日太陽度，加入六宫内減其日太陰經度，爲午後望。②置相③減餘數通秒，以二十四乘之爲實。置其日太陰經度，内減前一日太陰經度，若在午後望者，減後一日太陰經度。餘爲太陰日行度。又置其④日午正太陽度，内減前一日午正太陽度，若在午後望者，減後一日太陽度。餘爲太陽日行度。以減太陰日行度⑤，餘通秒爲法，除實，得數爲時。其時下餘數以六十通之爲分⑥，分下餘數以六十通之爲秒⑦，即爲⑧所求食甚泛時。

求食甚月離黄道宫度分⑨

置食甚泛時，又置求到⑩太陽日行度，俱通⑪秒相乘，以二⑫十四除之，得數爲纖，滿六十收之爲微、爲秒、爲分，以加減其⑬午正太陽度，午前望減，午後望加。餘⑭爲望時太陽度，加六宫即⑮所求。

① 定本「日」後有「午正」二字。
② 定本此處小注作「如太陽度不及減，加入六宫減之，爲午後望」。
③ 南圖本「相」字破損。
④ 紹圖本「置其」誤作「其置」。
⑤ 定本「以減太陰日行度」作「兩日行度相減」。
⑥ 定本「分」作「分秒」。
⑦ 定本此處無「分下餘數以六十通之爲秒」。
⑧ 定本此處無「爲」字。
⑨ 定本此處無「分」字。
⑩ 定本「又置求到」作「與」。
⑪ 南圖本此處破損，缺「通」字。
⑫ 紹圖本、南圖本「二」誤作「三」。
⑬ 王鴻緒本、定本「其」後有「日」字。
⑭ 定本此處無「餘」字。
⑮ 王鴻緒本、定本「即」後有「得」字。

求晝夜加减差

以望時太陽宫度爲引數，入晝夜加减立成内，取加减分。未定分。①與下度加减分相减，以乘引數小餘，俱通秒。得數爲纖，依率收爲微、秒，以加减未定分，得加减分②。

求食甚定時

置食甚泛時，以晝夜加减差加减之，午前望减，午後加。得數用加减一十二時，如午後望加十二時，起子正减之；午前望减十二時，起子正加之。得初正時③。其小餘通秒，以一千乘之，以一百四十四除之，得數爲微，滿六十爲秒，以百約之爲刻④，得⑤定時。

求望時計都度

置食甚泛時通秒爲實，以羅計⑥度三分一十一秒。通秒乘之，以二十四除之，得數爲纖，以六十收之爲微、爲秒、爲分，用加减其日午正羅計⑦行度，羅計逆行，午前望加，午後望减⑧。即望時行度⑨。

求望時太陰緯度

置食甚月⑩離黄道度，内减望時羅計⑪度⑫，爲⑬計都與月相離度，入太陰緯度立成，得黄道⑭南北初度分秒⑮。

① 定本此處無此小注。
② 定本『與下度加减分相减，以乘引數小餘，……得加减分』作『依比例法求之』。
③ 定本『如午後望加十二時，起子正减之；午前望减十二時，起子正加之。得初正時』作『如午後望加十二時，午前望與十二時相减。命起子正，得初正時』。
④ 定本『其小餘通秒，……以百約之爲刻』作『其小餘，如法收爲刻，法詳日食。』。
⑤ 南圖本『得』作『是』。
⑥ 王鴻緒本、定本『羅計』作『計都』。
⑦ 王鴻緒本、定本『羅計』作『計都』。
⑧ 南圖本『减』誤作『加』。
⑨ 定本『即望時行度』作『即得』。
⑩ 南圖本『月』誤作『用』。
⑪ 王鴻緒本、定本『羅計』作『計都』。
⑫ 王鴻緒本、定本此後有小注『如不及减，加十二宫减』。
⑬ 王鴻緒本、定本『爲』前有『餘』字。
⑭ 紹圖本『道』誤作『通』。
⑮ 定本『得黄道南北初度分秒』作『取之』。

求望時①本輪行度 即定望太陰②入遲疾曆。

置太陰本輪日行度，十三度四分。通分，以食甚泛時通秒乘之，以二十四除之爲微，以六十收之爲秒、爲分、爲度，用加減其日午正③本輪行度，午前望減，午後加。即望時本輪行度④。

求太陰徑分

法詳日食求太陰徑分，但此以望時本輪行宮度入影徑分立成求之。⑤

求太陰影徑分

以望時本輪行宮度，入立成取影徑分即是⑥。

求望時⑦太陽自行度

以太陽日行度五十九分八秒。與⑧食甚泛時俱通秒相乘，以二十四除之，得數爲纖，滿六十收之爲微、爲秒、爲分，以加減其日午正太陽自行度。法同日食求⑨太陽經度。

求影徑減差

以其日太陽自行宮度爲引數，入影徑立成内，于同宮近度取太陰影徑差分。以與後分相減爲法，又以引數宮度減立成宮度，通分相乘，以六除之得微，以六十收之爲秒，用加減先取未定分，爲減差分⑩。法詳前。

① 南圖本『時』字破損。
② 定本此處無『定望太陰』。
③ 紹圖本『正』誤作『立』。
④ 定本『即望時本輪行度』作『即得』。
⑤ 定本該段作『以望時本輪行宮度入影徑分立成求之。法詳日食。』。
⑥ 定本『入立成取影徑分即是』作『入影徑分立成取之』。
⑦ 南圖本『時』字破損。
⑧ 紹圖本『與』誤作『無』。
⑨ 紹圖本『求』誤作『未』。
⑩ 定本『以與後分相減爲法，……爲減差分』作『依比例法求之』。

求影徑定分

置太陰影徑分，内減影徑減差分。

求二半徑分

置太陰徑分，加①影徑定分，半之。名二徑折半分。②

求太陰食限

置二半徑分，内減望時太陰緯度。如不及減，不食。

求食甚定分

置食限分，通秒，以一千乘之爲實，以太陰徑分通秒爲法除之，以百約之爲分，爲食甚定分。此月食分秒，非天度分秒，故不用六十收。③

求太陰逐時行過④太陽分

置太陰望時經度，減前一日太陰經度，又置望時太陽自行度，減前一日太陽自行度，以兩餘數相減，爲⑤太陰晝夜行過太陽度。通秒以二十四除之，滿六十收之，得逐時行過太陽分。

求時差

以太陰緯度分，通秒自乘，減二半徑通秒自乘數，平方開之爲實，同日食。⑥以太陰⑦行過太陽度通秒爲法除之，其小餘以六十通之爲分、爲秒，即時差⑧。即初虧至食甚定用分。

① 南圖本『加』誤作『如』。
② 定本此處無此小注。
③ 定本此處無此小注。
④ 南圖本『過』誤作『之』。
⑤ 南圖本『爲』字破損。
⑥ 定本『平方開之爲實，同日食。』作『餘開平方爲實』。
⑦ 南圖本『太陰』誤作『太陽』。
⑧ 定本『其小餘以六十通之爲分、爲秒，即時差』作『得數即時差』。

求初虧①

置食甚定時内減時差，午前望，命起子正減之，午後望，命起午②正減之，得初正時。其小餘通秒，以一千乘之，以一百四十四③除之，滿六十收之，又以一百約之爲刻，得幾刻幾十幾秒。午後望者，食甚定時内減十二時用初虧，食既、生光、復圓同。

求復圓④

置食甚定時内加時差，餘法同上。

求食既食甚加減差⑤

置二半徑分，減太陰徑分，通秒自乘，又置望時⑥太陰緯度亦通秒自乘，相減，以⑦平方開之爲實，以太陰逐時行過太陽度通秒爲法除之，得數以六十通之爲分，其分下小餘以六十通之爲秒，即爲食既至食甚加減時差⑧。暗虚大于月體，故有食既食甚之分。⑨

求食既生光時刻

食甚定時内減食既至食甚加減時差，爲食既時刻；　食甚定時内加食既至食甚加減時差，爲生光時刻⑩。

① 定本『求初虧』『求復圓』二節合并，作：
『求初虧復圓時刻
以時差減食甚定時，得初虧時刻。加食甚定時，得復圓時刻。其命時收刻之法，并同日食』。
② 紹圖本『午』誤作『子』。
③ 南圖本此處破損，缺『四』字。
④ 王鴻緒本此處無『求復圓』一節。
⑤ 定本此處標題作『求食既至食甚時差』。
⑥ 定本此處無『望時』二字。
⑦ 定本此處無『以』字。
⑧ 定本『得數以六十通之爲分，其分下小餘以六十通之爲秒，即爲食既至食甚加減時差』作『得數即時差』。
⑨ 王鴻緒本、定本此處無此小注。
⑩ 定本該段作『以食既至食甚時差減食甚定時，爲食既時刻。加食甚定時，爲生光時刻』。

求初虧、食甚、復圓方位

視月食，若食既者，初虧正東，復圓正西。若①不食既者，望時太陰緯度在黄道南，初虧東北，食甚正北，復圓西北；緯度在黄道北，初虧東南，食甚正南，復圓西南②。

求日出入時

視其日③午正太陽經度，引數④。入西域晝夜時立成，取其度分，未定分。與後行度分相減，通分爲法，以引數小餘通秒爲實，乘⑤之得微，以六十收之爲秒、爲分，加未定分⑥。又于引數相對宫度内取其度分，如初宫三度，向六宫三度取之，是爲後未定分⑦。與後行度分相減，依前通分，以小餘通秒乘之，收之爲秒、爲分，加後⑧未定分⑨。兩未定分相減，不及減，加三百六十度減。以減⑩餘通秒，用十五除之，六十收之爲分、爲時，得其日晝時分秒，半之爲其日半晝時分秒。置十二時内減半晝時分秒，餘爲日出時分秒；又置十二時内加半晝時分秒，即爲日入時分秒⑪。

求日月⑫出入帶食分秒

視其日日出時分秒，并日入時分秒，較多于初虧時分秒、少于食甚⑬及復圓時分秒者，即有帶食。置其日日出時或日入時，

① 南圖本『若』誤作『其』。
② 定本該段僅作『與《大統》法同』。
③ 定本『視其日』作『以』。
④ 定本『引數』作『爲引數』，且爲正文格式。
⑤ 南圖本此處殘損，缺『乘』字。
⑥ 定本『取其度分，……加未定分』作『爲未定分』。
⑦ 定本此處無『是爲後未定分』。
⑧ 南圖本『加後』誤作『後加』。
⑨ 定本『與後行度分相減，……加後未定分』作『亦依比例法求之，爲後未定分』。
⑩ 定本此處無『以減』二字。
⑪ 定本『置十二時内減半晝時分秒，……即爲日入時分秒』作『以半晝時分秒減十二時，餘爲日出時分秒，加十二時爲日入時分秒』。
⑫ 南圖本此處破損，缺『月』字。
⑬ 王鴻緒本、定本『食甚』後有『定時』二字。

與食甚定時分秒相減，餘爲帶食差。置日月食甚定分，以帶食差通秒乘之，以時差通秒除之，得數爲帶食分。于①食甚定分內減帶食分，餘爲日月帶食所見之分。

求月食更點

置二十四時，凡一千四百四十分。內減晨昏時，七十二分，即中曆之五刻弱也。餘爲月食之日夜時②。如食在子正以前者，置各初虧、食甚、復圓等時分秒，內減十二時，又減半晨昏時分秒③，三十六分。餘通秒，以更法五數④減之爲更數。不滿法⑤者，以點法減之爲點數。食在子正以後者，置月食之日夜時分⑥，減初虧、食甚、復圓等時分秒，餘通秒⑦，以更法減之爲更數。不滿法⑧者，以點法減之爲點數。皆命起初更、初點。更法減之，減一次爲一更，五次五⑨更。如止有一次可減，亦虛命爲二更，三四五更依此，其點法照法⑩減之，其不滿數亦虛一點⑪。

① 紹圖本「于」誤作「午」。
② 定本「置二十四時，……餘爲月食之日夜時」作「置二十四時，內減晝時，又減晨昏時，七十二分，即中曆之五刻弱也。餘爲夜時，通秒五約之爲更法，五分更法爲點法」。
③ 定本「置各初虧、食甚、復圓等時分秒，內減十二時，又減半晨昏時分秒」作「置初虧、食甚、復圓等時，內減日入時，又減半晨昏時」。
④ 定本此處無「五數」二字。
⑤ 定本「法」作「更法」。
⑥ 王鴻緒本「分」作「分秒」。
⑦ 定本「置月食之日夜時分，……餘通秒」作「置夜時半之，加初虧、食甚、復圓等時」。
⑧ 定本「法」作「更法」。
⑨ 紹圖本「五」誤作「日」。
⑩ 王鴻緒本此處無「照法」二字。
⑪ 定本此處小注作「更法減之，減一次爲一更，其減餘不滿法者，亦虛命爲一更。點法仿此」。

推①太陰五星凌犯

求太陰晝夜行度

以本日經度與次日經度相減，餘即本日晝夜行②度。

求太陰晨昏刻度

置其日午正太陰經度，内加立成太陰出入晨昏加減立成。其日昏刻加差，即爲其③太陰昏刻經度。置其次日午正太陰經度，減立成其日晨刻減差，即爲其日太陰晨刻經度。

求月出入度

置其日午正太陰經度，加立成内即前立成。其日月入加差，即爲其日月入時太陰經度。加立成内其日月出加差，即其日月出時太陰經度。

求太陰④所犯星座⑤

朔後視昏刻度至月入度，望後視月出度至晨刻度，入黄道南北各像星立成内，經緯度相近在一度已下者取之。

求時刻

置其日午正太陰經度，與取到各像星經度相減，餘與太陰晝夜行度入時刻立成内取之。若太陰經度多于⑥所犯星經度⑦，取午前時刻，少于所犯星經度，取午後時刻，即得所求時刻⑧。

①　定本此處無『推』字。
②　南圖本『行』字破損。
③　定本『其』後有『日』字。
④　南圖本此處破損，缺『陰』字。
⑤　南圖本『座』誤作『度』。
⑥　紹圖本『于』誤作『午』。
⑦　南圖本『經度』誤作『度經』。
⑧　王鴻緒本、定本『餘與太陰晝夜行度入時刻立成内取之。……即得所求時刻』作『通分，以二十四乘之，以太陰晝夜行度亦通分。除之，得初正時。其小餘，以六十通之爲分，以一千乘之，一百四十四除之，以百約之爲刻，即得所求時刻』。兩者差异是由于黄百家所取爲《回回曆法》本節『又法』内容，而王鴻緒本與定本取其本法。

求上下相離分

置太陰緯度與所犯星緯度相減,餘爲上下相離分。若月星同在南,月多爲下離,月少爲上離。同在北,月多爲上離,少爲下離。若南北不同,月在北爲上離,南爲下離。

求五星淩犯各星相離分

置其日五星經緯度,入黄道立成内,視各像内外星經緯度,在一度已下者取之。其五星緯度與各星緯度相減,餘即上下相離分。

求月犯五星、五星相犯

視太陰經緯度、五星經緯度相近,在一度以下者取之。①

附求②**中國閏月**③

距至元甲子歲爲元,至元甲子距洪武甲子計積一百二十算。至所求年内減一算,却加一百三十七,以一百二十三乘之,又加一十,以三百三十四除之,得數寄左。其餘不盡之數,若在二百一十一以上,其年中國有閏月;已下,其年中國無閏月。若在已上者,與三百三十四相減,餘以四乘之,又以四十一除之,得數即爲所求年中國閏月也。假令除得一數是正月,二數是二月,餘仿此。

附④**推崇禎二年己巳五月朔乙酉日蝕**⑤

距年:己巳上距曆元己未,隋開皇。得一千〇三十年。

全積:置三百六十五日,以距年乘之,得三十七萬五千九百五十日。

宫閏:置三十一,以距年乘之,外加十五,共得三萬一千九百三十,以一百二十八除之,得二百四十九日餘七十三分。

積日:全積并宫閏,得三十七萬六千一百九十九日。

① 定本該頁末有『明史卷三十七終』,其『曆七』至此結束。
② 南圖本『求』字破損。
③ 王鴻緒本、定本此處無該節。
④ 紹圖本『附』誤作『所』。
⑤ 王鴻緒本、定本此處無該節。《回回曆法》亦無該節内容。

月閏：置十一，以距年乘之，外加十四，共得一萬一千三百四十四，以三十除之，得三百七十八日餘四分。

通閏：置十一日，以距年乘之，得一萬一千三百三十日。

氣積：宮閏并①通閏，得一萬一千五百七十九日七十三分。

加次：置積日，減月閏，加三百三十一日，己未春正前。共得三十七萬五千八百二十一。以三百五十四日除之，得一千〇六十二年二百四日，內減三百三十一日，又二十三日，足成一年數，再減洪武加次二十四年，再減癸亥改應所損之一日，再減實距一千三百三十年，餘得加次七年二②百三日。約爲六個月又二十六日。

又法：以③氣積內減月閏，以三百五十四日除之，得三十一年，餘二百二十七日，內減洪武加次二十四年，又二十三日，再減改應所損之一日，亦得七年二百三日。

總零年月日：置加次七年減一，以一十一乘之，得六十六分，外加十四，共八十分，以三十分除之，得二④日，此七年中國過之月閏。餘二分。不用。另置加次月日六月二十六日，內減此二日，餘六個月二十四日，并入距年及加次年，共得總零年月日一千三十七年六月二十四日。

推白羊宮第一日

太陽最高總度：六度〇六二四〇二。總零年月日一千三十七年六個月二十四日，查立成，一千二十年得五度四九二一，又十七年得一十六分三十秒，六個月得二十九秒〇五微，二十四日得三秒五七，并之得數。

最高行度：三宮五度二七二四〇二。測定本日二宮二十九度⑤二一，加總度六度〇六二四〇二。

① 南圖本「并」字破損。
② 南圖本「二」誤作「三」。
③ 南圖本「以」字破損。
④ 紹圖本「二」誤作「三」。
⑤ 紹圖本「二宮二十九度」誤作「一宮一十九度」。

中心行度：十一宫二十七度五三三八①。一千二十年得十一宫十二度一五二六，又十七年得五宫二十七度②三二二二，六個月五宫二十四度二七三③四，二十四日二十三度三九二④，并之，内減應⑤一分四秒。

自行度：八宫二十二度二六一三五八⑥。置中心行度，内減最高行度。

推五月朔相距日

距春分九十三日，依《回回》年月，七月大，得距六日。八月小、九月大、十月小，得共距九十四日。查古法，春分在二月二十五日，夏至在五月初二日，而恒春分在二月二十七日，距夏至九十四日。今推距朔減⑦一日，作九十三日。作三個月〇四日。二個月大，一個月小。

推五月朔⑧太陽經度

最高行⑨度：三宫五度二七三九一八。置白羊最高行度，加三個月四日行度十五秒十六微。

中心行度：二宫二十九度⑩三三三三二。置白羊中心，加三個月四日中心三⑪宫一度三九五四。

自行度：十一宫二十四度〇五五二二二一。置中心二宫二九三三三二，加十二宫，減最行⑫三宫〇五二七三九一八。

加減差：定加差十二分〇〇四五。未定差十二分一二，減分二分〇二，求出⑬十一秒一五，減未定差。

①南圖本『八』誤作『入』。
②南圖本『二十七度』誤作『度十二七度』。
③南圖本此處破損，缺『三』字。
④南圖本此處無『二』字。
⑤南圖本此處無『應』字。
⑥南圖本『八』誤作『入』。
⑦南圖本『減』誤作『成』。
⑧南圖本『五月朔』誤作『五星』。
⑨南圖本『行』字破損。
⑩南圖本『二十九度』誤作『二九十度』。
⑪紹圖本、南圖本『三』誤作『二』。
⑫『最行』疑爲『最高行』之誤。
⑬紹圖本、南圖本『出』誤作『六』。

經度：二宮二十九度四五三二。置中心行度，以加減差加減之。

次日

最高行度：三宮五度二七三九二八。加十微。

中心行度：三宮〇〇三十三分四十秒。加五十九分八秒。

自行度：十一宮二十五度〇五〇〇三二。加五十九分八一①。

定加差：十分。未定差十分一十秒，減分二分〇二。求出十〇秒〇一，減未定差。

經度：三宮〇度四二四。加五十七分〇八。

太陽日②行分：五十七分〇八。置次日經，減本日經。

推白羊宮第一日太陰

太陰③中心行度：十宮七度〇三。俱總零年、月日中心行度，得十宮七度十七分，内減應十四分。

加倍相離度：八宮十八度一八。并總零年、月日倍離行度，内減二十六分。

本輪行度：〇宮十一度三九。并總零年、月日本輪行度，内減一十四分。

羅計中心行度：八宮二十三度五十分。并總零年、月日羅計行度。

推五月朔相距九十三日太陰經度

中心行度：三宮二度二七。置白羊中心，查相距三個月四日中心行度，加之。

倍離行度：〇宮五度四七。置白羊倍離，加相距日倍離。

本輪行度：四宮二十六度四二。置白羊本輪，加相距本輪。④

羅計中心行度：八宮二十八度四六。置白羊羅計，加相距羅計。

① 紹圖本『一』作『二』，按《回回曆法》此處正確數據應爲『五十九分〇八一八』。
② 南圖本此處破損，缺『日』字。
③ 南圖本『太陰』誤作『太陽』。
④ 南圖本缺從『羅計中心行度：八宮二十三度五十分』至此處内容，應爲漏抄。

次日

中心行①度：三宮十五度三八。加十三度一十一分。

倍離行度：一宮〇度一十分。加二十四度二三。

本輪行度：五宮九度四六。加十三度〇四。

羅計行度：八宮二十八度四九。加三分。

第一加減差

定加差四十九分一六。未定差四十三分，加分八分，求出六分一六，加之。

本輪行定度：四宮二十七度三一一六。置本輪行度，加定加差。

第二加減差

定減差二度四六二四。未定差二度四九，減分五分，求出二分三六，減之。

比敷分：〇。

次日

第一加減差：定加差四度十六分三。未定差四度十五分，加分九分，求出一分三十秒，加之。

本輪定度：五宮十四度〇二三。置定度，加定加差。

第二加減差：定減差一度二六二五。未定差一度二七，減分六分，求出八分②，減未定差。

比敷分③：三分。

遠近度

定度三十五分五八。未定度三十七分，減分二分，求出一分〇二，減之。

① 南圖本「行」字破損。

② 此處數據明顯有誤，按《回回曆法》正確數據應爲「十五秒」。

③ 南圖本「分」字破損。

泛差

三十七秒。以遠近度通分，乘比數分，滿六十約之，得泛差分若干。因無比數分，即用遠近未定度分，退位爲秒。

加減定差

定減差二度四七〇一。置第二加減差，加泛差。

太①陰經度

二宫二十九度四十分。置中行，減定差。

次日

遠近定度：五十分五〇四。未定度五十一分，減分四分，求出九秒二，減之。

泛差：二分三一。以比數分三分，乘遠近度五十分五〇四，得百五十一分五二②，以六十約之。

定減差：一度二九二三。置一度二六五二，加泛差二分三一。

經度：三宫十四度〇八三七。置中行三宫一五三八，減定差一度二九二三。

太陰日行度

十四度二八三七。置次日太陰經度，減本日太陰經度。

太陰實行度

十三度三一二九。置太陰日行度，減太陽日行分。

太陰行過或不及太陽度

不及太陽五分三二。置午正太陽經度二宫二九四五三二，減午正太陰經度二宫二九四，合朔在午後。

計都行度

三宫一度一③四。置十二宫，内減羅計中行八宫二八四六。

① 南圖本「太」字破損。
② 南圖本「二」作「一」。
③ 南圖本「一」誤作「二」。

計①都與月相離度

十一宫二十八度二六。置午正太陰經度，加十二宫，内減計都行度。

午正太陰緯度

黄道南八分一七四四。查太陰緯度立成，相離十一宫二十八度，在黄道南②，未定緯差十〇分三二③，減分五分一六，乘宫度小餘二十六分，得一百三十四分一六，退二位爲秒，以六十約之，得二分一四一六。本行多如次行周④，用減未定差。

次日

計都行⑤度：三宫一度一一。減三分。

計都與月相離度：〇宫十二度五七三七。置次日太陰經度，減次日計都行度。

午正太陰緯度：黄道北一度〇七四一。查相離〇宫在黄道北，未定緯差一度〇二四九，減分五分〇九，乘小餘五十七分三七，得二百九十二分〇一，退二位爲秒，以六十約之，得四分五二⑥。本行少如後行，用加未定差。

推五月朔日食

食甚泛時：九分五十七秒。置月不及日五分，通爲三百秒，并三十二秒，共三百三十二秒。以二十四乘之，得七千九百六十八時，以太陰實行十三度三一⑦二九通得四萬八千六百八十九秒除之，以六十約之。

合朔時太陽行度：二宫二十九度四五五四。置泛時九分五七，以太陽日行五十七分〇八通爲三千四百二十八秒乘之，得三萬二千八〇五。退二位爲微，以二十四時除之，得一千三百七十微，以六十約之，得二十二秒五。因午後合朔，加入經度二宫二十九度四五三二。

① 南圖本此處破損，缺『計』字。
② 南圖本『南』誤作『内』。
③ 紹圖本『三二』作『二三』。
④ 『周』疑爲衍文，南圖本此處無『周』字。
⑤ 南圖本『行』字破損。
⑥ 紹圖本『二』誤作『三』。
⑦ 紹圖本『一』誤作『二』。

晝夜加減定分：十五分五七〇四。視合朔時太陽二宫二十九度，入晝夜加減立成内，取未定差十六分〇七，與次行十五分五四相減，餘十三秒爲法，通合朔宫度小餘四十五分五四爲二千七百五十四秒爲實，相乘得三萬五千八百〇二纖，以六十約之，得五百九十六微四二，再約之，得九秒五六。本行多于後行，用減未定差。

子正至合朔：十二時二十五分五四。并泛時晝夜加減分，因午後合朔，加于午前十二時。

第一東①西差：十分五秒。查經緯時差加減立成，合朔時太陽在左二宫，應取下行時。視子正至合朔時乃十二時②，取未定經差三分二，與次行十三時經差十八分二相減，餘十五分，通爲九百秒，寄左。又通合朔時小餘二十五分五四爲一千五百五十四秒，相乘得一百三十九萬八千六百纖，以六十約之，得二萬二千三百一十微，再約之得四百五秒一，再約之得六分四五。本行少于後行，用加未定差。

第二東西差：八分〇二。視合朔時太陽度元在二宫，今推次宫，應取第三宫。又視子正至合朔時十二時，立成内無經差，即取次行十三時經差十八分三八③，通爲一千一百一十八秒爲法。又通小餘二④五五四爲一千五百五四爲實，相乘得一百七十三萬七千三百七十二纖，以六十約之，得二萬⑤八千九百五十五微〇四，再約之得⑥四百八十二秒，再約之得八分〇二。本行無與少于次行，同用加未定差。

第一⑦南北差：八分三十七秒。視合朔時太陽在左二宫，于下行十二時内取未定緯差九分五，與次行十三時緯差六分五七相減，餘二分三五，通爲一百七十三秒，與小餘通秒一千五五四相乘，得二十六萬八八四二纖，以六十約之，得四千四八〇微，再約之得七十三秒二，再約之得一分一三。本行多于後行，減之。

第二南北差：七分四十六秒。又取左第三宫十二時未定緯差六分五六，與次行十三時緯差八分五二相減，餘一分五六，通爲一百一十六秒，與小餘通秒相乘，得一十八萬〇二六四纖，以六十約之，得三千〇四微，再約之得五十〇秒。本行少于後行，用加未定差。

第一時差：二十分四十八秒。于經緯時加減差立成取未定，白字時差七分，與次行十三時時差三十九分相減，餘三十二分，通爲一千九百二十秒，與小餘相乘，得二百九十八萬三六八〇纖，以六十三次約之，得十三分四八，加未定差。

① 南圖本此處破損，缺『東』字。
② 南圖本『時』字破損。
③ 紹圖本『八』誤作『入』。
④ 南圖本『二』誤作『三』。
⑤ 南圖本此處破損，缺『萬』字。
⑥ 南圖本此處破損，缺『得』字。
⑦ 紹圖本『一』誤作『二』。

第二時差：十七分一十六秒。又視第三宮十二時時差無分秒，即取十三時，時差四十分，通爲二千四百秒，與小餘相乘，三約之，得十七分一六。本行元無。

合朔時東西差：八分一十二秒。第一、第二東西差相減，餘二分〇二，通爲一百二十三秒，又通合朔時太陽度二十九度四五五四爲①十萬七千一五四秒，相乘得一千二百五十一萬五七四二，以二十度除之，得四十一萬七一九一纖，以六十三②次約之，得一分五三。第一差多如第二差，用減③第一差。

合朔時④南北差：七分四十六秒。第一、第二南北差相減，餘五十一秒，與太陽度通秒相乘，得五百五十⑤七萬二千〇八，以三十除之，得十八萬五七三三纖，以六十兩次約之，得五十一秒。一差數多，用減一差。

合朔時時差：十七分十八秒。兩時差相減，餘三分三二，通爲二百一十二⑥秒，與太陽通秒相乘，得二千二百七十一萬六二二四，以三十除之，得七十五萬七二〇七纖，以六十三次約之，得三分三，用減第一差。

合朔時本輪行度：四宮二十六度四七一二。置本輪每日行十三度〇四，通爲七百八十四分，以食甚泛時九分五七乘之，得七千五百〇二秒，以二十四除之，得三百一十二秒六，以六十約之，得五分一二。合朔在午後，用加本日午正本輪行⑦度四宮二六四二。

合朔時⑧比敷分：十分四十五秒。以合朔時本輪行度入影徑立成內，減同宮近度四宮二十四度，餘二度四七一二，通爲一百八十七分一二爲實。取四宮二十四度下太陰未定比敷分一十分三五，與五宮初度比敷分一千五分五五相減，餘二十秒爲法，乘之，得三千七百四二秒，退二位爲微，以六度除之，得六百二十三微，以六十約之，得十〇秒二三。本行少于次行，用加未定分。

東西定差：九分四十秒。置合朔時東西差，通爲四百九十二秒爲實，又通合朔時比敷分爲六百四十五秒爲法，相乘得三十一萬七三四〇纖，以六十三次約之，得一分二八，并入合朔東西差。

① 紹圖本「爲」誤作「萬」。
② 紹圖本「三」誤作「二」。
③ 南圖本「減」後有「差」字。
④ 南圖本此處破損，缺「時」字。
⑤ 南圖本此處破損，缺「十」字。
⑥ 紹圖本「二」誤作「一」。
⑦ 南圖本此處破損，缺「行」字。
⑧ 南圖本「時」字破損。

南北定差：九分九秒。通合朔時南北差爲四百六十六秒爲實，以合朔時比數分通秒爲法，相乘得三十萬〇五七〇纖，以六十三次約之，得一分二三，并入合朔南北差。

食甚定時：十二時三刻。合朔時視太陽度，在立成左七宫者，其時差①減，在右七宫者加，反是。今在左七宫，時差一七一八，加子正至合朔時十二時二五五四，共十二時四三一二。其時下分數通爲二千五百九十二秒，以一千乘之，得二百五十九萬二千秒，以一百四十四除之，得一萬八千秒，以六十約之，得三百秒，以百約之，爲三刻。用加十二整時，爲午正三刻。

食甚太陰經度：二宫二十九度五十五分三十四秒。查立成，合朔時太陽在左七宫，將東西定差照②時差例，加合朔時太陽經二宫二九四五五四。

合朔時計都行度：三宫一度十三分五八四四。置食甚泛時九分五七，通計都行度三分一一爲一百九十一秒，乘之得一千八二七微，以二十四除③之得七十六微，以六十約之，得一秒一六，午後合朔，用減午正④計都行度三宫〇一一四。

合朔時太陰緯度：在黄道南六分五十九秒。食甚太陰經度内減合朔時計都行度，不及減加十二宫減之，餘得計都與月相離十一宫二十八度四一三六。入緯度立成，取黄南未定緯差十〇分三二，減分五分六，乘計都小餘四一三六，得二百一三四一，退二位爲秒，以六十約之，得三分三三⑤，減未定差。

食甚太陰緯度：十六分八秒。置南北定差，加太陰緯度。

合朔時太陽自行度：十一宫二十四度六分一五二一。通太陽每日中心行度⑥五十九分〇八爲三千五百四十八秒，視食甚泛時九分五七，不滿一時不必通分，即以相乘得三萬三千九五四微，以二十四除之，得一千四一四微，以六十約之，得二十三秒。午後合朔，用加午正自行度十一宫二四〇五五二二二。

① 南圖本此處無『差』字。
② 紹圖本『照』誤作『無』。
③ 南圖本此處破損，缺『除』字。
④ 南圖本此處破損，缺『正』字。
⑤ 南圖本『三』誤作『二』。
⑥ 南圖本此處破損，缺『度』字。

太陽徑分：三十二分二十六秒。依法以合朔時太陽自行度入景徑立成，減同宮近度者取未定徑分，寄左。又取次一行徑分，與寄左相減爲①法，以所減不盡自行度小餘通秒爲實，相乘，以六度除之，得數爲纖，滿六十約之爲微，又②約之爲秒，用加減未定徑分。今取十一宮二十四度太陽未定徑分三十二分二六，與次行初宮初度徑分相減，亦三十二分二六。無較不必取小餘相乘，竟用未定徑分爲定徑分。

太陰徑分：三十五分四十三秒。以合朔時本輪行度入景徑立成內，減同宮近度四宮二十四度，餘二度四七一二，通爲③一萬〇〇三十二秒，寄左。取四宮二十四度下太陰未定徑分三十五分三七，與次行五宮初度下徑分三十五分五二相減，餘十五秒，與寄左相乘，得十五萬〇四八〇纖，以六除之，得二萬五〇八〇纖，以六十兩約之，得六秒。本行少于次行，用加未定分。

二徑折半分：三十三分九十四秒五十微。太陽徑分與太陰徑分相并，折半。

太陽食限分：十八分二十六秒五十微。二徑折半，內減食甚太陰緯度。

太陽食甚定分：五分六十八秒六十微。通食限分爲一千一〇六秒五，以一千乘之，得一百一十萬六千五百秒，又通太陽徑分爲一千九百四十六秒除之，得五百六十八秒五十微，以百約之爲分。

時差：五十四分一十四秒。通食甚太陽緯度爲九百六十八秒自之，得九十三萬七千〇二四，寄左。又通二徑折半分爲二千〇七四五自之，得四百三十萬三五五秒，與④寄左相減，餘三百三十六萬六五二六秒，平方開之，得一千八⑤百一六秒，以二十四乘之，得四萬三千五百八十四時，以太陽實行十三度三一二九通爲八百一十一分除之，得五十四分一四，其分不滿六十不必收爲時。

初虧：十一時三刻三九。食甚定時十二時四三一二，內減時差五十四分一四，餘十一時四八五八。將時下分數通爲二千九百三十八秒，以一十因之，得二百九十三萬八千秒，以一百四十四除之，得二萬〇四〇二秒，以六十約之，得三百四十〇秒，以百約之爲刻，以加⑥整時，爲午初三刻三九。

復圓：十三時二刻六十〇秒。食甚定時加時差，共十三時三七二六。時下分數通爲二千二百四六秒，以⑦一千因之，得二百二十四萬六千秒，以百四十四除之，得一萬五千五九七，以六十約之，得二百六十秒，以百約爲刻，以加整時，得十三時二刻六〇，乃未初二刻六十秒。

① 紹圖本『爲』誤作『而』。
② 南圖本『又』誤作『必』。
③ 南圖本此處無『爲』字。
④ 南圖本此處破損，缺『與』字。
⑤ 南圖本此處破損，缺『八』字。
⑥ 南圖本此處脱『加』字。
⑦ 南圖本此處破損，缺『以』字。

起復方位：初虧在西南，食甚在正南，復圓在東南。視食八分以下，食甚月緯在南。

右推得五月乙酉朔日食五分五十二秒，

初虧：西南，午初三刻三十九秒；

食甚：正南，午正三刻；

復圓：東南，未初二刻六十秒。

日躔：黄道申宫二十九度四五五四。

附推康熙九年庚戌十月二十五日土星經緯①

距年：一千〇七十一。

全積：三十九萬〇九百一十五日。

宫閏：二百五十九日餘六十四分。

積日：三十九萬一千一百七十四日。

月閏：三百九十三日餘五分。

通閏：萬一千七百八十一日。

氣積：萬二千〇四十日。

加次：八年餘二百九十五日。

總零年月日：一千〇七十九年九個月二十六日。

推②白羊宫第一日午正

最高總度：六度四七二四五八。查立成，并總零年、月日一千七十九年九個月二十六日行度。

日最行③度：三宫六度〇八二四五八。以測定本日行度，加入總零行度。

① 王鴻緒本、定本此處無該節。《回回曆法》亦無該節内容。

② 南圖本此處破損，缺『推』字。

③ 『最行』疑爲『最高行』之誤。

土最行①度：八宫二十一度三五二四五八。以測定，加總零。

日中心行度：十一宫二七五八五二。并總零年、月日，内該減應一分〇四，未減。

日自行度：八宫二十一度五〇二七〇二。日中行内減日最行。

土自行度：〇宫二十二度〇二。并總零年、月日自行度。

推②本日午正配

距日：二百六十二日，約爲八個月二十六日。春分二月二十九日距九月大積二百三③十七日，本日距十月朔二十五日。

土最行④度：八宫二十一度三六〇八〇一。置白羊一日行度，加本日四十三秒〇三。

土自行度：九宫〇一度二九。置白羊一日行度，加本日八宫〇九二七。

日中心行度：八宫十六度一二一一。置白羊一日行度，内減應一分四秒，加本日八宫一八一四二三。

土中心行度：十一宫十四度四三一一。日中行内減土自行。

土小輪心度：二宫二十三度〇七〇二⑤五九。土中行内減土自行⑥。

第一差：六度一一〇七〇三。未定差六度一一，以加減分一分，乘輪心小⑦餘得七秒〇三，以加未定差。

小輪心定度：二宫一十六度五五五五五六。小輪心度内減一差。

自行定度：九宫〇七度四〇〇七〇三。自行度内加一差。

第二差：五度二一一九五三。未定差五度三二，以加減分一分，乘自行定小餘得四十秒〇七，以減未定差。

比數分⑧：二十分。本行與次行無較。

① 『最行』疑爲『最高行』之誤。
② 南圖本『推』字破損。
③ 紹圖本『三』誤作『二』。
④ 『最行』疑爲『最高行』之誤。
⑤ 南圖本此處脱『二』字。
⑥ 按《回回曆法》五星算法，此處『自行』應爲『最高行』之誤。
⑦ 紹圖本『小』誤作『外』。
⑧ 南圖本『分』字破損。

遠近度：三十八分。本行①次行無較。

泛差：一十二分四。比數分、遠近度通分相乘，得七百六〇秒，以六十約之。

定差：五度四三五九五三。第二差加泛差。

土星經度：十一宮〇二度四八〇四。小輪心定度內減定差，加自行度。

步緯小輪心定度：十二度四九一九一。置小輪定度通度分秒，以六除之。

步緯自行定度：九十二度三三二②二二。置自行度通③度分秒，以三除之。

未定緯④度：在黃道南一度一七一四一七。小輪定十二度與自行定九十二度入黃道南北緯度立成，從衡⑤兩取緯度分，初度五六。減去小輪十一度餘一度四九一九一，通爲百〇九分一九一爲實。以兩取緯〇度五六與後行一度三一相減，餘三十五分爲法乘之，得三千八百二十一秒〇六八五。以隔度三度除之，得一千二百七三秒七七四，以六十約之，爲二十一分一四一七四。加兩取緯。

定緯度：在黃道南一度一六一二。減去自行定九十度，餘二度三三二二二，通爲百五十三分二二二爲實。以兩取緯與下行初度五十二分相減，餘四分爲法乘之，得六百一十二秒八八八。以隔度除之，得六十一秒二八八，以六十約之，爲一分〇一二九。以減未定緯。

像差：三度三八四。距年二百七十四年減一，以像差四乘之，得一千〇九十六分，以五除之，得二百一十九分二，以六十約之。

各像經度：十一宮〇二度五七四，取南北名像與土經相近者，十宮二十九度一九，以加像差。

土所犯星座：十一宮二度，九分三六，爲危宿東南無名星。各像經與土經相減。

上下相離：土在無名星上六度三十三分。無名星本緯黃道南七度五十分，與土緯黃南一度一六一二四八相減。

① 南圖本「本行」後有「與」字。
② 南圖本「二」誤作「一」。
③ 南圖本「通」誤作「自」。
④ 南圖本「緯」字破損。
⑤ 「從衡」同「縱橫」。

日度説①

冬夏二至乃陰陽之始，春秋二②分乃陰陽之交。中曆之元首于冬至，本陽之始也。西③曆之元首于春分，據交之初也。西曆積年起于隋開皇己未歲春分之交，在于戌，故以白羊戌宮爲諸宮之首。周天十二宮，計三百六十度，即中曆天周赤道度也。以十二宮分爲不動之月，每宮三十度爲不動之度④。行十二宮，計三百六十五日，即歲周之中積整日也。尚有小餘，約四年而成日，添于雙魚亥宮，得三百六十六日，爲宮分有閏之年。至一百⑤二十八年而宮閏三十一日，其歲實比于四分之一爲不及也。以三百六十五日行十二宮分之度，謂之中心行度，以赤道横絡天之中心也⑥。其并立成内距元之年月日中行度，即中曆距元之赤道⑦中積度也。内減一分四秒，乃爲元之年宮分末日度應也。一云西域距中國里差。⑧其以最高減其中心行度爲自行度，即赤道入盈縮曆也。以自行宮度之淺深而求加減差之多寡，即入曆限之淺深而求盈縮差之多寡。西曆自行度起夏至縮曆，故自⑨初宮至五宮爲減差，六宮至十一宮爲加差。減差⑩之極至二度〇〇四十九⑪秒，即縮差二度四十分也。比課差數雖有多寡之殊，其盈縮相補無彼此之异，故以盈縮差加減其中積度分，以加減差加減其中心行度，則經度均得矣。

① 定本此處無『日度説』『月度説』『五星經度説』『五星緯度説』四篇短文。此四文應根據周述學《神道大編曆宗通議》卷十三或《雲淵先生文選》卷三改編而成，黄百家對原文進行了很多删節。
② 紹圖本『二』誤作『三』。
③ 紹圖本『西』誤作『丙』。
④ 王鴻緒本此後有『然以黄道交于赤道，宮度自有闊狹之變，故白羊戌宮日行得三十一日，及太陽行黄宮之闊也，人馬寅宮日行得二十九日，即太陽行黄宮之狹也』。周述學原文亦有該句。
⑤ 南圖本此處破損，缺『百』字。
⑥ 王鴻緒本『以赤道横絡天之中心也』改作『以其爲本輪中心之行度也』，訂正了周述學的錯誤解釋。
⑦ 王鴻緒本『赤道』作『黄道』。
⑧ 王鴻緒本此處無此小注。
⑨ 南圖本此處破損，缺『自』字。
⑩ 南圖本此處脱『減差』二字。
⑪ 紹圖本、南圖本『九』誤作『七』。

月度説

日行一度，月離日日行十二度奇，故以朔實除其周天而得一日月離之度，又并一日行度而爲平行度也。然其行有遲疾，至周一轉日分而遲疾均平，其度分已一周天而過三度矣。猶星道之周曆，皆因乎入曆之變而有遲疾之差。但五星之遲速係于日，故周率必起于合伏，太陰之遲速不專係于日，故轉周每離于合朔也。其黄道出入赤道，而月道又出入黄道，故先求其黄白之交度，而後推其赤白之交宿。據其赤道之交度而變爲白道之宿次，以白道之積而較赤道宿度之周，則白道約歛一度有半，而密移于黄道，宜亦一度有半矣，故至二百四十九交，而交道爲之一周天也。西曆之中心行度，即中曆之赤道平行度，一月一周天又①多日行一朔之度，一月與日一會也。加倍②相離度者，即月在次輪逆旋再周之度也。去其日行度而爲與日相離之度，一日十二度奇，而一月一周，倍其相離而爲一月兩③周天之度也。加倍相離取差之法必始于朔望，其積差在朔望之後爲加，兩④弦⑤之後爲減，在朔弦望之日俱少，而半象限之日爲最多，至十二度半。加減本輪行度以爲本輪行定度，而求二差不過一度有餘而已。其本輪行度較之中心行度則不及，即遲疾轉周之用類乎星道之小輪心，猶夫中曆之遲疾限也。其并⑥立成之本輪度分即轉積度，其減一十四分即轉應術也。減差起于初宫，加差起于六宫，至七日行一象限而差積四度五十分。本輪定度行初宫而逢朔望，則帶差分少；逢半象限，則帶差分多；逢弦象，則恰與一差相消而無所帶矣。與中曆宫轉初中雖异其始，而疾加遲減，則同其理。極差多寡，雖殊其數，而遲疾相消，則同其用。至取比敷分與遠近度，求其泛差，泛差之多每在于兩⑦弦，泛差之少每在于朔望。以泛差加于二差，總爲定差，至于七度有餘，猶遲疾之極差至于五度四十二分也。其經度以加減定差，而加減其中心行度，則是加減其赤道而命爲月度也。

① 紹圖本、南圖本「又」誤作「之」。
② 南圖本此處破損，缺「倍」字。
③ 紹圖本「兩」誤作「西」。
④ 紹圖本「兩」誤作「西」。
⑤ 南圖本此處脱「弦」字。
⑥ 南圖本此處破損，缺「并」字。
⑦ 紹圖本「兩」誤作「西」。

五星經度説

五星之行，其遲疾不齊，由于各行其道之有遠近。西曆之所謂本天也。而本星之行，其自有遲疾。西曆之所謂行于次輪也①。又②視其去日之遠近，周率起于合伏，近日則行疾，遠日則行遲，三合逢陽則留，與日相衝則逆，遲疾一周，加減適③平復與日合，謂之周率。及各入其曆又有盈縮之加減焉，行盈曆則當加，縮曆則當減，盈縮一④周，加減適平復會于曆初，謂之⑤曆率⑥。中曆步星，以所求星距元日行天度爲中積，加已前與日相會之合應，是謂通⑦積。以周率去之，餘得入段中積日分，又置入段平度分爲中星積度，又以曆應加中積，以曆率去之，餘得入曆盈縮度分。求盈縮差數，加減其平積，爲定平積度分。惟金、水二差，則有三之、倍之之用。西曆步星，木、土、火三星各以自行度分減其日中行度分，餘爲各星中心行度。如土星以二十八日自行度二十六度四〇，減太⑧陽二十八日中行度⑨，餘⑩爲土星中心行度，約二十八日行一度。木星以十二日自行度十度五十分，減太陽十二日中行度⑪，餘⑫爲木星中心行度，約十二日行一度。火星以二日自行度初度五十五分，減太陽二日中心行度⑬，餘⑭即爲火星

① 王鴻緒本『其遲疾不齊，……西曆之所謂行于次輪也。』作『其遲疾也，有本于星者，有係于日者，有由乎入曆度者。如土木火行遲，金水行速，此本于其星之性情有緩急也』，大體與周述學原文相同，但周氏原文『有由乎入曆度者』一句作『有由乎氣者』。
② 王鴻緒本『又』前有『及各行其道』。
③ 南圖本『適』誤作『過』。
④ 南圖本『一』字破損。
⑤ 紹圖本至此本卷第四十七頁結束，之後三頁缺，缺失内容據南圖本與王鴻緒本補全。
⑥ 王鴻緒本此後有『三法具而步星之法密矣』。
⑦ 南圖本『通』誤作『道』。
⑧ 南圖本此處破損，缺『太』字。
⑨ 王鴻緒本此後有『二十七度三十五分五十三秒』。
⑩ 王鴻緒本『餘』後有『五十五分五十三秒』。
⑪ 王鴻緒本此後有『十一度四十九分四十秒』。
⑫ 王鴻緒本『餘』後有『五十九分四十秒』。
⑬ 王鴻緒本此後有『一度五十八分一十七秒』。
⑭ 王鴻緒本『餘』後有『一度三分一十七秒』。

中心行度，約二日行一度也。金、水二星以太陽一日中行度五十九分〇八秒爲中心行度，同爲一歲一周天也。其中心行度内減各星測定最高行度，即《授時》曆應也，餘爲小輪心度，即入曆盈縮度分也。視其小輪心宮度，以取第一加減差，西法入曆起于最高，故視①初宮至五宮爲減差，自六宮至十一宮爲加差，減差猶縮差，加差猶盈差也。西法第一加減差，木星至三宮初度與九宮初度，加減差至五度五分；金星至三宮初度與九宮初度，差至二度一分；水星至三宮初度與九宮初度，差至二度四十三分；土星至三宮五度與八②宮二十八度，皆差至六度一十九分；火星至三宮四度與八宮二十七度，差至十一度二十五分，與至象限而盈縮極者同一道也。第一加減差分加減其小輪心度，爲小③輪心定度，是蓋以其入曆之平積而爲泛差④定積也。又推自行度者，乃其遲疾一周之度，各星以一日自行度通爲分，除周天三百六十度得周率。土三百七十八日，木三百九十九日，火七百八十日，金五百八十四⑤日，水百一十六⑥日，是五星自行度之周天，即中曆之周率也。以立成總年、零年、月、日自行度并者，即求周率之積度也。五星各有減分，亦《授時》周應之術也。又以第一加減差，加于小輪心⑦則減于自行度，減于小輪心者則加于⑧自行度，而爲自行定度，交互⑨相求。視日相離之遠近，而定行曆之遲速，其立成以周率日數分配周天度分，周率一轉即謂周天，所以爲求⑩差之用，而非實以爲行天之度也。起初⑪宮即起合伏度段，行至三宮而積差多者行疾段也，及五宮乃遲留，而差數消矣，所以初宮至五宮爲加差也。六宮則行遲段，至于九宮而積遲亦多矣，及十一宮起于合伏而又消其遲，所以六宮至十一宮爲

① 王鴻緒本『視』作『自』。
② 南圖本『八』誤作『二』。
③ 南圖本此處破損，缺『小』字。
④ 王鴻緒本此處無『差』字。
⑤ 王鴻緒本『四』作『三』，周述學原文亦作『三』。
⑥ 王鴻緒本『六』作『五』，周述學原文亦作『五』。
⑦ 王鴻緒本『心』後有『者』字。
⑧ 南圖本此處破損，缺『于』字。
⑨ 南圖本『互』誤作『五』。
⑩ 南圖本『爲求』誤作『求爲』。
⑪ 王鴻緒本『起初』前有『其』字。

減差也。土星至三宫三度與八宫二十七度，極差至五度四十分；木星至三宫十二度與八宫二十二度，極差至十度二十三分；火星至四宫七度與七宫十九度，極差至三十六度四十五分；金星至四宫六度與七宫十五度，極差至四十四度五十八分；水星至三宫十九度與八宫十三度，極差至十九度五十六分。比《授時》不及，故又求入泛差，則其數齊矣。蓋二差是遲疾有常之差，泛差乃增減無定之差，故因其本輪入曆盈縮之敷①分、自行②去日遠近之度數，以推其本段無定之泛差，而得其遲疾加減之密率，并爲定差。以加減其小輪心定度，而得其③入曆定積度分，又④加以各星之最高行度，則經度得矣。

五星緯度説

星道⑤交于黄道，土、木、火三星則與金、水二星有异，土、木、火之星道交有定宫，金、水之星道則無定度。太陰白道⑥以其距黄準于六度，故至于二百四十九交而交道爲之一周。星道之交黄，亦如太陰之道⑦，但星道之距黄道，據交以定遠近，雖有相距之數，隨交以推遠近，則無常距之度。凡交在黄道初宫則緯⑧差少，在黄道六宫則緯差多，至于十一宫而差復如其初矣。以相距黄道遠近而較之，則近黄之差多⑨，而遠黄之差少。以出入黄道南北而較之，則黄南之差疾，而黄北之差遲。以逆行交道而考之，或出黄而爲勾，或入黄而爲己，是又逆行出入黄道南北之别也。土星本輪心度在一、七兩宫爲星黄之交，四宫與十宫爲星黄之距。四宫緯度自二度〇四以至于二度四七皆爲距南之極，十宫緯度自二度〇二以至于二度四九皆爲距北之極。木、火二星本輪心度皆在三、九兩宫爲星黄之交，五宫、十一宫爲星黄之距。木星五宫緯度自一度以至于一度三九皆爲距南之極，十一宫

① 南圖本、王鴻緒本「敷」誤作「數」。
② 南圖本「自行」誤作「行自」。
③ 南圖本此處破損，缺「其」字。
④ 南圖本「又」前衍「以」字。
⑤ 王鴻緒本「星道」後有「之」字。
⑥ 王鴻緒本「白道」作「九道」，周述學原文亦作「九道」。
⑦ 王鴻緒本「道」作「九道」。
⑧ 南圖本此處破損，缺「緯」字。
⑨ 紹圖本所缺三頁内容至此結束，下文「而遠黄之差少」爲紹圖本本卷第五十一頁起始内容。

緯度自一度〇一以至于一度五六皆爲距北之極。火星五宫緯度自初度四〇以至于四度〇七皆爲距北之極。是三星交黄約有定宫，而距黄亦隨有定宫矣。至若金、水星黄之交則不然，金星本輪自六宫而五宫②與十一宫及十宫爲黄初之交，四宫、十宫爲黄一之交，三宫、九宫爲黄二之交，二③、八交于黄三，一、七交于黄四，初、六交于黄五，又用五宫與十一宫爲黄六之交，四宫、十宫爲黄七之交，三、九兩宫其交在于黄八，二、八兩宫其交在于黄九，一、七宫爲黄十之交，初、六宫爲黄十一之交。水星本輪自六宫而五宫、十一與十宫爲黄初之交，四宫、九宫爲黄一之交，三、八交于黄二，二、七交于黄三，一、六交于黄四，初、五交于黄五，五宫、十一宫交于黄六，四宫、十宫交于黄七，九、三交于黄八，八、二交于黄九，七與初宫爲黄十之交，六④與十一爲黄十一之交。金星黄北至七度一三，黄南至七度五一，水星黄道南北俱至四度四分。星道既無交道之定宫，則距黄自⑤無南北之定度，但隨其交之初中以爲南北之距耳。土⑥星本輪一宫交黄道初宫之北緯度初段二十一分，至于較其交出黄道六宫之北緯度初段二十八分，又至于較其交出黄道十一宫之北復得二十一分。木星本輪三宫交黄道初宫之南緯度初段一十三分，至于較其交出黄道六宫之南緯度初段二十一分，又至于較其交黄道⑦十一宫之南緯度初段復得一十三分。火星本輪三宫交出黄道初宫之南緯度初段初度〇三分，至于較其交出黄道六宫之南緯度初段初度二十九分，又至于較其交⑧黄道十一宫之南初度〇二分。金星本輪六宫交出黄道初宫之南緯度初段初度一七，至于較其初宫交出黄道六宫之南緯度初段一度一九，又至于較其初宫交出黄道十一宫之南緯度初段初度一三。水星本輪六宫交出黄道初宫之南緯度初段初度二一，至于較其初宫交出黄道六宫之南⑨緯度初段初度四五，又至于較其初宫交出黄道十一宫之南緯度初段初度二

①王鴻緒本『距南』誤作『南距』。
②南圖本此處無『宫』字。
③南圖本『二』字破損。
④南圖本此處破損，缺『六』字。
⑤紹圖本『自』誤作『白』。
⑥紹圖本『土』誤作『二』。
⑦紹圖本『道』誤作『通』。
⑧王鴻緒本『交』後有『出』字。
⑨南圖本『南』字破損。

四。是星與黄交在黄初則緯差少，黄六則緯差多也。土星黄北初段緯差四十四分，至于極北末段緯差一分①。木星黄南初段緯差三十二分，至于極南末段緯差六分。火星黄南初段緯差一度一十分，至于極南末段緯差三十一分。金星本輪七宫交出黄道初宫之南初段緯差一十五分，至于極南末段緯差四分，又視②初宫交出黄道六宫之南初段緯差四分。水星本輪自六宫交出黄道初宫之南初段緯差三十四分，至于極南末段緯③差一度二十四分，至于極南末段緯差三十五分，至于極南末段緯差十分。是近黄差多，而遠黄差少也。土星以黄北初段緯差四十四分，而較黄南初段緯差五十六分，是南疾一十二分。木星以黄南初段緯差三十二分，而較黄北初段緯差二十八分，是南疾四分。火星以黄南初段緯差一度一十分，而較黄北初段緯差四十六分，是南疾二十四分。惟金、水二星亦多有南遲而北疾，但取其南北段數相均而較之。金星自行三宫，黄南初段緯差三十七分，黄北初段緯差二十六分，是南疾一十一分。水星自行七宫，黄南初段緯差四十九分，黄北初段緯差三十四分，是南疾一十五分。此皆黄南差疾，而黄北差遲也。大抵土、木、火三星交度差少，所以在黄道外者常在外，在黄道内者常在内，其緯度之變一譜可盡④。若金、水二星交度差多，所以前交在黄道内者，至第二交即轉而在外，前交在黄道外⑤者，至第二交即轉而在内，故須分内外二譜以盡其緯度之變也。⑥

① 紹圖本「分」誤作「宫」。
② 王鴻緒本「視」作「自」。
③ 南圖本此處破損，缺「緯」字。
④ 南圖本「盡」誤作「書」。
⑤ 南圖本此處破損，缺「外」字。
⑥ 王鴻緒本該頁末有「明史稿　志第十五終」，其「曆六」至此結束。

明史曆志卷八①

姚江耒史黄百家纂②

回回曆法③

日五星中行總年立成原本④各項宮度分秒本行直書，今依西洋表法，另列于直次行，横查之。每格分兩位，右爲十，左爲單，約法也。餘倣此。

總年	七曜	日中行				土自行			木自行			火自行			金自行			水自行			日五星最高行			
		宮	度	分	秒	宮	度	分	宮	度	分	宮	度	分	宮	度	分	宮	度	分	宮	度	分	秒
一年	金六	○三	二六	○五	○八	一一	二九	一八	○四	二五	一九	○八	二四	○六	○一	一五	二九	○二	二五	三四	○○	一○	四○	二八
六百年	日一	○五	一四	二五	一九	○四	○四	四四	○五	○八	二七	○四	○四	三三	○三	○○	三九	○一	一○	○九	○○	○○	五八	一三
九百年	月二	○六	○八	三五	二四	○六	○七	二七	一一	一五	○一	○七	二四	四六	○三	二三	一三	○六	一七	二七	○○	○三	五二	五四
九百三十年	土七	○七	一七	○○	二四	○七	一九	四三	○七	○九	四○	○三	一一	四八	○六	○七	二九	○三	一五	一一	○○	○四	二二	○一
九百六十年	木五	○八	二五	二五	二五	○九	○一	五九	○三	○四	二○	一○	二八	四九	○八	二一	四四	○○	一二	五五	○○	○四	五一	○七

① 南圖本本卷無標題，王鴻緒本本卷標題作『明史稿　志第十六』，定本作『明史卷三十八　志第十四』。

② 南圖本本卷無署名，王鴻緒本本卷署名作『光禄大夫經筵講官明史總裁户部尚書加七級臣王鴻緒奉敕編撰』，定本作『總裁官總理事務經筵講官少保兼太子太保保和殿大學士兼管吏部户部尚書事加六級張廷玉等奉敕修』。

③ 王鴻緒本此處標題作『曆七上　回回曆法二』，定本作『曆八　回回曆法二』。本卷主要根據成化貝琳刊本《回回曆法》編撰而成，如無特别説明，則下文各節内容皆取自《回回曆法》，後不贅述。

④ 此處『原本』應指成化貝琳刊本《回回曆法》，後不贅述。本卷日五星以及太陰平行表在王鴻緒本、定本中被删去，故平行表數據皆據《回回曆法》。

總年	七曜	日中行 宫	日中行 度	日中行 分	日中行 秒	土自行 宫	土自行 度	土自行 分	木自行 宫	木自行 度	木自行 分	火自行 宫	火自行 度	火自行 分	金自行 宫	金自行 度	金自行 分	水自行 宫	水自行 度	水自行 分	日五星最高行 宫	日五星最高行 度	日五星最高行 分	日五星最高行 秒
九百九十年	火三	一〇	〇三	五〇	二六	一〇	一四	一五	一〇	二八	五九	〇六	一五	五〇	一一	〇六	〇〇	〇九	一〇	三八	〇〇	〇五	二〇	一四
一千二十年	日一	一一	一三	一五	二六	一一	二六	三二	〇六	二三	三八	〇二	〇二	五二	〇一	二〇	一五	〇六	〇八	二二	〇〇	〇五	四九	二一
一千五十年	金六	〇〇	二〇	四〇	二七	〇一	〇八	四八	〇二	一八	一八	〇九	一九	五三	〇四	〇四	三〇	〇三	〇六	〇六	〇〇	〇六	一八	二八
一千八十年	水四	〇一	二九	〇五	二七	〇二	二一	〇四	一〇	一二	五七	〇五	〇六	五四	〇六	一八	四六	〇〇	〇三	五〇	〇〇	〇六	四七	三四
一千一百十年	月二	〇三	〇七	三〇	二八	〇四	〇三	二〇	〇六	〇七	三七	〇〇	二三	五六	〇九	〇三	〇一	〇九	〇一	三三	〇〇	〇七	一六	四一
一千一百四十年	土七	〇四	一五	五五	二八	〇五	一五	三七	〇二	〇二	一六	〇八	一〇	五七	一一	一七	一七	〇二	二七	〇二	〇〇	〇八	二四	五五
一千一百七十年	木五	〇五	四二	〇二	二九	〇六	二七	五三	〇九	二六	五五	〇三	二七	五九	〇二	〇一	三二	一一	二四	四五	〇〇	〇八	四四	〇一
一千二百年	火三	〇七	〇二	四五	二九	〇八	一〇	〇九	〇五	二一	三五	一一	一五	〇〇	〇四	五一	八四	〇八	二二	二八	〇〇	〇九	一三	〇八
一千二百三十年	日一	〇八	一一	一〇	三〇	〇九	二二	二六	〇一	一六	一四	〇七	〇二	〇一	〇七	〇〇	〇三	〇五	二〇	一二	〇〇	〇九	四二	一五
一千二百六十年	金六	〇九	一九	三五	三〇	一一	〇四	四二	〇九	一〇	五四	〇二	一九	〇三	〇九	一四	一九	〇二	一七	五六	〇〇	一〇	一一	二二
一千二百九十年	水四	一〇	二八	〇〇	三一	〇〇	一六	五八	〇五	〇五	三三	一〇	〇六	〇四	一一	一八	三四	一一	一五	四〇	〇〇	一〇	四〇	二八
一千三百五十年	土七	〇一	一四	五〇	三二	〇三	一一	一三	〇八	二四	五二	〇一	一〇	〇七	〇四	二七	〇五	〇八	一三	二三	〇〇	一一	〇九	三五
一千三百八十年	木五	〇二	二三	一五	三二	〇四	二三	四七	〇四	一九	三一	〇八	二七	〇八	〇七	一一	二一	〇五	一一	〇七	〇〇	一一	三八	四二
一千四百十年	火三	〇四	〇一	四〇	三三	〇六	〇六	〇三	〇〇	一四	一〇	〇四	一四	〇九	〇九	二五	三六	〇二	〇八	五一	〇〇	一二	〇七	四九
一千四百四十年	日一	〇五	一〇	〇五	三三	〇七	一八	二〇	〇八	〇八	五〇	〇〇	〇一	一一	〇〇	〇九	五一	一一	〇六	三五	〇〇	一二	三六	五五

總年起于曆元隋①己未年，日中行度第一年三宮二十六度五分八秒，此即曆元所餘末日度應，五星自行并最高，俱準此。每三十年加一宮八度二十五分一秒。土星自行度第一年十一宮二十九度十八分，每三十年加一宮十二度一十六分。木星自行度第一年四宮二十五度十九分，每三十年加七宮二十四度三十九分。火星自行度第一年八宮二十四度六分②，每三十年加七宮十七度一分。金星自行度第一年一宮十五度二十九分，每三十年加二宮十四度十五分。水星自行度第一年二宮二十五度三十四分，每三十年加八宮二十七度四十四分。日、五星最高行度第一年初宮十度四十分二十八秒，每三十年加二十九分七秒。依次積之，成立成。

日五星中行零年立成

零年	七曜	日中行 宮	日中行 度	日中行 分	日中行 秒	土自行 宮	土自行 度	土自行 分	木自行 宮	木自行 度	木自行 分	火自行 宮	火自行 度	火自行 分	金自行 宮	金自行 度	金自行 分	水自行 宮	水自行 度	水自行 分	日五星最高行 宮	日五星最高行 度	日五星最高行 分	日五星最高行 秒
一年	水四	一一	一八	五五	○九	一一	○七	○四	一○	一九	二九	○五	一三	二四	○七	○八	一五	○○	一九	四七	○○	○○	○○	五八
二年	月二	一一	○八	四九	二六	一○	一五	○四	○九	○九	五三	一○	二七	一五	○二	一七	○七	○一	一二	四一	○○	○○	○一	五六
三年	金六	一○	二七	四四	三五	○九	二二	○八	○七	二九	二三	○四	一○	三九	○九	二五	二二	○二	○二	二八	○○	○○	○二	五五
四年	火三	一○	一六	三九	四四	○八	二九	一一	○六	一八	五二	○九	二四	○三	○五	○三	三七	○二	二三	一五	○○	○○	○三	五三
五年	日一	一○	○六	三四	○一	○八	○七	一二	○五	○九	一六	○三	○七	五五	○○	一二	二九	○三	一五	○八	○○	○○	○四	五一
六年	木五	○九	二五	二九	一○	○七	一四	一六	○三	二八	四五	○八	二一	一九	○七	二○	四四	○四	○四	五五	○○	○○	○五	四九
七年	火三	○九	一五	二三	二八	○六	二三	一七	○二	一九	○九	○二	○五	一○	○二	二九	三六	○四	二七	四九	○○	○○	○六	四八
八年	土七	○九	○四	一八	三七	○五	二九	二○	○一	○八	三八	○七	一八	三四	一○	○七	一五	○五	一七	三六	○○	○○	○七	四六

① 南圖本此處破損，缺『隋』字。
② 南圖本此處破損，缺『六』字，且『分』字破損。

年	七曜	日中行宫	日中行度	日中行分	日中行秒	土自行宫	土自行度	土自行分	木自行宫	木自行度	木自行分	火自行宫	火自行度	火自行分	金自行宫	金自行度	金自行分	水自行宫	水自行度	水自行分	日五星最高行宫	日五星最高行度	日五星最高行分	日五星最高行秒
零年																								
九年	水四	○八	二三	一三	四六	○五	○六	二四	一一	八二	○八	○一	○一	五八	○五	一六	○六	○六	○七	二三	○○	○○	○八	四四
十年	月二	○八	一三	○八	○三	○四	一四	二四	一○	一八	三一	○六	一五	五○	○○	二四	五七	○七	○○	一七	○○	○○	○九	四六
十一年	金六	○八	○二	○三	一二	○三	二一	二八	○九	○八	○一	一一	二九	一四	○八	○三	一二	○七	二○	○四	○○	○○	一○	四○
十二年	火三	○七	二○	五八	二一	○二	二八	三二	○七	二七	三○	○五	一二	三七	○三	一一	二七	○八	○九	五一	○○	○○	一一	三九
十三年	日一	○七	一○	五二	三八	○二	○六	三二	○六	一七	五四	一○	二六	二九	一○	二○	一九	○九	○二	四四	○○	○○	一二	三七
十四年	木五	○六	二九	四七	四七	○一	一三	三六	○五	○七	二三	○四	○九	五三	○五	二八	三四	○九	二三	三二	○○	○○	一三	三五
十五年	月二	○六	一八	四二	五六	○○	二○	四○	○三	二六	五三	○九	二三	一七	○一	○六	四九	一○	一二	一九	○○	○○	一四	三三
十六年	土七	○六	○八	三七	一三	一一	二八	四十	○二	一七	一六	○三	○七	○八	○八	一五	一四	一一	○五	一二	○○	○○	一五	三二
十七年	水四	○五	二七	三二	二二	一一	○五	四四	○一	○六	四六	○八	二○	三二	○三	二三	五六	一一	二四	五九	○○	○○	一六	三○
十八年	月二	○五	一七	二六	四○	一○	一三	四五	一一	二七	○九	○二	○四	二四	一一	○二	四八	○○	一七	五三	○○	○○	一七	二八
十九年	金六	○五	○六	二一	四九	○九	二○	四八	一○	一六	三九	○七	一七	四八	○六	一一	○三	○一	○七	四○	○○	○○	一八	二六
二十年	火三	○四	二五	一六	五八	○八	二七	二五	○九	○六	○八	○一	○一	一二	○一	一九	一八	○一	二七	二七	○○	○○	一九	二四
二十一年	日一	○四	一五	一一	一五	○八	○五	五三	○七	二六	三二	○六	一五	○三	○八	二八	一○	○二	二○	二二	○○	○○	二○	二三
二十二年	木五	○四	○四	○六	二四	○七	一二	五七	○六	一六	○一	一一	二八	二七	○四	○六	二五	○三	一○	○八	○○	○○	二一	二一
二十三年	月二	○三	二三	○一	三三	○六	二○	○○	○五	○五	三一	○五	一一	五一	一一	一四	四○	○三	二九	五五	○○	○○	二三	一九

零年	七曜	日中行				土自行			木自行			火自行			金自行			水自行			日五星最高行			
		宮	度	分	秒	宮	度	分	宮	度	分	宮	度	分	宮	度	分	宮	度	分	宮	度	分	秒
二十四年	土七	○三	一二	五五	五○	○五	二八	○○	○三	二五	五四	一○	○二	四三	○六	二二	三二	○四	二二	四八	○○	○○	二三	一七
二十五年	水四	○三	○一	五○	五九	○五	○五	○四	○二	一五	二四	○四	○九	○六	○二	○一	四七	○五	一二	三五	○○	○○	二四	一六
二十六年	月二	○二	二一	四五	一六	○四	一三	○五	○一	○五	四七	○九	二二	五八	○九	一○	三九	○六	○五	二九	○○	○○	二五	一四
二十七年	金六	○二	一○	四○	二五	○三	二○	○八	一一	一五	一七	○三	○六	二二	○四	一八	五四	○六	二五	一六	○○	○○	二六	一二
二十八年	火三	○一	二九	三五	三四	○二	二七	一二	一○	一四	四六	○八	一九	四六	一一	二七	○九	○七	一五	○三	○○	○○	二七	一○
二十九年	日一	○一	一九	二九	五二	○二	○五	一三	○九	○五	一○	○二	○三	三七	○七	○六	○○	○八	○七	五七	○○	○○	二八	○九
三十年	木五	○一	○八	二五	○一	○一	一二	一六	○七	二四	三九	○七	一七	○一	○二	一四	一五	○八	二七	四四	○○	○○	二九	○七

總年立成每隔三十年，故以三十年補之，內二年、五年、七年、十年、十三年、十六年、十八年、二十一年、二十四年、二十六年、二十九年于十二①月終皆加閏日。三十年凡閏十一日，通計日數一萬六百三十一日。中行平年十一宮十②八度五十五分九秒，閏年加一日行分五十九分八秒。土③自行平年十一宮七度四分，閏年加五十七分。木自行平年十宮十九度二十九分，閏年加五十四分。火④自行平年五宮十三度二十四分，閏年⑤加二十八分。金自行平年七宮八度十五分，閏年加三十七分。水自行平年初宮十九度四十七分，閏年加三度六分。最高行每年五十八秒，按年遞加三年，另加一秒。每年零二十微之積。

① 南圖本「二」誤作「一」。
② 南圖本「宮十」二字破損。
③ 南圖本「土」誤作「五」。
④ 紹圖本「火」誤作「又」。
⑤ 紹圖本「年」誤作「平」。

日五星中行月分立成

月分	七曜	日中行				土自行			木自行			火自行			金自行			水自行			日五星最高行			
		宫	度	分	秒	宫	度	分	宫	度	分	宫	度	分	宫	度	分	宫	度	分	度	分	秒	微
一月大	月二	〇〇	二九	三四	一〇	〇〇	二八	三四	〇〇	二七	〇五	〇〇	一三	一五	〇〇	一八	三〇	〇三	〇三	一二	〇〇	〇〇	〇四	五六
二月小	火三	〇一	二八	〇九	一二	〇一	二六	一一	〇一	二三	一九	〇〇	二七	一四	〇一	〇六	二二	〇六	〇三	一八	〇〇	〇〇	〇九	四二
三月大	木五	〇二	二七	四三	二一	〇二	二四	四四	〇二	二〇	一五	〇一	一一	〇五	〇一	二四	五二	〇九	〇六	三〇	〇〇	〇〇	一四	三七
四月小	金六	〇三	二六	一八	二二	〇三	二二	二一	〇三	一六	三〇	〇一	二四	二八	〇二	一二	四五	〇〇	〇六	三六	〇〇	〇〇	一九	二三
五月大	日一	〇四	二九	五二	三三	〇四	二〇	五五	〇四	一三	三四	〇二	〇八	一九	〇三	〇一	一五	〇三	〇九	八四	〇〇	〇〇	二四	一九
六月小	月二	〇五	二四	二七	三四	〇五	一八	三二	〇五	〇九	四五	〇二	二一	四二	〇三	一九	〇七	〇六	〇九	五四	〇〇	〇〇	二九	〇五
七月大	水四	〇六	二四	〇一	四四	〇六	一七	〇六	〇六	〇六	四九	〇三	〇五	三三	〇四	〇七	三七	〇九	一三	〇六	〇〇	〇〇	三四	〇一
八月小	木五	〇七	二三	三六	四六	〇七	一四	四二	〇七	〇三	〇〇	〇三	一八	五六	〇四	二五	三〇	〇〇	一三	一一	〇〇	〇〇	三八	四七
九月大	土七	〇八	二三	一〇	五六	〇八	一三	一六	〇八	〇〇	〇四	〇四	〇二	四七	〇五	一四	〇〇	〇三	一六	二四	〇〇	〇〇	四三	四二
十月小	日一	〇九	二〇	四五	五七	〇九	一〇	三五	〇八	二十	一五	〇四	一六	一〇	〇六	〇一	五二	〇六	一六	二九	〇〇	〇〇	四八	二八
十一月大	火三	一〇	二〇	二〇	〇七	一〇	〇九	二七	〇九	二三	一九	〇五	〇〇	〇一	〇六	二〇	二二	〇九	一九	四一	〇〇	〇〇	五三	二四
十二月小	水四	一一	一八	五五	〇九	一一	〇七	〇四	一〇	一九	二九	〇五	一三	二四	〇七	〇八	一五	〇〇	一九	四七	〇〇	〇〇	五八	一〇
閏日	木五	一一	一九	五四	一七	一一	〇八	〇一	一〇	二〇	二三	〇五	一三	五二	〇七	〇八	五二	〇〇	二二	五三	〇〇	〇〇	五八	二〇

單月大，雙月小，末置一閏日。日中行小月二十八度三十五分二秒，大月二十九度三十四分十秒，十二月通計十一宫十八度五十五分九秒。土自行小月二十七度三十七分，大月二十八度三十四分，十二月十一宫七度四分。木自行小月二十六度十

分，大月二十七度五分，十二①月十宮十九度二十九分。火自行小月十三度二十三分，大月十三度五十一分，十二月五宮十三度二十四分。金自行小月十七度五十三分，大月十八度二十分，十二月七宮八度十五分。水自行小月三宮初度六分，大月三宮三度十二分，十二月初宮十九度四十七分。最高行小月四秒四十六微，大月四秒五十六微，十二月五十八秒十微，有閏日加一十微。

日五星中行日分立成

日分	七曜	日中行				土自行			木自行			火自行			金自行			水自行			日五星最高行			
		宮	度	分	秒	宮	度	分	宮	度	分	宮	度	分	宮	度	分	宮	度	分	度	分	秒	微
一日	日一	○○	○○	五九	○八	○○	○○	五七	○○	○○	五四	○○	○○	二八	○○	○○	三七	○○	○三	○六	○○	○○	○○	一○
二日	月二	○○	○一	五八	一七	○○	○一	五四	○○	○一	四八	○○	○○	五五	○○	○一	一四	○○	○六	一三	○○	○○	○○	二○
三日	火三	○○	○二	五七	二五	○○	○二	五一	○○	○二	四二	○○	○一	二三	○○	○一	五一	○○	○九	一九	○○	○○	○○	三○
四日	水四	○○	○三	五六	三三	○○	○三	四八	○○	○三	三七	○○	○一	五一	○○	○二	二八	○○	一二	二六	○○	○○	○○	三九
五日	木五	○○	○四	五五	四二	○○	○四	四六	○○	○四	三一	○○	○二	一八	○○	○三	○五	○○	一五	三三	○○	○○	○○	四九
六日	金六	○○	○五	五四	五○	○○	○五	四三	○○	○五	二五	○○	○二	四六	○○	○三	四二	○○	一八	三八	○○	○○	○○	五九
七日	土七	○○	○六	五三	五八	○○	○六	四○	○○	○六	一九	○○	○三	一四	○○	○四	一九	○○	二一	四五	○○	○○	○一	○九
八日	日一	○○	○七	五三	○七	○○	○七	三七	○○	○七	一三	○○	○三	四二	○○	○四	五六	○○	二四	五一	○○	○○	○一	一九
九日	月二	○○	○八	五二	一五	○○	○八	三四	○○	○八	○七	○○	○四	○九	○○	○五	三三	○○	二七	五八	○○	○○	○一	二九
十日	火三	○○	○九	五一	二三	○○	○九	三一	○○	○九	○一	○○	○四	三七	○○	○六	一○	○一	○一	○四	○○	○○	○一	三九

① 南圖本「二」誤作「一」。

日分	七曜	日中行 宮	日中行 度	日中行 分	日中行 秒	土自行 宮	土自行 度	土自行 分	木自行 宮	木自行 度	木自行 分	火自行 宮	火自行 度	火自行 分	金自行 宮	金自行 度	金自行 分	水自行 宮	水自行 度	水自行 分	日五星最高行 度	日五星最高行 分	日五星最高行 秒	日五星最高行 微
十一日	水四	〇〇	一〇	五〇	三三	〇〇	一〇	二八	〇〇	〇九	五六	〇〇	〇五	〇五	〇〇	〇六	四七	〇一	〇四	一〇	〇〇	〇〇	〇一	四八
十二日	木五	〇〇	一一	四九	四〇	〇〇	一一	二六	〇〇	一〇	五〇	〇〇	〇五	三二	〇〇	〇七	二四	〇一	〇七	一七	〇〇	〇〇	〇一	五八
十三日	金六	〇〇	一二	四八	四八	〇〇	一二	二三	〇〇	一一	四四	〇〇	〇六	〇〇	〇〇	〇八	〇一	〇一	一〇	二三	〇〇	〇〇	〇二	〇八
十四日	土七	〇〇	一三	四七	五七	〇〇	一三	二〇	〇〇	一二	三八	〇〇	〇六	二八	〇〇	〇八	三八	〇一	一三	三〇	〇〇	〇〇	〇二	一八
十五日	日一	〇〇	一四	四七	〇五	〇〇	一四	一七	〇〇	一三	三三	〇〇	〇六	五五	〇〇	〇九	一五	〇一	一六	三六	〇〇	〇〇	〇二	二八
十六日	月二	〇〇	一五	四六	一三	〇〇	一五	一四	〇〇	一四	二六	〇〇	〇七	二三	〇〇	〇九	五二	〇一	一九	四二	〇〇	〇〇	〇二	三八
十七日	火三	〇〇	一六	四五	二二	〇〇	一六	一一	〇〇	一五	二一	〇〇	〇七	五一	〇〇	一〇	二九	〇一	二二	四九	〇〇	〇〇	〇二	四八
十八日	水四	〇〇	一七	四四	三〇	〇〇	一七	〇八	〇〇	一六	一五	〇〇	〇八	一八	〇〇	一一	〇六	〇一	二五	五五	〇〇	〇〇	〇二	五七
十九日	木五	〇〇	一八	四三	三八	〇〇	一八	〇五	〇〇	一七	〇九	〇〇	〇八	四六	〇〇	一一	四三	〇一	二九	〇二	〇〇	〇〇	〇三	〇七
二十日	金六	〇〇	一九	四二	四七	〇〇	一九	〇三	〇〇	一八	〇三	〇〇	〇九	一四	〇〇	一二	二〇	〇二	〇二	〇八	〇〇	〇〇	〇三	一七
二十一日	土七	〇〇	二〇	四一	五五	〇〇	二〇	〇〇	〇〇	一八	五七	〇〇	〇九	四二	〇〇	一二	五七	〇二	〇五	一四	〇〇	〇〇	〇三	二七
二十二日	日一	〇〇	二一	四一	〇三	〇〇	二〇	五七	〇〇	一九	五一	〇〇	一〇	〇九	〇〇	一三	三四	〇二	〇八	二一	〇〇	〇〇	〇三	三七
二十三日	月二	〇〇	二二	四〇	一二	〇〇	二一	五四	〇〇	二〇	四五	〇〇	一〇	三七	〇〇	一四	一一	〇二	一一	二七	〇〇	〇〇	〇三	四七
二十四日	火三	〇〇	四三	三九	二〇	〇〇	二二	五一	〇〇	二一	四〇	〇〇	一一	〇五	〇〇	一四	四八	〇二	一四	三四	〇〇	〇〇	〇三	五七
二十五日	水四	〇〇	二四	三八	二八	〇〇	二三	四八	〇〇	二二	三四	〇〇	一一	三二	〇〇	一五	二五	〇二	一七	四〇	〇〇	〇〇	〇四	〇六

日分	七曜	日中行 宮	日中行 度	日中行 分	日中行 秒	土自行 宮	土自行 度	土自行 分	木自行 宮	木自行 度	木自行 分	火自行 宮	火自行 度	火自行 分	金自行 宮	金自行 度	金自行 分	水自行 宮	水自行 度	水自行 分	日五星最高行 度	日五星最高行 分	日五星最高行 秒	日五星最高行 微
二十六日	木五	〇〇	二五	三七	三七	〇〇	二四	四五	〇〇	二三	二八	〇〇	二二	〇〇	〇〇	一六	〇二	〇二	二〇	四六	〇〇	〇〇	〇四	一六
二十七日	金六	〇〇	二六	三六	四五	〇〇	二五	二四	〇〇	二四	二三	〇〇	二二	二八	〇〇	一六	三九	〇二	二三	五三	〇〇	〇〇	〇四	二六
二十八日	土七	〇〇	二七	三五	五三	〇〇	二六	四〇	〇〇	二五	一六	〇〇	二二	五五	〇〇	一七	一六	〇二	二六	五九	〇〇	〇〇	〇四	三六
二十九日	日一	〇〇	二八	三五	〇二	〇〇	二七	三七	〇〇	二六	一〇	〇〇	二三	二三	〇〇	一七	三五	〇三	〇〇	〇六	〇〇	〇〇	〇四	四六
三十日	月二	〇〇	二九	三四	一〇	〇〇	二八	三四	〇〇	二七	〇五	〇〇	二三	五一	〇〇	一八	三〇	〇三	一〇	〇三	〇〇	〇〇	〇四	五六

日行分一日日中行五十九分八秒，整數也。實測又有零數，約二十微。故二日于五九〇八之積外加一秒，一度五八一七。其後每隔二日加一秒，三十日共加十秒。土自行五十七分，其五日、十二①日、二十日、二十八日增一分。木自行五十四分，其四日、十一日、十七日、二十四日、三十日增一分。水自行三度六分，其二、四、七、九、十二、十四、十七、十九、二十二、二十四、二十七、二十九日增一分，共十二分。亦零數所積也。土一日約零八秒，木十秒，水二十四秒。火自行二十八分，其二、五、九、十二②、十五、十八、二十二、二十五、二十八日各減一分。共減九分。最高行一十微，其四、十一、十八、二十五日減一微，則于整數爲弱矣。大③約弱十八秒，最高八纖。惟金自行三十七分，按日遞加，無盈縮。周述學曰：『土星經度與天不合，内加一度〇三十分方合。』

① 南圖本「二」誤作「三」。
② 紹圖本「二」誤作「三」。
③ 紹圖本「大」誤作「火」。

日躔交十二宮初日立成

宮分	日躔	七曜	日中行 宮	日中行 度	日中行 分	日中行 秒	土自行 宮	土自行 度	土自行 分	木自行 宮	木自行 度	木自行 分	火自行 宮	火自行 度	火自行 分	金自行 宮	金自行 度	金自行 分	水自行 宮	水自行 度	水自行 分	日五星最高行 分	日五星最高行 秒	日五星最高行 微
白羊戌宮	三十一日																							
金牛酉宮	三十一日	火三	○一	○○	三三	一八	○○	二九	三一	○○	二七	五九	○○	一四	一九	○○	一九	○七	○三	○六	一九	○○	○五	○六
陰陽申宮	三十一日	金六	○二	○一	○六	三六	○一	二九	○二	○一	二五	五七	○○	二八	三七	○一	○八	一三	○六	一二	三七	○○	一○	一二
巨蟹未宮	三十二日	月二	○三	○一	三九	五四	○二	二八	三三	○二	二三	五六	○一	一二	五五	○一	二七	二○	○九	一八	五六	○○	一五	一七
獅子午宮	三十一日	金六	○四	○三	一二	二一	○三	二九	○一	○三	二二	四九	○一	二七	四二	○二	一七	○四	○○	二八	二一	○○	二○	三三
雙女巳宮	三十日	月二	○五	○三	四五	四○	○四	二八	三二	○四	二○	四八	○二	一二	○○	○三	○六	一一	○四	○四	三九	○○	二五	三九
天秤辰宮	三十日	木五	○六	○四	一八	五八	○五	一八	○三	○五	一八	四六	○二	二六	一九	○三	二五	一七	○七	一○	五八	○○	三○	四五
天蠍卯宮	三十日	土七	○七	○三	五三	○八	○六	二六	三七	○六	一五	五一	○三	一○	一○	○四	一三	四七	一○	一四	一○	○○	三五	四一
人馬寅宮	二十九日	月二	○八	○三	二七	一八	○七	二五	一一	○七	一二	五五	○三	二四	○一	○五	○二	一七	○一	一七	二三	○○	四○	三七
磨羯丑宮	二十九日	火三	○九	○二	○三	一九	○八	二三	四八	○八	○九	○六	○四	○七	二四	○五	二○	一○	○四	一七	二八	○○	四五	二三
寶瓶子宮	三十日	水四	一○	○○	三七	二一	○九	二○	二四	○九	○五	一六	○四	二○	四七	○六	○八	○二	○七	一七	三三	○○	五○	○九
雙魚亥宮	三十日	金六	一一	○○	一一	三一	一○	一八	五八	一○	○二	二一	○五	○四	三八	○六	二六	三二	一○	二○	四五	○○	五五	○五

此宮分初日立成于白羊宮初日起算，時未有積，故空至金牛宮初日，乃各曜行三十一日之積。視宮分日數多少纍加之，至雙魚宮初日，凡三百三十五日之積。通計十二宮三百六十五日，遇宮分有閏之年，三百六十六日。如求本①曜一年②氣周，須補雙魚三十日之積，加月分立成。有閏加日分一日之積。

附求七曜總年立成：一年起金六，六百年起日一，每三十年加五數。零年立成起水四，宮分立成金牛宮起火三，月分立成起于月二，日分立成起日一。求法有閏日，滿歲用歲七曜，不滿歲用月七曜，并③之，得逐月尾日七曜。

① 南圖本「本」誤作「今」。
② 紹圖本「年」誤作「平」。
③ 南圖本「并」誤作「得」。

附文一①

日五星中心行度②立成造法 原本總年、零年、月分、日期③及十二宫初日，凡五立成，每立成内首列本立成年、月、日、宫，各紀數，次列七曜，次列日中心行度及土、木、火、金、水各自行度④，日、五星最高行度。文多不録，録其造立成之法于左⑤。

日中心行度⑥日期⑦立成：一日行五十九分八秒，按日纍加⑧之，小月二十九日，得二十八度三十五分二秒，大月三十日，得二十九度三十四分一十秒⑨。

月分立成：單月大，雙月小，末置一閏日，大月二十九度三十四分十秒，小月二十八度三十五分二秒，按月纍加⑩之，十二月計十一宫十八度五十五分九秒，閏日加五十九分八秒⑪。

宫分初日立成：于白羊宫初日起算⑫，至金牛宫初日，凡三十一日，得一宫初⑬度三十三分十八秒。五十九分八秒之積。視宫分日數多

① 王鴻緒本、定本本卷無七曜平行立成表，即總年、零年、宫分、月分、日分等表，而代之以立成造法。本書將造法分爲日五星與太陰兩部分，以定本爲底本，分别附録于此。下文『附文二』情况類似，後不贅述。
② 王鴻緒本『中心行度』作『中行』。
③ 王鴻緒本『日期』作『日分』。
④ 王鴻緒本『次列日中心行度及土、木、火、金、水各自行度』作『次列日中行度，土自行度、木自行度、火自行度、金自行度、水自行度』。
⑤ 王鴻緒本此處無『文多不録，録其造立成之法于左』，但有『茲搜列造法于左，按之即得』。
⑥ 王鴻緒本『中心行度』作『中行度』。
⑦ 王鴻緒本『日期』作『日分』。
⑧ 王鴻緒本『加』後有『積』字。
⑨ 據陳美東研究，此後應有『其二、五、八、十、十一、十四、十七、二十、二十三、二十四、二十九日各增一秒』。
⑩ 王鴻緒本『加』後有『積』字。
⑪ 據陳美東研究，此後應有『其三、六、十月各減一秒』。
⑫ 王鴻緒本此後有『時未有積，空』。
⑬ 王鴻緒本、定本『初』誤作『一』。

少日數見前。纍加積之，至雙魚宮初日，得十一宮初①度十一分三十一秒。②自白羊至此，凡三百三十五日之積。

零年立成：每年十一宮十八度五十五分九秒，三十年閏十一③日，故二年、五年、七年、十年、十三年、十六年、十八年、二十一年、二十四年、二十六年、二十九年皆加閏日約法。每一年減十一度四分五十一秒，閏年減十度五分四十三秒④，三十年加⑤一宮八度二十五分一⑥秒⑦。每年三百五十四日，計一萬六百二十日，加閏⑧十一日，共一萬六百三十一日。

總年立成：第一年爲三宮二十六度五分八秒，此隋己未測定根數，一云即洪武甲子年數，已算加次在內。六百年五宮十四度二十五分十九秒，每三十年加一宮八度二十五分一⑨秒，至一千四百四十年，得五宮十度五分三十三秒⑩。

五星自行度立成造法

土星日期⑪立成：一日五十七分，按日遞加。小月二十七度三十七分，大月二十八度三十四分，其五日、十二日、二十日、二十八日增一分者，乃秒數所積也。

月分立成：大月加二十八度三十四分，小月加二十七度三十七分，按月纍加，十二月計十一宮七度四分，閏日加⑫五十七分⑬。

①　王鴻緒本、定本「初」誤作「一」。
②　據陳美東研究，此後應有「其陰陽申宮、人馬寅宮各減一秒」。
③　王鴻緒本「十一」誤作「一」，脱「十」字。
④　王鴻緒本「每一年減十一度四分五十一秒，閏年減十度五分四十三秒」誤作「每一年減十度五分四十三秒，閏年減十一度四分五十一秒」。
⑤　王鴻緒本、定本「加」誤作「爲」。
⑥　定本「一」誤作「三十一」。
⑦　據陳美東研究，此後應有「其七、十八、二十九年各增一秒」。
⑧　王鴻緒本「閏」作「閏日」。
⑨　王鴻緒本「一」誤作「十」，定本「一」誤作「三十一」。
⑩　據陳美東研究，此後應有「其六百三十、六百九十、七百五十、八百一十、八百七十、九百三十、一千二十、一千八十、一千一百四十、一千二百、一千二百六十、一千三百二十、一千三百八十、一千四百四十年各減一秒」。
⑪　王鴻緒本「日期」作「日分」。
⑫　王鴻緒本此處無「加」字。
⑬　據陳美東研究，此後應有「其三、九月各減一分」。

宮分初日立成：金牛宮初日爲二十九①度三十一分，自行分三十一日之積，餘四星準此。②視宮分日數纍加之，至雙魚宮初日爲十宮十八度五十八分③。

零年立成：每年十一宮七度四分，其閏日有無視日中行度。零年有加本星一日行分，下四星準此。至三十年共一宮十二度一十六分④。

總年立成：第一年十一宮二十九度十八分，此隋己未測定根數，一云即洪武甲子年數，加次在内。下四星準此。六百年四宮四度四十四分，每三十年加一宮十二度十六⑤分，至一千四百四十年計七宮十八度二十分⑥。

木星日期⑦立成：一日五十四分，按日遞加。小月二十六度十分，大月二十七度五分，其四日、十一日、十七日、二十四日、三十日增一分者，秒數所積也。

月分立成：按大小月纍加⑧，十二月計十宮十九度二十九分，閏日加⑨五十四分。

宮分初日立成：金牛宮初日二十七度五十九分，至雙魚宮⑩初日爲十宮二度二十一分⑪。

零年立成：每年十宮十九度二十九分，至三十年計七宮二十四度三十九分⑫。

① 王鴻緒本「二十九」誤作「十九」，脱「二」字。
② 王鴻緒本「餘四星準此」作「詳見日中行宮分立成，下四星準此」。
③ 據陳美東研究，此後應有「其獅子午宮、寶瓶子宮各減一分」。
④ 據陳美東研究，此後應有「其二、四、八、十、十三、十六、十九、二十三、二十四、二十七、二十九年各減一分」。
⑤ 定本「十六」誤作「二十七」。
⑥ 據陳美東研究，此後應有「其六百九十、八百一十、九百、一千二十、一千一百四十、一千二百三十、一千三百五十、一千四百四十年各增一分」。
⑦ 王鴻緒本「日期」作「日分」。
⑧ 王鴻緒本「按大小月纍加」作小注「大小月所加見上本星日分立成」。
⑨ 王鴻緒本此處無「加」字。
⑩ 王鴻緒本此處無「宮」字。
⑪ 定本「二度二十一分」誤作「二十九度二十六分」。
⑫ 據陳美東研究，此後應有「其二、三、五、七、八、十一、十二、十五、十七、十九、二十、二十三、二十五、二十七、二十九年各增一分」。

總年立成：第一年四宮二十五度十九分，六百年五宮八度二十七分，每三十年加七宮二四三九，至千四百四十年計八宮八度五十分①。

火星日期②立成：一日二十八分，按日遞加。小月十三度二十三分，大月十三度五十一分，其二日、五日、九日、十二日、十五日、十八日、二十二日、二十五日、二十八日各減一分。

月分立成：按大小月纍加③，十二月計五宮十三度二十四分，閏日加二十八分。

宮分初日立成：金牛宮初日十四度十九④分，至雙魚宮初日五宮四度三十八分⑤。

零年立成：每年五宮十三度二十四分，至三十年計七宮十七度一分⑥。

總年立成：第一年八宮二十四度六分，六百年四宮四度三十三分，每三十年加七宮十七度一分，至一千四百四十年計一度一十一分⑦。

金星日期⑧立成：一日三十七分，按日遞加。小月十七度五十三分，大月十八度三十分。

①據陳美東研究，此後應有『其六百三十、七百二十、八百一十、八百七十、九百六十、一千五十、一千一百一十、一千二百、一千二百六十、一千三百五十、一千四百四十年各增一分』。
②王鴻緒本『日期』作『日分』。
③王鴻緒本『按大小月纍加』作小注『大小月見上本星日分立成』。
④王鴻緒本『十九』誤作『二十九』，衍『二』字。
⑤定本『四度三十八分』誤作『十八度二十九分』。
⑥據陳美東研究，此後應有『其二、七、十二、十六、二十一、二十五、二十九年各減一分』。
⑦據陳美東研究，此後應有『其六百六十、七百五十、八百四十、九百三十、一千二十、一千一百一十、一千一百七十、一千二百六十、一千三百五十、一千四百四十年各增一分』。
⑧王鴻緒本『日期』作『日分』。

月分立成：按大小月纍加①，十二月計七宮八度十五分，閏日加②三十七分③。

宮分初日立成，金牛宮初日十九度七分，至雙魚宮初日④六宮二十六度三十二分⑤。

零年立成：每年七宮八度十五分，至三十年計二宮十四度十五分⑥。

總年立成：第一年一宮十五度二十九分，六百年三宮〇⑦三十九⑧分，每三十年加二宮十四度十五分，至一千四百四十年計九度五十一分⑨。

水星日期⑩立成：一日三度六分，按日遞加。小月三宮初度六分，大月三宮三度十二分，其二日、四日、七日、九日、十二日⑪、十四日、十七日、十九日、二十二日、二十四日、二十七日、二十九日各增一分。

月分立成：按大小月纍加⑫，十二月計初宮十九度四十七分，閏月加三度六分⑬。

宮分初日立成：金牛宮初日三宮六度十九分⑭，至雙魚宮初日十宮二十度四十五分。

① 王鴻緒本「按大小月纍加」作小注「大小月見上」。
② 王鴻緒本此處無「加」字。
③ 據陳美東研究，此後應有「其二、六、十月各減一分」。
④ 王鴻緒本此處無「初日」二字。
⑤ 定本「六宮二十六度三十二分」誤作「七宮十五度二分」。據陳美東研究，此後應有「其陰陽申宮、天秤辰宮、寶瓶子宮各減一分」。
⑥ 據陳美東研究，此後應有「其十、二十九年各減一分」。
⑦ 王鴻緒本此處無「〇」字。
⑧ 定本「九」誤作「四」。
⑨ 據陳美東研究，此後應有「其六百六十、七百二十、七百八十、八百四十、九百、九百六十、一千五十、一千一百一十、一千一百七十、一千二百三十、一千二百九十、一千三百五十年各增一分」。
⑩ 王鴻緒本「日期」作「日分」。
⑪ 王鴻緒本此處無「二日、四日、七日、九日、十二日」。
⑫ 王鴻緒本「按大小月纍加」作小注「大小月見上」。
⑬ 王鴻緒本「閏月加三度六分」作「閏日加一日行分」。據陳美東研究，此後應有「其九月減一分」。
⑭ 據陳美東研究，此後應有「其寶瓶子宮減一分」。

零年立成：每年初宫十九度四十七分，至三十年計八宫二十七度四十四分。

總年立成：第一年二宫二十五度三十四分，六百年一宫十度九分，每三十年加八宫二十七度四十四分①，至一千四百四十年計十一宫六度三十五分②。

日五星最高行度立成造法 日、五星同用。③

最高行④日分立成：一日一十微，按日遞加。其四日、十一日、十八日、二十五日各減一微，大月四秒五十六微，小月四秒四十六微。

月分立成：按大小月纍加⑤，十二月計五十八秒一十微，有閏日加十微⑥。

宫分初日立成：金牛宫初日五秒六微，至雙魚宫初日五十五秒五微。

零年立成：每年五十八秒，加⑦二十微。按年遞加，三年積六十微加一秒，三十年計二十九分七⑧秒⑨。

總年立成：一⑩年初宫十度四十分二十八秒，洪武甲子加次。六百年五十八分十三秒，每三十年加二十九分七秒，一千四百四十年計十二度三十六分五十五秒⑪。

① 據陳美東研究，此後應有『其二、七、十、十四、十八、二十一、二十六、二十九年各增一分』。
② 據陳美東研究，此後應有『其七百二十、八百四十、九百九十、一千一百一十、一千二百三十、一千三百五十年各減一分』。
③ 王鴻緒本此處小注作『即歲差，故日、五星同用』。
④ 王鴻緒本『行』作『行度』。
⑤ 王鴻緒本『按大小月纍加』作『大小月視日分所加數按月纍加』。
⑥ 據陳美東研究，此後應有『其三、九月各減一微』。
⑦ 王鴻緒本、定本『加』誤作『去』。
⑧ 定本『七』誤作『十』。
⑨ 據陳美東研究，此後應有『其三、七、十二、十六、二十一、二十五、二十九年各增一秒』。
⑩ 『一』前當脱『第』字。
⑪ 據陳美東研究，此後應有『其六百三十、七百二十、八百四十、九百六十、一千八十、一千二百、一千三百二十、一千四百四十年各減一秒』。

太陰經度總①年立成原本太陰總零年、宮月日分②立成俱列七曜，因同日、五星諸立成，不重載。

總年	中心行			加倍相離			本輪行			羅計中心		
	宮	度	分	宮	度	分	宮	度	分	宮	度	分
一年	○四	二八	四九	○一	二五	二八	○四	一二	一一	○七	二三	○六
六百年	○六	○八	四二	○一	一八	三三	○八	○八	○八	一一	○二	三四
九百年	○七	○一	一三	○一	一五	一六	一○	○五	五六	○六	二二	一九
九百三十年	○八	○九	二八	○一	一四	五六	○七	二九	四三	○一	一五	一七
九百六十年	○九	一七	四四	○一	一四	三六	○五	一三	三○	○八	○八	一五
九百九十年	一○	二五	五九	○一	一四	一七	○三	一七	一六	○三	○一	一四
一千二十年	○○	○四	一四	○一	一三	五七	○一	一一	○三	○九	二四	一二
一千五十年	○一	一二	二九	○一	一三	三七	一一	○四	五○	○四	一七	一一
一千八十年	○二	二○	四四	○一	一三	一七	○八	二八	三七	一一	一○	○九
一千一百十年	○三	二八	五九	○一	一二	五八	○六	一二	二四	○六	○三	○八
一千一百四十年	○五	○七	一四	○一	一二	三八	○四	一六	一○	○○	二六	○六
一千一百七十年	○六	一五	三○	○一	一二	一八	○二	○九	五七	○七	一九	○四
一千二百年	○七	二三	四五	○一	一一	五九	○○	○三	四四	○二	一二	○三
一千二百三十年	○九	○二	○○	○一	一一	三九	○九	二七	三一	○九	○五	○一
一千二百六十年	一○	一○	一五	○一	一一	一九	○七	二一	一八	○三	二八	○○
一千二百九十年	一一	一八	三○	○一	一○	五九	○五	一五	○五	一○	二○	五八

① 南圖本「總」字破損。
② 紹圖本「分」誤作「方」。

總年	中心行			加倍相離			本輪行			羅計中心		
	宮	度	分	宮	度	分	宮	度	分	宮	度	分
一千三百二十年	○○	二六	四五	○一	一○	四○	○三	○八	五一	○五	一三	五七
一千三百五十年	○二	○五	○○	○一	一○	二○	○一	○二	三八	○○	○六	五五
一千三百八十年	○三	一三	一六	○一	一○	○○	一○	二六	二五	○六	二九	五三
一千四百十年	○四	二一	三一	○一	○九	四○	○八	二○	一二	○一	二三	五二
一千四百四十年	○五	二九	四七	○一	○九	二一	○六	一四	○九	○八	一五	五○

太陰各行第一年數，此曆元所餘末日度應。每三十年中心度加一宮八度十五分，倍離度加十一宮二十九度四十分，本輪度加九宮二十三度四十七分，羅計度加六宮二十三度五十分，至一千四百四十年各得本數如左。

太陰經度零年立成

零年	中心行			加倍相離			本輪行			羅計中心		
	宮	度	分	宮	度	分	宮	度	分	宮	度	分
一年	一一	一四	二七	一一	二一	○三	一○	○五	○○	○○	一八	四五
二年	一一	一二	○四	○○	○六	二九	○八	一三	○四	○一	○七	三三
三年	一○	二六	三○	一一	二七	三二	○六	二八	○四	○一	二六	一八
四年	一○	一○	五七	一一	一八	三五	○五	○三	○四	○二	一五	○二
五年	一○	○八	三四	○○	○四	○一	○三	二一	○八	○三	○三	五○
六年	○九	二三	○一	一一	二五	○三	○一	二六	○九	○三	二三	三五
七年	○九	二○	三八	○○	一○	二九	○○	一四	一三	○四	一一	二三
八年	○九	○五	○五	○○	○一	三二	一○	一九	一三	○五	○○	○八
九年	○八	一九	三一	一一	二三	三五	○八	二四	一三	○五	一八	五三

零年	中心行 宫	中心行 度	中心行 分	加倍相離 宫	加倍相離 度	加倍相離 分	本輪行 宫	本輪行 度	本輪行 分	羅計中心 宫	羅計中心 度	羅計中心 分
十年	〇八	一七	〇九	〇〇	〇八	〇一	〇七	一二	一七	〇六	〇七	四一
十一年	〇八	〇一	三五	一一	二九	〇四	〇五	一七	一七	〇六	二六	二五
十二年	〇七	一六	〇二	一一	二〇	〇六	〇三	二二	一七	〇七	一五	一〇
十三年	〇七	一三	三九	〇〇	〇五	三三	〇二	一〇	二一	〇八	〇三	五八
十四年	〇六	二八	〇六	一一	二六	三一	〇〇	一五	二一	〇八	二二	四三
十五年	〇六	一二	三二	一一	一七	三九	一〇	二〇	二一	〇九	一一	二八
十六年	〇六	一〇	〇九	〇〇	〇三	〇五	〇九	〇八	二五	一〇	〇〇	六一
十七年	〇五	二四	三六	一一	二四	〇七	〇七	一三	二六	一〇	一九	〇〇
十八年	〇五	二二	一三	〇〇	〇九	三三	〇六	〇一	三〇	一一	〇七	四八
十九年	〇五	〇六	四〇	〇〇	〇〇	三六	〇四	〇六	三〇	一一	二六	三三
二十年	〇四	二一	〇七	一一	二一	三九	〇二	一一	三〇	〇〇	一五	一八
二十一年	〇四	一八	四四	〇〇	〇七	〇五	〇〇	二九	三四	〇一	〇四	〇六
二十二年	〇四	〇三	一〇	一一	二八	〇八	一一	〇四	三四	〇一	二二	五一
二十三年	〇三	一七	三七	一一	一九	一一	〇九	〇九	三四	〇二	一一	三五
二十四年	〇三	一五	一四	〇〇	〇四	三七	〇七	二七	三八	〇三	〇〇	二三
二十五年	〇二	二九	四一	一一	二五	四〇	〇六	〇二	三八	〇三	一九	〇九
二十六年	〇二	二七	一八	〇〇	一一	〇六	〇四	二〇	四二	〇四	〇七	五六
二十七年	〇二	一一	四五	〇〇	〇二	〇九	〇二	二五	四三	〇四	二六	一四
二十八年	〇一	二六	一一	一一	二三	一一	〇一	〇〇	四三	〇五	一五	二六

零年	中心行			加倍相離			本輪行			羅計中心		
	宮	度	分	宮	度	分	宮	度	分	宮	度	分
二十九年	○一	二三	四九	○○	○八	三七	一一	一八	四七	○六	○四	一四
三十年	○一	○八	一五	一一	二九	四○	○九	二四	四七	○六	二三	五八

三十年内閏十一日。與太陽零年同。

太陰經度月分立成

月分	中心行			加倍相離			本輪行			羅計中心		
	宮	度	分	宮	度	分	宮	度	分	宮	度	分
一月大	○一	○五	一七	○○	一一	二七	○一	○一	五七	○○	○一	三五
二月小	○一	二七	二四	一一	二八	三○	○一	二○	五○	○○	○三	○七
三月大	○三	○二	四二	○○	○九	五七	○二	二三	四七	○○	○四	四三
四月小	○三	二四	四九	一一	二七	○一	○三	一一	四○	○○	○六	一五
五月大	○五	○○	○六	○○	○八	二八	○四	一三	三七	○○	○七	五○
六月小	○五	二三	一三	一一	二五	三一	○五	○三	三○	○○	○九	二二
七月大	○六	二七	三一	○○	○六	五八	○六	○四	二七	○○	一○	五八
八月小	○七	一九	三八	一一	二四	○二	○六	二三	二○	○○	一二	三○
九月大	○八	二四	五五	○○	○五	二九	○七	二五	一七	○○	一四	○五
十月小	○九	一七	○二	一一	二三	三三	○八	一四	一○	○○	一五	三七
十一月大	一○	二二	二○	○○	○三	五九	○九	一六	○七	○○	一七	一三
十二月小	一一	一四	二七	一一	二一	○三	一○	○五	○○	○○	一八	四五
閏日	一一	二七	三八	○○	一五	二六	一○	一八	○四	○○	一八	四八

中心度大月一宮五度十七分，小月二十二度七分，按月加之，內三月、七月、十一月各增一①分，十二月計十一宮十四度二十七分，有閏日加十三度十一分。倍離度大月十一度二十七分，小月十一宮十七度四分，內二、六、十月各減一分，十二月計十一宮二十一度三分，有閏日加二十四度二十三分。本輪度大月一宮一度五十七分，小月十八度五十三分，十二月計十一宮二十一度三分，閏日加十三度四分。羅計度大月一度三十五分，小月一度三十二分，三、七、十一月增一分，十二月計十八度四十五分，閏日加三分。

太陰經度日分立成

日分	中心行			加倍相離			本輪行			羅計中心		
	宮	度	分	宮	度	分	宮	度	分	宮	度	分
一日	○○	一三	一一	○○	二四	二三	○○	一三	○四	○○	○○	○三
二日	○○	二六	二二	○一	一八	四六	○○	二六	○八	○○	○○	○六
三日	○一	○九	三三	○二	一三	○九	○一	○九	一二	○○	○○	一○
四日	○一	二二	四二	○三	○七	三二	○一	二二	一六	○○	○○	一三
五日	○二	○五	五三	○四	○一	五四	○二	○五	一九	○○	○○	一六
六日	○二	一九	○三	○四	二六	一七	○二	一八	二三	○○	○○	一九
七日	○三	○二	一四	○五	二○	四○	○三	○一	二七	○○	○○	二二
八日	○三	一五	二五	○六	一五	三○	○三	一四	三一	○○	○○	二五
九日	○三	二八	三五	○七	○九	二六	○三	二七	三五	○○	○○	二九
十日	○四	一一	四六	○八	○三	四九	○四	一○	三九	○○	○○	三二
十一日	○四	二四	五六	○八	二八	一二	○四	二三	四三	○○	○○	三五

① 南圖本此處破損，缺「一」字。

日分	中心行 宮	中心行 度	中心行 分	加倍相離 宮	加倍相離 度	加倍相離 分	本輪行 宮	本輪行 度	本輪行 分	羅計中心 宮	羅計中心 度	羅計中心 分
十二日	〇五	〇八	〇七	〇九	二二	三五	〇五	〇六	四七	〇〇	〇〇	三八
十三日	〇五	二一	一八	一〇	一六	五八	〇五	一九	五一	〇〇	〇〇	四一
十四日	〇六	〇四	二八	一一	一一	二〇	〇六	〇二	五五	〇〇	〇〇	四四
十五日	〇六	一七	三九	〇〇	〇五	四三	〇六	一五	五八	〇〇	〇〇	四八
十六日	〇六	〇〇	四九	〇一	〇〇	〇六	〇六	二九	〇二	〇〇	〇〇	五一
十七日	〇七	一四	〇〇	〇一	二四	二九	〇七	一二	〇六	〇〇	〇〇	五四
十八日	〇七	二七	一〇	〇二	一八	五二	〇七	二五	一〇	〇〇	〇〇	五七
十九日	〇八	一〇	二一	〇三	一三	一五	〇八	〇八	一四	〇〇	〇一	〇〇
二十日	〇八	二三	三二	〇四	〇七	三八	〇八	二一	一八	〇〇	〇一	〇四
二十一日	〇九	〇六	四二	〇五	〇二	〇一	〇九	〇四	二二	〇〇	〇一	〇七
二十二日	〇九	一九	五三	〇五	二六	二四	〇九	一七	二六	〇〇	〇一	一〇
二十三日	一〇	〇三	〇三	〇六	二〇	四六	一〇	〇〇	三〇	〇〇	〇一	一三
二十四日	一〇	一六	一四	〇七	一五	〇九	一〇	一三	三四	〇〇	〇一	一六
二十五日	一〇	二九	二五	〇八	〇九	三二	一〇	二六	三七	〇〇	〇一	一九
二十六日	一一	一二	三五	〇九	〇三	五五	一一	〇九	四一	〇〇	〇一	二三
二十七日	一一	二五	四六	〇九	二八	一八	一一	二二	四五	〇〇	〇一	二六
二十八日	〇〇	〇八	五六	一〇	二二	四一	〇〇	〇五	四九	〇〇	〇一	二九
二十九日	〇〇	二二	〇七	一一	一七	〇四	〇〇	一八	五三	〇〇	〇一	三二
三十日	〇一	〇五	一七	〇〇	一一	二七	〇一	〇一	五七	〇〇	〇一	三五

中心度一日實行十三度一十分三十四秒，今立成一日就整十三度一十一分，止有分位。故其積數內于①二、四、六、九、十一、十四、十六、十八、二十一、二十三、二十六、二十八、三十日各減一分。共減十三分。倍離度實行二十四度二十二分五十三秒二十二微，今就整二十三分，故于五、十四、二十三日減一分。本輪度實行十三度三分五十四秒，今就整四分，故逢五日減一分。羅計度實行三分一十一秒，今就整三分，故三、九、十五、二十、二十六日增一分。

太陰經度日躔交十二宮初日立成各宮日數前見，不②重出。

宮分	中心行			加倍相離			本輪行			羅計中心		
	宮	度	分	宮	度	分	宮	度	分	宮	度	分
白羊												
金牛	〇一	一八	二八	〇一	〇五	五〇	〇一	一五	〇一	〇〇	〇一	三八
陰陽	〇三	〇六	五六	〇二	一一	三九	〇三	〇〇	〇二	〇〇	〇三	一七
巨蟹	〇四	二五	二四	〇三	一七	二九	〇四	一五	〇三	〇〇	〇四	五六
獅子	〇六	二七	〇三	〇五	一七	四一	〇六	一三	〇七	〇〇	〇六	三七
雙女	〇八	一五	三一	〇六	二三	一三	〇七	二八	〇八	〇〇	〇八	一六
天秤	一〇	〇三	五九	〇七	二九	二〇	〇九	一三	〇九	〇〇	〇九	五四
天蝎	一一	〇九	一七	〇八	一〇	四七	一〇	一五	〇六	〇〇	一一	二九
人馬	〇〇	一四	三四	〇八	二二	一四	一一	一七	〇三	〇〇	一三	〇五

① 南圖本「于」誤作「十」。
② 紹圖本「不」誤作「下」。

宮分	中心行			加倍相離			本輪行			羅計中心		
	宮	度	分	宮	度	分	宮	度	分	宮	度	分
磨羯	○一	○六	四一	○八	○九	一八	○○	○五	五六	○○	一四	三七
寶瓶	○一	二八	四八	○七	二六	二一	○○	二四	四九	○○	一六	○九
雙魚	○三	○四	○六	○八	○七	四八	○一	二六	四六	○○	一八	四四

係宮分年之度有閏日，于雙魚宮之積加本行一日行度。義同日、五星。

附文二

太陰經度立成造法

日期立成：中心行度一日十三度十一分，按日纍加。大月一宮五度十七分，小月初宮二十二度七分，內二日、四日、六日、九日、十一、十四、十六、十八、二十一、二十三、二十六、二十八、三十日各減一分，共減十三分①。加倍相離度一日二十四度二十三分，按日遞加。大月初宮十一度二十七分，小月十一宮十七度四分，內五日、十四日、二十三日各減一分。本輪行度一日十三度四分，按日遞加。大月一宮一度五十七分，小月十八度五十三分，其中逢五皆減一分。羅計中心行度一日三分，按日遞加。大月一度三十五分，小月一度三十二分，內三日、九日、十五、二十、二十六日各增一分②。

月分立成：中心行度大月一宮五度十七分，小月二十二度七分，按月加之，十二月計十一宮十四度二十七分。內三月、七月、十一月各增一分，有閏日加十三度十一分。加倍相離度大月十一度二十七分，小月十一宮十七度四分，十二月計十一宮二十一度三分，內二、六、十月各減一分。有閏日加二十四度二十三分。本輪行度大月一宮一度五十七分，小月十八度五十三分，十二月計十宮五度○分③。有閏日加十

① 王鴻緒本此後有小注「以一日十三度十一分弱也」。
② 王鴻緒本此後有小注「每日零十一度之積」。
③ 王鴻緒本「十宮五度○分」誤作「十一宮二十一度三分」。

三度四分。羅計行度大月一度三十五分，小月一度三十二分，十二月十八度四十五分，內三、七、十一月各增一分。有閏日加三分。①

零年立成：中心行度每年十一宮十四度二十七分，三十年一宮八度十五分②。三十年閏十一日，與太陽零年同。下準此。倍離度每年十一宮二十一度三分，三十年十一宮二十九度四十分③。閏日加④二十四度二十三分。本輪行度每年十宮五度，三十年九宮二十三度四十七分⑤。閏日加⑥十三度四分。羅計行度每年十八度四十五分，三十年六宮二十二度五十八分⑦。閏日加⑧三分。

總年立成：中心行度第一年四宮二十八度四十九分，六百年六宮八度四十二分，每三十年加一宮八度十五分，一千四百四十年五宮二十九度四十七分⑨。倍離度第一年一宮二十五度二十八分，六百年一宮十八度三十三分，每三十年加十一宮二十九度四十分，一千四百四十年一宮九度二十一分⑩。本輪行度第一年四宮十二度二分，六百年八宮八度八分，每三十年加九宮二十三度四十七分，一千四百四十年

① 據陳美東研究，此後應有『宮分初日立成。中心行度，金牛宮初日爲一宮十八度二十八分，視宮分日數累加之，至雙魚宮初日爲三宮四度六分。內巨蟹未宮、天蠍卯宮、雙魚亥宮各增一分。倍離度，金牛宮初日爲一宮五度五十分，至雙魚宮初日爲八宮七度四十八分。內陰陽申宮、天秤辰宮、寶瓶子宮各減一分。本輪行度，金牛宮初日爲一宮十五度一分，至雙魚宮初日爲一宮二十六度四十六分。羅計行度，金牛宮初日爲初宮一度三十八分，至雙魚宮初日爲初宮十七度四十分。巨蟹宮未宮、人馬寅宮各增一分』。

② 據陳美東研究，此後應有『內二、三、五、七、九、十一、十三、十五、十六、十八、二十一、二十二、二十四、二十六、二十八、三十年各減一分』。

③ 據陳美東研究，此後應有『內六、十七、二十八年各減一分』。

④ 王鴻緒本此處無『加』字。

⑤ 據陳美東研究，此後應有『內六、十七、二十七年各增一分』。

⑥ 王鴻緒本此處無『加』字。

⑦ 據陳美東研究，此後應有『內四、十一、十七、二十三、三十年各減一分』。

⑧ 王鴻緒本此處無『加』字。

⑨ 據陳美東研究，此後應有『內七百五十、九百六十、一千一百七十、一千三百八十、一千四百四十年各增一分』。

⑩ 據陳美東研究，此後應有『內六百三十、七百八十、八百七十、九百九十、一千一百一十、一千二百、一千三百二十、一千四百四十年各增一分』。

六宫十四度九分①。羅計行度第一年七宫二十三度六分，六百年十一宫二度三十四分，每三十年加六宫二十二度五十八分，一千四百四十年八宫十五度五十分②。

總零年宫月日七曜立成造法

總年立成第一年起金六，六百年起日一，每三十年加五數。零年立成起水四，宫分立成金牛宫起火三，月分立成起月二，日期③立成起日一。求法：有閏日，滿歲用歲七曜，不滿歲用月七曜，并之，得逐月末日④七曜。

① 據陳美東研究，此後應有『内六百六十、八百四十、九百九十、一千一百四十、一千三百二十年各增一分』。

② 王鴻緒本該段先列舉第一年各行度，而後給出各行度六百年與每三十年增分以及一千四百四十年行度，内容作：

『總年立成：第一年中心度四宫二十八度四十九分，倍離度一宫二十五度二十八分，本輪行度四宫十二度十一分，羅計度七宫二十三度六分。隋己未根數，一云洪武甲子。六百年中心度六宫八度四十二分，每三十年加一宫八度十五分，一千四百四十年五宫二十九度四十七分。倍離度一宫十八度三十三分，每三十年加十一宫二十九度四十分，一千四百四十年一宫九度二十一分。本輪度八宫八度八分，每三十年加九宫二十三度四十七分，一千四百四十年六宫十四度九分。羅計度十一宫二度三十四分，每三十年加六宫二十三度五十八分，一千四百四十年八宫十五度五十分。』

據陳美東研究，此後應有『内六百三十、六百九十、七百八十、八百四十、九百、九百九十、一千五十、一千一百一十、一千二百、一千二百六十、一千三百二十、一千四百一十年各增一分』。

③ 王鴻緒本『日期』作『日分』。

④ 王鴻緒本『末日』作『尾日』。

太陽加減立成①自行宮度爲引數，原本宮縱列首行，度横列上行，每三宮順布三十度，十二宮起止，凡四次②。内列加減差，又③列加減分，其加減分乃本度加減差與次度加減差相較之餘數也④。今于前求加減，用相減之法，則加減分在⑤其中矣。故今去加減分⑥，止列加減差數，用⑦約法⑧。將⑨引數宮列上横行，度列首直⑩行，用順逆查之，得數無异也⑪。月、五星加減立成準此。

引數	初宮		一宮			二宮			三宮			四宮			五宮			引數
	加減差		加減差			加減差			加減差			加減差			加減差			
順	分	秒	度	分	秒	度	分	秒	度	分	秒	度	分	秒	度	分	秒	逆
〇〇	〇〇	〇〇	〇〇	五八	三五	〇一	四二	四五	〇二	〇〇	四三	〇一	四六	二五	〇一	〇二	一六	三〇
〇一	〇二	〇二	〇一	〇〇	二二	〇一	四三	四九	〇二	〇〇	四六	〇一	四五	二三	〇一	〇〇	二四	二九
〇二	〇四	〇四	〇一	〇二	〇八	〇一	四四	五二	〇二	〇〇	四七	〇一	四四	一九	〇〇	五八	三一	二八
〇三	〇六	〇六	〇一	〇三	五三	〇一	四五	五三	〇二	〇〇	四六	〇一	四三	一三	〇〇	五六	三六	二七
〇四	〇八	〇八	〇一	〇五	三七	〇一	四六	五二	〇二	〇〇	四三	〇一	四二	〇五	〇〇	五四	四〇	二六
〇五	一〇	一〇	〇一	〇七	二〇	〇一	四七	四九	〇二	〇〇	三八	〇一	四〇	五五	〇〇	五二	四三	二五
	十一宮		十宮			九宮			八宮			七宮			六宮			

① 南圖本「立成」二字破損。從該立成到「太陰凌犯時刻立成」數據皆據定本。
② 定本此處無「十二宮起止，凡四次」。
③ 南圖本「又」字破損。
④ 定本「相較之餘數也」作「之較也」。
⑤ 紹圖本「在」誤作「宿」。
⑥ 定本「今于前求加減，用相減之法，則加減分在其中矣。故今去加減分」作「今去之」。
⑦ 紹圖本「用」誤作「月」。
⑧ 定本此處無「用約法」。
⑨ 南圖本「將」誤作「行」。
⑩ 紹圖本「直」誤作「有」。
⑪ 定本此處無「也」字，且之後有「而簡捷過之」。

引數	初宮 加減差		一宮 加減差			二宮 加減差			三宮 加減差			四宮 加減差			五宮 加減差			引數
順	分	秒	度	分	秒	度	分	秒	度	分	秒	度	分	秒	度	分	秒	逆
	十一宮		十宮			九宮			八宮			七宮			六宮			
〇六	一二	一二	〇一	〇九	〇一	〇一	四八	四四	〇二	〇〇	三〇	〇一	三九	四三	〇〇	五〇	四五	二四
〇七	一四	一三	〇一	一〇	四一	〇一	四九	三七	〇二	〇〇	二〇	〇一	三八	二九	〇〇	四八	四六	二三
〇八	一六	一五	〇一	一二	二〇	〇一	五〇	二八	〇二	〇〇	〇八	〇一	三七	一三	〇〇	四六	四六	二二
〇九	一八	一六	〇一	一三	五八	〇一	一五	一七	〇一	五九	五三	〇一	三五	五六	〇〇	四四	四五	二一
一〇	二〇	一七	〇一	一五	三五	〇一	五二	〇四	〇一	五九	三六	〇一	三四	三八	〇〇	四二	四三	二〇
一一	二二	一七	〇一	一七	一〇	〇一	五二	五〇	〇一	五九	一七	〇一	三三	一六	〇〇	四〇	四〇	一九
一二	二四	一六	〇一	一八	四四	〇一	五三	三四	〇一	五八	五六	〇一	三一	五三	〇〇	三八	三六	一八
一三	二六	一六	〇一	二〇	一七	〇一	五四	一六	〇一	五八	三三	〇一	三〇	二八	〇〇	三六	三二	一七
一四	二八	一五	〇一	二一	四九	〇一	五四	五六	〇一	五八	〇八	〇一	二九	〇一	〇〇	三四	二七	一六
一五	三〇	一五	〇一	二三	一九	〇一	五五	三四	〇一	五七	四一	〇一	二七	三三	〇〇	三二	二一	一五
一六	三二	一三	〇一	二四	四七	〇一	五六	〇九	〇一	五七	一一	〇一	二六	〇三	〇〇	三〇	一五	一四
一七	三四	一〇	〇一	二六	一四	〇一	五六	四二	〇一	五六	三九	〇一	二四	三一	〇〇	二八	〇八	一三
一八	三六	〇七	〇一	二七	四〇	〇一	五七	一三	〇一	五六	〇五	〇一	二三	五七	〇〇	二六	〇一	一二
一九	三八	〇三	〇一	二九	〇四	〇一	五七	四二	〇一	五五	二八	〇一	二一	二二	〇〇	二三	五三	一一
二〇	三九	五九	〇一	三〇	二七	〇一	五八	〇九	〇一	五四	四九	〇一	一九	四五	〇〇	二一	四四	一〇
二一	四一	五四	〇一	三一	四八	〇一	五八	三四	〇一	五四	〇八	〇一	一八	〇七	〇〇	一九	三五	〇九
二二	四三	四八	〇一	三三	〇八	〇一	五八	五七	〇一	五三	二五	〇一	一六	二七	〇〇	一七	二五	〇八
二三	四五	四二	〇一	三四	二六	〇一	五九	一八	〇一	五二	四〇	〇一	一四	四五	〇〇	一五	一五	〇七
二四	四七	三五	〇一	三五	四二	〇一	五九	三七	〇一	五一	五三	〇一	一三	〇二	〇〇	一三	〇五	〇六
二五	四九	二七	〇一	三六	五七	〇一	五九	五四	〇一	五一	〇四	〇一	一一	一八	〇〇	一〇	五五	〇五

引數	初宮 加減差		一宮 加減差			二宮 加減差			三宮 加減差			四宮 加減差			五宮 加減差			引數
順	分	秒	度	分	秒	度	分	秒	度	分	秒	度	分	秒	度	分	秒	逆
二六	五一	一八	〇一	三八	一〇	〇二	〇〇	〇八	〇一	五〇	二三	〇一	〇九	三三	〇〇	〇八	四四	〇四
二七	五三	〇八	〇一	三九	二一	〇二	〇〇	二〇	〇一	四九	一九	〇一	〇七	四六	〇〇	〇六	三三	〇三
二八	五四	五八	〇一	四〇	三一	〇二	〇〇	三〇	〇一	四八	二三	〇一	〇五	五七	〇〇	〇四	二二	〇二
二九	五六	四七	〇一	四一	三九	〇二	〇〇	三八	〇一	四七	二五	〇一	〇四	〇七	〇〇	〇二	一一	〇一
三〇	五八	三五	〇一	四二	四五	〇二	〇〇	四三	〇一	四六	二五	〇一	〇二	一六	〇〇	〇〇	〇〇	〇〇
	十一宮		十宮			九宮			八宮			七宮			六宮			

日行五十九分八秒有奇，平行度也。黃道圈與地同心，而①太陽之行黃道，其本輪天有最高，有最卑，與地不同心。行最高則距地遠而黃度廣，太陽行覺遲，計夏月一日實行止五十七分有奇，以較平行，縮二分餘。此立成②初宮起夏至減二分二秒也，自初宮至五宮爲減差。減差之積至三宮二度而極。高卑限中距度差二度四十七秒。自此遞降至五宮二十九度行最卑，則距地近而黃度狹，太陽行覺疾，非黃度有廣狹，亦非日行有遲疾，皆因距地遠近所生。計冬月一日實行一度一分有奇，以較平行，盈二分餘。此立成六宮起冬至加二分二十一秒也，自六宮至十一宮爲加差。加差之積至八宮二十八度而極。即減差三宮二度，加減順逆得數正同。自此遞降至十一宮二十九度。按：終歲之間平實相符者惟中距二日耳，立成因就整，故有一秒之差。此外兩□③之較日日不等，故必以有恒率之平行爲根，而以加減差定之。④

① 紹圖本『而』誤作『內』。
② 紹圖本至此本卷第十四頁結束，此後頁面皆缺，缺失內容據南圖本、王鴻緒本與定本補全。
③ 南圖本此處破損，按文意當爲『行』字。
④ 王鴻緒本、定本此處無該段內容。

太陰經度第一加減比數①立成

以加倍相離宮度爲引數，原本宮縱列首行，度横列上行，每三宮順列三十度，内有加減分，今去之，用約法。將引數宮横列上行，度縱列首行，順逆查之，詳太陽加減注内②。

引數	初宮			一宮			二宮			三宮			四宮			五宮			引數
	加減差		比數	加減差		比數	加減差		比數	加減差		比數	加減差		比數	加減差		比數	
順	度	分	分	度	分	分	度	分	分	度	分	分	度	分	分	度	分	分	逆
〇〇	〇〇	〇〇	〇〇	〇四	一五	〇三	〇八	一八	一三	一一	三〇	二七	一二	二五	四三	〇八	四四	五五	三〇
〇一	〇〇	〇九	〇〇	〇四	二四	〇四	〇八	二五	一三	一一	三四	二七	一二	二二	四三	〇八	三一	五五	二九
〇二	〇〇	一七	〇〇	〇四	三二	〇四	〇八	三三	一四	一一	三八	二八	一二	一九	四四	〇八	一七	五五	二八
〇三	〇〇	二六	〇〇	〇四	四〇	〇四	〇八	四〇	一四	一一	四二	二八	一二	一五	四四	〇八	〇三	五六	二七
〇四	〇〇	三四	〇〇	〇四	四九	〇四	〇八	四七	一五	一一	四六	二九	一二	一二	四五	〇七	四九	五六	二六
〇五	〇〇	四三	〇〇	〇四	五七	〇五	〇八	五五	一五	一一	五〇	二九	一二	〇八	四五	〇七	三四	五六	二五
〇六	〇〇	五一	〇〇	〇五	〇五	〇五	〇九	〇二	一六	一一	五四	三〇	一二	〇五	四六	〇七	一九	五七	二四
〇七	〇一	〇〇	〇〇	〇五	一四	〇五	〇九	〇九	一六	一一	五八	三一	一二	〇一	四六	〇七	〇四	五七	二三
〇八	〇一	〇八	〇〇	〇五	二二	〇五	〇九	一六	一六	一二	〇二	三一	一一	五七	四七	〇六	四八	五七	二二
〇九	〇一	一七	〇〇	〇五	三〇	〇六	〇九	二三	一七	一二	〇六	三二	一一	五三	四七	〇六	三二	五八	二一
一〇	〇一	二五	〇〇	〇五	三九	〇六	〇九	三〇	一七	一二	一〇	三二	一一	四八	四七	〇六	一五	五八	二〇
一一	〇一	三四	〇〇	〇五	四七	〇六	〇九	三七	一八	一二	一三	三三	一一	四三	四八	〇五	五八	五八	一九
一二	〇一	四三	〇一	〇五	五五	〇七	〇九	四四	一八	一二	一六	三四	一一	三七	四八	〇五	四一	五八	一八
	十一宮			十宮			九宮			八宮			七宮			六宮			

① 南圖本『敷』誤作『數』。
② 定本此處無『原本宮縱列，……詳太陽加減注内』。

	引數	順	一三	一四	一五	一六	一七	一八	一九	二〇	二一	二二	二三	二四	二五	二六	二七	二八	二九	三〇	
初宮	加減差	度	〇一	〇二	〇二	〇二	〇二	〇二	〇二	〇二	〇二	〇三	〇三	〇三	〇三	〇三	〇三	〇三	〇四	〇四	十一宮
		分	五一	〇〇	〇八	一七	二五	三四	四二	五一	五九	〇八	一七	二五	三三	四一	五〇	五八	〇六	一五	
	比敷	分	〇一	〇一	〇一	〇一	〇一	〇一	〇一	〇二	〇二	〇二	〇二	〇二	〇二	〇三	〇三	〇三	〇三	〇三	
一宮	加減差	度	〇六	〇六	〇六	〇六	〇六	〇六	〇六	〇六	〇七	〇七	〇七	〇七	〇七	〇七	〇七	〇八	〇八	〇八	十宮
		分	〇三	一一	一九	二八	三六	四四	五二	〇〇	〇八	一六	二四	三一	三九	四七	五五	〇三	一〇	一八	
	比敷	分	〇七	〇七	〇八	〇八	〇八	〇八	〇九	〇九	〇九	一〇	一〇	一一	一一	一一	一二	一二	一三	一三	
二宮	加減差	度	〇九	〇九	一〇	一〇	一〇	一〇	一〇	一〇	一〇	一〇	一〇	一〇	一一	一一	一一	一一	一一	一一	九宮
		分	五〇	五七	〇四	一〇	一七	二三	三〇	三六	四二	四七	五二	五八	〇三	〇九	一四	一九	二五	三〇	
	比敷	分	一九	一九	二〇	二〇	二一	二一	二三	二三	二三	二三	二四	二四	二四	二五	二五	二六	二六	二七	
三宮	加減差	度	一二	一二	一二	一二	一二	一二	一二	一二	一二	一二	一二	一二	一二	一二	一二	一二	一二	一二	八宮
		分	一八	二〇	二二	二四	二六	二八	二九	三〇	三一	三一	三一	三一	三一	三〇	三〇	二九	二七	二五	
	比敷	分	三五	三五	三六	三六	三七	三七	三七	三八	三八	三九	三九	三〇	四〇	四一	四一	四二	四二	四二	
四宮	加減差	度	一一	一一	一一	一一	一一	一〇	一〇	一〇	一〇	一〇	一〇	〇九	〇九	〇九	〇九	〇九	〇八	〇八	七宮
		分	三〇	二三	一六	〇九	〇一	五三	四五	三七	二七	一七	〇七	五六	四五	三四	二二	一〇	五七	四四	
	比敷	分	四八	四九	四九	四九	五〇	五〇	五一	五一	五二	五二	五二	五三	五三	五三	五四	五四	五四	五五	
五宮	加減差	度	〇五	〇五	〇四	〇四	〇四	〇三	〇三	〇三	〇二	〇二	〇二	〇一	〇一	〇一	〇〇	〇〇	〇〇	〇〇	六宮
		分	二四	〇六	四八	三〇	一二	五四	三五	一六	五七	三七	一七	五八	三八	一八	五九	三九	二〇	〇〇	
	比敷	分	五八	五九	五九	五九	五九	五九	五九	五九	五九	六〇	六〇	六〇	六〇	六〇	六〇	六〇	六〇	六〇	
	引數	逆	一七	一六	一五	一四	一三	一二	一一	一〇	〇九	〇八	〇七	〇六	〇五	〇四	〇三	〇二	〇一	〇〇	

加倍相離度，月行次輪度也，一月兩周。故初宮起朔望爲加差，加差之極至十二度三十一分，已後漸消而盡；六宮起上下兩弦爲減差，減差之極亦至①十二度三十一分，已後漸消而盡。其差數在朔弦望之日俱少，在半象限之日爲最多。用以加減本輪行度，以爲本輪行定度，其比敷②分係于去日之遠近，故當上下兩弦積差至于六十分。③

太陰第二加減遠近立成 以本輪行定宮度爲引數，原本宮縱度横，分作四，今反之，用順逆，約作一，詳太陽加減注④。

引數	初宮				一宮				二宮				引數
	加減差		遠近		加減差		遠近		加減差		遠近		
順	度	分	度	分	度	分	度	分	度	分	度	分	逆
〇〇	〇〇	〇〇	〇〇	〇〇	〇二	一五	〇一	〇三	〇四	〇一	〇一	五六	三〇
〇一	〇〇	〇五	〇〇	〇二	〇二	一九	〇一	〇五	〇四	〇三	〇一	五八	二九
〇二	〇〇	〇九	〇〇	〇四	〇二	二三	〇一	〇六	〇四	〇六	〇一	五九	二八
〇三	〇〇	一四	〇〇	〇六	〇二	二七	〇一	〇八	〇四	〇八	〇二	〇〇	二七
〇四	〇〇	一九	〇〇	〇八	〇二	三一	〇一	一〇	〇四	一〇	〇二	〇二	二六
〇五	〇〇	二四	〇〇	一〇	〇二	三五	〇一	一二	〇四	一三	〇二	〇三	二五
〇六	〇〇	二九	〇〇	一三	〇二	三九	〇一	一四	〇四	一五	〇二	〇四	二四
〇七	〇〇	三三	〇〇	一五	〇二	四三	〇一	一六	〇四	一七	〇二	〇六	二三
〇八	〇〇	三八	〇〇	一七	〇二	四七	〇一	一八	〇四	一九	〇二	〇七	二二
〇九	〇〇	四二	〇〇	一九	〇二	五一	〇一	二〇	〇四	二一	〇二	〇八	二一
一〇	〇〇	四七	〇〇	二一	〇二	五五	〇一	二二	〇四	二三	〇二	〇九	二〇
	十一宮				十宮				九宮				

① 南圖本「亦至」二字破損。
② 南圖本「敷」誤作「數」。
③ 王鴻緒本、定本此處無該段內容。
④ 定本此處無「原本宮縱度横，……詳太陽加減注」。

引數	初宮				一宮				二宮				引數
	加減差		遠近		加減差		遠近		加減差		遠近		
順	度	分	度	分	度	分	度	分	度	分	度	分	逆
一一	〇〇	五二	〇〇	二三	〇二	五九	〇一	二三	〇四	二五	〇二	一〇	一九
一二	〇〇	五七	〇〇	二六	〇三	〇二	〇一	二五	〇四	二七	〇二	一二	一八
一三	〇一	〇一	〇〇	二八	〇三	〇六	〇一	二七	〇四	二九	〇二	一三	一七
一四	〇一	〇五	〇〇	三〇	〇三	〇九	〇一	二九	〇四	三一	〇二	一四	一六
一五	〇一	一〇	〇〇	三二	〇三	一三	〇一	三一	〇四	三三	〇二	一五	一五
一六	〇一	一四	〇〇	三四	〇三	一六	〇一	三三	〇四	三五	〇二	一六	一四
一七	〇一	一九	〇〇	三六	〇三	二〇	〇一	三五	〇四	三六	〇二	一七	一三
一八	〇一	二三	〇〇	三八	〇三	二三	〇一	三六	〇四	三八	〇二	一八	一二
一九	〇一	二八	〇〇	四一	〇三	二七	〇一	三八	〇四	三九	〇二	一九	一一
二〇	〇一	三二	〇〇	四三	〇三	三〇	〇一	四〇	〇四	四〇	〇二	二〇	一〇
二一	〇一	三六	〇〇	四五	〇三	三四	〇一	四一	〇四	四一	〇二	二一	〇九
二二	〇一	四〇	〇〇	四七	〇三	三七	〇一	四三	〇四	四二	〇二	二二	〇八
二三	〇一	四四	〇〇	四九	〇三	四〇	〇一	四五	〇四	四三	〇二	二三	〇七
二四	〇一	四九	〇〇	五一	〇三	四三	〇一	四七	〇四	四四	〇二	二四	〇六
二五	〇一	五四	〇〇	五三	〇三	四六	〇一	四八	〇四	四五	〇二	二四	〇五
二六	〇一	五八	〇〇	五五	〇三	四九	〇一	五〇	〇四	四六	〇二	二五	〇四
二七	〇二	〇二	〇〇	五七	〇三	五二	〇一	五一	〇四	四七	〇二	二五	〇三
二八	〇二	〇六	〇〇	五九	〇三	五五	〇一	五三	〇四	四八	〇二	二六	〇二
二九	〇二	一〇	〇一	〇一	〇三	五八	〇一	五四	〇四	四九	〇二	二六	〇一
三〇	〇二	一五	〇一	〇三	〇四	〇一	〇一	五六	〇四	四九	〇二	二七	〇〇

十一宮	初宮
十宮	一宮
九宮	二宮

引數 順	三宫（八宫）加減差 度	加減差 分	遠近 度	遠近 分	四宫（七宫）加減差 度	加減差 分	遠近 度	遠近 分	五宫（六宫）加減差 度	加減差 分	遠近 度	遠近 分	引數 逆
〇〇	〇四	四九	〇二	二七	〇四	二〇	〇二	二二	〇二	三五	〇一	三〇	三〇
〇一	〇四	五〇	〇二	二七	〇四	一八	〇二	二一	〇二	三一	〇一	二七	二九
〇二	〇四	五〇	〇二	二八	〇四	一六	〇二	二〇	〇二	二六	〇一	二四	二八
〇三	〇四	五〇	〇二	二八	〇四	一三	〇二	一八	〇二	二二	〇一	二一	二七
〇四	〇四	五〇	〇二	二八	〇四	一一	〇二	一七	〇二	一七	〇一	一九	二六
〇五	〇四	五〇	〇二	二九	〇四	〇八	〇二	一六	〇二	一二	〇一	一六	二五
〇六	〇四	四九	〇二	二九	〇四	〇五	〇二	一四	〇二	〇七	〇一	一三	二四
〇七	〇四	四九	〇二	二九	〇四	〇三	〇二	一三	〇二	〇二	〇一	一〇	二三
〇八	〇四	四九	〇二	二九	〇四	〇〇	〇二	一二	〇一	五七	〇一	〇八	二二
〇九	〇四	四八	〇二	三〇	〇三	五七	〇二	一〇	〇一	五二	〇一	〇五	二一
一〇	〇四	四八	〇二	三〇	〇三	五四	〇二	〇九	〇一	四七	〇一	〇二	二〇
一一	〇四	四七	〇二	三〇	〇三	五〇	〇二	〇八	〇一	四二	〇〇	五九	一九
一二	〇四	四七	〇二	三〇	〇三	四七	〇二	〇六	〇一	三七	〇〇	五六	一八
一三	〇四	四六	〇二	三〇	〇三	四三	〇二	〇五	〇一	三二	〇〇	五三	一七
一四	〇四	四五	〇二	三〇	〇三	四〇	〇二	〇三	〇一	二七	〇〇	五一	一六
一五	〇四	四四	〇二	三〇	〇三	三七	〇二	〇一	〇一	二一	〇〇	四七	一五
一六	〇四	四三	〇二	二九	〇三	三四	〇一	五九	〇一	一五	〇〇	四四	一四

引數順	三宮（八宮）加減差		三宮（八宮）遠近		四宮（七宮）加減差		四宮（七宮）遠近		五宮（六宮）加減差		五宮（六宮）遠近		引數逆
	度	分	度	分	度	分	度	分	度	分	度	分	
一七	〇四	四二	〇二	二九	〇三	三〇	〇一	五七	〇一	一〇	〇〇	四一	一三
一八	〇四	四一	〇二	二九	〇三	二六	〇一	五六	〇一	〇五	〇〇	三八	一二
一九	〇四	四〇	〇二	二九	〇三	二二	〇一	五四	〇一	〇〇	〇〇	三五	一一
二〇	〇四	三九	〇二	二八	〇三	一八	〇一	五二	〇〇	五五	〇〇	三二	一〇
二一	〇四	三七	〇二	二八	〇三	一四	〇一	五〇	〇〇	四九	〇〇	二九	〇九
二二	〇四	三六	〇二	二八	〇三	一〇	〇一	四八	〇〇	四三	〇〇	二六	〇八
二三	〇四	三四	〇二	二七	〇三	〇六	〇一	四六	〇〇	三八	〇〇	二二	〇七
二四	〇四	三三	〇二	二七	〇三	〇二	〇一	四三	〇〇	三三	〇〇	一九	〇六
二五	〇四	三一	〇二	二六	〇二	五八	〇一	四一	〇〇	二七	〇〇	一六	〇五
二六	〇四	二九	〇二	二六	〇二	五四	〇一	三九	〇〇	二二	〇〇	一三	〇四
二七	〇四	二七	〇二	二五	〇二	四九	〇一	三七	〇〇	一七	〇〇	一〇	〇三
二八	〇四	二五	〇二	二四	〇二	四四	〇一	三五	〇〇	一一	〇〇	〇六	〇二
二九	〇四	二三	〇二	二三	〇二	四〇	〇一	三三	〇〇	〇五	〇〇	〇三	〇一
三〇	〇四	二〇	〇二	二二	〇二	三五	〇一	三〇	〇〇	〇〇	〇〇	〇〇	〇〇

土星第一加減比敷立成小輪心宮度爲引數，原本宮縱度橫，內有加減分，詳太陽加減注①。

引數順	初宮加減差度	初宮加減差分	初宮比敷分	一宮加減差度	一宮加減差分	一宮比敷分	二宮加減差度	二宮加減差分	二宮比敷分	三宮加減差度	三宮加減差分	三宮比敷分	四宮加減差度	四宮加減差分	四宮比敷分	五宮加減差度	五宮加減差分	五宮比敷分	引數逆
〇〇	〇〇	〇〇	〇〇	〇三	〇〇	〇四	〇五	一七	一三	〇六	一七	二七	〇五	三六	四二	〇三	一七	五五	三〇
〇一	〇〇	〇六	〇〇	〇三	〇六	〇四	〇五	二〇	一三	〇六	一八	二八	〇五	三三	四三	〇三	一一	五五	二九
〇二	〇〇	一二	〇〇	〇三	一一	〇四	〇五	二三	一三	〇六	一九	二九	〇五	三〇	四三	〇三	〇五	五五	二八
〇三	〇〇	一九	〇〇	〇三	一六	〇四	〇五	二六	一四	〇六	一九	三〇	〇五	二七	四四	〇二	五九	五六	二七
〇四	〇〇	二五	〇〇	〇三	二一	〇五	〇五	二九	一四	〇六	一九	三一	〇五	二四	四四	〇二	五三	五六	二六
〇五	〇〇	三一	〇〇	〇三	二六	〇五	〇五	三三	一五	〇六	一九	三一	〇五	二〇	四五	〇二	四七	五六	二五
〇六	〇〇	三七	〇〇	〇三	三二	〇五	〇五	三六	一五	〇六	一八	三二	〇五	一六	四五	〇二	四一	五七	二四
〇七	〇〇	四三	〇〇	〇三	三七	〇五	〇五	三九	一五	〇六	一八	三二	〇五	一二	四五	〇二	三五	五七	二三
〇八	〇〇	五〇	〇〇	〇三	四二	〇六	〇五	四二	一六	〇六	一七	三二	〇五	〇八	四六	〇二	二九	五七	二二
〇九	〇〇	五六	〇〇	〇三	四七	〇六	〇五	四五	一六	〇六	一六	三三	〇五	〇四	四六	〇二	二三	五七	二一
一〇	〇一	〇二	〇一	〇三	五二	〇六	〇五	四七	一七	〇六	一五	三三	〇五	〇〇	四七	〇二	一七	五八	二〇
一一	〇一	〇九	〇一	〇三	五七	〇六	〇五	五〇	一七	〇六	一四	三四	〇四	五六	四七	〇二	一〇	五八	一九
一二	〇一	一五	〇一	〇四	〇二	〇七	〇五	五二	一八	〇六	一二	三四	〇四	五一	四八	〇二	〇三	五八	一八
一三	〇一	二一	〇一	〇四	〇七	〇七	〇五	五四	一八	〇六	一一	三五	〇四	四七	四八	〇一	五七	五八	一七
一四	〇一	二七	〇一	〇四	一一	〇七	〇五	五六	一九	〇六	一〇	三五	〇四	四二	四八	〇一	五〇	五八	一六
	十一宮			十宮			九宮			八宮			七宮			六宮			

① 定本此處無「原本宮縱度橫，內有加減分，詳太陽加減注」。

引數 順	初宮 加減差 度	初宮 加減差 分	初宮 比敷 分	一宮 加減差 度	一宮 加減差 分	一宮 比敷 分	二宮 加減差 度	二宮 加減差 分	二宮 比敷 分	三宮 加減差 度	三宮 加減差 分	三宮 比敷 分	四宮 加減差 度	四宮 加減差 分	四宮 比敷 分	五宮 加減差 度	五宮 加減差 分	五宮 比敷 分	引數 逆
一五	〇一	三三	〇一	〇四	一六	〇七	〇五	五八	一九	〇六	〇八	三六	〇四	三八	四九	〇一	四三	五九	一五
一六	〇一	三九	〇一	〇四	二一	〇八	〇六	〇〇	二〇	〇六	〇七	三六	〇四	三三	四九	〇一	三六	五九	一四
一七	〇一	四五	〇一	〇四	二五	〇八	〇六	〇二	二〇	〇六	〇五	三七	〇四	二八	五〇	〇一	三〇	五九	一三
一八	〇一	五一	〇一	〇四	三〇	〇八	〇六	〇四	二一	〇六	〇四	三七	〇四	二三	五〇	〇一	二三	五九	一二
一九	〇一	五七	〇二	〇四	三五	〇九	〇六	〇六	二一	〇六	〇三	三八	〇四	一八	五一	〇一	一六	五九	一一
二〇	〇二	〇三	〇二	〇四	三九	〇九	〇六	〇八	二二	〇六	〇一	三八	〇四	一三	五一	〇一	〇九	六〇	一〇
二一	〇二	〇九	〇二	〇四	四三	〇九	〇六	〇九	二二	〇六	五九	三八	〇四	〇八	五一	〇一	〇二	六〇	〇九
二二	〇二	一五	〇二	〇四	四七	一〇	〇六	一〇	二三	〇五	五七	三九	〇四	〇二	五二	〇〇	五五	六〇	〇八
二三	〇二	二一	〇二	〇四	五一	一〇	〇六	一一	二三	〇五	五五	三九	〇三	五六	五二	〇〇	四九	六〇	〇七
二四	〇二	二七	〇二	〇四	五四	一〇	〇六	一二	二四	〇五	五二	四〇	〇三	五一	五三	〇〇	四二	六〇	〇六
二五	〇二	三三	〇二	〇四	五八	一一	〇六	一三	二五	〇五	五〇	四〇	〇三	四五	五三	〇〇	三五	六〇	〇五
二六	〇二	三九	〇三	〇五	〇二	一一	〇六	一四	二五	〇五	四八	四一	〇三	四〇	五三	〇〇	二八	六〇	〇四
二七	〇二	四四	〇三	〇五	〇六	一二	〇六	一五	二六	〇五	四五	四一	〇三	三四	五四	〇〇	二一	六〇	〇三
二八	〇二	五〇	〇三	〇五	一〇	一二	〇六	一六	二六	〇五	四二	四二	〇三	二九	五四	〇〇	一四	六〇	〇二
二九	〇二	五五	〇三	〇五	一三	一二	〇六	一六	二七	〇五	三九	四二	〇三	二三	五四	〇〇	〇七	六〇	〇一
三〇	〇三	〇〇	〇三	〇五	一七	一三	〇六	一七	二七	〇五	三六	四二	〇三	一七	五五	〇〇	〇〇	六〇	〇〇
	十一宮			十宮			九宮			八宮			七宮			六宮			

土星第二加減遠近立成自行定宮度爲引數，法見太陽加減①。

引數	初宮			一宮			二宮			三宮			四宮			五宮			引數
順	加減差度	加減差分	遠近分	加減差度	加減差分	遠近分	加減差度	加減差分	遠近分	加減差度	加減差分	遠近分	加減差度	加減差分	遠近分	加減差度	加減差分	遠近分	逆
〇〇	〇〇	〇〇	〇〇	〇二	三七	一七	〇四	三八	三一	〇五	三九	四一	〇五	〇七	三九	〇三	〇六	二四	三〇
〇一	〇〇	〇五	〇一	〇二	四二	一八	〇四	四二	三二	〇五	三九	四一	〇五	〇四	三九	〇三	〇〇	二三	二九
〇二	〇〇	一一	〇一	〇二	四六	一九	〇四	四六	三二	〇五	三九	四一	〇五	〇一	三九	〇二	五四	二三	二八
〇三	〇〇	一六	〇二	〇二	五〇	一九	〇四	五〇	三三	〇五	四〇	四一	〇四	五八	三八	〇二	四八	二二	二七
〇四	〇〇	二一	〇三	〇二	五五	二〇	〇四	五四	三三	〇五	四〇	四一	〇四	五五	三八	〇二	四二	二二	二六
〇五	〇〇	二七	〇三	〇三	〇〇	二〇	〇四	五八	三三	〇五	四〇	四一	〇四	五二	三八	〇二	三六	二一	二五
〇六	〇〇	三二	〇四	〇三	〇四	二一	〇五	〇一	三四	〇五	四〇	四一	〇四	四九	三七	〇二	三一	二一	二四
〇七	〇〇	三八	〇五	〇三	〇九	二二	〇五	〇五	三四	〇五	四〇	四一	〇四	四六	三七	〇二	二六	二一	二三
〇八	〇〇	四三	〇五	〇三	一四	二三	〇五	〇八	三五	〇五	四〇	四一	〇四	四三	三七	〇二	二〇	一九	二二
〇九	〇〇	四八	〇六	〇三	一八	二三	〇五	一一	三五	〇五	四〇	四一	〇四	四〇	三六	〇二	一四	一八	二一
一〇	〇〇	五四	〇六	〇三	二三	二四	〇五	一四	三六	〇五	四〇	四一	〇四	三七	三六	〇二	〇八	一七	二〇
一一	〇一	〇〇	〇七	〇三	二七	二四	〇五	一六	三六	〇五	三九	四二	〇四	三三	三六	〇二	〇二	一六	一九
一二	〇一	〇五	〇七	〇三	三一	二五	〇五	一七	三六	〇五	三九	四二	〇四	二九	三五	〇一	五六	一五	一八
一三	〇一	一〇	〇八	〇三	三五	二五	〇五	一八	三七	〇五	三八	四二	〇四	二五	三五	〇一	四九	一五	一七
一四	〇一	一六	〇八	〇三	三九	二六	〇五	二〇	三七	〇五	三八	四二	〇四	二一	三四	〇一	四三	一四	一六
	十一宮			十宮			九宮			八宮			七宮			六宮			

① 定本此處無『法見太陽加減』。

引數	初宮 十一宮 加減差		遠近	一宮 十宮 加減差		遠近	二宮 九宮 加減差		遠近	三宮 八宮 加減差		遠近	四宮 七宮 加減差		遠近	五宮 六宮 加減差		遠近	引數
順	度	分	分	度	分	分	度	分	分	度	分	分	度	分	分	度	分	分	逆
一五	〇一	二一	〇九	〇三	四三	二六	〇五	二一	三七	〇五	三八	四二	〇四	一六	三四	〇一	三七	一三	一五
一六	〇一	二六	〇九	〇三	四八	二六	〇五	二三	三七	〇五	三七	四二	〇四	一二	三三	〇一	三一	一二	一四
一七	〇一	三一	一〇	〇三	五二	二六	〇五	二四	三七	〇五	三七	四二	〇四	〇八	三三	〇一	四二	一二	一三
一八	〇一	三七	一〇	〇三	五六	二七	〇五	二六	三七	〇五	三七	四二	〇四	〇四	三二	〇一	一八	一一	一二
一九	〇一	四二	一一	〇四	〇〇	二七	〇五	二七	三八	〇五	三六	四二	〇四	〇〇	三一	〇一	一二	一〇	一一
二〇	〇一	四七	一一	〇四	〇四	二七	〇五	二九	三八	〇五	三五	四一	〇三	五六	三〇	〇一	〇五	〇九	一〇
二一	〇一	五二	一二	〇四	〇八	二七	〇五	三〇	三八	〇五	三三	四一	〇三	五一	三〇	〇〇	五九	〇八	〇九
二二	〇一	五七	一三	〇四	一一	二八	〇五	三一	三八	〇五	三〇	四一	〇三	四六	二九	〇〇	五二	〇七	〇八
二三	〇二	〇二	一三	〇四	一五	二八	〇五	三二	三八	〇五	二七	四〇	〇三	四一	二九	〇〇	四六	〇六	〇七
二四	〇二	〇七	一四	〇四	一八	二九	〇五	三三	三九	〇五	二四	四〇	〇三	三六	二八	〇〇	三九	〇五	〇六
二五	〇二	一二	一四	〇四	二一	二九	〇五	三四	三九	〇五	二一	四〇	〇三	三一	二七	〇〇	三三	〇四	〇五
二六	〇二	一七	一五	〇四	二五	三〇	〇五	三五	三九	〇五	一八	四〇	〇三	二六	二七	〇〇	二六	〇三	〇四
二七	〇二	二二	一六	〇四	二八	三〇	〇五	三六	四〇	〇五	一五	三九	〇三	二一	二六	〇〇	二〇	〇二	〇三
二八	〇二	二七	一六	〇四	三二	三〇	〇五	三七	四〇	〇五	一二	三九	〇三	一六	二五	〇〇	一四	〇一	〇二
二九	〇二	三二	一七	〇四	三五	三一	〇五	三八	四〇	〇五	一〇	三九	〇三	一一	二四	〇〇	〇七	〇〇	〇一
三〇	〇二	三七	一七	〇四	三八	三一	〇五	三九	四一	〇五	〇七	三九	〇三	〇六	二四	〇〇	〇〇	〇〇	〇〇

木星第一加減比敷立成小輪心宮度爲引數，法同太陽加減①。

引數	初宮			一宮			二宮			三宮			四宮			五宮			引數
順	加減差 度	加減差 分	比敷 分	加減差 度	加減差 分	比敷 分	加減差 度	加減差 分	比敷 分	加減差 度	加減差 分	比敷 分	加減差 度	加減差 分	比敷 分	加減差 度	加減差 分	比敷 分	逆
	十一宮			十宮			九宮			八宮			七宮			六宮			
〇〇	〇〇	〇〇	〇〇	〇二	二七	〇四	〇四	一九	一五	〇五	〇五	二九	〇四	三〇	四五	〇二	三九	五六	三〇
〇一	〇〇	〇五	〇〇	〇二	三一	〇四	〇四	二一	一五	〇五	〇五	三〇	〇四	二七	四五	〇二	三四	五六	二九
〇二	〇〇	一〇	〇〇	〇二	三六	〇四	〇四	二三	一五	〇五	〇五	三〇	〇四	二四	四五	〇二	二九	五六	二八
〇三	〇〇	一五	〇〇	〇二	四〇	〇五	〇四	二六	一六	〇五	〇四	三一	〇四	二一	四六	〇二	二四	五七	二七
〇四	〇〇	二〇	〇〇	〇二	四四	〇五	〇四	二八	一六	〇五	〇四	三一	〇四	一八	四六	〇二	一九	五七	二六
〇五	〇〇	二五	〇〇	〇二	四八	〇五	〇四	三〇	一七	〇五	〇四	三一	〇四	一六	四七	〇二	一四	五七	二五
〇六	〇〇	三〇	〇〇	〇二	五三	〇五	〇四	三三	一七	〇五	〇四	三二	〇四	一三	四七	〇二	〇九	五七	二四
〇七	〇〇	三六	〇〇	〇二	五七	〇六	〇四	三五	一八	〇五	〇四	三三	〇四	一〇	四八	〇二	〇四	五八	二三
〇八	〇〇	四一	〇〇	〇三	〇一	〇六	〇四	三八	一八	〇五	〇三	三三	〇四	〇七	四八	〇一	五九	五八	二二
〇九	〇〇	四六	〇〇	〇三	〇五	〇六	〇四	四〇	一九	〇五	〇三	三四	〇四	〇四	四八	〇一	五四	五八	二一
一〇	〇〇	五一	〇〇	〇三	一〇	〇七	〇四	四二	一九	〇五	〇三	三五	〇四	〇一	四九	〇一	四九	五八	二〇
一一	〇〇	五六	〇〇	〇三	一四	〇七	〇四	四四	二〇	〇五	〇二	三五	〇三	五七	四九	〇一	四四	五八	一九
一二	〇一	〇一	〇一	〇三	一七	〇七	〇四	四六	二〇	〇五	〇一	三六	〇三	五三	五〇	〇一	三八	五九	一八
一三	〇一	〇六	〇一	〇三	二一	〇八	〇四	四七	二一	〇五	〇〇	三六	〇三	四九	五〇	〇一	三三	五九	一七
一四	〇一	一一	〇一	〇三	二五	〇八	〇四	四九	二一	〇四	五九	三七	〇三	四六	五一	〇一	二八	五九	一六

① 定本此處無『法同太陽加減』。

	引數	順	一五	一六	一七	一八	一九	二〇	二一	二二	二三	二四	二五	二六	二七	二八	二九	三〇	
初宮	加減差	度	〇一	〇一	〇一	〇一	〇一	〇一	〇一	〇一	〇一	〇一	〇二	〇二	〇二	〇二	〇二	〇二	十一宮
		分	一六	二〇	二五	三〇	三五	四〇	四五	五〇	五四	五九	〇四	〇八	一三	一八	二二	二七	
	比數	分	〇一	〇一	〇一	〇二	〇二	〇二	〇二	〇二	〇二	〇三	〇三	〇三	〇三	〇四	〇四	〇四	
一宮	加減差	度	〇三	〇三	〇三	〇三	〇三	〇三	〇三	〇三	〇三	〇四	〇四	〇四	〇四	〇四	〇四	〇四	十宮
		分	二九	三二	三六	四〇	四三	四七	五〇	五三	五六	〇〇	〇三	〇六	〇九	一三	一六	一九	
	比數	分	〇八	〇九	〇九	一〇	一〇	一一	一一	一二	一二	一二	一三	一三	一三	一四	一四	一五	
二宮	加減差	度	〇四	〇四	〇四	〇四	〇四	〇四	〇四	〇五	〇五	〇五	〇五	〇五	〇五	〇五	〇五	〇五	九宮
		分	五〇	五二	五三	五五	五七	五八	五九	〇〇	〇〇	〇一	〇二	〇二	〇三	〇四	〇四	〇五	
	比數	分	二二	二二	二三	二三	二四	二四	二五	二五	二六	二六	二七	二七	二八	二八	二九	二九	
三宮	加減差	度	〇四	〇四	〇四	〇四	〇四	〇四	〇四	〇四	〇四	〇四	〇四	〇四	〇四	〇四	〇四	〇四	八宮
		分	五八	五六	五五	五四	五二	五一	四九	四七	四五	四三	四一	三九	三七	三五	三三	三〇	
	比數	分	三七	三八	三八	三九	三九	四〇	四〇	四一	四一	四二	四二	四三	四三	四四	四四	四五	
四宮	加減差	度	〇三	〇三	〇三	〇三	〇三	〇三	〇三	〇三	〇三	〇三	〇三	〇二	〇二	〇二	〇二	〇二	七宮
		分	四二	三八	三四	三一	二七	二三	一九	一四	一〇	〇五	〇一	五七	五二	四八	四三	三九	
	比數	分	五一	五一	五二	五二	五二	五三	五三	五四	五四	五四	五五	五五	五五	五五	五六	五六	
五宮	加減差	度	〇一	〇一	〇一	〇一	〇一	〇〇	〇〇	〇〇	〇〇	〇〇	〇〇	〇〇	〇〇	〇〇	〇〇	〇〇	六宮
		分	二三	一七	一二	〇六	〇一	五五	四九	四四	三九	三三	二七	二一	一六	一一	〇六	〇〇	
	比數	分	五九	五九	六〇	六〇	六〇	六〇	六〇	六〇	六〇	六〇	六〇	六〇	六〇	六〇	六〇	六〇	
	引數	逆	一五	一四	一三	一二	一一	一〇	〇九	〇八	〇七	〇六	〇五	〇四	〇三	〇二	〇一	〇〇	

木星第二加減遠近立成自行定宮度爲引數。

引數	初宮			一宮			二宮			三宮			四宮			五宮			引數
	加減差		遠近	加減差		遠近	加減差		遠近	加減差		遠近	加減差		遠近	加減差		遠近	
順	度	分	分	度	分	分	度	分	分	度	分	分	度	分	分	度	分	分	逆
○○	○○	○○	○○	○四	二七	二一	○八	○九	四一	一○	一三	五六	○九	四四	六○	○六	○六	四一	三○
○一	○○	○九	○一	○四	三六	二三	○八	一五	四一	一○	一五	五六	○九	四○	五九	○五	五六	四○	二九
○二	○○	一八	○一	○四	四四	二三	○八	二一	四二	一○	一七	五六	○九	三六	五九	○五	四五	三九	二八
○三	○○	二七	○二	○四	五二	二三	○八	二七	四二	一○	一九	五七	○九	三一	五九	○五	三四	三八	二七
○四	○○	三七	○三	○五	○一	二四	○八	三三	四三	一○	二○	五七	○九	二六	五九	○五	二三	三七	二六
○五	○○	四六	○四	○五	○九	二四	○八	三九	四四	一○	二一	五七	○九	二一	五八	○五	一二	三六	二五
○六	○○	五五	○四	○五	一七	二六	○八	四四	四四	一○	二三	五七	○九	一六	五八	○五	○一	三四	二四
○七	○一	○四	○五	○五	二五	二七	○八	四九	四五	一○	二三	五八	○九	一一	五七	○四	五○	三三	二三
○八	○一	一三	○六	○五	三三	二七	○八	五四	四五	一○	二三	五八	○九	○五	五七	○四	三九	三二	二二
○九	○一	二二	○六	○五	四一	二八	○八	五九	四六	一○	二三	五八	○八	五九	五七	○四	二七	三○	二一
一○	○一	三一	○七	○五	四九	二八	○九	○四	四七	一○	二三	五八	○八	五三	五六	○四	一五	二九	二○
一一	○一	四○	○八	○五	五七	二九	○九	○九	四七	一○	二三	五九	○八	四六	五六	○四	○三	二八	一九
一二	○一	四九	○九	○六	○五	三○	○九	一三	四八	一○	二三	五九	○八	三九	五五	○三	五一	二七	一八
一三	○一	五八	○九	○六	一三	三○	○九	一七	四八	一○	二三	五九	○八	三二	五五	○三	三九	二五	一七
一四	○二	○七	一○	○六	二一	三一	○九	二一	四九	一○	二三	五九	○八	二五	五四	○三	二七	二四	一六
一五	○二	一六	一一	○六	二八	三二	○九	二五	四九	一○	二一	五九	○八	一八	五四	○三	一五	二三	一五
一六	○二	二五	一一	○六	三五	三二	○九	二九	五○	一○	二○	六○	○八	一一	五三	○三	○三	二一	一四
	十一宮			十宮			九宮			八宮			七宮			六宮			

	引數	順	一七	一八	一九	二〇	二一	二二	二三	二四	二五	二六	二七	二八	二九	三〇	
初宮	加減差	度	〇二	〇二	〇二	〇三	〇三	〇三	〇三	〇三	〇三	〇三	〇四	〇四	〇四	〇四	十一宮
		分	三四	四三	五二	〇一	一〇	一九	二八	三七	四六	五五	〇三	一一	一九	二七	
	遠近	分	一二	一三	一三	一四	一五	一六	一六	一七	一八	一八	一九	二〇	二〇	二一	
一宮	加減差	度	〇六	〇七	〇七	〇七	〇七	〇七	〇七	〇七	〇七	〇七	〇七	〇七	〇八	〇八	十宮
		分	四二	四九	五六	〇三	一〇	一七	二四	三一	三八	四五	五一	五七	〇三	〇九	
	遠近	分	三三	三三	三五	三五	三六	三六	三七	三八	三八	三九	三九	四〇	四〇	四一	
二宮	加減差	度	〇九	〇九	〇九	〇九	〇九	〇九	〇九	〇九	一〇	一〇	一〇	一〇	一〇	一〇	九宮
		分	三三	三八	四二	四六	五〇	五三	五六	五九	〇二	〇五	〇七	〇九	一一	一三	
	遠近	分	五〇	五一	五一	五二	五二	五三	五三	五三	五四	五四	五五	五五	五五	五六	
三宮	加減差	度	一〇	一〇	一〇	一〇	一〇	一〇	一〇	一〇	一〇	〇九	〇九	〇九	〇九	〇九	八宮
		分	一九	一八	一六	一四	一二	一〇	〇七	〇四	〇一	五八	五五	五二	四八	四四	
	遠近	分	六〇	六〇	六〇	六〇	六〇	六〇	六〇	六〇	六〇	六〇	六〇	六〇	六〇	六〇	
四宮	加減差	度	〇八	〇七	〇七	〇七	〇七	〇七	〇七	〇七	〇六	〇六	〇六	〇六	〇六	〇六	七宮
		分	〇三	五五	四七	三九	三〇	二一	一二	〇三	五四	四五	三六	二六	一六	〇六	
	遠近	分	五二	五二	五一	五〇	五〇	四九	四八	四七	四六	四五	四四	四三	四二	四一	
五宮	加減差	度	〇二	〇二	〇二	〇二	〇一	〇一	〇一	〇一	〇一	〇〇	〇〇	〇〇	〇〇	〇〇	六宮
		分	五〇	三七	二四	一一	五八	四五	三二	一九	〇六	五三	四〇	二七	一四	〇〇	
	遠近	分	二〇	一八	一七	一五	一四	一三	一一	〇九	〇八	〇六	〇五	〇三	〇二	〇〇	
	引數	逆	一三	一二	一一	一〇	〇九	〇八	〇七	〇六	〇五	〇四	〇三	〇二	〇一	〇〇	

火星第一①加減比數立成小輪心宮度爲引數。

引數	初宮（十一宮）				一宮（十宮）				二宮（九宮）				引數
	加減差		比數		加減差		比數		加減差		比數		
順	度	分	分	秒	度	分	分	秒	度	分	分	秒	逆
○○	○○	○○	○○	○○	○五	一六	○三	四一	○九	二四	一三	五二	三○
○一	○○	一一	○○	○二	○五	二六	○三	五五	○九	三○	一四	一七	二九
○二	○○	二二	○○	○四	○五	三五	○四	○九	○九	三六	一四	四二	二八
○三	○○	三三	○○	○六	○五	四五	○四	二四	○九	四二	一五	○八	二七
○四	○○	四四	○○	○八	○五	五五	○四	三九	○九	四八	一五	三四	二六
○五	○○	五五	○○	一○	○六	○四	○四	五七	○九	五四	一六	○○	二五
○六	○一	○五	○○	一二	○六	一三	○五	一四	一○	○○	一六	二七	二四
○七	○一	一六	○○	一五	○六	二二	○五	三一	一○	○五	一六	五四	二三
○八	○一	二七	○○	一八	○六	三一	○五	四九	一○	一○	一七	二二	二二
○九	○一	三八	○○	二一	○六	四○	○六	○八	一○	一五	一七	五○	二一
一○	○一	四九	○○	二五	○六	四九	○六	二五	一○	一九	一八	一九	二○
一一	○二	○○	○○	三○	○六	五八	○六	四二	一○	二四	一八	四七	一九
一二	○二	一○	○○	三五	○七	○七	○七	○○	一○	二九	一九	一五	一八
一三	○二	二一	○○	四一	○七	一六	○七	一八	一○	三三	一九	四三	一七

① 南圖本「一」誤作「二」。

引數 順	初宮（十一宮）加減差 度	初宮（十一宮）加減差 分	初宮（十一宮）比數 分	初宮（十一宮）比數 秒	一宮（十宮）加減差 度	一宮（十宮）加減差 分	一宮（十宮）比數 分	一宮（十宮）比數 秒	二宮（九宮）加減差 度	二宮（九宮）加減差 分	二宮（九宮）比數 分	二宮（九宮）比數 秒	引數 逆
一四	〇二	三二	〇〇	四四	〇七	二四	〇七	三七	一〇	三七	二〇	一一	一六
一五	〇二	四二	〇〇	四八	〇七	三二	〇七	五八	一〇	四一	二〇	四〇	一五
一六	〇二	五三	〇〇	五三	〇七	四一	〇八	一八	一〇	四五	二一	〇九	一四
一七	〇三	〇三	〇一	〇五	〇七	四九	〇八	四〇	一〇	四九	二一	三八	一三
一八	〇三	一三	〇一	一五	〇七	五七	〇九	〇三	一〇	五三	二三	〇七	一二
一九	〇三	二四	〇一	二六	〇八	〇五	〇九	二七	一〇	五六	二三	三六	一一
二〇	〇三	三五	〇一	三八	〇八	一三	〇九	五一	一一	〇〇	二三	〇六	一〇
二一	〇三	四六	〇一	五〇	〇八	二〇	一〇	一五	一一	〇三	二三	三七	〇九
二二	〇三	五六	〇二	〇二	〇八	二八	一〇	三九	一一	〇六	二四	〇七	〇八
二三	〇四	〇六	〇二	一四	〇八	三五	一一	〇三	一一	〇九	二四	三八	〇七
二四	〇四	一六	〇二	二六	〇八	四二	一一	二七	一一	一三	二五	〇九	〇六
二五	〇四	二六	〇二	三八	〇八	五〇	一一	五一	一一	一四	二五	四〇	〇五
二六	〇四	三六	〇二	五〇	〇八	五七	一二	一五	一一	一六	二六	一二	〇四
二七	〇四	四六	〇三	〇二	〇九	〇四	一二	三九	一一	一九	二六	四四	〇三
二八	〇四	五六	〇三	一五	〇九	一一	一三	〇三	一一	二一	二七	一六	〇二
二九	〇五	〇六	〇三	二八	〇九	一八	一三	二七	一一	二二	二七	四八	〇一
三〇	〇五	一六	〇三	四一	〇九	二四	一三	五二	一一	二三	二八	二〇	〇〇

引數	三宮（八宮）				四宮（七宮）				五宮（六宮）				數引
	加減差		比數		加減差		比數		加減差		比數		
順	度	分	分	秒	度	分	分	秒	度	分	分	秒	逆
〇〇	一一	二三	二八	二〇	一〇	二三	四三	三九	〇六	一六	五五	二八	三〇
〇一	一一	二三	二八	五二	一〇	一七	四四	〇七	〇六	〇五	五五	四四	二九
〇二	一一	二四	二九	二四	一〇	一二	四四	三五	〇五	五四	五六	〇〇	二八
〇三	一一	二四	二九	五六	一〇	〇六	四五	〇三	〇五	四三	五六	一五	二七
〇四	一一	二五	三〇	二八	一〇	〇〇	四五	三〇	〇五	三二	五六	三〇	二六
〇五	一一	二五	三一	〇〇	〇九	五四	四五	五四	〇五	二一	五六	四五	二五
〇六	一一	二四	三一	三二	〇九	四八	四六	二四	〇五	〇九	五七	〇〇	二四
〇七	一一	二四	三二	〇四	〇九	四一	四六	五一	〇四	五七	五七	一五	二三
〇八	一一	二三	三二	三六	〇九	三四	四七	一八	〇四	四五	五七	二九	二二
〇九	一一	二三	三三	〇七	〇九	二七	四七	四五	〇四	三二	五七	四三	二一
一〇	一一	二一	三三	三八	〇九	二〇	四八	一一	〇四	二〇	五七	五七	二〇
一一	一一	二〇	三四	〇九	〇九	一三	四八	三六	〇四	〇八	五八	一〇	一九
一二	一一	一九	三四	四〇	〇九	〇五	四九	〇一	〇三	五五	五八	二三	一八
一三	一一	一七	三五	一一	〇八	五七	四九	二六	〇三	四三	五八	三三	一七
一四	一一	一五	三五	四二	〇八	四九	四九	五〇	〇三	三一	五八	四三	一六
一五	一一	一三	三六	一三	〇八	四一	五〇	一四	〇三	一八	五八	五三	一五
一六	一一	一一	三六	四四	〇八	三二	五〇	三八	〇三	〇五	五九	〇〇	一四

引數	三宫 八宫				四宫 七宫				五宫 六宫				數引
	加減差		比敷		加減差		比敷		加減差		比敷		
順	度	分	分	秒	度	分	分	秒	度	分	分	秒	逆
一七	一一	〇九	三七	一五	〇八	二三	五一	〇二	〇二	五二	五九	〇七	一三
一八	一一	〇六	三七	四六	〇八	一四	五一	二六	〇二	三九	五九	一三	一二
一九	一一	〇三	三八	〇六	〇八	〇五	五一	五〇	〇二	二六	五九	一九	一一
二〇	一一	〇〇	三八	四六	〇七	五六	五二	一三	〇二	一三	五九	二四	一〇
二一	〇〇	五七	三九	一六	〇七	四七	五二	三六	〇二	五九	五九	二九	〇九
二二	〇〇	五三	三九	四六	〇七	三七	五二	五九	〇一	四六	五九	三四	〇八
二三	〇〇	四九	四〇	一六	〇七	二七	五三	二一	〇一	三三	五九	三九	〇七
二四	〇〇	四五	四〇	四六	〇七	一七	五三	四三	〇一	二〇	五九	四三	〇六
二五	〇〇	四一	四一	一六	〇七	〇七	五四	〇四	〇一	〇七	五九	四七	〇五
二六	〇〇	三七	四一	四五	〇六	五七	五四	二四	〇〇	五四	五九	五一	〇四
二七	〇〇	三三	四二	一四	〇六	四七	五四	四三	〇〇	四〇	五九	五四	〇三
二八	〇〇	二九	四二	四三	〇六	三六	五五	〇〇	〇〇	三七	五九	五七	〇二
二九	〇〇	二六	四三	一〇	〇六	二六	五五	一六	〇〇	四二	五九	五九	〇一
三〇	〇〇	二二	四三	三九	〇六	一六	五五	二八	〇〇	〇〇	六〇	〇〇	〇〇

火星第二加減遠近立成自行定宮度爲引數。

引數	初宮				一宮				二宮				引數
	加減差		遠近		加減差		遠近		加減差		遠近		
順	度	分	度	分	度	分	度	分	度	分	度	分	逆
○○	○○	○○	○○	○○	一一	○九	○一	二八	二一	四六	○三	○七	三○
○一	○○	二三	○○	○二	一一	三一	○一	三一	二二	○六	○三	一○	二九
○二	○○	四六	○○	○五	一一	五三	○一	三四	二二	二六	○三	一四	二八
○三	○一	○九	○○	○八	一二	一五	○一	三七	二二	四六	○三	一八	二七
○四	○一	三一	○○	一一	一二	三七	○一	四○	二三	○六	○三	二二	二六
○五	○一	五四	○○	一三	一二	五九	○一	四三	二三	二六	○三	二六	二五
○六	○二	一六	○○	一六	一三	二○	○一	四六	二三	四五	○三	三○	二四
○七	○二	三九	○○	一九	一三	四一	○一	五○	二四	○五	○三	三三	二三
○八	○三	○一	○○	二三	一四	○三	○一	五三	二四	二四	○三	三七	二二
○九	○三	二三	○○	二六	一四	二五	○一	五六	二四	四四	○三	四二	二一
一○	○三	四五	○○	二九	一四	四七	○一	五九	二五	○三	○三	四六	二○
一一	○四	○八	○○	三一	一五	○八	○二	○三	二五	二二	○三	五○	一九
一二	○四	三一	○○	三四	一五	二九	○二	○六	二五	四○	○三	五五	一八
一三	○四	五三	○○	三七	一五	五○	○二	○九	二五	五九	○三	五九	一七
一四	○五	一五	○○	四○	一六	一二	○二	一二	二六	一七	○四	○四	一六
一五	○五	三七	○○	四三	一六	三三	○二	一五	二六	三六	○四	○八	一五
一六	○五	五九	○○	四六	一六	五四	○二	一八	二六	五四	○四	一二	一四
	十一宮				十宮				九宮				

引數	初宮（十一宮）				一宮（十宮）				二宮（九宮）				引數
	加減差		遠近		加減差		遠近		加減差		遠近		
順	度	分	度	分	度	分	度	分	度	分	度	分	逆
一七	〇六	二二	〇〇	四九	一七	一六	〇二	二二	二七	一三	〇四	一六	一三
一八	〇六	四四	〇〇	五二	一七	二七	〇二	二五	二七	三一	〇四	二〇	一二
一九	〇七	〇六	〇〇	五五	一七	五八	〇二	二九	二七	四八	〇四	二五	一一
二〇	〇七	二九	〇〇	五八	一八	一九	〇二	三三	二八	〇六	〇四	三〇	一〇
二一	〇七	五一	〇一	〇二	一八	四〇	〇二	三六	二八	二四	〇四	三四	〇九
二二	〇八	一四	〇一	〇五	一九	〇〇	〇二	四〇	二八	四一	〇四	三八	〇八
二三	〇八	三六	〇一	〇八	一九	二一	〇二	四三	二八	五九	〇四	四三	〇七
二四	〇八	五八	〇一	一一	一九	四二	〇二	四六	二九	一六	〇四	四七	〇六
二五	〇九	二〇	〇一	一四	二〇	〇二	〇二	五〇	二九	三三	〇四	五二	〇五
二六	〇九	四二	〇一	一六	二〇	二二	〇二	五三	二九	四九	〇四	五六	〇四
二七	一〇	〇四	〇一	一九	二〇	四三	〇二	五七	三〇	〇五	〇五	〇〇	〇三
二八	一〇	二六	〇一	二三	二一	〇四	〇三	〇一	三〇	二一	〇五	〇五	〇二
二九	一〇	四八	〇一	二五	二一	二五	〇三	〇四	三〇	三八	〇五	〇九	〇一
三〇	一一	〇九	〇一	二八	二一	四六	〇三	〇七	三〇	五四	〇五	一三	〇〇

引數 順	三宮/八宮 加減差 度	三宮/八宮 加減差 分	三宮/八宮 遠近 度	三宮/八宮 遠近 分	四宮/七宮 加減差 度	四宮/七宮 加減差 分	四宮/七宮 遠近 度	四宮/七宮 遠近 分	五宮/六宮 加減差 度	五宮/六宮 加減差 分	五宮/六宮 遠近 度	五宮/六宮 遠近 分	引數 逆
○○	三○	五四	○五	一三	三六	三○	○八	二九	三一	五一	一三	○五	三○
○一	三一	○九	○五	二○	三六	三四	○八	三七	三一	二一	一三	一三	二九
○二	三一	二四	○五	二六	三六	三七	○八	四六	三○	五○	一三	一九	二八
○三	三一	四○	○五	三二	三六	四○	○八	五四	三○	一五	一三	二四	二七
○四	三一	五五	○五	三八	三六	四二	○九	○二	二九	三七	一三	二九	二六
○五	三二	○九	○五	四三	三六	四四	○九	一○	二八	五七	一三	三三	二五
○六	三二	二四	○五	四八	三六	四五	○九	一九	二八	一五	一三	三六	二四
○七	三二	三八	○五	五四	三六	四五	○九	二八	二七	三○	一三	三八	二三
○八	三二	五二	○五	五九	三六	四四	○九	三六	二六	四四	一三	三八	二二
○九	三三	○七	○六	○四	三六	四二	○九	四五	二五	五六	一三	三七	二一
一○	三三	二一	○六	○九	三六	三九	○九	五五	二五	○六	一三	三三	二○
一一	三三	三四	○六	一五	三六	三七	一○	○四	二四	一三	一三	二六	一九
一二	三三	四七	○六	二一	三六	三四	一○	一二	二三	一七	一三	一六	一八
一三	三三	五九	○六	二七	三六	三○	一○	二一	二二	一八	一三	○五	一七
一四	三四	一一	○六	三三	三六	二五	一○	三○	二一	一五	一二	五四	一六
一五	三四	二三	○六	四○	三六	一八	一○	四○	二○	一○	一二	三七	一五
一六	三四	三五	○六	四七	三六	一○	一○	五○	一九	○三	一二	一七	一四

引數	三宮				四宮				五宮				引數
	八宮				七宮				六宮				
	加減差		遠近		加減差		遠近		加減差		遠近		
順	度	分	度	分	度	分	度	分	度	分	度	分	逆
一七	三四	四六	〇六	五三	三六	〇〇	一一	〇〇	一七	五四	一一	五二	一三
一八	三四	五六	〇七	〇〇	三五	四九	一一	一〇	一六	四二	一一	二三	一二
一九	三五	〇七	〇七	〇七	三五	三七	一一	二一	一五	二八	一〇	四九	一一
二〇	三五	一七	〇七	一三	三五	二四	一一	三一	一四	一二	一〇	一一	一〇
二一	三五	二六	〇七	二〇	三五	一〇	一一	四一	一二	五三	〇九	二九	〇九
二二	三五	三五	〇七	二七	三四	五五	一一	五〇	一一	三三	〇八	四二	〇八
二三	三五	四三	〇七	三四	三四	三八	一二	〇〇	一〇	一一	〇七	五〇	〇七
二四	三五	五二	〇七	四一	三四	一九	一二	一一	〇八	四八	〇六	五三	〇六
二五	三六	〇〇	〇七	四八	三三	五八	一二	二〇	〇七	二三	〇五	五一	〇五
二六	三六	〇八	〇七	五六	三三	三六	一二	三一	〇五	五七	〇四	四四	〇四
二七	三六	一五	〇八	〇四	三三	一二	一二	四〇	〇四	三〇	〇三	三六	〇三
二八	三六	二一	〇八	一二	三二	四七	一二	四八	〇三	〇一	〇二	二六	〇二
二九	三六	二六	〇八	二〇	三二	二〇	一二	五六	〇一	三一	〇一	一四	〇一
三〇	三六	三〇	〇八	二九	三一	五一	一三	〇五	〇〇	〇〇	〇〇	〇〇	〇〇

金星第一加減比數立成小輪心宮度爲引數。

引數	初宮			一宮			二宮			三宮			四宮			五宮			
	加減差		比數	加減差		比數	加減差		比數	加減差		比數	加減差		比數	加減差		比數	引數
順	度	分	分	度	分	分	度	分	分	度	分	分	度	分	分	度	分	分	逆
〇〇	〇〇	〇〇	〇〇	〇〇	五八	〇四	〇一	四三	一四	〇二	〇一	二九	〇一	四六	四四	〇一	〇二	五六	三〇
〇一	〇〇	〇二	〇〇	〇一	〇〇	〇四	〇一	四四	一五	〇二	〇一	三〇	〇一	四五	四五	〇一	〇〇	五六	二九
〇二	〇〇	〇四	〇〇	〇一	〇二	〇四	〇一	四五	一五	〇二	〇一	三〇	〇一	四四	四五	〇〇	五八	五六	二八
〇三	〇〇	〇六	〇〇	〇一	〇四	〇四	〇一	四六	一五	〇二	〇一	三一	〇一	四三	四五	〇〇	五七	五六	二七
〇四	〇〇	〇八	〇〇	〇一	〇六	〇五	〇一	四七	一六	〇二	〇一	三一	〇一	四二	四六	〇〇	五五	五七	二六
〇五	〇〇	一〇	〇〇	〇一	〇七	〇五	〇一	四八	一六	〇二	〇〇	三二	〇一	四一	四六	〇〇	五三	五七	二五
〇六	〇〇	一二	〇〇	〇一	〇九	〇五	〇一	四九	一七	〇二	〇〇	三二	〇一	四〇	四七	〇〇	五一	五七	二四
〇七	〇〇	一四	〇〇	〇一	一一	〇六	〇一	五〇	一七	〇二	〇〇	三三	〇一	三九	四七	〇〇	四九	五七	二三
〇八	〇〇	一六	〇一	〇一	一二	〇六	〇一	五〇	一八	〇二	〇〇	三三	〇一	三七	四八	〇〇	四七	五七	二二
〇九	〇〇	一八	〇一	〇一	一四	〇六	〇一	五一	一八	〇二	〇〇	三四	〇一	三六	四八	〇〇	四五	五八	二一
一〇	〇〇	二〇	〇一	〇一	一六	〇六	〇一	五二	一九	〇二	〇〇	三四	〇一	三五	四九	〇〇	四三	五八	二〇
一一	〇〇	二二	〇一	〇一	一七	〇七	〇一	五三	一九	〇一	五九	三五	〇一	三三	四九	〇〇	四一	五八	一九
一二	〇〇	二四	〇一	〇一	一九	〇七	〇一	五四	二〇	〇一	五九	三五	〇一	三二	四九	〇〇	三九	五八	一八
一三	〇〇	二六	〇一	〇一	二〇	〇七	〇一	五四	二〇	〇一	五九	三六	〇一	三〇	五〇	〇〇	三七	五八	一七
一四	〇〇	二八	〇一	〇一	二二	〇八	〇一	五五	二一	〇一	五八	三六	〇一	二九	五〇	〇〇	三四	五八	一六
一五	〇〇	三〇	〇一	〇一	二三	〇八	〇一	五六	二一	〇一	五八	三七	〇一	二八	五一	〇〇	三二	五九	一五
	十一宮			十宮			九宮			八宮			七宮			六宮			

	引數	順	一六	一七	一八	一九	二〇	二一	二二	二三	二四	二五	二六	二七	二八	二九	三〇	
初宮	加減差	度	〇〇	〇〇	〇〇	〇〇	〇〇	〇〇	〇〇	〇〇	〇〇	〇〇	〇〇	〇〇	〇〇	〇〇	〇〇	十一宮
		分	三二	三四	三六	三八	四〇	四二	四四	四六	四八	四九	五一	五三	五五	五七	五八	
	比敷	分	〇一	〇二	〇二	〇二	〇二	〇二	〇二	〇二	〇三	〇三	〇三	〇三	〇三	〇三	〇四	
一宮	加減差	度	〇一	〇一	〇一	〇一	〇一	〇一	〇一	〇一	〇一	〇一	〇一	〇一	〇一	〇一	〇一	十宮
		分	二五	二六	二八	二九	三〇	三二	三三	三四	三六	三七	三八	三九	四一	四二	四三	
	比敷	分	〇八	〇九	〇九	〇九	一〇	一〇	一一	一一	一一	一二	一二	一三	一三	一四	一四	
二宮	加減差	度	〇一	〇一	〇一	〇一	〇一	〇一	〇一	〇一	〇二	〇二	〇二	〇二	〇二	〇二	〇二	九宮
		分	五六	五七	五八	五八	五九	五九	五九	五九	〇〇	〇〇	〇〇	〇〇	〇〇	〇一	〇一	
	比敷	分	二二	二二	二三	二三	二四	二四	二五	二五	二六	二六	二七	二七	二八	二九	二九	
三宮	加減差	度	〇一	〇一	〇一	〇一	〇一	〇一	〇一	〇一	〇一	〇一	〇一	〇一	〇一	〇一	〇一	八宮
		分	五七	五七	五六	五五	五五	五四	五三	五三	五二	五一	五一	四九	四八	四七	四六	
	比敷	分	三七	三八	三八	三九	三九	四〇	四〇	四一	四一	四二	四二	四三	四三	四四	四四	
四宮	加減差	度	〇一	〇一	〇一	〇一	〇一	〇一	〇一	〇一	〇一	〇一	〇一	〇一	〇一	〇一	〇一	七宮
		分	二六	二五	二三	二一	二〇	一八	一六	一五	一三	一一	一〇	〇八	〇六	〇四	〇二	
	比敷	分	五一	五一	五二	五二	五二	五三	五三	五四	五四	五四	五五	五五	五五	五五	五六	
五宮	加減差	度	〇〇	〇〇	〇〇	〇〇	〇〇	〇〇	〇〇	〇〇	〇〇	〇〇	〇〇	〇〇	〇〇	〇〇	〇〇	六宮
		分	三〇	二八	二六	二四	二二	二〇	一七	一五	一三	一一	〇九	〇七	〇四	〇二	〇〇	
	比敷	分	五九	五九	五九	五九	五九	五〇	六〇	六〇	六〇	六〇	六〇	六〇	六〇	六〇	六〇	
	引數	逆	一四	一三	一二	一一	一〇	〇九	〇八	〇七	〇六	〇五	〇四	〇三	〇二	〇一	〇〇	

金星第二加減遠近立成自行定宮度爲引數。

引數	初宮 加減差		初宮 遠近	一宮 加減差		一宮 遠近	二宮 加減差		二宮 遠近	三宮 加減差		三宮 遠近		四宮 加減差		四宮 遠近		五宮 加減差		五宮 遠近		引數
順	度	分	分	度	分	分	度	分	分	度	分	度	分	度	分	度	分	度	分	度	分	逆
○○	○○	○○	○○	一二	二二	一六	二四	二二	二三	三五	一六	○○	五七	四三	二六	○一	三四	四二	二○	○二	四二	三○
○一	○○	二六	○一	一二	四七	一六	二四	四五	二四	三五	三六	○○	五八	四三	三七	○一	三五	四一	五五	○二	四五	二九
○二	○○	五一	○一	一三	一二	一七	二五	○七	二五	三五	五五	○○	五九	四三	四八	○一	三七	四一	二七	○二	四七	二八
○三	○一	一五	○二	一三	三六	一八	二五	三○	二五	三六	九一	○一	○○	四三	五八	○一	三八	四○	五六	○二	五○	二七
○四	○一	四○	○二	一四	○○	一八	二五	五三	二六	三六	三四	○一	○一	四四	○七	○一	四○	四○	二二	○二	五二	二六
○五	○二	○五	○三	一四	二五	一九	二六	一五	二七	三六	五三	○一	○二	四四	一五	○一	四二	三九	四四	○二	五四	二五
○六	○二	三○	○三	一四	四九	一九	二六	三八	二八	三七	一二	○一	○三	四四	二二	○一	四四	三九	○四	○二	五七	二四
○七	○二	五四	○四	一五	一三	二○	二七	○一	二八	三七	三一	○一	○四	四四	二八	○一	四六	三八	二一	○二	五九	二三
○八	○三	一九	○四	一五	三七	二○	二七	二三	三九	三七	四九	○一	○五	四四	三三	○一	四八	三七	三三	○三	○一	二二
○九	○三	四四	○五	一六	○一	二一	二七	四六	四○	三八	○八	○一	○六	四四	三八	○一	五一	三六	四一	○三	○三	二一
一○	○四	○九	○五	一六	二六	二一	二八	○九	四一	三八	二六	○一	○七	四四	四三	○一	五三	三五	四五	○三	○四	二○
一一	○四	三四	○六	一六	五○	二三	二八	三一	四二	三八	四三	○一	○八	四四	四八	○一	五六	三四	四五	○三	○四	一九
一二	○四	五八	○六	一七	一四	二三	二八	五三	四二	三九	○○	○一	○九	四四	五二	○一	五八	三三	四○	○三	○五	一八
一三	○五	二三	○六	一七	三八	二三	二九	一五	四三	三九	一八	○一	八○	四四	五七	○二	○○	三二	三一	○三	○六	一七
一四	○五	四八	○七	一八	○二	二四	二九	三七	四四	三九	三五	○一	一二	四四	五七	○二	○三	三二	一八	○三	○六	一六
一五	○六	一三	○七	一八	二六	二四	二九	五九	四五	三九	五二	○一	一五	四四	五八	○二	○五	二九	五九	○三	○五	一五
	十一宮			十宮			九宮			八宮				七宮				六宮				

	引數	順	一六	一七	一八	一九	二〇	二一	二二	二三	二四	二五	二六	二七	二八	二九	三〇	
初宫	加減差	度	〇六	〇七	〇七	〇七	〇八	〇八	〇九	〇九	〇九	一〇	一〇	一一	一一	一一	一二	十一宫
		分	三七	〇二	二七	五二	一六	四一	〇六	三〇	五五	二〇	四四	〇九	三四	五八	二二	
	遠近	分	〇八	〇八	〇九	〇九	一〇	一〇	一一	一一	一二	一二	一三	一四	一四	一五	一六	
一宫	加減差	度	一八	一九	一九	二〇	二〇	二〇	二一	二一	二二	二二	二二	二三	二三	二三	二四	十宫
		分	五〇	一四	三八	〇一	二五	四九	一三	三六	〇〇	二四	四七	一一	三五	五八	二二	
	遠近	分	二五	二六	二六	二七	二八	二八	二九	二九	三〇	三一	三一	三二	三二	三三	三三	
二宫	加減差	度	三〇	三〇	三一	三一	三一	三二	三二	三二	三三	三三	三三	三四	三四	三四	三五	九宫
		分	二〇	四二	〇四	二五	四七	〇九	三〇	五一	一三	三四	五五	一六	三六	五六	一六	
	遠近	分	四六	四六	四七	四八	四九	四九	五〇	五一	五二	五三	五四	五五	五五	五六	五七	
三宫	加減差	度	四〇	四〇	四〇	四〇	四一	四一	四一	四一	四二	四二	四二	四二	四三	四三	四三	八宫
		分	〇九	二五	四二	五八	一四	二九	四三	五七	一一	二四	三七	五〇	〇二	一四	二六	
	遠近	度	〇一	〇一	〇一	〇一	〇一	〇一	〇一	〇一	〇一	〇一	〇一	〇一	〇一	〇一	〇一	
		分	一六	一八	一九	二一	二二	二三	二四	二五	二七	二八	二九	三一	三二	三三	三四	
四宫	加減差	度	四四	四四	四四	四四	四四	四四	四四	四四	四四	四三	四三	四三	四三	四二	四二	七宫
		分	五七	五五	五二	四八	四三	三七	二九	一九	〇八	五五	四〇	二三	〇四	四三	二〇	
	遠近	度	〇二	〇二	〇二	〇二	〇二	〇二	〇二	〇二	〇二	〇二	〇二	〇二	〇二	〇二	〇二	
		分	〇七	一〇	一二	一四	一七	一九	二二	二四	二七	二九	三二	三四	五七	三九	四二	
五宫	加減差	度	二八	二七	二五	二三	二二	二〇	一八	一六	一三	一一	〇九	〇七	〇四	〇二	〇〇	六宫
		分	三五	〇四	二七	四六	〇〇	〇八	〇九	〇五	〇七	四五	三〇	一二	五一	二六	〇〇	
	遠近	度	〇三	〇三	〇二	〇二	〇二	〇二	〇二	〇一	〇一	〇一	〇一	〇〇	〇〇	〇〇	〇〇	
		分	〇三	〇〇	五五	四八	三八	二五	〇九	五二	三五	一八	〇二	四六	三〇	一五	〇〇	
	引數	逆	一四	一三	一二	一一	一〇	〇九	〇八	〇七	〇六	〇五	〇四	〇三	〇二	〇一	〇〇	

水星第一加減比敷立成小輪心宮度爲引數。

引數	初宮 加減差		初宮 比敷	一宮 加減差		一宮 比敷	二宮 加減差		二宮 比敷	三宮 加減差		三宮 比敷	四宮 加減差		四宮 比敷	五宮 加減差		五宮 比敷	引數
順	度	分	分	度	分	分	度	分	分	度	分	分	度	分	分	度	分	分	逆
○○	○○	○○	○○	○一	二七	○七	○二	二五	二五	○二	四三	五○	○二	二五	六○	○一	二八	五五	三○
○一	○○	○三	○○	○一	三○	○八	○二	二七	二六	○二	四二	五○	○二	二三	六○	○一	二六	五四	二九
○二	○○	○七	○○	○一	三二	○八	○二	二九	二八	○二	四二	五一	○二	二三	六○	○一	二三	五四	二八
○三	○○	一○	○○	○一	三四	○九	○二	三○	二八	○二	四二	五二	○二	二一	六○	○一	二○	五四	二七
○四	○○	一三	○○	○一	三七	○九	○二	三一	二八	○二	四二	五二	○二	一九	六○	○一	一七	五四	二六
○五	○○	一六	○○	○一	三九	一○	○二	三一	二九	○二	四二	五三	○二	一八	六○	○一	一四	五三	二五
○六	○○	一九	○○	○一	四一	一○	○二	三二	三○	○二	四一	五四	○二	一六	六○	○一	一一	五三	二四
○七	○○	二二	○○	○一	四四	一一	○二	三三	三一	○二	四一	五四	○二	一五	六○	○一	○九	五三	二三
○八	○○	二五	○一	○一	四六	一一	○二	三四	三二	○二	四一	五五	○二	一四	五九	○一	○六	五三	二二
○九	○○	二八	○一	○一	四八	一二	○二	三五	三三	○二	四一	五五	○二	一二	五九	○一	○四	五二	二一
一○	○○	三一	○一	○一	五一	一二	○二	三五	三四	○二	四○	五五	○二	一○	五九	○一	○一	五二	二○
一一	○○	三四	○一	○一	五三	一三	○二	三六	三五	○二	四○	五六	○二	○八	五九	○○	五八	五二	一九
一二	○○	三七	○一	○一	五五	一三	○二	三七	三六	○二	四○	五六	○二	○六	五九	○○	五五	五二	一八
一三	○○	四○	○二	○一	五七	一四	○二	三七	三六	○二	三九	五七	○二	○五	五九	○○	五二	五一	一七
一四	○○	四三	○二	○一	五九	一五	○二	三八	三七	○二	三九	五七	○二	○三	五八	○○	四九	五一	一六
一五	○○	四六	○二	○二	一○	一五	○二	三九	三八	○二	三八	五七	○二	○一	五八	○○	四六	五一	一五
	十一宮			十宮			九宮			八宮			七宮			六宮			

引數	初宮 加減差		初宮 比數	一宮 加減差		一宮 比數	二宮 加減差		二宮 比數	三宮 加減差		三宮 比數	四宮 加減差		四宮 比數	五宮 加減差		五宮 比數	引數
順	度	分	分	度	分	分	度	分	分	度	分	分	度	分	分	度	分	分	逆
一六	〇〇	四九	〇二	〇二	〇三	一六	〇二	三九	三九	〇二	三八	五八	〇一	五九	五八	〇〇	四三	五一	一四
一七	〇〇	五二	〇二	〇二	〇五	一七	〇二	四〇	四〇	〇二	三七	五八	〇一	五七	五八	〇〇	四〇	五一	一三
一八	〇〇	五五	〇三	〇二	〇七	一七	〇二	四〇	四一	〇二	三六	五九	〇一	五五	五八	〇〇	三七	五一	一二
一九	〇〇	五八	〇三	〇二	〇九	一八	〇二	四一	四二	〇二	三六	五九	〇一	五三	五八	〇〇	三四	五一	一一
二〇	〇一	〇一	〇三	〇二	一〇	一八	〇二	四一	四二	〇二	三五	五九	〇一	五一	五七	〇〇	三一	五一	一〇
二一	〇一	〇四	〇四	〇二	一二	一九	〇二	四二	四三	〇二	三五	五九	〇一	四九	五七	〇〇	二八	五〇	〇九
二二	〇一	〇七	〇四	〇二	一三	二〇	〇二	四二	四二	〇二	三四	五九	〇一	四七	五七	〇〇	二五	五〇	〇八
二三	〇一	一〇	〇四	〇二	一五	二〇	〇二	四二	四五	〇二	三三	六〇	〇一	四五	五七	〇〇	二二	五〇	〇七
二四	〇一	一二	〇五	〇二	一六	二一	〇二	四三	四六	〇二	三二	六〇	〇一	四三	五六	〇〇	一九	五〇	〇六
二五	〇一	一五	〇五	〇二	一八	二二	〇二	四三	四七	〇二	三一	六〇	〇一	四一	五六	〇〇	一六	五〇	〇五
二六	〇一	一七	〇五	〇二	一九	二二	〇二	四三	四八	〇二	三〇	六〇	〇一	三八	五五	〇〇	一三	五〇	〇四
二七	〇一	二〇	〇六	〇二	二一	二三	〇二	四三	四八	〇二	二八	六〇	〇一	三五	五五	〇〇	〇九	五〇	〇三
二八	〇一	二三	〇六	〇二	二二	二四	〇二	四三	四九	〇二	二七	六〇	〇一	三三	五五	〇〇	〇六	五〇	〇二
二九	〇一	二五	〇七	〇二	二四	二四	〇二	四三	四九	〇二	二六	六〇	〇一	三一	五五	〇〇	〇三	五〇	〇一
三〇	〇一	二七	〇七	〇二	二五	二五	〇二	四三	五〇	〇二	二五	六〇	〇一	二八	五五	〇〇	〇〇	五〇	〇〇
	十一宮			十宮			九宮			八宮			七宮			六宮			

水星第二加減遠近立成自行定宮度爲引數。

引數 順	初宮 加減差 度	初宮 加減差 分	初宮 遠近 度	初宮 遠近 分	一宮 加減差 度	一宮 加減差 分	一宮 遠近 度	一宮 遠近 分	二宮 加減差 度	二宮 加減差 分	二宮 遠近 度	二宮 遠近 分	引數 逆
○○	○○	○○	○○	○○	○七	三○	○○	○○	一四	一○	○二	○一	三○
○一	○○	一五	○○	○二	○七	四四	○一	○二	一四	二二	○二	○三	二九
○二	○○	三一	○○	○四	○七	五九	○一	○五	一四	三四	○二	○六	二八
○三	○○	四六	○○	○六	○八	一三	○一	○七	一四	四五	○二	○八	二七
○四	○一	○一	○○	○八	○八	二七	○一	○九	一四	五六	○二	一○	二六
○五	○一	一六	○○	一○	○八	四一	○一	一○	一五	○七	○二	一二	二五
○六	○一	三二	○○	一二	○八	五五	○一	一二	一五	一八	○二	一五	二四
○七	○一	四七	○○	一四	○九	○九	○一	一四	一五	二九	○二	一七	二三
○八	○二	○二	○○	一六	○九	二三	○一	一六	一五	四○	○二	一九	二二
○九	○二	一七	○○	一八	○九	三七	○一	一八	一五	五○	○二	二一	二一
一○	○二	三二	○○	二○	一○	五一	○一	二○	一六	○○	○二	二三	二○
一一	○二	四七	○○	二三	一○	○五	○一	二三	一六	一○	○二	二五	一九
一二	○三	○二	○○	二四	一○	一八	○一	二四	一六	二○	○二	二七	一八
一三	○三	一七	○○	二六	一○	三二	○一	二六	一六	三○	○二	三○	一七
一四	○三	三三	○○	二七	一○	四六	○一	二八	一六	三九	○二	三二	一六
一五	○三	四八	○○	二九	一一	五九	○一	三一	一六	四九	○二	三四	一五
	十一宮				十宮				九宮				

引數 順	初宮 加減差 度	初宮 加減差 分	初宮 遠近 度	初宮 遠近 分	一宮 加減差 度	一宮 加減差 分	一宮 遠近 度	一宮 遠近 分	二宮 加減差 度	二宮 加減差 分	二宮 遠近 度	二宮 遠近 分	引數 逆
一六	〇四	〇三	〇〇	三一	一一	一三	〇一	三三	一六	五八	〇二	三七	一四
一七	〇四	一八	〇〇	三三	一一	二六	〇一	三五	一七	〇八	〇二	三九	一三
一八	〇四	三三	〇〇	三五	一一	三九	〇一	三七	一七	一七	〇二	四一	一二
一九	〇四	四八	〇〇	三七	一二	五二	〇一	三九	一七	二六	〇二	四三	一一
二〇	〇五	〇三	〇〇	三九	一二	〇五	〇一	四一	一七	三五	〇二	四五	一〇
二一	〇五	一八	〇〇	四一	一二	一八	〇一	四三	一七	四四	〇二	四七	〇九
二二	〇五	三三	〇〇	四三	一二	三一	〇一	四五	一七	五二	〇二	四九	〇八
二三	〇五	四八	〇〇	四五	一二	四四	〇一	四七	一八	〇〇	〇二	五一	〇七
二四	〇六	〇三	〇〇	四七	一三	五六	〇一	四九	一八	〇八	〇二	五四	〇六
二五	〇六	一七	〇〇	四九	一三	〇九	〇一	五一	一八	一六	〇二	五八	〇五
二六	〇六	三二	〇〇	五一	一三	二一	〇一	五三	一八	二三	〇二	五八	〇四
二七	〇六	四七	〇〇	五三	一三	三四	〇一	五五	一八	三〇	〇三	〇〇	〇三
二八	〇七	〇一	〇〇	五五	一三	四六	〇一	五七	一八	三六	〇三	〇二	〇二
二九	〇七	一六	〇〇	五七	一三	五八	〇一	五九	一八	四三	〇三	〇四	〇一
三〇	〇七	三〇	〇一	〇〇	一四	一〇	〇二	〇一	一八	四九	〇三	〇六	〇〇
	十一宮				十宮				九宮				

引數	三宮（八宮）加減差		三宮（八宮）遠近		四宮（七宮）加減差		四宮（七宮）遠近		五宮（六宮）加減差		五宮（六宮）遠近		引數
順	度	分	度	分	度	分	度	分	度	分	度	分	逆
○○	一八	四九	○三	○六	一九	三五	○三	五九	一三	三六	○三	三五	三○
○一	一八	五五	○三	○八	一九	三一	○四	○○	一三	一五	○三	三一	二九
○二	一九	○一	○三	一○	一九	二六	○四	○一	一二	五四	○三	二七	二八
○三	一九	○六	○三	一二	一九	二○	○四	○二	一二	三二	○三	二三	二七
○四	一九	一一	○三	一四	一九	一四	○四	○三	一二	一○	○三	一八	二六
○五	一九	一六	○三	一六	一九	○八	○四	○四	一一	四七	○三	一三	二五
○六	一九	二一	○三	一八	一九	○一	○四	○四	一一	二四	○三	○八	二四
○七	一九	二五	○三	二一	一八	五四	○四	○五	一○	五九	○三	○二	二三
○八	一九	三○	○三	二三	一八	四六	○四	○五	一○	三五	○二	五七	二二
○九	一九	三四	○三	二五	一八	三八	○四	○六	一○	一○	○二	五一	二一
一○	一九	三八	○三	二七	一八	二九	○四	○六	○九	四四	○二	四五	二○
一一	一九	四二	○三	二九	一八	二○	○四	○六	○九	一八	○二	三九	一九
一二	一九	四六	○三	三一	一八	一○	○四	○六	○八	五一	○二	三二	一八
一三	一九	四九	○三	三三	一七	五九	○四	○五	○八	二四	○二	二五	一七
一四	一九	五二	○三	三五	一七	四八	○四	○五	○七	五七	○二	一八	一六
一五	一九	五四	○三	三七	一七	三七	○四	○四	○七	二九	○二	一一	一五
一六	一九	五五	○三	三九	一七	二五	○四	○四	○七	○一	○二	○三	一四
一七	一九	五六	○三	四一	一七	一二	○四	○三	○六	三三	○一	五五	一三

引數	三宮				四宮				五宮				引數
	加減差		遠近		加減差		遠近		加減差		遠近		
順	度	分	度	分	度	分	度	分	度	分	度	分	逆
一八	一九	五六	〇三	四三	一六	五九	〇四	〇二	〇六	〇四	〇一	四七	一二
一九	一九	五六	〇三	四四	一六	四五	〇四	〇一	〇五	三五	〇一	三九	一一
二〇	一九	五五	〇三	四六	一六	三一	〇四	〇〇	〇五	〇五	〇一	三一	一〇
二一	一九	五五	〇三	四七	一六	一六	〇三	五九	〇四	三五	〇一	二二	〇九
二二	一九	五四	〇三	四九	一六	〇一	〇三	五七	〇四	〇五	〇一	一三	〇八
二三	一九	五四	〇三	五〇	一五	四五	〇三	五五	〇三	三五	〇一	〇四	〇七
二四	一九	五三	〇三	五二	一五	二八	〇三	五三	〇三	〇五	〇〇	五六	〇六
二五	一九	五二	〇三	五三	一五	一一	〇三	五一	〇二	三四	〇〇	四七	〇五
二六	一九	五〇	〇三	五四	一四	五三	〇三	四八	〇二	〇四	〇〇	三七	〇四
二七	一九	四七	〇三	五六	一四	三五	〇三	四五	〇一	三三	〇〇	二八	〇三
二八	一九	四三	〇三	五七	一四	一六	〇三	四二	〇一	〇二	〇〇	一九	〇二
二九	一九	三九	〇三	五八	一三	五六	〇三	三九	〇〇	三一	〇〇	一〇	〇一
三〇	一九	三五	〇三	五九	一三	三六	〇三	三五	〇〇	〇〇	〇〇	〇〇	〇〇
	八宮				七宮				六宮①				

① 王鴻緒本該表結束後的頁末有『明史稿　志第十六終』，其『曆七上』至此結束。定本該表結束後的頁末有『明史卷三十八終』，其『曆八』至此結束。

土星黄道南北緯度立成①上横行以小輪心定度爲引數，起五十度，纍加三度。首②直行以自行定度爲引數，纍加十度。求法：簡兩引數近度，縱横相遇度分，次各用比例法，得細率。

	自行定度	初		一〇		二〇		三〇		四〇	
	小輪心定度 度	度	分	度	分	度	分	度	分	度	分
北	五〇	〇二	〇四	〇二	〇七	〇二	一二	〇二	二二	〇二	三二
	五三	〇二	〇〇	〇二	〇三	〇二	〇八	〇二	一七	〇二	二八
	五六	〇一	四五	〇一	四八	〇一	五二	〇二	〇一	〇二	一〇
	五九	〇一	二三	〇一	二五	〇一	二九	〇一	三五	〇〇	四三
	〇二	〇〇	五四	〇〇	五五	〇〇	五八	〇一	〇二	〇一	〇七
	〇五	〇〇	二一	〇〇	二一	〇〇	二三	〇〇	二四	〇〇	二六
黄道											
	〇八	〇〇	一四	〇〇	一五	〇〇	一六	〇〇	一七	〇〇	一八
	一一	〇〇	四九	〇〇	五一	〇〇	五四	〇〇	五八	〇一	〇二
	一四	〇一	一九	〇一	二三	〇一	二七	〇一	三四	〇一	四一
	一七	〇一	四四	〇一	四八	〇一	五四	〇二	〇三	〇二	一三
南	二〇	〇二	〇〇	〇二	〇五	〇二	一二	〇二	二三	〇二	三四
	二三	〇二	〇四	〇二	〇九	〇二	一四	〇二	二四	〇二	三五
	二六	〇一	五〇	〇一	五三	〇一	五八	〇二	〇七	〇二	一七
	二九	〇一	二五	〇一	二七	〇一	三一	〇一	三八	〇一	四五
	三二	〇〇	四八	〇〇	四九	〇〇	五一	〇〇	五五	〇〇	五九
	三五	〇〇	〇六	〇〇	〇六	〇〇	〇七	〇〇	〇七	〇〇	〇七
黄道											
	三八	〇〇	三三	〇〇	三五	〇〇	三八	〇〇	四三	〇〇	四九
	四一	〇一	〇九	〇一	一一	〇一	一四	〇一	一九	〇一	二六
北	四四	〇一	二八	〇一	四〇	〇一	四五	〇一	五二	〇二	〇二
	四七	〇一	五六	〇一	五九	〇二	〇四	〇二	一三	〇二	二四
	五〇	〇二	〇二	〇二	〇五	〇二	一一	〇二	二〇	〇二	三二

①從該表開始至『太阴凌犯时刻立成』爲王鴻緒本『曆七下』、定本『曆九』内容。王鴻緒本該表前依次有該卷標題『明史稿　志第十七』，署名『光禄大夫經筵講官明史總裁户部尚書加七級臣王鴻緒奉敕編撰』，以及標題『曆七下　回回曆法三』；定本依次有標題『明史卷三十九　志第十五』，署名『總裁官總理事務經筵講官少保兼太子太保保和殿大學士兼管吏部户部尚書事加六級張廷玉等奉敕修』，以及標題『曆九　回回曆法三』。

②南圖本『首』誤作『自』。

自行定度	五〇		六〇		七〇		八〇		九〇		百〇〇		百一十		百二十		
度	度	分	度	分	度	分	度	分	度	分	度	分	度	分	度	分	
五〇	〇二	四二	〇二	四七	〇二	四五	〇二	三六	〇六	五二	〇二	五一	〇二	〇九	〇二	〇四	小輪心定度
五三	〇二	三八	〇二	四一	〇二	四〇	〇二	〇三	〇二	一九	〇二	一〇	〇二	〇五	〇二	〇〇	北
五六	〇二	一九	〇二	二三	〇二	二一	〇二	一二	〇二	〇三	〇一	五四	〇一	五〇	〇一	四五	
五九	〇一	四九	〇一	五一	〇一	四九	〇一	四三	〇一	五五	〇一	二九	〇一	二五	〇一	二三	
〇二	〇一	一一	〇一	二一	〇一	一一	〇一	〇七	〇一	〇二	〇〇	五八	〇〇	五五	〇〇	五四	
〇五	〇〇	二七	〇〇	二八	〇〇	二七	〇〇	二五	〇〇	二四	〇〇	二三	〇〇	二一	〇〇	二一	黃道
〇八	〇〇	一九	〇〇	二〇	〇〇	一九	〇〇	一八	〇〇	一〇	〇〇	一六	〇〇	一五	〇〇	一四	
一一	〇一	〇六	〇一	〇八	〇一	〇五	〇一	〇一	〇〇	五六	〇〇	五二	〇〇	五〇	〇〇	四九	
一四	〇一	四八	〇一	五〇	〇一	四六	〇一	九三	〇一	三一	〇一	二五	〇一	二一	〇一	一九	
一七	〇二	二一	〇二	二四	〇二	一九	〇二	〇九	〇一	五九	〇五	五一	〇一	四六	〇一	四四	
二〇	〇一	四四	〇二	四七	〇二	四一	〇二	三〇	〇二	一八	〇二	〇九	〇二	〇三	〇二	〇〇	
二三	〇二	四五	〇二	四七	〇二	四三	〇二	三一	〇二	二三	〇二	一二	〇二	〇七	〇二	〇四	南
二六	〇二	二五	〇二	二八	〇二	二四	〇二	一五	〇二	〇五	〇一	五七	〇一	五三	〇一	五〇	
二九	〇一	五二	〇一	五四	〇一	五二	〇一	四五	〇一	三八	〇一	三一	〇一	二七	〇一	二五	
三二	〇一	〇三	〇一	〇四	〇一	〇三	〇〇	五九	〇〇	五五	〇〇	五一	〇〇	四九	〇〇	四八	
三五	〇〇	〇八	〇〇	〇八	〇〇	〇八	〇〇	〇八	〇〇	〇七	〇〇	〇七	〇〇	〇六	〇〇	〇六	黃道
三八	〇〇	五五	〇〇	五八	〇〇	五七	〇〇	五一	〇〇	四五	〇〇	三九	〇〇	三六	〇〇	三三	
四一	〇一	三二	〇一	三六	〇一	三四	〇一	二八	〇一	二三	〇一	一九	〇一	一二	〇一	〇九	
四四	〇二	一〇	〇二	一五	〇二	一三	〇二	〇五	〇一	五六	〇一	四七	〇一	四二	〇一	三八	北
四七	〇二	三五	〇二	四一	〇二	三八	〇二	二八	〇二	一八	〇二	〇七	〇二	〇一	〇一	五六	
五〇	〇二	四三	〇二	四九	〇二	四六	〇二	三六	〇二	二五	〇二	一四	〇二	〇七	〇一	〇二	

黃道
黃道

木星緯度立成同土①星，其小輪心定度起初度。

	自行定度 小輪心定度	初 度	初 分	一〇 度	一〇 分	二〇 度	二〇 分	三〇 度	三〇 分	四〇 度	四〇 分	五〇 度	五〇 分	六〇 度	六〇 分
北	〇	〇一	〇一	〇一	〇三	〇一	〇七	〇一	一五	〇一	二四	〇一	三三	〇一	三六
	三	〇〇	五八	〇一	〇〇	〇一	〇四	〇一	一一	〇一	二〇	〇一	二八	〇〇	三一
	六	〇〇	五一	〇〇	二五	〇〇	五六	〇一	〇三	〇一	一一	〇一	一八	〇〇	二〇
	九	〇〇	三九	〇〇	四〇	〇〇	四三	〇〇	四八	〇〇	五四	〇一	〇〇	〇一	〇一
	一二	〇〇	二三	〇〇	二四	〇〇	二六	〇〇	三〇	〇〇	三三	〇〇	三六	〇〇	三六
	一五	〇〇	〇五	〇〇	〇五	〇〇	〇六	〇〇	〇六	〇〇	〇七	〇〇	〇八	〇〇	〇八
黃道															
	一八	〇〇	一三	〇〇	一三	〇〇	一五	〇〇	一七	〇〇	一九	〇〇	二一	〇〇	二一
	二一	〇〇	三二	〇〇	三三	〇〇	三六	〇〇	一四	〇〇	四六	〇〇	五一	〇〇	五三
	二四	〇〇	四六	〇〇	四八	〇〇	五一	〇〇	五八	〇一	〇六	〇一	一三	〇一	一五
	二七	〇〇	五六	〇〇	五八	〇一	〇三	〇一	一一	〇一	二〇	〇一	二九	〇一	三二
南	三〇	〇一	〇〇	〇一	〇二	〇一	〇六	〇一	一五	〇一	二五	〇〇	三四	〇〇	三九
	三三	〇〇	五六	〇〇	五八	〇一	〇二	〇一	〇九	〇一	一八	〇一	二八	〇〇	三二
	三六	〇〇	四六	〇〇	四七	〇〇	五一	〇〇	五七	〇一	〇四	〇一	一一	〇一	一五
	三九	〇〇	三二	〇〇	三三	〇〇	三五	〇〇	三九	〇〇	四五	〇〇	五〇	〇〇	五二
	四二	〇〇	一三	〇〇	一三	〇〇	一四	〇〇	一六	〇〇	一八	〇〇	二〇	〇〇	二一
	四五	〇〇	〇五	〇〇	〇五	〇〇	〇六	〇〇	〇六	〇〇	〇七	〇〇	〇八	〇〇	〇八
黃道															
	四八	〇〇	二三	〇〇	二四	〇〇	二五	〇〇	二八	〇〇	三二	〇〇	三五	〇〇	三六
	五一	〇〇	三九	〇〇	四〇	〇〇	四二	〇〇	四七	〇〇	五三	〇〇	五七	〇一	〇一
北	五四	〇〇	五一	〇〇	五二	〇一	五五	〇一	〇二	〇一	〇九	〇〇	一七	〇一	一九
	五七	〇〇	五八	〇〇	五九	〇一	〇三	〇一	一〇	〇一	一九	〇〇	二七	〇一	三〇
	六〇	〇一	〇一	〇一	〇三	〇一	〇七	〇一	一五	〇一	二四	〇一	三三	〇一	三六

① 南圖本「土」誤作「上」。

小輪心定度		自行定度 七〇 度	七〇 分	八〇 度	八〇 分	九〇 度	九〇 分	百〇〇 度	百〇〇 分	百一十 度	百一十 分	百二十 度	百二十 分
度													
〇		〇一	三三	〇一	二四	〇一	一五	〇一	〇七	〇一	〇三	〇一	〇一
三	北	〇一	二八	〇〇	二〇	〇〇	一一	〇一	〇四	〇一	〇〇	〇〇	五八
六		〇一	一七	〇一	〇九	〇一	〇二	〇〇	五六	〇〇	五三	〇〇	五一
九		〇〇	五八	〇〇	五三	〇〇	四七	〇〇	四二	〇〇	四〇	〇〇	三九
一二		〇〇	三五	〇〇	三一	〇〇	二八	〇〇	二五	〇〇	二四	〇〇	三二
一五		〇〇	〇八	〇〇	〇七	〇〇	〇六	〇〇	〇六	〇〇	〇五	〇〇	〇五
	黄道												
一八		〇〇	二〇	〇〇	一八	〇〇	一六	〇〇	一四	〇〇	一三	〇〇	一三
二一		〇〇	五〇	〇〇	四五	〇〇	三九	〇〇	三五	〇〇	三三	〇〇	三二
二四		〇一	一二	〇一	〇四	〇〇	五七	〇〇	五一	〇〇	四七	〇〇	四六
二七		〇一	二七	〇一	一八	〇一	〇九	〇一	〇二	〇〇	五八	〇〇	五六
三〇	南	〇〇	三四	〇〇	二五	〇一	一五	〇一	〇六	〇一	〇二	〇一	〇〇
三三		〇〇	二九	〇〇	二〇	〇一	一一	〇一	〇三	〇〇	五八	〇〇	五六
三六		〇一	一三	〇一	〇六	〇〇	五八	〇〇	五一	〇〇	四八	〇〇	四六
三九		〇〇	五一	〇〇	四六	〇〇	四一	〇〇	三六	〇〇	三三	〇〇	三二
四二		〇〇	二一	〇〇	一九	〇〇	一七	〇〇	一五	〇〇	一三	〇〇	一三
四五		〇〇	〇八	〇〇	〇七	〇〇	〇六	〇〇	〇六	〇〇	〇五	〇〇	〇五
	黄道												
四八		〇〇	三六	〇〇	三三	〇〇	二九	〇〇	二六	〇〇	二四	〇〇	二三
五一		〇〇	五九	〇〇	五四	〇〇	四八	〇〇	四二	〇〇	四〇	〇〇	三九
五四	北	〇一	一八	〇一	一一	〇一	〇三	〇〇	五六	〇〇	五二	〇〇	五一
五七		〇〇	二九	〇〇	二一	〇一	一二	〇一	〇五	〇一	〇〇	〇〇	五八
六〇		〇一	三三	〇一	二四	〇一	一五	〇一	〇七	〇一	〇三	〇一	〇一

火星緯度立成引數上横行小輪心定度，纍加二度。首直行自行定度，纍加四度。

	自行定度	初		四		八		一二		一六		
	度	度	分	度	分	度	分	度	分	度	分	
	一	○	九三	○	一四	○	四四	○	七四	○	三五	
	三	○	八三	○	○四	○	三四	○	六四	○	一五	
北	五	○	五三	○	七三	○	○四	○	三四	○	八四	
	七	○	一三	○	三三	○	五三	○	八三	○	四四	
	九	○	七二	○	九二	○	一三	○	三三	○	八三	
	一一	○	○二	○	二二	○	三二	○	六二	○	九二	
	三一	○	三一	○	四一	○	五一	○	六一	○	八一	
	五一	○	五○	○	五○	○	六○	○	六○	○	七○	
黄道	七一	○	三○	○	三○	○	三○	○	四○	○	四○	
	九一	○	○一	○	一一	○	二一	○	三一	○	五一	黄道
	一二	○	八一	○	九一	○	○二	○	三二	○	六二	
	三二	○	四二	○	五二	○	七二	○	一三	○	五三	
	五二	○	○三	○	一三	○	三三	○	七三	○	二四	
	七二	○	三三	○	四三	○	七三	○	一四	○	七四	
南	九二	○	五三	○	六三	○	八三	○	二四	○	八四	
	一三	○	四三	○	五三	○	六三	○	○四	○	六四	
	三三	○	一三	○	二三	○	三三	○	六三	○	○四	
	五三	○	七二	○	七二	○	八二	○	○三	○	四三	
	七三	○	○二	○	○二	○	一二	○	三二	○	五二	
	九三	○	三一	○	三一	○	三一	○	四一	○	五一	
	一四	○	五○	○	五○	○	五○	○	六○	○	六○	
黄道	三四	○	○二	○	二○	○	二○	○	二○	○	三○	
	五四	○	○一	○	○一	○	一一	○	二一	○	二一	
	七四	○	八一	○	八一	○	九一	○	○二	○	二二	黄道
	九四	○	五二	○	五二	○	六二	○	八二	○	○三	
	一五	○	二三	○	一三	○	一三	○	四三	○	六三	
北	三五	○	五三	○	四三	○	七三	○	九三	○	二四	
	五五	○	七三	○	七三	○	○四	○	三四	○	七四	
	七五	○	九三	○	○四	○	三四	○	六四	○	○五	
	九五	○	○四	○	一四	○	四四	○	八四	○	二五	
	一○	○	九三	○	一四	○	四四	○	七四	○	五五	

四〇		三六		三二		二八		二四		二〇		自行定度		
分	度	分	度	分	度	分	度	分	度	分	度		度	小輪心定度
〇一	二	二五	一	九二	一	〇二	一	九〇	一	九五	〇		一	
九〇	二	〇五	一	八二	一	九一	一	八〇	一	八五	〇		三	
一〇	二	四四	一	六二	一	三一	一	四〇	一	五五	〇		五	北
〇五	一	四三	一	九一	一	六〇	一	七五	〇	九四	〇		七	
五三	一	二二	一	九〇	一	七五	〇	〇五	〇	三四	〇		九	
四一	一	三〇	一	四五	〇	四四	〇	九三	〇	三三	〇		一一	
七四	〇	一四	〇	五三	〇	八二	〇	五二	〇	二二	〇		三一	
七一	〇	五一	〇	三一	〇	一一	〇	九〇	〇	八〇	〇		五一	
黃道														黃道
三一	〇	一一	〇	九〇	〇	七〇	〇	六〇	〇	五〇	〇		七一	
五四	〇	六三	〇	九二	〇	五二	〇	一二	〇	八一	〇		九一	
八一	一	二〇	一	一五	〇	三四	〇	七三	〇	一三	〇		一二	
五四	一	三二	一	七〇	一	八五	〇	九四	〇	一四	〇		三二	
六〇	二	一四	一	二二	一	〇一	一	九五	〇	九四	〇		五二	
四一	二	八四	一	九二	一	六一	一	五〇	一	三五	〇		七二	
四一	二	九四	一	一三	一	七一	一	五〇	一	四五	〇		九二	南
五〇	二	一四	一	七二	一	四一	一	二〇	一	一五	〇		一三	
〇五	一	八二	一	六一	一	五〇	一	四五	〇	六四	〇		三三	
〇三	一	六一	一	三〇	一	四五	〇	四四	〇	七三	〇		五三	
六〇	一	五五	〇	七四	〇	〇四	〇	二三	〇	九二	〇		七三	
〇四	〇	四三	〇	九二	〇	四二	〇	〇二	〇	八一	〇		九三	
六一	〇	三一	〇	二一	〇	〇一	〇	八〇	〇	七〇	〇		一四	
黃道														黃道
六〇	〇	五〇	〇	四〇	〇	三〇	〇	三〇	〇	三〇	〇		三四	
八二	〇	三二	〇	〇二	〇	七一	〇	五一	〇	三一	〇		五四	
一五	〇	一四	〇	六三	〇	一三	〇	七二	〇	四二	〇		七四	
二一	一	六五	〇	一五	〇	四四	〇	七三	〇	三三	〇		九四	
八二	一	一一	一	二〇	一	二五	〇	六四	〇	〇四	〇		一五	
二四	一	三二	一	一一	一	三〇	一	五五	〇	七四	〇		三五	北
四五	一	五三	一	二〇	一	〇一	一	〇〇	一	二五	〇		五五	
三〇	二	四四	一	七二	一	六一	一	五〇	一	七五	〇		七五	
八〇	二	〇五	一	九二	一	八一	一	八〇	一	九五	〇		九五	
〇一	二	一五	一	九二	一	〇二	一	九〇	一	九五	〇		一〇	

	六〇		五六		五二		四八		四四		自行定度			
	分	度	分	度	分	度	分	度	分	度		度		
	三〇	四	五四	三	八一	三	一五	二	〇三	二		一	小輪心定度	
	二五	二	一四	三	五一	三	〇五	二	八二	二		三		
	八二	二	六二	三	二〇	三	〇四	二	九一	二		五		北
	三〇	三	五〇	三	四四	二	五二	二	四〇	二		七		
	四三	二	九三	二	二二	二	五〇	二	七四	一		九		
	六五	一	三〇	二	〇五	一	七三	一	三二	一		一一		
	三一	一	八一	一	一一	一	二〇	一	四五	〇		三一		
黄道	七二	〇	九二	〇	六二	〇	三二	〇	〇二	〇		五一		黄道
	九二	〇	三三	〇	八二	〇	一二	〇	七一	〇		七一		
	九三	一	三五	一	四三	一	二一	一	七五	〇		九一		
	八五	二	八一	三	三四	二	四〇	二	八三	一		一二		
	九〇	四	六二	四	五三	三	三二	二	二二	二		三二		
	〇二	五	三二	五	五一	四	五一	三	七三	二		五二		
	〇一	六	八四	五	九一	四	八二	三	八四	二		七二		
	一四	六	一五	五	八二	四	九二	三	八四	二		九二		南
	三二	六	七二	五	九〇	四	七一	三	六二	二		一三		
	〇五	五	三四	四	四三	三	二五	二	七一	二		三三		
	九四	四	七四	三	三五	二	〇二	二	二五	一		五三		
	三三	三	五四	二	七〇	二	三四	一	二二	一		七三		
	〇一	二	〇四	一	八一	一	二〇	一	〇五	〇		九三		
黄道	二五	〇	〇四	〇	一三	〇	五二	〇	〇二	〇		一四		黄道
	一一	〇	〇一	〇	九〇	〇	八〇	〇	七〇	〇		三四		
	七五	〇	〇五	〇	三四	〇	八三	〇	三三	〇		五四		
	三四	一	〇三	一	八一	一	九〇	一	九五	〇		七四		
	二二	二	五〇	二	九四	一	六三	一	三二	一		九四		
	七三	三	四二	二	五一	二	八五	一	三四	一		一五		
	一二	三	八五	二	六三	二	五一	二	九五	一		三五		北
	四四	三	九一	三	五五	二	一三	二	三一	二		五五		
	九五	三	四三	三	九〇	三	三四	二	四二	二		七五		
	七〇	四	四四	三	七一	三	九四	二	八〇	二		九五		
	三〇	四	六四	三	八一	三	一五	二	〇二	二		一〇		

火星緯度立①成

七六		七二		六八		六四		六〇		自行定度	
分	度	分	度	分	度	分	度	分	度	度（小輪心定度）	
八二	二	六四	二	四一	三	九三	三	三〇	四	一	
九一	二	七三	二	四〇	三	七二	三	二五	三	三	
三〇	二	〇二	二	三四	二	五〇	三	八二	三	五	北
七四	一	二〇	二	一二	二	〇四	二	三〇	三	七	
九二	〇	二四	一	七五	一	四一	二	四三	二	九	
七〇	一	七一	一	八二	一	一四	一	六五	一	一一	
二四	〇	八四	〇	五五	〇	四〇	一	三一	一	三一	
四一	〇	八一	〇	〇二	〇	三二	〇	七二	〇	五一	黄道
一一	〇	四一	〇	七一	〇	二二	〇	九二	〇	七一	
八三	〇	八四	〇	九五	〇	六一	一	九三	一	九一	
九〇	一	五二	一	七四	一	六一	二	八五	二	一二	
六三	一	〇〇	二	九二	二	三一	三	九〇	四	三二	
四〇	二	六三	一	二一	三	二一	四	〇二	五	五二	
四二	二	一〇	三	七四	三	八五	四	〇一	六	七二	
九三	二	〇二	三	三一	四	三三	五	一四	六	九二	南
八四	二	六二	三	二四	四	五四	五	三三	六	一三	
八三	二	七一	三	五一	四	〇三	五	〇五	五	三三	
二二	二	六五	二	〇五	三	一五	四	九四	四	五三	
二五	一	九一	二	四〇	三	七四	三	三三	三	七三	
二一	一	一三	一	〇〇	二	六二	二	〇一	二	九三	
〇三	〇	八三	〇	二五	〇	〇〇	一	二五	〇	一四	黄道
八〇	〇	〇一	〇	一一	〇	二一	〇	一一	〇	三四	
二四	〇	九四	〇	六五	〇	二〇	一	七五	〇	五四	
六一	一	九二	一	一四	一	一五	一	三四	一	七四	
三四	一	六〇	二	六一	二	二三	二	二二	二	九四	
四〇	二	四二	二	三四	二	三〇	三	七三	三	一五	
八一	二	九三	二	二〇	三	五三	三	一二	三	三五	北
九二	二	三五	二	六一	三	一四	三	四四	〇	五五	
三三	二	六五	二	二二	三	〇五	三	九五	三	七五	
三三	二	四五	二	一二	三	〇五	三	七〇	四	九五	
八二	二	六四	二	四一	三	九三	三	三〇	四	一〇	

① 南圖本此處破損，缺『立』字。

	一〇〇		九六		九二		八八		八四		八〇			自行定度		
	分	度	分	度	分	度	分	度	分	度	分	度		度	小輪心定度	
	八五	〇	七〇	一	八一	一	八二	一	八四	一	七〇	二		一		
	五五	〇	三〇	一	三一	一	四二	一	二四	一	〇〇	二		三		
	九四	〇	五五	〇	〇五	一	五一	一	八二	一	六四	一		五		北
	二四	〇	八四	〇	七五	〇	四〇	一	五一	一	二三	一		七		
	五三	〇	〇四	〇	七四	〇	四五	〇	二〇	一	六一	一		九		
	七二	〇	〇三	〇	五三	〇	一四	〇	六四	〇	七五	〇		一一		
	七一	〇	九一	〇	二二	〇	六二	〇	九二	〇	六三	〇		三一		
黄道	六〇	〇	七〇	〇	八〇	〇	九〇	〇	一一	〇	三一	〇		五一		黄道
	四〇	〇	四〇	〇	五〇	〇	六〇	〇	七〇	〇	九〇	〇		七一		
	四一	〇	五一	〇	八一	〇	二二	〇	六二	〇	一三	〇		九一		
	四二	〇	七二	〇	三三	〇	九三	〇	六四	〇	五五	〇		一二		
	三三	〇	九三	〇	六四	〇	五五	〇	四〇	一	八一	一		三二		
	二四	〇	九四	〇	九五	〇	〇一	一	二二	一	九三	一		五二		
	八四	〇	七五	〇	八〇	一	一二	一	二三	一	六五	一		七二		
	三五	〇	三〇	一	五一	一	八二	一	三四	一	七〇	二		九二		南
	三五	〇	三〇	一	六一	一	九二	一	七四	一	二一	二		一三		
	〇五	〇	〇〇	一	二一	一	三二	一	三四	一	七〇	二		三三		
	四四	〇	四五	〇	三〇	一	四一	一	一三	一	三五	一		五三		
	五三	〇	二四	〇	〇五	〇	七五	〇	一一	一	九二	一		七三		
	三二	〇	七二	〇	二三	〇	七三	〇	六四	〇	八五	〇		九三		
黄道	九〇	〇	一一	〇	三一	〇	六一	〇	九一	〇	四二	〇		一四		黄道
	三〇	〇	四〇	〇	四〇	〇	五〇	〇	六〇	〇	七〇	〇		三四		
	七一	〇	〇二	〇	二二	〇	八二	〇	二三	〇	七三	〇		五四		
	一三	〇	六三	〇	〇四	〇	九四	〇	八五	〇	七〇	一		七四		
	一四	〇	八四	〇	五五	〇	七〇	一	八一	一	一三	一		九四		
	九四	〇	八五	〇	六〇	一	九一	一	二〇	一	九四	一		一五		
	四五	〇	四〇	一	二一	一	八二	一	五四	一	二〇	二		三五		北
	九五	〇	九〇	一	八一	一	二三	一	二五	一	一一	二		五五		
	九五	〇	一一	一	二二	一	二三	一	四五	一	四一	二		七五		
	〇〇	一	〇一	一	一二	一	一三	一	三五	一	二一	二		九五		
	八五	〇	七〇	一	八一	一	八二	一	八四	一	七〇	二		一		

	一二○		一一六		一一二		一○八		一○四		自行定度			
	分	度	分	度	分	度	分	度	分	度		度		
	九三	○	○四	○	三四	○	七四	○	一五	○		一	小輪心定度	
	八三	○	九一	○	二四	○	五四	○	八四	○		三		
	五三	○	六三	○	七三	○	○四	○	三四	○		五		北
	一三	○	一三	○	三三	○	五三	○	八三	○		七		
	七二	○	六二	○	七二	○	九二	○	二三	○		九		
	○二	○	○二	○	一二	○	二二	○	四二	○		一一		
	三一	○	三一	○	三一	○	四一	○	五一	○		三一		
黃道	五○	○	五○	○	五○	○	五○	○	六○	○		五一		黃道
	三○	○	三○	○	三○	○	三○	○	三○	○		七一		
	○一	○	○一	○	○一	○	一一	○	二一	○		九一		
	八一	○	七一	○	八一	○	九一	○	一二	○		一二		
	四二	○	四二	○	五二	○	七二	○	九二	○		三二		
	○三	○	○三	○	一三	○	三三	○	七三	○		五二		
	三三	○	三三	○	五三	○	七三	○	三四	○		七二		
	五三	○	六三	○	八三	○	一四	○	七四	○		九二		南
	四三	○	五三	○	七三	○	○四	○	七四	○		一三		
	一三	○	二三	○	三五	○	九三	○	四四	○		三三		
	七二	○	八二	○	○三	○	四三	○	七三	○		五三		
	○二	○	一二	○	三二	○	六二	○	○三	○		七三		
	三一	○	四一	○	五一	○	七一	○	九一	○		九三		
黃道	五○	○	六○	○	六○	○	七○	○	八○	○		一四		黃道
	二○	○	二○	○	二○	○	三○	○	三○	○		三四		
	○一	○	一一	○	三一	○	三一	○	五一	○		五四		
	八一	○	○二	○	二二	○	三二	○	七二	○		七四		
	五二	○	七三	○	九二	○	二三	○	六三	○		九四		
	二三	○	四三	○	七五	○	八三	○	三四	○		一五		
	五三	○	七三	○	九三	○	二四	○	八四	○		三五		北
	七三	○	○四	○	三四	○	七四	○	二五	○		五五		
	九三	○	一四	○	四四	○	八四	○	三五	○		七五		
	○四	○	二四	○	五二	○	八四	○	三五	○		九五		
	九三	○	○四	○	三四	○	七四	○	一五	○		一○		

金星緯度立成引數自行定度，累加三度。小輪心定度，累加二度。

	二二		○九		○六		○三		初			自行定度		
	分	度	分	度	分	度	分	度	分	度		度	小輪心定度	
	八五	○	七四	○	六三	○	四二	○	三一	○		○		
	九○	一	八五	○	○五	○	八三	○	八二	○		二		
	四一	一	七○	一	八五	○	八四	○	一四	○		四		
	八一	一	三一	一	六○	一	八五	○	九四	○		六		
	○二	一	七一	一	三一	一	六○	一	八五	○		八		
	八一	一	七一	一	五一	一	○一	一	三○	一		○一		
	一一	一	四一	一	四一	一	三一	一	○一	一		二一		
	一○	一	九○	一	一一	一	二一	一	一一	一		四一		
北	七五	○	四○	一	九○	一	一一	一	二一	一		六一		
	八四	○	八五	○	四○	一	九○	一	二一	一		八一		
	六三	○	六四	○	四五	○	二○	一	八○	一		○二		
	四二	○	六三	○	六四	○	四五	○	二○	一		二二		
	○一	○	二二	○	二三	○	四四	○	四五	○		四二		北
黃道	四○	○	八○	○	八一	○	二三	○	三四	○		六二		
	九一	○	七○	○	五○	○	七一	○	八二	○		八二		
	二三	○	一二	○	○一	○	二○	○	三一	○		○三		
	三四	○	三三	○	四二	○	三一	○	○○	○		二三		
	四五	○	六四	○	八三	○	八二	○	七一	○		四三		黃道
南	一○	一	七五	○	一五	○	二四	○	二三	○		六三		
	八○	一	六○	一	二○	一	六五	○	八四	○		八三		
	○一	一	○一	一	九○	一	四○	一	○○	一		○四		
	八○	一	二一	一	三一	一	一一	一	八○	一		二四		
	三○	一	八○	一	一一	一	二一	一	二一	一		四四		
	四五	○	一一	一	六○	一	○一	一	一一	一		六四		
	一四	○	○五	○	一五	○	三○	一	六○	一		八四		南
	四二	○	五○	○	四四	○	六五	○	九五	○		○五		
	八○	○	九一	○	一三	○	○四	○	八四	○		二五		
黃道	一一	○	一○	○	二一	○	四二	○	四三	○		四五		
	八二	○	六一	○	五○	○	八○	○	九一	○		六五		
北	六四	○	四三	○	二二	○	○一	○	二○	○		八五		
	八五	○	七四	○	六三	○	四二	○	三一	○		○六		黃道北

	三〇		二七		二四		二一		一八		一五		自行定度	
	分	度	分	度	分	度	分	度	分	度	分	度	度	小輪心定度
	八五	一	八四	一	九三	一	九二	一	九一	一	九〇	一	〇	
	六五	一	八四	一	二四	一	四三	一	七二	一	八一	一	二	
北	七四	一	二四	一	九三	一	三三	一	六二	一	三二	一	四	
	四三	一	八三	一	一三	一	九二	一	七二	一	三二	一	六	
	九〇	一	七一	一	九一	一	二二	一	二二	一	一二	一	八	
	一〇	一	四〇	一	九〇	一	二一	一	五一	一	八一	一	〇一	
	九一	〇	一四	〇	五四	〇	五五	〇	九五	〇	八〇	一	二一	
黄道	一一	〇	一二	〇	一三	〇	九三	〇	七四	〇	七五	〇	四一	
	〇一	〇	七〇	〇	八一	〇	九二	〇	〇四	〇	一五	〇	六一	
	一二	〇	七〇	〇	三〇	〇	七二	〇	九二	〇	一四	〇	八一	北
	三四	〇	九二	〇	六一	〇	二〇	〇	二一	〇	七二	〇	〇二	
	八五	〇	四四	〇	一三	〇	二二	〇	八〇	〇	六〇	〇	二二	
南	三一	一	九五	〇	六四	〇	一三	〇	七一	〇	一〇	〇	四二	黄道
	四二	一	九〇	一	六五	〇	二四	〇	九二	〇	六一	〇	六二	
	〇三	一	八一	一	八〇	一	六五	〇	四四	〇	一三	〇	八二	
	二三	一	二二	一	三一	一	三〇	〇	三五	〇	三四	〇	〇三	
	〇三	一	二二	一	六一	一	八〇	一	〇〇	一	二五	〇	二三	
	三二	一	九二	一	六一	一	〇一	一	五〇	一	〇〇	一	四三	
	五一	一	三一	一	四一	一	一一	一	九〇	一	六〇	一	六三	
	二〇	一	四〇	一	七〇	一	八〇	一	九〇	一	〇一	一	八三	
	六四	〇	一五	〇	八五	〇	二〇	一	六〇	一	九〇	一	〇四	
黄道	八二	〇	七三	〇	五四	〇	二五	〇	九五	〇	五〇	一	二四	
	九〇	〇	九一	〇	〇三	〇	九三	〇	八四	〇	七五	〇	四四	
	二一	〇	一〇	〇	三一	〇	三二	〇	四三	〇	六四	〇	六四	
	三三	〇	〇二	〇	七〇	〇	六〇	〇	九一	〇	二三	〇	八四	南
	七五	〇	三四	〇	九二	〇	四一	〇	一〇	〇	四一	〇	〇五	
	六一	一	一〇	一	七四	〇	三三	〇	八一	〇	三〇	〇	二五	黄道
北	三三	一	九一	一	六〇	一	一五	〇	七三	〇	三二	〇	四五	
	六四	一	二三	一	一二	一	八〇	一	五五	〇	〇四	〇	六五	
	七五	一	四四	一	四三	一	二二	一	〇一	一	七五	〇	八五	北
	八五	一	八四	一	九三	一	九二	一	九一	一	九〇	一	〇六	

	小輪心定度	自行定度	三三		三六		三九		四二		
		度	度	分	度	分	度	分	度	分	
		○	二	六○	二	五一	二	二二	二	五二	
		二	二	四○	二	六○	二	八二	二	五○	
		四	一	八四	一	九四	一	五四	一	八三	北
		六	一	二三	一	八二	一	二二	一	八○	
		八	○	九五	○	八四	○	七二	○	七一	
		○一	○	一五	○	九三	○	四二	○	三○	黃道
北		二一	○	五三	○	四○	○	七一	○	五四	
黃道		四一	○	七○	○	五二	○	八四	一	七一	
		六一	○	一二	○	一四	一	四○	一	二三	
		八一	○	九三	○	九五	一	二二	一	○五	
		○二	一	一○	一	二二	一	五五	二	三一	
		二二	一	七一	一	七二	一	八五	二	三二	
		四二	一	○三	一	八四	二	七○	二	八二	南
		六二	一	九三	一	五五	二	一一	二	八二	
南		八二	一	二四	一	五五	二	六○	二	五一	
		○三	一	○四	一	九四	一	六五	一	九五	
		二三	一	五三	一	○四	一	二四	一	九三	
		四三	一	四二	一	三二	一	○二	一	二一	
		六三	一	一一	一	七○	○	九五	○	六四	
		八三	○	五五	○	五四	○	三三	○	五一	黃道
		○四	○	七三	○	四二	○	八○	○	五一	
		二四	○	六一	○	一○	○	○二	○	六四	
黃道		四四	○	七○	○	五三	○	六四	一	四一	
		六四	○	九二	○	八四	一	一一	一	○四	
		八四	○	一五	一	三一	一	四三	二	一○	
		○五	一	七一	一	七三	一	九五	二	五二	
北		二五	一	四三	一	四五	二	五一	二	八三	北
		四五	一	○五	二	八○	二	七二	二	六四	
		六五	二	一○	二	五一	二	○三	二	五四	
		八五	二	七○	二	○二	二	二三	二	一四	
		○六	二	六○	二	五一	二	二二	二	五二	

金星緯度立成

	五四		五一		四八		四五		四二			自行定度		
	分	度	分	度	分	度	分	度	分	度		度	小輪心定度	
北	七五	一	七一	二	五二	二	八二	二	五二	二		○		
黃道	○五	○	四二	一	八四	一	○○	二	五○	二		二		
	八一	○	○三	○	四○	一	五二	一	八三	二		四		北
	一三	一	○三	○	四二	○	五四	○	八○	二		六		
	○二	二	三三	一	八三	○	○○	○	七二	○		八		
	一四	三	八五	一	四○	一	四二	○	三○	○		○一		黃道
	○三	四	一一	三	七○	二	○二	一	五四	○		二一		
	九○	五	二五	三	六四	二	六五	一	七一	一		四一		
	○○	五	八四	三	一五	二	六○	二	二三	一		六一		
南	八○	五	八二	四	七○	三	四二	二	○五	一		八一		
	四三	四	二一	四	三二	三	九五	二	三一	二		○二		
	一五	四	二二	四	八三	三	三五	二	三二	二		二二		
	九一	四	七五	三	六二	三	二五	二	八二	二		四二		南
	三○	三	八一	三	三○	三	四四	二	八二	二		六二		
	○三	二	四三	二	二三	二	六二	二	五一	二		八二		
	一三	一	一五	一	九五	一	二○	二	九五	一		○三		
黃道	九二	○	三○	一	三二	一	五三	一	九三	一		二三		
	二四	○	七○	○	九三	○	九五	○	二一	一		四三		
	三四	一	四四	○	三○	○	六二	○	六四	○		六三		
	五四	二	七三	一	一五	○	一一	○	五一	○		八三		黃道
	四三	三	一二	二	五二	一	四四	○	五一	○		○四		
	六一	四	一○	三	二○	二	八五	一	六四	○		二四		
	六四	四	三三	三	三三	二	六四	一	四一	一		四四		
	三○	五	四五	三	七五	二	四一	二	○四	一		六四		
北	○一	五	九○	四	四一	三	五三	○	一○	二		八四		
	四一	五	二二	四	四三	三	七五	二	五二	二		○五		
	八五	四	八一	四	八三	三	六○	三	八三	二		二五		北
	七二二	四	八五	三	二三	三	八○	三	六四	二		四五		
	四四	四	四三	三	七一	三	二○	三	五四	二		六五		
	○五	二	三○	三	七五	二	一五	二	一四	二		八五		
	七五	一	七一	二	五二	二	八二	二	五二	二		○六		

南　道黃　北

右側：北　黃道　南　黃道　北

左側：南　黃道　北　黃道　南

六九		六六		六三		六一		五七		自行定度	
分	度	分	度	分	度	分	度	分	度		度
一五	一	一三	一	九四	○	三一	○	五一	一		○
七三	二	一三	二	七○	二	九一	一	七○	○		二
二一	三	三二	三	七一	三	三四	二	八二	一		四
三四	三	九○	四	一二	四	七○	四	一五	二		六
九一	四	七五	四	三二	五	○○	五	○四	三		八
三三	四	三二	五	五○	六	一○	六	五三	四		○一
七○	四	八○	五	九○	六	○五	六	七四	五		二一
四五	三	三○	五	五一	六	一一	七	○三	六		四一
四○	四	二二	六	九三	六	五一	七	七一	六		六一
四三	三	三五	四	七一	六	三○	七	六一	六		八一
二四	二	八二	三	二五	四	九二	六	○○	六		○二
八四	一	二○	三	六二	四	四二	五	七二	五		二二
○四	○	五二	一	二四	二	八○	四	四三	四		四二
九二	○	○二	○	七二	一	八四	二	五二	三		六二
九二	一	八四	○	七○	○	三一	一	三○	二		八二
七一	二	七五	一	五一	一	三一	○	九四	○		○三
二○	三	六五	二	九二	二	八三	一	六二	○		二三
四四	三	四五	三	七四	三	九○	三	九四	一		四三
五一	四	一四	四	二五	四	六二	四	六○	三		六三
二三	四	四一	五	五四	五	○三	五	六○	四		八三
○四	四	五三	五	一二	六	一二	六	八五	四		○四
六三	四	一四	五	三四	六	八五	六	一四	五		二四
○二	四	四三	五	六四	六	三一	七	六○	六		四四
二五	三	○一	五	九二	六	九○	七	五一	六		六四
六一	三	一三	四	○○	六	○五	六	二一	六		八四
一三	二	九四	三	八○	五	一二	六	九五	五		○五
五四	一	六五	二	三二	四	三三	五	三○	五		二五
八四	○	九四	一	八○	三	四二	四	九三	四		四五
八○	○	○四	○	○五	一	五○	三	八三	三		六五
○○	一	四五	○	二三	○	四四	一	四三	二		八五
一五	一	○三	一	九四	○	三一	○	五一	一		○六

小輪心定度

南　道黃　北

	八四		八一		七八		七五		七二		自行定度		
	分	度	分	度	分	度	分	度	分	度	度		
	九四	一	六〇	一	九五	一	二〇	二	九五	一	〇	小輪心定度	
	四五	一	六〇	二	五一	二	五二	二	一三	二	二		
	三五	一	八〇	二	三二	二	〇四	二	六五	二	四		
	〇五	一	八〇	二	八二	二	〇五	三	四一	三	六		
	七四	一	二〇	二	五三	二	四五	二	八三	三	八		
南	七三	一	〇〇	二	九二	二	三〇	三	三四	三	〇一		南
	九〇	一	一三	一	九五	一	三三	二	四一	三	二一		
	八四	〇	〇一	一	〇四	一	四一	二	七五	二	四一		
	四三	〇	七五	〇	九二	一	六〇	二	七五	二	六一		
黄道	二〇	〇	三三	〇	三〇	一	九三	一	八二	二	八一		
	四二	〇	七〇	〇	九〇	〇	三五	〇	九三	一	〇二		
	二五	〇	四四	〇	五一	〇	二一	〇	二五	〇	二二		
	三二	一	七一	一	八五	〇	八三	〇	六〇	〇	四二		黄道
	四四	一	〇四	一	一三	一	一二	一	一〇	一	六二		
	五〇	二	八〇	二	五〇	二	一〇	二	九四	一	八二		
	五一	二	二二	二	五二	二	八二	二	五二	二	〇三		
	一二	二	二三	二	一四	二	二五	二	八五	二	二三		
北	八一	二	三三	二	〇五	二	六〇	三	三二	三	四三		
	〇一	二	〇三	二	二五	二	六一	三	四四	三	六三		
	四五	一	七一	二	三四	二	三一	三	八四	三	八三		
	六三	〇	一〇	二	一三	二	四〇	三	七四	三	〇四		北
	五一	一	〇四	一	一一	二	六四	二	六三	三	二四		
	〇五	〇	五一	一	七四	一	五二	二	五一	三	四四		
黄道	五二	〇	八四	〇	八一	一	五五	一	六四	二	六四		
	一〇	〇	〇二	〇	八四	〇	二二	一	一一	二	八四		
	七二	〇	一一	〇	五一	〇	七四	〇	〇三	一	〇五		
	七四	〇	六三	〇	四一	〇	二一	〇	〇五	〇	二五		
	九〇	一	〇〇	一	七四	〇	六二	〇	四〇	〇	四五		黄道
南	六二	一	三二	一	六一	一	三〇	一	一四	〇	六五		
	九三	一	二四	一	九一	一	四三	一	二二	一	八五		南
	九四	一	七五	一	九五	一	二〇	二	九五	一	〇六		

金星緯度立成

	九九		九六		九三		九〇		八七		八四		八一		自行定度			
	分	度	分	度	分	度	分	度	分	度	分	度	分	度		度		
	三〇	一	三一	一	二二	一	二三	一	〇四	一	九四	一	六五	一		〇		
	六五	〇	八〇	一	八一	一	〇三	一	一四	一	四五	一	六〇	二		二		
南	五四	〇	〇〇	一	〇一	一	四二	一	九三	一	三五	一	八〇	二		四		
	六三	〇	八四	〇	二〇	一	六一	一	二三	一	〇五	一	八〇	二		六	小輪心定度	
	五二	一	八三	〇	三五	〇	八〇	一	七二	一	七四	一	二〇	二		八		南
	四一	〇	六二	〇	〇四	〇	五五	〇	五一	一	七三	一	〇〇	二		〇一		
黃道	九〇	〇	四〇	〇	七一	〇	一三	〇	八四	〇	九〇	一	一三	二		二一		
	三二	〇	三一	〇	一〇	〇	二一	〇	九二	〇	八四	〇	〇一	一		四一		
	四三	〇	五二	〇	四一	〇	三〇	〇	四二	〇	四三	〇	七五	〇		六一		
	七四	〇	〇四	〇	一三	〇	四二	〇	七〇	〇	二〇	〇	三三	〇		八一		
	八〇	一	四〇	一	二五	〇	八四	〇	八三	〇	四二	〇	七〇	〇		〇二		黃道
	七一	一	六一	一	二一	一	一一	一	二〇	一	二五	〇	四四	〇		二二		
	九二	一	二三	一	〇三	一	三三	一	九二	一	三二	一	七一	一		四二		北
	二三	一	七三	一	一四	一	六四	一	六四	一	四四	一	〇四	一		六二		
	三三	一	一四	一	八四	一	七五	一	一〇	二	五〇	二	八〇	二		八二		
北	九二	一	九三	一	八四	一	八五	一	六〇	一	五一	二	二二	二		〇三		
	二二	一	五三	一	四四	一	六五	一	八〇	一	一二	二	二三	二		二三		
	八〇	一	一二	一	二三	一	七四	一	二〇	一	八一	二	三三	二		四三		
	三五	〇	六〇	一	九一	一	五三	一	二五	一	〇一	二	〇三	二		六三		
	二三	〇	七四	〇	〇〇	一	五一	一	四三	一	四五	一	七一	二		八三		
	三一	〇	九二	〇	一四	〇	六五	〇	六一	一	六三	一	一〇	二		〇四		
黃道	六〇	〇	六〇	〇	五一	〇	三三	〇	三五	〇	五一	一	〇四	一		二四		
	四二	〇	三一	〇	二〇	〇	一一	〇	〇三	〇	〇五	〇	五一	一		四四		
	九三	〇	一三	〇	一二	〇	一一	〇	七〇	〇	五二	〇	八四	〇		六四		
	二五	〇	六四	〇	八三	〇	一三	〇	六一	〇	一〇	〇	〇二	〇		八四		
	三〇	一	九五	〇	五五	〇	一五	〇	九三	〇	七二	〇	一一	〇		〇五		黃道
南	九〇	一	八〇	一	六〇	一	四〇	一	七五	〇	七四	〇	六三	〇		二五		
	一一	一	三一	一	五一	一	七一	一	三一	一	九	一	〇〇	一		四五		
	一一	一	〇二	一	〇二	一	五二	一	五二	一	六二	一	三二	一		六五		南
	八〇	一	六一	一	二二	一	〇三	一	四三	一	九三	一	二四	一		八五		
	三〇	一	三一	一	二二	一	二三	一	〇四	一	九四	一	六五	一		〇六		

北　道黄　南

小輪心定度

一二〇		一一七		一一四		一一一		一〇八		一〇五		一〇二		自行定度	
分	度	分	度	分	度	分	度	分	度	分	度	分	度		度
三一	○	二○	○	一一	○	一二	○	二三	○	二四	○	三五	○		○
八一	○	六一	○	四○	○	七○	○	九一	○	一三	○	四四	○		二
一四	○	九二	○	八一	○	六○	○	六○	○	八一	○	三三	○		四
九四	○	九三	○	九二	○	六一	○	四○	○	九○	○	三二	○		六
八五	○	九四	○	一四	○	九二	○	八一	○	四○	○	一一	○		八
三○	一	七五	○	九四	○	九三	○	八二	○	五一	○	一○	○		○一
○一	一	五○	一	八五	○	二五	○	二四	○	二三	○	一二	○		二一
一一	一	九○	一	六○	一	一○	一	三五	○	六四	○	六四	○		四一
二一	一	二一	一	○一	一	七○	一	一○	一	四五	○	四四	○		六一
二一	一	三一	一	三一	一	一一	一	八○	一	三○	一	五五	○		八一
八○	一	三一	一	六一	一	七一	一	五一	一	三一	一	九○	一		○二
二○	一	八○	一	三一	一	七一	一	八一	一	一二	一	八一	一		二二
四五	○	二○	一	九○	一	五一	一	一二	一	六二	一	六二	一		四二
三四	○	二五	○	二○	一	九○	一	六一	一	三二	一	八二	一		六二
八二	○	九三	○	○五	○	○○	一	九○	一	七一	一	五二	一		八二
三一	○	四二	○	六二	○	七四	○	八五	○	九○	一	九一	一		○三
○○	○	○一	○	二二	○	三三	○	五四	○	八五	○	○一	一		二三
七一	○	八○	○	四○	○	五一	○	八二	○	一四	○	○五	○		四三
二三	○	四二	○	三一	○	一○	○	一一	○	四二	○	九三	○		六三
八四	○	一四	○	一三	○	一二	○	九○	○	四○	○	八一	○		八三
○○	一	三五	○	五四	○	七三	○	六二	○	六○	○	一○	○		○四
八○	一	四○	一	八五	○	一五	○	二四	○	二三	○	九一	○		二四
二一	一	○一	一	六○	一	二○	一	五五	○	六四	○	四三	○		四四
一一	一	二一	一	一○	一	八○	一	三○	一	七五	○	七四	○		六四
六○	一	○一	一	二一	一	一一	一	八○	一	五○	一	八五	○		八四
九五	○	三○	一	八○	一	九○	一	○一	一	九○	一	五○	一		○五
八四	○	五五	○	一○	一	六○	一	八○	一	○一	一	九○	一		二五
四三	○	一四	○	○五	○	七五	○	二○	一	七○	一	九○	一		四五
九一	○	七二	○	七三	○	六四	○	三五	○	一○	一	五○	一		六五
二○	○	二一	○	四二	○	三三	○	三四	○	二五	○	○○	一		八五
三一	○	○○	○	○一	○	一二	○	二三	○	三四	○	三五	○		○六

右：南　黄道　北　黄道　南

左：北　黄道　南　黄道　北

道黄　南

水星緯度立成引數，法同金星。

	一二		〇九		〇六		〇三		初		自行定度（小輪心定度）	
	分	度	分	度	分	度	分	度	分	度	度	
	五四	一	九二	一	五一	一	九五	〇	五四	〇	〇	
	八五	一	四四	一	一三	一	六一	一	二〇	一	二	
	六〇	二	六五	一	二四	一	〇三	一	六一	一	四	
	九〇	二	〇〇	二	〇五	一	九三	一	七二	一	六	
	六〇	二	一〇	二	四五	一	四四	一	五三	一	八	
	〇〇	二	八五	一	三五	一	六四	一	八三	一	〇一	
南	三五	一	四五	〇	二五	一	八四	一	四四	一	二一	
	〇四	一	六四	一	七四	一	六四	一	四四	一	四一	
	〇三	一	九三	一	二四	一	四四	一	五四	一	六一	
	六一	一	九二	一	五三	一	二四	一	六四	一	八一	
	八五	〇	四一	一	五二	一	六三	一	五四	一	〇二	
	五四	〇	三〇	一	七一	一	一三	一	一四	一	二二	
	九二	〇	八四	〇	五〇	一	一二	一	一二	一	四二	南
黃道	〇一	〇	二三	〇	九四	〇	六〇	一	三二	一	六二	
	八〇	〇	三一	〇	二三	〇	〇五	〇	七〇	一	八二	
	五一	〇	一〇	〇	五一	〇	一三	〇	五四	〇	〇三	
	四三	〇	〇二	〇	七〇	〇	八〇	〇	一二	〇	二三	黃道
	三五	〇	三四	〇	〇三	〇	七一	〇	五〇	〇	四三	
	三一	一	六〇	一	六五	〇	五四	〇	五三	〇	六三	
	七二	一	三二	一	六一	一	八〇	一	九五	〇	八三	
北	六三	一	六三	一	二三	一	七二	一	一二	一	〇四	
	九三	一	三四	一	二四	一	〇四	一	六三	一	二四	
	四三	一	一四	一	三四	一	五四	一	四四	一	四四	北
	八一	一	九二	一	三三	一	九三	一	一四	一	六四	
	五五	〇	九〇	一	七一	一	六二	一	二三	一	八四	
	八二	〇	五四	〇	七五	〇	八〇	一	八一	一	〇五	
黃道	四〇	〇	五一	〇	九二	〇	四四	〇	五五	〇	二五	
	〇四	〇	〇二	〇	一〇	〇	四一	〇	〇三	〇	四五	
	九〇	一	八四	〇	〇三	〇	二一	〇	四〇	〇	六五	黃道
南	九三	一	八一	一	〇〇	一	一四	〇	四二	〇	八五	
	九五	一	九三	一	一三	一	三〇	一	五四	〇	〇六	南

	三〇		二七		二四		二一		一八		一五		自行定度			
	分	度	分	度	分	度	分	度	分	度	分	度		度	小輪心定度	
	一五	二	二四	二	一三	二	二二	二	〇一	二	八五	一		〇		
	七四	二	二四	二	四三	二	九二	二	〇二	二	〇一	二		二		
	六三	二	三三	二	〇三	二	八二	二	四二	二	五一	二		四		
南	七一	二	〇二	二	一二	二	一二	二	一二	二	四一	二		六		
	一五	一	七五	一	四〇	二	九〇	二	一一	二	八〇	二		八		
	八二	一	七三	一	七四	一	三五	一	〇〇	二	九五	一		〇一		南
	七五	〇	〇一	一	三二	一	五三	一	五四	一	八四	一		二一		
	七二	〇	四四	〇	九五	〇	四一	一	七二	一	四三	一		四一		
黄道	〇〇	〇	〇二	〇	八三	〇	四五	〇	九〇	一	〇二	一		六一		
	七二	〇	六〇	〇	五一	〇	二三	〇	一五	〇	四〇	一		八一		
	六五	〇	四三	〇	二一	〇	七〇	〇	六二	〇	二四	〇		〇二		
	三一	一	二五	〇	〇三	〇	一一	〇	一一	〇	八二	〇		二二		
	〇三	一	九〇	一	八四	〇	九二	〇	八〇	〇	一一	〇		四二		
	八三	一	一二	一	一〇	一	五四	〇	五二	〇	七〇	〇		六二		黄道
	五四	一	〇三	一	四一	一	九四	〇	一四	〇	四二	〇		八二		
北	一二	一	二一	一	一〇	一	二五	〇	〇四	〇	八二	〇		〇三		
	〇二	一	六一	一	八〇	一	四〇	一	六五	〇	五四	〇		二三		
	八一	一	七一	一	六一	一	三一	一	〇一	一	二〇	一		四三		
	一一	一	六一	一	八一	一	一二	一	二二	一	八一	一		六三		
	三〇	一	一一	一	九一	一	五二	一	九二	一	八二	一		八三		北
	二五	〇	五〇	一	六一	一	五二	一	二三	一	四三	一		〇四		
	四三	〇	九四	〇	五〇	一	六一	一	八二	一	四三	一		二四		
黄道	三一	〇	〇三	〇	八四	〇	三〇	一	七一	一	六二	一		四四		
	九一	〇	二〇	〇	一二	〇	八三	〇	五五	〇	七〇	一		六四		
	四五	〇	二三	〇	一一	〇	七〇	〇	六二	〇	一四	〇		八四		
	二五	一	八二	一	六〇	一	五二	〇	五〇	〇	二一	〇		〇五		黄道
	一〇	二	〇四	一	九一	一	〇〇	一	九三	〇	一二	〇		二五		
南	六三	二	五一	二	四五	一	七三	一	六一	一	七五	〇		四五		
	七五	二	九三	二	〇二	二	四〇	二	四四	一	六二	一		六五		
	四一	三	〇〇	三	四四	二	〇三	二	二一	二	六五	一		八五		南
	九一	三	八〇	三	五五	二	四四	二	九二	二	四一	二		〇六		

	自行定度 度	三三 度	三三 分	三六 度	三六 分	三九 度	三九 分	四二 度	四二 分	
小輪心定度	○	二	七五	二	九五	三	○○	二	六五	
	二	二	九四	二	七四	二	三四	二	五三	
	四	二	三三	二	五二	二	六一	二	二○	南
南	六	二	○一	一	九五	一	五四	一	七二	
	八	一	八三	一	三二	一	五○	○	三四	
	○一	一	一一	○	二五	○	一三	○	五○	黃道
	二一	○	八三	○	五一	○	七○	○	六三	
	四一	○	五○	○	八一	○	五四	一	二一	
黃道	六一	○	二二	○	七四	一	四一	一	二四	
	八一	○	○五	一	五一	一	一四	二	八○	
	○二	一	○二	一	三四	二	七○	二	二三	
	二二	一	六三	一	七五	二	九一	二	九三	
	四二	一	○五	二	八○	二	五二	二	○四	北
	六二	一	五五	二	八○	二	○二	二	○三	
	八二	一	八五	二	四○	二	三一	二	六一	
北	○三	一	六二	一	九二	一	○三	一	六二	
	二三	一	一二	一	八一	一	三一	一	五○	
	四三	一	四一	一	七○	○	五五	○	一四	
	六三	一	一○	○	九四	○	四三	○	四一	黃道
	八三	○	九四	○	二三	○	三一	○	一一	
	○四	○	五三	○	五一	○	八○	○	七三	
	二四	○	五一	○	八○	○	五三	一	二○	
	四四	○	○一	○	五三	一	·○		○二	
黃道	六四	○	二四	一	六○	一	三三	二	一○	
	八四	一	八一	一	一四	二	七○	二	四三	
	○五	一	二五	二	五一	二	八三	三	一○	南
	二五	二	四二	二	四四	三	三○	三	二二	
南	四五	二	四五	三	二一	三	七二	三	○四	
	六五	三	二一	三	四二	三	五三	三	四四	
	八五	三	六二	三	三三	三	九三	三	二四	
	○六	三	七二	三	九二	三	○三	三	六二	

水星緯度立成

	五四		五一		四八		四五		四二		自行定度		
	分	度	分	度	分	度	分	度	分	度	度	小輪心定度	
南	八四	一	三一	二	三三	二	七四	二	六五	二	○		
	八○	一	八三	一	一○	二	○二	二	五三	二	二		南
黃道	六一	○	八四	○	八一	一	五五	一	二○	二	四		
	三三	○	二○	○	四三	○	四○	一	七二	一	六		
	七二	一	○五	○	七一	○	六一	○	三四	○	八		
	八○	二	一三	一	七五	○	五二	○	五○	○	○一		
	九四	二	五一	二	一四	一	八○	一	六三	○	二一		黃道
	八一	三	七四	二	六一	二	四四	一	二一	一	四一		
	八三	三	一一	三	三四	二	三一	二	二四	一	六一		
北	五四	三	四二	三	二○	三	三六	二	八○	二	八一		
	一四	三	八二	三	四一	三	五五	二	二三	二	○二		
	○二	三	六一	三	○一	三	七五	二	九二	二	二二		
	一五	二	七五	二	八五	二	二五	二	○四	二	四二		北
	七○	二	二二	二	○三	二	三四	二	○三	二	六二		
	七一	一	六四	一	二○	二	二一	二	六一	二	八二		
黃道	八一	○	三四	○	三○	一	七一	一	六二	一	○三		
	七二	○	三○	○	○三	○	九四	○	五○	一	二三		
	八○	一	五三	○	五○	○	一二	○	一四	○	四三		
	○五	一	五一	一	一四	○	一一	○	四一	○	六三		
	二二	二	五四	一	二一	一	九三	○	一一	○	八三		黃道
	九四	二	二一	二	八三	一	五○	一	七三	○	○四		
	四一	三	○四	二	八○	二	四三	一	二○	一	二四		
	二三	三	四○	三	三三	二	一○	二	○三	一	四四		
南	六四	三	一二	三	七五	二	○三	二	一○	二	六四		
	八五	三	一四	三	二二	三	○○	三	四三	二	八四		
	二○	四	二五	三	九二	三	三二	三	一○	三	○五		南
	五五	三	四五	三	九四	三	八三	三	二二	三	二五		
	○四	三	九四	三	三五	三	九四	三	○四	三	四五		
	六一	三	三三	三	二四	三	七四	三	四四	三	六五		
	二四	二	七○	三	五二	三	七三	三	二四	三	八五		
	二○	二	三三	二	七五	二	五一	三	六二	三	○六		

北　　道黄　　南

	七二		六九		六六		六三		六〇		五七		自行定度		
	分	度	分	度	分	度	分	度	分	度	分	度		度	小輪心定度	
	三〇	一	三四	〇	八一	〇	三一	〇	五四	〇	七一	一		〇		南
	二三	一	八一	一	八五	〇	一三	〇	一〇	〇	四三	〇		二		
	五〇	二	七五	一	二四	一	〇二	一	二五	〇	九一	〇		四		黄道
	一三	二	一三	二	一二	二	三〇	二	八三	一	八〇	一		六		
	四五	二	一〇	三	九五	二	八四	二	八二	二	九五	一		八		
北	〇一	三	三二	三	六二	三	一二	三	五〇	三	〇四	二		〇一		
	二一	三	三三	三	四四	三	七四	三	八三	三	六一	三		二一		
	五〇	三	三三	三	一五	三	九五	三	七五	三	二四	三		四一		
	八四	二	一二	三	三四	三	〇〇	四	四〇	四	五五	三		六一		
	四一	二	〇五	二	九一	三	三四	三	四五	三	四五	三		八一		北
	五二	一	四〇	二	九三	二	〇一	三	〇三	三	二四	三		〇二		
黄道	四三	〇	三一	一	〇五	一	六三	二	三五	二	二一	三		二二		
	三二	〇	六一	〇	六五	〇	五三	一	七〇	二	五三	二		四二		
	一二	一	五四	〇	八〇	〇	三三	〇	〇一	一	二四	二		六二		
	二一	二	二四	一	八〇	一	七二	〇	二一	〇	〇五	〇		八二		
	三三	二	三一	二	八四	一	七一	一	五四	〇	三一	〇		〇三		黄道
	四〇	三	一五	二	一三	二	五〇	二	三三	一	〇〇	一		二三		
	五二	三	八一	三	三〇	三	二四	二	五一	二	三四	一		四三		
	五三	三	八三	三	二三	三	六一	三	三五	二	四二	二		六三		
南	七三	三	七四	三	八四	三	〇四	三	〇二	三	四五	二		八三		
	一三	三	九四	三	六五	三	四五	三	一四	三	九一	三		〇四		
	九一	三	三四	三	七五	三	四〇	四	七五	三	九三	三		二四		
	三〇	三	一三	三	五三	三	六五	四	三〇	四	三五	三		四四		
	四三	二	〇一	三	五三	三	六五	三	三〇	四	〇〇	四		六四		
	五〇	二	四四	二	六一	三	三四	三	八五	三	三〇	四		八四		南
	六三	一	四二	二	〇五	二	三二	三	六四	三	〇〇	四		〇五		
	〇〇	一	八三	一	七一	二	四五	二	二二	三	三四	三		二五		
黄道	〇二	〇	八五	一	六三	一	六一	二	一五	二	四二	三		四五		
	三一	〇	一二	〇	九五	〇	九三	一	七一	二	〇五	二		六五		
	三五	〇	四二	〇	一一	〇	一五	〇	一三	一	八〇	二		八五		
北	七二	一	三〇	一	二三	〇	五〇	〇	五四	〇	五二	一		〇六		

北　　道黄　　南

	八四		八一		七八		七五		自行定度			
	分	度	分	度	分	度	分	度		度	小輪心定度	
	九二	一	○三	一	六二	一	七一	一		○		
	八三	一	一四	一	五四	一	一四	一		二		
	六四	一	七五	一	五○	二	八○	二		四		
	五○	一	五○	二	八一	二	七二	二		六		
	九四	一	八○	二	七二	二	二四	二		八		北
	八四	一	○一	二	三三	二	三五	二		○一		
北	二三	一	七五	一	五二	二	○五	二		二一		
	三一	一	一四	一	九○	二	九三	二		四一		
	八四	○	六一	一	六四	一	七一	二		六一		
黄道	○一	○	七三	○	八○	一	一四	一		八一		
	八三	○	四一	○	六一	○	九四	○		○二		
	三二	一	○○	一	四三	○	二○	○		二二		黄道
	四○	二	七四	一	五二	一	五五	○		四二		
	二四	二	一三	二	五一	二	一五	一		六二		
	一一	三	六○	三	五五	二	七三	二		八二		
南	九五	二	○○	三	六五	二	八四	二		○三		
	六○	三	二一	三	四一	三	二一	三		二三		
	一○	三	二一	三	○二	三	四二	三		四三		
	六四	二	二○	三	七一	三	九四	三		六三		
	五二	二	六四	二	八○	三	四二	三		八三		南
	一○	二	五二	二	○五	二	三一	三		○四		
	三三	一	○○	二	七二	二	五五	二		二四		
	○四	一	二三	一	二○	二	五三	二		四四		
	二三	○	○○	一	○三	一	三○	二		六四		
黄道	二○	○	八二	○	八五	○	一三	一		八四		
	八二	○	三○	○	五二	○	八五	○		○五		
	○五	○	一三	○	六○	○	四二	○		二五		
	七一	○	二○	一	○四	○	二一	○		四五		黄道
	一三	○	一二	一	五○	一	二四	○		六五		
北	八四	○	四四	一	三三	一	七一	一		八五		北
	九五	一	○○	一	六五	一	五四	一		○六		

水星緯度立成

	九三		九〇		八七		八四		八一			自行定度	小輪心定度	
	分	度	分	度	分	度	分	度	分	度		度		
	二一	一	一二	一	七二	一	九二	一	〇三	一		〇		
	〇一	一	八二	一	二三	一	八三	一	一四	一		二		
南	四〇	一	一二	一	四三	一	六四	一	七五	一		四		
	九五	〇	八一	一	五三	一	〇五	一	五〇	二		六		北
	八四	〇	〇一	一	九二	一	九四	一	八〇	二		八		
	一四	〇	四〇	一	五二	一	八四	一	〇一	二		〇一		
	一二	〇	五四	〇	八〇	一	二三	一	七五	一		二一		
黄道	一〇	〇	四二	〇	七四	〇	三一	一	一四	一		四一		
	三二	〇	一〇	〇	二二	〇	八四	〇	六一	一		六一		
	三五	〇	六三	〇	四一	〇	〇一	〇	七三	〇		八一		
	一三	一	七一	一	〇〇	一	八三	〇	四一	〇		〇二		黄道
	三〇	二	三五	一	二四	一	三二	一	〇〇	一		二二		
	二三	二	九二	二	九一	二	四〇	二	七四	一		四二		南
	三五	二	五五	二	二五	二	二四	二	一三	二		六二		
北	七〇	三	三一	三	五一	三	一一	三	六〇	三		八二		
	二四	二	一五	二	七五	二	九五	二	〇〇	三		〇三		
	五三	二	八四	二	八五	二	六〇	三	二一	三		二三		
	七一	二	三三	二	八四	二	一〇	三	二一	三		四三		
	〇五	一	九〇	二	八二	二	六四	二	二〇	三		六三		
	二二	一	三四	一	四〇	二	五二	二	六四	二		八三		
	二五	〇	四一	一	八三	一	一〇	二	五二	二		〇四		
黄道	〇二	〇	三四	〇	八〇	一	三三	一	〇〇	二		二四		
	七〇	〇	五一	〇	八三	〇	〇四	一	二三	二		四四		
	五三	〇	六一	〇	六〇	〇	二三	〇	〇〇	二		六四		
	八五	〇	二四	〇	二二	〇	二〇	〇	八二	〇		八四		
	七一	一	五〇	〇	八四	〇	八二	〇	三〇	〇		〇五		黄道
南	八二	一	〇二	〇	九〇	一	〇五	〇	一三	〇		二五		
	九三	一	七三	〇	〇三	一	七一	一	二〇	一		四五		北
	〇四	一	二四	一	九三	一	一三	一	一二	一		六五		
	一四	一	九四	一	〇五	一	八四	一	四四	一		八五		
	八三	一	九四	一	七五	一	九五	一	〇〇	二		〇六		

南 道黃 北

百一二		百〇八		百〇五		百〇二		九九		九六		自行定度	
分	度	分	度	分	度	分	度	分	度	分	度		度
一〇	〇	五一	〇	八二	〇	〇四	〇	二五	〇	一〇	一		〇
八一	〇	〇〇	〇	四一	〇	八二	〇	三四	〇	五五	〇		二
三三	〇	五一	〇	一〇	〇	七一	〇	三三	〇	八四	〇		四
五四	〇	七二	〇	一一	〇	五〇	〇	七二	〇	一四	〇		六
八五	〇	一四	〇	六二	〇	〇一	〇	九〇	〇	九二	〇		八
六〇	〇	〇五	〇	六三	〇	九一	〇	〇〇	〇	一二	〇		〇一
九一	〇	五〇	一	二五	〇	七三	〇	九一	〇	一〇	〇		二一
八二	一	八一	一	七〇	一	四五	〇	六三	〇	八一	〇		四一
九三	一	一三	一	二二	一	二一	一	七五	〇	〇四	〇		六一
五〇	一	六四	一	〇四	一	四三	一	二二	一	九〇	一		八一
三〇	二	三〇	二	二〇	二	九五	一	二五	一	一四	一		〇二
〇一	二	五一	二	七一	二	九一	二	五一	二	一〇	二		二二
二一	二	二二	二	八二	二	五三	二	五三	二	四三	二		四二
七〇	二	一二	二	一三	二	一四	二	六四	二	〇五	二		六二
七五	一	五一	二	七二	二	〇四	二	一五	二	八五	二		八二
九二	一	五四	一	八五	一	〇一	二	二二	二	一三	二		〇三
六〇	一	四二	一	八三	一	三五	一	八〇	二	〇二	二		二三
九三	〇	六五	〇	三一	一	七二	一	四四	一	〇〇	二		四三
五〇	〇	二二	〇	〇四	〇	五五	〇	三一	一	一三	二		六三
五二	〇	八〇	〇	八〇	〇	四二	〇	二四	〇	二〇	一		八三
三五	〇	八三	〇	三二	〇	七〇	〇	一一	〇	二三	〇		〇四
五一	一	二〇	一	九四	〇	七三	〇	八一	〇	〇〇	〇		二四
一三	一	〇二	一	二一	一	〇〇	一	三四	〇	六二	〇		四四
〇四	一	五三	一	七二	一	九一	一	五〇	一	〇五	〇		六四
三四	一	〇四	一	七三	一	三三	一	三二	一	一一	〇		八四
〇四	一	二四	一	二四	一	一四	一	五三	一	六二	一		〇五
七二	一	二三	一	六三	一	九三	一	七三	一	三三	一		二五
〇一	一	〇二	一	八二	一	六三	一	九三	一	九三	一		四五
〇五	〇	四〇	一	五一	一	五二	一	一三	一	六三	一		六五
八二	〇	六四	〇	九五	〇	三一	一	四二	一	二三	一		八五
九〇	〇	九二	〇	四四	〇	九五	〇	四一	一	五二	一		〇六

小輪心定度

南 黃道 北

北 黃道 南 黃道 北

道黃 北

	自行定度		百一四		百一七		百二〇		
	度		度	分	度	分	度	分	
	〇	小輪心定度	〇	五一	〇	一三	〇	五四	
	二		〇	一三	〇	八四	一	二〇	
	四		〇	八四	一	三〇	一	六一	
	六		一	〇〇	一	四一	一	七二	
	八		一	二一	一	二五	一	五三	
	〇一		一	九一	一	〇三	一	八三	
	二一		一	九二	一	七三	一	四四	
南	四一		一	六三	一	一四	一	四四	
	六一		一	四四	一	六四	一	六四	
	八一		一	二五	一	〇五	一	六四	
	〇二		二	〇〇	一	二五	一	五四	南
	二二		二	〇二	一	二五	一	一四	
	四二		二	〇一	一	八四	一	六三	
	六二		一	三五	一	八三	一	三二	
	八二		一	一四	一	四二	一	七〇	
	〇三		一	五一	〇	九五	〇	五四	
	二三		〇	一五	〇	六三	〇	一二	黄道
	四三		〇	四二	〇	九〇	〇	五〇	
黄道	六三		〇	九〇	〇	三二	〇	五三	
	八三		〇	七三	〇	九四	〇	九五	
	〇四		一	三〇	一	二一	一	一二	
	二四		一	五二	一	一三	一	六三	
	四四		一	八三	一	二四	一	四四	
	六四		一	三四	一	二四	一	一四	北
北	八四		一	二四	一	七三	一	二三	
	〇五		一	五三	一	七二	一	八一	
	二五		一	八一	一	七〇	〇	五五	
	四五		〇	八五	〇	三四	〇	〇三	
	六五		〇	六三	〇	九一	〇	四〇	黄道
	八五		〇	八一	〇	七〇	〇	四二	
黄道	〇六		〇	九〇	〇	七二	〇	五四	南

南

太陰黃道南北緯度立成月離計都宮度爲引數，原本引數宮縱列，首行度橫列上行，初、一、二北加宮，六、七、八南加宮，作一立成；三、四、五北減宮，九、十、十一南減宮，作一立成。內有加減分，今于前求法，用兩度相減①，去加減分，約作一立成②。

月離計都	初宮北 六宮南 加			一宮北 七宮南 加			二宮北 八宮南 加			三宮北 九宮南 減			四宮北 十宮南 減			五宮北 十一宮南 減		
度	度	分	秒	度	分	秒	度	分	秒	度	分	秒	度	分	秒	度	分	秒
○	○○	○○	○○	○二	三一	○六	○四	二二	五三	○五	○二	三○	○四	二二	五三	○二	三一	○六
一	○○	○五	一六	○二	三五	三九	○四	二四	三○	○五	○二	二七	○四	一九	一一	○二	二六	三○
二	○○	一○	三二	○二	四○	○九	○四	二七	○一	○五	○二	一九	○四	一六	二四	○二	二一	五一
三	○○	一五	四八	○二	四四	三五	○四	二九	二七	○五	○二	○五	○四	一三	三三	○二	一七	一○
四	○○	二一	○三	○二	四八	五九	○四	三一	四九	○五	○一	四六	○四	一○	三七	○二	一二	二六
五	○○	二六	一八	○二	五三	二○	○四	三四	○六	○五	○一	二一	○四	○七	三八	○二	○七	四一
六	○○	三一	三三	○二	五七	三七	○四	三六	一七	○五	○○	五○	○四	○四	三四	○二	○二	五三
七	○○	三六	四七	○三	○一	五二	○四	三八	二四	○五	○○	一四	○四	○一	二六	○一	五八	○三
八	○○	四二	○一	○三	○六	○四	○四	四○	二五	○四	五九	三三	○三	五八	一四	○一	五三	一一
九	○○	四七	一五	○三	一○	一二	○四	四二	二二	○四	五八	四六	○三	五四	五七	○一	四八	一七
一○	○○	五二	二八	○三	一四	一八	○四	四四	一三	○四	五七	五四	○三	五一	三六	○一	四三	二一
一一	○○	五七	三九	○三	一八	一九	○四	四五	五九	○四	五六	五六	○三	四八	一○	○一	三八	二一
一二	○一	○二	四九	○三	二二	一六	○四	四七	四○	○四	五五	五二	○三	四四	三九	○一	三三	二○
一三	○一	○七	五七	○三	二六	○九	○四	四九	一五	○四	五四	四四	○三	四一	○五	○一	二八	一八

① 王鴻緒本『相減』後有『法』字。
② 定本『初、一、二北加宮，……約作一立成』作『分加減，作兩立成。內有加減分，即相挨兩度之較，今省去。合作一立成』。

月離計都	初宮北 六宮南 加 度	分	秒	一宮北 七宮南 加 度	分	秒	二宮北 八宮南 加 度	分	秒	三宮北 九宮南 減 度	分	秒	四宮北 十宮南 減 度	分	秒	五宮北 十一宮南 減 度	分	秒
度 一四	○一	一三	○四	○三	二九	五九	○四	五○	四五	○四	五三	二九	○三	三七	二七	○一	二三	一五
一五	○一	一八	一○	○三	三三	四五	○四	五二	一○	○四	五二	一○	○三	三三	四五	○一	一八	一○
一六	○一	二三	一五	○三	三七	二七	○四	五三	二九	○四	五○	四五	○三	二九	五九	○一	一三	○四
一七	○一	二八	一八	○三	四一	○五	○四	五四	四四	○四	四九	一五	○三	二六	○九	○一	○七	五七
一八	○一	三三	二○	○三	四四	三九	○四	五五	五二	○四	四七	四○	○三	二二	一六	○一	○二	四九
一九	○一	三八	二一	○三	四八	一○	○四	五六	五六	○四	四五	五九	○三	一八	一九	○○	五七	三九
二○	○一	四三	二一	○三	五一	三六	○四	五七	五四	○四	四四	一三	○三	一四	一八	○○	五二	二八
二一	○一	四八	一七	○三	五四	五七	○四	五八	四六	○四	四二	二二	○三	一○	一二	○○	四七	一五
二二	○一	五三	一一	○四	五八	一四	○四	五九	三三	○四	四○	二五	○三	○六	○四	○○	四二	○一
二三	○一	五八	○三	○四	○一	二六	○五	○○	一四	○四	三八	二四	○三	○一	五二	○○	三六	四七
二四	○二	○二	五三	○四	○四	二四	○五	○○	五○	○四	三六	一七	○二	五七	三七	○○	三一	三三
二五	○二	○七	四一	○四	○七	三八	○五	○一	二一	○四	三四	○六	○二	五三	二○	○○	二六	一八
二六	○二	一二	二六	○四	一○	三七	○五	○一	四六	○四	三一	四九	○二	四八	五九	○○	二一	○二
二七	○二	一七	一○	○四	一三	三三	○五	○二	○五	○四	二九	二七	○二	四四	三五	○○	一五	四八
二八	○二	二一	五一	○四	一六	二四	○五	○二	一九	○四	二七	○一	○二	四○	○九	○○	一○	三三
二九	○二	二六	三○	○四	一九	一一	○五	○二	二七	○四	二四	三○	○二	三五	三九	○○	○五	一六
三○	○二	三一	○六	○四	二一	五三	○五	○二	三○	○四	二一	五三	○二	三一	○六	○○	○○	○○

太陰出入晨昏加減立成

日數	昏刻加差	月入加差
一		
二	三度	三度
三	三	四
四	三	四半
五	三	五
六	三	六
七	三	六
八	三	七
九	三	八
十	三	八
十一	三	九
十二	三	九
十三	三	九
十四	三	十
十五	三	十

日數	晨刻減差	月出加差
十六	三度	三度
十七	三	四
十八	三	四半
十九	三	五
二十	三	六
二一	三	六
二二	三	七
二三	三	七
二四	三	七
二五	三	八
二六	三	八
二七	三	九
二八	三	九
二九	三	十
三十	三	

五星伏見立成

	自行定度	
土星	宫	度
晨見	○○	二○
夕伏	一一	一○
木星		
晨見	○○	一四
夕伏	一一	一六
火星		
晨見	○○	二八
夕伏	一一	○二
金星		
晨見	○六	○三
晨伏	一一	○六
夕見	○○	二四
夕伏	○五	二七
水星		
晨見	○六	二五
晨伏	一○	○九
夕見	○一	二一
夕伏	○五	○五

五星順留立①成

小輪心定度 宮	小輪心定度 度	小輪心定度 宮	小輪心定度 度	土星 宮	土星 度	土星 分	木星 宮	木星 度	木星 分	火星 宮	火星 度	火星 分	金星 宮	金星 度	金星 分	水星 宮	水星 度	水星 分
初宮	○○	初宮	○○	○三	二三	○八	○四	○四	二三	○五	○七	二八	○五	一五	五五	○四	二七	三六
	○六	十一宮	二四		二三	○八		○四	二四		○七	二九		一五	五五		二七	三五
	一二		一八		二三	○九		○四	二五		○七	三四		一五	五六		二七	三一
	一八		一二		二三	一一		○四	二七		○七	四一		一五	五八		二七	二三
	二四		○六		二三	一四		○四	三○		○七	五○		一六	○○		二七	一二
一宮	○○		○○		二三	一七		○四	三四		○八	○二		一六	○二		二六	五八
	○六	十宮	二四		二三	二一		○四	三九		○八	一八		一六	○六		二六	四三
	一二		一八		二三	二六		○四	四四		○八	三五		一六	一二		二六	二八
	一八		一二		二三	三一		○四	五○		○八	五六		一六	一七		二六	一八
	二四		○六		二三	三八		○四	五七		○九	一七		一六	二一		二五	五七
二宮	○○		○○		二三	四五		○五	○四		○九	四二		一六	二八		二五	四一
	○六	九宮	二四		二三	五二		○五	一二		一○	一○		一六	三三		二五	二五
	一二		一八		二四	○○		○五	二一		一○	三九		一六	二八		二五	○九
	一八		一二		二四	○七		○五	三一		一一	一○		一六	四五		二五	五四
	二四		○六		二四	一六		○五	四○		一一	四四		一六	五○		二五	三九

① 南圖本「立」字破損。

小輪心定度 宮	小輪心定度 度	小輪心定度 宮	小輪心定度 度	土星 宮	土星 度	土星 分	木星 宮	木星 度	木星 分	火星 宮	火星 度	火星 分	金星 宮	金星 度	金星 分	水星 宮	水星 度	水星 分
三宮	〇〇	九宮	〇〇		二四	二四		〇五	五〇		一二	一八		一六	五五		二五	二五
	〇六		二四		二四	三三		〇五	五九		一二	五四		一七	〇四		二五	一三
	一二		一八		二四	四一		〇六	〇九		一三	三一		一七	一二		二四	〇九
	一八		一二		二四	五〇		〇六	一八		一四	〇九		一七	一九		二四	五八
	二四		〇六		二四	五八		〇六	二八		一四	四七		一七	二五		二四	五五
四宮	〇〇	八宮	〇〇		二五	〇六		〇六	三七		一五	二五		一七	三一		二四	五四
	〇六		二四		二五	一四		〇六	四六		一六	〇三		一七	三六		二四	五四
	一二		一八		二五	二一		〇六	五四		一六	三六		一七	四二		二三	五六
	一八		一二		二五	二八		〇七	〇二		一七	一〇		一七	四六		二三	五九
	二四		〇六		二五	三四		〇七	〇九		一七	三九		一七	五一		二四	〇三
五宮	〇〇	七宮	〇〇		二五	三九		〇七	一五		一八	〇三		一七	五五		二四	〇八
	〇六		二四		二五	四四		〇七	二〇		一八	二八		一七	五八		二四	一三
	一二		一八		二五	四八		〇七	〇四		一八	四六		一八	〇〇		二四	一九
	一八		一二		二五	五〇		〇七	二六		一八	五九		一八	二〇		二四	二〇
	二四		〇六		二五	五二		〇七	二八		一九	〇八		一八	〇三		二四	二二
六宮	〇〇	六宮	〇〇		二五	五二		〇七	三〇		一九	〇九		一八	〇四		二四	二二

五星退留立①成

小輪心定度				土星			木星			火星			金星			水星		
	度		度	宮	度	分	宮	度	分	宮	度	分	宮	度	分	宮	度	分
初宮	○○	初宮	○○	○八	○六	五二	○七	二五	三七	○六	二三	三二	○六	一四	○五	○七	○二	二四
	○六		二四		○六	五二		二五	三六		二三	三一		一四	○五		○二	二五
	一二		一八		○六	五一		二五	三五		二三	二六		一四	○四		○二	二九
	一八		一二		○六	四九		二五	三三		二三	一九		一四	○二		○二	三七
	二四		○六		○六	四六		二五	三○		二三	一○		一三	○○		○二	四八
一宮	○○	十一宮	○○		○六	四三		二五	二六		二一	五八		一三	五八		○三	○二
	○六		二四		○六	三九		二五	二一		二一	四二		一三	五四		○三	一七
	一二		一八		○六	三四		二五	一六		二一	二五		一三	四八		○三	三二
	一八		一二		○六	二九		二五	一○		二一	○四		一三	四二		○三	四七
	二四		○六		○六	二三		二五	○三		二○	四三		一三	二九		○四	○三
二宮	○○	十宮	○○		○六	一五		二四	五六		二○	一八		一三	三二		○四	一九
	○六		二四		○六	○八		二四	四八		一九	五○		一三	二七		○四	三五
	一二		一八		○六	○○		二四	三九		一九	二一		一三	二二		○四	五一
	一八		一二		○五	五三		二四	二九		一八	五○		一三	一五		○五	○六
	二四		○六		○五	四四		二四	二○		一八	一六		一三	一○		○五	二一

① 南圖本此處破損，缺「立」字。

小輪心定度		三宮					四宮					五宮					六宮
	度	〇〇	〇六	一二	一八	二四	〇〇	〇六	一二	一八	二四	〇〇	〇六	一二	一八	二四	〇〇
		九宮	八宮					七宮					六宮				
	度	〇〇	二四	一八	一二	〇六	〇〇	二四	一八	一二	〇六	〇〇	二四	一八	一二	〇六	〇〇
土星	宮																〇八
	度	〇五	〇五	〇五	〇五	〇四	〇四	〇四	〇四	〇四	〇四	〇四	〇四	〇四	〇四	〇四	〇四
	分	三六	一七	一九	一〇	〇二	五四	四六	三九	三二	二六	二一	一六	一二	一〇	〇八	〇八
木星	宮																〇七
	度	二四	二四	二三	二三	二三	二三	二三	二三	二二	二二	二二	二二	二二	二二	二二	二二
	分	一〇	〇一	五一	四二	三二	二三	一四	〇六	五八	五一	四五	四〇	三六	三四	三二	三〇
火星	宮																〇六
	度	一七	七一	一六	一五	一五	一四	一三	一三	一二	一二	一一	一一	一一	一一	一〇	一〇
	分	四三	〇六	二九	五二	一三	三五	五七	二四	五〇	二一	五七	三二	一四	〇一	五二	五一
金星	宮																〇六
	度	一二	一二	一二	一二	一二	一二	一二	一二	一二	一二	一二	一二	一二	一一	一一	一一
	分	〇五	五六	四八	四一	三五	二九	二四	一八	一四	〇九	〇五	〇二	〇〇	五八	五七	五六
水星	宮																〇七
	度	〇五	〇五	〇五	〇六	〇六	〇六	〇六	〇六	〇六	〇五	〇五	〇五	〇五	〇五	〇五	〇二
	分	三五	四七	五一	〇二	〇五	〇六	〇六	〇四	〇一	五七	五二	四七	四一	四〇	三八	三八

西域晝夜時立成①

宮		一	二	三	四	五	六	七	八	九	一○	一一	一二	一三	一四	一五
初宮	度	○○	○一	○二	○二	○三	○四	○四	○五	○六	○六	○七	○八	○八	○九	一○
	分	四○	二○	○○	四○	二○	○○	四一	二一	○一	四二	二三	○三	四三	二四	○五
一宮	度	二一	二二	二二	二三	二四	二四	二五	二六	二七	二八	二八	二九	三○	三一	三一
	分	一八	○二	四六	三○	一四	五九	四四	二○	一五	○○	四七	三四	二○	○七	五五
二宮	度	四五	四六	四七	四八	四九	四九	五○	五一	五二	五三	五四	五五	五六	五七	五八
	分	二三	一七	一一	○五	○○	五七	五二	四八	四五	四一	四○	三八	三六	三五	三四
三宮	度	七五	七六	七七	七八	七九	八○	八一	八三	八四	八五	八六	八七	八八	九○	九一
	分	一八	二五	三一	三七	四四	五二	五九	○七	一五	二三	三二	四一	四九	○○	○九
四宮	度	一一○	一一一	一一二	一一三	一一四	一一六	一一七	一一八	一一九	一二○	一二二	一二三	一二四	一二五	一二六
	分	○一	一七	二九	四一	五三	○五	一七	二九	四一	五三	○五	一八	三○	四一	五三
五宮	度	一四五	一四七	一四八	一四九	一五○	一五一	一五三	一五四	一五五	一五六	一五七	一五八	一六○	一六一	一六二
	分	五九	一○	二一	二二	四三	五七	○四	一五	二六	三六	四七	五七	○八	一八	二九
六宮	度	一八一	一八二	一八三	一八四	一八五	一八七	一八八	一八九	一九○	一九一	一九二	一九四	一九五	一九六	一九七
	分	一○	二○	三○	四○	五○	○○	一○	二○	三○	四○	五○	○一	一一	二一	三一
七宮	度	二一六	二一七	二一八	二一九	二二一	二二二	二二三	二二四	二二五	二二七	二二八	二二九	二三○	二三一	二三三
	分	二四	二五	四六	五八	○九	二一	二二	四四	五六	○八	一九	三一	四三	五五	○七
八宮	度	二五二	二五三	二五四	二五五	二五七	二五八	二五九	二六○	二六一	二六三	二六四	二六五	二六六	二六七	二六八
	分	一八	三○	四一	五三	○五	一六	二七	三八	四九	○○	一○	二○	三○	四一	五一
九宮	度	二八六	二八七	二八九	二○九	二九一	二九二	二九三	二九四	二九五	二九六	二九七	二九八	二九九	三○○	三○一
	分	五二	五六	○二	○六	一一	一三	一六	一九	二一	二四	二四	二五	二六	二六	二六
十宮	度	三一六	三一七	三一八	三一九	三一九	三二○	三二一	三二二	三二三	三二四	三二四	三二五	三二六	三二七	三二八
	分	二四	一六	○八	○○	五二	四三	三三	二三	一三	○三	五二	四一	二九	一七	○五
十一宮	度	三四○	三四○	三四一	三四二	三四三	三四三	三四四	三四五	三四五	三四六	三四七	三四七	三四八	三四九	三四九
	分	○九	五二	三四	一七	○○	四二	二四	○六	四八	二九	一一	五二	三三	一七	五五

① 定本此處有小注『以午正太陽經度爲引數』。

	初宮		一宮		二宮		三宮		四宮		五宮		六宮		七宮		八宮		九宮		十宮		十一宮	
	度	分	度	分	度	分	度	分	度	分	度	分	度	分	度	分	度	分	度	分	度	分	度	分
一六	一〇	四六	三三	四三	五九	三四	九二	一九	一二八	〇五	一六三	三九	一九八	四二	二三四	一九	二七〇	〇〇	三〇二	二六	三二八	五二	三五〇	三六
一七	一一	二七	三三	三一	六〇	三四	九三	三〇	一二九	一七	一六四	四九	一九九	五二	二三五	三〇	二七一	〇九	三〇三	二四	三二九	四〇	三五一	一七
一八	一二	〇八	三四	一九	六一	三五	九四	四〇	一三〇	二九	一六五	五八	二〇一	〇三	二三六	四二	二七二	一九	三〇四	二四	三三〇	二六	三五一	五七
一九	一二	四九	三五	〇八	六二	三六	九五	五〇	一三一	四一	一六七	一〇	二〇二	一三	二三七	五五	二七三	二八	三〇五	二〇	三三一	一三	三五二	二八
二〇	一三	三一	三六	一七	六三	三七	九七	〇〇	一三二	五二	一六八	二〇	二〇三	二四	二三九	〇七	二七四	三七	三〇六	一九	三三二	〇〇	三五三	五九
二一	一四	一二	三六	四六	六四	三九	九八	一一	一三四	〇四	一六九	三〇	二〇四	三四	二四〇	一九	二七五	四五	三〇七	一五	三三二	四五	三五三	二九
二二	一四	五四	三七	三七	六五	四一	九九	二二	一三五	一六	一七〇	四〇	二〇五	四五	二四一	三一	二七六	五三	三〇八	一二	三三三	三〇	三五四	五九
二三	一五	三六	三八	二七	六六	四四	一〇〇	三三	一三六	二八	一七一	五〇	二〇六	五六	二四二	四三	二七八	〇一	三〇九	〇八	三三四	一五	三五五	一九
二四	一六	一八	三九	一七	六七	四七	一〇一	四四	一三七	三六	一七三	〇〇	二〇八	〇六	二四三	五五	二七九	〇八	三一〇	〇四	三三五	〇〇	三五六	〇〇
二五	一七	〇〇	四〇	〇八	六八	四九	一〇二	五五	一三八	五一	一七四	一〇	二〇九	一七	二四五	〇七	二八〇	一六	三一一	〇〇	三三五	四六	三五六	四〇
二六	一七	四三	四一	〇〇	六九	五四	一〇四	〇七	一四〇	〇二	一七五	二〇	二一〇	二八	二四六	一九	二八一	二三	三一一	五五	三三六	三〇	三五七	二〇
二七	一八	二六	四一	五二	七〇	五八	一〇五	一九	一四一	一四	一七六	三〇	二一二	三九	二四七	三一	二八二	二九	三一二	四九	三三七	一四	三五八	〇〇
二八	一九	〇八	四三	四四	七二	四〇	一〇六	三〇	一四二	二五	一七七	四〇	二一三	五〇	二四八	四三	二八三	三五	三一三	四三	三三七	五八	三五八	四〇
二九	一九	五一	四三	三六	七三	〇八	一〇七	四二	一四三	三六	一七八	五〇	二一四	〇一	二四九	五五	二八四	四二	三一四	三四	三三八	四二	三五九	二〇
三〇	二〇	三四	四四	二九	七四	一二	一〇八	五三	一四四	四七	一八〇	〇〇	二一五	一二	二五一	〇七	二八五	四八	三一五	三一	三三九	二五	三六〇	〇〇

晝夜加減差立成太陽宮度爲引數，推交食用①。

引數	初宮分	初宮秒	一宮分	一宮秒	二宮分	二宮秒	三宮分	三宮秒	四宮分	四宮秒	五宮分	五宮秒
〇	〇七	五一	一七	二一	二〇	四一	一五	五四	一一	〇七	一四	二六
一	〇八	一一	一七	三六	二〇	三八	一五	四〇	一一	〇四	一四	四〇
二	〇八	三一	一七	五〇	二〇	三四	一五	二七	一一	〇三	一四	五七
三	〇八	五一	一八	〇五	二〇	三〇	一五	一四	一一	〇二	一五	一三
四	〇九	一一	一八	一八	二〇	二五	一五	〇一	一一	〇一	一五	二九
五	〇九	三三	一八	三一	二〇	二〇	一四	四七	一一	〇一	一五	四六
六	〇九	五三	一八	四三	二〇	一四	一四	三四	一一	〇二	一六	〇四
七	一〇	一三	一八	五四	二〇	〇八	一四	二二	一一	〇四	一六	二二
八	一〇	三三	一九	〇六	二〇	〇一	一四	〇九	一一	〇六	一六	三九
九	一〇	五四	一九	一七	一九	五三	一三	五五	一一	〇八	一六	五七
一〇	一一	一四	一九	二七	一九	四六	一三	四五	一一	一二	一七	一六
一一	一一	三四	一九	三七	一九	三七	一三	三三	一一	一四	一七	三五
一二	一一	五五	一九	四五	一九	二八	一三	一一	一一	二一	一七	五四
一三	一二	一五	一九	五二	一九	一九	一三	一〇	一一	二七	一八	一三
一四	一二	三五	二〇	〇二	一九	〇九	一二	五九	一一	三三	一八	三三
一五	一二	五五	二〇	〇九	一八	五九	一二	四八	一一	四七	一八	五二
一六	一三	一四	二〇	一六	一八	四八	一二	三八	一一	四九	一九	一二

引數	六宮分	六宮秒	七宮分	七宮秒	八宮分	八宮秒	九宮分	九宮秒	十宮分	十宮秒	十一宮分	十一宮秒
〇	二三	五六	三一	一八	二八	四二	一五	五五	〇三	〇三	〇〇	三〇
一	二四	一六	三一	二四	二八	二六	一五	二三	〇二	四七	〇〇	三七
二	二四	三六	三一	三〇	二八	〇八	一四	五三	〇二	三一	〇〇	四四
三	二四	五六	三一	三四	二七	四八	一四	二三	〇二	一六	〇〇	五二
四	二五	一五	三一	三八	二七	二九	一三	五三	〇二	〇一	〇一	〇一
五	二五	三四	三一	四二	二七	〇八	一三	二三	〇一	四八	〇一	一一
六	二五	五七	三一	四四	二六	四七	一二	五四	〇一	三五	〇一	二二
七	二六	一二	三一	四六	二六	二五	一二	二四	〇一	二二	〇一	三三
八	二六	三〇	三一	四七	二六	〇三	一一	五五	〇〇	一一	〇一	四四
九	二六	四八	三一	四七	二五	三七	一一	二六	〇〇	〇一	〇一	五六
一〇	二七	〇五	三一	四七	二五	一六	一〇	五八	〇〇	五一	〇二	〇九
一一	二七	二四	三一	四五	二四	五一	一〇	二九	〇〇	四二	〇二	二二
一二	二七	四〇	三一	四三	二四	二七	一〇	〇〇	〇〇	三四	〇二	三五
一三	二七	五六	三一	四〇	二三	五七	〇九	五三	〇〇	二七	〇二	五〇
一四	二八	一一	三一	三六	二三	三五	〇九	〇五	〇〇	二一	〇三	〇五
一五	二八	二八	三一	三二	二三	〇四	〇八	三九	〇〇	一六	〇三	二〇
一六	二八	四二	三一	二六	二二	三五	〇八	一二	〇〇	一一	〇三	三六

① 定本此處無『推交食用』。

引數	初宮 分	初宮 秒	一宮 分	一宮 秒	二宮 分	二宮 秒	三宮 分	三宮 秒	四宮 分	四宮 秒	五宮 分	五宮 秒	六宮 分	六宮 秒	七宮 分	七宮 秒	八宮 分	八宮 秒	九宮 分	九宮 秒	十宮 分	十宮 秒	十一宮 分	十一宮 秒
一七	一三	三四	二〇	二一	一八	三七	一二	二八	一一	五四	一九	三三	二八	五八	三一	二〇	二二	〇六	〇七	四六	〇〇	〇七	〇三	五一
一八	一三	五三	二〇	二七	一八	二六	一二	一九	一二	〇五	一九	五二	二九	一一	三一	一三	二一	四〇	〇七	二一	〇〇	〇四	〇四	〇八
一九	一四	一二	二〇	三二	一八	一五	一二	一〇	一二	一三	二〇	一二	二九	二五	三一	〇五	二一	一三	〇六	五六	〇〇	〇一	〇四	二五
二〇	一四	三一	二〇	三六	一八	〇三	一二	〇一	一二	二二	二〇	三三	二九	三九	三〇	五六	二〇	四七	〇六	二三	〇〇	〇〇	〇四	四二
二一	一四	五〇	二〇	三九	一七	五五	一一	五四	一二	三一	二〇	五三	二九	五六	三〇	四六	二〇	二〇	〇六	〇八	〇〇	〇〇	〇五	〇〇
二二	一五	〇八	二〇	四一	一七	三八	一一	四六	一二	四一	二一	一四	三〇	〇四	三〇	三六	一九	三五	〇五	四五	〇〇	〇一	〇五	一七
二三	一五	二六	二〇	四四	一七	二六	一一	四〇	一二	五二	二一	三四	三〇	一五	三〇	二五	一九	二三	〇五	二三	〇〇	〇二	〇五	三六
二四	一五	四三	二〇	四五	一七	一三	一一	三三	一三	〇四	二一	五五	三〇	二六	三〇	一三	一八	五四	〇五	〇〇	〇〇	〇六	〇五	五五
二五	一六	〇一	二〇	四六	一七	〇〇	一一	二七	一三	一六	二二	一五	三〇	三六	三〇	〇〇	一八	二四	〇四	三九	〇〇	〇九	〇六	一三
二六	一六	一七	二〇	四六	一六	四七	一一	二二	一三	二五	二二	三六	三〇	四六	二九	五六	一七	五四	〇四	一九	〇〇	一三	〇六	三二
二七	一六	三四	二〇	四六	一六	三四	一一	一八	一三	四三	二二	五六	三〇	五五	二九	三二	一七	二四	〇三	五九	〇〇	一五	〇六	五一
二八	一六	五〇	二〇	四五	一六	二〇	一一	一三	一三	五七	二三	一六	三一	〇三	二九	一六	一六	五四	〇三	四〇	〇〇	一八	〇七	一一
二九	一七	〇六	二〇	四三	一六	〇七	一一	一〇	一四	一一	二三	三六	三一	一一	二九	〇〇	一六	二四	〇三	三二	〇〇	一四	〇七	三一

太陽、太陰晝夜時行影徑分立成推交食用①，太陽、太陰自行宮度爲引數。

太陽太陰自行定度				太陽日行分		太陽時行分		太陽徑分		太陽影徑減差		太陽比數分		太陰日行分		太陰時行分	
	度		度	分	秒	分	秒	分	秒	分	秒	分	秒	度	分	分	秒
初宮	○○	初宮	○○	五七	○八	○二	二三	三二	二六	○○	○○	○○		一二	一二	三○	三○
	○六		二四	五七	○九	○二	三二	二三	六二	○○	○○	○○		二一	四一	○三	四三
	一二		一八	五七	一一	○二	三二	二三	七二	○○	○一	○○		二一	五一	○三	八三
	一八		一二	五七	一四	○二	三二	二三	八二	○○	○二	○一		二一	六一	○三	○四
	二四		○六	五七	一八	○二	三二	二三	○三	○○	○四	○二		二一	八一	○三	四四
一宮	○○	十宮	○○	七五	二二	○二	三二	二三	四三	○○	○七	○四		二一	一二	○三	三五
	○六		二四	七五	三○	○二	四二	二三	八三	○○	一一	○八		二一	五二	一三	○二
	一二		一八	七九	三七	○二	四二	二三	一四	○○	四一	○八		二一	八二	一三	○一
	一八		一二	七五	四五	○二	四二	二五	六四	○○	八一	○一		二一	二三	一三	一二
	二四		○六	七○	五五	○二	五二	二三	一五	○○	三二	二一		二一	七三	一三	三三
二宮	○○	十宮	○○	八五	○五	○二	五二	三三	五五	○○	九二	五一		二一	二四	一三	五四
	○六		二四	八五	六一	○二	六二	三三	○二	○○	四三	八一		二一	八四	一三	○九
	一二		一八	八五	七二	○二	七二	三三	○一	○○	九二	一二		二一	四五	二三	○四
	一八		一二	八五	○四	○二	七二	三三	六一	○○	七四	四二		三一	○○	二三	九二
	二四		○六	八五	○五	○二	八二	三三	四二	○○	二五	八二		三一	六○	二三	五四
三宮	○○	九宮	○○	九五	○五	○二	八二	三三	二三	○○	九五	一三		三一	三一	三三	○二
	○六		二四	九五	八一	○二	九二	三三	一四	○一	○六	四三		三一	九一	三三	九一
	一二		一八	九五	一三	○二	九二	三三	八四	○一	一一	七三		三一	六二	三三	六三
	一八		一二	九五	四四	○二	○三	三三	六五	○一	八一	○四		三一	三三	三三	三五
	四二		○六	九五	七五	○二	一三	三四	○三	○一	五二	三四		三一	○四	四三	○一

① 定本此處無『推交食用』。

太陽太陰自行定度				太陰徑分		太陰影徑分		太陰比敷分	
	度		度	分	秒	分	秒	分	秒
初宮	○○	初宮	○○	三○	五○	七九	四九	○○	○○
	○六		二四	○三	一五	九七	三五	○○	○一
	一二		八一	○三	三五	○八	○二	○○	○四
	一八		二一	○三	七五	○八	六一	○○	六一
	二四		○六	一三	○一	○八	五三	○○	三二
一宮	○○	十宮	○○	一三	○二	○八	九五	○○	五五
	○六		四三	一三	四一	一八	六二	○一	○五
	一二		八一	一三	二二	一八	八五	○一	○三
	一八		二一	一三	二三	二八	六三	○二	○○
	二四		○六	一三	二四	三八	七一	○三	○三
二宮	○○	十宮	○○	一三	五五	四八	○一	○三	○○
	○六		四二	二三	○八	四八	八四	○三	○二
	一二		八一	二三	一二	五八	九三	○四	○○
	一八		二一	二三	四三	六八	三三	○四	五三
	二四		○六	二三	七四	七八	一三	○五	○一
三宮	○○	九宮	○○	三二	○五	八八	一三	○五	○五
	○六		四二	三三	一二	九八	四四	○六	○三
	一二		八一	三三	九三	○九	七三	○七	○二
	一八		二一	三三	七五	一九	六三	○七	○四
	二四		○六	四三	四一	二九	二三	○八	○一

經緯加減差立成經緯時三差本合一立成，今因太密，另將時差分出于後①。

右	六宮				七宮				八宮				九宮				
	經		緯		經		緯		經		緯		經		緯		
時數	秒	分	秒	分	秒	分	秒	分	秒	分	秒	分	秒	分	秒	分	時數
二十																	四
一九	〇〇	四八	〇〇	〇五													五
一八	四七	四八	五三	〇五	四七	四八	五一	〇七	〇〇	四六	〇〇	一四	〇〇	四〇	〇〇	二〇	六
一七	四七	四九	五七	〇五	四五	四九	四八	〇八	三七	四六	二九	一四	二一	四一	四七	二五	七
一六	四七	四九	五四	〇六	四四	四九	五七	〇九	四二	四六	四八	一六	一七	四二	四七	二七	八
一五	五一	四七	五五	〇七	五〇	四七	五三	一一	三〇	四六	五一	二〇	三〇	三九	四一	三〇	九
一四	五七	四一	五三	〇九	〇一	四三	四四	一六	三七	四〇	四〇	二六	〇八	三一	二八	三五	十
一三	〇七	三二	五六	一三	〇二	三五	四四	二一	四三	三〇	三六	三二	五六	一七	二七	四〇	一一
一二	三二	一五	四一	二一	一五	二一	二九	二九	一〇	一三	二五	三八	〇〇	〇〇	二五	四二	一二
一一	三六	〇〇	三六	二八	二七	〇一	三〇	三六	三五	〇三	二四	四一	〇六	一七	二六	四〇	一三
十	一三	一三	二五	三五	二九	一二	三四	三九	九四	一九	二九	四一	五八	三一	二八	三五	一四
九	一一	二一	三一	三八	二三	二三	二九	四一	〇八	三〇	二六	四〇	三〇	三九	四一	三〇	一五
八	〇四	二八	三〇	四〇	一六	二九	三九	四〇	二七	三三	三八	三六	一七	四二	四七	二七	一六
七	〇五	三〇	二八	四一	一四	三〇	三七	三九	〇七	三五	三三	三五	二〇	四一	四七	二五	一七
六	〇三	三〇	二七	四一	一三	三〇	二六	三八	〇〇	〇〇	四〇	三四	〇〇	四〇	〇〇	二〇	一八
五	〇〇	二九	〇〇	四〇													一九
四																	二十
	經		緯		經		緯		經		緯		經		緯		
左	初宮				十一宮				十宮				九宮				時數

① 定本「另將時差分出于後」作「將時差分另列一立成」。

右	三宮				四宮				五宮				
	經		緯		經		緯		經		緯		
時數	秒	分	秒	分	秒	分	秒	分	秒	分	秒	分	時數
二十	一三	三九	四〇	二六	〇〇	四五	〇〇	一七					四
一九	二〇	四〇	一五	二七	三四	四五	四六	一六	一三	四八	四〇	一〇	五
一八	二七	四一	五五	二七	三四	四六	一一	一七	五三	四八	二七	〇九	六
一七	三九	四二	四二	二六	二七	四七	〇一	一六	五七	四九	五二	〇八	七
一六	二五	四三	四八	二一	二七	四六	四七	一三	四六	四九	四八	〇八	八
一五	二九	三九	四五	一七	二二	四三	四八	一〇	四九	四五	五六	〇六	九
一四	三七	三一	四五	一三	三八	三四	五二	〇七	〇五	三七	五二	〇七	十
一三	三八	一八	五二	〇八	二〇	一八	五七	〇六	一一	二六	四六	〇八	一一
一二	〇〇	〇〇	五六	〇六	二〇	〇三	五〇	〇九	二三	一〇	五五	一三	一二
一一	二一	一八	五二	〇八	二九	一三	一八	一〇	一三	〇七	四〇	二一	一三
十	三七	三一	四五	一三	二二	二七	五四	一八	一一	一九	三六	二七	一四
九	二九	三九	四五	一七	一二	三四	三九	二五	〇七	二七	三〇	三三	一五
八	三五	四三	四八	二一	三六	三四	三〇	三〇	〇九	三一	二一	三八	一六
七	二九	四二	四二	二六	五四	三一	三一	三四	一五	三〇	二八	四〇	一七
六	二七	四一	五五	二七	五二	二九	三三	三六	二六	二八	二六	四一	一八
五	〇二	四〇	一五	二七	五三	二八	〇七	三五	三三	二七	四七	三九	一九
四	一三	三九	四〇	二六	四一	二七	一七	三五					二十
	經		緯		經		緯		經		緯		
左	三宮				二宮				一宮				時數

時加減差①立成原②本分黑白字以識加減，自上號一③二，下號一二，及次行○三、○一，以右爲白字，左仍黑字。今視小餘分在半日周前後，亦可不必分黑白，詳前食甚定時注。④

右	三宫		四宫		五宫		六宫		七宫		八宫		九宫		
	分	時	分	時	分	時	分	時	分	時	分	時	分	時	時數
二十	○四	○一	九六												四
一九	○七	○一	九八		○三	○一									五
一八	○九	○一	○○	○一	○五	○一	○五	○一	○四	○一	一八	○一	○七	○一	六
一七	九一		○二	○一	○七	○一	○七	○一	○六	○一	○○	○一	○九	○一	七
一六	九二		○○	○一	○七	○一	○七	○一	○六	○一	○一	○一	九一		八
一五	八五		九三		九八		○三	○一	○三	○一	○○	○一	八五		九
一四	六八		七四		八○		九○		九二		○三	○一	二九		十
一三	四○		三九		五七		六九		七五		六五		三六		一一
一二	○○		○七		二三		三三		四六		二八		○○		一二
一一	四○		二九		一五		○一		○三		○八		三六		一三
十	六八		五九		四一		二八		二九		四二		六九		一四
九	八五		七四		五八		四七		五○		六四		八五		一五
八	九二		七四		六七		六○		六二		七五		九一		一六
七	九一		六八		六六		六四		六四		七五		○九	○一	一七
六	○九	○一	六四		六一		六四						○七	○一	一八
五	○七	○一	六二		五九										一九
四	○四	○一	五九												二十
時數		時		時		時		時		時		時		時	
左	三宫		二宫		一宫		初宫		十一宫		十宫		九宫		

① 定本「時加減差」作「時差加減」。
② 南圖本「原」誤作「京」。
③ 南圖本「一」誤作「十」。
④ 定本此處無此小注。

太陰凌犯時刻立成①

午前			午後			度	分	度	分	度	分	度	分	度	分	度	分	度	分	度	分
時	刻	分	時	刻	分	十一	三十	十二	○○	十二	三十	十三	○○	十三	三十	十四	○○	十四	三十	十五	○○
辰初	初	○	酉初	初	○	十二	二四	十二	三○	十二	三六	十二	四二	十二	四九	十二	五五	十三	○一	十三	○七
卯正	三	五十二		初	五十二	十二	二七	十二	三四	十二	四○	十二	四六	十二	五三	十二	五九	十三	○六	十三	十二
	三	○		一	○	十二	三一	十二	三七	十二	四四	十二	五一	十二	五七	十三	○四	十三	一○	十三	一七
	二	五十二		一	五十二	十二	三五	十二	四一	十二	四八	十二	五五	十三	○一	十三	○八	十三	一五	十三	二二
	二	○		二	○	十二	三八	十二	四五	十二	五二	十二	五九	十三	○六	十三	十二	十三	一九	十三	二六
	一	五十二		二	五十二	十二	四二	十二	四九	十二	五六	十三	○三	十三	一○	十三	一七	十三	二四	十三	三一
	一	○		三	○	十二	四五	十二	五二	十二	五九	十三	○七	十三	一四	十三	二一	十三	二八	十三	三六
	初	五十二		三	五十二	十二	四九	十二	五六	十三	○三	十三	十一	十三	一八	十三	二六	十三	三三	十三	四○
	初	○	酉正	初	○	十二	五二	十三	○○	十三	○七	十三	一五	十三	二二	十三	三○	十三	三七	十三	四五
卯初	三	五十二		初	五十二	十二	五六	十三	○四	十三	十一	十三	一九	十三	二七	十三	三四	十三	四二	十三	五○
	三	○		一	○	十三	○○	十三	○七	十三	一五	十三	二三	十三	三一	十三	三九	十三	四七	十三	五四
	二	五十二		一	五十二	十三	○三	十三	一一	十三	一九	十三	二七	十三	三五	十三	四三	十三	五一	十三	五九
	二	○		二	○	十三	○七	十三	一五	十三	二三	十三	三一	十三	三九	十三	四七	十三	五六	十四	○四
	一	五十二		二	五十二	十三	一○	十三	一九	十三	二七	十三	三五	十三	四四	十三	五二	十四	○○	十四	○八
	一	○		三	○	十三	一四	十三	二二	十三	三一	十三	三九	十三	四八	十三	五六	十四	○五	十四	十三
	初	五十二		三	五十二	十三	一八	十三	二六	十三	三五	十三	四三	十三	五二	十四	○一	十四	○九	十四	一八

① 南圖本此處無此立成，據王鴻緒本、定本補。王鴻緒本該表結束後的頁末有「明史稿　志第十七終」，其「曆七下」至此結束。定本該表結束後的頁末有「明史卷三十九終」，其「曆九」至此結束。

午前	時	卯初								寅正								寅初				丑正
	刻	初	三	三	二	二	一	一	初	初	三	三	二	二	一	一	初	初	三	三	二	二
	分	〇	五十二	〇	五十二	〇	五十二	〇	五十二	〇	五十二	〇	五十二	〇	五十二	〇	五十二	〇	五十二	〇	五十二	〇
午後	時	戌初								戌正								亥初				
	刻	初	初	一	一	二	二	三	三	初	初	一	一	二	二	三	三	初	初	一	一	二
	分	〇	五十二	〇	五十二	〇	五十二	〇	五十二	〇	五十二	〇	五十二	〇	五十二	〇	五十二	〇	五十二	〇	五十二	〇
度	十一	十三	十三	十三	十三	十三	十三	十三	十三	十三	十三	十三	十四	十四	十四	十四	十四	十四	十四	十四	十四	十四
分	三十	二一	二五	二八	三二	三六	三九	四三	四七	五〇	五四	五七	〇一	〇四	〇八	十二	一五	一九	二二	二六	二九	三三
度	十二	十三	十三	十三	十三	十三	十三	十三	十三	十四	十四	十四	十四	十四	十四	十四	十四	十四	十四	十四	十四	十四
分	〇〇	三〇	三四	三七	四一	四五	四九	五二	五六	〇〇	〇四	〇七	十一	一五	一九	二二	二六	三〇	三四	三七	四一	四五
度	十二	十三	十三	十三	十三	十三	十四	十四	十四	十四	十四	十四	十四	十四	十四	十四	十四	十四	十四	十四	十四	十四
分	三十	三九	四三	四七	五〇	五四	五八	〇二	〇六	一〇	一四	一八	二二	二六	二九	三三	三七	四一	四五	四九	五三	五七
度	十三	十三	十三	十三	十四	十四	十四	十四	十四	十四	十四	十四	十四	十四	十四	十四	十四	十四	十四	十五	十五	十五
分	〇〇	四七	五二	五六	〇〇	〇四	〇八	十二	一六	二〇	二四	二八	三二	三六	四〇	四四	四八	五二	五七	〇一	〇五	〇九
度	十三	十三	十四	十四	十四	十四	十四	十四	十四	十四	十四	十四	十四	十四	十四	十四	十五	十五	十五	十五	十五	十五
分	三十	五六	〇〇	〇五	〇九	十三	一七	二二	二六	三〇	三四	三八	四三	四七	五一	五五	〇〇	〇四	〇八	十二	一六	二一
度	十四	十四	十四	十四	十四	十四	十四	十四	十四	十四	十四	十四	十四	十四	十五	十五	十五	十五	十五	十五	十五	十五
分	〇〇	〇五	〇九	一四	一八	二三	二七	三一	三六	四〇	四四	四九	五三	五七	〇二	〇六	十一	一五	一九	二四	二八	三二
度	十四	十四	十四	十四	十四	十四	十四	十四	十四	十四	十四	十四	十五	十五	十五	十五	十五	十五	十五	十五	十五	十五
分	三十	一四	一八	二三	二七	三二	三六	四一	四五	五一	五五	五九	〇四	〇八	十三	一七	二二	二六	三一	三五	四〇	四四
度	十五	十四	十四	十四	十四	十四	十四	十四	十四	十五	十五	十五	十五	十五	十五	十五	十五	十五	十五	十五	十五	十五
分	〇〇	二二	二七	三三	三七	四一	四六	五一	五五	〇〇	〇五	〇九	一四	一九	二三	二八	三三	三七	四二	四七	五二	五六

子正								丑初								丑正				時	午前
初	初	一	一	二	二	三	三	初	初	一	一	二	二	三	三	初	初	一	一	刻	
〇	五十二	〇	五十二	〇	五十二	〇	五十二	〇	五十二	〇	五十二	〇	五十二	〇	五十二	〇	五十二	〇	五十二	分	
子正								子初								亥正			亥初	時	午後
初	三	三	二	二	一	一	初	初	三	三	二	二	一	一	初	初	三	三	二	刻	
〇	五十二	〇	五十二	〇	五十二	〇	五十二	〇	五十二	〇	五十二	〇	五十二	〇	五十二	〇	五十二	〇	五十二	分	
十五	十五	十五	十五	十五	十五	十五	十五	十五	十五	十五	十五	十五	十四	十四	十四	十四	十四	十四	十四	十一	度
四五	四一	三八	三四	三一	二七	二三	二〇	一六	十三	〇九	〇五	〇二	五八	五五	五一	四七	四四	四〇	三七	三十	分
十六	十五	十五	十五	十五	十五	十五	十五	十五	十五	十五	十五	十五	十五	十五	十五	十五	十四	十四	十四	十二	度
〇〇	五六	五二	四九	四五	四一	三七	三四	三〇	二六	二二	一九	一五	十一	〇七	〇四	〇〇	五六	五二	四九	〇〇	分
十六	十六	十六	十六	十五	十五	十五	十五	十五	十五	十五	十五	十五	十五	十五	十五	十五	十五	十五	十五	十二	度
一五	十一	〇七	〇三	五九	五五	五二	四八	四四	四〇	三六	三二	二八	二四	二〇	一六	十二	〇九	〇五	一〇	三十	分
十六	十六	十六	十六	十六	十六	十六	十六	十五	十五	十五	十五	十五	十五	十五	十五	十五	十五	十五	十五	十三	度
三〇	二六	二二	一八	一四	一〇	〇六	〇二	五七	五三	四九	四五	四一	三七	三三	二九	二五	二一	一七	十二	〇〇	分
十六	十六	十六	十六	十六	十六	十六	十六	十六	十六	十六	十五	十五	十五	十五	十五	十五	十五	十五	十五	十三	度
四五	四一	三七	三二	二八	二四	二〇	一五	十一	〇七	〇三	五九	五四	五〇	四六	四二	三七	三三	二九	二五	三十	分
十七	十六	十六	十六	十六	十六	十六	十六	十六	十六	十六	十六	十六	十六	十五	十五	十五	十五	十五	十五	十四	度
〇〇	五六	五一	四七	四二	三八	三四	二九	二五	二一	一六	十二	〇七	〇三	五九	五四	五〇	四六	四一	三七	〇〇	分
十七	十七	十七	十七	十六	十六	十六	十六	十六	十六	十六	十六	十六	十六	十六	十六	十六	十五	十五	十五	十四	度
一五	一〇	〇六	〇一	五七	五二	四八	四三	三九	三四	三〇	二五	二一	一六	十二	〇七	〇二	五八	五三	四九	三十	分
十七	十七	十七	十七	十七	十七	十七	十六	十六	十六	十六	十六	十六	十六	十六	十六	十六	十六	十六	十六	十五	度
三〇	二五	二一	一六	十一	〇七	〇二	五七	五一	四八	四三	三八	三四	二八	二四	二〇	一五	一〇	〇六	〇一	〇〇	分

黄道南北各像内外星經緯度立成①

各像經度每五②年加四分，洪武丙子積七百九十八算，已加四分。訖至辛巳年八百三算，又當加四分。纍五年加之，至于永久。凡新譯星無像。

像星	經度			緯度			等第	中名
	宮	度	分	向	度	分		
雙魚像内十星	○	○一	○九	北	○三	四○	四	壁東南無名星
十一星	○	○五	○四	北	○二	○五	四	奎南無名星
新譯星	○	○六	○九	北	○○	五四		外屏西一星
雙魚像内十二星	○	○八	○九	北	○○	三○	四	二星
十三星	○	一○	○七	南	○一	五七	五	三星
十四星	○	一二	四四	南	○四	一五	六	奎東南無名星
十五星	○	一四	○九	南	○六	五七	五	奎東南無名星
十九星	○	一七	○四	南	○四	四五	四	外屏西五星
二十二星	○	一八	○二	北	○五	二○	三	奎東南無名星
二十一星	○	一八	○六	北	○一	三五	六	奎東南無名星
二十星	○	一八	三四	南	○一	二三	四	奎東南無名星
新譯星	○	二三	○三	北	○八	二四		婁西無名星
白羊内一星	○	二四	二四	北	○七	五○	三	婁南無名星
五星	○	二四	二五	北	○五	五○	四	婁南無名星
二星	○	二五	○六	北	○八	四六	三	婁南無名星

① 王鴻緒本、定本此處無此立成，其中數據以《回回曆法》爲準。
② 南圖本「五」誤作「三」。

像星	經度 宮	經度 度	經度 分	緯度 向	緯度 度	緯度 分	等第	中名
海獸内七星	○	二六	三九	南	○六	二五	四	婁南無名星
白羊内三星	○	二八	四四	北	○七	五○	四	婁東無名星
海獸内五星	○	二九	一九	南	○七	四○	四	婁東南無名星
白羊内四星	○	二九	四九	北	○六	三○	五	婁東南無名星
新譯星	一	○一	三五	南	○四	○○		天囷西南星
白羊内十三星	一	○二	二九	北	○五	○○	四	婁東南無名星
海獸内六星	一	○二	四九	南	○六	五○	四	天囷西第二星
白羊内六星	一	○五	○七	北	○五	三五	六	胃南無名星
白羊内十二星	一	○五	五九	北	○一	四三	五	胃南無名星
新譯星	一	○六	五○	南	○六	○○		天囷南二星
白羊内十一星	一	○六	二四	北	○一	三○	五	胃南無名星
七星	一	○八	四三	北	○四	三二	四	胃南無名星
八星	一	一一	○六	北	○一	五○	五	天陰下星
九星	一	一二	一四	北	○二	三二	五	胃東南無名星
金牛内二星	一	一三	三九	南	○七	二五	五	胃東南無名星
一星	一	一四	○一	南	○六	○六	四	天廩北一星
白羊内十星	一	一四	○二	北	○一	四五	五	胃東南無名星
金牛内三十星	一	一九	五九	北	○四	三○	四	胃東南無名星
三十一星	一	二○	二四	北	○三	三○	五	胃東南無名星
三十二星	一	二一	二九	北	○三	一五	三	昴宿星

像星	經度			向	緯度		等第	中名
	宮	度	分		度	分		
三十三星	一	二一	三一	北	○三	四八	四	昴宿星
二十五星	一	二四	三九	北	○二	一○	六	昴東南無名星
二十四星	一	二四	四九	北	○○	三○	五	月星
二十六星	一	二五	一九	北	○四	五五	六	昴東無名星
二十七星	一	二六	二五	北	○七	○○	六	昴東無名星
十一星	一	二七	一九	南	○六	○○	四	昴東南無名星
二十九星	一	二八	○九	北	○五	一三	六	昴東無名星
十二星	一	二八	一四	南	○四	三○	四	畢右北二星
十三星	一	二九	○四	南	○六	○○	四	畢南無名星
十五星	一	二九	四九	南	○三	一五	四	畢右北一星
二十三星	一	二九	四九	北	○三	○○	六	畢北無名星
金牛内二十二星	一	二九	五九	北	○○	二六	五	天街下星
新譯星	二	○○	○一	北	○一	○二	五	天街上星
新譯星	二	○一	四九	南	○六	一八		畢左第一星
新譯星	二	○二	四○	南	○六	五○		畢附耳星
金牛内二十八星	二	○○	○二	北	○三	五○	六	畢北無名星
十四星	二	○○	五一	南	○五	二○	一	畢大星
二十星	二	○二	二五	南	○四	一○	六	畢東無名星
十六星	二	○四	五四	南	○四	二五	五	天高東星
十八星	二	○七	二九	南	○二	二五	五	畢東無名星

像星	經度 宮	經度 度	經度 分	向	緯度 度	緯度 分	等第	中名
外二星	二	〇七	二九	南	〇〇	〇〇	五	諸王西二星
人像内二十星	二	〇八	四九	南	〇八	五〇	六	畢東南無名星
金牛内十七星	二	〇八	〇四	南	〇五	〇〇	五	畢東南無名星
人像内十九星	二	〇八	五六	南	〇八	五三	六	畢東南無名星
金牛外三星	二	一一	四九	南	〇一	三五	五	諸王東二星
四星	二	一三	一四	同	〇三	二五	六	畢東無名星
金牛内二十一星	二	一四	〇九	北	〇五	二〇	三	五車東南星
金牛外七星	二	一四	三四	南	〇一	一二	六	諸王東一星
金牛内十九星	二	一五	〇一	南	〇二	一八	四	天關星
金牛外六星	二	一六	三六	南	〇七	四〇	六	參北無名星
五星	二	一六	四四	南	〇六	一〇	五	參北無名星
八星	二	一七	〇九	北	〇一	三六	六	參北無名星
九星	二	一八	四四	南	〇一	一五	六	司怪上星
陰陽外七星	二	一九	一九	南	〇二	〇〇	四	司怪中星
人像内十三星	二	一九	三四	南	〇三	一五	五	司怪下星
金牛像外十星	二	二〇	〇七	南	〇三	〇七	六	參北無名星
十一星	二	二一	一四	南	〇〇	五五	六	參北無名星
陰陽像外一星	二	二三	〇四	南	〇〇	二〇	四	參北無名星
人像内十四星	二	二三	一四	南	〇三	四五	五	參北無名星

像星	經度 宮	經度 度	經度 分	緯度 向	緯度 度	緯度 分	等第	中名
陰陽像內十四星	二	二四	一九	南	○一	二○	三	井鉞星
像外二星	二	二四	三一	北	○六	○五	四	井西北無名星
人像內十二星	二	二四	三四	南	○七	四○	六	井南無名星
十一星	二	二五	一四	南	○七	四○	六	井南無名星
陰陽像內十五星	二	二五	五九	南	○一	一○	三	井西扇北一星
十六星	二	二七	五九	南	○三	一五	四	井西扇北二星
十七星	三	○○	一四	南	○七	一五	三	井西扇南二星
十星	三	○○	五四	北	○一	三五	三	井東扇北一星
十一星	三	○三	一七	南	○一	○五	六	井東扇北二星
十二星	三	○六	○九	南	○二	二五	三	井東扇北三星
四星	三	○七	○一	北	○七	二七	三	五諸侯北二星
十三星	三	○九	○一	南	○六	○○	三	井東扇南一星
九星	三	○九	三四	北	○○	二五	三	天罇西星
五星	三	○九	四九	北	○五	四三	三	五諸侯北三星
八星	三	一○	一五	北	○三	○○	五	井北無名星
一星	三	一一	三三	北	○九	五二	二	井東北無名星
六星	三	一二	二九	北	○五	○五	三	五諸侯南二星
像外六星	三	一三	三九	南	○四	三○	五	井東無名星
陰陽像外五星	三	一四	○九	南	○三	一五	五	井東無名星
陰陽像內七星	三	一四	一二	北	○三	○○	四	五諸侯南一星

像星	經度 宮	經度 度	經度 分	向	緯度 度	緯度 分	等第	中名
二星	三	一四	四四	北	○六	一七	二	北河東星
像外四星	三	一七	四九	南	○三	三○	五	井東無名星
巨蟹像內八星	三	二一	三四	北	○○	四五	四	積薪星
六星	三	二五	二四	南	○五	二○	四	井東無名星
三星	三	二七	○九	南	○○	四五	五	鬼西南星
二星	三	二七	一四	北	○一	五○	五	鬼西北星
一星	三	二八	五六	北	○一	○四		積尸氣星
四星	三	二九	三四	北	○三	○○	五	鬼東北星
五星	四	○○	一四	南	○○	三○	四	鬼東南星
像外四星	四	○二	○四	北	○四	四五	五	柳北無名星
三星	四	○三	二四	北	○四	四八	六	柳北無名星
一星	四	○四	一九	南	○一	一五	六	柳北無名星
獅子像內一星	四	○七	二四	北	○四	二五	四	柳北無名星
巨蟹像外二星	四	○七	三一	南	○六	二五	六	柳北無名星
獅子像內二星	四	○九	三四	北	○七	三○	四	柳北無名星
十二星	四	一三	○一	南	○三	五○	五	軒轅西南無名星
十一星	四	一五	三四	南	○○	○○	六	軒轅西無名星
十三星	四	一五	四九	南	○四	一○	三	軒轅右角星
十星	四	一六	二四	南	○○	一二	六	軒轅西無名星
七星	四	一九	○四	北	○四	二二	四	軒轅南五星

像星	經度 宮	經度 度	經度 分	緯度 向	緯度 度	緯度 分	等第	中名
六星	四	二〇	三四	北	〇八	三〇	二	軒轅北無名星
獅子像內第八星	四	二〇	五二	北	〇〇	一〇	一	軒轅大星
五星	四	二〇	五四	南	〇一	一二	五	御女星
十四星	四	二一	〇四	南	〇四	〇〇	五	軒轅南無名星
九星	四	二一	五九	南	〇一	三〇	五	軒轅南無名星
十六星	四	二五	二四	北	〇四	一〇	六	軒轅東無名星
十五星	四	二七	二四	北	〇〇	〇五	四	軒轅左角星
十七星	四	二八	一四	北	〇五	一〇	五	軒轅東無名星
十八星	五	〇〇	三一	北	〇三	一二	五	軒轅東無名星
獅子像外四星	五	〇五	〇九	南	〇〇	一八	五	張東北無名星
三星	五	〇五	五四	北	〇一	三〇	五	靈臺中星
五星	五	〇六	二五	北	〇二	二〇	五	靈臺上星
獅子像內二十三星	五	〇八	四七	北	〇六	〇五	四	翼北無名星
二十四星	五	〇九	五九	北	〇一	三五	四	上將星
新譯星	五	一〇	三〇	北	〇六	三〇		次將星
新譯星	五	一三	〇〇	南	〇四	二〇		明堂上星
獅子像內二十五星	五	〇九	五九	南	〇五	三〇	四	翼宿北無名星
雙女像內一星	五	一四	三九	北	〇四	五〇	五	內屏西南星
雙女像內二星	五	一四	二四	北	〇七	〇〇	五	內屏西北星
二十六星	五	一五	三四	南	〇二	三〇	五	翼北無名星

像星	經度 宮	經度 度	經度 分	緯度 向	緯度 度	緯度 分	等第	中名
五星	五	一七	○四	北	○○	○○	三	右執法星
四星	五	一八	一九	北	○五	三○	五	內屏東南星
三星	五	一八	三九	北	○八	○○	五	內屏東北星
六星	五	二五	一四	北	○○	四八	三	左執法星
雙女像內七星	六	○○	一九	北	○二	三五	三	上相星
雙女像外一星	六	○二	三四	南	○四	○五	五	軫北無名星
雙女像內十星	六	○二	四二	北	○八	一二	三	軫北無名星
八星	六	○五	一○	北	○二	一七	六	軫東北無名星
雙女像外二星	六	○七	○六	南	○四	一○	五	軫東北無名星
雙女像內九星	六	○九	○四	北	○二	三七	四	進賢星
雙女像外三星	六	一○	二四	南	○三	五五	五	軫東北無名星
雙女像內十五星	六	一二	四九	北	○八	○○	三	角西北無名星
十六星	六	一四	一九	北	○三	○○	六	平道西星
十四星	六	一四	四○	南	○二	一九	一	角南星
十九星	六	一五	五四	南	○○	四○	五	角東無名星
十七星	六	一六	○一	北	○五	○八	五	平道東星
新譯星	六	一七	○○	北	○八	五○		角北星
雙女像內十八星	六	一七	○四	南	○二	二五	五	角東無名星
雙女像外四星	六	一七	二四	南	○七	○○	六	角東南無名星
雙女像內二十星	六	一九	一九	南	○一	○五	五	角東無名星

像星	經度 宮	經度 度	經度 分	緯度 向	緯度 度	緯度 分	等第	中名
雙女像外六星	六	二三	一一	南	○七	四五	六	角東南無名星
雙女像內二十三星	六	二四	三四	北	○一	一五	四	角東無名星
二十二星	六	二四	四四	北	○四	五五	四	角東無名星
二十五星	六	二五	四九	南	○一	五五	四	角東無名星
新譯星	六	二七	○○	北	○三	○○		亢南第二星
新譯星	六	二八	三○	南	○○	二四		亢南第一星
天秤像內二星	七	○四	五四	北	○一	一五	六	亢東無名星
天秤像內一星	七	○六	一八	北	○○	一五	三	氐西南星
六星	七	○九	三四	北	○一	○七	六	氐中無名星
三星	七	一○	五三	北	○八	二五	三	氐西北星
天秤像外七星	七	一一	四三	南	○七	三三	四	氐南無名星
天秤像內五星	七	一三	二四	南	○二	一七	五	氐東南星
八星	七	一三	二九	北	○六	三○	六	氐北無名星
七星	七	一六	○七	北	○四	一○	五	氐東北星
天秤像外五星	七	一八	五三	北	○三	五○	六	氐東無名星
六星	七	一九	五九	南	○○	三○	六	氐東無名星
二星	七	二三	○六	北	○五	四○	五	氐東無名星
四星	七	二三	○六	北	○二	五○	五	西咸南第一星
新譯星	七	二三	二四	南	○八	二九		房南第一星
天蝎像內二星	七	二三	五四	南	○一	五九	二	房北第二星

像星	經度 宮	經度 度	經度 分	向	緯度 度	緯度 分	等第	中名
新譯星	七	二三	二一	南	○五	二九		房南第二星
天蝎像内三星	七	二四	一八	南	○五	二二	三	房東無名星
天蝎像内一星	七	二四	二九	北	○一	○○	四	房北第一星
六星	七	二四	四六	北	○○	一三	五	鈎鈐東星
五星	七	二五	二九	北	○一	一七	五	鍵閉星
一○星	七	二七	二四	南	○六	三五	六	房南無名星
人蛇像内二十二星	七	二七	五九	北	○一	三○	六	罰星下星
二十一星	七	二八	一九	北	○三	○○	六	罰星中星
天蝎像内七星	七	二八	二五	南	○四	一二	四	心宿西星
十一星	七	二八	三九	南	○七	○七	六	心宿南無名星
人蛇像内二十四星	七	二八	四四	北	○一	○○	六	東咸西第二星
第二十四星	八	○二	○○	北	○四	五五	六	東咸東第一星
天蝎像内第八星	八	○○	五九	南	○四	三六	一	心宿大星
人蛇像内二十三星	八	○一	五六	北	○二	三○	六	東咸東第二星
天蝎像内九星	八	○二	二九	南	○五	五七	三	心宿東星
人蛇像内十四星	八	一二	三四	北	○○	三五	六	天江中星
新譯星	八	一二	一○	南	○二	一○		天江下星
人蛇像内十三星	八	一三	一九	北	○一	二○	五	天江中星
天蝎像外二星	八	一三	二七	南	○六	五七	五	尾北無名星
人蛇像内十八星	八	一三	四九	北	○三	五○	五	天江上星

像星	經度				緯度			中名
	宮	度	分	向	度	分	等第	
第十五星	八	一三	五四	北	○○	三○	四	尾北無名星
第十六星	八	一四	四四	北	○一	○○	四	尾北無名星
第十七星	八	一六	○四	北	○一	二五	五	尾北無名星
天蝎像外三星	八	一七	三九	南	○三	五四	五	尾北無名星
人馬像内一星	八	二二	三五	南	○六	四○	四	箕宿西北星
第五星	八	二四	二九	北	○二	三五	四	南斗杓一星
第二星	八	二五	五六	南	○六	○五	四	箕東北星
第四星	八	二七	三五	南	○一	四二	四	南斗杓二星
第八星	九	○一	三四	南	○三	五三	四	南斗魁四星
第七星	九	○三	○四	北	○○	三○		南斗魁北無名星
第六星	九	○三	四九	南	○三	一六	三	南斗魁三星
第九星	九	○四	○四	北	○一	五五	五	建星西一星
二十二星	九	○四	二九	南	○七	一○	三	南斗魁一星
人馬像内二十一星	九	○五	五九	南	○四	四七	四	南斗魁二星
第十一星	九	○六	○一	北	○一	○五	五	建西第二星
第十星	九	○七	一九	北	○一	三三	三	建西第三星
第二十星	九	○七	一九	南	○二	三○	六	斗魁東無名星
第十二星	九	○九	五四	北	○四	○五	六	建星東二星
第十三星	九	一○	○七	北	○五	○○	五	建東第一星
第十八星	九	一○	○九	南	○二	三八	六	狗星上星

像星	經度 宮	經度 度	經度 分	緯度 向	緯度 度	緯度 分	等第	中名
第十四星	九	一一	五四	北	〇六	三六	五	斗魁東北無名星
第十九星	九	一二	三七	南	〇三	五五	五	狗星下星
十五星	九	一五	一九	北	〇四	五五	六	斗東北無名星
十七星	九	一五	二九	北	〇一	一五	五	斗東北無名星
二十八星	九	一五	五四	南	〇五	一五	五	斗東無名星
三十星	九	一六	二九	南	〇六	一〇	五	斗東無名星
二十九星	九	一六	五九	南	〇五	一〇	五	斗東無名星
三十一星	九	一七	四九	南	〇六	三〇	五	斗東無名星
十六星	九	一八	四四	北	〇五	〇五	六	斗東北無名星
磨羯像内四星	九	二三	四九	北	〇七	三三	四	斗東北無名星
八星	九	二三	五四	北	〇〇	一〇	六	斗東北無名星
一星	九	二六	〇七	北	〇六	三〇	三	牛北星
三星	九	二六	一四	北	〇四	〇五	三	牛大星
二星	九	二六	二九	北	〇六	一〇	四	牛上東星
五星	九	二七	一九	北	〇〇	二五	五	牛南星
六星	九	二七	一九	北	〇一	〇五	五	牛下西星
磨羯像内七星	九	二七	三九	北	〇〇	四八	六	牛下東星
磨羯像内十一星	九	二九	二九	南	〇六	三〇	四	牛南無名星
磨羯像内十星	九	二九	五九	北	〇〇	二五	四	羅堰下星
磨羯像内九星	一〇	〇〇	二四	北	〇三	二八	四	羅堰上星
磨羯像内十三星	一〇	〇四	四九	南	〇七	二〇	四	女南無名星

像星	經度 宮	經度 度	經度 分	緯度 向	緯度 度	緯度 分	等第	中名
磨羯像内十八星	一〇	〇五	〇一	南	〇二	五五	四	十二諸國秦星
磨羯像内十七星	一〇	〇五	二九	南	〇四	二一	五	女宿南無名星
寶瓶像内六星	一〇	〇六	〇四	北	〇五	二五	五	女東南無名星
磨羯像内十九星	一〇	〇六	三四	南	〇〇	三〇	四	女東南無名星
磨羯像内十六星	一〇	〇七	〇九	南	〇四	一八	五	十二諸國代星
磨羯像内十四星	一〇	〇八	一九	南	〇六	五二	三	女東南無名星
磨羯像内十五星	一〇	〇八	五四	南	〇六	三〇	四	女東南無名星
磨羯像内二十星	一〇	〇一	三四	南	〇一	三〇	四	女東南無名星
磨羯像内二十一星	一〇	一一	五九	南	〇四	四五	四	壘壁陣西方第一星
磨羯像内二十二星	一〇	一三	二六	南	〇四	二〇	四	壘壁陣西方二星
磨羯像内二十三星	一〇	一三	四九	南	〇二	三〇	三	壘壁陣西方三星
寶瓶像内五星	一〇	一四	三六	北	〇八	四八	四	虚南星
磨羯像内二十五星	一〇	一四	三七	南	〇〇	〇〇	五	虚南無名星
磨羯像内二十四星	一〇	一五	〇四	南	〇二	一三	三	壘壁陣西方四星
磨羯像内二十七星	一〇	一六	二四	北	〇二	〇七	五	虚宿東南無名星
磨羯像内二十六星	一〇	一六	五九	南	〇〇	二〇	五	虚東南無名星
磨羯像内二十八星	一〇	一六	五九	北	〇四	〇〇	五	虚宿東南無名星
寶瓶像内十六星	一〇	九一	一九	南	〇一	四五	四	壘壁陣西五星
寶瓶像内第十七星	一〇	二〇	三九	南	〇〇	一〇	六	虚東南無名星
寶瓶像内第二十星	一〇	二一	五四	南	〇五	四〇	六	危南無名星
第十三星	一〇	二三	四九	北	〇二	四五	四	危南無名星

像星	經度 宮	經度 度	經度 分	向	緯度 度	緯度 分	等第	中名
第十四星	一〇	二四	三六	北	〇二	四五	五	泣星下星
第十五星	一〇	二六	〇九	南	〇一	〇五	五	壘壁陣西六星
第十八星	一〇	三九	一九	南	〇七	五〇	三	危東南無名星
第十九星	一〇	二九	二九	南	〇五	一七	四	危東南無名星
第廿三星	一一	〇〇	一四	北	〇四	一五	六	危東南無名星
第廿四星	一一	〇二	三四	南	〇〇	二五	四	壘壁陣東第六星
第廿五星	一一	〇四	四六	南	〇一	三〇	五	危東南無名星
第廿八星	一一	〇六	四四	南	〇三	三三	五	羽林軍星
第廿六星	一一	〇七	一九	南	〇〇	五〇	四	壘壁陣東第五星
第廿九星	一一	〇七	二九	南	〇四	〇〇	四	羽林軍星
第廿七星	一一	〇七	五四	南	〇二	〇五	五	室南無名星
雙魚像內第二星	一一	一二	三四	北	〇七	三〇	六	室東南無名星
第六星	一一	一四	二四	北	〇四	三〇	五	室東南無名星
第七星	一一	一七	四九	北	〇三	三〇	五	雲雨西南星
雙魚像外第三星	一一	一八	三七	南	〇五	三〇	六	壘壁陣東方第四星
雙魚像內第五星	一一	一九	〇六	北	〇七	二五	五	室東南無名星
雙魚像外第一星	一一	一九	一九	南	〇二	三〇	六	壘壁陣東方三星
雙魚像外第四星	一一	二〇	〇六	南	〇五	二五	六	壘壁陣東方二星
雙魚像外第二星	一一	二〇	二九	南	〇二	二五	六	壘壁陣東方一星
雙魚像內第八星	一一	二四	五四	北	〇五	四七	四	室東南無名星
雙魚像內第九星	一一	二九	〇七	北	〇五	三〇	六	壁宿東南無名星

附録

《明書》第四十四卷

史官傅維鱗纂

志三　曆法志一

史官論曰：考前代史書之言曆者，十有二家，獨司馬遷、沈約、宋濂有專書，推步精確。而班固、范曄、魏收、唐太宗魏徵則兼言律，大率窮極理數而非其法。至劉羲叟之《新唐書》、脱脱之《宋史》，則列之《天文志》，而歐陽修《五代史》僅及五星，《遼史》第紀閏考，夫亦各就所見而言之耳。蓋治曆之事，昧者若瞽，明者若寄。曆初有六家：黄帝、顓頊、夏、商、周、魯，秦用顓頊，漢因之，或曰用殷，故《通鑑》編年數日兩存之。自武帝更造《太初》迄東漢凡四改，自魏至隋凡十三改，唐初至周末凡十六改，宋前後凡十八改，金熙宗至元末凡三改，率皆行之不久而差，差則改。然天運本不能齊，幾微渺末，積而必差，而欲一定之法齊之，則必不能。雖其勢乎，不知測驗既真，則于過不及之際，聊一伸縮即得而合焉。必欲矯逞聰明，作爲創獲，鮮不貽譏來禩哉？

明興，太祖首嚴欽若曆象之典。吴元年，聞括蒼劉基名，聘至都爲太史令。冬，基率其屬高翼等上戊申《大統曆》。洪武元年，改太史院爲司天監，尋以司天非欽崇天道之意，更曰欽天。立官屬，詳《職官志》，乃召集故元太史院使張佑等，及回回司天監里的兒、阿都剌等十四人。明年，又召鄭阿里等十一人至京師，議曆法、占天象。三年，著令凡玄象圖書，非其職者不得習，習者罪。乃分欽天監官生人爲四科，曰天文、曰漏刻、曰《大統曆》、曰《回回曆》，各專科肄焉。乃築欽天監觀星臺于鷄鳴山，回回欽天監于雨花臺。凡歲曆成，先期于十月一日上之，曰《大統曆》，中有《御覽月令曆》《躔度曆》《王曆》，復有《壬遁曆》。《壬遁曆》則御覽其事六十七，曰祭祀、祈福、解除、冠帶、宴會、招賢、選將訓兵、安撫邊境、結婚姻、進人口、求醫療病、入學、興造動土、豎柱上梁、補垣、繕城郭、安碓磑、開市、立券、交易、沐浴、安牀、整手足甲、緩刑獄、施恩惠、恤獨惸、布政事、捕捉、施恩封拜、覃恩肆赦、頒詔、雪冤枉、賞賀、遣使、裁製、上官赴任、搬移、開渠穿井、修置産室、納畜、牧養、取魚、慶賜、行幸、掃舍宇、整容剔頭、納采問名、行惠慶、舉正直、出軍征伐、經絡、求嗣、上册、進表章、修飾垣牆、納財、栽種、臨政親民、平治道塗、出師、詔命公卿、築隄防、宣政事、營建宮室、命將出師、嫁娶、畋獵。《王曆》三十事，中宮、東宮親王同，大約皆《壬遁》中事。《民曆》三十二事，而節氣、躔次、時刻種種務精確。若《回回曆》起于西域，以今考之，其原實起于隋開皇十九年己未之歲，其法則以二百五十日爲一歲，歲有十二宮，宮有閏日。凡百二十有八年閏三十有一日。又以三百五十四日爲一周，周有十二月，月有閏日，凡三十年閏十有一日。歷千九百四十一年，而宮月甲子再會，其白羊宮第一日，日月五星之行，與中國春正定氣日之宿直同。太祖取與中國曆相參推步，尋以與《大統》相左，革之。其人令習《大統》法。七①年七月，製觀星盤。是年博士元統上言：

① 據《太祖實録》卷一百六十七，「七」當作「十七」，此處脱「十」字。

『臣聞一代之興，必有一代之曆，隨時修改，以合天道。今曆雖以《大統》爲名，而積分猶《授時曆》數，況《授時曆法》以至元辛巳爲曆元，至洪武甲子積一百四年。以曆法推之，得三億七千六百一十九萬九千七百七十五分，經云大約七十年而差一度，每歲差一分五十秒，辛巳至今，年遠數盈，漸差天度，擬合修改。請以洪武甲子歲冬至爲曆元，而七政則有遲疾順逆伏見之不同，實難推演。聞磨勘司令王道亨①郭伯玉精九數之學，願徵令推算，以昭一代之典。』上是其言，尋擢爲監正，乃以甲子爲曆元。已監副李德芳上言：『故元至正辛巳爲曆元，上推往古，每百年長一日，每②百年消一日，永久不可易也。今監正元統改作洪武甲子曆元，不用消長之法，考得春秋晉獻公十五年戊寅歲，距至元辛巳二千一百六十三年。以辛巳爲曆元，推得天正冬至在甲寅日夜子初三刻，與當時實測數相合。洪武甲子元正，上距獻公戊寅歲二千二百六十一年，推得天正冬至在己未日午正三刻，比辛巳爲元差六日四時五刻。當用辛巳元及消長之法，方合天道。』疏奏，元統復言：『臣所推甲子曆元，實與舊法相合，毫無差謬。』上曰：『二統皆難憑，只驗七政交會行度無差者爲是。』後第以甲子爲曆元。正統四年，造渾天璇璣玉衡簡儀。十一年，令簡儀九道、圭表、壺漏并準南京。作晷影堂，以便窺測調品。景泰中，造簡儀銅壺。至嘉靖三年，光禄少卿管欽天監事華湘上言：『天子奉順陰陽，治曆明時，時以作事，事以厚生，而世從治也。時苟不明，將弦望晦朔失其節，分至起閉乖其期，無以該治生靈而世亂矣。夫曆數之行，代有作者，曷嘗不廣集衆思，人無遺策，法無遺巧，期于永久不變也哉？然不數歲而輒差，曆所以差，由天周有餘而日周不足也。日之差則驗于中星，堯冬至昏昴中而日在虚七度，躔玄枵之子。今冬至昏室中而日在箕三度，躔析木之寅，計去堯三千餘年而差五十度矣。再以赤道考之，勝國至元辛巳改曆，天正冬至，赤道歲差一度五十秒，今退天三度五十二分五十秒矣。黄道歲差九十二分九十八秒③，今退天三度二十五分七十四秒④矣。故洪武中元統言曆，雖以《大統》爲名，而積分猶《授時》之數。年遠漸差，今距元辛巳及元統上言時，歲在洪武甲子，僅一百四十年⑤，迄今則二百四十二年。《授時曆法》每歲差一分五十秒⑥，約七十年差一度，今合差三度餘矣。是以正德戊寅日食、庚辰月食時刻分秒⑦、起復方位，多與監官推算不合。恭惟皇上入繼大統之年，適與元革命改憲之年合，則調元正曆固有待于今日也。臣伏窺古今善治曆者三家，漢《太初》以鍾律，唐《大衍》以蓍策，元《授時》以晷影，而晷影爲近，其所因者本也。欲正曆而不登臺測景，竊以爲空言臆見耳。伏望許臣暫住朝參，督同臣監官及掄選疇人子弟諳曉本業者，及冬至前詣觀象臺晝夜推測，日記月書。至來年冬至，以驗二十四氣、分至、合朔、日躔、月離、黄赤二道、昏旦中星、七政四餘之度，視元辛巳所測差次，録聞詳定歲差，以

① 據《太祖實録》卷一百六十七，郭伯玉乃王道亨之師，故此處疑脱『師』字。
② 據《太祖實録》卷二百二十九，『每』前應有『下驗將來』。
③ 原文此處『秒』誤作『杪』。
④ 原文此處『秒』誤作『杪』。
⑤ 此處應爲『一百四年』，衍『十』字。
⑥ 原文此處『秒』誤作『杪』。
⑦ 原文此處『秒』誤作『杪』。

成一代之制。』其論歲差法，有曰：堯時冬至虛一度，夏至柳十四度，春分胃十二度，秋分氐十度；唐開元《大衍曆》冬至斗十度，夏至井十度，春分奎七度，秋分軫十四度；宋曆、元曆冬至斗二度，夏至井十六度，春分奎初度，秋分軫七度；此歷代之曆可驗者如此。然雖有進退，其度不出次舍前後。蓋天運星行動體也，未免前却不齊，曆家步算，乃死法耳，安得與天相符？故曰歲差，後世修改，求合夫天，不得不然。漢自鄧平改曆，後洛下閎八百年當差一度，當時史官考諸上古中星，已差五度，而閎未究。蓋古爲曆者，未有歲差之法，其論冬至躔宿，一定不移，不知天日會餘分，積久必爽。今歲冬至日躔，視去歲恒不齊。至晋虞喜始覺其差，乃以天爲天，歲爲歲，立差法以追其變而算之，約以五十年而退一度，然失之太過。宋何承天倍增其數，約以百年退一度而又不及。至隋劉焯取二家中數，以七十五年爲近之，然未甚密。至唐僧一行乃以《大衍曆》推之，得八十三年而差一度，自唐以來，皆宗其法。至元郭守敬算之，約六十六年而差一度。算已往，減一算，算將來，加一算，而歲差始爲精密。至今二百餘年，每有不合。嗟乎！天動物也，進退盈縮，未免不齊，一定之法，顧可拘執哉？况法自有權宜者，如定歲之法，四期餘一日之數，分于四期，則二至之定，每疑于絲忽之間，須酌量以定，無常準。定日之法，一日變爲九百四十晝，以氣朔有不盡之數，難分也。每月三十日，而二氣盈四百一十一晝二十五秒，一朔虛四百四十一晝。積盈虛之數以成閏，故定朔必視四百四十一晝之前後，以爲朓朒。故定朔每疑于一晝之間，亦須酌量以定，無常準。如日月交食之法，時刻分秒最爲精微，其至半秒難分之處，亦須酌量以定，無常準。故至之絲忽，朔之一晝，食之半秒，積之歲久，則皆差失不合原算矣。而日官周濂，請驗交食以更曆元，後禮部員外郎鄭繼之嘗以月食分秒不協，亦上言請改曆元，則其疏全以華湘歲差之議入告。而支大綸則議以爲按《授時曆法》，雖起于至元辛巳，而不以辛巳爲曆元，其法以七千二百五十七萬六千爲一元之中，平分天地人三元，每元計二千四百二十九萬二千。自太乙甲子自嘉靖四十三年甲子，已五千二百九十五萬八百四十矣，是天地二元也。今當一千九百六十一萬七千六百，已在人，乃後推將來每年增一，前考已往每歲減一，是以太乙甲子爲曆元，而不從辛巳起也。今以辛巳爲曆元者，曆家以世遠數分而難于竟功，故截去始元而以辛巳耳。歲差之法，起于子半虛六度，約下①十六年而退一度。自堯至洪武甲子，退四十九度五十七分，故冬至日躔箕七度七十七分。正統甲子退五十度四十一分，故冬至日躔箕六度九十六分。弘治甲子退五十一度二十四分，故冬至日躔箕六度十三分。嘉靖甲子退五十二度七分，故冬至日躔箕五度三十分。以後每度約退一分三十八秒四十九微，自嘉靖至萬曆六十一年，又退九十三分，非復元之舊矣。至懷宗中以日食分刻，西儒與欽天監所算不同，監正戈近亨反復辯論，而西儒頗合。上是其議，遂于東長安街開曆局、建觀星臺，以內閣大學士徐光啓領其事，選疇人子弟受西儒法成書，賜名《崇禎曆書》，圖象工巧，推算精密，會喪亂不果行。今惟以《大統曆法》著于是篇，其同于《元史》『授時』者不載，即有同處，亦必用之法，不得不録。而《元史》有其法無其數者，增列之《七政曆》，兹詳日月定度外五星，雖見之《五代史》，而有其數無其法，《元史》具兩法而無成局，至四餘則諸史所不載，故特增之，以存明曆法之梗概云。

①「下」疑爲「六」之誤。

《石匱書》第三十四卷①

明劍南張岱著

曆法志總論

古今改曆者無慮數十家。繇黄帝訖秦凡六改，由漢初②漢末凡五改，由曹魏訖隋凡十三改，由唐訖周凡十六改，由宋初訖宋末凡十八改，繇金熙宗迄元凡三改。其間傑然名家者，漢《太③初》以鍾律，唐《大衍》以蓍策，元《授時》以晷景，而晷景爲最密。我太祖吴元年，太史令劉基率其屬進戊申《大統曆》。已而欽天監博士元統請以洪武甲子歲冬至爲曆元，大約錫名雖殊，立成罔异，與《授時》都無增損，良以才非守敬，革故滋難也。自時厥後，建議改正則有俞正己、鄭善夫、周濂、周相諸人，專官修治則有童軒、樂護、華湘諸人，著書考定則有鄭世子載堉、副使邢雲路諸人。志切持籌，事同築室，言人人殊，旋復報罷。迄于萬曆，西儒來賓，繼軌迭至，一時象緯曆算之説迥出尋常，嘿④與天會。李之藻既熟璇璣，徐光啓復精推測，開局京圻，允稱甚盛。其法以二十四刻二十一分八十八秒六十四微爲平行歲實小餘，而以均數加減之則爲定冬至。繇是太陽有平行、實行，而三百六十五度之盈縮因之。太陰有自行、次輪、又次輪，而朔望之遲疾因之。交食有時差、里差、視差，而食時之刻數、分秒、方位因之。有所爲根數者，猶《授時》氣應也；引數者，猶《授時》盈縮曆、遲疾限也；均數者，猶《授時》加減差也。黄道東行一分四十三秒餘者，猶《授時》歲差一分五十秒也。至如午中分黄赤之辯，分至有嬴縮之殊，而隨動自動、疾動遲動不同，則交道之廣狹生焉。闡微析⑤幽，思出象表，雖使楊子譚玄，洛下握算，無以及此，而尚云七政難窺，吾不信之矣。

太祖吴元年冬十一月，太史院使劉基率其屬高翼上戊申《大統曆》。

洪武元年冬十月，徵元太史院使張佑、張沂，司農卿兼太史院使成隸，太史同知郭讓、朱茂，司天少監王可大、石澤、李義，太監趙恂，太史院監候劉孝忠，靈臺郎張容，回回司天監黑的兒、阿都剌，司天監丞迭里月實一十四人，修定曆數。

① 該卷内容後被《明史紀事本末》卷七十三「修明曆法」承襲，二者内容基本相同。
② 據上下文，「漢初」後疑應有「訖」字。
③ 原文此處「太」誤作「大」。
④ 「嘿」同「默」。
⑤ 原文此處「析」誤作「柝」。

二年夏四月，徵元回回司天臺官鄭阿里等十一人至京議曆法、占天象。

三年六月，改司天監爲欽天監。設欽天監官，其習業者分四科：曰天文，曰漏刻，曰《大統曆》，曰《回回曆》。自五官正而下至天文生，各專科肄焉。五官正理曆法，造曆，歲造《大統曆》《御覽月令曆》《六壬遁甲曆》《御覽天象》《七政躔度曆》。凡曆注，《上御曆》三十事，《民曆》三十二事，《壬遁曆》六十七事。靈臺郎辨日月星辰之躔次分野以占候；保章正專志天文之變，辯吉凶之占；挈壺正知漏，孔壺爲漏，浮箭爲刻，以考中星昏明之度；而統于監正、丞。

十五年，命大學士吴伯宗等譯回回曆經緯度天文諸書。

十七年冬閏十月，欽天監博士元統上言：『臣聞一代之興，必有一代之曆，隨時修改，以合天道。今曆雖以《大統》爲名，而積分猶踵《授時》之數，非所以重始敬正也。《授時》法以至元辛巳爲曆元，至洪武甲子積一百四年，以曆法推之，得三億七千六百一十九萬九千七百七十五分。經云大約七十年而差一度，每歲差一分五十秒。辛巳至今，年遠數盈，漸差天度，擬合修改，請以洪武甲子歲冬至爲曆元。而七政之行，有遲疾順逆，伏見不齊，其理深奥，實難推演。聞磨勘司令王道亨有師郭伯玉者，精明九數之學，願徵令推算，以宣昭一代之制。』書奏，報可，擢統爲監正。

二十年冬十一月，選疇人年壯解書者，赴京習天文推步之術。

二十六年秋七月，欽天監副李德芳言：『故元至元辛巳爲曆元，上推往古，每百年長一日，下驗將來，每百年消一日，永久不可易也。今監正元統改作洪武甲子曆元，不用消長之法。考得春秋晋獻公十五年戊寅歲，距至元辛巳二千一百六十三年。以辛巳爲曆元，推得天正冬至在甲寅日夜子初三刻，與當時實測數相合。洪武甲子元正，上距獻公戊寅歲二千二百六十一年①，推得天正冬至在己未日午正三刻，比辛巳爲元差四日六時五刻。當用至元辛巳爲元及消長之法，方合天道。』疏奏，元統復言：『臣所推甲子曆元，實于舊法無爽。』上曰：『二說皆難憑，獨念②七政交會行度無差者爲是。』于是欽天監以洪武甲子爲曆元，而造曆依《授時》法推算如初。

英宗正統十四年，造己巳《大統曆》，冬夏二至晝夜六十一刻③，行之而疏，尋廢不行。學士楊廉言：『漢興四百年更三造曆，唐三百年更七造曆，宋三百餘年至十八造曆。本朝自洪武至今百四十年未更造，而交食一一驗不爽，則知許平仲、郭守敬所造曆理數極精，古今曆無過之者，乃天生桀④出之智，豫國家曆數無疆之用也。』

憲宗成化十七年秋八月，真定教諭俞正己言：『曆象授時乃敬天勤民之急務，後世曆法失差，由不得古人隨時損益之法也。我朝盡革前代弊政，獨于曆法可議。臣竊以經傳所載日月行天下之常度，本曆元以步算，又以陰陽虧盈之理求之，以驗今曆。詳定成化十四年戊戌十一月初一日

① 按《太祖實録》卷二百二十九，此處應爲『二千二百六十六年』。
② 『念』當爲『驗』之誤。
③ 按《英宗實録》卷一百六十，此處應爲『六十二刻』。
④ 『桀』同『傑』。

己丑子正初刻合朔，冬至日月與天同會于斗宿七度。至三十三年丁巳十一①月初一日戊辰酉正初刻合朔，冬至日月與天復同會于斗宿七度。所謂氣朔分齊，是爲一章者也。今將一章十有九年七閏之數，冬至、月朔、閏月、節氣、年、月、日、時逐月開坐，編成一册上進，請敕該部精加考訂，仍行欽天監從宜造曆，頒布天下。』疏下部，尚書周洪謨、掌欽天監事童軒、俞正己參考講論，竟日不能決。洪謨等因奏：『正己止據邵子《皇極經世書》及歷代《天文志》推算氣朔，又祖述前代術家評論歲差之意，言古今曆法俱各有差，曾不知與天合雖差而可。今正己膠泥所聞，輕率妄議，請下法司治罪。』詔錦衣衛執治之。

孝宗弘治十一年，訪世業疇人并諸能通曆象、遁甲、卜筮者。

武宗正德十三年夏五月己亥朔，日食起復弗合，日官周濂請驗交食以更曆元。十五年冬十月，禮部主事鄭善夫奏曰：『今歲及去年三次月食，臣皆同欽天監官登臺觀驗，初虧、復圓時刻分秒多不合占步。蓋天道幽玄，其數精微，以人合天，誠亦未易。歲差之法，晉虞喜定以五十年差一度，久而驗之弗合也。何承天以百年，劉焯以七十五年，僧一行以八十三年，久而驗之又弗合也。許衡、郭守敬定以六十六年有餘，似已密矣。今據法推演，仍又不合，天道豈易言哉！且如定歲差之法，積四期餘一日，以一日分加于四期，故二至之時只爭絲忽，此所宜定也。又如定日之法，一日百刻而變爲九百四十分者，以氣朔有不盡之數難分也。凡月三十日，二氣盈四百一十一分二十五秒，一朔虛四百四十一分，積虛盈之數以制閏，故定朔必視四百四十一分前後爲朓朒，只在一分之間，此又所宜定也。如日月交食，惟日食爲最難測。月食分數，惟以距交遠近，别無四時加減。蓋月小、暗虛大，月入暗虛而食，故八方所見皆同。若日爲月體所掩而食，則日大而月小，日上而月下，日遠而月近。日行有四時之异，月行有九道之异，故旁觀者遠近自不同矣。如北方食既，南方才半虧；南方食既，北方才半虧。故食之時刻分秒，必須據地定表，因時求合，而後凖也。如正德九年八月朔日食，曆官報食八分六十七秒，而閩廣之地遂至食既，其時刻分秒安得而同？今按交食以更曆元，時分刻，刻分分，分分秒，極精極細。及至于半秒難分之處，亦須酌量以足者也。若皆半秒，積以歲月，則躔離朓朒皆不合矣。漢宋以來，皆設算學，與儒藝同科，稱四門博士，九章之法大明，故定差法、更曆元，每得其人。我朝算法既廢，而占天之書國法所禁，官生之徒明理實少，必須明理然後數精。方今海内，儒術之中，固有天資超邁、究心天人之學者，使得盡觀秘書，加以歲月，必能上按往古、下推未來，庶幾曆元可更也。』不報。

世宗嘉靖三年，光禄少卿管監事華湘言：『天子奉順陰陽，治曆明時，蓋時以作事，事以厚生，而世從治也。時苟不明，將每朔弦晦望失其節，分至啓閉乖其期，無以該洽生靈而世亂矣。夫曆數之興②代有作者，曷嘗不廣集衆思，人無遺智，法無遺巧，期于永久不變也哉，然不數歲而輒差。計曆所以差，由天周有餘而日周不足也。日之差驗于中星，堯冬至昏昂中，而日在虛七度躔玄枵之子；今冬至昏室中，日在箕三度，躔析木之寅。計去堯三千餘年，而差者五十度矣。再以赤黄道考之，至元辛巳改曆冬至赤道歲差一度五十秒，今退天三度五十二分五十秒矣；黄道歲差九十二分

① 原文此處『十一』誤作『十』，脱『一』字。

② 原文此處『興』誤作『典』。

九十八秒，今退天三度二十五分七十四秒矣。是以正德戊寅日食、庚辰月食，時刻分秒、起復方位類與推算迕。恭惟皇上入繼大統之年，適與元革命改憲之年合，則調元正曆固有待于今日也。臣伏揆古今善治曆者三家，漢《太初》以鍾律，唐《太衍》以蓍策，元《授時》以晷景，而晷景爲近，其所因者本也。欲正律①而不登臺測景，竊以爲皆空言臆見，非事實已。伏望許臣暫住朝參，督同中官正周濂及掄選疇人子弟諳曉本業者，及冬至前詣②觀象臺，晝夜推測。日記月書，至來年冬至，以驗二十四氣、分至、合朔、日躔、月離、黄赤二道、昏旦中星、七政、紫氣、月孛、羅睺、計都之度，視元辛巳所測，差次録聞。昔班固作《漢志》，言治曆有不可不擇者三家：專門之裔、明經之儒、精算之士。臣三者無一，蚤夜皇皇，罔知所措。乞敕禮部延訪有能知曆理如楊雄，精曆數如邵雍，智巧天授如僧一行、郭守敬者，徵赴京師，令詳定歲差，成一代之制。」不報。

神宗萬曆二十三年秋九月，鄭世子載堉疏請改曆，略曰：「高皇帝革命之初③，元曆未久，氣朔未差，故仍舊貫，不必改作，但討論潤色而已。今則積年既久，氣朔漸差，似應修治。《後漢志》所謂三百年斗曆改憲者，宜在此時。仰惟列聖御極以來，未嘗以曆爲年號，至我皇上，始以萬曆爲元。而九年辛巳，歲距至元辛巳正三百年，適當斗曆改憲之期。又協乾元用九之義，而曆元應在是矣。繼述之盛舉，寧不有待于今日乎？前代人君或有新曆考成，則改年號，以曆爲名以慶之，以爲福壽之徵。然此不過後天而奉天時者也。聖上預以萬曆爲元，此乃先天而天弗違，固宜有曆以應之，爲聖壽萬萬歲之嘉徵，乃俟之久而未見焉。此愚臣日夜之所惓惓也。于是采衆説之所長，輯爲一書，名曰《律曆融通》，其學大旨出于許衡，而與衡曆不同。《後漢志》曰：「陰陽和則景至，律氣應則灰除，是故天子常以日冬夏至御前殿，合八能之士，陳八音，聽樂均，度晷景，候鍾律，權土灰，放陰陽，效則和，否則占。」《晋志》曰：「日冬至，音比林鍾，浸以濁。日夏至，音比黄鍾，浸以清。十二律應二十四氣之變。其爲音也，一律而生五音，十二律而爲六十音。因而六之，六六三十六，故三百六十音以當一歲之日，故律曆之數天地之道也」。夫黄鍾乃律曆本原，而舊曆罕言之。新法則以步律吕爻象爲首，此與舊曆不同一也。堯時冬至日躔所在宿次，劉宋何承天以歲差及中星考之，應在須女十度左右。唐一行《大衍曆》議曰：「劉炫推堯時，日在虚危間，則夏至火已過中。虞劆推堯時日在斗牛間，則冬至昴尚未中。」蓋堯時日在女虚間，則春分昏張一度中，秋分虚九度中，冬至胃④二度中，昴距星直午正之東十二度。夏至尾十一度中，心後星直午正之西十二度。四序進退不逾，午正間軌漏使然也。元人曆議亦云堯時冬至日在女虚之交，而《授時曆》考之乃在牛宿二度，是與虞劆同。《大統曆》考之乃在危宿一度，是與劉炫同。相差二十六度，皆不與《堯典》合。新法上考堯元年甲辰歲夏至午中，日在柳宿十二度左右，冬至午中日在女宿十度左右，心昴昏中，各去午正不逾半次，與承天、一行二家之説合，而與舊曆不同二也。《春秋左傳》昭公二十年己丑，日南至。《授時曆》推之得戊子，先《左傳》一日；《大統曆》推之得壬辰，後《左傳》三日；新法推之與《左傳》合。此與舊曆不同三也。《授時曆》以至元十八年爲元，《大統曆》以洪武十七年爲元，新法則以萬曆九年爲元。其餘各條不同

① 據華湘奏疏，此處「律」當爲「曆」之誤。
② 原文此處「詣」誤作「諳」。
③ 據朱載堉奏疏，此處「初」疑爲「時」之誤。
④ 原文此處「胃」誤作「胄」。

者多，詳見《曆議》，新法比諸《授時》，庶幾青生于藍而青于藍者。』章下禮部，覆言：『曆名沿襲已久，未敢輕議。至于歲差之法，當爲考正。所以求之者大約有三：曰考月令之中星，移次應節；曰測二至之日景，長短應候；曰驗交食之分秒起復應時，考以衡管，測以臬表，驗以刻漏，斯亦佹得之矣。夫天體至廣，曆家以周天三百六十五度四分度之一，而紀日月星辰之行次，又析一度爲百分，一分爲百秒，可謂密矣。然在天一度，應地二千九百三十二里，其在分秒又可推也。譬之輪轂，外廣而中漸以狹，至于輻輳之處，間不容髮矣。夫渾儀之體，徑僅數尺，外布三百六十五度四分度之一，每度不及指許，安所置分秒哉？至于臬表之樹，不過數尺，刻漏之籌，不越數寸。以天之高且廣也，而以徑尺寸之物求之，欲其纖微不爽，不亦難乎？故方其差在分秒之間，無可驗者。至逾一度，乃可以管窺耳。此所以窮古今之智巧，不能盡其變。與今之談曆者，或得其算而無測驗之具，即有具而置非其地，高下迴絕，則亦無準，宜非墨守者之所能自信也。即①如世子言：以《大統》《授時》二曆相較，考古則氣差三日，推今則時差九刻。夫時差九刻，在亥子之間，則移一日；在晦朔之交，則移一月，此可驗之于近也。設移而前，則生明在二日之昏；設移而後，則生明在四日之夕矣。弦望亦宜各差一日，今似未至此也。此以曆家雖有成法，猶以測驗爲準。爲今之計，直令星曆之官再加詳推，以求歲差之故，亟爲更正。嘗聞前禮官鄭繼之有言：『欲定歲差，宜定歲法于二至餘分絲忽之間，定日法于氣朔盈虛一晝之際，定日月交食于半秒難分之所。』斯其言似中曆家肯綮，要在得精思善算而又知曆理者，以職其事。誠博求之，不可謂世無其人，而其本又在我皇上秉欽若之誠，以建中和之極，光調玉燭，默運旋②璣，正曆數以永大統之傳，是在今日，誠千載一時也。』載堉議遂格不行。

二十四年，河南按察司僉事邢雲路奏：『窺天之器，無逾觀象、測景、候時、籌策四事。乃今之日至《大統》推在申正二刻，臣測在未正一刻，是《大統》實後天九刻餘矣。不寧惟是，今年立春、夏至、立冬皆適值子午之交，臣測立春乙亥而《大統》推丙子，臣測夏至壬辰而《大統》推癸巳，臣測立冬己酉而《大統》推庚戌。夫立春與冬乃王者行陽德陰德之令，而夏至則其祀方澤之期也。今皆相隔一日，則理人事神之謂何，是豈爲細故？且曆法疏密驗在交食，自昔記之矣。乃今年閏八月朔日有食之，《大統》推初虧巳正二刻，食幾既，而臣候初虧巳正一刻，食止七分餘。《大統》實後天幾二刻，而計閏應及轉應若交應，則各宜如法增損之矣。蓋日食八分以下，陰曆交前，初虧西北，固曆家所共知也。今閏八月朔日食實在陰曆交前，初虧西北，其食七分餘，明甚，則安得謂之初虧正西，食甚九分八十六秒耶？而《大統》之不效亦明甚。然此八月也，若或值元日于子半，則當退履端于月窮，而朝賀大禮當在月正二日矣。又可謂細故耶？此而不改，臣竊恐愈久愈差，將不流而至春秋之食晦不止。臣故曰閏應、轉應、交應之宜俱改也。』久之，刑科給事中李應策亦言：『國朝曆元，聖祖崇③諭二說難憑，但驗七政交會行度無差者爲是。惟時以至元辛巳撰之，洪武甲子僅百四年，所律以差法似不甚遠。至正德、嘉靖，已當退三度餘，奚俟今日哉？春秋不食朔，猶值書官失之。今日食後天幾二刻，冬至後天逾九

① 原文此處『即』誤作『郎』。
② 『旋』當爲『璇』之誤。
③ 據朱載堉《律曆融通》載李應策奏疏，此處『崇』疑爲『嘗』之誤。

刻，計氣應應損九百餘分，乃云弗失乎？曆理微秒①，日月五星運轉交會，咸取應于窺管測表，歐陽修所謂事之最易差者，雖古《太初》《大衍》諸書，詎不深思玄解，得羲和氏之曆象授時遺意。然果以鍾律爲數無差，則《太初曆》宜即定于漢，而後之爲《三統》《四分》者若何？又果以蓍策爲術無差，則《大衍曆》亦當即定于唐，而後之爲《五紀》《貞元》《觀象》者又若何？蓋陰陽迭行，隨動而移，移而錯，錯而乖違，日陷不止，則躔離之謬、分至之忒積此焉②窮。雲路持觀象、測景、候時、籌策四事，議者應宜俱改，使得中秘星曆書一編，閱而校焉，必自有得。』于是欽天監正張應侯等疏詆其誣。禮部言：『使舊法無差，誠宜世守，而今既覺少差矣，失今不修，將歲愈久而差愈遠，其何以齊七政而厘百工哉？理應俯從雲路所請，即行考求磨算，漸次修改。但律③數本極玄微，修改非可易議。蓋更曆之初，上考往古數千年，布算雖有一定之法，而成曆之後，下行將來數百年，不無分秒之差。前此不覺，非其術之疏也，以分秒布之百餘年間，其微不可紀，蓋亦無從測識之耳。必積至數百年，差至數分，而始微見其端。今欲驗之，亦必測候數年，而始微得其概。即今該監人員不過因襲故常，推衍成法而已。若欲斟酌損益，緣舊爲新，必得精諳曆理者爲之總統其事。選集星家，多方測候，積算纍歲，較析毫芒。然後可謂準信，裁定規制。伏乞即以邢雲路提督欽天監事，該監人員皆聽約束。本部仍博訪通晓曆法之士，悉送本官委用，務親自督率官屬，測候二至太陽晷刻，逐月中星躔度，及驗日月交食起復時刻分秒方位諸數，隨得隨録，一切開呈御覽。積之數年，酌定歲差，修正舊法，則萬世之章程不易，而一代之曆寶④惟新。其于國家敬天勤民之政，誠大有裨益矣。』疏奏，留中未行。

四十一年，南京太僕寺少卿李之藻上西洋曆法，略言：『邇年臺监⑤失職，推算日月交食時刻虧分往往差謬。交食既差，定朔、定氣由是皆舛。伏見大西洋國歸化陪臣龐迪我、龍華⑥民、熊三拔、陽瑪諾等諸人慕義遠來，讀書談道，俱以穎异之資洞知曆算之學，携有彼國書籍極多。久漸聲教，晓習華音，其言天文曆數有我中國昔賢所未及道者：一曰天包地外，地在天中，其體皆圓，皆以三百六十度算之。地經各有測法，從地窺天，其自地心測算與自地面測算者都有不同。二曰地面南⑦北，其北極出地高低度分不等。其赤道所離天頂亦因而异，以辨地方風氣寒暑之節。三曰各處地方所見黄道各有高低斜直之异，故其晝夜長短亦各不同，所得日景有表北景，有南景，亦有周圍圓景。四曰七政行度不同，各爲一重天，層層

① 『秒』疑爲『妙』之誤。
② 據朱載堉《律曆融通》載李應策奏疏，此處『焉』疑爲『爲』之誤。
③ 據朱載堉《律曆融通》載禮部奏疏，此處『律』當爲『曆』之誤。
④ 『曆寶』疑爲『寶曆』之誤。
⑤ 原文此處『监』誤作『諫』。
⑥ 原文此處『華』誤作『化』。
⑦ 原文此處『南』誤作『西』。

包裹，推算周徑①各有其法。五曰列宿在天另行度，以二萬七千餘歲一周。此古②今中星所以不同之故，不當指列宿之天爲晝夜一周之天。六曰五星之天各有小輪，原俱平行，特爲小輪旋轉于大輪之上下，故人從地面測之，覺有順逆遲疾之異。七曰歲差分秒多寡古今不同，蓋列宿天外別有兩重之天，動運不同。其一東西差，出入二度二十四分；其一南北差，出入一十四分，各有定算。其差極微，從古不覺。八曰七政諸天之中心各與地心不同處所。春分至秋分多九日，秋分至春分少九日，此由太陽天心與地心不同處所。人從地面望之，覺有盈縮之差，其本行初無盈縮。九曰太陰小輪不但算得遲疾，又且測得高下、遠近、大小之異。交食多寡，非此不確。十曰日月交食隨其出地高低之度，看法不同；而人從所居地面南北望之，又皆不同。兼此二者，食分乃審。十一曰日月交食人從地面望之，東方先見，西方後見。凡地面差三十度，則時差八刻二十分。而以南北相距二③百五十里作一度，東西則視所離赤道以爲減差。十二曰日食與合朔不同。日食在午前，則先食後合；在午後，則先合後食。凡出地入地之時，近于地平，其差多至八刻。漸近于午，則其差時漸少。十三曰日月食所在之宮每次不同，皆有捷法定理可以用器轉測。十四曰節氣當求太陽真度。如春秋分日④，乃太陽正當黄赤二道相交之處，不當計日勻分。凡此十四事者，臣觀前此《天文》《曆志》諸書皆未能及，或有依稀揣度頗與相近，然亦初無一定之見，惟是諸臣能備論之，不徒論其度數而已，又能論其所以然之理。蓋緣彼國不以天文曆學爲禁，五千年來通國之俊，曹聚而講究之。窺測既核，研究亦審，與中國數百年來始得一人，無師無友，自悟自是，此豈可以疏密較者哉！觀其所製窺天窺日之器，種種精絶，即使郭守敬諸人而在，未或測其皮膚。又況現在臺監⑤諸臣，刻漏塵封，星臺迹斷者，寧可與之同日而論也！昔年利瑪竇最稱博覽超悟，其學未傳，溘先朝露，士論至今惜之。今龐迪我等鬚髪已白，年齡向衰，失今不圖，政恐後無人解。伏乞敕下禮部亟開館局，首將陪臣龐迪我等所有曆法照依原文譯出成書，其于鼓吹休明、觀文成化不無裨補也。』

思宗崇禎二年九月癸卯，開設曆局，命礼⑥部左侍郎徐光啓督修曆法。先是五月乙酉朔，日食時刻不驗，上切責欽天監官。五官夏官正戈豐年等奏言：『《大統曆》乃國初監正元統所定，其實即元太史郭守敬所造《授時曆》也。二百六十年來，曆官按法推步，一毫未嘗增損，非惟不敢，亦不能。若妄有竄易，則失之益遠矣。切詳曆始于唐堯，至今四千年，其法從粗入精，從疏入密。漢唐以來，有差至二日一日者，後有差一二時者。至于守敬《授時》之法，古今稱爲極密。然中間刻數，依其本法尚不能無差。此其立法固然，非職所能更改。豈惟職等，即守敬以至元十八年成曆，越

① 原文此處『徑』誤作『經』。
② 原文此處『古』誤作『右』。
③ 原文此處『二』誤作『三』。
④ 原文此處『日』誤作『至』。
⑤ 原文此處『监』誤作『諫』。
⑥ 原文此處『礼』誤作『吏』。

十八年爲大德三年八月，已推當食而不食； 大德六年六月，又食而失推，載在《律曆志》可考也。 是時守敬方以昭文殿大學士知太史院事，亦未能有所增改。 良以心思技術已盡于此，不能復有進步矣。』于是禮部覆言：『曆法大典，唐虞以來咸所隆重，故無百年不改之曆。 我高皇帝神聖自天，深明象緯，而一時曆官如元統、李德芳輩才力有限，不能出守敬之上，因循至今。 後來專官修正，則有童軒、樂護、華湘等，著書考定則有鄭世子載堉、副使邢雲路等，建議改正則有俞正己、周濂、周相等，是皆明知守敬舊法本未盡善，抑亦年遠數贏，即守敬而在，亦須重改故也。 況曆法一志歷代以來載之國史，若《史記》《漢書》、晋唐《書》、宋元《史》尤爲精備。 後之作者稟爲成式，因以增修。 我國家事度越前代，而獨此一事略無更定。 如萬曆間纂修國史，擬將《元史》舊志謄録成書，豈所以昭聖朝之令典哉？』已而光啓上曆法修正十事： 其一議歲差，每歲東行漸長漸短之數，以正古來百五十年、六十六年多寡互异之説。 其二議歲實小餘，昔多今少，漸次改易及日景長短歲歲不同之因，以定冬至，以正氣朔。 其三每日測驗日行經度，以定盈縮加減真率、東西南北高下之差，以步日躔。 其四夜測月行經緯度數，以定交轉遲疾真率、東西南北高下之差，以步月離。 其五密測列宿經緯行度，以定七政盈縮、遲疾、順逆、違離、遠近之數。 其六密測五星經緯行度，以定小輪行度、遲疾、留逆、伏見之數，東西南北高下之差，以推步凌犯。 其七推變黄、赤道廣狹度數，密測二①道距度及月五星各道與黄道相距之度，以定交轉。 其八議日月去交遠近及真會、似會之因，以定距午時差之真率，以正交食。 其九測日行，考知二極出入地度數，以定周天緯度，以齊七政。 因月食考知東西相距地輪經度，以定交食時刻。 其十依唐、元法隨地測驗二極出入地度數、地輪經緯，以求晝夜晨昏永短，以正交食有無先後、多寡之數。 因舉南京太僕寺少卿李之藻，西洋人龍華民、鄧玉函，同襄曆事。 疏奏，報可，故有是命。

三年夏五月，徵西洋陪臣湯若望； 秋七月，徵西洋陪臣羅雅谷，供事曆局。

四年春正月，禮部尚書徐光啓進《日躔曆指》一卷、《測天約説》二卷、《大測》二卷、《日躔表》二卷、《割圓八綫表》六卷、《黄道升度》七卷、《黄赤距度表》一卷、《通率表》一卷。

夏四月戊午夜望月食，徐光啓豫定月食分秒時刻方位，奏言：『日食隨地不同，則用②地緯度算其日分多少，用地經度算其加時早晏。 月食分數寰宇皆同，止用地經度推求先後時刻。 漢安帝元初三年三月二日日食，史官不見，遼東以聞。 五年八月朔夕③食，史官不見，張掖以聞。 蓋食在早，獨見于遼東； 食在晚，獨見于張掖。 當時京師不見食，非史官之罪，而不能言遼東、張掖之見食，則其法爲未密也。《唐書》載北極出地自林邑十七度至蔚州四十度，元人設四海測驗二十七所，庶幾知詳求經緯之法矣。 臣特從輿地圖約略推步，開載各省。 今食初虧度分，蓋食分多少既天下皆同，則餘率可以類推。 不若日食之經緯各④殊，必須詳備也。 又月體一十五分，則盡入暗虛，亦十五分止耳。 而臣今推二十六分六十秒者，蓋

① 原文此處『二』誤作『三』。
② 原文此處『用』誤作『同』。
③ 據《治曆緣起》，此處『夕』疑爲『日』之誤。
④ 原文此處『各』誤作『名』。

暗虛體大于月，若食時去交稍遠，即月體不能全入暗虛。止從月體論其分數，是夕之食極近于二道之交，故月入暗虛一十五分，方爲食既。更進一十一分有奇，乃得生光，故爲二十六分有奇。如《回回曆》推十八分四十七秒，略同此法也。』

冬十月辛丑朔日食，光啓復上測候四説，其略曰：『日食有時差，舊法用距午爲限，中前宜加，中後宜減，以定加時早晚。若食在正中，則無時差，不用加減。故臺官相傳，謂日食加時有差多在早晚，日中必合。獨今此食既在日中，而加時則舊術在後，新術在前，當差三刻以上。所以然者，七政運行皆依黄道，不由赤道。舊法所謂中乃赤道之午中，而不知所謂中者，黄道之正中也。黄、赤二道之中，獨冬、夏二至乃得同度，餘日漸次相離。今十月朔去冬至度數尚遠，兩中之差二十三度有奇，豈可仍因食限近午不加不減乎？若食在二至又正午相值，果可無差。即食于他時而不在日中，即差之原尚多，亦復難辨。適際此日又值此時，足爲顯證，是可驗時差之正術，一也。交食之法既無差誤，及至臨期實候，其加時亦或少有後先，此則不因天度而因地度。地度者，地之經度也。本方之地經度未得真率，則加時難定其法。必從交食時測驗數次，乃可較勘畫一。今此食依新術測候，其加時刻分或前後未合，當取從前所記地經度分，斟酌改定，此可以求里差之真率，二也。時差一法，溺于所聞，但知中無加減，而不知中分黄赤。今一經目見，一經口授，人人知加時之因黄道，人人知黄道極之歲一周天，奈何以赤道之午正爲黄道之中限乎？臣今取黄道中限，隨時隨地，算就立成。監官已經謄録，臨時用之，無不簡便。其他諸術亦多類此，足以明學習之甚易，三也。該監諸臣所最苦者，從來議曆之人詆爲擅改，不知其斤斤墨守者，郭守敬之法。即欲改，不能也。守敬之法加勝于前矣，而謂其至今無差，亦不能也。如時差等術，蓋非一人一世之聰明所能揣測。必因千百年之積候，而後智者會通立法。若前無緒業，即守敬不能驟得之，况諸臣乎？此足以明疏失之非辜，四也。有此四者，即分數甚少，亦宜詳加測候，以求顯驗，故敢冒昧上聞。』

六年冬十月，以山東布政司右參政李天經督修曆法。時徐光啓以病辭曆務，逾月卒。所著《崇禎曆書》幾百卷。

七年春正月乙巳①，督修曆法山東右參政李天經疏言：『七政之餘，依新法，則火土金三星本年九月初旬會于尾宿之天江左右，木星于是月前犯鬼宿之積尸氣。一時五緯已有其四，非必以數合天，即天驗法之一據也。從來曆家于列宿諸②星有經度、無緯度，雖《回回曆》近之，猶然古法，故臣等所推經緯度數、時刻與監推各不同。如本年八月秋分，《大統曆》算在八月三十日未正一刻，新法算在閏八月二日未初一刻一十分，相距兩日。臣于閏八月二日同監局官生測太陽午正高五十度零六分，尚差一分入交。推變時刻應在未初一刻一十分，吻合新曆。隨取輔臣徐光啓從前測景簿，數年俱合。《春秋傳》曰：「分，同道也。至，相過也。」二語可爲今日節變差訛之一證。蓋太陽行黄道中綫，迨二分而黄道與赤道相交，此晝夜之所以平，而分應所由起也。迨二至，則過赤道内外各二十三度有奇。夫過赤道二③十三度爲真至，則兩道相交于一綫，詎不爲真分乎？太陽有平行，有實行，平則每日約行若干，而實則有多有寡，不獨秋分爲然。謹將諸曜會合、凌犯、行度開具禮部，委司官同監局官生詳議以聞。』

① 此處日期有誤，據《治曆緣起》，該奏疏爲李天經于崇禎七年閏八月十八日所上。
② 原文此處「諸」誤作「借」。
③ 原文此處「二」誤作「三」。

滿[①]城布衣魏文魁上言：『今年甲戌二月十六日癸酉晓刻月食，今曆官所訂乃二月十五日壬申夜也。八月應乙卯月食，今乃以甲寅，遂令八月之望爲晦，并白露、秋分，皆非其期，訛謬尚可言哉。』奏[②]上，命文魁入京測驗。秋七月甲辰，李天經上《曆元》二十七卷[③]、星屏一。

冬十一月，日晷、星晷儀器告成。上命太監盧維寧、魏徵至局驗之。先是西儒羅雅谷、湯若望在曆局，造測儀六式：一曰象限懸儀，二曰平面懸儀，三曰象限立運儀，四曰象限座正儀，五曰象限大儀，六曰三直游儀。復有弩儀、弧矢儀、紀限儀諸器，不概録。

石匱書曰：夫曆律者，千古之死數也；推測者，千古之活法也。活法非死數，則不確；死數非活法，則不靈。然數活而能使之死，法死而能使之活。神而明之，則又存乎其人矣。我明自劉基治曆明時，七政無爽，至萬曆朝而日月薄蝕之候常差數刻，神廟憂之。開局京畿，集四方明曆之人，使之修曆，訖無成效？此時利瑪竇以西學流入中國，所傳西洋曆法迥异尋常。其時推測占候，頗亦有驗。而欽天監靈臺保章諸官以爲外夷而輕視之，遂與之鑿枘不入。故終利瑪竇之身，而不得究其用，則是西學雖精而法以人廢也。桓君山曰：凡人賤近貴遠，親見楊子雲禄位容貌不能動人，故輕其書。此是千古痛病，龍門載筆至腐刑而始重其文，卞氏抱璞至刖足而方欽其寶。蓋世之肉眼成心，非久不化，繇古及今，大概然矣。

① 原文此處『滿』誤作『蒲』。
② 原文此處『奏』誤作『奉』。
③ 據《治曆緣起》，李天經此次進書并無名爲《曆元》者，且共進曆書、曆表二十九卷。

《罪惟録·志》卷之二

曆志總論

按：九州上應分野，則驗曆定以古帝王受命之處爲主。從此測探，天與地合，動静不渝，此中國之所以尊于諸徼也。觀西粵、滇、黔迤遠，尚多有不當列宿之處，氐胃畢星不徵記載。顧自回回以迄西域，道里益回迷，定非正應。俯仰既偏，測驗何據？乃議曆者必歸焉，以爲其術中國之書所未備，則何也？曆者，數學也。地當金秋，氣肅慮清，言天故有成算，觀偏測全，亦自有法。洪武中，元統、李德芳所譯定，本元初郭守敬《授時》故測，今其書湮没不傳，然率皆條委。即歷代修曆，亦皆截定前後，竟從現在取法，而所以差所以不差之故，無能審究之者，原不清也。原不清，則會通無自。入明二百六十年間，能無參差？萬曆中所謂分曹典司，并未能截定前後，果從現在取法。然則莫有精于崇禎初祚，徐文定光啓奉命與西域龍華民、鄧玉函等悉心翻譯，所爲隨地异測，隨時异用者，其法可以驗今日，可以顛①後日，即千餘年指掌間也。匪有神授，從原求委，會通有法耳。惜朝廷多故，雖曾擬立新曆，而未即舉行，曆與運俱，亦一奇也。卒之湯若望果行其學，而適被訾惑，天不欲數學，果大明無忒乎？

曆志

吴元年，太史院使劉基率其屬高翼等，上《大明戊申大統曆》。

洪武元年，改太史院爲司天監，又置回回司天監，仍徵元太史院張佑等十四人，元回回曆官黑的兒、阿都剌及迭里月實又鄭阿里等十一人，議曆法，占天象。

三年，定爲欽天監。

十年，上著論，謂天左旋，日月五星右旋，以爲蔡氏七政從天之説非是。嘗親驗之，意指一星爲主，太陰居其西，久之在其東矣。遂謂蔡氏爲儒者之言，不可據。

按：周天三百六十五度四分度之一，日行日一度，天行健，過日一度，明是日不及天一度也。月行則不及天十三度零，于是同行而遞遲，遞遲見爲漸右，實非右旋也。迨周年天日月皆在東震，實天多一周，月少十二周，日恰與天度合，蔡説爲是。

①「顛」疑爲「數」之誤。

十三年，置四輔官王本等，分司四時，以燮陰陽。隨博求通天文曆數奇驗者，爵通侯，禄千五百石，卒以不驗及禍。于是欽天監定每年二月一日進曆様。十一月朔，頒明年曆日于百官。凡進内，有《上位曆》《七政曆》《月令曆》《壬①遁曆》。又上吉日十二紙，每月粘一紙于宫門御屏之上。又賜諸王，有中曆。各布政司則皆禮部降鑄欽天監印，遍及民間。私造者律斬。

十七年七月，製觀星盤。十月，《大明清類天文分野》書成。時《大統曆》仍元《授時曆》，但改太陰行度耳。自順帝元年迄今，才四十年，幾爽一度。博士元統論歲差，當以洪武甲子冬至爲曆元，上可之，擢爲監正。久之，監副李德芳争之，謂當以元至正辛巳爲曆元。帝曰：『止驗七政行度交會無差者爲是。』卒從元統議，仍依舊法，不用捷法。隨命儒臣吴伯宗與西域馬沙亦黑翻譯西域曆書三卷。又諭詞臣李翀：『曆事舉，可以省躬修德，順天心而立民命。』

按：西曆自隋開皇己未阿剌必年所造，歷明千餘年矣，凡修曆必本此。時司天之官所爲測影，但用八尺之表，而元郭守敬五尋表法竟不傳。所爲候氣，置灰坎中，潛地隧，以沸石灰灌之，湯至灰飛，亦與古法不合。

十八年，築欽天監觀星臺于鷄鳴山，築回回欽天監觀星臺于雨花臺。

二十年，選疇人年壯解書者，赴京習天文推步之學。

二十七年，上語國子博士錢宰曰：『奎壁爲文章之府，向來黑氣凝滯，今春暮黑起盡消，文運其興矣。』

二十九年，鑄渾天儀成。

洪熙元年，作臺禁中，觀象。凡遣將行師，諸王出塞，遇有祲祥，手敕緘諭。已見星變，對大臣泣下。未幾，晏駕。

正統四年，造渾天璇璣玉衡簡儀。至景泰中，益銅壺。

十一年，令簡儀九道、圭表、壺漏并準南京。作晷影堂，以便窺測調品。

十四年己巳，《大統曆》成，夏冬二至晝夜六十一刻。岳文肅异之，謂私變曆法，必有摇本之禍。未幾，土木蒙塵。

成化十年，鄱陽童軒請天文，以太常少卿掌欽天監。

弘治十一年，訪世業疇人，并諸能通曆象、遁甲、卜筮者。

正德元年七月，五官監候楊源以星警，奏乞安居深宫，絶遠游獵。十月下旬，復奏京城連日霾霧交作，爲衆邪之氣，陰冒于陽，實臣欺于君之象也。

二年，源又奏火星入太微垣帝座之前，或東或西，往來不一，宜思患預防。忤監瑾，杖戍，道卒。

① 原文此處『壬』誤作『士』。

嘉靖三年正月，五星聚營室。掌欽天監太常少卿樂護疏請內修外攘，以銷夷狄盜賊之謀。同官華湘亦以歲差差曆事建言，復云：『古今治曆之善者三家，一漢《太初曆》，以鐘律起；一唐《大衍曆》，以蓍策起；一元《授時曆》，以測晷影始。蓋測日爲最精也。』

萬曆四十年十一月朔，日食。監推未正一刻初虧，兵部員外范守己候得申初一刻，是先差四刻矣。監正周子愚靖①恭用西法，務令會通歸一。詔分曹治事，爲史臣徐光啓、臬臣邢雲路、部臣范守己、崔儒秀、李之藻，不果就。

崇禎二年五月朔，日食，監推刻數不合。禮部侍郎徐光啓預推所食止二分有餘，不及五刻，已果然。詔罪監臣，令光啓督修曆事。隨分據《大統曆》《回回曆》所算日食殊异，而以新法準之。蓋分順天、應天、杭州、瓊州及大寧、開平等處，則有□數遲速不同，或食既或不食多寡之异，所爲隨地异測者是也。

按：西曆云，歲差環轉，歲實參差，天有緯度，地有經度，月宿有本行，月五星有本輪，日月有真會、似會，皆似前所未論及。或云：日月交食，日食難定。月食分數，惟以距交遠近，别無四時增損。蓋月②暗虛大，月入暗虛而實③，故八方所見同也。日爲月所掩而食，蓋日大而月小，日上而月下，日遠而月近，日异四時，月有九道，故傍觀者遠近自不同耳。如北方日食既，南方才虧，南方食既，北方半虧，故食之時刻分秒，據地定表，因時求合，而後準也。或云：歲差之故，天周有餘，日周不足。有餘故平遠而舒，不足則內轉而縮。天日之差，于中歲驗焉。或又云：定歲之法，積四期餘日而分日加于四期，故二至之時，祇存絲忽。如定日之法，日有百刻，而變爲九百四十晝，以氣朔有不齊之數故也。凡月三十日，而二氣盈，四百十一晝二十五秒，一朔虛，四百四十一晝。積盈虛之數以成閏，故定朔必視四百四十一晝前後，爲朓朒，祇在一晝之間。

光啓等遂上『節次六目』，爲『日躔曆』，爲『恒星曆』，爲『月離曆』，爲『月④交會曆』，爲『法原』，爲『法數』，爲『法算』，爲『法器』，爲『會通』。于是第次進書二十三卷，爲《日躔》三、《測天約説》二、《大測》二、《割圓八綫表》六、《黄道升度表》七、《黄赤距度表》一、《通⑤表》二。次進書二十一卷，爲《測量全義》十、《恒星曆指》三、《恒星曆表》四、《恒星總圖》及《圖像》二、《揆日解訛》一、《比例規解》一。次進書三十卷，爲《月離曆指》四、《月離曆表》六、《交食曆指》四、《交食曆表》二、《南北高弧表》十二、《諸方半晝分表》一、《諸方晨昏分表》一。次又進書乙百一十八卷。爲《黄平象限》七、《火木土二百恒年⑥表及周歲時刻表》三、《交食表》四、《交食曆指》三、

① 『靖』當爲『请』之誤。
② 『月』後疑應有『小』字。
③ 『實』疑爲『食』之誤。
④ 『月』前應有『日』字。
⑤ 『通』後應有『率』字。
⑥ 原文此處『二百恒年』誤作『一百恒星』。

《交食諸表用法》一、《交食簡法表》一、《五星圖》一、《木星加減表》一、《方根表》二、《土①星加減表》一、《日躔表》一、《五緯總論》一、《日躔增》一、《恒星總圖》八、《火土木經度》三、《五②星緯度》一、《五③星表用法》一、《五④星緯表》一、《日躔考》二、《交⑤食蒙求》一、《夜中測時》一、《古⑥交食考》一、《日月永表》二、《金水曆指》二、《日月五星會望弦等表》一、《火星加⑦減表》一、《金水二星表》四、《高弧表》五、《甲戌乙亥二年日躔細行》二、《恒星出没》二。因總定十議，爲修□⑧曆法之要：一議歲差，每歲東行，漸長漸短之數，以正古來□⑨年、五十年、六十六年多寡互异之説。二議歲實，小餘昔多今少，漸次改易，及日影長短，歲歲不同之因，以定冬至，以正氣朔。其三，每日測驗日行經度，以定盈縮加減真率、東西南北高下之差，以步日躔。其四，夜測日行經緯度數，以定交轉遲疾真率、東西南北高下之差，以步月離。其五，密測列宿經緯行度，以定七政，盈縮遲疾順逆、違離遠近之數。其六，密察五星經緯行⑩度，以定小輪行度、遲速留逆伏見之數，東西南北高下之差，以推步凌犯。其七，推變黄赤道廣狹度數，密測二道距度，以候五星各道，與黄道相距之度，以定交轉。其八，議日月去交遠近，及真會、似會之因，以定距午⑪時差之真率，以正交食。其九，測日行，考知二極出入地度數，以定周天緯度，以齊七政。其十，因月食，考知東西相距地輪經緯，以定晝夜晨昏永短，以正交食有無多寡先後之數。隨請製器十事：一，造七政象限大儀六座；二，造列宿紀限大儀三座；三，造平渾圓儀三架；四，造交食儀一具；五，造列宿經緯天球儀一座；六，造萬國經緯地球儀一架；七，造節氣時刻平面日晷三具；八，造節氣時刻轉盤星晷三具；九，造候時鐘三架；十，裝修測候七政交食遠鏡三架。且云曆學旁通十事：一，凡晴雨水旱，可約略預知，以便修救；二，可測量水地，以便疏築；三，于樂律相通；四，于兵行有濟；五，于會計極詳；六，于營建有當；七，可以數造機器；八，可以懸度道里；九，可以參利醫家；十，可以意測鐘漏。

五年十月，光啓病，薦山東參政李天經畢曆事。會内外多故，不果就。或稱湯若望能治炮，可紓東顧。論者以爲不可任，遂已。

① 原文此處「土」誤作「上」。
② 原文此處「五」誤作「三」。
③ 原文此處「五」誤作「三」。
④ 原文此處「五」誤作「三」。
⑤ 原文此處「交」誤作「大」。
⑥ 原文此處「古」誤作「占」，且「古」後應有「今」字。
⑦ 原文此處「加」誤作「如」。
⑧ 據《治曆緣起》，此處缺字疑爲「正」字。
⑨ 據《治曆緣起》，此處缺字應爲「百」字。
⑩ 原文此處衍「行」字。
⑪ 原文此處「午」誤作「天」。

按：《晋書》十二次分野始于角亢，以東方蒼龍爲首也。唐十二次始于女虚危者，以十二支子爲首也。其以斗牛爲星分之首者，日月星起于斗宿，古言天者由斗牛以紀星，故曰星紀則星次爲十二次之首，而斗牛又爲二十八宿之首也。明應運肇基，實星次斗牛之分與天地三統之正相協，豈偶然哉！至欽天監十二分野分配郡，與唐《天文志》稍异。嘉禾徐善，字敬可，慧性絶凡，博綜群籍，余多就正。而所著《分野辯》，可謂奇闢，有云：分野之説，始于《周礼·保章氏》，《春秋傳》稍見其占，司馬《天官》乃略不道。班掾始以漢郡縣分配占國爲十二次，然于魯、宋、梁、益，與《禹貢》异。至于陳卓所集，及費直以易卦配，蔡邕以節氣配，皇甫謐以月律配，俱屬紕繆。又以僧一行兩戒之解益粗，遂出獨解，謂古帝王臣佐，皆五行之秀，殁則登神于天，其所主則生時存殁游之地，于是垂眷斯所，奕世不忘，爲之預兆吉凶，且以太皞、炎帝、少皞、黄帝分主五行之神爲據，雜引傳紀，言之鑿鑿。而余有説□者，天地先帝王臣佐而生，前此寧無吉凶之應？即所云太皞、炎帝之後，安必無賢聖復起，如文王、孔子將主吉凶者，可或漸次而增乎？且云徼外無人，不見分野，古今來亦或産至慧，爲中國所向慕，然則不麗分野之地，將何徵乎？後世將相文武，其功德之著者，在生亦見于天，是先有此星，而人應之，豈太皞、炎帝等絶無陞除，竟永萬禩無代之者乎？夫九州之名，自人定之，二十八宿之名，亦自人定之，天地不能言也。萬物皆有正有偏，九州之地，地之正也。二十八宿之天，天之正也。陰陽相名，理有固然。古大智人，觀天而歷驗之，以爲此星之變見于此地如此，遂奉以爲占，而實之以名。然亦大概尔尔，果能修德，可移而免。亦或應見而不見，則更有説也。即以周論，東周之季，帝星即暗，定不屬東西二帝。降至南北朝，各自称□□不定不没兩紫薇，此時以何土爲主？所謂將相郎官□以上應，豈觀天別有變法乎？當亦未必如朱子《綱目》所称正統而歸于一極也。總之，歷代奇智攻古，俱可參論。孟子云：『存其心，養其性，所以事天。』一语盡之矣。

又按：唐堯元年甲辰，至明洪武元年戊申，合計三千七百二十五年，爲六十三甲子。邵氏《經世書》謂堯天地之正數，爲乾之九五，係十二萬九千六百年之中，而洪武十七年爲六萬八千八百八十一年，勝國元明善曰，禹八年甲子，入午會之初運，當姤之初六。元至元甲子，爲午會第十運，明入十一運之中，乃姤之九三。太嘗①卿何孟春云：『是所望于今日者是也。』

① 『嘗』當作『常』，應爲避明光宗朱常洛諱而改。